사복음서 대조연구
Gospel Parallels

정용한

연세대학교(Th.B)와 미국 예일 대학교(M.Div와 S.T.M)에서 공부하였고 버클리연합신학대학원(GTU)에서 신약학으로 박사학위를 받았다. 명지대학교와 한남대학교에서 가르쳤으며, 지금은 연세대학교 연합신학대학원 부교수(신약학) 및 교목으로 재직 중이다. 연세신학 백주년 기념 성경 주석 『골로새서』와 2022년 세종도서 학술부분 우수도서에 선정된 『바울서신 대조연구』, 학술 논문으로는 "A Postcolonial Reading of the Great Commission (Matt. 28:16-20) with a Korean Myth," *Theology Today*(2015) 외 다수의 연구물이 있으며, 성서가 21세기 사회와 교회에 어떤 의미를 갖는지 연구하고 있다. 한국신약학회 총무와 학술지 「대학과 선교」의 편집위원장, 연세대학교 삼애교회 담임목사를 역임하였다.

사복음서 대조연구

초판 인쇄 2023년 9월 20일
초판 발행 2023년 9월 25일

지은이 정용한
펴낸이 이찬규
펴낸곳 북코리아
등록번호 제03-01240호
주소 13209 경기도 성남시 중원구 사기막골로 45번길 14
우림라이온스밸리2차 A동 1007호
전화 02-704-7840
팩스 02-704-7848
이메일 ibookorea@naver.com
홈페이지 www.북코리아.kr
ISBN 978-89-6324-808-0 93230

값 20,000원

* 이 저서는 연세대학교 학술연구비의 지원으로 이루어진 것임.

정용한 지음

사복음서 대조연구

Gospel Parallels

북코리아

저자 서문

"이 땅에는 진실도 없고 인애도 없고 하나님을 아는 지식도 없고"(호 4:1)

모두가 한국 교회의 위기를 말하는 시대이다. 그 위기는 과학과 물질을 우상시하는 외부적인 이유로만 야기된 것이 아니다. 우리는 그 위기가 실은 교회가 진실, 인애, 하나님을 아는 지식을 잃어가고 있다는 데서 시작되었음을 알고 있다. 세계적인 전염병이 끝나고 모두가 이전과는 다른 시대를 맞이하게 되었다고 한다. 그럼에도 교회는 어떤 변화에도 상관없이 집중해야만 하는 가치와 목표가 있다. 그것은 우리 안에 진실, 인애, 하나님을 아는 지식을 채워야 한다는 사실이다. 교회는 위기를 맞을수록 더욱 본질에 집중해야 한다. 본 연구는 '말씀'이 신앙의 본질이라는 확신과 하나님을 아는 지식이 '말씀' 안에 있다는 고백에서 시작되었다. 구체적으로 이 책은 복음서 각 권과 각 단락을 종합적이면서 분석적으로 읽을 수 있도록 돕기 위해 기획되었다. 하지만 이 책이 복음서를 책으로서만 더 잘 이해하도록 돕는 도구가 되기를 바라지는 않는다. 우리 모두 복음서를 통해 삼위일체 하나님을 알고 만나고 체험해야만 하기 때문이다. 이 책이 더 깊이 하나님을 체험하도록 돕는 길라잡이가 되길 바란다.

이 책을 통해 복음서를 묵상하고 연구하는 독자들은 2,000년 전 예수님을 만났던 마태, 마가, 누가, 요한의 경험과 고백을 좀 더 생생하게 체험할 수 있게 될 것이다. 물론 이 점에서 연구자 또한 여전히 그 과정 중에 있음을 고백한다. 많은 신앙의 선배들이 그랬던 것처럼 복음서 전체의 통일성과 함께 각 복음서의 특수성을 함께 묵상할 때 이 땅에 오셨던 예수님과 당시 신앙인들의 경험을 우리 삶 속에서도 재생시킬 수 있으리라 믿는다. 복음서에 대한 관심과 묵상이 우리의 지적 호기심을 채우는 과정이 아니라 다시 한 번 한국 교회에 진실, 인애, 하나님을 아는 지식을 채우는 과정이 되길 기도한다. 이 책이 빛을 볼 수 있도록 도와준 연세대학교와 사랑하는 아내 김미라에게 진심 어린 감사의 마음을 전한다. 『바울서신 대조연구』(북코리아, 2021)에 이어 이번 연구가 한국 교회의 회복과 부흥을 위한 또 하나의 밑거름이 되길 소망한다.

2023년 8월 1일
연세대학교 국제캠퍼스 연구실에서
정용한

목차

들어가며

지금까지 국내에 소개된 복음서 대조 연구서들은 대부분 독일 성서공회가 펴낸 K. Aland의 *Synopsis Quattuor Evangeliorum*을 바탕으로 한다. 대조 연구서들은 각 복음서에 나타난 유사한 본문들을 대조해 그 사이에 있는 공통점과 차이점을 부각시키는 데 관심을 집중한다. 이 방식은 사복음서의 본문들을 순차적으로 비교해 나가는 것이 아니라 복음서들의 유사한 본문들을 주제와 연대순에 따라 대주제와 소주제로 나누어 분류한 특징이 있다. 그러다 보니 이런 유의 대조서들은 저자의 본문 해석과 배경 이해에 많은 영향을 받게 된다. 당연히 독자들에게는 그렇게 분류한 이유를 이해하기 위해 각 복음서와 예수의 삶에 대한 최소한의 사전지식이 요구된다. 이뿐 아니라 비슷한 본문에 집중하며 배열하는 방식이기에 주제와 연대기적 흐름이 다른 요한복음서는 상대적으로 도외시되는 한계가 있다. 안타깝게도 국내에 소개된 대조서들이 대부분 절판되었지만 그 특징과 한계를 소개하면 다음과 같다.

1) 채위, 『공관복음서 대조연구』(서울: 신생사, 1965). 공관복음서만을 대조하며 각 복음서의 서론과 결론에 해당하는 전역사와 추기 역사 외에 본론부를 253개의 항목으로 나누어 비교한다.

2) 로버트슨, A. T., 『복음서 대조서』(도한호 옮김, 서울: 요단출판사, 1978). 사복음서를 모두 다루며 14개의 대분류 항목 안에 184항의 소분류 항목을 두고 비교한다. 복음서 대조에 앞서 복음서 전체 내용에 대한 사전 이해가 있어야만 대조서를 사용할 수 있다.

3) 김창길, 『공관복음서 대조비교』(서울: 도서출판 임마누엘, 1982). 엄밀한 의미에서 대조연구서로 간주하기 어렵다. 공관복음서의 본문이 아니라 연구자의 기준에 따른 내용 요약을 바탕으로 도표로 비교한다. 기존의 대조 방식을 극복하고자 새로운 방식을 제안한 의의가 있다.

4) 성종현, 『공관복음서 대조연구』(서울: 장로회신학대학교 출판부, 1992). 공관복음서를 중심으로 본문들을 3개의 대주제 항목(공생애 전역사, 예수의 공생애, 예수의 부활)으로 나누고 그 안에 각각 14개, 249개, 6개의 소주제 항목을 두어 비교한다. Q자료(예수 어록) 대조 외에 간단한 해설 자료들을 다수 포함한 특징이 있다. 부록에 있는 각 복음서 분석 도표(총관)를 본서의 도표와 비교하면 유익할 것이다.

5) 정양모·배은주·김윤주 엮음, 『네 복음서 대조』(분도출판사, 1993). *Synopsis Quattuor Evangeliorum* 10판(1978)의 편역서이다. 성서 본문은 한국 천주교회 창립 200주년 기념 신약성서를 따른다. 18개의 대주제 안에 267개의 소주제를 두어 비교하고 있으며, 분류표는 부록에서 확인할 수 있다.

6) 김기철, 『항목별 대조병행 사복음서』(서울: 기독교문서선교회, 2007). 다양한 정보를 백과사전적으로 대조서에 담았다. 장상선의 『분해 항목별 병행 사 복음서』(2003)와 K. Aland의 *Synopsis of The Foud Gospels: Greek-English Edition* 3판(1979)을 참조하였고, 저자의 기준에 따라 390개 항목으로 나누어 대조하였다. 실험적인 편집 방식과 새로운 대조법의 적용에도 불구하고 본문간의 관계성을 직관적으로 파악하는 데는 한계가 있다.

7) 정훈택, 『완벽한 비교를 위해 새로 번역한 병행 사복음서』(서울: 민영사, 2013). 사역한 사복음서의 본문을 18개의 대주제와 367개의 소주제로 나누어 비교한다. 부록에 주제별, 성경별 색인이 있어 관심 있는 본문과 단락을 찾아볼 수 있다.

8) 권종선, 『해설 복음서 대조서』(김포: 도서출판 누가, 2013). 사복음서의 본문을 주제별이 아닌 책별, 단락별로 다루며 비교 단락 아래에는 간단한 해설(주석)을 제공한다. 마태복음서가 아닌 마가복음서를 먼저 다루고 있고

저자의 해설과 강조를 포함하고 있어 직관적이지 않다. 사복음서의 모든 본문을 순차적으로 다룬다는 점에서 본서와 가장 유사한 형식을 지닌 대조서이다.

9) 독고원, 『4복음서의 예수 그리스도: 4복음서 평행 대조』(서울: 기독교문서선교회, 2015). 대주제와 소주제를 나누어 분류하는 기존의 방식을 따르고 있으며, 분류한 내용을 목차에서 상세히 다루고 있어 원하는 본문을 손쉽게 찾아 갈 수 있다. 다만 책이 너무 크고 무거워 사용하는데 제약이 따른다.

복음서 대조에 관심 있는 독자 모두를 만족시킬 수 있는 연구서는 존재하기 어렵다. 그럼에도 지금까지 소개된 연구서들이 갖는 한계를 인식하고 그것을 극복하려는 시도는 계속되어야 할 것이다. 먼저 대주제와 소주제로 나누어 복음서를 대조하는 것은 사전 지식이 없는 독자에게는 불편한 방식이 아닐 수 없다. 전문 연구자에게도 부록이나 목차를 통해 관심 구절과 본문을 찾아 들어가 대조해야 하는 것은 번거로운 일이다. 그러기에 독자에게 익숙한 성서 본문의 순서를 따라 대조하는 방식은 매우 효과적이다. 사복음서를 복음서별로 읽어가며 내용에 따라 어떤 복음서에서 어떻게 같고 다른지를 확인하려는 대조서의 기본 임무에 충실할 필요가 있다. 또한 사복음서를 순서대로 모두 다룬다면 공관복음서뿐 아니라 요한복음서도 대조에 있어 차별 없이 다루어질 수 있다. 요한복음서도 다른 복음서와 같은 무게로 다루어져야 하기 때문이다.

본 대조서는 먼저 각 장을 시작하며 전체 복음서의 내용을 조망할 수 있는 도표를 수록하였다. 각 본문의 대조에 앞서 전체를 조망할 수 있는 관점을 제시한 것이다. 각 복음서의 도표를 비교한다면 관심 있는 본문이 어디에 있는지를 확인하며 그 본문의 위치가 어떻게 다른지까지 대조할 수 있다. 각 단락은 특별한 제목과 번호를 붙이는 대신 복음서의 장 절 구분만으로 본문에 접근할 수 있도록 도왔다. 도표의 '구성'은 복음서의 대표적인 구성적 특징을 간파할 수 있도록 했으며, 단락의 제목은 복음서 간의 유사점이 많은 경우 동일한 제목을 사용하고 있다. 대조된 본문 간의 특징은 독자가 스스로 파악할 수 있도록 본문만을 제공할 뿐 어떤 장치나 강조 표시를 두지 않았다.

1장 마태복음

구성	장	마태복음
	1	[1]족보 [18]탄생예고
	2	[1]동방박사 [13]이집트로 탈출 [19]나사렛 귀환
	3	[1]세례 요한의 선포 [13]예수의 세례
	4	[1]예수의 시험 [12]갈릴리 사역 [17]첫 선포 [18]네 제자 부름 [23]갈릴리 사역 보고
산상 설교	5	[1]도입부 [3]팔복 선언 [13]소금과 빛 [15]등불(1) [17]더 나은 의 [21]살인 금지 [25]화해하라 [27]간음 금지 [31]이혼 금지 [33] 맹세 금지 [38]복수 금지 [43]원수 사랑
	6	[1]참된 구제 [5]참된 기도(주기도문) [16]참된 금식 [19]하늘에 쌓은 보물 [22]등불(2) [24]하나님과 재물 [25]염려 대신 그의 나라와 의를 구하라
	7	[1]비판하지 말라 [6]거룩한 것과 진주 [7]구하라, 찾으라, 두드리라 [12]황금률 [13]좁은 문 [15]좋은 나무와 나쁜 나무 [21]"주여, 주여" 하는 자 [24]반석 위의 집 [28]설교 마침(1)
기적	8	[1]나병환자 치유 [5]백부장 하인 치유 [14]베드로 장모 치유와 병자들(이사야) [18]나를 따르라 [23]풍랑 기적 [28]가다라 두 광인 축귀
	9	[1]중풍병자 치유 [9]마태 및 죄인들과 식사 [14]제자들 금식 논쟁 [18]관리 딸과 혈루증 여인 치유 [27]두 맹인 치유 [32]말 못하는 사람 축귀 [35]복음 전파와 추수할 일꾼
제자파송 설교	10	[1]열두 사도 세움 [5]제자 파송 [16]박해 속 증거가 되리라 [19]성령의 대언 [21]미움을 받을 것 [24]두려워 말라 [32]시인과 부인 [34]화평 대신 검 [40]영접과 상
	11	[1]설교 마침(2) [2]세례 요한의 제자들 [20]화 있을 고을들 [25]천지의 주재 [28]다 내게로 오라
	12	[1]안식일의 주인 논쟁 [9]안식일 치유 논쟁 [15]치유 사역 요약(이사야) [22]바알세불 논쟁 [31]성령 모독 [33]나무와 열매 [38]표적을 구함 [43]더러운 귀신의 귀환 [46]예수의 가족 방문
천국비유 설교	13	[1]씨 뿌리는 비유 [10]비유 쓴 이유 [18]씨 뿌리는 비유 설명 [24]곡식과 가라지 [31]겨자씨와 누룩 [34]비유로만 말씀 [36]가라지 비유 설명 [44]감추인 보화, 진주, 그물 [51]제자 된 서기관 [53]설교 마침(3) [54]고향의 배척
	14	[1]세례 요한의 죽음 [13]오병이어 기적 [22]물 위 걷는 기적 [34]게네사렛 치유
	15	[1]장로들의 전통 논쟁 [21]가나안 여인 딸 축귀 [29]갈릴리 치유 [32]칠병이어 기적

구성	장	마태복음
	16	[1]표적 구함(시대 분별) [5]바리새인과 사두개인의 누룩 주의 [13]베드로의 고백 [21]수난 예고(I)
	17	[1]변화산 [9]엘리야(세례 요한) [14]어린 아이 축귀 [22]수난 예고(II) [24]성전세 논쟁(반 세겔)
제자도 설교	18	[1] 제자들의 질문: 누가 크니이까? [6]작은 자 실족과 지옥 [12]길 잃은 양 [15]일만 달란트 형제 용서 비유
	19	[1]설교 마침(4) [2]이혼에 대한 교훈 [10]독신에 대한 교훈 [13]어린 아이들 안수 [16]부자 청년과 영생 [27]베드로의 질문
	20	[1]포도원 품꾼의 비유 [17]수난 예고(III) [20]세베대 아들들의 어머니 요구와 대속물로 온 인자 [29]여리고 두 맹인 치유
	21	[1]예루살렘 입성 [12]성전 정화 [18]무화과나무 기적 [23]예수의 권위 논쟁 [28]두 아들 비유 [33]악한 농부들 비유
	22	[1]혼인 잔치 비유 [15]세금 논쟁(한 데나리온) [23]부활 논쟁 [34]큰 계명 논쟁 [41]예수의 반문: 그리스도는 다윗의 자손?
종말 설교	23	[1]서기관들과 바리새인들의 행위 비판 [13] 칠 화 선포 [37] 예루살렘 애가
	24	[1]성전 파괴 예고 [3]재난의 시작 [14]복음의 만국 전파 [15]대환란 [29]인자의 오심 [32]무화과나무 비유 [36]인자의 때는 모름: 깨어 있으라 [45]충성된 종과 악한 종
	25	[1]열 처녀 비유 [14]달란트 비유 [31]양과 염소 비유
	26	[1]설교 마침(5) [2]수난 예고 (IV)와 예수 죽음 모의 [6]여인의 향유 부음 [14]유다와 대제사장들 [17]마지막 만찬 준비 [20]유다의 배신 예고 [26]성만찬 제정 [31]베드로의 부인 예고 [36]겟세마네 기도 [47]예수 체포 [57]대제사장 집 뜰의 베드로 [59]공회 심문 [69]베드로의 부인
	27	[1]빌라도에게 이송 [3]유다의 자살 [11]빌라도의 심문 [15]바라바 선택 [21]빌라도의 판결 [27]예수 희롱 [32]십자가형 [45]죽음 [55]죽음의 증인들 [57]매장 [62]무덤 경비
	28	[1]부활과 여자들 [9]여자들에게 나타나심 [11]경비병 보고 [16]열한 제자에게 나타나심 [18]마지막 당부

마 1:1-17 족보

1아브라함과 다윗의 자손 예수 그리스도의 계보라 2아브라함이 이삭을 낳고 이삭은 야곱을 낳고
야곱은 유다와 그의 형제들을 낳고 3유다는 다말에게서 베레스와 세라를 낳고 베레스는 헤스론을
낳고 헤스론은 람을 낳고 4람은 아미나답을 낳고 아미나답은 나손을 낳고 나손은 살몬을 낳고 5살
몬은 라합에게서 보아스를 낳고 보아스는 룻에게서 오벳을 낳고 오벳은 이새를 낳고 6이새는 다
윗 왕을 낳으니라 다윗은 우리야의 아내에게서 솔로몬을 낳고 7솔로몬은 르호보암을 낳고 르호
보암은 아비야를 낳고 아비야는 아사를 낳고 8아사는 여호사밧을 낳고 여호사밧은 요람을 낳고
요람은 웃시야를 낳고 9웃시야는 요담을 낳고 요담은 아하스를 낳고 아하스는 히스기야를 낳고
10히스기야는 므낫세를 낳고 므낫세는 아몬을 낳고 아몬은 요시야를 낳고 11바벨론으로 사로잡혀
갈 때에 요시야는 여고냐와 그의 형제들을 낳으니라 12바벨론으로 사로잡혀 간 후에 여고냐는 스
알디엘을 낳고 스알디엘은 스룹바벨을 낳고 13스룹바벨은 아비훗을 낳고 아비훗은 엘리아김을 낳
고 엘리아김은 아소르를 낳고 14아소르는 사독을 낳고 사독은 아킴을 낳고 아킴은 엘리웃을 낳고
15엘리웃은 엘르아살을 낳고 엘르아살은 맛단을 낳고 맛단은 야곱을 낳고 16야곱은 마리아의 남
편 요셉을 낳았으니 마리아에게서 그리스도라 칭하는 예수가 나시니라 17그런즉 모든 대 수가 아
브라함부터 다윗까지 열네 대요 다윗부터 바벨론으로 사로잡혀 갈 때까지 열네 대요 바벨론으로
사로잡혀 간 후부터 그리스도까지 열네 대더라

눅 3:23 예수께서 가르치심을 시작하실 때에 삼십 세쯤 되시니라 사람들이 아는 대로는 요셉
의 아들이니 요셉의 위는 헬리요 24그 위는 맛닷이요 그 위는 레위요 그 위는 멜기요 그 위는
얀나요 그 위는 요셉이요 25그 위는 맛다디아요 그 위는 아모스요 그 위는 나훔이요 그 위는
에슬리요 그 위는 낙개요 26그 위는 마앗이요 그 위는 맛다디아요 그 위는 서머인이요 그 위는
요섹이요 그 위는 요다요 27그 위는 요아난이요 그 위는 레사요 그 위는 스룹바벨이요 그 위는
스알디엘이요 그 위는 네리요 28그 위는 멜기요 그 위는 앗디요 그 위는 고삼이요 그 위는 엘
마담이요 그 위는 에르요 29그 위는 예수요 그 위는 엘리에서요 그 위는 요림이요 그 위는 맛
닷이요 그 위는 레위요 30그 위는 시므온이요 그 위는 유다요 그 위는 요셉이요 그 위는 요남
이요 그 위는 엘리아김이요 31그 위는 멜레아요 그 위는 멘나요 그 위는 맛다다요 그 위는 나
단이요 그 위는 다윗이요 32그 위는 이새요 그 위는 오벳이요 그 위는 보아스요 그 위는 살몬
이요 그 위는 나손이요 33그 위는 아미나답이요 그 위는 아니요 그 위는 헤스론이요 그 위는
베레스요 그 위는 유다요 34그 위는 야곱이요 그 위는 이삭이요 그 위는 아브라함이요 그 위는
데라요 그 위는 나홀이요 35그 위는 스룩이요 그 위는 르우요 그 위는 벨렉이요 그 위는 헤버
요 그 위는 살라요 36그 위는 가이난이요 그 위는 아박삿이요 그 위는 셈이요 그 위는 노아요
그 위는 레멕이요 37그 위는 므두셀라요 그 위는 에녹이요 그 위는 야렛이요 그 위는 마할랄렐
이요 그 위는 가이난이요 38그 위는 에노스요 그 위는 셋이요 그 위는 아담이요 그 위는 하나
님이시니라

마 1:18-24 탄생예고

18예수 그리스도의 나심은 이러하니라 그의 어머니 마리아가 요셉과 약혼하고 동거하기 전에 성
령으로 잉태된 것이 나타났더니 19그의 남편 요셉은 의로운 사람이라 그를 드러내지 아니하고 가
만히 끊고자 하여 20이 일을 생각할 때에 주의 사자가 현몽하여 이르되 다윗의 자손 요셉아 네 아
내 마리아 데려오기를 무서워하지 말라 그에게 잉태된 자는 성령으로 된 것이라 21아들을 낳으리
니 이름을 예수라 하라 이는 그가 자기 백성을 그들의 죄에서 구원할 자이심이라 하니라 22이 모
든 일이 된 것은 주께서 선지자로 하신 말씀을 이루려 하심이니 이르시되 23보라 처녀가 잉태하여
아들을 낳을 것이요 그의 이름은 임마누엘이라 하리라 하셨으니 이를 번역한즉 하나님이 우리와
함께 계시다 함이라 24요셉이 잠에서 깨어 일어나 주의 사자의 분부대로 행하여 그의 아내를 데려
왔으나 25아들을 낳기까지 동침하지 아니하더니 낳으매 이름을 예수라 하니라

눅 2:26 여섯째 달에 천사 가브리엘이 하나님의 보내심을 받아 갈릴리 나사렛이란 동네에 가
서 27다윗의 자손 요셉이라 하는 사람과 약혼한 처녀에게 이르니 그 처녀의 이름은 마리아라
28그에게 들어가 이르되 은혜를 받은 자여 평안할지어다 주께서 너와 함께 하시도다 하니 29처
녀가 그 말을 듣고 놀라 이런 인사가 어찌함인가 생각하매 30천사가 이르되 마리아여 무서워
하지 말라 네가 하나님께 은혜를 입었느니라 31보라 네가 잉태하여 아들을 낳으리니 그 이름
을 예수라 하라 32그가 큰 자가 되고 지극히 높으신 이의 아들이라 일컬어질 것이요 주 하나님
께서 그 조상 다윗의 왕위를 그에게 주시리니 33영원히 야곱의 집을 왕으로 다스리실 것이며
그 나라가 무궁하리라 34마리아가 천사에게 말하되 나는 남자를 알지 못하니 어찌 이 일이 있
으리이까 35천사가 대답하여 이르되 성령이 네게 임하시고 지극히 높으신 이의 능력이 너를
덮으시리니 이러므로 나실 바 거룩한 이는 하나님의 아들이라 일컬어지리라 36보라 네 친족
엘리사벳도 늙어서 아들을 배었느니라 본래 임신하지 못한다고 알려진 이가 이미 여섯 달이
되었나니 37대저 하나님의 모든 말씀은 능하지 못하심이 없느니라 38마리아가 이르되 주의 여
종이오니 말씀대로 내게 이루어지이다 하매 천사가 떠나가니라

마 2:1-12 동방박사

1헤롯 왕 때에 예수께서 유대 베들레헴에서 나시매 동방으로부터 박사들이 예루살렘에 이르러 말
하되 2유대인의 왕으로 나신 이가 어디 계시냐 우리가 동방에서 그의 별을 보고 그에게 경배하러
왔노라 하니 3헤롯 왕과 온 예루살렘이 듣고 소동한지라 4왕이 모든 대제사장과 백성의 서기관들
을 모아 그리스도가 어디서 나겠느냐 물으니 5이르되 유대 베들레헴이오니 이는 선지자로 이렇게
기록된 바 6또 유대 땅 베들레헴아 너는 유대 고을 중에서 가장 작지 아니하도다 네게서 한 다스리
는 자가 나와서 내 백성 이스라엘의 목자가 되리라 하였음이니이다 7이에 헤롯이 가만히 박사들

을 불러 별이 나타난 때를 자세히 묻고 8베들레헴으로 보내며 이르되 가서 아기에 대하여 자세히
알아보고 찾거든 내게 고하여 나도 가서 그에게 경배하게 하라 9박사들이 왕의 말을 듣고 갈새 동
방에서 보던 그 별이 문득 앞서 인도하여 가다가 아기 있는 곳 위에 머물러 서 있는지라 10그들이
별을 보고 매우 크게 기뻐하고 기뻐하더라 11집에 들어가 아기와 그의 어머니 마리아가 함께 있는
것을 보고 엎드려 아기께 경배하고 보배합을 열어 황금과 유향과 몰약을 예물로 드리니라 12그들
은 꿈에 헤롯에게로 돌아가지 말라 지시하심을 받아 다른 길로 고국에 돌아가니라

눅 2:1 그 때에 가이사 아구스도가 영을 내려 천하로 다 호적하라 하였으니 2이 호적은 구레뇨
가 수리아 총독이 되었을 때에 처음 한 것이라 3모든 사람이 호적하러 각각 고향으로 돌아가
매 4요셉도 다윗의 집 족속이므로 갈릴리 나사렛 동네에서 유대를 향하여 베들레헴이라 하는
다윗의 동네로 5그 약혼한 마리아와 함께 호적하러 올라가니 마리아가 이미 잉태하였더라 6거
기 있을 그 때에 해산할 날이 차서 7첫아들을 낳아 강보로 싸서 구유에 뉘었으니 이는 여관에
있을 곳이 없음이러라 8그 지역에 목자들이 밤에 밖에서 자기 양 떼를 지키더니 9주의 사자가
곁에 서고 주의 영광이 그들을 두루 비추매 크게 무서워하는지라 10천사가 이르되 무서워하지
말라 보라 내가 온 백성에게 미칠 큰 기쁨의 좋은 소식을 너희에게 전하노라 11오늘 다윗의 동
네에 너희를 위하여 구주가 나셨으니 곧 그리스도 주시니라 12너희가 가서 강보에 싸여 구유
에 뉘어 있는 아기를 보리니 이것이 너희에게 표적이니라 하더니 13홀연히 수많은 천군이 그
천사와 함께 하나님을 찬송하여 이르되 14지극히 높은 곳에서는 하나님께 영광이요 땅에서는
하나님이 기뻐하신 사람들 중에 평화로다 하니라 15천사들이 떠나 하늘로 올라가니 목자가 서
로 말하되 이제 베들레헴으로 가서 주께서 우리에게 알리신 바 이 이루어진 일을 보자 하고 16
빨리 가서 마리아와 요셉과 구유에 누인 아기를 찾아서 17보고 천사가 자기들에게 이 아기에
대하여 말한 것을 전하니 18듣는 자가 다 목자들이 그들에게 말한 것들을 놀랍게 여기되 19마
리아는 이 모든 말을 마음에 새기어 생각하니라 20목자들은 자기들에게 이르던 바와 같이 듣
고 본 그 모든 것으로 인하여 하나님께 영광을 돌리고 찬송하며 돌아가니라

마 2:13-18 이집트로 탈출

13그들이 떠난 후에 주의 사자가 요셉에게 현몽하여 이르되 헤롯이 아기를 찾아 죽이려 하니 일어
나 아기와 그의 어머니를 데리고 애굽으로 피하여 내가 네게 이르기까지 거기 있으라 하시니 14요
셉이 일어나서 밤에 아기와 그의 어머니를 데리고 애굽으로 떠나가 15헤롯이 죽기까지 거기 있었
으니 이는 주께서 선지자를 통하여 말씀하신 바 애굽으로부터 내 아들을 불렀다 함을 이루려 하심
이라 16이에 헤롯이 박사들에게 속은 줄 알고 심히 노하여 사람을 보내어 베들레헴과 그 모든 지
경 안에 있는 사내아이를 박사들에게 자세히 알아본 그 때를 기준하여 두 살부터 그 아래로 다 죽
이니 17이에 선지자 예레미야를 통하여 말씀하신 바 18라마에서 슬퍼하며 크게 통곡하는 소리가

들리니 라헬이 그 자식을 위하여 애곡하는 것이라 그가 자식이 없으므로 위로 받기를 거절하였도
다 함이 이루어졌느니라

마 2:19-23 나사렛 귀환

[19]헤롯이 죽은 후에 주의 사자가 애굽에서 요셉에게 현몽하여 이르되 [20]일어나 아기와 그의 어머
니를 데리고 이스라엘 땅으로 가라 아기의 목숨을 찾던 자들이 죽었느니라 하시니 [21]요셉이 일어
나 아기와 그의 어머니를 데리고 이스라엘 땅으로 들어가니라 [22]그러나 아켈라오가 그의 아버지
헤롯을 이어 유대의 임금 됨을 듣고 거기로 가기를 무서워하더니 꿈에 지시하심을 받아 갈릴리 지
방으로 떠나가 [23]나사렛이란 동네에 가서 사니 이는 선지자로 하신 말씀에 나사렛 사람이라 칭하
리라 하심을 이루려 함이러라

눅 2:39 주의 율법을 따라 모든 일을 마치고 갈릴리로 돌아가 본 동네 나사렛에 이르니라 [40]아
기가 자라며 강하여지고 지혜가 충만하며 하나님의 은혜가 그의 위에 있더라

마 3:1-12 세례 요한의 선포

[1]그 때에 세례 요한이 이르러 유대 광야에서 전파하여 말하되 [2]회개하라 천국이 가까이 왔느니라
하였으니 [3]그는 선지자 이사야를 통하여 말씀하신 자라 일렀으되 광야에 외치는 자의 소리가 있
어 이르되 너희는 주의 길을 준비하라 그가 오실 길을 곧게 하라 하였느니라 [4]이 요한은 낙타털
옷을 입고 허리에 가죽 띠를 띠고 음식은 메뚜기와 석청이었더라 [5]이 때에 예루살렘과 온 유대와
요단 강 사방에서 다 그에게 나아와 [6]자기들의 죄를 자복하고 요단 강에서 그에게 세례를 받더니
[7]요한이 많은 바리새인들과 사두개인들이 세례 베푸는 데로 오는 것을 보고 이르되 독사의 자식
들아 누가 너희를 가르쳐 임박한 진노를 피하라 하더냐 [8]그러므로 회개에 합당한 열매를 맺고 [9]속
으로 아브라함이 우리 조상이라고 생각하지 말라 내가 너희에게 이르노니 하나님이 능히 이 돌들
로도 아브라함의 자손이 되게 하시리라 [10]이미 도끼가 나무 뿌리에 놓였으니 좋은 열매를 맺지 아
니하는 나무마다 찍혀 불에 던져지리라 [11]나는 너희로 회개하게 하기 위하여 물로 세례를 베풀거
니와 내 뒤에 오시는 이는 나보다 능력이 많으시니 나는 그의 신을 들기도 감당하지 못하겠노라
그는 성령과 불로 너희에게 세례를 베푸실 것이요 [12]손에 키를 들고 자기의 타작 마당을 정하게
하사 알곡은 모아 곳간에 들이고 쭉정이는 꺼지지 않는 불에 태우시리라

막 1:2 선지자 이사야의 글에 보라 내가 내 사자를 네 앞에 보내노니 그가 네 길을 준비하리라
3광야에 외치는 자의 소리가 있어 이르되 너희는 주의 길을 준비하라 그의 오실 길을 곧게 하
라 기록된 것과 같이 4세례 요한이 광야에 이르러 죄 사함을 받게 하는 회개의 세례를 전파하
니 5온 유대 지방과 예루살렘 사람이 다 나아가 자기 죄를 자복하고 요단 강에서 그에게 세례
를 받더라 6요한은 낙타털 옷을 입고 허리에 가죽 띠를 띠고 메뚜기와 석청을 먹더라 7그가 전
파하여 이르되 나보다 능력 많으신 이가 내 뒤에 오시나니 나는 굽혀 그의 신발끈을 풀기도 감
당하지 못하겠노라 8나는 너희에게 물로 세례를 베풀었거니와 그는 너희에게 성령으로 세례
를 베푸시리라

눅 3:1 디베료 황제가 통치한 지 열다섯 해 곧 본디오 빌라도가 유대의 총독으로, 헤롯이 갈릴
리의 분봉 왕으로, 그 동생 빌립이 이두래와 드라고닛 지방의 분봉 왕으로, 루사니아가 아빌
레네의 분봉 왕으로, 2안나스와 가야바가 대제사장으로 있을 때에 하나님의 말씀이 빈 들에서
사가랴의 아들 요한에게 임한지라 3요한이 요단 강 부근 각처에 와서 죄 사함을 받게 하는 회
개의 세례를 전파하니 4선지자 이사야의 책에 쓴 바 광야에서 외치는 자의 소리가 있어 이르
되 너희는 주의 길을 준비하라 그의 오실 길을 곧게 하라 5모든 골짜기가 메워지고 모든 산과
작은 산이 낮아지고 굽은 것이 곧아지고 험한 길이 평탄하여질 것이요 6모든 육체가 하나님의
구원하심을 보리라 함과 같으니라 7요한이 세례 받으러 나아오는 무리에게 이르되 독사의 자
식들아 누가 너희에게 일러 장차 올 진노를 피하라 하더냐 8그러므로 회개에 합당한 열매를 맺
고 속으로 아브라함이 우리 조상이라 말하지 말라 내가 너희에게 이르노니 하나님이 능히 이
돌들로도 아브라함의 자손이 되게 하시리라 9이미 도끼가 나무 뿌리에 놓였으니 좋은 열매 맺
지 아니하는 나무마다 찍혀 불에 던져지리라 10무리가 물어 이르되 그러면 우리가 무엇을 하
리이까 11대답하여 이르되 옷 두 벌 있는 자는 옷 없는 자에게 나눠 줄 것이요 먹을 것이 있는
자도 그렇게 할 것이니라 하고 12세리들도 세례를 받고자 하여 와서 이르되 선생이여 우리는
무엇을 하리이까 하매 13이르되 부과된 것 외에는 거두지 말라 하고 14군인들도 물어 이르되
우리는 무엇을 하리이까 하매 이르되 사람에게서 강탈하지 말며 거짓으로 고발하지 말고 받는
급료를 족한 줄로 알라 하니라 15백성들이 바라고 기다리므로 모든 사람들이 요한을 혹 그리
스도신가 심중에 생각하니 16요한이 모든 사람에게 대답하여 이르되 나는 물로 너희에게 세례
를 베풀거니와 나보다 능력이 많으신 이가 오시나니 나는 그의 신발끈을 풀기도 감당하지 못
하겠노라 그는 성령과 불로 너희에게 세례를 베푸실 것이요 17손에 키를 들고 자기의 타작 마
당을 정하게 하사 알곡은 모아 곳간에 들이고 쭉정이는 꺼지지 않는 불에 태우시리라 18또 그
밖에 여러 가지로 권하여 백성에게 좋은 소식을 전하였으나 19분봉 왕 헤롯은 그의 동생의 아
내 헤로디아의 일과 또 자기가 행한 모든 악한 일로 말미암아 요한에게 책망을 받고 20그 위에
한 가지 악을 더하여 요한을 옥에 가두니라

요 1:19 유대인들이 예루살렘에서 제사장들과 레위인들을 요한에게 보내어 네가 누구냐 물을
때에 요한의 증언이 이러하니라 20요한이 드러내어 말하고 숨기지 아니하니 드러내어 하는 말
이 나는 그리스도가 아니라 한 대 21또 묻되 그러면 누구냐 네가 엘리야냐 이르되 나는 아니라
또 묻되 네가 그 선지자냐 대답하되 아니라 22또 말하되 누구냐 우리를 보낸 이들에게 대답하

게 하라 너는 네게 대하여 무엇이라 하느냐 23이르되 나는 선지자 이사야의 말과 같이 주의 길
을 곧게 하라고 광야에서 외치는 자의 소리로라 하니라 24그들은 바리새인들이 보낸 자라 25또
물어 이르되 네가 만일 그리스도도 아니요 엘리야도 아니요 그 선지자도 아닐진대 어찌하여 세
례를 베푸느냐 26요한이 대답하되 나는 물로 세례를 베풀거니와 너희 가운데 너희가 알지 못하
는 한 사람이 섰으니 27곧 내 뒤에 오시는 그이라 나는 그의 신발끈을 풀기도 감당하지 못하겠
노라 하더라 28이 일은 요한이 세례 베풀던 곳 요단 강 건너편 베다니에서 일어난 일이니라

마 3:13-17 예수의 세례

13이 때에 예수께서 갈릴리로부터 요단 강에 이르러 요한에게 세례를 받으려 하시니 14요한이 말
려 이르되 내가 당신에게서 세례를 받아야 할 터인데 당신이 내게로 오시나이까 15예수께서 대답
하여 이르시되 이제 허락하라 우리가 이와 같이 하여 모든 의를 이루는 것이 합당하니라 하시니
이에 요한이 허락하는지라 16예수께서 세례를 받으시고 곧 물에서 올라오실새 하늘이 열리고 하
나님의 성령이 비둘기 같이 내려 자기 위에 임하심을 보시더니 17하늘로부터 소리가 있어 말씀하
시되 이는 내 사랑하는 아들이요 내 기뻐하는 자라 하시니라

막 1:9 그 때에 예수께서 갈릴리 나사렛으로부터 와서 요단 강에서 요한에게 세례를 받으시고
10곧 물에서 올라오실새 하늘이 갈라짐과 성령이 비둘기 같이 자기에게 내려오심을 보시더니
11하늘로부터 소리가 나기를 너는 내 사랑하는 아들이라 내가 너를 기뻐하노라 하시니라

눅 3:21 백성이 다 세례를 받을새 예수도 세례를 받으시고 기도하실 때에 하늘이 열리며 22성
령이 비둘기 같은 형체로 그의 위에 강림하시더니 하늘로부터 소리가 나기를 너는 내 사랑하
는 아들이라 내가 너를 기뻐하노라 하시니라

요 1:29 이튿날 요한이 예수께서 자기에게 나아오심을 보고 이르되 보라 세상 죄를 지고 가
는 하나님의 어린 양이로다 30내가 전에 말하기를 내 뒤에 오는 사람이 있는데 나보다 앞선 것
은 그가 나보다 먼저 계심이라 한 것이 이 사람을 가리킴이라 31나도 그를 알지 못하였으나 내
가 와서 물로 세례를 베푸는 것은 그를 이스라엘에 나타내려 함이라 하니라 32요한이 또 증언
하여 이르되 내가 보매 성령이 비둘기 같이 하늘로부터 내려와서 그의 위에 머물렀더라 33나
도 그를 알지 못하였으나 나를 보내어 물로 세례를 베풀라 하신 그이가 나에게 말씀하시되 성
령이 내려서 누구 위에든지 머무는 것을 보거든 그가 곧 성령으로 세례를 베푸는 이인 줄 알라
하셨기에 34내가 보고 그가 하나님의 아들이심을 증언하였노라 하니라

마 4:1-11 예수의 시험

1그 때에 예수께서 성령에게 이끌리어 마귀에게 시험을 받으러 광야로 가사 2사십 일을 밤낮으로
금식하신 후에 주리신지라 3시험하는 자가 예수께 나아와서 이르되 네가 만일 하나님의 아들이어
든 명하여 이 돌들로 떡덩이가 되게 하라 4예수께서 대답하여 이르시되 기록되었으되 사람이 떡
으로만 살 것이 아니요 하나님의 입으로부터 나오는 모든 말씀으로 살 것이라 하였느니라 하시니
5이에 마귀가 예수를 거룩한 성으로 데려다가 성전 꼭대기에 세우고 6이르되 네가 만일 하나님의
아들이어든 뛰어내리라 기록되었으되 그가 너를 위하여 그의 사자들을 명하시리니 그들이 손으
로 너를 받들어 발이 돌에 부딪치지 않게 하리로다 하였느니라 7예수께서 이르시되 또 기록되었
으되 주 너의 하나님을 시험하지 말라 하였느니라 하시니 8마귀가 또 그를 데리고 지극히 높은 산
으로 가서 천하 만국과 그 영광을 보여 9이르되 만일 내게 엎드려 경배하면 이 모든 것을 네게 주
리라 10이에 예수께서 말씀하시되 사탄아 물러가라 기록되었으되 주 너의 하나님께 경배하고 다
만 그를 섬기라 하였느니라 11이에 마귀는 예수를 떠나고 천사들이 나아와서 수종드니라

막 1:12 성령이 곧 예수를 광야로 몰아내신지라 13광야에서 사십 일을 계시면서 사탄에게 시
험을 받으시며 들짐승과 함께 계시니 천사들이 수종들더라

눅 4:1 예수께서 성령의 충만함을 입어 요단 강에서 돌아오사 광야에서 사십 일 동안 성령에
게 이끌리시며 2마귀에게 시험을 받으시더라 이 모든 날에 아무 것도 잡수시지 아니하시니 날
수가 다하매 주리신지라 3마귀가 이르되 네가 만일 하나님의 아들이어든 이 돌들에게 명하여
떡이 되게 하라 4예수께서 대답하시되 기록된 바 사람이 떡으로만 살 것이 아니라 하였느니라
5마귀가 또 예수를 이끌고 올라가서 순식간에 천하 만국을 보이며 6이르되 이 모든 권위와 그
영광을 내가 네게 주리라 이것은 내게 넘겨 준 것이므로 내가 원하는 자에게 주노라 7그러므
로 네가 만일 내게 절하면 다 네 것이 되리라 8예수께서 대답하여 이르시되 기록된 바 주 너의
하나님께 경배하고 다만 그를 섬기라 하였느니라 9또 이끌고 예루살렘으로 가서 성전 꼭대기
에 세우고 이르되 네가 만일 하나님의 아들이어든 여기서 뛰어내리라 10기록되었으되 하나님
이 너를 위하여 그 사자들을 명하사 너를 지키게 하시리라 하였고 11또한 그들이 손으로 너를
받들어 네 발이 돌에 부딪치지 않게 하시리라 하였느니라 12예수께서 대답하여 이르시되 주 너
의 하나님을 시험하지 말라 하였느니라 13마귀가 모든 시험을 다 한 후에 얼마 동안 떠나니라

마 4:12-16 갈릴리 사역

12예수께서 요한이 잡혔음을 들으시고 갈릴리로 물러가셨다가 13나사렛을 떠나 스불론과 납달리
지경 해변에 있는 가버나움에 가서 사시니 14이는 선지자 이사야를 통하여 하신 말씀을 이루려 하

심이라 일렀으되 15스불론 땅과 납달리 땅과 요단 강 저편 해변 길과 이방의 갈릴리여 16흑암에
앉은 백성이 큰 빛을 보았고 사망의 땅과 그늘에 앉은 자들에게 빛이 비치었도다 하였느니라

눅 4:14 예수께서 성령의 능력으로 갈릴리에 돌아가시니 그 소문이 사방에 퍼졌고 15친히 그
여러 회당에서 가르치시매 뭇 사람에게 칭송을 받으시더라

마 4:17 첫 선포

17이 때부터 예수께서 비로소 전파하여 이르시되 회개하라 천국이 가까이 왔느니라 하시더라

막 1:14 요한이 잡힌 후 예수께서 갈릴리에 오셔서 하나님의 복음을 전파하여 15이르시되 때
가 찼고 하나님의 나라가 가까이 왔으니 회개하고 복음을 믿으라 하시더라

눅 4:16 예수께서 그 자라나신 곳 나사렛에 이르사 안식일에 늘 하시던 대로 회당에 들어가사
성경을 읽으려고 서시매 17선지자 이사야의 글을 드리거늘 책을 펴서 이렇게 기록된 데를 찾
으시니 곧 18주의 성령이 내게 임하셨으니 이는 가난한 자에게 복음을 전하게 하시려고 내게
기름을 부으시고 나를 보내사 포로 된 자에게 자유를, 눈 먼 자에게 다시 보게 함을 전파하며
눌린 자를 자유롭게 하고 19주의 은혜의 해를 전파하게 하려 하심이라 하였더라 20책을 덮어
그 맡은 자에게 주시고 앉으시니 회당에 있는 자들이 다 주목하여 보더라 21이에 예수께서 그
들에게 말씀하시되 이 글이 오늘 너희 귀에 응하였느니라 하시니 22그들이 다 그를 증언하고
그 입으로 나오는 바 은혜로운 말을 놀랍게 여겨 이르되 이 사람이 요셉의 아들이 아니냐

마 4:18-22 네 제자 부름

18갈릴리 해변에 다니시다가 두 형제 곧 베드로라 하는 시몬과 그의 형제 안드레가 바다에 그물
던지는 것을 보시니 그들은 어부라 19말씀하시되 나를 따라오라 내가 너희를 사람을 낚는 어부가
되게 하리라 하시니 20그들이 곧 그물을 버려 두고 예수를 따르니라 21거기서 더 가시다가 다른
두 형제 곧 세베대의 아들 야고보와 그의 형제 요한이 그의 아버지 세베대와 함께 배에서 그물 깁
는 것을 보시고 부르시니 22그들이 곧 배와 아버지를 버려 두고 예수를 따르니라

막 1:16 갈릴리 해변으로 지나가시다가 시몬과 그 형제 안드레가 바다에 그물 던지는 것을 보
시니 그들은 어부라 17예수께서 이르시되 나를 따라오라 내가 너희로 사람을 낚는 어부가 되

게 하리라 하시니 18곧 그물을 버려 두고 따르니라 19조금 더 가시다가 세베대의 아들 야고보
와 그 형제 요한을 보시니 그들도 배에 있어 그물을 깁는데 20곧 부르시니 그 아버지 세베대를
품꾼들과 함께 배에 버려 두고 예수를 따라가니라

눅 5:1 무리가 몰려와서 하나님의 말씀을 들을새 예수는 게네사렛 호숫가에 서서 2호숫가에
배 두 척이 있는 것을 보시니 어부들은 배에서 나와서 그물을 씻는지라 3예수께서 한 배에 오
르시니 그 배는 시몬의 배라 육지에서 조금 떼기를 청하시고 앉으사 배에서 무리를 가르치시더
니 4말씀을 마치시고 시몬에게 이르시되 깊은 데로 가서 그물을 내려 고기를 잡으라 5시몬이
대답하여 이르되 선생님 우리들이 밤이 새도록 수고하였으되 잡은 것이 없지마는 말씀에 의
지하여 내가 그물을 내리리이다 하고 6그렇게 하니 고기를 잡은 것이 심히 많아 그물이 찢어
지는지라 7이에 다른 배에 있는 동무들에게 손짓하여 와서 도와 달라 하니 그들이 와서 두 배
에 채우매 잠기게 되었더라 8시몬 베드로가 이를 보고 예수의 무릎 아래에 엎드려 이르되 주
여 나를 떠나소서 나는 죄인이로소이다 하니 9이는 자기 및 자기와 함께 있는 모든 사람이 고
기 잡힌 것으로 말미암아 놀라고 10세베대의 아들로서 시몬의 동업자인 야고보와 요한도 놀랐
음이라 예수께서 시몬에게 이르시되 무서워하지 말라 이제 후로는 네가 사람을 취하리라 하시
니 11그들이 배들을 육지에 대고 모든 것을 버려 두고 예수를 따르니라

요 1:35 또 이튿날 요한이 자기 제자 중 두 사람과 함께 섰다가 36예수께서 거니심을 보고 말
하되 보라 하나님의 어린 양이로다 37두 제자가 그의 말을 듣고 예수를 따르거늘 38예수께서
돌이켜 그 따르는 것을 보시고 물어 이르시되 무엇을 구하느냐 이르되 랍비여 어디 계시오니
이까 하니 (랍비는 번역하면 선생이라) 39예수께서 이르시되 와서 보라 그러므로 그들이 가서
계신 데를 보고 그 날 함께 거하니 때가 열 시쯤 되었더라 40요한의 말을 듣고 예수를 따르는
두 사람 중의 하나는 시몬 베드로의 형제 안드레라 41그가 먼저 자기의 형제 시몬을 찾아 말하
되 우리가 메시야를 만났다 하고 (메시야는 번역하면 그리스도라) 42데리고 예수께로 오니 예
수께서 보시고 이르시되 네가 요한의 아들 시몬이니 장차 게바라 하리라 하시니라 (게바는 번
역하면 베드로라) 43이튿날 예수께서 갈릴리로 나가려 하시다가 빌립을 만나 이르시되 나를
따르라 하시니 44빌립은 안드레와 베드로와 한 동네 벳새다 사람이라 45빌립이 나다나엘을 찾
아 이르되 모세가 율법에 기록하였고 여러 선지자가 기록한 그이를 우리가 만났으니 요셉의
아들 나사렛 예수니라 46나다나엘이 이르되 나사렛에서 무슨 선한 것이 날 수 있느냐 빌립이
이르되 와서 보라 하니라 47예수께서 나다나엘이 자기에게 오는 것을 보시고 그를 가리켜 이
르시되 보라 이는 참으로 이스라엘 사람이라 그 속에 간사한 것이 없도다 48나다나엘이 이르
되 어떻게 나를 아시나이까 예수께서 대답하여 이르시되 빌립이 너를 부르기 전에 네가 무화
과나무 아래에 있을 때에 보았노라 49나다나엘이 대답하되 랍비여 당신은 하나님의 아들이시
요 당신은 이스라엘의 임금이로소이다 50예수께서 대답하여 이르시되 내가 너를 무화과나무
아래에서 보았다 하므로 믿느냐 이보다 더 큰 일을 보리라 51또 이르시되 진실로 진실로 너희
에게 이르노니 하늘이 열리고 하나님의 사자들이 인자 위에 오르락 내리락 하는 것을 보리라
하시니라

마 4:23-25 갈릴리 사역 보고

[23]예수께서 온 갈릴리에 두루 다니사 그들의 회당에서 가르치시며 천국 복음을 전파하시며 백성
중의 모든 병과 모든 약한 것을 고치시니 [24]그의 소문이 온 수리아에 퍼진지라 사람들이 모든 앓
는 자 곧 각종 병에 걸려서 고통 당하는 자, 귀신 들린 자, 간질하는 자, 중풍병자들을 데려오니 그
들을 고치시더라 [25]갈릴리와 데가볼리와 예루살렘과 유대와 요단 강 건너편에서 수많은 무리가
따르니라이는 내 사랑하는 아들이요 내 기뻐하는 자라 하시니라

막 1:35 새벽 아직도 밝기 전에 예수께서 일어나 나가 한적한 곳으로 가사 거기서 기도하시더
니 [36]시몬과 및 그와 함께 있는 자들이 예수의 뒤를 따라가 [37]만나서 이르되 모든 사람이 주를
찾나이다 [38]이르시되 우리가 다른 가까운 마을들로 가자 거기서도 전도하리니 내가 이를 위하
여 왔노라 하시고 [39]이에 온 갈릴리에 다니시며 그들의 여러 회당에서 전도하시고 또 귀신들
을 내쫓으시더라

눅 4:42 날이 밝으매 예수께서 나오사 한적한 곳에 가시니 무리가 찾다가 만나서 자기들에게
서 떠나시지 못하게 만류하려 하매 [43]예수께서 이르시되 내가 다른 동네들에서도 하나님의 나
라 복음을 전하여야 하리니 나는 이 일을 위해 보내심을 받았노라 하시고 [44]갈릴리 여러 회당
에서 전도하시더라

마 5:1-2 도입부

[1]예수께서 무리를 보시고 산에 올라가 앉으시니 제자들이 나아온지라 [2]입을 열어 가르쳐 이르
시되

눅 6:17 예수께서 그들과 함께 내려오사 평지에 서시니 그 제자의 많은 무리와 예수의 말씀도
듣고 병 고침을 받으려고 유대 사방과 예루살렘과 두로와 시돈의 해안으로부터 온 많은 백성
도 있더라 [18]더러운 귀신에게 고난 받는 자들도 고침을 받은지라 [19]온 무리가 예수를 만지려고
힘쓰니 이는 능력이 예수께로부터 나와서 모든 사람을 낫게 함이러라 [20a]예수께서 눈을 들어
제자들을 보시고 이르시되

마 5:3-12 팔복 선언

3심령이 가난한 자는 복이 있나니 천국이 그들의 것임이요 4애통하는 자는 복이 있나니 그들이 위로를 받을 것임이요 5온유한 자는 복이 있나니 그들이 땅을 기업으로 받을 것임이요 6의에 주리고 목마른 자는 복이 있나니 그들이 배부를 것임이요 7긍휼히 여기는 자는 복이 있나니 그들이 긍휼히 여김을 받을 것임이요 8마음이 청결한 자는 복이 있나니 그들이 하나님을 볼 것임이요 9화평하게 하는 자는 복이 있나니 그들이 하나님의 아들이라 일컬음을 받을 것임이요 10의를 위하여 박해를 받은 자는 복이 있나니 천국이 그들의 것임이라 11나로 말미암아 너희를 욕하고 박해하고 거짓으로 너희를 거슬러 모든 악한 말을 할 때에는 너희에게 복이 있나니 12기뻐하고 즐거워하라 하늘에서 너희의 상이 큼이라 너희 전에 있던 선지자들도 이같이 박해하였느니라

눅 6:20 예수께서 눈을 들어 제자들을 보시고 이르시되 너희 가난한 자는 복이 있나니 하나님의 나라가 너희 것임이요 21지금 주린 자는 복이 있나니 너희가 배부름을 얻을 것임이요 지금 우는 자는 복이 있나니 너희가 웃을 것임이요 22인자로 말미암아 사람들이 너희를 미워하며 멀리하고 욕하고 너희 이름을 악하다 하여 버릴 때에는 너희에게 복이 있도다 23그 날에 기뻐하고 뛰놀라 하늘에서 너희 상이 큼이라 그들의 조상들이 선지자들에게 이와 같이 하였느니라 24그러나 화 있을진저 너희 부요한 자여 너희는 너희의 위로를 이미 받았도다 25화 있을진저 너희 지금 배부른 자여 너희는 주리리로다 화 있을진저 너희 지금 웃는 자여 너희가 애통하며 울리로다 26모든 사람이 너희를 칭찬하면 화가 있도다 그들의 조상들이 거짓 선지자들에게 이와 같이 하였느니라

마 5:13-14 소금과 빛

13너희는 세상의 소금이니 소금이 만일 그 맛을 잃으면 무엇으로 짜게 하리요 후에는 아무 쓸 데 없어 다만 밖에 버려져 사람에게 밟힐 뿐이니라 14너희는 세상의 빛이라 산 위에 있는 동네가 숨겨지지 못할 것이요

막 9:50 소금은 좋은 것이로되 만일 소금이 그 맛을 잃으면 무엇으로 이를 짜게 하리요 너희 속에 소금을 두고 서로 화목하라 하시니라

눅 14:33 이와 같이 너희 중의 누구든지 자기의 모든 소유를 버리지 아니하면 능히 내 제자가 되지 못하리라 34소금이 좋은 것이나 소금도 만일 그 맛을 잃으면 무엇으로 짜게 하리요 35땅에도, 거름에도 쓸 데 없어 내버리느니라 들을 귀가 있는 자는 들을지어다 하시니라

마 5:15-16 등불

15사람이 등불을 켜서 말 아래에 두지 아니하고 등경 위에 두나니 이러므로 집 안 모든 사람에게
비치느니라 16이같이 너희 빛이 사람 앞에 비치게 하여 그들로 너희 착한 행실을 보고 하늘에 계
신 너희 아버지께 영광을 돌리게 하라

막 4:21 또 그들에게 이르시되 사람이 등불을 가져오는 것은 말 아래에나 평상 아래에 두려
함이냐 등경 위에 두려 함이 아니냐 22드러내려 하지 않고는 숨긴 것이 없고 나타내려 하지 않
고는 감추인 것이 없느니라

눅 8:16 누구든지 등불을 켜서 그릇으로 덮거나 평상 아래에 두지 아니하고 등경 위에 두나니
이는 들어가는 자들로 그 빛을 보게 하려 함이라 17숨은 것이 장차 드러나지 아니할 것이 없고
감추인 것이 장차 알려지고 나타나지 않을 것이 없느니라 18그러므로 너희가 어떻게 들을까
스스로 삼가라 누구든지 있는 자는 받겠고 없는 자는 그 있는 줄로 아는 것까지도 빼앗기리라
하시니라

눅 11:33 누구든지 등불을 켜서 움 속에나 말 아래에 두지 아니하고 등경 위에 두나니 이는
들어가는 자로 그 빛을 보게 하려 함이라 34네 몸의 등불은 눈이라 네 눈이 성하면 온 몸이 밝
을 것이요 만일 나쁘면 네 몸도 어두우리라 35그러므로 네 속에 있는 빛이 어둡지 아니한가 보
라 36네 온 몸이 밝아 조금도 어두운 데가 없으면 등불의 빛이 너를 비출 때와 같이 온전히 밝
으리라 하시니라

마 5:17-20 더 나은 의

17내가 율법이나 선지자를 폐하러 온 줄로 생각하지 말라 폐하러 온 것이 아니요 완전하게 하려
함이라 18진실로 너희에게 이르노니 천지가 없어지기 전에는 율법의 일점 일획도 결코 없어지지
아니하고 다 이루리라 19그러므로 누구든지 이 계명 중의 지극히 작은 것 하나라도 버리고 또 그
같이 사람을 가르치는 자는 천국에서 지극히 작다 일컬음을 받을 것이요 누구든지 이를 행하며 가
르치는 자는 천국에서 크다 일컬음을 받으리라 20내가 너희에게 이르노니 너희 의가 서기관과 바
리새인보다 더 낫지 못하면 결코 천국에 들어가지 못하리라

마 5:21-24 살인 금지

21옛 사람에게 말한 바 살인하지 말라 누구든지 살인하면 심판을 받게 되리라 하였다는 것을 너
희가 들었으나 22나는 너희에게 이르노니 형제에게 노하는 자마다 심판을 받게 되고 형제를 대하
여 라가라 하는 자는 공회에 잡혀가게 되고 미련한 놈이라 하는 자는 지옥 불에 들어가게 되리라
23그러므로 예물을 제단에 드리려다가 거기서 네 형제에게 원망들을 만한 일이 있는 것이 생각나
거든 24예물을 제단 앞에 두고 먼저 가서 형제와 화목하고 그 후에 와서 예물을 드리라

마 5:25-26 화해하라

25너를 고발하는 자와 함께 길에 있을 때에 급히 사화하라 그 고발하는 자가 너를 재판관에게 내
어 주고 재판관이 옥리에게 내어 주어 옥에 가둘까 염려하라 26진실로 네게 이르노니 네가 한 푼
이라도 남김이 없이 다 갚기 전에는 결코 거기서 나오지 못하리라

눅 12:57 또 어찌하여 옳은 것을 스스로 판단하지 아니하느냐 58네가 너를 고발하는 자와 함
께 법관에게 갈 때에 길에서 화해하기를 힘쓰라 그가 너를 재판장에게 끌어 가고 재판장이 너
를 옥졸에게 넘겨 주어 옥졸이 옥에 가둘까 염려하라 59네게 이르노니 한 푼이라도 남김이 없
이 갚지 아니하고서는 결코 거기서 나오지 못하리라 하시니라

마 5:27-30 간음 금지

27또 간음하지 말라 하였다는 것을 너희가 들었으나 28나는 너희에게 이르노니 음욕을 품고 여자
를 보는 자마다 마음에 이미 간음하였느니라 29만일 네 오른 눈이 너로 실족하게 하거든 빼어 내
버리라 네 백체 중 하나가 없어지고 온 몸이 지옥에 던져지지 않는 것이 유익하며 30또한 만일 네
오른손이 너로 실족하게 하거든 찍어 내버리라 네 백체 중 하나가 없어지고 온 몸이 지옥에 던져
지지 않는 것이 유익하니라

막 9:43 만일 네 손이 너를 범죄하게 하거든 찍어버리라 장애인으로 영생에 들어가는 것이 두
손을 가지고 지옥 곧 꺼지지 않는 불에 들어가는 것보다 나으니라 44(없음) 45만일 네 발이 너
를 범죄하게 하거든 찍어버리라 다리 저는 자로 영생에 들어가는 것이 두 발을 가지고 지옥에
던져지는 것보다 나으니라 46(없음) 47만일 네 눈이 너를 범죄하게 하거든 빼버리라 한 눈으로

하나님의 나라에 들어가는 것이 두 눈을 가지고 지옥에 던져지는 것보다 나으니라 48거기에서
는 구더기도 죽지 않고 불도 꺼지지 아니하느니라 49사람마다 불로써 소금 치듯 함을 받으리라

마 5:31-32 이혼 금지

31또 일렀으되 누구든지 아내를 버리려거든 이혼 증서를 줄 것이라 하였으나 32나는 너희에게 이
르노니 누구든지 음행한 이유 없이 아내를 버리면 이는 그로 간음하게 함이요 또 누구든지 버림받
은 여자에게 장가드는 자도 간음함이니라

막 10:11 이르시되 누구든지 그 아내를 버리고 다른 데에 장가 드는 자는 본처에게 간음을 행
함이요 12또 아내가 남편을 버리고 다른 데로 시집 가면 간음을 행함이니라

눅 16:18 무릇 자기 아내를 버리고 다른 데 장가 드는 자도 간음함이요무릇 버림당한 여자에
게 장가드는 자도 간음함이니라

마 5:33-37 맹세 금지

33또 옛 사람에게 말한 바 헛 맹세를 하지 말고 네 맹세한 것을 주께 지키라 하였다는 것을 너희가
들었으나 34나는 너희에게 이르노니 도무지 맹세하지 말지니 하늘로도 하지 말라 이는 하나님의
보좌임이요 35땅으로도 하지 말라 이는 하나님의 발등상임이요 예루살렘으로도 하지 말라 이는
큰 임금의 성임이요 36네 머리로도 하지 말라 이는 네가 한 터럭도 희고 검게 할 수 없음이라 37오
직 너희 말은 옳다 옳다, 아니라 아니라 하라 이에서 지나는 것은 악으로부터 나느니라

마 5:38-42 복수 금지

38또 눈은 눈으로, 이는 이로 갚으라 하였다는 것을 너희가 들었으나 39나는 너희에게 이르노니 악
한 자를 대적하지 말라 누구든지 네 오른편 뺨을 치거든 왼편도 돌려 대며 40또 너를 고발하여 속
옷을 가지고자 하는 자에게 겉옷까지도 가지게 하며 41또 누구든지 너로 억지로 오 리를 가게 하
거든 그 사람과 십 리를 동행하고 42네게 구하는 자에게 주며 네게 꾸고자 하는 자에게 거절하지
말라

눅 6:27 그러나 너희 듣는 자에게 내가 이르노니 너희 원수를 사랑하며 너희를 미워하는 자를
선대하며 [28]너희를 저주하는 자를 위하여 축복하며 너희를 모욕하는 자를 위하여 기도하라 [29]너
의 이 뺨을 치는 자에게 저 뺨도 돌려대며 네 겉옷을 빼앗는 자에게 속옷도 거절하지 말라 [30]네
게 구하는 자에게 주며 네 것을 가져가는 자에게 다시 달라 하지 말며 [31]남에게 대접을 받고자
하는 대로 너희도 남을 대접하라

마 5:43-48 원수 사랑

[43]또 네 이웃을 사랑하고 네 원수를 미워하라 하였다는 것을 너희가 들었으나 [44]나는 너희에게 이
르노니 너희 원수를 사랑하며 너희를 박해하는 자를 위하여 기도하라 [45]이같이 한즉 하늘에 계신
너희 아버지의 아들이 되리니 이는 하나님이 그 해를 악인과 선인에게 비추시며 비를 의로운 자와
불의한 자에게 내려주심이라 [46]너희가 너희를 사랑하는 자를 사랑하면 무슨 상이 있으리요 세리
도 이같이 아니하느냐 [47]또 너희가 너희 형제에게만 문안하면 남보다 더하는 것이 무엇이냐 이방
인들도 이같이 아니하느냐 [48]그러므로 하늘에 계신 너희 아버지의 온전하심과 같이 너희도 온전
하라

눅 6:32 너희가 만일 너희를 사랑하는 자만을 사랑하면 칭찬 받을 것이 무엇이냐 죄인들도 사
랑하는 자는 사랑하느니라 [33]너희가 만일 선대하는 자만을 선대하면 칭찬 받을 것이 무엇이냐
죄인들도 이렇게 하느니라 [34]너희가 받기를 바라고 사람들에게 꾸어 주면 칭찬 받을 것이 무
엇이냐 죄인들도 그만큼 받고자 하여 죄인에게 꾸어 주느니라 [35]오직 너희는 원수를 사랑하고
선대하며 아무 것도 바라지 말고 꾸어 주라 그리하면 너희 상이 클 것이요 또 지극히 높으신
이의 아들이 되리니 그는 은혜를 모르는 자와 악한 자에게도 인자하시니라 [36]너희 아버지의
자비로우심 같이 너희도 자비로운 자가 되라

마 6:1-4 참된 구제

[1]사람에게 보이려고 그들 앞에서 너희 의를 행하지 않도록 주의하라 그리하지 아니하면 하늘에
계신 너희 아버지께 상을 받지 못하느니라 [2]그러므로 구제할 때에 외식하는 자가 사람에게서 영
광을 받으려고 회당과 거리에서 하는 것 같이 너희 앞에 나팔을 불지 말라 진실로 너희에게 이르
노니 그들은 자기 상을 이미 받았느니라 [3]너는 구제할 때에 오른손이 하는 것을 왼손이 모르게 하
여 [4]네 구제함을 은밀하게 하라 은밀한 중에 보시는 너의 아버지께서 갚으시리라

마 6:5-15 참된 기도(주기도문)

5또 너희는 기도할 때에 외식하는 자와 같이 하지 말라 그들은 사람에게 보이려고 회당과 큰 거리
어귀에 서서 기도하기를 좋아하느니라 내가 진실로 너희에게 이르노니 그들은 자기 상을 이미 받
았느니라 6너는 기도할 때에 네 골방에 들어가 문을 닫고 은밀한 중에 계신 네 아버지께 기도하라
은밀한 중에 보시는 네 아버지께서 갚으시리라 7또 기도할 때에 이방인과 같이 중언부언하지 말
라 그들은 말을 많이 하여야 들으실 줄 생각하느니라 8그러므로 그들을 본받지 말라 구하기 전에
너희에게 있어야 할 것을 하나님 너희 아버지께서 아시느니라 9그러므로 너희는 이렇게 기도하라
하늘에 계신 우리 아버지여 이름이 거룩히 여김을 받으시오며 10나라가 임하시오며 뜻이 하늘에
서 이루어진 것 같이 땅에서도 이루어지이다 11오늘 우리에게 일용할 양식을 주시옵고 12우리가
우리에게 죄 지은 자를 사하여 준 것 같이 우리 죄를 사하여 주시옵고 13우리를 시험에 들게 하지
마시옵고 다만 악에서 구하시옵소서 (나라와 권세와 영광이 아버지께 영원히 있사옵나이다 아멘)
14너희가 사람의 잘못을 용서하면 너희 하늘 아버지께서도 너희 잘못을 용서하시려니와 15너희가
사람의 잘못을 용서하지 아니하면 너희 아버지께서도 너희 잘못을 용서하지 아니하시리라

눅 11:1 예수께서 한 곳에서 기도하시고 마치시매 제자 중 하나가 여짜오되 주여 요한이 자기
제자들에게 기도를 가르친 것과 같이 우리에게도 가르쳐 주옵소서 2예수께서 이르시되 너희는
기도할 때에 이렇게 하라 아버지여 이름이 거룩히 여김을 받으시오며 나라가 임하시오며 3우
리에게 날마다 일용할 양식을 주시옵고 4우리가 우리에게 죄 지은 모든 사람을 용서하오니 우
리 죄도 사하여 주시옵고 우리를 시험에 들게 하지 마시옵소서 하라

마 6:16-18 참된 금식

16금식할 때에 너희는 외식하는 자들과 같이 슬픈 기색을 보이지 말라 그들은 금식하는 것을 사람
에게 보이려고 얼굴을 흉하게 하느니라 내가 진실로 너희에게 이르노니 그들은 자기 상을 이미 받
았느니라 17너는 금식할 때에 머리에 기름을 바르고 얼굴을 씻으라 18이는 금식하는 자로 사람에
게 보이지 않고 오직 은밀한 중에 계신 네 아버지께 보이게 하려 함이라 은밀한 중에 보시는 네 아
버지께서 갚으시리라

마 6:19-21 하늘에 쌓은 보물

19너희를 위하여 보물을 땅에 쌓아 두지 말라 거기는 좀과 동록이 해하며 도둑이 구멍을 뚫고 도

둑질하느니라 [20]오직 너희를 위하여 보물을 하늘에 쌓아 두라 거기는 좀이나 동록이 해하지 못하
며 도둑이 구멍을 뚫지도 못하고 도둑질도 못하느니라 [21]네 보물 있는 그 곳에는 네 마음도 있느
니라

눅 12:33 너희 소유를 팔아 구제하여 낡아지지 아니하는 배낭을 만들라 곧 하늘에 둔 바 다함
이 없는 보물이니 거기는 도둑도 가까이 하는 일이 없고 좀도 먹는 일이 없느니라 [34]너희 보물
있는 곳에는 너희 마음도 있으리라

마 6:22-23 등불(2)

[22]눈은 몸의 등불이니 그러므로 네 눈이 성하면 온 몸이 밝을 것이요 [23]눈이 나쁘면 온 몸이 어두
울 것이니 그러므로 네게 있는 빛이 어두우면 그 어둠이 얼마나 더하겠느냐

눅 11:33 누구든지 등불을 켜서 움 속에나 말 아래에 두지 아니하고 등경 위에 두나니 이는
들어가는 자로 그 빛을 보게 하려 함이라 [34]네 몸의 등불은 눈이라 네 눈이 성하면 온 몸이 밝
을 것이요 만일 나쁘면 네 몸도 어두우리라 [35]그러므로 네 속에 있는 빛이 어둡지 아니한가 보
라 [36]네 온 몸이 밝아 조금도 어두운 데가 없으면 등불의 빛이 너를 비출 때와 같이 온전히 밝
으리라 하시니라

마 6:24 하나님과 재물

[24]한 사람이 두 주인을 섬기지 못할 것이니 혹 이를 미워하고 저를 사랑하거나 혹 이를 중히 여기
고 저를 경히 여김이라 너희가 하나님과 재물을 겸하여 섬기지 못하느니라

눅 16:13 집 하인이 두 주인을 섬길 수 없나니 혹 이를 미워하고 저를 사랑하거나 혹 이를 중
히 여기고 저를 경히 여길 것임이니라 너희는 하나님과 재물을 겸하여 섬길 수 없느니라

마 6:25-34 염려 대신 그의 나라와 의를 구하라

[25]그러므로 내가 너희에게 이르노니 목숨을 위하여 무엇을 먹을까 무엇을 마실까 몸을 위하여 무
엇을 입을까 염려하지 말라 목숨이 음식보다 중하지 아니하며 몸이 의복보다 중하지 아니하냐
[26]공중의 새를 보라 심지도 않고 거두지도 않고 창고에 모아들이지도 아니하되 너희 하늘 아버지
께서 기르시나니 너희는 이것들보다 귀하지 아니하냐 [27]너희 중에 누가 염려함으로 그 키를 한 자
라도 더할 수 있겠느냐 [28]또 너희가 어찌 의복을 위하여 염려하느냐 들의 백합화가 어떻게 자라
는가 생각하여 보라 수고도 아니하고 길쌈도 아니하느니라 [29]그러나 내가 너희에게 말하노니 솔
로몬의 모든 영광으로도 입은 것이 이 꽃 하나만 같지 못하였느니라 [30]오늘 있다가 내일 아궁이에
던져지는 들풀도 하나님이 이렇게 입히시거든 하물며 너희일까보냐 믿음이 작은 자들아 [31]그러므
로 염려하여 이르기를 무엇을 먹을까 무엇을 마실까 무엇을 입을까 하지 말라 [32]이는 다 이방인들
이 구하는 것이라 너희 하늘 아버지께서 이 모든 것이 너희에게 있어야 할 줄을 아시느니라 [33]그
런즉 너희는 먼저 그의 나라와 그의 의를 구하라 그리하면 이 모든 것을 너희에게 더하시리라 [34]그
러므로 내일 일을 위하여 염려하지 말라 내일 일은 내일이 염려할 것이요 한 날의 괴로움은 그 날
로 족하니라

눅 12:22 또 제자들에게 이르시되 그러므로 내가 너희에게 이르노니 너희 목숨을 위하여 무
엇을 먹을까 몸을 위하여 무엇을 입을까 염려하지 말라 [23]목숨이 음식보다 중하고 몸이 의복
보다 중하니라 [24]까마귀를 생각하라 심지도 아니하고 거두지도 아니하며 골방도 없고 창고도
없으되 하나님이 기르시나니 너희는 새보다 얼마나 더 귀하냐 [25]또 너희 중에 누가 염려함으
로 그 키를 한 자라도 더할 수 있느냐 [26]그런즉 가장 작은 일도 하지 못하면서 어찌 다른 일들
을 염려하느냐 [27]백합화를 생각하여 보라 실도 만들지 않고 짜지도 아니하느니라 그러나 내가
너희에게 말하노니 솔로몬의 모든 영광으로도 입은 것이 이 꽃 하나만큼 훌륭하지 못하였느
니라 [28]오늘 있다가 내일 아궁이에 던져지는 들풀도 하나님이 이렇게 입히시거든 하물며 너희
일까보냐 믿음이 작은 자들아 [29]너희는 무엇을 먹을까 무엇을 마실까 하여 구하지 말며 근심
하지도 말라 [30]이 모든 것은 세상 백성들이 구하는 것이라 너희 아버지께서는 이런 것이 너희
에게 있어야 할 것을 아시느니라 [31]다만 너희는 그의 나라를 구하라 그리하면 이런 것들을 너
희에게 더하시리라 [32]적은 무리여 무서워 말라 너희 아버지께서 그 나라를 너희에게 주시기를
기뻐하시느니라

마 7:1-5 비판하지 말라

[1]비판을 받지 아니하려거든 비판하지 말라 [2]너희가 비판하는 그 비판으로 너희가 비판을 받을 것
이요 너희가 헤아리는 그 헤아림으로 너희가 헤아림을 받을 것이니라 [3]어찌하여 형제의 눈 속에

있는 티는 보고 네 눈 속에 있는 들보는 깨닫지 못하느냐 4보라 네 눈 속에 들보가 있는데 어찌하
여 형제에게 말하기를 나로 네 눈 속에 있는 티를 빼게 하라 하겠느냐 5외식하는 자여 먼저 네 눈
속에서 들보를 빼어라 그 후에야 밝히 보고 형제의 눈 속에서 티를 빼리라

눅 6:37 비판하지 말라 그리하면 너희가 비판을 받지 않을 것이요 정죄하지 말라 그리하면 너
희가 정죄를 받지 않을 것이요 용서하라 그리하면 너희가 용서를 받을 것이요 38주라 그리하
면 너희에게 줄 것이니 곧 후히 되어 누르고 흔들어 넘치도록 하여 너희에게 안겨 주리라 너희
가 헤아리는 그 헤아림으로 너희도 헤아림을 도로 받을 것이니라 39또 비유로 말씀하시되 맹
인이 맹인을 인도할 수 있느냐 둘이 다 구덩이에 빠지지 아니하겠느냐 40제자가 그 선생보다
높지 못하나 무릇 온전하게 된 자는 그 선생과 같으리라 41어찌하여 형제의 눈 속에 있는 티는
보고 네 눈 속에 있는 들보는 깨닫지 못하느냐 42너는 네 눈 속에 있는 들보를 보지 못하면서
어찌하여 형제에게 말하기를 형제여 나로 네 눈 속에 있는 티를 빼게 하라 할 수 있느냐 외식
하는 자여 먼저 네 눈 속에서 들보를 빼라 그 후에야 네가 밝히 보고 형제의 눈 속에 있는 티를
빼리라

마 7:6 거룩한 것과 진주

6거룩한 것을 개에게 주지 말며 너희 진주를 돼지 앞에 던지지 말라 그들이 그것을 발로 밟고 돌이
켜 너희를 찢어 상하게 할까 염려하라

마 7:7-11 구하라, 찾으라, 두드리라

7구하라 그리하면 너희에게 주실 것이요 찾으라 그리하면 찾아낼 것이요 문을 두드리라 그리하면
너희에게 열릴 것이니 8구하는 이마다 받을 것이요 찾는 이는 찾아낼 것이요 두드리는 이에게는
열릴 것이니라 9너희 중에 누가 아들이 떡을 달라 하는데 돌을 주며 10생선을 달라 하는데 뱀을 줄
사람이 있겠느냐 11너희가 악한 자라도 좋은 것으로 자식에게 줄 줄 알거든 하물며 하늘에 계신
너희 아버지께서 구하는 자에게 좋은 것으로 주시지 않겠느냐

눅 11:9 내가 또 너희에게 이르노니 구하라 그러면 너희에게 주실 것이요 찾으라 그러면 찾아
낼 것이요 문을 두드리라 그러면 너희에게 열릴 것이니 10구하는 이마다 받을 것이요 찾는 이
는 찾아낼 것이요 두드리는 이에게는 열릴 것이니라 11너희 중에 아버지 된 자로서 누가 아들
이 생선을 달라 하는데 생선 대신에 뱀을 주며 12알을 달라 하는데 전갈을 주겠느냐 13너희가

악할지라도 좋은 것을 자식에게 줄 줄 알거든 하물며 너희 하늘 아버지께서 구하는 자에게 성령을 주시지 않겠느냐 하시니라

마 7:12 황금률

[12]그러므로 무엇이든지 남에게 대접을 받고자 하는 대로 너희도 남을 대접하라 이것이 율법이요 선지자니라

눅 6:31 남에게 대접을 받고자 하는 대로 너희도 남을 대접하라

마 7:13-14 좁은 문

[13]좁은 문으로 들어가라 멸망으로 인도하는 문은 크고 그 길이 넓어 그리로 들어가는 자가 많고
[14]생명으로 인도하는 문은 좁고 길이 협착하여 찾는 자가 적음이라

눅 13:24 좁은 문으로 들어가기를 힘쓰라 내가 너희에게 이르노니 들어가기를 구하여도 못하는 자가 많으리라

마 7:15-20 좋은 나무와 나쁜 나무

[15]거짓 선지자들을 삼가라 양의 옷을 입고 너희에게 나아오나 속에는 노략질하는 이리라 [16]그들
의 열매로 그들을 알지니 가시나무에서 포도를, 또는 엉겅퀴에서 무화과를 따겠느냐 [17]이와 같이
좋은 나무마다 아름다운 열매를 맺고 못된 나무가 나쁜 열매를 맺나니 [18]좋은 나무가 나쁜 열매를
맺을 수 없고 못된 나무가 아름다운 열매를 맺을 수 없느니라 [19]아름다운 열매를 맺지 아니하는
나무마다 찍혀 불에 던져지느니라 [20]이러므로 그들의 열매로 그들을 알리라

눅 6:43 못된 열매 맺는 좋은 나무가 없고 또 좋은 열매 맺는 못된 나무가 없느니라 [44]나무는
각각 그 열매로 아나니 가시나무에서 무화과를, 또는 찔레에서 포도를 따지 못하느니라 [45]선
한 사람은 마음에 쌓은 선에서 선을 내고 악한 자는 그 쌓은 악에서 악을 내나니 이는 마음에
가득한 것을 입으로 말함이니라 [46]너희는 나를 불러 주여 주여 하면서도 어찌하여 내가 말하
는 것을 행하지 아니하느냐

마 7:21-23 "주여, 주여" 하는 자

21나더러 주여 주여 하는 자마다 다 천국에 들어갈 것이 아니요 다만 하늘에 계신 내 아버지의 뜻
대로 행하는 자라야 들어가리라 22그 날에 많은 사람이 나더러 이르되 주여 주여 우리가 주의 이
름으로 선지자 노릇 하며 주의 이름으로 귀신을 쫓아 내며 주의 이름으로 많은 권능을 행하지 아
니하였나이까 하리니 23그 때에 내가 그들에게 밝히 말하되 내가 너희를 도무지 알지 못하니 불법
을 행하는 자들아 내게서 떠나가라 하리라

눅 13:25 집 주인이 일어나 문을 한 번 닫은 후에 너희가 밖에 서서 문을 두드리며 주여 열어 주
소서 하면 그가 대답하여 이르되 나는 너희가 어디에서 온 자인지 알지 못하노라 하리니 26그
때에 너희가 말하되 우리는 주 앞에서 먹고 마셨으며 주는 또한 우리의 길거리에서 가르치셨
나이다 하나 27그가 너희에게 말하여 이르되 나는 너희가 어디에서 왔는지 알지 못하노라 행
악하는 모든 자들아 나를 떠나 가라 하리라

마 7:24-27 반석 위의 집

24그러므로 누구든지 나의 이 말을 듣고 행하는 자는 그 집을 반석 위에 지은 지혜로운 사람 같으
리니 25비가 내리고 창수가 나고 바람이 불어 그 집에 부딪치되 무너지지 아니하나니 이는 주추를
반석 위에 놓은 까닭이요 26나의 이 말을 듣고 행하지 아니하는 자는 그 집을 모래 위에 지은 어리
석은 사람 같으리니 27비가 내리고 창수가 나고 바람이 불어 그 집에 부딪치매 무너져 그 무너짐
이 심하니라

눅 6:47 내게 나아와 내 말을 듣고 행하는 자마다 누구와 같은 것을 너희에게 보이리라 48집을
짓되 깊이 파고 주추를 반석 위에 놓은 사람과 같으니 큰 물이 나서 탁류가 그 집에 부딪치되
잘 지었기 때문에 능히 요동하지 못하게 하였거니와 49듣고 행하지 아니하는 자는 주추 없이
흙 위에 집 지은 사람과 같으니 탁류가 부딪치매 집이 곧 무너져 파괴됨이 심하니라 하시니라

마 7:28-29 설교 마침(1)

28예수께서 이 말씀을 마치시매 무리들이 그의 가르치심에 놀라니 29이는 그 가르치시는 것이 권
위 있는 자와 같고 그들의 서기관들과 같지 아니함일러라

마 8:1-4 나병환자 치유

1예수께서 산에서 내려 오시니 수많은 무리가 따르니라 2한 나병환자가 나아와 절하며 이르되 주
여 원하시면 저를 깨끗하게 하실 수 있나이다 하거늘 3예수께서 손을 내밀어 그에게 대시며 이르
시되 내가 원하노니 깨끗함을 받으라 하시니 즉시 그의 나병이 깨끗하여진지라 4예수께서 이르시
되 삼가 아무에게도 이르지 말고 다만 가서 제사장에게 네 몸을 보이고 모세가 명한 예물을 드려
그들에게 입증하라 하시니라

막 1:40 한 나병환자가 예수께 와서 꿇어 엎드려 간구하여 이르되 원하시면 저를 깨끗하게 하
실 수 있나이다 41예수께서 불쌍히 여기사 손을 내밀어 그에게 대시며 이르시되 내가 원하노
니 깨끗함을 받으라 하시니 42곧 나병이 그 사람에게서 떠나가고 깨끗하여진지라 43곧 보내시
며 엄히 경고하사 44이르시되 삼가 아무에게 아무 말도 하지 말고 가서 네 몸을 제사장에게 보
이고 네가 깨끗하게 되었으니 모세가 명한 것을 드려 그들에게 입증하라 하셨더라 45그러나
그 사람이 나가서 이 일을 많이 전파하여 널리 퍼지게 하니 그러므로 예수께서 다시는 드러나
게 동네에 들어가지 못하시고 오직 바깥 한적한 곳에 계셨으나 사방에서 사람들이 그에게로
나아오더라

눅 5:12 예수께서 한 동네에 계실 때에 온 몸에 나병 들린 사람이 있어 예수를 보고 엎드려 구
하여 이르되 주여 원하시면 나를 깨끗하게 하실 수 있나이다 하니 13예수께서 손을 내밀어 그
에게 대시며 이르시되 내가 원하노니 깨끗함을 받으라 하신대 나병이 곧 떠나니라 14예수께서
그를 경고하시되 아무에게도 이르지 말고 가서 제사장에게 네 몸을 보이고 또 네가 깨끗하게
됨으로 인하여 모세가 명한 대로 예물을 드려 그들에게 입증하라 하셨더니 15예수의 소문이
더욱 퍼지매 수많은 무리가 말씀도 듣고 자기 병도 고침을 받고자 하여 모여 오되 16예수는 물
러가사 한적한 곳에서 기도하시니라

마 8:5-13 백부장 하인 치유

5예수께서 가버나움에 들어가시니 한 백부장이 나아와 간구하여 6이르되 주여 내 하인이 중풍병
으로 집에 누워 몹시 괴로워하나이다 7이르시되 내가 가서 고쳐 주리라 8백부장이 대답하여 이르
되 주여 내 집에 들어오심을 나는 감당하지 못하겠사오니 다만 말씀으로만 하옵소서 그러면 내 하
인이 낫겠사옵나이다 9나도 남의 수하에 있는 사람이요 내 아래에도 군사가 있으니 이더러 가라
하면 가고 저더러 오라 하면 오고 내 종더러 이것을 하라 하면 하나이다 10예수께서 들으시고 놀
랍게 여겨 따르는 자들에게 이르시되 내가 진실로 너희에게 이르노니 이스라엘 중 아무에게서도
이만한 믿음을 보지 못하였노라 11또 너희에게 이르노니 동 서로부터 많은 사람이 이르러 아브라
함과 이삭과 야곱과 함께 천국에 앉으려니와 12그 나라의 본 자손들은 바깥 어두운 데 쫓겨나 거

기서 울며 이를 갈게 되리라 [13]예수께서 백부장에게 이르시되 가라 네 믿은 대로 될지어다 하시니 그 즉시 하인이 나으니라

눅 7:1 예수께서 모든 말씀을 백성에게 들려 주시기를 마치신 후에 가버나움으로 들어가시니라 [2]어떤 백부장의 사랑하는 종이 병들어 죽게 되었더니 [3]예수의 소문을 듣고 유대인의 장로 몇 사람을 예수께 보내어 오셔서 그 종을 구해 주시기를 청한지라 [4]이에 그들이 예수께 나아와 간절히 구하여 이르되 이 일을 하시는 것이 이 사람에게는 합당하니이다 [5]그가 우리 민족을 사랑하고 또한 우리를 위하여 회당을 지었나이다 하니 [6]예수께서 함께 가실새 이에 그 집이 멀지 아니하여 백부장이 벗들을 보내어 이르되 주여 수고하시지 마옵소서 내 집에 들어오심을 나는 감당하지 못하겠나이다 [7]그러므로 내가 주께 나아가기도 감당하지 못할 줄을 알았나이다 말씀만 하사 내 하인을 낫게 하소서 [8]나도 남의 수하에 든 사람이요 내 아래에도 병사가 있으니 이더러 가라 하면 가고 저더러 오라 하면 오고 내 종더러 이것을 하라 하면 하나이다 [9]예수께서 들으시고 그를 놀랍게 여겨 돌이키사 따르는 무리에게 이르시되 내가 너희에게 이르노니 이스라엘 중에서도 이만한 믿음은 만나보지 못하였노라 하시더라 [10]보내었던 사람들이 집으로 돌아가 보매 종이 이미 나아 있었더라

요 4:46 예수께서 다시 갈릴리 가나에 이르시니 전에 물로 포도주를 만드신 곳이라 왕의 신하가 있어 그의 아들이 가버나움에서 병들었더니 [47]그가 예수께서 유대로부터 갈릴리로 오셨다는 것을 듣고 가서 청하되 내려오셔서 내 아들의 병을 고쳐 주소서 하니 그가 거의 죽게 되었음이라 [48]예수께서 이르시되 너희는 표적과 기사를 보지 못하면 도무지 믿지 아니하리라 [49]신하가 이르되 주여 내 아이가 죽기 전에 내려오소서 [50]예수께서 이르시되 가라 네 아들이 살아 있다 하시니 그 사람이 예수께서 하신 말씀을 믿고 가더니 [51]내려가는 길에서 그 종들이 오다가 만나서 아이가 살아 있다 하거늘 [52]그 낫기 시작한 때를 물은즉 어제 일곱 시에 열기가 떨어졌나이다 하는지라 [53]그의 아버지가 예수께서 네 아들이 살아 있다 말씀하신 그 때인 줄 알고 자기와 그 온 집안이 다 믿으니라 [54]이것은 예수께서 유대에서 갈릴리로 오신 후에 행하신 두 번째 표적이니라

마 8:14-17 베드로의 장모 치유와 병자들(이사야)

[14]예수께서 베드로의 집에 들어가사 그의 장모가 열병으로 앓아 누운 것을 보시고 [15]그의 손을 만지시니 열병이 떠나가고 여인이 일어나서 예수께 수종들더라 [16]저물매 사람들이 귀신 들린 자를 많이 데리고 예수께 오거늘 예수께서 말씀으로 귀신들을 쫓아 내시고 병든 자들을 다 고치시니 [17]이는 선지자 이사야를 통하여 하신 말씀에 우리의 연약한 것을 친히 담당하시고 병을 짊어지셨도다 함을 이루려 하심이더라

막 1:29 회당에서 나와 곧 야고보와 요한과 함께 시몬과 안드레의 집에 들어가시니 [30]시몬의 장모가 열병으로 누워 있는지라 사람들이 곧 그 여자에 대하여 예수께 여짜온대 [31]나아가사 그 손을 잡아 일으키시니 열병이 떠나고 여자가 그들에게 수종드니라 [32]저물어 해 질 때에 모든 병자와 귀신 들린 자를 예수께 데려오니 [33]온 동네가 그 문 앞에 모였더라 [34]예수께서 각종 병이 든 많은 사람을 고치시며 많은 귀신을 내쫓으시되 귀신이 자기를 알므로 그 말하는 것을 허락하지 아니하시니라

눅 4:38 예수께서 일어나 회당에서 나가사 시몬의 집에 들어가시니 시몬의 장모가 중한 열병을 앓고 있는지라 사람들이 그를 위하여 예수께 구하니 [39]예수께서 가까이 서서 열병을 꾸짖으신대 병이 떠나고 여자가 곧 일어나 그들에게 수종드니라 [40]해 질 무렵에 사람들이 온갖 병자들을 데리고 나아오매 예수께서 일일이 그 위에 손을 얹으사 고치시니 [41]여러 사람에게서 귀신들이 나가며 소리 질러 이르되 당신은 하나님의 아들이니이다 예수께서 꾸짖으사 그들이 말함을 허락하지 아니하시니 이는 자기를 그리스도인 줄 앎이러라

마 8:18-22 나를 따르라

[18]예수께서 무리가 자기를 에워싸는 것을 보시고 건너편으로 가기를 명하시니라 [19]한 서기관이 나아와 예수께 아뢰되 선생님이여 어디로 가시든지 저는 따르리이다 [20]예수께서 이르시되 여우도 굴이 있고 공중의 새도 거처가 있으되 인자는 머리 둘 곳이 없다 하시더라 [21]제자 중에 또 한 사람이 이르되 주여 내가 먼저 가서 내 아버지를 장사하게 허락하옵소서 [22]예수께서 이르시되 죽은 자들이 그들의 죽은 자들을 장사하게 하고 너는 나를 따르라 하시니라

눅 9:57 길 가실 때에 어떤 사람이 여짜오되 어디로 가시든지 나는 따르리이다 [58]예수께서 이르시되 여우도 굴이 있고 공중의 새도 집이 있으되 인자는 머리 둘 곳이 없도다 하시고 [59]또 다른 사람에게 나를 따르라 하시니 그가 이르되 나로 먼저 가서 내 아버지를 장사하게 허락하옵소서 [60]이르시되 죽은 자들로 자기의 죽은 자들을 장사하게 하고 너는 가서 하나님의 나라를 전파하라 하시고 [61]또 다른 사람이 이르되 주여 내가 주를 따르겠나이다마는 나로 먼저 내 가족을 작별하게 허락하소서 [62]예수께서 이르시되 손에 쟁기를 잡고 뒤를 돌아보는 자는 하나님의 나라에 합당하지 아니하니라 하시니라

마 8:23-27 풍랑 기적

[23]배에 오르시매 제자들이 따랐더니 [24]바다에 큰 놀이 일어나 배가 물결에 덮이게 되었으되 예수께서는 주무시는지라 [25]그 제자들이 나아와 깨우며 이르되 주여 구원하소서 우리가 죽겠나이다

[26]예수께서 이르시되 어찌하여 무서워하느냐 믿음이 작은 자들아 하시고 곧 일어나사 바람과 바다를 꾸짖으시니 아주 잔잔하게 되거늘 [27]그 사람들이 놀랍게 여겨 이르되 이이가 어떠한 사람이기에 바람과 바다도 순종하는가 하더라

막 4:35 그 날 저물 때에 제자들에게 이르시되 우리가 저편으로 건너가자 하시니 [36]그들이 무리를 떠나 예수를 배에 계신 그대로 모시고 가매 다른 배들도 함께 하더니 [37]큰 광풍이 일어나며 물결이 배에 부딪쳐 들어와 배에 가득하게 되었더라 [38]예수께서는 고물에서 베개를 베고 주무시더니 제자들이 깨우며 이르되 선생님이여 우리가 죽게 된 것을 돌보지 아니하시나이까 하니 [39]예수께서 깨어 바람을 꾸짖으시며 바다더러 이르시되 잠잠하라 고요하라 하시니 바람이 그치고 아주 잔잔하여지더라 [40]이에 제자들에게 이르시되 어찌하여 이렇게 무서워하느냐 너희가 어찌 믿음이 없느냐 하시니 [41]그들이 심히 두려워하여 서로 말하되 그가 누구이기에 바람과 바다도 순종하는가 하였더라

눅 8:22 하루는 제자들과 함께 배에 오르사 그들에게 이르시되 호수 저편으로 건너가자 하시매 이에 떠나 [23]행선할 때에 예수께서 잠이 드셨더니 마침 광풍이 호수로 내리치매 배에 물이 가득하게 되어 위태한지라 [24]제자들이 나아와 깨워 이르되 주여 주여 우리가 죽겠나이다 한대 예수께서 잠을 깨사 바람과 물결을 꾸짖으시니 이에 그쳐 잔잔하여지더라 [25]제자들에게 이르시되 너희 믿음이 어디 있느냐 하시니 그들이 두려워하고 놀랍게 여겨 서로 말하되 그가 누구이기에 바람과 물을 명하매 순종하는가 하더라

마 8:28-34 가다라 두 광인 축귀

[28]또 예수께서 건너편 가다라 지방에 가시매 귀신 들린 자 둘이 무덤 사이에서 나와 예수를 만나니 그들은 몹시 사나워 아무도 그 길로 지나갈 수 없을 지경이더라 [29]이에 그들이 소리 질러 이르되 하나님의 아들이여 우리가 당신과 무슨 상관이 있나이까 때가 이르기 전에 우리를 괴롭게 하려고 여기 오셨나이까 하더니 [30]마침 멀리서 많은 돼지 떼가 먹고 있는지라 [31]귀신들이 예수께 간구하여 이르되 만일 우리를 쫓아 내시려면 돼지 떼에 들여 보내 주소서 하니 [32]그들에게 가라 하시니 귀신들이 나와서 돼지에게로 들어가는지라 온 떼가 비탈로 내리달아 바다에 들어가서 물에서 몰사하거늘 [33]치던 자들이 달아나 시내에 들어가 이 모든 일과 귀신 들린 자의 일을 고하니 [34]온 시내가 예수를 만나려고 나가서 보고 그 지방에서 떠나시기를 간구하더라

막 5:1 예수께서 바다 건너편 거라사인의 지방에 이르러 [2]배에서 나오시매 곧 더러운 귀신 들린 사람이 무덤 사이에서 나와 예수를 만나니라 [3]그 사람은 무덤 사이에 거처하는데 이제는 아무도 그를 쇠사슬로도 맬 수 없게 되었으니 [4]이는 여러 번 고랑과 쇠사슬에 매였어도 쇠사

슬을 끊고 고랑을 깨뜨렸음이러라 그리하여 아무도 그를 제어할 힘이 없는지라 5밤낮 무덤 사이에서나 산에서나 늘 소리 지르며 돌로 자기의 몸을 해치고 있었더라 6그가 멀리서 예수를 보고 달려와 절하며 7큰 소리로 부르짖어 이르되 지극히 높으신 하나님의 아들 예수여 나와 당신이 무슨 상관이 있나이까 원하건대 하나님 앞에 맹세하고 나를 괴롭히지 마옵소서 하니 8이는 예수께서 이미 그에게 이르시기를 더러운 귀신아 그 사람에게서 나오라 하셨음이라 9이에 물으시되 네 이름이 무엇이냐 이르되 내 이름은 군대니 우리가 많음이니이다 하고 10자기를 그 지방에서 내보내지 마시기를 간구하더니 11마침 거기 돼지의 큰 떼가 산 곁에서 먹고 있는지라 12이에 간구하여 이르되 우리를 돼지에게로 보내어 들어가게 하소서 하니 13허락하신대 더러운 귀신들이 나와서 돼지에게로 들어가매 거의 이천 마리 되는 떼가 바다를 향하여 비탈로 내리달아 바다에서 몰사하거늘 14치던 자들이 도망하여 읍내와 여러 마을에 말하니 사람들이 어떻게 되었는지를 보러 와서 15예수께 이르러 그 귀신 들렸던 자 곧 군대 귀신 지폈던 자가 옷을 입고 정신이 온전하여 앉은 것을 보고 두려워하더라 16이에 귀신 들렸던 자가 당한 것과 돼지의 일을 본 자들이 그들에게 알리매 17그들이 예수께 그 지방에서 떠나시기를 간구하더라 18예수께서 배에 오르실 때에 귀신 들렸던 사람이 함께 있기를 간구하였으나 19허락하지 아니하시고 그에게 이르시되 집으로 돌아가 주께서 네게 어떻게 큰 일을 행하사 너를 불쌍히 여기신 것을 네 가족에게 알리라 하시니 20그가 가서 예수께서 자기에게 어떻게 큰 일 행하셨는지를 데가볼리에 전파하니 모든 사람이 놀랍게 여기더라

눅 8:26 그들이 갈릴리 맞은편 거라사인의 땅에 이르러 27예수께서 육지에 내리시매 그 도시 사람으로서 귀신 들린 자 하나가 예수를 만나니 그 사람은 오래 옷을 입지 아니하며 집에 거하지도 아니하고 무덤 사이에 거하는 자라 28예수를 보고 부르짖으며 그 앞에 엎드려 큰 소리로 불러 이르되 지극히 높으신 하나님의 아들 예수여 당신이 나와 무슨 상관이 있나이까 당신께 구하노니 나를 괴롭게 하지 마옵소서 하니 29이는 예수께서 이미 더러운 귀신을 명하사 그 사람에게서 나오라 하셨음이라 (귀신이 가끔 그 사람을 붙잡으므로 그를 쇠사슬과 고랑에 매어 지켰으되 그 맨 것을 끊고 귀신에게 몰려 광야로 나갔더라) 30예수께서 네 이름이 무엇이냐 물으신즉 이르되 군대라 하니 이는 많은 귀신이 들렸음이라 31무저갱으로 들어가라 하지 마시기를 간구하더니 32마침 그 곳에 많은 돼지 떼가 산에서 먹고 있는지라 귀신들이 그 돼지에게로 들어가게 허락하심을 간구하니 이에 허락하시니 33귀신들이 그 사람에게서 나와 돼지에게로 들어가니 그 떼가 비탈로 내리달아 호수에 들어가 몰사하거늘 34치던 자들이 그 이루어진 일을 보고 도망하여 성내와 마을에 알리니 35사람들이 그 이루어진 일을 보러 나와서 예수께 이르러 귀신 나간 사람이 옷을 입고 정신이 온전하여 예수의 발치에 앉아 있는 것을 보고 두려워하거늘 36귀신 들렸던 자가 어떻게 구원 받았는지를 본 자들이 그들에게 이르매 37거라사인의 땅 근방 모든 백성이 크게 두려워하여 예수께 떠나가시기를 구하더라 예수께서 배에 올라 돌아가실새 38귀신 나간 사람이 함께 있기를 구하였으나 예수께서 그를 보내시며 이르시되 39집으로 돌아가 하나님이 네게 어떻게 큰 일을 행하셨는지를 말하라 하시니 그가 가서 예수께서 자기에게 어떻게 큰 일을 행하셨는지를 온 성내에 전파하니라

마 9:1-8 중풍병자 치유

[1]예수께서 배에 오르사 건너가 본 동네에 이르시니 [2]침상에 누운 중풍병자를 사람들이 데리고 오
거늘 예수께서 그들의 믿음을 보시고 중풍병자에게 이르시되 작은 자야 안심하라 네 죄 사함을 받
았느니라 [3]어떤 서기관들이 속으로 이르되 이 사람이 신성을 모독하도다 [4]예수께서 그 생각을 아
시고 이르시되 너희가 어찌하여 마음에 악한 생각을 하느냐 [5]네 죄 사함을 받았느니라 하는 말과
일어나 걸어가라 하는 말 중에 어느 것이 쉽겠느냐 [6]그러나 인자가 세상에서 죄를 사하는 권능이
있는 줄을 너희로 알게 하려 하노라 하시고 중풍병자에게 말씀하시되 일어나 네 침상을 가지고 집
으로 가라 하시니 [7]그가 일어나 집으로 돌아가거늘 [8]무리가 보고 두려워하며 이런 권능을 사람에
게 주신 하나님께 영광을 돌리니라

막 2:1 수 일 후에 예수께서 다시 가버나움에 들어가시니 집에 계시다는 소문이 들린지라 [2]많
은 사람이 모여서 문 앞까지도 들어설 자리가 없게 되었는데 예수께서 그들에게 도를 말씀하
시더니 [3]사람들이 한 중풍병자를 네 사람에게 메워 가지고 예수께로 올새 [4]무리들 때문에 예
수께 데려갈 수 없으므로 그 계신 곳의 지붕을 뜯어 구멍을 내고 중풍병자가 누운 상을 달아
내리니 [5]예수께서 그들의 믿음을 보시고 중풍병자에게 이르시되 작은 자야 네 죄 사함을 받았
느니라 하시니 [6]어떤 서기관들이 거기 앉아서 마음에 생각하기를 [7]이 사람이 어찌 이렇게 말
하는가 신성모독이로다 오직 하나님 한 분 외에는 누가 능히 죄를 사하겠느냐 [8]그들이 속으로
이렇게 생각하는 줄을 예수께서 곧 중심에 아시고 이르시되 어찌하여 이것을 마음에 생각하느
냐 [9]중풍병자에게 네 죄 사함을 받았느니라 하는 말과 일어나 네 상을 가지고 걸어가라 하는
말 중에서 어느 것이 쉽겠느냐 [10]그러나 인자가 땅에서 죄를 사하는 권세가 있는 줄을 너희로
알게 하려 하노라 하시고 중풍병자에게 말씀하시되 [11]내가 네게 이르노니 일어나 네 상을 가
지고 집으로 가라 하시니 [12]그가 일어나 곧 상을 가지고 모든 사람 앞에서 나가거늘 그들이 다
놀라 하나님께 영광을 돌리며 이르되 우리가 이런 일을 도무지 보지 못하였다 하더라

눅 5:17 하루는 가르치실 때에 갈릴리의 각 마을과 유대와 예루살렘에서 온 바리새인과 율법
교사들이 앉았는데 병을 고치는 주의 능력이 예수와 함께 하더라 [18]한 중풍병자를 사람들이
침상에 메고 와서 예수 앞에 들여놓고자 하였으나 [19]무리 때문에 메고 들어갈 길을 얻지 못한
지라 지붕에 올라가 기와를 벗기고 병자를 침상째 무리 가운데로 예수 앞에 달아 내리니 [20]예
수께서 그들의 믿음을 보시고 이르시되 이 사람아 네 죄 사함을 받았느니라 하시니 [21]서기관
과 바리새인들이 생각하여 이르되 이 신성모독 하는 자가 누구냐 오직 하나님 외에 누가 능히
죄를 사하겠느냐 [22]예수께서 그 생각을 아시고 대답하여 이르시되 너희 마음에 무슨 생각을
하느냐 [23]네 죄 사함을 받았느니라 하는 말과 일어나 걸어가라 하는 말이 어느 것이 쉽겠느냐
[24]그러나 인자가 땅에서 죄를 사하는 권세가 있는 줄을 너희로 알게 하리라 하시고 중풍병자
에게 말씀하시되 내가 네게 이르노니 일어나 네 침상을 가지고 집으로 가라 하시매 [25]그 사람
이 그들 앞에서 곧 일어나 그 누웠던 것을 가지고 하나님께 영광을 돌리며 자기 집으로 돌아가
니 [26]모든 사람이 놀라 하나님께 영광을 돌리며 심히 두려워하여 이르되 오늘 우리가 놀라운

일을 보았다 하니라

마 9:9-13 마태 및 죄인들과 식사

9예수께서 그 곳을 떠나 지나가시다가 마태라 하는 사람이 세관에 앉아 있는 것을 보시고 이르시
되 나를 따르라 하시니 일어나 따르니라 10예수께서 마태의 집에서 앉아 음식을 잡수실 때에 많은
세리와 죄인들이 와서 예수와 그의 제자들과 함께 앉았더니 11바리새인들이 보고 그의 제자들에
게 이르되 어찌하여 너희 선생은 세리와 죄인들과 함께 잡수시느냐 12예수께서 들으시고 이르시
되 건강한 자에게는 의사가 쓸 데 없고 병든 자에게라야 쓸 데 있느니라 13너희는 가서 내가 긍휼
을 원하고 제사를 원하지 아니하노라 하신 뜻이 무엇인지 배우라 나는 의인을 부르러 온 것이 아
니요 죄인을 부르러 왔노라 하시니라

막 2:13 예수께서 다시 바닷가에 나가시매 큰 무리가 나왔거늘 예수께서 그들을 가르치시니라
14또 지나가시다가 알패오의 아들 레위가 세관에 앉아 있는 것을 보시고 그에게 이르시되 나
를 따르라 하시니 일어나 따르니라 15그의 집에 앉아 잡수실 때에 많은 세리와 죄인들이 예수
와 그의 제자들과 함께 앉았으니 이는 그러한 사람들이 많이 있어서 예수를 따름이러라 16바
리새인의 서기관들이 예수께서 죄인 및 세리들과 함께 잡수시는 것을 보고 그의 제자들에게
이르되 어찌하여 세리 및 죄인들과 함께 먹는가 17예수께서 들으시고 그들에게 이르시되 건강
한 자에게는 의사가 쓸 데 없고 병든 자에게라야 쓸 데 있느니라 나는 의인을 부르러 온 것이
아니요 죄인을 부르러 왔노라 하시니라

눅 5:27 그 후에 예수께서 나가사 레위라 하는 세리가 세관에 앉아 있는 것을 보시고 나를 따르
라 하시니 28그가 모든 것을 버리고 일어나 따르니라 29레위가 예수를 위하여 자기 집에서 큰
잔치를 하니 세리와 다른 사람이 많이 함께 앉아 있는지라 30바리새인과 그들의 서기관들이
그 제자들을 비방하여 이르되 너희가 어찌하여 세리와 죄인과 함께 먹고 마시느냐 31예수께서
대답하여 이르시되 건강한 자에게는 의사가 쓸 데 없고 병든 자에게라야 쓸 데 있나니 32내가
의인을 부르러 온 것이 아니요 죄인을 불러 회개시키러 왔노라

마 9:14-17 제자들 금식 논쟁

14그 때에 요한의 제자들이 예수께 나아와 이르되 우리와 바리새인들은 금식하는데 어찌하여 당
신의 제자들은 금식하지 아니하나이까 15예수께서 그들에게 이르시되 혼인집 손님들이 신랑과 함
께 있을 동안에 슬퍼할 수 있느냐 그러나 신랑을 빼앗길 날이 이르리니 그 때에는 금식할 것이니
라 16생베 조각을 낡은 옷에 붙이는 자가 없나니 이는 기운 것이 그 옷을 당기어 해어짐이 더하게

됨이요 17새 포도주를 낡은 가죽 부대에 넣지 아니하나니 그렇게 하면 부대가 터져 포도주도 쏟아
지고 부대도 버리게 됨이라 새 포도주는 새 부대에 넣어야 둘이 다 보전되느니라

막 2:18 요한의 제자들과 바리새인들이 금식하고 있는지라 사람들이 예수께 와서 말하되 요
한의 제자들과 바리새인의 제자들은 금식하는데 어찌하여 당신의 제자들은 금식하지 아니하
나이까 19예수께서 그들에게 이르시되 혼인 집 손님들이 신랑과 함께 있을 때에 금식할 수 있
느냐 신랑과 함께 있을 동안에는 금식할 수 없느니라 20그러나 신랑을 빼앗길 날이 이르리니
그 날에는 금식할 것이니라 21생베 조각을 낡은 옷에 붙이는 자가 없나니 만일 그렇게 하면 기
운 새 것이 낡은 그것을 당기어 해어짐이 더하게 되느니라 22새 포도주를 낡은 가죽 부대에 넣
는 자가 없나니 만일 그렇게 하면 새 포도주가 부대를 터뜨려 포도주와 부대를 버리게 되리라
오직 새 포도주는 새 부대에 넣느니라 하시니라

눅 5:33 그들이 예수께 말하되 요한의 제자는 자주 금식하며 기도하고 바리새인의 제자들도
또한 그리하되 당신의 제자들은 먹고 마시나이다 34예수께서 그들에게 이르시되 혼인 집 손님
들이 신랑과 함께 있을 때에 너희가 그 손님으로 금식하게 할 수 있느냐 35그러나 그 날에 이
르러 그들이 신랑을 빼앗기리니 그 날에는 금식할 것이니라 36또 비유하여 이르시되 새 옷에
서 한 조각을 찢어 낡은 옷에 붙이는 자가 없나니 만일 그렇게 하면 새 옷을 찢을 뿐이요 또 새
옷에서 찢은 조각이 낡은 것에 어울리지 아니하리라 37새 포도주를 낡은 가죽 부대에 넣는 자
가 없나니 만일 그렇게 하면 새 포도주가 부대를 터뜨려 포도주가 쏟아지고 부대도 못쓰게 되
리라 38새 포도주는 새 부대에 넣어야 할 것이니라 39묵은 포도주를 마시고 새 것을 원하는 자
가 없나니 이는 묵은 것이 좋다 함이니라

마 9:18-26 관리 딸과 혈루증 여인 치유

18예수께서 이 말씀을 하실 때에 한 관리가 와서 절하며 이르되 내 딸이 방금 죽었사오나 오셔서
그 몸에 손을 얹어 주소서 그러면 살아나겠나이다 하니 19예수께서 일어나 따라가시매 제자들도
가더니 20열두 해 동안이나 혈루증으로 앓는 여자가 예수의 뒤로 와서 그 겉옷 가를 만지니 21이
는 제 마음에 그 겉옷만 만져도 구원을 받겠다 함이라 22예수께서 돌이켜 그를 보시며 이르시되
딸아 안심하라 네 믿음이 너를 구원하였다 하시니 여자가 그 즉시 구원을 받으니라 23예수께서 그
관리의 집에 가사 피리 부는 자들과 떠드는 무리를 보시고 24이르시되 물러가라 이 소녀가 죽은
것이 아니라 잔다 하시니 그들이 비웃더라 25무리를 내보낸 후에 예수께서 들어가사 소녀의 손을
잡으시매 일어나는지라 26그 소문이 그 온 땅에 퍼지더라

막 5:21 예수께서 배를 타시고 다시 맞은편으로 건너가시니 큰 무리가 그에게로 모이거늘 이

에 바닷가에 계시더니 [22]회당장 중의 하나인 야이로라 하는 이가 와서 예수를 보고 발 아래 엎
드리어 [23]간곡히 구하여 이르되 내 어린 딸이 죽게 되었사오니 오셔서 그 위에 손을 얹으사 그
로 구원을 받아 살게 하소서 하거늘 [24]이에 그와 함께 가실새 큰 무리가 따라가며 에워싸 밀더
라 [25]열두 해를 혈루증으로 앓아 온 한 여자가 있어 [26]많은 의사에게 많은 괴로움을 받았고 가
진 것도 다 허비하였으되 아무 효험이 없고 도리어 더 중하여졌던 차에 [27]예수의 소문을 듣고
무리 가운데 끼어 뒤로 와서 그의 옷에 손을 대니 [28]이는 내가 그의 옷에만 손을 대어도 구원
을 받으리라 생각함일러라 [29]이에 그의 혈루 근원이 곧 마르매 병이 나은 줄을 몸에 깨달으니
라 [30]예수께서 그 능력이 자기에게서 나간 줄을 곧 스스로 아시고 무리 가운데서 돌이켜 말씀
하시되 누가 내 옷에 손을 대었느냐 하시니 [31]제자들이 여짜오되 무리가 에워싸 미는 것을 보
시며 누가 내게 손을 대었느냐 물으시나이까 하되 [32]예수께서 이 일 행한 여자를 보려고 둘러
보시니 [33]여자가 자기에게 이루어진 일을 알고 두려워하여 떨며 와서 그 앞에 엎드려 모든 사
실을 여쭈니 [34]예수께서 이르시되 딸아 네 믿음이 너를 구원하였으니 평안히 가라 네 병에서
놓여 건강할지어다 [35]아직 예수께서 말씀하실 때에 회당장의 집에서 사람들이 와서 회당장에
게 이르되 당신의 딸이 죽었나이다 어찌하여 선생을 더 괴롭게 하나이까 [36]예수께서 그 하는
말을 곁에서 들으시고 회당장에게 이르시되 두려워하지 말고 믿기만 하라 하시고 [37]베드로와
야고보와 야고보의 형제 요한 외에 아무도 따라옴을 허락하지 아니하시고 [38]회당장의 집에 함
께 가사 떠드는 것과 사람들이 울며 심히 통곡함을 보시고 [39]들어가서 그들에게 이르시되 너
희가 어찌하여 떠들며 우느냐 이 아이가 죽은 것이 아니라 잔다 하시니 [40]그들이 비웃더라 예
수께서 그들을 다 내보내신 후에 아이의 부모와 또 자기와 함께 한 자들을 데리시고 아이 있
는 곳에 들어가사 [41]그 아이의 손을 잡고 이르시되 달리다굼 하시니 번역하면 곧 내가 네게 말
하노니 소녀야 일어나라 하심이라 [42]소녀가 곧 일어나서 걸으니 나이가 열두 살이라 사람들이
곧 크게 놀라고 놀라거늘 [43]예수께서 이 일을 아무도 알지 못하게 하라고 그들을 많이 경계하
시고 이에 소녀에게 먹을 것을 주라 하시니라

눅 8:40 예수께서 돌아오시매 무리가 환영하니 이는 다 기다렸음이러라 [41]이에 회당장인 야
이로라 하는 사람이 와서 예수의 발 아래에 엎드려 자기 집에 오시기를 간구하니 [42]이는 자기
에게 열두 살 된 외딸이 있어 죽어감이러라 예수께서 가실 때에 무리가 밀려들더라 [43]이에 열
두 해를 혈루증으로 앓는 중에 아무에게도 고침을 받지 못하던 여자가 [44]예수의 뒤로 와서 그
의 옷 가에 손을 대니 혈루증이 즉시 그쳤더라 [45]예수께서 이르시되 내게 손을 댄 자가 누구냐
하시니 다 아니라 할 때에 베드로가 이르되 주여 무리가 밀려들어 미나이다 [46]예수께서 이르
시되 내게 손을 댄 자가 있도다 이는 내게서 능력이 나간 줄 앎이로다 하신대 [47]여자가 스스로
숨기지 못할 줄 알고 떨며 나아와 엎드리어 그 손 댄 이유와 곧 나은 것을 모든 사람 앞에서 말
하니 [48]예수께서 이르시되 딸아 네 믿음이 너를 구원하였으니 평안히 가라 하시더라 [49]아직 말
씀하실 때에 회당장의 집에서 사람이 와서 말하되 당신의 딸이 죽었나이다 선생님을 더 괴롭
게 하지 마소서 하거늘 [50]예수께서 들으시고 이르시되 두려워하지 말고 믿기만 하라 그리하면
딸이 구원을 얻으리라 하시고 [51]그 집에 이르러 베드로와 요한과 야고보와 아이의 부모 외에
는 함께 들어가기를 허락하지 아니하시니라 [52]모든 사람이 아이를 위하여 울며 통곡하매 예수
께서 이르시되 울지 말라 죽은 것이 아니라 잔다 하시니 [53]그들이 그 죽은 것을 아는 고로 비

웃더라 54예수께서 아이의 손을 잡고 불러 이르시되 아이야 일어나라 하시니 55그 영이 돌아와
아이가 곧 일어나거늘 예수께서 먹을 것을 주라 명하시니 56그 부모가 놀라는지라 예수께서
경고하사 이 일을 아무에게도 말하지 말라 하시니라

마 9:27-31 두 맹인 치유

27예수께서 거기에서 떠나가실새 두 맹인이 따라오며 소리 질러 이르되 다윗의 자손이여 우리를
불쌍히 여기소서 하더니 28예수께서 집에 들어가시매 맹인들이 그에게 나아오거늘 예수께서 이르
시되 내가 능히 이 일 할 줄을 믿느냐 대답하되 주여 그러하오이다 하니 29이에 예수께서 그들의
눈을 만지시며 이르시되 너희 믿음대로 되라 하시니 30그 눈들이 밝아진지라 예수께서 엄히 경고
하시되 삼가 아무에게도 알리지 말라 하셨으나 31그들이 나가서 예수의 소문을 그 온 땅에 퍼뜨리
니라

마 9:32-34 말 못하는 사람 축귀

32그들이 나갈 때에 귀신 들려 말 못하는 사람을 예수께 데려오니 33귀신이 쫓겨나고 말 못하는 사
람이 말하거늘 무리가 놀랍게 여겨 이르되 이스라엘 가운데서 이런 일을 본 적이 없다 하되 34바
리새인들은 이르되 그가 귀신의 왕을 의지하여 귀신을 쫓아낸다 하더라

마 9:35-38 복음 전파와 추수할 일꾼

35예수께서 모든 도시와 마을에 두루 다니사 그들의 회당에서 가르치시며 천국 복음을 전파하시
며 모든 병과 모든 약한 것을 고치시니라 36무리를 보시고 불쌍히 여기시니 이는 그들이 목자 없
는 양과 같이 고생하며 기진함이라 37이에 제자들에게 이르시되 추수할 것은 많되 일꾼이 적으니
38그러므로 추수하는 주인에게 청하여 추수할 일꾼들을 보내 주소서 하라 하시니라

마 10:1-4 열두 사도 세움

1예수께서 그의 열두 제자를 부르사 더러운 귀신을 쫓아내며 모든 병과 모든 약한 것을 고치는 권
능을 주시니라 2열두 사도의 이름은 이러하니 베드로라 하는 시몬을 비롯하여 그의 형제 안드레
와 세베대의 아들 야고보와 그의 형제 요한, 3빌립과 바돌로매, 도마와 세리 마태, 알패오의 아들
야고보와 다대오, 4가나나인 시몬 및 가룟 유다 곧 예수를 판 자라

막 3:13 또 산에 오르사 자기가 원하는 자들을 부르시니 나아온지라 14이에 열둘을 세우셨으
니 이는 자기와 함께 있게 하시고 또 보내사 전도도 하며 15귀신을 내쫓는 권능도 가지게 하려
하심이러라 16이 열둘을 세우셨으니 시몬에게는 베드로란 이름을 더하셨고 17또 세베대의 아
들 야고보와 야고보의 형제 요한이니 이 둘에게는 보아너게 곧 우레의 아들이란 이름을 더하
셨으며 18또 안드레와 빌립과 바돌로매와 마태와 도마와 알패오의 아들 야고보와 및 다대오와
가나나인 시몬이며 19또 가룟 유다니 이는 예수를 판 자더라

눅 6:12 이 때에 예수께서 기도하시러 산으로 가사 밤이 새도록 하나님께 기도하시고 13밝으
매 그 제자들을 부르사 그 중에서 열둘을 택하여 사도라 칭하셨으니 14곧 베드로라고도 이름
을 주신 시몬과 그의 동생 안드레와 야고보와 요한과 빌립과 바돌로매와 15마태와 도마와 알
패오의 아들 야고보와 셀롯이라는 시몬과 16야고보의 아들 유다와 예수를 파는 자 될 가룟 유
다라

마 10:5-15 제자 파송

5예수께서 이 열둘을 내보내시며 명하여 이르시되 이방인의 길로도 가지 말고 사마리아인의 고을
에도 들어가지 말고 6오히려 이스라엘 집의 잃어버린 양에게로 가라 7가면서 전파하여 말하되 천
국이 가까이 왔다 하고 8병든 자를 고치며 죽은 자를 살리며 나병환자를 깨끗하게 하며 귀신을 쫓
아내되 너희가 거저 받았으니 거저 주라 9너희 전대에 금이나 은이나 동을 가지지 말고 10여행을
위하여 배낭이나 두 벌 옷이나 신이나 지팡이를 가지지 말라 이는 일꾼이 자기의 먹을 것 받는 것
이 마땅함이라 11어떤 성이나 마을에 들어가든지 그 중에 합당한 자를 찾아내어 너희가 떠나기까
지 거기서 머물라 12또 그 집에 들어가면서 평안하기를 빌라 13그 집이 이에 합당하면 너희 빈 평
안이 거기 임할 것이요 만일 합당하지 아니하면 그 평안이 너희에게 돌아올 것이니라 14누구든지
너희를 영접하지도 아니하고 너희 말을 듣지도 아니하거든 그 집이나 성에서 나가 너희 발의 먼지
를 떨어 버리라 15내가 진실로 너희에게 이르노니 심판 날에 소돔과 고모라 땅이 그 성보다 견디
기 쉬우리라

막 6:7 열두 제자를 부르사 둘씩 둘씩 보내시며 더러운 귀신을 제어하는 권능을 주시고 8명하
시되 여행을 위하여 지팡이 외에는 양식이나 배낭이나 전대의 돈이나 아무 것도 가지지 말며
9신만 신고 두 벌 옷도 입지 말라 하시고 10또 이르시되 어디서든지 누구의 집에 들어가거든
그 곳을 떠나기까지 거기 유하라 11어느 곳에서든지 너희를 영접하지 아니하고 너희 말을 듣
지도 아니하거든 거기서 나갈 때에 발 아래 먼지를 떨어버려 그들에게 증거를 삼으라 하시니
12제자들이 나가서 회개하라 전파하고 13많은 귀신을 쫓아내며 많은 병자에게 기름을 발라 고
치더라

눅 9:1 예수께서 열두 제자를 불러 모으사 모든 귀신을 제어하며 병을 고치는 능력과 권위를
주시고 2하나님의 나라를 전파하며 앓는 자를 고치게 하려고 내보내시며 3이르시되 여행을 위
하여 아무 것도 가지지 말라 지팡이나 배낭이나 양식이나 돈이나 두 벌 옷을 가지지 말며 4어
느 집에 들어가든지 거기서 머물다가 거기서 떠나라 5누구든지 너희를 영접하지 아니하거든
그 성에서 떠날 때에 너희 발에서 먼지를 떨어 버려 그들에게 증거를 삼으라 하시니 6제자들
이 나가 각 마을에 두루 다니며 곳곳에 복음을 전하며 병을 고치더라

마 10:16-18 박해 속 증거가 되리라

16보라 내가 너희를 보냄이 양을 이리 가운데로 보냄과 같도다 그러므로 너희는 뱀 같이 지혜롭고
비둘기 같이 순결하라 17사람들을 삼가라 그들이 너희를 공회에 넘겨 주겠고 그들의 회당에서 채
찍질하리라 18또 너희가 나로 말미암아 총독들과 임금들 앞에 끌려 가리니 이는 그들과 이방인들
에게 증거가 되게 하려 하심이라

막 13:9 너희는 스스로 조심하라 사람들이 너희를 공회에 넘겨 주겠고 너희를 회당에서 매질
하겠으며 나로 말미암아 너희가 권력자들과 임금들 앞에 서리니 이는 그들에게 증거가 되려
함이라

눅 21:12 이 모든 일 전에 내 이름으로 말미암아 너희에게 손을 대어 박해하며 회당과 옥에 넘
겨 주며 임금들과 집권자들 앞에 끌어 가려니와 13이 일이 도리어 너희에게 증거가 되리라

마 10:19-20 성령의 대언

19너희를 넘겨 줄 때에 어떻게 또는 무엇을 말할까 염려하지 말라 그 때에 너희에게 할 말을 주시
리니 20말하는 이는 너희가 아니라 너희 속에서 말씀하시는 이 곧 너희 아버지의 성령이시니라

막 13:11 사람들이 너희를 끌어다가 넘겨 줄 때에 무슨 말을 할까 미리 염려하지 말고 무엇이든지 그 때에 너희에게 주시는 그 말을 하라 말하는 이는 너희가 아니요 성령이시니라

눅 12:11 사람이 너희를 회당이나 위정자나 권세 있는 자 앞에 끌고 가거든 어떻게 무엇으로 대답하며 무엇으로 말할까 염려하지 말라 [12]마땅히 할 말을 성령이 곧 그 때에 너희에게 가르치시리라 하시니라

눅 21:14 그러므로 너희는 변명할 것을 미리 궁리하지 않도록 명심하라 [15]내가 너희의 모든 대적이 능히 대항하거나 변박할 수 없는 구변과 지혜를 너희에게 주리라

마 10:21-23 미움을 받을 것

[21]장차 형제가 형제를, 아버지가 자식을 죽는 데에 내주며 자식들이 부모를 대적하여 죽게 하리라 [22]또 너희가 내 이름으로 말미암아 모든 사람에게 미움을 받을 것이나 끝까지 견디는 자는 구원을 얻으리라 [23]이 동네에서 너희를 박해하거든 저 동네로 피하라 내가 진실로 너희에게 이르노니 이스라엘의 모든 동네를 다 다니지 못하여서 인자가 오리라

막 13:12 형제가 형제를, 아버지가 자식을 죽는 데에 내주며 자식들이 부모를 대적하여 죽게 하리라 [13]또 너희가 내 이름으로 말미암아 모든 사람에게 미움을 받을 것이나 끝까지 견디는 자는 구원을 받으리라

눅 21:16 심지어 부모와 형제와 친척과 벗이 너희를 넘겨 주어 너희 중의 몇을 죽이게 하겠고 [17]또 너희가 내 이름으로 말미암아 모든 사람에게 미움을 받을 것이나

마 10:24-31 두려워 말라

[24]제자가 그 선생보다, 또는 종이 그 상전보다 높지 못하나니 [25]제자가 그 선생 같고 종이 그 상전 같으면 족하도다 집 주인을 바알세불이라 하였거든 하물며 그 집 사람들이랴 [26]그런즉 그들을 두려워하지 말라 감추인 것이 드러나지 않을 것이 없고 숨은 것이 알려지지 않을 것이 없느니라 [27]내가 너희에게 어두운 데서 이르는 것을 광명한 데서 말하며 너희가 귓속말로 듣는 것을 집 위에서 전파하라 [28]몸은 죽여도 영혼은 능히 죽이지 못하는 자들을 두려워하지 말고 오직 몸과 영혼을 능히 지옥에 멸하실 수 있는 이를 두려워하라 [29]참새 두 마리가 한 앗사리온에 팔리지 않느냐 그러나 너희 아버지께서 허락하지 아니하시면 그 하나도 땅에 떨어지지 아니하리라 [30]너희에게는 머리털까지 다 세신 바 되었나니 [31]두려워하지 말라 너희는 많은 참새보다 귀하니라

눅 12:2 감추인 것이 드러나지 않을 것이 없고 숨긴 것이 알려지지 않을 것이 없나니 3이러므
로 너희가 어두운 데서 말한 모든 것이 광명한 데서 들리고 너희가 골방에서 귀에 대고 말한
것이 지붕 위에서 전파되리라 4내가 내 친구 너희에게 말하노니 몸을 죽이고 그 후에는 능히
더 못하는 자들을 두려워하지 말라 5마땅히 두려워할 자를 내가 너희에게 보이리니 곧 죽인
후에 또한 지옥에 던져 넣는 권세 있는 그를 두려워하라 내가 참으로 너희에게 이르노니 그를
두려워하라 6참새 다섯 마리가 두 앗사리온에 팔리는 것이 아니냐 그러나 하나님 앞에는 그
하나도 잊어버리시는 바 되지 아니하는도다 7너희에게는 심지어 머리털까지도 다 세신 바 되
었나니 두려워하지 말라 너희는 많은 참새보다 더 귀하니라

마 10:32-33 시인과 부인

32누구든지 사람 앞에서 나를 시인하면 나도 하늘에 계신 내 아버지 앞에서 그를 시인할 것이요
33누구든지 사람 앞에서 나를 부인하면 나도 하늘에 계신 내 아버지 앞에서 그를 부인하리라

막 8:38 누구든지 이 음란하고 죄 많은 세대에서 나와 내 말을 부끄러워하면 인자도 아버지의
영광으로 거룩한 천사들과 함께 올 때에 그 사람을 부끄러워하리라

눅 12:8 내가 또한 너희에게 말하노니 누구든지 사람 앞에서 나를 시인하면 인자도 하나님의
사자들 앞에서 그를 시인할 것이요 9사람 앞에서 나를 부인하는 자는 하나님의 사자들 앞에서
부인을 당하리라

마 10:34-39 화평 대신 검

34내가 세상에 화평을 주러 온 줄로 생각하지 말라 화평이 아니요 검을 주러 왔노라 35내가 온 것
은 사람이 그 아버지와, 딸이 어머니와, 며느리가 시어머니와 불화하게 하려 함이니 36사람의 원수
가 자기 집안 식구리라 37아버지나 어머니를 나보다 더 사랑하는 자는 내게 합당하지 아니하고 아
들이나 딸을 나보다 더 사랑하는 자도 내게 합당하지 아니하며 38또 자기 십자가를 지고 나를 따
르지 않는 자도 내게 합당하지 아니하니라 39자기 목숨을 얻는 자는 잃을 것이요 나를 위하여 자
기 목숨을 잃는 자는 얻으리라

눅 12:49 내가 불을 땅에 던지러 왔노니 이 불이 이미 붙었으면 내가 무엇을 원하리요 50나는
받을 세례가 있으니 그것이 이루어지기까지 나의 답답함이 어떠하겠느냐 51내가 세상에 화평
을 주려고 온 줄로 아느냐 내가 너희에게 이르노니 아니라 도리어 분쟁하게 하려 함이로라 52이

후부터 한 집에 다섯 사람이 있어 분쟁하되 셋이 둘과, 둘이 셋과 하리니 [53]아버지가 아들과,
아들이 아버지와, 어머니가 딸과, 딸이 어머니와, 시어머니가 며느리와, 며느리가 시어머니와
분쟁하리라 하시니라

눅 14:26 무릇 내게 오는 자가 자기 부모와 처자와 형제와 자매와 더욱이 자기 목숨까지 미워
하지 아니하면 능히 내 제자가 되지 못하고 [27]누구든지 자기 십자가를 지고 나를 따르지 않는
자도 능히 내 제자가 되지 못하리라

마 10:40-42 영접과 상

[40]너희를 영접하는 자는 나를 영접하는 것이요 나를 영접하는 자는 나를 보내신 이를 영접하는 것
이니라 [41]선지자의 이름으로 선지자를 영접하는 자는 선지자의 상을 받을 것이요 의인의 이름으
로 의인을 영접하는 자는 의인의 상을 받을 것이요 [42]또 누구든지 제자의 이름으로 이 작은 자 중
하나에게 냉수 한 그릇이라도 주는 자는 내가 진실로 너희에게 이르노니 그 사람이 결단코 상을
잃지 아니하리라 하시니라

막 9:41 누구든지 너희가 그리스도에게 속한 자라 하여 물 한 그릇이라도 주면 내가 진실로
너희에게 이르노니 그가 결코 상을 잃지 않으리라

눅 10:16 너희 말을 듣는 자는 곧 내 말을 듣는 것이요 너희를 저버리는 자는 곧 나를 저버리
는 것이요 나를 저버리는 자는 나 보내신 이를 저버리는 것이라 하시니라

마 11:1 설교 마침(2)

[1]예수께서 열두 제자에게 명하기를 마치시고 이에 그들의 여러 동네에서 가르치시며 전도하시려
고 거기를 떠나 가시니라

마 11:2-19 세례자 요한의 제자들

[2]요한이 옥에서 그리스도께서 하신 일을 듣고 제자들을 보내어 [3]예수께 여짜오되 오실 그이가 당
신이오니이까 우리가 다른 이를 기다리오리이까 [4]예수께서 대답하여 이르시되 너희가 가서 듣고

보는 것을 요한에게 알리되 [5]맹인이 보며 못 걷는 사람이 걸으며 나병환자가 깨끗함을 받으며 못 듣는 자가 들으며 죽은 자가 살아나며 가난한 자에게 복음이 전파된다 하라 [6]누구든지 나로 말미암아 실족하지 아니하는 자는 복이 있도다 하시니라 [7]그들이 떠나매 예수께서 무리에게 요한에 대하여 말씀하시되 너희가 무엇을 보려고 광야에 나갔더냐 바람에 흔들리는 갈대냐 [8]그러면 너희가 무엇을 보려고 나갔더냐 부드러운 옷 입은 사람이냐 부드러운 옷을 입은 사람들은 왕궁에 있느니라 [9]그러면 너희가 어찌하여 나갔더냐 선지자를 보기 위함이었더냐 옳다 내가 너희에게 이르노니 선지자보다 더 나은 자니라 [10]기록된 바 보라 내가 내 사자를 네 앞에 보내노니 그가 네 길을 네 앞에 준비하리라 하신 것이 이 사람에 대한 말씀이니라 [11]내가 진실로 너희에게 말하노니 여자가 낳은 자 중에 세례 요한보다 큰 이가 일어남이 없도다 그러나 천국에서는 극히 작은 자라도 그보다 크니라 [12]세례 요한의 때부터 지금까지 천국은 침노를 당하나니 침노하는 자는 빼앗느니라 [13]모든 선지자와 율법이 예언한 것은 요한까지니 [14]만일 너희가 즐겨 받을진대 오리라 한 엘리야가 곧 이 사람이니라 [15]귀 있는 자는 들을지어다 [16]이 세대를 무엇으로 비유할까 비유하건대 아이들이 장터에 앉아 제 동무를 불러 [17]이르되 우리가 너희를 향하여 피리를 불어도 너희가 춤추지 않고 우리가 슬피 울어도 너희가 가슴을 치지 아니하였다 함과 같도다 [18]요한이 와서 먹지도 않고 마시지도 아니하매 그들이 말하기를 귀신이 들렸다 하더니 [19]인자는 와서 먹고 마시매 말하기를 보라 먹기를 탐하고 포도주를 즐기는 사람이요 세리와 죄인의 친구로다 하니 지혜는 그 행한 일로 인하여 옳다 함을 얻느니라

눅 7:18 요한의 제자들이 이 모든 일을 그에게 알리니 [19]요한이 그 제자 중 둘을 불러 주께 보내어 이르되 오실 그이가 당신이오니이까 우리가 다른 이를 기다리오리이까 하라 하매 [20]그들이 예수께 나아가 이르되 세례 요한이 우리를 보내어 당신께 여쭈어 보라고 하기를 오실 그이가 당신이오니이까 우리가 다른 이를 기다리오리이까 하더이다 하니 [21]마침 그 때에 예수께서 질병과 고통과 및 악귀 들린 자를 많이 고치시며 또 많은 맹인을 보게 하신지라 [22]예수께서 대답하여 이르시되 너희가 가서 보고 들은 것을 요한에게 알리되 맹인이 보며 못 걷는 사람이 걸으며 나병환자가 깨끗함을 받으며 귀먹은 사람이 들으며 죽은 자가 살아나며 가난한 자에게 복음이 전파된다 하라 [23]누구든지 나로 말미암아 실족하지 아니하는 자는 복이 있도다 하시니라 [24]요한이 보낸 자가 떠난 후에 예수께서 무리에게 요한에 대하여 말씀하시되 너희가 무엇을 보려고 광야에 나갔더냐 바람에 흔들리는 갈대냐 [25]그러면 너희가 무엇을 보려고 나갔더냐 부드러운 옷 입은 사람이냐 보라 화려한 옷을 입고 사치하게 지내는 자는 왕궁에 있느니라 [26]그러면 너희가 무엇을 보려고 나갔더냐 선지자냐 옳다 내가 너희에게 이르노니 선지자보다도 훌륭한 자니라 [27]기록된 바 보라 내가 내 사자를 네 앞에 보내노니 그가 네 앞에서 네 길을 준비하리라 한 것이 이 사람에 대한 말씀이라 [28]내가 너희에게 말하노니 여자가 낳은 자 중에 요한보다 큰 자가 없도다 그러나 하나님의 나라에서는 극히 작은 자라도 그보다 크니라 하시니 [29]모든 백성과 세리들은 이미 요한의 세례를 받은지라 이 말씀을 듣고 하나님을 의롭다 하되 [30]바리새인과 율법교사들은 그의 세례를 받지 아니함으로 그들 자신을 위한 하나님의 뜻을 저버리니라 [31]또 이르시되 이 세대의 사람을 무엇으로 비유할까 무엇과 같은가 [32]비유하건대 아이들

이 장터에 앉아 서로 불러 이르되 우리가 너희를 향하여 피리를 불어도 너희가 춤추지 않고 우리가 곡하여도 너희가 울지 아니하였다 함과 같도다 [33]세례 요한이 와서 떡도 먹지 아니하며 포도주도 마시지 아니하매 너희 말이 귀신이 들렸다 하더니 [34]인자는 와서 먹고 마시매 너희 말이 보라 먹기를 탐하고 포도주를 즐기는 사람이요 세리와 죄인의 친구로다 하니 [35]지혜는 자기의 모든 자녀로 인하여 옳다 함을 얻느니라

마 11:20-24 화 있을 고을들

[20]예수께서 권능을 가장 많이 행하신 고을들이 회개하지 아니하므로 그 때에 책망하시되 [21]화 있을진저 고라신아 화 있을진저 벳새다야 너희에게 행한 모든 권능을 두로와 시돈에서 행하였더라면 그들이 벌써 베옷을 입고 재에 앉아 회개하였으리라 [22]내가 너희에게 이르노니 심판 날에 두로와 시돈이 너희보다 견디기 쉬우리라 [23]가버나움아 네가 하늘에까지 높아지겠느냐 음부에까지 낮아지리라 네게 행한 모든 권능을 소돔에서 행하였더라면 그 성이 오늘까지 있었으리라 [24]내가 너희에게 이르노니 심판 날에 소돔 땅이 너보다 견디기 쉬우리라 하시니라

눅 10:13 화 있을진저 고라신아, 화 있을진저 벳새다야, 너희에게 행한 모든 권능을 두로와 시돈에서 행하였더라면 그들이 벌써 베옷을 입고 재에 앉아 회개하였으리라 [14]심판 때에 두로와 시돈이 너희보다 견디기 쉬우리라 [15]가버나움아 네가 하늘에까지 높아지겠느냐 음부에까지 낮아지리라 [16]너희 말을 듣는 자는 곧 내 말을 듣는 것이요 너희를 저버리는 자는 곧 나를 저버리는 것이요 나를 저버리는 자는 나 보내신 이를 저버리는 것이라 하시니라

마 11:25-27 천지의 주재

[25]그 때에 예수께서 대답하여 이르시되 천지의 주재이신 아버지여 이것을 지혜롭고 슬기 있는 자들에게는 숨기시고 어린 아이들에게는 나타내심을 감사하나이다 [26]옳소이다 이렇게 된 것이 아버지의 뜻이니이다 [27]내 아버지께서 모든 것을 내게 주셨으니 아버지 외에는 아들을 아는 자가 없고 아들과 또 아들의 소원대로 계시를 받는 자 외에는 아버지를 아는 자가 없느니라

눅 10:21 그 때에 예수께서 성령으로 기뻐하시며 이르시되 천지의 주재이신 아버지여 이것을 지혜롭고 슬기 있는 자들에게는 숨기시고 어린 아이들에게는 나타내심을 감사하나이다 옳소이다 이렇게 된 것이 아버지의 뜻이니이다 [22]내 아버지께서 모든 것을 내게 주셨으니 아버지 외에는 아들이 누구인지 아는 자가 없고 아들과 또 아들의 소원대로 계시를 받는 자 외에는 아버지가 누구인지 아는 자가 없나이다 하시고

마 11:28-30 다 게로 오라

28수고하고 무거운 짐 진 자들아 다 내게로 오라 내가 너희를 쉬게 하리라 29나는 마음이 온유하
고 겸손하니 나의 멍에를 메고 내게 배우라 그리하면 너희 마음이 쉼을 얻으리니 30이는 내 멍에
는 쉽고 내 짐은 가벼움이라 하시니라

마 12:1-8 안식일의 주인 논쟁

1그 때에 예수께서 안식일에 밀밭 사이로 가실새 제자들이 시장하여 이삭을 잘라 먹으니 2바리새
인들이 보고 예수께 말하되 보시오 당신의 제자들이 안식일에 하지 못할 일을 하나이다 3예수께
서 이르시되 다윗이 자기와 그 함께 한 자들이 시장할 때에 한 일을 읽지 못하였느냐 4그가 하나
님의 전에 들어가서 제사장 외에는 자기나 그 함께 한 자들이 먹어서는 안 되는 진설병을 먹지 아
니하였느냐 5또 안식일에 제사장들이 성전 안에서 안식을 범하여도 죄가 없음을 너희가 율법에서
읽지 못하였느냐 6내가 너희에게 이르노니 성전보다 더 큰 이가 여기 있느니라 7나는 자비를 원하
고 제사를 원하지 아니하노라 하신 뜻을 너희가 알았더라면 무죄한 자를 정죄하지 아니하였으리
라 8인자는 안식일의 주인이니라 하시니라

막 2:23 안식일에 예수께서 밀밭 사이로 지나가실새 그의 제자들이 길을 열며 이삭을 자르니
24바리새인들이 예수께 말하되 보시오 저들이 어찌하여 안식일에 하지 못할 일을 하나이까 25예
수께서 이르시되 다윗이 자기와 및 함께 한 자들이 먹을 것이 없어 시장할 때에 한 일을 읽지
못하였느냐 26그가 아비아달 대제사장 때에 하나님의 전에 들어가서 제사장 외에는 먹어서는
안 되는 진설병을 먹고 함께 한 자들에게도 주지 아니하였느냐 27또 이르시되 안식일이 사람
을 위하여 있는 것이요 사람이 안식일을 위하여 있는 것이 아니니 28이러므로 인자는 안식일
에도 주인이니라

눅 6:1 안식일에 예수께서 밀밭 사이로 지나가실새 제자들이 이삭을 잘라 손으로 비비어 먹으
니 2어떤 바리새인들이 말하되 어찌하여 안식일에 하지 못할 일을 하느냐 3예수께서 대답하여
이르시되 다윗이 자기 및 자기와 함께 한 자들이 시장할 때에 한 일을 읽지 못하였느냐 4그가
하나님의 전에 들어가서 다만 제사장 외에는 먹어서는 안 되는 진설병을 먹고 함께 한 자들에
게도 주지 아니하였느냐 5또 이르시되 인자는 안식일의 주인이니라 하시더라

마 12:9-14 안식일 치유 논쟁

9거기에서 떠나 그들의 회당에 들어가시니 10한쪽 손 마른 사람이 있는지라 사람들이 예수를 고
발하려 하여 물어 이르되 안식일에 병 고치는 것이 옳으니이까 11예수께서 이르시되 너희 중에 어
떤 사람이 양 한 마리가 있어 안식일에 구덩이에 빠졌으면 끌어내지 않겠느냐 12사람이 양보다 얼
마나 더 귀하냐 그러므로 안식일에 선을 행하는 것이 옳으니라 하시고 13이에 그 사람에게 이르시
되 손을 내밀라 하시니 그가 내밀매 다른 손과 같이 회복되어 성하더라 14바리새인들이 나가서 어
떻게 하여 예수를 죽일까 의논하거늘

막 3:1 예수께서 다시 회당에 들어가시니 한쪽 손 마른 사람이 거기 있는지라 2사람들이 예수
를 고발하려 하여 안식일에 그 사람을 고치시는가 주시하고 있거늘 3예수께서 손 마른 사람에
게 이르시되 한 가운데에 일어서라 하시고 4그들에게 이르시되 안식일에 선을 행하는 것과 악
을 행하는 것, 생명을 구하는 것과 죽이는 것, 어느 것이 옳으냐 하시니 그들이 잠잠하거늘 5그
들의 마음이 완악함을 탄식하사 노하심으로 그들을 둘러 보시고 그 사람에게 이르시되 네 손
을 내밀라 하시니 내밀매 그 손이 회복되었더라 6바리새인들이 나가서 곧 헤롯당과 함께 어떻
게 하여 예수를 죽일까 의논하니라

눅 6:6 또 다른 안식일에 예수께서 회당에 들어가사 가르치실새 거기 오른손 마른 사람이 있
는지라 7서기관과 바리새인들이 예수를 고발할 증거를 찾으려 하여 안식일에 병을 고치시는
가 엿보니 8예수께서 그들의 생각을 아시고 손 마른 사람에게 이르시되 일어나 한가운데 서라
하시니 그가 일어나 서거늘 9예수께서 그들에게 이르시되 내가 너희에게 묻노니 안식일에 선
을 행하는 것과 악을 행하는 것, 생명을 구하는 것과 죽이는 것, 어느 것이 옳으냐 하시며 10무
리를 둘러보시고 그 사람에게 이르시되 네 손을 내밀라 하시니 그가 그리하매 그 손이 회복된
지라 11그들은 노기가 가득하여 예수를 어떻게 할까 하고 서로 의논하니라

마 12:15-21 치유 사역 요약(이사야)

15예수께서 아시고 거기를 떠나가시니 많은 사람이 따르는지라 예수께서 그들의 병을 다 고치시
고 16자기를 나타내지 말라 경고하셨으니 17이는 선지자 이사야를 통하여 말씀하신 바 18보라 내
가 택한 종 곧 내 마음에 기뻐하는 바 내가 사랑하는 자로다 내가 내 영을 그에게 줄 터이니 그가
심판을 이방에 알게 하리라 19그는 다투지도 아니하며 들레지도 아니하리니 아무도 길에서 그 소
리를 듣지 못하리라 20상한 갈대를 꺾지 아니하며 꺼져가는 심지를 끄지 아니하기를 심판하여 이
길 때까지 하리니 21또한 이방들이 그의 이름을 바라리라 함을 이루려 하심이니라

막 3:7 예수께서 제자들과 함께 바다로 물러가시니 갈릴리에서 큰 무리가 따르며 [8]유대와 예
루살렘과 이두매와 요단 강 건너편과 또 두로와 시돈 근처에서 많은 무리가 그가 하신 큰 일을
듣고 나아오는지라 [9]예수께서 무리가 에워싸 미는 것을 피하기 위하여 작은 배를 대기하도록
제자들에게 명하셨으니 [10]이는 많은 사람을 고치셨으므로 병으로 고생하는 자들이 예수를 만
지고자 하여 몰려왔음이더라 [11]더러운 귀신들도 어느 때든지 예수를 보면 그 앞에 엎드려 부
르짖어 이르되 당신은 하나님의 아들이니이다 하니 [12]예수께서 자기를 나타내지 말라고 많이
경고하시니라

눅 6:17 예수께서 그들과 함께 내려오사 평지에 서시니 그 제자의 많은 무리와 예수의 말씀도
듣고 병 고침을 받으려고 유대 사방과 예루살렘과 두로와 시돈의 해안으로부터 온 많은 백성
도 있더라 [18]더러운 귀신에게 고난 받는 자들도 고침을 받은지라 [19]온 무리가 예수를 만지려고
힘쓰니 이는 능력이 예수께로부터 나와서 모든 사람을 낫게 함이러라

마 12:22-30 바알세불 논쟁

[22]그 때에 귀신 들려 눈 멀고 말 못하는 사람을 데리고 왔거늘 예수께서 고쳐 주시매 그 말 못하는
사람이 말하며 보게 된지라 [23]무리가 다 놀라 이르되 이는 다윗의 자손이 아니냐 하니 [24]바리새인
들은 듣고 이르되 이가 귀신의 왕 바알세불을 힘입지 않고는 귀신을 쫓아내지 못하느니라 하거늘
[25]예수께서 그들의 생각을 아시고 이르시되 스스로 분쟁하는 나라마다 황폐하여질 것이요 스스
로 분쟁하는 동네나 집마다 서지 못하리라 [26]만일 사탄이 사탄을 쫓아내면 스스로 분쟁하는 것이
니 그리하고야 어떻게 그의 나라가 서겠느냐 [27]또 내가 바알세불을 힘입어 귀신을 쫓아내면 너희
의 아들들은 누구를 힘입어 쫓아내느냐 그러므로 그들이 너희의 재판관이 되리라 [28]그러나 내가
하나님의 성령을 힘입어 귀신을 쫓아내는 것이면 하나님의 나라가 이미 너희에게 임하였느니
라 [29]사람이 먼저 강한 자를 결박하지 않고서야 어떻게 그 강한 자의 집에 들어가 그 세간을 강탈
하겠느냐 결박한 후에야 그 집을 강탈하리라 [30]나와 함께 아니하는 자는 나를 반대하는 자요 나와
함께 모으지 아니하는 자는 헤치는 자니라

막 3:22 예루살렘에서 내려온 서기관들은 그가 바알세불이 지폈다 하며 또 귀신의 왕을 힘입
어 귀신을 쫓아낸다 하니 [23]예수께서 그들을 불러다가 비유로 말씀하시되 사탄이 어찌 사탄을
쫓아낼 수 있느냐 [24]또 만일 나라가 스스로 분쟁하면 그 나라가 설 수 없고 [25]만일 집이 스스로
분쟁하면 그 집이 설 수 없고 [26]만일 사탄이 자기를 거슬러 일어나 분쟁하면 설 수 없고 망하
느니라 [27]사람이 먼저 강한 자를 결박하지 않고는 그 강한 자의 집에 들어가 세간을 강탈하지
못하리니 결박한 후에야 그 집을 강탈하리라

눅 11:14 예수께서 한 말 못하게 하는 귀신을 쫓아내시니 귀신이 나가매 말 못하는 사람이 말
하는지라 무리들이 놀랍게 여겼으나 [15]그 중에 더러는 말하기를 그가 귀신의 왕 바알세불을

힘입어 귀신을 쫓아낸다 하고 [16]또 더러는 예수를 시험하여 하늘로부터 오는 표적을 구하니
[17]예수께서 그들의 생각을 아시고 이르시되 스스로 분쟁하는 나라마다 황폐하여지며 스스로
분쟁하는 집은 무너지느니라 [18]너희 말이 내가 바알세불을 힘입어 귀신을 쫓아낸다 하니 만일
사탄이 스스로 분쟁하면 그의 나라가 어떻게 서겠느냐 [19]내가 바알세불을 힘입어 귀신을 쫓아
내면 너희 아들들은 누구를 힘입어 쫓아내느냐 그러므로 그들이 너희 재판관이 되리라 [20]그러
나 내가 만일 하나님의 손을 힘입어 귀신을 쫓아낸다면 하나님의 나라가 이미 너희에게 임하
였느니라 [21]강한 자가 무장을 하고 자기 집을 지킬 때에는 그 소유가 안전하되 [22]더 강한 자가
와서 그를 굴복시킬 때에는 그가 믿던 무장을 빼앗고 그의 재물을 나누느니라 [23]나와 함께 하
지 아니하는 자는 나를 반대하는 자요 나와 함께 모으지 아니하는 자는 헤치는 자니라

마 12:31-32 성령 모독

[31]그러므로 내가 너희에게 이르노니 사람에 대한 모든 죄와 모독은 사하심을 얻되 성령을 모독하
는 것은 사하심을 얻지 못하겠고 [32]또 누구든지 말로 인자를 거역하면 사하심을 얻되 누구든지 말
로 성령을 거역하면 이 세상과 오는 세상에서도 사하심을 얻지 못하리라

막 3:28 내가 진실로 너희에게 이르노니 사람의 모든 죄와 모든 모독하는 일은 사하심을 얻되
[29]누구든지 성령을 모독하는 자는 영원히 사하심을 얻지 못하고 영원한 죄가 되느니라 하시니
[30]이는 그들이 말하기를 더러운 귀신이 들렸다 함이러라

마 12:33-37 나무와 열매

[33]나무도 좋고 열매도 좋다 하든지 나무도 좋지 않고 열매도 좋지 않다 하든지 하라 그 열매로 나
무를 아느니라 [34]독사의 자식들아 너희는 악하니 어떻게 선한 말을 할 수 있느냐 이는 마음에 가
득한 것을 입으로 말함이라 [35]선한 사람은 그 쌓은 선에서 선한 것을 내고 악한 사람은 그 쌓은 악
에서 악한 것을 내느니라 [36]내가 너희에게 이르노니 사람이 무슨 무익한 말을 하든지 심판 날에
이에 대하여 심문을 받으리니 [37]네 말로 의롭다 함을 받고 네 말로 정죄함을 받으리라

마 12:38-42 표적을 구함

[38]그 때에 서기관과 바리새인 중 몇 사람이 말하되 선생님이여 우리에게 표적 보여주시기를 원하

나이다 39예수께서 대답하여 이르시되 악하고 음란한 세대가 표적을 구하나 선지자 요나의 표적
밖에는 보일 표적이 없느니라 40요나가 밤낮 사흘 동안 큰 물고기 뱃속에 있었던 것 같이 인자도
밤낮 사흘 동안 땅 속에 있으리라 41심판 때에 니느웨 사람들이 일어나 이 세대 사람을 정죄하리
니 이는 그들이 요나의 전도를 듣고 회개하였음이거니와 요나보다 더 큰 이가 여기 있으며 42심판
때에 남방 여왕이 일어나 이 세대 사람을 정죄하리니 이는 그가 솔로몬의 지혜로운 말을 들으려고
땅 끝에서 왔음이거니와 솔로몬보다 더 큰 이가 여기 있느니라

눅 11:16 또 더러는 예수를 시험하여 하늘로부터 오는 표적을 구하니

눅 11:29 무리가 모였을 때에 예수께서 말씀하시되 이 세대는 악한 세대라 표적을 구하되 요
나의 표적 밖에는 보일 표적이 없나니 30요나가 니느웨 사람들에게 표적이 됨과 같이 인자도
이 세대에 그러하리라 31심판 때에 남방 여왕이 일어나 이 세대 사람을 정죄하리니 이는 그가
솔로몬의 지혜로운 말을 들으려고 땅 끝에서 왔음이거니와 솔로몬보다 더 큰 이가 여기 있으
며 32심판 때에 니느웨 사람들이 일어나 이 세대 사람을 정죄하리니 이는 그들이 요나의 전도
를 듣고 회개하였음이거니와 요나보다 더 큰 이가 여기 있느니라

마 12:43-45 더러운 귀신의 귀환

43더러운 귀신이 사람에게서 나갔을 때에 물 없는 곳으로 다니며 쉬기를 구하되 쉴 곳을 얻지 못
하고 44이에 이르되 내가 나온 내 집으로 돌아가리라 하고 와 보니 그 집이 비고 청소되고 수리되
었거늘 45이에 가서 저보다 더 악한 귀신 일곱을 데리고 들어가서 거하니 그 사람의 나중 형편이
전보다 더욱 심하게 되느니라 이 악한 세대가 또한 이렇게 되리라

눅 11:24 더러운 귀신이 사람에게서 나갔을 때에 물 없는 곳으로 다니며 쉬기를 구하되 얻지
못하고 이에 이르되 내가 나온 내 집으로 돌아가리라 하고 25가서 보니 그 집이 청소되고 수리
되었거늘 26이에 가서 저보다 더 악한 귀신 일곱을 데리고 들어가서 거하니 그 사람의 나중 형
편이 전보다 더 심하게 되느니라

마 12:46-50 예수의 가족 방문

46예수께서 무리에게 말씀하실 때에 그의 어머니와 동생들이 예수께 말하려고 밖에 섰더니 47한
사람이 예수께 여짜오되 보소서 당신의 어머니와 동생들이 당신께 말하려고 밖에 서 있나이다 하

니 [48]말하던 사람에게 대답하여 이르시되 누가 내 어머니이며 내 동생들이냐 하시고 [49]손을 내밀
어 제자들을 가리켜 이르시되 나의 어머니와 나의 동생들을 보라 [50]누구든지 하늘에 계신 내 아버
지의 뜻대로 하는 자가 내 형제요 자매요 어머니이니라 하시더라

막 3:31 그 때에 예수의 어머니와 동생들이 와서 밖에 서서 사람을 보내어 예수를 부르니 [32]무
리가 예수를 둘러 앉았다가 여짜오되 보소서 당신의 어머니와 동생들과 누이들이 밖에서 찾나
이다 [33]대답하시되 누가 내 어머니이며 동생들이냐 하시고 [34]둘러 앉은 자들을 보시며 이르시
되 내 어머니와 내 동생들을 보라 [35]누구든지 하나님의 뜻대로 행하는 자가 내 형제요 자매요
어머니이니라

눅 8:19 예수의 어머니와 그 동생들이 왔으나 무리로 인하여 가까이 하지 못하니 [20]어떤 이가
알리되 당신의 어머니와 동생들이 당신을 보려고 밖에 서 있나이다 [21]예수께서 대답하여 이르
시되 내 어머니와 내 동생들은 곧 하나님의 말씀을 듣고 행하는 이 사람들이라 하시니라

마 13:1-9 씨 뿌리는 비유

[1]그 날 예수께서 집에서 나가사 바닷가에 앉으시매 [2]큰 무리가 그에게로 모여 들거늘 예수께서 배
에 올라가 앉으시고 온 무리는 해변에 서 있더니 [3]예수께서 비유로 여러 가지를 그들에게 말씀하
여 이르시되 씨를 뿌리는 자가 뿌리러 나가서 [4]뿌릴새 더러는 길 가에 떨어지매 새들이 와서 먹어
버렸고 [5]더러는 흙이 얕은 돌밭에 떨어지매 흙이 깊지 아니하므로 곧 싹이 나오나 [6]해가 돋은 후
에 타서 뿌리가 없으므로 말랐고 [7]더러는 가시떨기 위에 떨어지매 가시가 자라서 기운을 막았고
[8]더러는 좋은 땅에 떨어지매 어떤 것은 백 배, 어떤 것은 육십 배, 어떤 것은 삼십 배의 결실을 하
였느니라 [9]귀 있는 자는 들으라 하시니라

막 4:1 예수께서 다시 바닷가에서 가르치시니 큰 무리가 모여들거늘 예수께서 바다에 떠 있는
배에 올라 앉으시고 온 무리는 바닷가 육지에 있더라 [2]이에 예수께서 여러 가지를 비유로 가
르치시니 그 가르치시는 중에 그들에게 이르시되 [3]들으라 씨를 뿌리는 자가 뿌리러 나가서 [4]뿌
릴새 더러는 길 가에 떨어지매 새들이 와서 먹어 버렸고 [5]더러는 흙이 얕은 돌밭에 떨어지매
흙이 깊지 아니하므로 곧 싹이 나오나 [6]해가 돋은 후에 타서 뿌리가 없으므로 말랐고 [7]더러는
가시떨기에 떨어지매 가시가 자라 기운을 막으므로 결실하지 못하였고 [8]더러는 좋은 땅에 떨
어지매 자라 무성하여 결실하였으니 삼십 배나 육십 배나 백 배가 되었느니라 하시고 [9]또 이
르시되 들을 귀 있는 자는 들으라 하시니라

눅 8:4 각 동네 사람들이 예수께로 나아와 큰 무리를 이루니 예수께서 비유로 말씀하시되 [5]씨
를 뿌리는 자가 그 씨를 뿌리러 나가서 뿌릴새 더러는 길 가에 떨어지매 밟히며 공중의 새들이

먹어버렸고 6더러는 바위 위에 떨어지매 싹이 났다가 습기가 없으므로 말랐고 7더러는 가시떨
기 속에 떨어지매 가시가 함께 자라서 기운을 막았고 8더러는 좋은 땅에 떨어지매 나서 백 배
의 결실을 하였느니라 이 말씀을 하시고 외치시되 들을 귀 있는 자는 들을지어다

마 13:10-17 비유 쓴 이유

10제자들이 예수께 나아와 이르되 어찌하여 그들에게 비유로 말씀하시나이까 11대답하여 이르시
되 천국의 비밀을 아는 것이 너희에게는 허락되었으나 그들에게는 아니되었나니 12무릇 있는 자
는 받아 넉넉하게 되되 없는 자는 그 있는 것도 빼앗기리라 13그러므로 내가 그들에게 비유로 말
하는 것은 그들이 보아도 보지 못하며 들어도 듣지 못하며 깨닫지 못함이니라 14이사야의 예언이
그들에게 이루어졌으니 일렀으되 너희가 듣기는 들어도 깨닫지 못할 것이요 보기는 보아도 알지
못하리라 15이 백성들의 마음이 완악하여져서 그 귀는 듣기에 둔하고 눈은 감았으니 이는 눈으로
보고 귀로 듣고 마음으로 깨달아 돌이켜 내게 고침을 받을까 두려워함이라 하였느니라 16그러나
너희 눈은 봄으로, 너희 귀는 들음으로 복이 있도다 17내가 진실로 너희에게 이르노니 많은 선지
자와 의인이 너희가 보는 것들을 보고자 하여도 보지 못하였고 너희가 듣는 것들을 듣고자 하여도
듣지 못하였느니라

막 4:10 예수께서 홀로 계실 때에 함께 한 사람들이 열두 제자와 더불어 그 비유들에 대하여
물으니 11이르시되 하나님 나라의 비밀을 너희에게는 주었으나 외인에게는 모든 것을 비유로
하나니 12이는 그들로 보기는 보아도 알지 못하며 듣기는 들어도 깨닫지 못하게 하여 돌이켜
죄 사함을 얻지 못하게 하려 함이라 하시고

눅 8:9 제자들이 이 비유의 뜻을 물으니 10이르시되 하나님 나라의 비밀을 아는 것이 너희에
게는 허락되었으나 다른 사람에게는 비유로 하나니 이는 그들로 보아도 보지 못하고 들어도
깨닫지 못하게 하려 함이라

마 13:18-23 씨 뿌리는 비유 설명

18그런즉 씨 뿌리는 비유를 들으라 19아무나 천국 말씀을 듣고 깨닫지 못할 때는 악한 자가 와서
그 마음에 뿌려진 것을 빼앗나니 이는 곧 길 가에 뿌려진 자요 20돌밭에 뿌려졌다는 것은 말씀을
듣고 즉시 기쁨으로 받되 21그 속에 뿌리가 없어 잠시 견디다가 말씀으로 말미암아 환난이나 박해
가 일어날 때에는 곧 넘어지는 자요 22가시떨기에 뿌려졌다는 것은 말씀을 들으나 세상의 염려와
재물의 유혹에 말씀이 막혀 결실하지 못하는 자요 23좋은 땅에 뿌려졌다는 것은 말씀을 듣고 깨닫

는 자니 결실하여 어떤 것은 백 배, 어떤 것은 육십 배, 어떤 것은 삼십 배가 되느니라 하시더라

막 4:13 또 이르시되 너희가 이 비유를 알지 못할진대 어떻게 모든 비유를 알겠느냐 [14]뿌리는
자는 말씀을 뿌리는 것이라 [15]말씀이 길 가에 뿌려졌다는 것은 이들을 가리킴이니 곧 말씀을
들었을 때에 사탄이 즉시 와서 그들에게 뿌려진 말씀을 빼앗는 것이요 [16]또 이와 같이 돌밭에
뿌려졌다는 것은 이들을 가리킴이니 곧 말씀을 들을 때에 즉시 기쁨으로 받으나 [17]그 속에 뿌
리가 없어 잠깐 견디다가 말씀으로 인하여 환난이나 박해가 일어나는 때에는 곧 넘어지는 자
요 [18]또 어떤 이는 가시떨기에 뿌려진 자니 이들은 말씀을 듣기는 하되 [19]세상의 염려와 재물
의 유혹과 기타 욕심이 들어와 말씀을 막아 결실하지 못하게 되는 자요 [20]좋은 땅에 뿌려졌다
는 것은 곧 말씀을 듣고 받아 삼십 배나 육십 배나 백 배의 결실을 하는 자니라

눅 8:11 이 비유는 이러하니라 씨는 하나님의 말씀이요 [12]길 가에 있다는 것은 말씀을 들은 자
니 이에 마귀가 가서 그들이 믿어 구원을 얻지 못하게 하려고 말씀을 그 마음에서 빼앗는 것이
요 [13]바위 위에 있다는 것은 말씀을 들을 때에 기쁨으로 받으나 뿌리가 없어 잠깐 믿다가 시련
을 당할 때에 배반하는 자요 [14]가시떨기에 떨어졌다는 것은 말씀을 들은 자이나 지내는 중 이
생의 염려와 재물과 향락에 기운이 막혀 온전히 결실하지 못하는 자요 [15]좋은 땅에 있다는 것
은 착하고 좋은 마음으로 말씀을 듣고 지키어 인내로 결실하는 자니라

마 13:24-30 곡식과 가라지

[24]예수께서 그들 앞에 또 비유를 들어 이르시되 천국은 좋은 씨를 제 밭에 뿌린 사람과 같으니 [25]사
람들이 잘 때에 그 원수가 와서 곡식 가운데 가라지를 덧뿌리고 갔더니 [26]싹이 나고 결실할 때에
가라지도 보이거늘 [27]집 주인의 종들이 와서 말하되 주여 밭에 좋은 씨를 뿌리지 아니하였나이까
그런데 가라지가 어디서 생겼나이까 [28]주인이 이르되 원수가 이렇게 하였구나 종들이 말하되 그
러면 우리가 가서 이것을 뽑기를 원하시나이까 [29]주인이 이르되 가만 두라 가라지를 뽑다가 곡식
까지 뽑을까 염려하노라 [30]둘 다 추수 때까지 함께 자라게 두라 추수 때에 내가 추수꾼들에게 말
하기를 가라지는 먼저 거두어 불사르게 단으로 묶고 곡식은 모아 내 곳간에 넣으라 하리라

마 13:31-33 겨자씨와 누룩

[31]또 비유를 들어 이르시되 천국은 마치 사람이 자기 밭에 갖다 심은 겨자씨 한 알 같으니 [32]이는
모든 씨보다 작은 것이로되 자란 후에는 풀보다 커서 나무가 되매 공중의 새들이 와서 그 가지에

깃들이느니라 [33]또 비유로 말씀하시되 천국은 마치 여자가 가루 서 말 속에 갖다 넣어 전부 부풀
게 한 누룩과 같으니라

막 4:30 또 이르시되 우리가 하나님의 나라를 어떻게 비교하며 또 무슨 비유로 나타낼까 [31]겨
자씨 한 알과 같으니 땅에 심길 때에는 땅 위의 모든 씨보다 작은 것이로되 [32]심긴 후에는 자
라서 모든 풀보다 커지며 큰 가지를 내나니 공중의 새들이 그 그늘에 깃들일 만큼 되느니라

눅 13:18 그러므로 예수께서 이르시되 하나님의 나라가 무엇과 같을까 내가 무엇으로 비교할
까 [19]마치 사람이 자기 채소밭에 갖다 심은 겨자씨 한 알 같으니 자라 나무가 되어 공중의 새
들이 그 가지에 깃들였느니라 [20]또 이르시되 내가 하나님의 나라를 무엇으로 비교할까 [21]마치
여자가 가루 서 말 속에 갖다 넣어 전부 부풀게 한 누룩과 같으니라 하셨더라

마 13:34-35 비유로만 말씀

[34]예수께서 이 모든 것을 무리에게 비유로 말씀하시고 비유가 아니면 아무 것도 말씀하지 아니하
셨으니 [35]이는 선지자를 통하여 말씀하신 바 내가 입을 열어 비유로 말하고 창세부터 감추인 것들
을 드러내리라 함을 이루려 하심이라

막 4:33 예수께서 이러한 많은 비유로 그들이 알아 들을 수 있는 대로 말씀을 가르치시되 [34]비
유가 아니면 말씀하지 아니하시고 다만 혼자 계실 때에 그 제자들에게 모든 것을 해석하시
더라

마 13:36-43 가라지 비유 설명

[36]이에 예수께서 무리를 떠나사 집에 들어가시니 제자들이 나아와 이르되 밭의 가라지의 비유를
우리에게 설명하여 주소서 [37]대답하여 이르시되 좋은 씨를 뿌리는 이는 인자요 [38]밭은 세상이요
좋은 씨는 천국의 아들들이요 가라지는 악한 자의 아들들이요 [39]가라지를 뿌린 원수는 마귀요 추
수 때는 세상 끝이요 추수꾼은 천사들이니 [40]그런즉 가라지를 거두어 불에 사르는 것 같이 세상
끝에도 그러하리라 [41]인자가 그 천사들을 보내리니 그들이 그 나라에서 모든 넘어지게 하는 것과
또 불법을 행하는 자들을 거두어 내어 [42]풀무 불에 던져 넣으리니 거기서 울며 이를 갈게 되리라
[43]그 때에 의인들은 자기 아버지 나라에서 해와 같이 빛나리라 귀 있는 자는 들으라

마 13:44-50 감춰진 보화, 진주, 그물

44천국은 마치 밭에 감추인 보화와 같으니 사람이 이를 발견한 후 숨겨 두고 기뻐하며 돌아가서 자
기의 소유를 다 팔아 그 밭을 사느니라 45또 천국은 마치 좋은 진주를 구하는 장사와 같으니 46극
히 값진 진주 하나를 발견하매 가서 자기의 소유를 다 팔아 그 진주를 사느니라 47또 천국은 마치
바다에 치고 각종 물고기를 모는 그물과 같으니 48그물에 가득하매 물 가로 끌어 내고 앉아서 좋
은 것은 그릇에 담고 못된 것은 내버리느니라 49세상 끝에도 이러하리라 천사들이 와서 의인 중에
서 악인을 갈라 내어 50풀무 불에 던져 넣으리니 거기서 울며 이를 갈리라

마 13:51-52 제자 된 서기관

51이 모든 것을 깨달았느냐 하시니 대답하되 그러하오이다 52예수께서 이르시되 그러므로 천국의
제자된 서기관마다 마치 새것과 옛것을 그 곳간에서 내오는 집주인과 같으니라

마 13:43 설교 마침(3)

53예수께서 이 모든 비유를 마치신 후에 그 곳을 떠나서

마 13:54-58 고향의 배척

54고향으로 돌아가사 그들의 회당에서 가르치시니 그들이 놀라 이르되 이 사람의 이 지혜와 이런
능력이 어디서 났느냐 55이는 그 목수의 아들이 아니냐 그 어머니는 마리아, 그 형제들은 야고보,
요셉, 시몬, 유다라 하지 않느냐 56그 누이들은 다 우리와 함께 있지 아니하냐 그런즉 이 사람의 이
모든 것이 어디서 났느냐 하고 57예수를 배척한지라 예수께서 그들에게 말씀하시되 선지자가 자
기 고향과 자기 집 외에서는 존경을 받지 않음이 없느니라 하시고 58그들이 믿지 않음으로 말미암
아 거기서 많은 능력을 행하지 아니하시니라

막 6:1 예수께서 거기를 떠나사 고향으로 가시니 제자들도 따르니라 2안식일이 되어 회당에
서 가르치시니 많은 사람이 듣고 놀라 이르되 이 사람이 어디서 이런 것을 얻었느냐 이 사람이

받은 지혜와 그 손으로 이루어지는 이런 권능이 어찌됨이냐 3이 사람이 마리아의 아들 목수가
아니냐 야고보와 요셉과 유다와 시몬의 형제가 아니냐 그 누이들이 우리와 함께 여기 있지 아
니하냐 하고 예수를 배척한지라 4예수께서 그들에게 이르시되 선지자가 자기 고향과 자기 친
척과 자기 집 외에서는 존경을 받지 못함이 없느니라 하시며 5거기서는 아무 권능도 행하실
수 없어 다만 소수의 병자에게 안수하여 고치실 뿐이었고 6그들이 믿지 않음을 이상히 여기셨
더라 이에 모든 촌에 두루 다니시며 가르치시더라

눅 4:23 예수께서 그들에게 이르시되 너희가 반드시 의사야 너 자신을 고치라 하는 속담을 인
용하여 내게 말하기를 우리가 들은 바 가버나움에서 행한 일을 네 고향 여기서도 행하라 하리
라 24또 이르시되 내가 진실로 너희에게 이르노니 선지자가 고향에서는 환영을 받는 자가 없
느니라 25내가 참으로 너희에게 이르노니 엘리야 시대에 하늘이 삼 년 육 개월간 닫히어 온 땅
에 큰 흉년이 들었을 때에 이스라엘에 많은 과부가 있었으되 26엘리야가 그 중 한 사람에게도
보내심을 받지 않고 오직 시돈 땅에 있는 사렙다의 한 과부에게 뿐이었으며 27또 선지자 엘리
사 때에 이스라엘에 많은 나병환자가 있었으되 그 중의 한 사람도 깨끗함을 얻지 못하고 오직
수리아 사람 나아만뿐이었느니라 28회당에 있는 자들이 이것을 듣고 다 크게 화가 나서 29일어
나 동네 밖으로 쫓아내어 그 동네가 건설된 산 낭떠러지까지 끌고 가서 밀쳐 떨어뜨리고자 하
되 30예수께서 그들 가운데로 지나서 가시니라

요 4:43 이틀이 지나매 예수께서 거기를 떠나 갈릴리로 가시며 44친히 증언하시기를 선지자가
고향에서는 높임을 받지 못한다 하시고 45갈릴리에 이르시매 갈릴리인들이 그를 영접하니 이
는 자기들도 명절에 갔다가 예수께서 명절중 예루살렘에서 하신 모든 일을 보았음이더라

마 14:1-12 세례 요한의 죽음

1그 때에 분봉 왕 헤롯이 예수의 소문을 듣고 2그 신하들에게 이르되 이는 세례 요한이라 그가 죽
은 자 가운데서 살아났으니 그러므로 이런 능력이 그 속에서 역사하는도다 하더라 3전에 헤롯이
그 동생 빌립의 아내 헤로디아의 일로 요한을 잡아 결박하여 옥에 가두었으니 4이는 요한이 헤롯
에게 말하되 당신이 그 여자를 차지한 것이 옳지 않다 하였음이라 5헤롯이 요한을 죽이려 하되 무
리가 그를 선지자로 여기므로 그들을 두려워하더니 6마침 헤롯의 생일이 되어 헤로디아의 딸이
연석 가운데서 춤을 추어 헤롯을 기쁘게 하니 7헤롯이 맹세로 그에게 무엇이든지 달라는 대로 주
겠다고 약속하거늘 8그가 제 어머니의 시킴을 듣고 이르되 세례 요한의 머리를 소반에 얹어 여기
서 내게 주소서 하니 9왕이 근심하나 자기가 맹세한 것과 그 함께 앉은 사람들 때문에 주라 명하고
10사람을 보내어 옥에서 요한의 목을 베어 11그 머리를 소반에 얹어서 그 소녀에게 주니 그가 자
기 어머니에게로 가져가니라 12요한의 제자들이 와서 시체를 가져다가 장사하고 가서 예수께 아
뢰니라

막 6:14 이에 예수의 이름이 드러난지라 헤롯 왕이 듣고 이르되 이는 세례 요한이 죽은 자 가
운데서 살아났도다 그러므로 이런 능력이 그 속에서 일어나느니라 하고 15어떤 이는 그가 엘
리야라 하고 또 어떤 이는 그가 선지자니 옛 선지자 중의 하나와 같다 하되 16헤롯은 듣고 이
르되 내가 목 벤 요한 그가 살아났다 하더라 17전에 헤롯이 자기가 동생 빌립의 아내 헤로디아
에게 장가 든 고로 이 여자를 위하여 사람을 보내어 요한을 잡아 옥에 가두었으니 18이는 요한
이 헤롯에게 말하되 동생의 아내를 취한 것이 옳지 않다 하였음이라 19헤로디아가 요한을 원
수로 여겨 죽이고자 하였으되 하지 못한 것은 20헤롯이 요한을 의롭고 거룩한 사람으로 알고
두려워하여 보호하며 또 그의 말을 들을 때에 크게 번민을 하면서도 달갑게 들음이러라 21마
침 기회가 좋은 날이 왔으니 곧 헤롯이 자기 생일에 대신들과 천부장들과 갈릴리의 귀인들로
더불어 잔치할새 22헤로디아의 딸이 친히 들어와 춤을 추어 헤롯과 그와 함께 앉은 자들을 기
쁘게 한지라 왕이 그 소녀에게 이르되 무엇이든지 네가 원하는 것을 내게 구하라 내가 주리라
하고 23또 맹세하기를 무엇이든지 네가 내게 구하면 내 나라의 절반까지라도 주리라 하거늘
24그가 나가서 그 어머니에게 말하되 내가 무엇을 구하리이까 그 어머니가 이르되 세례 요한
의 머리를 구하라 하니 25그가 곧 왕에게 급히 들어가 구하여 이르되 세례 요한의 머리를 소반
에 얹어 곧 내게 주기를 원하옵나이다 하니 26왕이 심히 근심하나 자기가 맹세한 것과 그 앉은
자들로 인하여 그를 거절할 수 없는지라 27왕이 곧 시위병 하나를 보내어 요한의 머리를 가져
오라 명하니 그 사람이 나가 옥에서 요한을 목 베어 28그 머리를 소반에 얹어다가 소녀에게 주
니 소녀가 이것을 그 어머니에게 주니라 29요한의 제자들이 듣고 와서 시체를 가져다가 장사
하니라

눅 9:7 분봉 왕 헤롯이 이 모든 일을 듣고 심히 당황하니 이는 어떤 사람은 요한이 죽은 자 가
운데서 살아났다고도 하며 8어떤 사람은 엘리야가 나타났다고도 하며 어떤 사람은 옛 선지자
한 사람이 다시 살아났다고도 함이라 9헤롯이 이르되 요한은 내가 목을 베었거늘 이제 이런
일이 들리니 이 사람이 누군가 하며 그를 보고자 하더라

마 14:13-21 오병이어 기적

13예수께서 들으시고 배를 타고 떠나사 따로 빈 들에 가시니 무리가 듣고 여러 고을로부터 걸어서
따라간지라 14예수께서 나오사 큰 무리를 보시고 불쌍히 여기사 그 중에 있는 병자를 고쳐 주시니
라 15저녁이 되매 제자들이 나아와 이르되 이 곳은 빈 들이요 때도 이미 저물었으니 무리를 보내
어 마을에 들어가 먹을 것을 사 먹게 하소서 16예수께서 이르시되 갈 것 없다 너희가 먹을 것을 주
라 17제자들이 이르되 여기 우리에게 있는 것은 떡 다섯 개와 물고기 두 마리뿐이니이다 18이르시
되 그것을 내게 가져오라 하시고 19무리를 명하여 잔디 위에 앉히시고 떡 다섯 개와 물고기 두 마
리를 가지사 하늘을 우러러 축사하시고 떡을 떼어 제자들에게 주시매 제자들이 무리에게 주니
20다 배불리 먹고 남은 조각을 열두 바구니에 차게 거두었으며 21먹은 사람은 여자와 어린이 외에
오천 명이나 되었더라

막 6:30 사도들이 예수께 모여 자기들이 행한 것과 가르친 것을 낱낱이 고하니 31이르시되 너
희는 따로 한적한 곳에 가서 잠깐 쉬어라 하시니 이는 오고 가는 사람이 많아 음식 먹을 겨를
도 없음이라 32이에 배를 타고 따로 한적한 곳에 갈새 33그들이 가는 것을 보고 많은 사람이 그
들인 줄 안지라 모든 고을로부터 도보로 그 곳에 달려와 그들보다 먼저 갔더라 34예수께서 나
오사 큰 무리를 보시고 그 목자 없는 양 같음으로 인하여 불쌍히 여기사 이에 여러 가지로 가
르치시더라 35때가 저물어가매 제자들이 예수께 나아와 여짜오되 이 곳은 빈 들이요 날도 저
물어가니 36무리를 보내어 두루 촌과 마을로 가서 무엇을 사 먹게 하옵소서 37대답하여 이르
시되 너희가 먹을 것을 주라 하시니 여짜오되 우리가 가서 이백 데나리온의 떡을 사다 먹이리
이까 38이르시되 너희에게 떡 몇 개나 있는지 가서 보라 하시니 알아보고 이르되 떡 다섯 개와
물고기 두 마리가 있더이다 하거늘 39제자들에게 명하사 그 모든 사람으로 떼를 지어 푸른 잔
디 위에 앉게 하시니 40떼로 백 명씩 또는 오십 명씩 앉은지라 41예수께서 떡 다섯 개와 물고기
두 마리를 가지사 하늘을 우러러 축사하시고 떡을 떼어 제자들에게 주어 사람들에게 나누어
주게 하시고 또 물고기 두 마리도 모든 사람에게 나누시매 42다 배불리 먹고 43남은 떡 조각과
물고기를 열두 바구니에 차게 거두었으며 44떡을 먹은 남자는 오천 명이었더라

눅 9:10 사도들이 돌아와 자기들이 행한 모든 것을 예수께 여쭈니 데리시고 따로 벳새다라는
고을로 떠나 가셨으나 11무리가 알고 따라왔거늘 예수께서 그들을 영접하사 하나님 나라의 일
을 이야기하시며 병 고칠 자들은 고치시더라 12날이 저물어 가매 열두 사도가 나아와 여짜오
되 무리를 보내어 두루 마을과 촌으로 가서 유하며 먹을 것을 얻게 하소서 우리가 있는 여기는
빈 들이니이다 13예수께서 이르시되 너희가 먹을 것을 주라 하시니 여짜오되 우리에게 떡 다
섯 개와 물고기 두 마리밖에 없으니 이 모든 사람을 위하여 먹을 것을 사지 아니하고서는 할
수 없사옵나이다 하니 14이는 남자가 한 오천 명 됨이러라 제자들에게 이르시되 떼를 지어 한
오십 명씩 앉히라 하시니 15제자들이 이렇게 하여 다 앉힌 후 16예수께서 떡 다섯 개와 물고기
두 마리를 가지사 하늘을 우러러 축사하시고 떼어 제자들에게 주어 무리에게 나누어 주게 하
시니 17먹고 다 배불렀더라 그 남은 조각을 열두 바구니에 거두니라

요 6:1 그 후에 예수께서 디베랴의 갈릴리 바다 건너편으로 가시매 2큰 무리가 따르니 이는 병
자들에게 행하시는 표적을 보았음이러라 3예수께서 산에 오르사 제자들과 함께 거기 앉으시
니 4마침 유대인의 명절인 유월절이 가까운지라 5예수께서 눈을 들어 큰 무리가 자기에게로
오는 것을 보시고 빌립에게 이르시되 우리가 어디서 떡을 사서 이 사람들을 먹이겠느냐 하시
니 6이렇게 말씀하심은 친히 어떻게 하실지를 아시고 빌립을 시험하고자 하심이라 7빌립이 대
답하되 각 사람으로 조금씩 받게 할지라도 이백 데나리온의 떡이 부족하리이다 8제자 중 하나
곧 시몬 베드로의 형제 안드레가 예수께 여짜오되 9여기 한 아이가 있어 보리떡 다섯 개와 물
고기 두 마리를 가지고 있나이다 그러나 그것이 이 많은 사람에게 얼마나 되겠사옵나이까 10예
수께서 이르시되 이 사람들로 앉게 하라 하시니 그 곳에 잔디가 많은지라 사람들이 앉으니 수
가 오천 명쯤 되더라 11예수께서 떡을 가져 축사하신 후에 앉아 있는 자들에게 나눠 주시고 물
고기도 그렇게 그들의 원대로 주시니라 12그들이 배부른 후에 예수께서 제자들에게 이르시되
남은 조각을 거두고 버리는 것이 없게 하라 하시므로 13이에 거두니 보리떡 다섯 개로 먹고 남

은 조각이 열두 바구니에 찼더라 [14]그 사람들이 예수께서 행하신 이 표적을 보고 말하되 이는
참으로 세상에 오실 그 선지자라 하더라 [15]그러므로 예수께서 그들이 와서 자기를 억지로 붙
들어 임금으로 삼으려는 줄 아시고 다시 혼자 산으로 떠나 가시니라

마 14:22-33 물 위 걷는 기적

[22]예수께서 즉시 제자들을 재촉하사 자기가 무리를 보내는 동안에 배를 타고 앞서 건너편으로 가
게 하시고 [23]무리를 보내신 후에 기도하러 따로 산에 올라가시니라 저물매 거기 혼자 계시더니
[24]배가 이미 육지에서 수 리나 떠나서 바람이 거스르므로 물결로 말미암아 고난을 당하더라 [25]밤
사경에 예수께서 바다 위로 걸어서 제자들에게 오시니 [26]제자들이 그가 바다 위로 걸어오심을 보
고 놀라 유령이라 하며 무서워하여 소리 지르거늘 [27]예수께서 즉시 이르시되 안심하라 나니 두려
워하지 말라 [28]베드로가 대답하여 이르되 주여 만일 주님이시거든 나를 명하사 물 위로 오라 하소
서 하니 [29]오라 하시니 베드로가 배에서 내려 물 위로 걸어서 예수께로 가되 [30]바람을 보고 무서
워 빠져 가는지라 소리 질러 이르되 주여 나를 구원하소서 하니 [31]예수께서 즉시 손을 내밀어 그
를 붙잡으시며 이르시되 믿음이 작은 자여 왜 의심하였느냐 하시고 [32]배에 함께 오르매 바람이 그
치는지라 [33]배에 있는 사람들이 예수께 절하며 이르되 진실로 하나님의 아들이로소이다 하더라

막 6:45 예수께서 즉시 제자들을 재촉하사 자기가 무리를 보내는 동안에 배 타고 앞서 건너편
벳새다로 가게 하시고 [46]무리를 작별하신 후에 기도하러 산으로 가시니라 [47]저물매 배는 바다
가운데 있고 예수께서는 홀로 뭍에 계시다가 [48]바람이 거스르므로 제자들이 힘겹게 노 젓는
것을 보시고 밤 사경쯤에 바다 위로 걸어서 그들에게 오사 지나가려고 하시매 [49] 제자들이 그
가 바다 위로 걸어 오심을 보고 유령인가 하여 소리 지르니 [50]그들이 다 예수를 보고 놀람이라
이에 예수께서 곧 그들에게 말씀하여 이르시되 안심하라 내니 두려워하지 말라 하시고 [51]배에
올라 그들에게 가시니 바람이 그치는지라 제자들이 마음에 심히 놀라니 [52]이는 그들이 그 떡
떼시던 일을 깨닫지 못하고 도리어 그 마음이 둔하여졌음이러라

요 6:16 저물매 제자들이 바다에 내려가서 [17]배를 타고 바다를 건너 가버나움으로 가는데 이
미 어두웠고 예수는 아직 그들에게 오시지 아니하셨더니 [18]큰 바람이 불어 파도가 일어나더라
[19]제자들이 노를 저어 십여 리쯤 가다가 예수께서 바다 위로 걸어 배에 가까이 오심을 보고 두
려워하거늘 [20]이르시되 내니 두려워하지 말라 하신대 [21]이에 기뻐서 배로 영접하니 배는 곧 그
들이 가려던 땅에 이르렀더라

마 14:34-36 게네사렛 치유

34그들이 건너가 게네사렛 땅에 이르니 35그 곳 사람들이 예수이신 줄을 알고 그 근방에 두루 통
지하여 모든 병든 자를 예수께 데리고 와서 36다만 예수의 옷자락에라도 손을 대게 하시기를 간구
하니 손을 대는 자는 다 나음을 얻으니라

막 6:53 건너가 게네사렛 땅에 이르러 대고 54배에서 내리니 사람들이 곧 예수신 줄을 알고 55그
온 지방으로 달려 돌아 다니며 예수께서 어디 계시다는 말을 듣는 대로 병든 자를 침상째로 메
고 나아오니 56아무 데나 예수께서 들어가시는 지방이나 도시나 마을에서 병자를 시장에 두고
예수께 그의 옷 가에라도 손을 대게 하시기를 간구하니 손을 대는 자는 다 성함을 얻으니라

마 15:1-20 장로들의 전통 논쟁

1그 때에 바리새인과 서기관들이 예루살렘으로부터 예수께 나아와 이르되 2당신의 제자들이 어찌
하여 장로들의 전통을 범하나이까 떡 먹을 때에 손을 씻지 아니하나이다 3대답하여 이르시되 너
희는 어찌하여 너희의 전통으로 하나님의 계명을 범하느냐 4하나님이 이르셨으되 네 부모를 공경
하라 하시고 또 아버지나 어머니를 비방하는 자는 반드시 죽임을 당하리라 하셨거늘 5너희는 이
르되 누구든지 아버지에게나 어머니에게 말하기를 내가 드려 유익하게 할 것이 하나님께 드림이
되었다고 하기만 하면 6그 부모를 공경할 것이 없다 하여 너희의 전통으로 하나님의 말씀을 폐하
는도다 7외식하는 자들아 이사야가 너희에 관하여 잘 예언하였도다 일렀으되 8이 백성이 입술로
는 나를 공경하되 마음은 내게서 멀도다 9사람의 계명으로 교훈을 삼아 가르치니 나를 헛되이 경
배하는도다 하였느니라 하시고 10무리를 불러 이르시되 듣고 깨달으라 11입으로 들어가는 것이
사람을 더럽게 하는 것이 아니라 입에서 나오는 그것이 사람을 더럽게 하는 것이니라 12이에 제
자들이 나아와 이르되 바리새인들이 이 말씀을 듣고 걸림이 된 줄 아시나이까 13예수께서 대답하
여 이르시되 심은 것마다 내 하늘 아버지께서 심으시지 않은 것은 뽑힐 것이니 14그냥 두라 그들
은 맹인이 되어 맹인을 인도하는 자로다 만일 맹인이 맹인을 인도하면 둘이 다 구덩이에 빠지리라
하시니 15베드로가 대답하여 이르되 이 비유를 우리에게 설명하여 주옵소서 16예수께서 이르시되
너희도 아직까지 깨달음이 없느냐 17입으로 들어가는 모든 것은 배로 들어가서 뒤로 내버려지는
줄 알지 못하느냐 18입에서 나오는 것들은 마음에서 나오나니 이것이야말로 사람을 더럽게 하느
니라 19마음에서 나오는 것은 악한 생각과 살인과 간음과 음란과 도둑질과 거짓 증언과 비방이니
20이런 것들이 사람을 더럽게 하는 것이요 씻지 않은 손으로 먹는 것은 사람을 더럽게 하지 못하
느니라

막 7:1 바리새인들과 또 서기관 중 몇이 예루살렘에서 와서 예수께 모여들었다가 2그의 제자

중 몇 사람이 부정한 손 곧 씻지 아니한 손으로 떡 먹는 것을 보았더라 3(바리새인들과 모든
유대인들은 장로들의 전통을 지키어 손을 잘 씻지 않고서는 음식을 먹지 아니하며 4또 시장에
서 돌아와서도 물을 뿌리지 않고서는 먹지 아니하며 그 외에도 여러 가지를 지키어 오는 것이
있으니 잔과 주발과 놋그릇을 씻음이러라) 5이에 바리새인들과 서기관들이 예수께 묻되 어찌
하여 당신의 제자들은 장로들의 전통을 준행하지 아니하고 부정한 손으로 떡을 먹나이까 6이
르시되 이사야가 너희 외식하는 자에 대하여 잘 예언하였도다 기록하였으되 이 백성이 입술
로는 나를 공경하되 마음은 내게서 멀도다 7사람의 계명으로 교훈을 삼아 가르치니 나를 헛되
이 경배하는도다 하였느니라 8너희가 하나님의 계명은 버리고 사람의 전통을 지키느니라 9또
이르시되 너희가 너희 전통을 지키려고 하나님의 계명을 잘 저버리는도다 10모세는 네 부모를
공경하라 하고 또 아버지나 어머니를 모욕하는 자는 죽임을 당하리라 하였거늘 11너희는 이르
되 사람이 아버지에게나 어머니에게나 말하기를 내가 드려 유익하게 할 것이 고르반 곧 하나
님께 드림이 되었다고 하기만 하면 그만이라 하고 12자기 아버지나 어머니에게 다시 아무 것
도 하여 드리기를 허락하지 아니하여 13너희가 전한 전통으로 하나님의 말씀을 폐하며 또 이
같은 일을 많이 행하느니라 하시고 14무리를 다시 불러 이르시되 너희는 다 내 말을 듣고 깨달
으라 15무엇이든지 밖에서 사람에게로 들어가는 것은 능히 사람을 더럽게 하지 못하되 16사람
안에서 나오는 것이 사람을 더럽게 하는 것이니라 하시고 17무리를 떠나 집으로 들어가시니
제자들이 그 비유를 묻자온대 18예수께서 이르시되 너희도 이렇게 깨달음이 없느냐 무엇이든
지 밖에서 들어가는 것이 능히 사람을 더럽게 하지 못함을 알지 못하느냐 19이는 마음으로 들
어가지 아니하고 배로 들어가 뒤로 나감이라 이러므로 모든 음식물을 깨끗하다 하시니라 20또
이르시되 사람에게서 나오는 그것이 사람을 더럽게 하느니라 21속에서 곧 사람의 마음에서 나
오는 것은 악한 생각 곧 음란과 도둑질과 살인과 22간음과 탐욕과 악독과 속임과 음탕과 질투
와 비방과 교만과 우매함이니 23이 모든 악한 것이 다 속에서 나와서 사람을 더럽게 하느니라

마 15:21-28 가나안 여인 딸 축귀

21예수께서 거기서 나가사 두로와 시돈 지방으로 들어가시니 22가나안 여자 하나가 그 지경에서
나와서 소리 질러 이르되 주 다윗의 자손이여 나를 불쌍히 여기소서 내 딸이 흉악하게 귀신 들렸
나이다 하되 23예수는 한 말씀도 대답하지 아니하시니 제자들이 와서 청하여 말하되 그 여자가 우
리 뒤에서 소리를 지르오니 그를 보내소서 24예수께서 대답하여 이르시되 나는 이스라엘 집의 잃
어버린 양 외에는 다른 데로 보내심을 받지 아니하였노라 하시니 25여자가 와서 예수께 절하며 이
르되 주여 저를 도우소서 26대답하여 이르시되 자녀의 떡을 취하여 개들에게 던짐이 마땅하지 아
니하니라 27여자가 이르되 주여 옳소이다마는 개들도 제 주인의 상에서 떨어지는 부스러기를 먹
나이다 하니 28이에 예수께서 대답하여 이르시되 여자여 네 믿음이 크도다 네 소원대로 되리라 하
시니 그 때로부터 그의 딸이 나으니라

막 7:24 예수께서 일어나사 거기를 떠나 두로 지방으로 가서 한 집에 들어가 아무도 모르게 하시려 하나 숨길 수 없더라 25이에 더러운 귀신 들린 어린 딸을 둔 한 여자가 예수의 소문을 듣고 곧 와서 그 발 아래에 엎드리니 26그 여자는 헬라인이요 수로보니게 족속이라 자기 딸에게서 귀신 쫓아내 주시기를 간구하거늘 27예수께서 이르시되 자녀로 먼저 배불리 먹게 할지니 자녀의 떡을 취하여 개들에게 던짐이 마땅치 아니하니라 28여자가 대답하여 이르되 주여 옳소이다마는 상 아래 개들도 아이들이 먹던 부스러기를 먹나이다 29예수께서 이르시되 이 말을 하였으니 돌아가라 귀신이 네 딸에게서 나갔느니라 하시매 30여자가 집에 돌아가 본즉 아이가 침상에 누웠고 귀신이 나갔더라

마 15:29-31 갈릴리 치유

29예수께서 거기서 떠나사 갈릴리 호숫가에 이르러 산에 올라가 거기 앉으시니 30큰 무리가 다리 저는 사람과 장애인과 맹인과 말 못하는 사람과 기타 여럿을 데리고 와서 예수의 발 앞에 앉히매 고쳐 주시니 31말 못하는 사람이 말하고 장애인이 온전하게 되고 다리 저는 사람이 걸으며 맹인이 보는 것을 무리가 보고 놀랍게 여겨 이스라엘의 하나님께 영광을 돌리니라

막 7:31 예수께서 다시 두로 지방에서 나와 시돈을 지나고 데가볼리 지방을 통과하여 갈릴리 호수에 이르시매 32사람들이 귀 먹고 말 더듬는 자를 데리고 예수께 나아와 안수하여 주시기를 간구하거늘 33예수께서 그 사람을 따로 데리고 무리를 떠나사 손가락을 그의 양 귀에 넣고 침을 뱉어 그의 혀에 손을 대시며 34하늘을 우러러 탄식하시며 그에게 이르시되 에바다 하시니 이는 열리라는 뜻이라 35그의 귀가 열리고 혀가 맺힌 것이 곧 풀려 말이 분명하여졌더라 36예수께서 그들에게 경고하사 아무에게도 이르지 말라 하시되 경고하실수록 그들이 더욱 널리 전파하니 37사람들이 심히 놀라 이르되 그가 모든 것을 잘하였도다 못 듣는 사람도 듣게 하고 말 못하는 사람도 말하게 한다 하니라

마 15:32-39 칠병이어 기적

32수께서 제자들을 불러 이르시되 내가 무리를 불쌍히 여기노라 그들이 나와 함께 있은 지 이미 사흘이매 먹을 것이 없도다 길에서 기진할까 하여 굶겨 보내지 못하겠노라 33제자들이 이르되 광야에 있어 우리가 어디서 이런 무리가 배부를 만큼 떡을 얻으리이까 34예수께서 이르시되 너희에게 떡이 몇 개나 있느냐 이르되 일곱 개와 작은 생선 두어 마리가 있나이다 하거늘 35예수께서 무리에게 명하사 땅에 앉게 하시고 36떡 일곱 개와 그 생선을 가지사 축사하시고 떼어 제자들에게 주시니 제자들이 무리에게 주매 37다 배불리 먹고 남은 조각을 일곱 광주리에 차게 거두었으며

38먹은 자는 여자와 어린이 외에 사천 명이었더라 39예수께서 무리를 흩어 보내시고 배에 오르사
마가단 지경으로 가시니라

막 8:1 그 무렵에 또 큰 무리가 있어 먹을 것이 없는지라 예수께서 제자들을 불러 이르시되 2내
가 무리를 불쌍히 여기노라 그들이 나와 함께 있은 지 이미 사흘이 지났으나 먹을 것이 없도다
3만일 내가 그들을 굶겨 집으로 보내면 길에서 기진하리라 그 중에는 멀리서 온 사람들도 있
느니라 4제자들이 대답하되 이 광야 어디서 떡을 얻어 이 사람들로 배부르게 할 수 있으리이
까 5예수께서 물으시되 너희에게 떡 몇 개나 있느냐 이르되 일곱이로소이다 하거늘 6예수께서
무리를 명하여 땅에 앉게 하시고 떡 일곱 개를 가지사 축사하시고 떼어 제자들에게 주어 나누
어 주게 하시니 제자들이 무리에게 나누어 주더라 7또 작은 생선 두어 마리가 있는지라 이에
축복하시고 명하사 이것도 나누어 주게 하시니 8배불리 먹고 남은 조각 일곱 광주리를 거두었
으며 9사람은 약 사천 명이었더라 예수께서 그들을 흩어 보내시고 10곧 제자들과 함께 배에 오
르사 달마누다 지방으로 가시니라

마 16:1-4 표적 구함(시대 분별)

1바리새인과 사두개인들이 와서 예수를 시험하여 하늘로부터 오는 표적 보이기를 청하니 2예수께
서 대답하여 이르시되 너희가 저녁에 하늘이 붉으면 날이 좋겠다 하고 3아침에 하늘이 붉고 흐리
면 오늘은 날이 궂겠다 하나니 너희가 날씨는 분별할 줄 알면서 시대의 표적은 분별할 수 없느냐
4악하고 음란한 세대가 표적을 구하나 요나의 표적 밖에는 보여 줄 표적이 없느니라 하시고 그들
을 떠나 가시니라

막 8:11 바리새인들이 나와서 예수를 힐난하며 그를 시험하여 하늘로부터 오는 표적을 구하
거늘 12예수께서 마음속으로 깊이 탄식하시며 이르시되 어찌하여 이 세대가 표적을 구하느냐
내가 진실로 너희에게 이르노니 이 세대에 표적을 주지 아니하리라 하시고 13그들을 떠나 다
시 배에 올라 건너편으로 가시니라

눅 12:54 또 무리에게 이르시되 너희가 구름이 서쪽에서 이는 것을 보면 곧 말하기를 소나기
가 오리라 하나니 과연 그러하고 55남풍이 부는 것을 보면 말하기를 심히 더우리라 하나니 과
연 그러하니라 56외식하는 자여 너희가 천지의 기상은 분간할 줄 알면서 어찌 이 시대는 분간
하지 못하느냐

마 16:5-12 바리새인과 사두개인의 누룩 주의

5제자들이 건너편으로 갈새 떡 가져가기를 잊었더니 6예수께서 이르시되 삼가 바리새인과 사두
개인들의 누룩을 주의하라 하시니 7제자들이 서로 논의하여 이르되 우리가 떡을 가져오지 아니하
였도다 하거늘 8예수께서 아시고 이르시되 믿음이 작은 자들아 어찌 떡이 없으므로 서로 논의하
느냐 9너희가 아직도 깨닫지 못하느냐 떡 다섯 개로 오천 명을 먹이고 주운 것이 몇 바구니며 10떡
일곱 개로 사천 명을 먹이고 주운 것이 몇 광주리였는지를 기억하지 못하느냐 11어찌 내 말한 것
이 떡에 관함이 아닌 줄을 깨닫지 못하느냐 오직 바리새인과 사두개인들의 누룩을 주의하라 하시
니 12그제서야 제자들이 떡의 누룩이 아니요 바리새인과 사두개인들의 교훈을 삼가라고 말씀하신
줄을 깨달으니라

막 8:14 제자들이 떡 가져오기를 잊었으매 배에 떡 한 개 밖에 그들에게 없더라 15예수께서 경
고하여 이르시되 삼가 바리새인들의 누룩과 헤롯의 누룩을 주의하라 하시니 16제자들이 서로
수군거리기를 이는 우리에게 떡이 없음이로다 하거늘 17예수께서 아시고 이르시되

막 8:17 너희가 어찌 떡이 없음으로 수군거리느냐 아직도 알지 못하며 깨닫지 못하느냐 너희
마음이 둔하냐 18너희가 눈이 있어도 보지 못하며 귀가 있어도 듣지 못하느냐 또 기억하지 못
하느냐 19내가 떡 다섯 개를 오천 명에게 떼어 줄 때에 조각 몇 바구니를 거두었더냐 이르되
열둘이니이다 20또 일곱 개를 사천 명에게 떼어 줄 때에 조각 몇 광주리를 거두었더냐 이르되
일곱이니이다 21이르시되 아직도 깨닫지 못하느냐 하시니라

마 16:13-20 베드로의 고백

13예수께서 빌립보 가이사랴 지방에 이르러 제자들에게 물어 이르시되 사람들이 인자를 누구라
하느냐 14이르되 더러는 세례 요한, 더러는 엘리야, 어떤 이는 예레미야나 선지자 중의 하나라 하
나이다 15이르시되 너희는 나를 누구라 하느냐 16시몬 베드로가 대답하여 이르되 주는 그리스도
시요 살아 계신 하나님의 아들이시니이다 17예수께서 대답하여 이르시되 바요나 시몬아 네가 복
이 있도다 이를 네게 알게 한 이는 혈육이 아니요 하늘에 계신 내 아버지시니라 18또 내가 네게 이
르노니 너는 베드로라 내가 이 반석 위에 내 교회를 세우리니 음부의 권세가 이기지 못하리라
19내가 천국 열쇠를 네게 주리니 네가 땅에서 무엇이든지 매면 하늘에서도 매일 것이요 네가 땅에
서 무엇이든지 풀면 하늘에서도 풀리리라 하시고 20이에 제자들에게 경고하사 자기가 그리스도인
것을 아무에게도 이르지 말라 하시니라

막 8:27 예수와 제자들이 빌립보 가이사랴 여러 마을로 나가실새 길에서 제자들에게 물어 이

르시되 사람들이 나를 누구라고 하느냐 28제자들이 여짜와 이르되 세례요한이라 하고 더러는 엘리야, 더러는 선지자 중의 하나라 하나이다 29또 물으시되 너희는 나를 누구라 하느냐 베드로가 대답하여 이르되 주는 그리스도시니이다 하매 30이에 자기의 일을 아무에게도 말하지 말라 경고하시고

눅 9:18 예수께서 따로 기도하실 때에 제자들이 주와 함께 있더니 물어 이르시되 무리가 나를 누구라고 하느냐 19대답하여 이르되 세례 요한이라 하고 더러는 엘리야라, 더러는 옛 선지자 중의 한 사람이 살아났다 하나이다 20예수께서 이르시되 너희는 나를 누구라 하느냐 베드로가 대답하여 이르되 하나님의 그리스도시니이다 하니 21경고하사 이 말을 아무에게도 이르지 말라 명하시고

마 16:21-28 수난 예고(I)

21이때로부터 예수 그리스도께서 자기가 예루살렘에 올라가 장로들과 대제사장들과 서기관들에게 많은 고난을 받고 죽임을 당하고 제 삼일에 살아나야 할 것을 제자들에게 비로소 나타내시니 22베드로가 예수를 붙들고 항변하여 이르되 주여 그리 마옵소서 이 일이 결코 주께 미치지 아니하리이다 23예수께서 돌이키시며 베드로에게 이르시되 사탄아 내 뒤로 물러가라 너는 나를 넘어지게 하는 자로다 네가 하나님의 일을 생각하지 아니하고 도리어 사람의 일을 생각하는도다 하시고 24이에 예수께서 제자들에게 이르시되 누구든지 나를 따라오려거든 자기를 부인하고 자기 십자가를 지고 나를 따를 것이니라 25누구든지 제 목숨을 구원하고자 하면 잃을 것이요 누구든지 나를 위하여 제 목숨을 잃으면 찾으리라 26사람이 만일 온 천하를 얻고도 제 목숨을 잃으면 무엇이 유익하리요 사람이 무엇을 주고 제 목숨과 바꾸겠느냐 27인자가 아버지의 영광으로 그 천사들과 함께 오리니 그 때에 각 사람이 행한 대로 갚으리라 28진실로 너희에게 이르노니 여기 서있는 사람 중에 죽기 전에 인자가 그 왕권을 가지고 오는 것을 볼자들도 있느니라

막 8:31 인자가 많은 고난을 받고 장로들과 대제사장들과 서기관들에게 버린바 되어 죽임을 당하고 사흘 만에 살아나야 할 것을 비로소 그들에게 가르치시되 32드러내 놓고 이 말씀을 하시니 베드로가 예수를 붙들고 항변하매 33예수께서 돌이키사 제자들을 보시며 베드로를 꾸짖어 이르시되 사탄아 내 뒤로 물러가라 네가 하나님의 일을 생각하지 아니하고 도리어 사람의 일을 생각하는도다 하시고 34무리와 제자들을 불러 이르시되 누구든지 나를 따라오려거든 자기를 부인하고 자기 십자가를 지고 나를 따를 것이니라 35누구든지 자기 목숨을 구원하고자 하면 잃을 것이요 누구든지 나와 복음을 위하여 자기 목숨을 잃으면 구원하리라 36사람이 만일 온 천하를 얻고도 자기 목숨을 잃으면 무엇이 유익하리요 37사람이 무엇을 주고 자기 목숨과 바꾸겠느냐 38누구든지 이 음란하고 죄 많은 세대에서 나와 내 말을 부끄러워하면 인자도 아버지의 영광으로 거룩한 천사들과 함께 올 때에 그 사람을 부끄러워하리라 9:1 또 그들에게 이르시되 내가 진실로 너희에게 이르노니 여기 서있는 사람 중에는 죽기 전에 하나님의 나라

가 권능으로 임하는 것을 볼 자들도 있느니라 하시니라

눅 9:22 이르시되 인자가 많은 고난을 받고 장로들과 대제사장들과 서기관들에게 버린바 되어 죽임을 당하고 제 삼일에 살아나야 하리라 하시고 23또 무리에게 이르시되 아무든지 나를 따라오려거든 자기를 부인하고 날마다 제 십자가를 지고 나를 따를 것이니라 24누구든지 제 목숨을 구원하고자 하면 잃을 것이요 누구든지 나를 위하여 제 목숨을 잃으면 구원하리라 25사람이 만일 온 천하를 얻고도 자기를 잃든지 빼앗기든지 하면 무엇이 유익하리요 26누구든지 나와 내 말을 부끄러워하면 인자도 자기와 아버지와 거룩한 천사들의 영광으로 올 때에 그 사람을 부끄러워하리라 27내가 참으로 너희에게 이르노니 여기 서 있는 사람 중에 죽기 전에 하나님의 나라를 볼 자들도 있느니라

마 17:1-8 변화산

1엿새 후에 예수께서 베드로와 야고보와 그 형제 요한을 데리시고 따로 높은 산에 올라가셨더니 2그들 앞에서 변형되사 그 얼굴이 해 같이 빛나며 옷이 빛과 같이 희어졌더라 3그 때에 모세와 엘리야가 예수와 더불어 말하는 것이 그들에게 보이거늘 4베드로가 예수께 여쭈어 이르되 주여 우리가 여기 있는 것이 좋사오니 만일 주께서 원하시면 내가 여기서 초막 셋을 짓되 하나는 주님을 위하여, 하나는 모세를 위하여, 하나는 엘리야를 위하여 하리이다 5말할 때에 홀연히 빛난 구름이 그들을 덮으며 구름 속에서 소리가 나서 이르시되 이는 내 사랑하는 아들이요 내 기뻐하는 자니 너희는 그의 말을 들으라 하시는지라 6제자들이 듣고 엎드려 심히 두려워하니 7예수께서 나아와 그들에게 손을 대시며 이르시되 일어나라 두려워하지 말라 하시니 8제자들이 눈을 들고 보매 오직 예수 외에는 아무도 보이지 아니하더라

막 9:2 엿새 후에 예수께서 베드로와 야고보와 요한을 데리시고 따로 높은 산에 올라가셨더니 그들 앞에서 변형되사 3그 옷이 광채가 나며 세상에서 빨래하는 자가 그렇게 희게 할 수 없을 만큼 매우 희어졌더라 4이에 엘리야가 모세와 함께 그들에게 나타나 예수와 더불어 말하거늘 5베드로가 예수께 고하되 랍비여 우리가 여기 있는 것이 좋사오니 우리가 초막 셋을 짓되 하나는 주를 위하여, 하나는 모세를 위하여, 하나는 엘리야를 위하여 하사이다 하니 6이는 그들이 몹시 무서워하므로 그가 무슨 말을 할지 알지 못함이더라 7마침 구름이 와서 그들을 덮으며 구름 속에서 소리가 나되 이는 내 사랑하는 아들이니 너희는 그의 말을 들으라 하는지라 8문득 둘러보니 아무도 보이지 아니하고 오직 예수와 자기들뿐이었더라

눅 9:28 이 말씀을 하신 후 팔 일쯤 되어 예수께서 베드로와 요한과 야고보를 데리고 기도하시러 산에 올라가사 29기도하실 때에 용모가 변화되고 그 옷이 희어져 광채가 나더라 30문득 두 사람이 예수와 함께 말하니 이는 모세와 엘리야라 31영광중에 나타나서 장차 예수께서 예루살렘에서 별세하실 것을 말할새 32베드로와 및 함께 있는 자들이 깊이 졸다가 온전히 깨어

나 예수의 영광과 및 함께 선 두 사람을 보더니 33두 사람이 떠날 때에 베드로가 예수께 여짜오되 주여 우리가 여기 있는 것이 좋사오니 우리가 초막 셋을 짓되 하나는 주를 위하여, 하나는 모세를 위하여, 하나는 엘리야를 위하여 하사이다 하되 자기가 하는 말을 자기도 알지 못하더라 34이 말 할 즈음에 구름이 와서 그들을 덮는지라 구름 속으로 들어갈 때에 그들이 무서워하더니 35구름 속에서 소리가 나서 이르되 이는 나의 아들 곧 택함을 받은 자니 너희는 그의 말을 들으라 하고 36소리가 그치매 오직 예수만 보이더라 제자들이 잠잠하여 그 본 것을 무엇이든지 그 때에는 아무에게도 이르지 아니하니라

마 17:9-13 엘리야(세례 요한)

9그들이 산에서 내려올 때에 예수께서 명하여 이르시되 인자가 죽은 자 가운데서 살아나기 전에는 본 것을 아무에게도 이르지 말라 하시니 10제자들이 물어 이르되 그러면 어찌하여 서기관들이 엘리야가 먼저 와야 하리라 하나이까 11예수께서 대답하여 이르시되 엘리야가 과연 먼저 와서 모든 일을 회복하리라 12내가 너희에게 말하노니 엘리야가 이미 왔으되 사람들이 알지 못하고 임의로 대우하였도다 인자도 이와 같이 그들에게 고난을 받으리라 하시니 13그제서야 제자들이 예수께서 말씀하신 것이 세례 요한인 줄을 깨달으니라

막 9:9 그들이 산에서 내려올 때에 예수께서 경고하시되 인자가 죽은 자 가운데서 살아날 때까지는 본 것을 아무에게도 이르지 말라 하시니 10그들이 이 말씀을 마음에 두며 서로 문의하되 죽은 자 가운데서 살아나는 것이 무엇일까 하고 11이에 예수께 묻자와 이르되 어찌하여 서기관들이 엘리야가 먼저 와야 하리라 하나이까 12이르시되 엘리야가 과연 먼저 와서 모든 것을 회복하거니와 어찌 인자에 대하여 기록하기를 많은 고난을 받고 멸시를 당하리라 하였느냐 13그러나 내가 너희에게 이르노니 엘리야가 왔으되 기록된 바와 같이 사람들이 함부로 대우하였느니라 하시니라

마 17:14-21 어린 아이 축귀

14그들이 무리에게 이르매 한 사람이 예수께 와서 꿇어 엎드려 이르되 15주여 내 아들을 불쌍히 여기소서 그가 간질로 심히 고생하여 자주 불에도 넘어지며 물에도 넘어지는지라 16내가 주의 제자들에게 데리고 왔으나 능히 고치지 못하더이다 17예수께서 대답하여 이르시되 믿음이 없고 패역한 세대여 내가 얼마나 너희와 함께 있으며 얼마나 너희에게 참으리요 그를 이리로 데려오라 하시니라 18이에 예수께서 꾸짖으시니 귀신이 나가고 아이가 그 때부터 나으니라 19이 때에 제자들이 조용히 예수께 나아와 이르되 우리는 어찌하여 쫓아내지 못하였나이까 20이르시되 너희 믿

음이 작은 까닭이니라 진실로 너희에게 이르노니 만일 너희에게 믿음이 겨자씨 한 알 만큼만 있
어도 이 산을 명하여 여기서 저기로 옮겨지라 하면 옮겨질 것이요 또 너희가 못할 것이 없으리라
21(없음)

막 9:14 이에 그들이 제자들에게 와서 보니 큰 무리가 그들을 둘러싸고 서기관들이 그들과 더
불어 변론하고 있더라 15온 무리가 곧 예수를 보고 매우 놀라며 달려와 문안하거늘 16예수께서
물으시되 너희가 무엇을 그들과 변론하느냐 17무리 중의 하나가 대답하되 선생님 말 못하게
귀신 들린 내 아들을 선생님께 데려왔나이다 18귀신이 어디서든지 그를 잡으면 거꾸러져 거품
을 흘리며 이를 갈며 그리고 파리해지는지라 내가 선생님의 제자들에게 내쫓아 달라 하였으
나 그들이 능히 하지 못하더이다 19대답하여 이르시되 믿음이 없는 세대여 내가 얼마나 너희
와 함께 있으며 얼마나 너희에게 참으리요 그를 내게로 데려오라 하시매 20이에 데리고 오니
귀신이 예수를 보고 곧 그 아이로 심히 경련을 일으키게 하는지라 그가 땅에 엎드러져 구르며
거품을 흘리더라 21예수께서 그 아버지에게 물으시되 언제부터 이렇게 되었느냐 하시니 이르
되 어릴 때부터니이다 22귀신이 그를 죽이려고 불과 물에 자주 던졌나이다 그러나 무엇을 하
실 수 있거든 우리를 불쌍히 여기사 도와 주옵소서 23예수께서 이르시되 할 수 있거든이 무슨
말이냐 믿는 자에게는 능히 하지 못할 일이 없느니라 하시니 24곧 그 아이의 아버지가 소리를
질러 이르되 내가 믿나이다 나의 믿음 없는 것을 도와 주소서 하더라 25예수께서 무리가 달려
와 모이는 것을 보시고 그 더러운 귀신을 꾸짖어 이르시되 말 못하고 못 듣는 귀신아 내가 네
게 명하노니 그 아이에게서 나오고 다시 들어가지 말라 하시매 26귀신이 소리 지르며 아이로
심히 경련을 일으키게 하고 나가니 그 아이가 죽은 것 같이 되어 많은 사람이 말하기를 죽었
다 하나 27예수께서 그 손을 잡아 일으키시니 이에 일어서니라 28집에 들어가시매 제자들이 조
용히 묻자오되 우리는 어찌하여 능히 그 귀신을 쫓아내지 못하였나이까 29이르시되 기도 외에
다른 것으로는 이런 종류가 나갈 수 없느니라 하시니라

눅 9:37 이튿날 산에서 내려오시니 큰 무리가 맞을새 38무리 중의 한 사람이 소리 질러 이르되
선생님 청컨대 내 아들을 돌보아 주옵소서 이는 내 외아들이니이다 39귀신이 그를 잡아 갑자
기 부르짖게 하고 경련을 일으켜 거품을 흘리게 하며 몹시 상하게 하고야 겨우 떠나 가나이다
40당신의 제자들에게 내쫓아 주기를 구하였으나 그들이 능히 못하더이다 41예수께서 대답하여
이르시되 믿음이 없고 패역한 세대여 내가 얼마나 너희와 함께 있으며 너희에게 참으리요 네
아들을 이리로 데리고 오라 하시니 42올 때에 귀신이 그를 거꾸러뜨리고 심한 경련을 일으키
게 하는지라 예수께서 더러운 귀신을 꾸짖으시고 아이를 낫게 하사 그 아버지에게 도로 주시
니 43a사람들이 다 하나님의 위엄에 놀라니라

마 17:22-23 수난 예고(II)

[22]갈릴리에 모일 때에 예수께서 제자들에게 이르시되 인자가 장차 사람들의 손에 넘겨져 [23]죽임
을 당하고 제삼일에 살아나리라 하시니 제자들이 매우 근심하더라

막 9:30 그 곳을 떠나 갈릴리 가운데로 지날새 예수께서 아무에게도 알리고자 아니하시니 [31]이
는 제자들을 가르치시며 또 인자가 사람들의 손에 넘겨져 죽임을 당하고 죽은 지 삼 일만에 살
아나리라는 것을 말씀하셨기 때문이더라 [32]그러나 제자들은 이 말씀을 깨닫지 못하고 묻기도
두려워하더라

눅 9:43b 그들이 다 그 행하시는 모든 일을 놀랍게 여길새 예수께서 제자들에게 이르시되 [44]이
말을 너희 귀에 담아 두라 인자가 장차 사람들의 손에 넘겨지리라 하시되 [45]그들이 이 말씀을
알지 못하니 이는 그들로 깨닫지 못하게 숨긴 바 되었음이라 또 그들은 이 말씀을 묻기도 두려
워하더라

마 17:24-27 성전세 논쟁(반 세겔)

[24]가버나움에 이르니 반 세겔 받는 자들이 베드로에게 나아와 이르되 너의 선생은 반 세겔을 내지
아니하느냐 [25]이르되 내신다 하고 집에 들어가니 예수께서 먼저 이르시되 시몬아 네 생각은 어떠
하냐 세상 임금들이 누구에게 관세와 국세를 받느냐 자기 아들에게냐 타인에게냐 [26]베드로가 이
르되 타인에게니이다 예수께서 이르시되 그렇다면 아들들은 세를 면하리라 [27]그러나 우리가 그들
이 실족하지 않게 하기 위하여 네가 바다에 가서 낚시를 던져 먼저 오르는 고기를 가져 입을 열면
돈 한 세겔을 얻을 것이니 가져다가 나와 너를 위하여 주라 하시니라

마 18:1-5 제자들의 질문: 누가 크니이까?

[1]그 때에 제자들이 예수께 나아와 이르되 천국에서는 누가 크니이까 [2]예수께서 한 어린 아이를 불
러 그들 가운데 세우시고 [3]이르시되 진실로 너희에게 이르노니 너희가 돌이켜 어린 아이들과 같
이 되지 아니하면 결단코 천국에 들어가지 못하리라 [4]그러므로 누구든지 이 어린 아이와 같이 자
기를 낮추는 사람이 천국에서 큰 자니라 [5]또 누구든지 내 이름으로 이런 어린 아이 하나를 영접하
면 곧 나를 영접함이니

막 9:33 가버나움에 이르러 집에 계실새 제자들에게 물으시되 너희가 길에서 서로 토론한 것이 무엇이냐 하시되 [34]그들이 잠잠하니 이는 길에서 서로 누가 크냐 하고 쟁론하였음이라 [35]예수께서 앉으사 열두 제자를 불러서 이르시되 누구든지 첫째가 되고자 하면 뭇 사람의 끝이 되며 뭇 사람을 섬기는 자가 되어야 하리라 하시고 [36]어린 아이 하나를 데려다가 그들 가운데 세우시고 안으시며 제자들에게 이르시되 [37]누구든지 내 이름으로 이런 어린 아이 하나를 영접하면 곧 나를 영접함이요 누구든지 나를 영접하면 나를 영접함이 아니요 나를 보내신 이를 영접함이니라

눅 9:46 제자 중에서 누가 크냐 하는 변론이 일어나니 [47]예수께서 그 마음에 변론하는 것을 아시고 어린 아이 하나를 데려다가 자기 곁에 세우시고 [48]그들에게 이르시되 누구든지 내 이름으로 이런 어린 아이를 영접하면 곧 나를 영접함이요 또 누구든지 나를 영접하면 곧 나를 보내신 이를 영접함이라 너희 모든 사람 중에 가장 작은 그가 큰 자니라

마 18:6-11 작은 자 실족과 지옥

[6]누구든지 나를 믿는 이 작은 자 중 하나를 실족하게 하면 차라리 연자 맷돌이 그 목에 달려서 깊은 바다에 빠뜨려지는 것이 나으니라 [7]실족하게 하는 일들이 있음으로 말미암아 세상에 화가 있도다 실족하게 하는 일이 없을 수는 없으나 실족하게 하는 그 사람에게는 화가 있도다 [8]만일 네 손이나 네 발이 너를 범죄하게 하거든 찍어 내버리라 장애인이나 다리 저는 자로 영생에 들어가는 것이 두 손과 두 발을 가지고 영원한 불에 던져지는 것보다 나으니라 [9]만일 네 눈이 너를 범죄하게 하거든 빼어 내버리라 한 눈으로 영생에 들어가는 것이 두 눈을 가지고 지옥 불에 던져지는 것보다 나으니라 [10]삼가 이 작은 자 중의 하나도 업신여기지 말라 너희에게 말하노니 그들의 천사들이 하늘에서 하늘에 계신 내 아버지의 얼굴을 항상 뵈옵느니라 [11](없음)

막 9:42 또 누구든지 나를 믿는 이 작은 자들 중 하나라도 실족하게 하면 차라리 연자맷돌이 그 목에 매여 바다에 던져지는 것이 나으리라 [43]만일 네 손이 너를 범죄하게 하거든 찍어버리라 장애인으로 영생에 들어가는 것이 두 손을 가지고 지옥 곧 꺼지지 않는 불에 들어가는 것보다 나으니라 [44](없음) [45]만일 네 발이 너를 범죄하게 하거든 찍어버리라 다리 저는 자로 영생에 들어가는 것이 두 발을 가지고 지옥에 던져지는 것보다 나으니라 [46](없음) [47]만일 네 눈이 너를 범죄하게 하거든 빼버리라 한 눈으로 하나님의 나라에 들어가는 것이 두 눈을 가지고 지옥에 던져지는 것보다 나으니라 [48]거기에서는 구더기도 죽지 않고 불도 꺼지지 아니하느니라 [49]사람마다 불로써 소금 치듯 함을 받으리라

마 18:12-14 길 잃은 양

12너희 생각에는 어떠하냐 만일 어떤 사람이 양 백 마리가 있는데 그 중의 하나가 길을 잃었으면
그 아흔아홉 마리를 산에 두고 가서 길 잃은 양을 찾지 않겠느냐 13진실로 너희에게 이르노니 만
일 찾으면 길을 잃지 아니한 아흔아홉 마리보다 이것을 더 기뻐하리라 14이와 같이 이 작은 자 중
의 하나라도 잃는 것은 하늘에 계신 너희 아버지의 뜻이 아니니라

마 18:15-35 일만 달란트 형제 용서 비유

15네 형제가 죄를 범하거든 가서 너와 그 사람과만 상대하여 권고하라 만일 들으면 네가 네 형제
를 얻은 것이요 16만일 듣지 않거든 한두 사람을 데리고 가서 두세 증인의 입으로 말마다 확증하
게 하라 17만일 그들의 말도 듣지 않거든 교회에 말하고 교회의 말도 듣지 않거든 이방인과 세리
와 같이 여기라 18진실로 너희에게 이르노니 무엇이든지 너희가 땅에서 매면 하늘에서도 매일 것
이요 무엇이든지 땅에서 풀면 하늘에서도 풀리리라 19진실로 다시 너희에게 이르노니 너희 중의
두 사람이 땅에서 합심하여 무엇이든지 구하면 하늘에 계신 내 아버지께서 그들을 위하여 이루게
하시리라 20두세 사람이 내 이름으로 모인 곳에는 나도 그들 중에 있느니라 21그 때에 베드로가
나아와 이르되 주여 형제가 내게 죄를 범하면 몇 번이나 용서하여 주리이까 일곱 번까지 하오리
이까 22예수께서 이르시되 네게 이르노니 일곱 번뿐 아니라 일곱 번을 일흔 번까지라도 할지니
라 23그러므로 천국은 그 종들과 결산하려 하던 어떤 임금과 같으니 24결산할 때에 만 달란트 빚
진 자 하나를 데려오매 25갚을 것이 없는지라 주인이 명하여 그 몸과 아내와 자식들과 모든 소유
를 다 팔아 갚게 하라 하니 26그 종이 엎드려 절하며 이르되 내게 참으소서 다 갚으리이다 하거늘
27그 종의 주인이 불쌍히 여겨 놓아 보내며 그 빚을 탕감하여 주었더니 28그 종이 나가서 자기에
게 백 데나리온 빚진 동료 한 사람을 만나 붙들어 목을 잡고 이르되 빚을 갚으라 하매 29그 동료가
엎드려 간구하여 이르되 나에게 참아 주소서 갚으리이다 하되 30허락하지 아니하고 이에 가서 그
가 빚을 갚도록 옥에 가두거늘 31그 동료들이 그것을 보고 몹시 딱하게 여겨 주인에게 가서 그 일
을 다 알리니 32이에 주인이 그를 불러다가 말하되 악한 종아 네가 빌기에 내가 네 빚을 전부 탕감
하여 주었거늘 33내가 너를 불쌍히 여김과 같이 너도 네 동료를 불쌍히 여김이 마땅하지 아니하냐
하고 34주인이 노하여 그 빚을 다 갚도록 그를 옥졸들에게 넘기니라 35너희가 각각 마음으로부터
형제를 용서하지 아니하면 나의 하늘 아버지께서도 너희에게 이와 같이 하시리라

마 19:1 설교 마침(4)

1예수께서 이 말씀을 마치시고 갈릴리를 떠나 요단 강 건너 유대 지경에 이르시니

마 19:2-9 이혼에 대한 교훈

2큰 무리가 따르거늘 예수께서 거기서 그들의 병을 고치시더라 3바리새인들이 예수께 나아와 그
를 시험하여 이르되 사람이 어떤 이유가 있으면 그 아내를 버리는 것이 옳으니이까 4예수께서 대
답하여 이르시되 사람을 지으신 이가 본래 그들을 남자와 여자로 지으시고 5말씀하시기를 그러므
로 사람이 그 부모를 떠나서 아내에게 합하여 그 둘이 한 몸이 될지니라 하신 것을 읽지 못하였느
냐 6그런즉 이제 둘이 아니요 한 몸이니 그러므로 하나님이 짝지어 주신 것을 사람이 나누지 못할
지니라 하시니 7여짜오되 그러면 어찌하여 모세는 이혼 증서를 주어서 버리라 명하였나이까 8예
수께서 이르시되 모세가 너희 마음의 완악함 때문에 아내 버림을 허락하였거니와 본래는 그렇지
아니하니라 9내가 너희에게 말하노니 누구든지 음행한 이유 외에 아내를 버리고 다른 데 장가 드
는 자는 간음함이니라

막 10:1 예수께서 거기서 떠나 유대 지경과 요단 강 건너편으로 가시니 무리가 다시 모여들거
늘 예수께서 다시 전례대로 가르치시더니 2바리새인들이 예수께 나아와 그를 시험하여 묻되
사람이 아내를 버리는 것이 옳으니이까 3대답하여 이르시되 모세가 어떻게 너희에게 명하였
느냐 4이르되 모세는 이혼 증서를 써주어 버리기를 허락하였나이다 5예수께서 그들에게 이르
시되 너희 마음이 완악함으로 말미암아 이 명령을 기록하였거니와 6창조 때로부터 사람을 남
자와 여자로 지으셨으니 7이러므로 사람이 그 부모를 떠나서 8그 둘이 한 몸이 될지니라 이러
한즉 이제 둘이 아니요 한 몸이니 9그러므로 하나님이 짝지어 주신 것을 사람이 나누지 못할
지니라 하시더라 10집에서 제자들이 다시 이 일을 물으니 11이르시되 누구든지 그 아내를 버리
고 다른 데에 장가 드는 자는 본처에게 간음을 행함이요 12또 아내가 남편을 버리고 다른 데로
시집 가면 간음을 행함이니라

마 19:10-12 독신에 대한 교훈

10집에서 제자들이 다시 이 일을 물으니 11이르시되 누구든지 그 아내를 버리고 다른 데에 장가
드는 자는 본처에게 간음을 행함이요 12또 아내가 남편을 버리고 다른 데로 시집 가면 간음을 행
함이니라

마 19:13-15 어린 아이들 안수

13그 때에 사람들이 예수께서 안수하고 기도해 주심을 바라고 어린 아이들을 데리고 오매 제자들
이 꾸짖거늘 14예수께서 이르시되 어린 아이들을 용납하고 내게 오는 것을 금하지 말라 천국이 이
런 사람의 것이니라 하시고 15그들에게 안수하시고 거기를 떠나시니라

막 10:13 사람들이 예수께서 만져 주심을 바라고 어린 아이들을 데리고 오매 제자들이 꾸짖거
늘 14예수께서 보시고 노하시어 이르시되 어린 아이들이 내게 오는 것을 용납하고 금하지 말
라 하나님의 나라가 이런 자의 것이니라 15내가 진실로 너희에게 이르노니 누구든지 하나님의
나라를 어린 아이와 같이 받들지 않는 자는 결단코 그 곳에 들어가지 못하리라 하시고 16그 어
린 아이들을 안고 그들 위에 안수하시고 축복하시니라

눅 18:15 사람들이 예수께서 만져 주심을 바라고 자기 어린 아기를 데리고 오매 제자들이 보
고 꾸짖거늘 16예수께서 그 어린 아이들을 불러 가까이 하시고 이르시되 어린 아이들이 내게
오는 것을 용납하고 금하지 말라 하나님의 나라가 이런 자의 것이니라 17내가 진실로 너희에
게 이르노니 누구든지 하나님의 나라를 어린 아이와 같이 받아들이지 않는 자는 결단코 거기
들어가지 못하리라 하시니라

마 19:16-26 부자 청년과 영생

16어떤 사람이 주께 와서 이르되 선생님이여 내가 무슨 선한 일을 하여야 영생을 얻으리이까 17예
수께서 이르시되 어찌하여 선한 일을 내게 묻느냐 선한 이는 오직 한 분이시니라 네가 생명에 들
어 가려면 계명들을 지키라 18이르되 어느 계명이오니이까 예수께서 이르시되 살인하지 말라, 간
음하지 말라, 도둑질하지 말라, 거짓 증언 하지 말라, 19네 부모를 공경하라, 네 이웃을 네 자신과
같이 사랑하라 하신 것이니라 20그 청년이 이르되 이 모든 것을 내가 지키었사온대 아직도 무엇
이 부족하니이까 21예수께서 이르시되 네가 온전하고자 할진대 가서 네 소유를 팔아 가난한 자들
에게 주라 그리하면 하늘에서 보화가 네게 있으리라 그리고 와서 나를 따르라 하시니 22그 청년이
재물이 많으므로 이 말씀을 듣고 근심하며 가니라 23예수께서 제자들에게 이르시되 내가 진실로
너희에게 이르노니 부자는 천국에 들어가기가 어려우니라 24다시 너희에게 말하노니 낙타가 바늘
귀로 들어가는 것이 부자가 하나님의 나라에 들어가는 것보다 쉬우니라 하시니 25제자들이 듣고
몹시 놀라 이르되 그렇다면 누가 구원을 얻을 수 있으리이까 26예수께서 그들을 보시며 이르시되
사람으로는 할 수 없으나 하나님으로서는 다 하실 수 있느니라

막 10:17 예수께서 길에 나가실새 한 사람이 달려와서 꿇어 앉아 묻자오되 선한 선생님이여

내가 무엇을 하여야 영생을 얻으리이까 [18]예수께서 이르시되 네가 어찌하여 나를 선하다 일컫
느냐 하나님 한 분 외에는 선한 이가 없느니라 [19]네가 계명을 아나니 살인하지 말라, 간음하지
말라, 도둑질하지 말라, 거짓 증언 하지 말라, 속여 빼앗지 말라, 네 부모를 공경하라 하였느니
라 [20]그가 여짜오되 선생님이여 이것은 내가 어려서부터 다 지켰나이다 [21]예수께서 그를 보시
고 사랑하사 이르시되 네게 아직도 한 가지 부족한 것이 있으니 가서 네게 있는 것을 다 팔아
가난한 자들에게 주라 그리하면 하늘에서 보화가 네게 있으리라 그리고 와서 나를 따르라 하시
니 [22]그 사람은 재물이 많은 고로 이 말씀으로 인하여 슬픈 기색을 띠고 근심하며 가니라 [23]예
수께서 둘러 보시고 제자들에게 이르시되 재물이 있는 자는 하나님의 나라에 들어가기가 심히
어렵도다 하시니 [24]제자들이 그 말씀에 놀라는지라 예수께서 다시 대답하여 이르시되 얘들아
하나님의 나라에 들어가기가 얼마나 어려운지 [25]낙타가 바늘귀로 나가는 것이 부자가 하나님
의 나라에 들어가는 것보다 쉬우니라 하시니 [26]제자들이 매우 놀라 서로 말하되 그런즉 누가
구원을 얻을 수 있는가 하니 [27]예수께서 그들을 보시며 이르시되 사람으로는 할 수 없으되 하
나님으로는 그렇지 아니하니 하나님으로서는 다 하실 수 있느니라

눅 18:18 어떤 관리가 물어 이르되 선한 선생님이여 내가 무엇을 하여야 영생을 얻으리이까
[19]예수께서 이르시되 네가 어찌하여 나를 선하다 일컫느냐 하나님 한 분 외에는 선한 이가 없
느니라 [20]네가 계명을 아나니 간음하지 말라, 살인하지 말라, 도둑질하지 말라, 거짓 증언 하지
말라, 네 부모를 공경하라 하였느니라 [21]여짜오되 이것은 내가 어려서부터 다 지키었나이다
[22]예수께서 이 말을 들으시고 이르시되 네게 아직도 한 가지 부족한 것이 있으니 네게 있는 것
을 다 팔아 가난한 자들에게 나눠 주라 그리하면 하늘에서 네게 보화가 있으리라 그리고 와서
나를 따르라 하시니 [23]그 사람이 큰 부자이므로 이 말씀을 듣고 심히 근심하더라 [24]예수께서
그를 보시고 이르시되 재물이 있는 자는 하나님의 나라에 들어가기가 얼마나 어려운지 [25]낙타
가 바늘귀로 들어가는 것이 부자가 하나님의 나라에 들어가는 것보다 쉬우니라 하시니 [26]듣는
자들이 이르되 그런즉 누가 구원을 얻을 수 있나이까 [27]이르시되 무릇 사람이 할 수 없는 것을
하나님은 하실 수 있느니라

마 19:27-30 베드로의 질문

[27]이에 베드로가 대답하여 이르되 보소서 우리가 모든 것을 버리고 주를 따랐사온대 그런즉 우리
가 무엇을 얻으리이까 [28]예수께서 이르시되 내가 진실로 너희에게 이르노니 세상이 새롭게 되어
인자가 자기 영광의 보좌에 앉을 때에 나를 따르는 너희도 열두 보좌에 앉아 이스라엘 열두 지파
를 심판하리라 [29]또 내 이름을 위하여 집이나 형제나 자매나 부모나 자식이나 전토를 버린 자마다
여러 배를 받고 또 영생을 상속하리라 [30]그러나 먼저 된 자로서 나중 되고 나중 된 자로서 먼저 될
자가 많으니라

막 10:28 베드로가 여짜와 이르되 보소서 우리가 모든 것을 버리고 주를 따랐나이다 [29]예수께

서 이르시되 내가 진실로 너희에게 이르노니 나와 복음을 위하여 집이나 형제나 자매나 어머
니나 아버지나 자식이나 전토를 버린 자는 30현세에 있어 집과 형제와 자매와 어머니와 자식
과 전토를 백 배나 받되 박해를 겸하여 받고 내세에 영생을 받지 못할 자가 없느니라 31그러나
먼저 된 자로서 나중 되고 나중 된 자로서 먼저 될 자가 많으니라

눅 18:28 베드로가 여짜오되 보옵소서 우리가 우리의 것을 다 버리고 주를 따랐나이다 29이르
시되 내가 진실로 너희에게 이르노니 하나님의 나라를 위하여 집이나 아내나 형제나 부모나
자녀를 버린 자는 30현세에 여러 배를 받고 내세에 영생을 받지 못할 자가 없느니라 하시니라

마 20:1-16 포도원 품꾼의 비유

1천국은 마치 품꾼을 얻어 포도원에 들여보내려고 이른 아침에 나간 집 주인과 같으니 2그가 하루
한 데나리온씩 품꾼들과 약속하여 포도원에 들여보내고 3또 제삼시에 나가 보니 장터에 놀고 서
있는 사람들이 또 있는지라 4그들에게 이르되 너희도 포도원에 들어가라 내가 너희에게 상당하게
주리라 하니 그들이 가고 5제육시와 제구시에 또 나가 그와 같이 하고 6제십일시에도 나가 보니
서 있는 사람들이 또 있는지라 이르되 너희는 어찌하여 종일토록 놀고 여기 서 있느냐 7이르되 우
리를 품꾼으로 쓰는 이가 없음이니이다 이르되 너희도 포도원에 들어가라 하니라 8저물매 포도원
주인이 청지기에게 이르되 품꾼들을 불러 나중 온 자로부터 시작하여 먼저 온 자까지 삯을 주라
하니 9제십일시에 온 자들이 와서 한 데나리온씩을 받거늘 10먼저 온 자들이 와서 더 받을 줄 알았
더니 그들도 한 데나리온씩 받은지라 11받은 후 집 주인을 원망하여 이르되 12나중 온 이 사람들
은 한 시간밖에 일하지 아니하였거늘 그들을 종일 수고하며 더위를 견딘 우리와 같게 하였나이다
13주인이 그 중의 한 사람에게 대답하여 이르되 친구여 내가 네게 잘못한 것이 없노라 네가 나와
한 데나리온의 약속을 하지 아니하였느냐 14네 것이나 가지고 가라 나중 온 이 사람에게 너와 같
이 주는 것이 내 뜻이니라 15내 것을 가지고 내 뜻대로 할 것이 아니냐 내가 선하므로 네가 악하게
보느냐 16이와 같이 나중 된 자로서 먼저 되고 먼저 된 자로서 나중 되리라

마 20:17-19 수난 예고(III)

17예수께서 예루살렘으로 올라가려 하실 때에 열두 제자를 따로 데리시고 길에서 이르시되 18보
라 우리가 예루살렘으로 올라가노니 인자가 대제사장들과 서기관들에게 넘겨지매 그들이 죽이기
로 결의하고 19이방인들에게 넘겨 주어 그를 조롱하며 채찍질하며 십자가에 못 박게 할 것이나 제
삼일에 살아나리라

막 10:32 예루살렘으로 올라가는 길에 예수께서 그들 앞에 서서 가시는데 그들이 놀라고 따
르는 자들은 두려워하더라 이에 다시 열두 제자를 데리시고 자기가 당할 일을 말씀하여 이르
시되 [33]보라 우리가 예루살렘에 올라가노니 인자가 대제사장들과 서기관들에게 넘겨지매 그
들이 죽이기로 결의하고 이방인들에게 넘겨 주겠고 [34]그들은 능욕하며 침 뱉으며 채찍질하고
죽일 것이나 그는 삼 일 만에 살아나리라 하시니라

눅 18:31 예수께서 열두 제자를 데리시고 이르시되 보라 우리가 예루살렘으로 올라가노니 선
지자들을 통하여 기록된 모든 것이 인자에게 응하리라 [32]인자가 이방인들에게 넘겨져 희롱을
당하고 능욕을 당하고 침 뱉음을 당하겠으며 [33]그들은 채찍질하고 그를 죽일 것이나 그는 삼
일 만에 살아나리라 하시되 [34]제자들이 이것을 하나도 깨닫지 못하였으니 그 말씀이 감취었으
므로 그들이 그 이르신 바를 알지 못하였더라

마 20:20-28 세배대 아들들의 어머니 요구와 대속물로 온 인자

[20]그 때에 세베대의 아들의 어머니가 그 아들들을 데리고 예수께 와서 절하며 무엇을 구하니 [21]예
수께서 이르시되 무엇을 원하느냐 이르되 나의 이 두 아들을 주의 나라에서 하나는 주의 우편에,
하나는 주의 좌편에 앉게 명하소서 [22]예수께서 대답하여 이르시되 너희는 너희가 구하는 것을 알
지 못하는도다 내가 마시려는 잔을 너희가 마실 수 있느냐 그들이 말하되 할 수 있나이다 [23]이르
시되 너희가 과연 내 잔을 마시려니와 내 좌우편에 앉는 것은 내가 주는 것이 아니라 내 아버지께
서 누구를 위하여 예비하셨든지 그들이 얻을 것이니라 [24]열 제자가 듣고 그 두 형제에 대하여 분
히 여기거늘 [25]예수께서 제자들을 불러다가 이르시되 이방인의 집권자들이 그들을 임의로 주관하
고 그 고관들이 그들에게 권세를 부리는 줄을 너희가 알거니와 [26]너희 중에는 그렇지 않아야 하나
니 너희 중에 누구든지 크고자 하는 자는 너희를 섬기는 자가 되고 [27]너희 중에 누구든지 으뜸이
되고자 하는 자는 너희의 종이 되어야 하리라 [28]인자가 온 것은 섬김을 받으려 함이 아니라 도리
어 섬기려 하고 자기 목숨을 많은 사람의 대속물로 주려 함이니라

막 10:35 세베대의 아들 야고보와 요한이 주께 나아와 여짜오되 선생님이여 무엇이든지 우리
가 구하는 바를 우리에게 하여 주시기를 원하옵나이다 [36]이르시되 너희에게 무엇을 하여 주기
를 원하느냐 [37]여짜오되 주의 영광중에서 우리를 하나는 주의 우편에, 하나는 좌편에 앉게 하
여 주옵소서 [38]예수께서 이르시되 너희는 너희가 구하는 것을 알지 못하는도다 내가 마시는
잔을 너희가 마실 수 있으며 내가 받는 세례를 너희가 받을 수 있느냐 [39]그들이 말하되 할 수
있나이다 예수께서 이르시되 너희는 내가 마시는 잔을 마시며 내가 받는 세례를 받으려니와
[40]내 좌우편에 앉는 것은 내가 줄 것이 아니라 누구를 위하여 준비되었든지 그들이 얻을 것이
니라 [41]열 제자가 듣고 야고보와 요한에 대하여 화를 내거늘 [42]예수께서 불러다가 이르시되 이
방인의 집권자들이 그들을 임의로 주관하고 그 고관들이 그들에게 권세를 부리는 줄을 너희가
알거니와 [43]너희 중에는 그렇지 않을지니 너희 중에 누구든지 크고자 하는 자는 너희를 섬기

는 자가 되고 44너희 중에 누구든지 으뜸이 되고자 하는 자는 모든 사람의 종이 되어야 하리라
45인자가 온 것은 섬김을 받으려 함이 아니라 도리어 섬기려 하고 자기 목숨을 많은 사람의 대
속물로 주려 함이니라

마 20:29-34 여리고 두 맹인 치유

29그들이 여리고에서 떠나 갈 때에 큰 무리가 예수를 따르더라 30맹인 두 사람이 길 가에 앉았다
가 예수께서 지나가신다 함을 듣고 소리 질러 이르되 주여 우리를 불쌍히 여기소서 다윗의 자손이
여 하니 31무리가 꾸짖어 잠잠하라 하되 더욱 소리 질러 이르되 주여 우리를 불쌍히 여기소서 다
윗의 자손이여 하는지라 32예수께서 머물러 서서 그들을 불러 이르시되 너희에게 무엇을 하여 주
기를 원하느냐 33이르되 주여 우리의 눈 뜨기를 원하나이다 34예수께서 불쌍히 여기사 그들의 눈
을 만지시니 곧 보게 되어 그들이 예수를 따르니라

막 10:46 그들이 여리고에 이르렀더니 예수께서 제자들과 허다한 무리와 함께 여리고에서 나
가실 때에 디매오의 아들인 맹인 거지 바디매오가 길 가에 앉았다가 47나사렛 예수시란 말을
듣고 소리 질러 이르되 다윗의 자손 예수여 나를 불쌍히 여기소서 하거늘 48많은 사람이 꾸짖
어 잠잠하라 하되 그가 더욱 크게 소리 질러 이르되 다윗의 자손이여 나를 불쌍히 여기소서 하
는지라 49예수께서 머물러 서서 그를 부르라 하시니 그들이 그 맹인을 부르며 이르되 안심하
고 일어나라 그가 너를 부르신다 하매 50맹인이 겉옷을 내버리고 뛰어 일어나 예수께 나아오
거늘 51예수께서 말씀하여 이르시되 네게 무엇을 하여 주기를 원하느냐 맹인이 이르되 선생님
이여 보기를 원하나이다 52예수께서 이르시되 가라 네 믿음이 너를 구원하였느니라 하시니 그
가 곧 보게 되어 예수를 길에서 따르니라

눅 28:35 여리고에 가까이 가셨을 때에 한 맹인이 길 가에 앉아 구걸하다가 36무리가 지나감
을 듣고 이 무슨 일이냐고 물은대 37그들이 나사렛 예수께서 지나가신다 하니 38맹인이 외쳐
이르되 다윗의 자손 예수여 나를 불쌍히 여기소서 하거늘 39앞서 가는 자들이 그를 꾸짖어 잠
잠하라 하되 그가 더욱 크게 소리 질러 다윗의 자손이여 나를 불쌍히 여기소서 하는지라 40예
수께서 머물러 서서 명하여 데려오라 하셨더니 그가 가까이 오매 물어 이르시되 41네게 무엇
을 하여 주기를 원하느냐 이르되 주여 보기를 원하나이다 42예수께서 그에게 이르시되 보라
네 믿음이 너를 구원하였느니라 하시매 43곧 보게 되어 하나님께 영광을 돌리며 예수를 따르
니 백성이 다 이를 보고 하나님을 찬양하니라

마 21:1-11 예루살렘 입성

1그들이 예루살렘에 가까이 가서 감람 산 벳바게에 이르렀을 때에 예수께서 두 제자를 보내시며
2이르시되 너희는 맞은편 마을로 가라 그리하면 곧 매인 나귀와 나귀 새끼가 함께 있는 것을 보리
니 풀어 내게로 끌고 오라 3만일 누가 무슨 말을 하거든 주가 쓰시겠다 하라 그리하면 즉시 보내리
라 하시니 4이는 선지자를 통하여 하신 말씀을 이루려 하심이라 일렀으되 5시온 딸에게 이르기를
네 왕이 네게 임하나니 그는 겸손하여 나귀, 곧 멍에 메는 짐승의 새끼를 탔도다 하라 하였느니라
6제자들이 가서 예수께서 명하신 대로 하여 7나귀와 나귀 새끼를 끌고 와서 자기들의 겉옷을 그
위에 얹으매 예수께서 그 위에 타시니 8무리의 대다수는 그들의 겉옷을 길에 펴고 다른 이들은 나
뭇가지를 베어 길에 펴고 9앞에서 가고 뒤에서 따르는 무리가 소리 높여 이르되 호산나 다윗의 자
손이여 찬송하리로다 주의 이름으로 오시는 이여 가장 높은 곳에서 호산나 하더라 10예수께서 예
루살렘에 들어가시니 온 성이 소동하여 이르되 이는 누구냐 하거늘 11무리가 이르되 갈릴리 나사
렛에서 나온 선지자 예수라 하니라

막 11:1 그들이 예루살렘에 가까이 와서 감람 산 벳바게와 베다니에 이르렀을 때에 예수께서
제자 중 둘을 보내시며 2이르시되 너희는 맞은편 마을로 가라 그리로 들어가면 곧 아직 아무
도 타 보지 않은 나귀 새끼가 매여 있는 것을 보리니 풀어 끌고 오라 3만일 누가 너희에게 왜
이렇게 하느냐 묻거든 주가 쓰시겠다 하라 그리하면 즉시 이리로 보내리라 하시니 4제자들이
가서 본즉 나귀 새끼가 문 앞 거리에 매여 있는지라 그것을 푸니 5거기 서 있는 사람 중 어떤
이들이 이르되 나귀 새끼를 풀어 무엇 하려느냐 하매 6제자들이 예수께서 이르신 대로 말한대
이에 허락하는지라 7나귀 새끼를 예수께로 끌고 와서 자기들의 겉옷을 그 위에 얹어 놓으매
예수께서 타시니 8많은 사람들은 자기들의 겉옷을, 또 다른 이들은 들에서 벤 나뭇가지를 길에
펴며 9앞에서 가고 뒤에서 따르는 자들이 소리 지르되 호산나 찬송하리로다 주의 이름으로 오
시는 이여 10찬송하리로다 오는 우리 조상 다윗의 나라여 가장 높은 곳에서 호산나 하더라 11예
수께서 예루살렘에 이르러 성전에 들어가사 모든 것을 둘러 보시고 때가 이미 저물매 열두 제
자를 데리시고 베다니에 나가시니라

눅 19:28 예수께서 이 말씀을 하시고 예루살렘을 향하여 앞서서 가시더라 29감람원이라 불리
는 산쪽에 있는 벳바게와 베다니에 가까이 가셨을 때에 제자 중 둘을 보내시며 30이르시되 너
희는 맞은편 마을로 가라 그리로 들어가면 아직 아무도 타 보지 않은 나귀 새끼가 매여 있는 것
을 보리니 풀어 끌고 오라 31만일 누가 너희에게 어찌하여 푸느냐 묻거든 말하기를 주가 쓰시
겠다 하라 하시매 32보내심을 받은 자들이 가서 그 말씀하신 대로 만난지라 33나귀 새끼를 풀
때에 그 임자들이 이르되 어찌하여 나귀 새끼를 푸느냐 34대답하되 주께서 쓰시겠다 하고 35그
것을 예수께로 끌고 와서 자기들의 겉옷을 나귀 새끼 위에 걸쳐 놓고 예수를 태우니 36가실 때
에 그들이 자기의 겉옷을 길에 펴더라 37이미 감람 산 내리막길에 가까이 오시매 제자의 온 무
리가 자기들이 본 바 모든 능한 일로 인하여 기뻐하며 큰 소리로 하나님을 찬양하여 38이르되 찬
송하리로다 주의 이름으로 오시는 왕이여 하늘에는 평화요 가장 높은 곳에는 영광이로다 하니

요 12:12 그 이튿날에는 명절에 온 큰 무리가 예수께서 예루살렘으로 오신다는 것을 듣고 [13]종
려나무 가지를 가지고 맞으러 나가 외치되 호산나 찬송하리로다 주의 이름으로 오시는 이 곧
이스라엘의 왕이시여 하더라 [14]예수는 한 어린 나귀를 보고 타시니 [15]이는 기록된 바 시온 딸
아 두려워하지 말라 보라 너의 왕이 나귀 새끼를 타고 오신다 함과 같더라 [16]제자들은 처음에
이 일을 깨닫지 못하였다가 예수께서 영광을 얻으신 후에야 이것이 예수께 대하여 기록된 것
임과 사람들이 예수께 이같이 한 것임이 생각났더라 [17]나사로를 무덤에서 불러내어 죽은 자
가운데서 살리실 때에 함께 있던 무리가 증언한지라 [18]이에 무리가 예수를 맞음은 이 표적 행
하심을 들었음이러라 [19]바리새인들이 서로 말하되 볼지어다 너희 하는 일이 쓸 데 없다 보라
온 세상이 그를 따르는도다 하니라

마 21:12-17 성전 정화

[12]예수께서 성전에 들어가사 성전 안에서 매매하는 모든 사람들을 내쫓으시며 돈 바꾸는 사람들
의 상과 비둘기 파는 사람들의 의자를 둘러 엎으시고 [13]그들에게 이르시되 기록된 바 내 집은 기
도하는 집이라 일컬음을 받으리라 하였거늘 너희는 강도의 소굴을 만드는도다 하시니라 [14]맹인과
저는 자들이 성전에서 예수께 나아오매 고쳐주시니 [15]대제사장들과 서기관들이 예수께서 하시는
이상한 일과 또 성전에서 소리 질러 호산나 다윗의 자손이여 하는 어린이들을 보고 노하여 [16]예수
께 말하되 그들이 하는 말을 듣느냐 예수께서 이르시되 그렇다 어린 아기와 젖먹이들의 입에서 나
오는 찬미를 온전하게 하셨나이다 함을 너희가 읽어 본 일이 없느냐 하시고 [17]그들을 떠나 성 밖
으로 베다니에 가서 거기서 유하시니라

막 11:15 그들이 예루살렘에 들어가니라 예수께서 성전에 들어가사 성전 안에서 매매하는 자
들을 내쫓으시며 돈 바꾸는 자들의 상과 비둘기 파는 자들의 의자를 둘러 엎으시며 [16]아무나
물건을 가지고 성전 안으로 지나다님을 허락하지 아니하시고 [17]이에 가르쳐 이르시되 기록된
바 내 집은 만민이 기도하는 집이라 칭함을 받으리라고 하지 아니하였느냐 너희는 강도의 소
굴을 만들었도다 하시매 [18]대제사장들과 서기관들이 듣고 예수를 어떻게 죽일까 하고 꾀하니
이는 무리가 다 그의 교훈을 놀랍게 여기므로 그를 두려워함일러라 [19]그리고 날이 저물매 그
들이 성 밖으로 나가더라

눅 19:45 성전에 들어가사 장사하는 자들을 내쫓으시며 [46]그들에게 이르시되 기록된 바 내 집
은 기도하는 집이 되리라 하였거늘 너희는 강도의 소굴을 만들었도다 하시니라 [47]예수께서 날
마다 성전에서 가르치시니 대제사장들과 서기관들과 백성의 지도자들이 그를 죽이려고 꾀하
되 [48]백성이 다 그에게 귀를 기울여 들으므로 어찌할 방도를 찾지 못하였더라

요 2:13 유대인의 유월절이 가까운지라 예수께서 예루살렘으로 올라가셨더니 [14]성전 안에서
소와 양과 비둘기 파는 사람들과 돈 바꾸는 사람들이 앉아 있는 것을 보시고 [15]노끈으로 채찍

을 만드사 양이나 소를 다 성전에서 내쫓으시고 돈 바꾸는 사람들의 돈을 쏟으시며 상을 엎으
시고 16비둘기 파는 사람들에게 이르시되 이것을 여기서 가져가라 내 아버지의 집으로 장사하
는 집을 만들지 말라 하시니 17제자들이 성경 말씀에 주의 전을 사모하는 열심이 나를 삼키리
라 한 것을 기억하더라 18이에 유대인들이 대답하여 예수께 말하기를 네가 이런 일을 행하니
무슨 표적을 우리에게 보이겠느냐 19예수께서 대답하여 이르시되 너희가 이 성전을 헐라 내가
사흘 동안에 일으키리라 20유대인들이 이르되 이 성전은 사십육 년 동안에 지었거늘 네가 삼
일 동안에 일으키겠느냐 하더라 21그러나 예수는 성전된 자기 육체를 가리켜 말씀하신 것이라
22죽은 자 가운데서 살아나신 후에야 제자들이 이 말씀하신 것을 기억하고 성경과 예수께서
하신 말씀을 믿었더라

마 21:18-22 무화과나무 기적

18이른 아침에 성으로 들어오실 때에 시장하신지라 19길 가에서 한 무화과나무를 보시고 그리로
가사 잎사귀 밖에 아무 것도 찾지 못하시고 나무에게 이르시되 이제부터 영원토록 네가 열매를 맺
지 못하리라 하시니 무화과나무가 곧 마른지라 20제자들이 보고 이상히 여겨 이르되 무화과나무
가 어찌하여 곧 말랐나이까 21예수께서 대답하여 이르시되 내가 진실로 너희에게 이르노니 만일
너희가 믿음이 있고 의심하지 아니하면 이 무화과나무에게 된 이런 일만 할 뿐 아니라 이 산더러
들려 바다에 던져지라 하여도 될 것이요 22너희가 기도할 때에 무엇이든지 믿고 구하는 것은 다
받으리라 하시니라

막 11:12 이튿날 그들이 베다니에서 나왔을 때에 예수께서 시장하신지라 13멀리서 잎사귀 있
는 한 무화과나무를 보시고 혹 그 나무에 무엇이 있을까 하여 가셨더니 가서 보신즉 잎사귀 외
에 아무 것도 없더라 이는 무화과의 때가 아님이라 14예수께서 나무에게 말씀하여 이르시되
이제부터 영원토록 사람이 네게서 열매를 따 먹지 못하리라 하시니 제자들이 이를 듣더라

막 11:20 그들이 아침에 지나갈 때에 무화과나무가 뿌리째 마른 것을 보고 21베드로가 생각이
나서 여짜오되 랍비여 보소서 저주하신 무화과나무가 말랐나이다 22예수께서 그들에게 대답
하여 이르시되 하나님을 믿으라 23내가 진실로 너희에게 이르노니 누구든지 이 산더러 들리어
바다에 던져지라 하며 그 말하는 것이 이루어질 줄 믿고 마음에 의심하지 아니하면 그대로 되
리라 24그러므로 내가 너희에게 말하노니 무엇이든지 기도하고 구하는 것은 받은 줄로 믿으라
그리하면 너희에게 그대로 되리라 25서서 기도할 때에 아무에게나 혐의가 있거든 용서하라 그
리하여야 하늘에 계신 너희 아버지께서도 너희 허물을 사하여 주시리라 하시니라

마 21:23-27 예수의 권위 논쟁

23예수께서 성전에 들어가 가르치실새 대제사장들과 백성의 장로들이 나아와 이르되 네가 무슨
권위로 이런 일을 하느냐 또 누가 이 권위를 주었느냐 24예수께서 대답하시되 나도 한 말을 너희
에게 물으리니 너희가 대답하면 나도 무슨 권위로 이런 일을 하는지 이르리라 25요한의 세례가 어
디로부터 왔느냐 하늘로부터냐 사람으로부터냐 그들이 서로 의논하여 이르되 만일 하늘로부터라
하면 어찌하여 그를 믿지 아니하였느냐 할 것이요 26만일 사람으로부터라 하면 모든 사람이 요한
을 선지자로 여기니 백성이 무섭다 하여 27예수께 대답하여 이르되 우리가 알지 못하노라 하니 예
수께서 이르시되 나도 무슨 권위로 이런 일을 하는지 너희에게 이르지 아니하리라

막 11:27 그들이 다시 예루살렘에 들어가니라 예수께서 성전에서 거니실 때에 대제사장들과
서기관들과 장로들이 나아와 28이르되 무슨 권위로 이런 일을 하느냐 누가 이런 일 할 권위를
주었느냐 29예수께서 이르시되 나도 한 말을 너희에게 물으리니 대답하라 그리하면 나도 무슨
권위로 이런 일을 하는지 이르리라 30요한의 세례가 하늘로부터냐 사람으로부터냐 내게 대답
하라 31그들이 서로 의논하여 이르되 만일 하늘로부터라 하면 어찌하여 그를 믿지 아니하였느
냐 할 것이니 32그러면 사람으로부터라 할까 하였으나 모든 사람이 요한을 참 선지자로 여기
므로 그들이 백성을 두려워하는지라 33이에 예수께 대답하여 이르되 우리가 알지 못하노라 하
니 예수께서 이르시되 나도 무슨 권위로 이런 일을 하는지 너희에게 이르지 아니하리라 하시
니라

눅 20:1 하루는 예수께서 성전에서 백성을 가르치시며 복음을 전하실새 대제사장들과 서기관
들이 장로들과 함께 가까이 와서 2말하여 이르되 당신이 무슨 권위로 이런 일을 하는지 이 권
위를 준 이가 누구인지 우리에게 말하라 3대답하여 이르시되 나도 한 말을 너희에게 물으리니
내게 말하라 4요한의 세례가 하늘로부터냐 사람으로부터냐 5그들이 서로 의논하여 이르되 만
일 하늘로부터라 하면 어찌하여 그를 믿지 아니하였느냐 할 것이요 6만일 사람으로부터라 하
면 백성이 요한을 선지자로 인정하니 그들이 다 우리를 돌로 칠 것이라 하고 7대답하되 어디
로부터인지 알지 못하노라 하니 8예수께서 이르시되 나도 무슨 권위로 이런 일을 하는지 너희
에게 이르지 아니하리라 하시니라

마 21:28-32 두 아들 비유

28그러나 너희 생각에는 어떠하냐 어떤 사람에게 두 아들이 있는데 맏아들에게 가서 이르되 얘 오
늘 포도원에 가서 일하라 하니 29대답하여 이르되 아버지 가겠나이다 하더니 가지 아니하고 30둘
째 아들에게 가서 또 그와 같이 말하니 대답하여 이르되 싫소이다 하였다가 그 후에 뉘우치고 갔

으니 31그 둘 중의 누가 아버지의 뜻대로 하였느냐 이르되 둘째 아들이니이다 예수께서 그들에게 이르시되 내가 진실로 너희에게 이르노니 세리들과 창녀들이 너희보다 먼저 하나님의 나라에 들어가리라 32요한이 의의 도로 너희에게 왔거늘 너희는 그를 믿지 아니하였으되 세리와 창녀는 믿었으며 너희는 이것을 보고도 끝내 뉘우쳐 믿지 아니하였도다

마 21:33-46 악한 농부들 비유

33다른 한 비유를 들으라 한 집 주인이 포도원을 만들어 산울타리로 두르고 거기에 즙 짜는 틀을 만들고 망대를 짓고 농부들에게 세로 주고 타국에 갔더니 34열매 거둘 때가 가까우매 그 열매를 받으려고 자기 종들을 농부들에게 보내니 35농부들이 종들을 잡아 하나는 심히 때리고 하나는 죽이고 하나는 돌로 쳤거늘 36다시 다른 종들을 처음보다 많이 보내니 그들에게도 그렇게 하였는지라 37후에 자기 아들을 보내며 이르되 그들이 내 아들은 존대하리라 하였더니 38농부들이 그 아들을 보고 서로 말하되 이는 상속자니 자 죽이고 그의 유산을 차지하자 하고 39이에 잡아 포도원 밖에 내쫓아 죽였느니라 40그러면 포도원 주인이 올 때에 그 농부들을 어떻게 하겠느냐 41그들이 말하되 그 악한 자들을 진멸하고 포도원은 제 때에 열매를 바칠 만한 다른 농부들에게 세로 줄지니이다 42예수께서 이르시되 너희가 성경에 건축자들이 버린 돌이 모퉁이의 머릿돌이 되었나니 이것은 주로 말미암아 된 것이요 우리 눈에 기이하도다 함을 읽어 본 일이 없느냐 43그러므로 내가 너희에게 이르노니 하나님의 나라를 너희는 빼앗기고 그 나라의 열매 맺는 백성이 받으리라 44이 돌 위에 떨어지는 자는 깨지겠고 이 돌이 사람 위에 떨어지면 그를 가루로 만들어 흩으리라 하시니 45대제사장들과 바리새인들이 예수의 비유를 듣고 자기들을 가리켜 말씀하심인 줄 알고 46잡고자 하나 무리를 무서워하니 이는 그들이 예수를 선지자로 앎이었더라

막 12:1 예수께서 비유로 그들에게 말씀하시되 한 사람이 포도원을 만들어 산울타리로 두르고 즙 짜는 틀을 만들고 망대를 지어서 농부들에게 세로 주고 타국에 갔더니 2때가 이르매 농부들에게 포도원 소출 얼마를 받으려고 한 종을 보내니 3그들이 종을 잡아 심히 때리고 거저 보내었거늘 4다시 다른 종을 보내니 그의 머리에 상처를 내고 능욕하였거늘 5또 다른 종을 보내니 그들이 그를 죽이고 또 그 외 많은 종들도 더러는 때리고 더러는 죽인지라 6이제 한 사람이 남았으니 곧 그가 사랑하는 아들이라 최후로 이를 보내며 이르되 내 아들은 존대하리라 하였더니 7그 농부들이 서로 말하되 이는 상속자니 자 죽이자 그러면 그 유산이 우리 것이 되리라 하고 8이에 잡아 죽여 포도원 밖에 내던졌느니라 9포도원 주인이 어떻게 하겠느냐 와서 그 농부들을 진멸하고 포도원을 다른 사람들에게 주리라 10너희가 성경에 건축자들이 버린 돌이 모퉁이의 머릿돌이 되었나니 11이것은 주로 말미암아 된 것이요 우리 눈에 놀랍도다 함을 읽어 보지도 못하였느냐 하시니라 12그들이 예수의 이 비유가 자기들을 가리켜 말씀하심인 줄 알고 잡고자 하되 무리를 두려워하여 예수를 두고 가니라

눅 20:9 그가 또 이 비유로 백성에게 말씀하시기 시작하시니라 한 사람이 포도원을 만들어 농
부들에게 세로 주고 타국에 가서 오래 있다가 [10]때가 이르매 포도원 소출 얼마를 바치게 하려
고 한 종을 농부들에게 보내니 농부들이 종을 몹시 때리고 거저 보내었거늘 [11]다시 다른 종을
보내니 그도 몹시 때리고 능욕하고 거저 보내었거늘 [12]다시 세 번째 종을 보내니 이 종도 상하
게 하고 내쫓은지라 [13]포도원 주인이 이르되 어찌할까 내 사랑하는 아들을 보내리니 그들이
혹 그는 존대하리라 하였더니 [14]농부들이 그를 보고 서로 의논하여 이르되 이는 상속자니 죽
이고 그 유산을 우리의 것으로 만들자 하고 [15]포도원 밖에 내쫓아 죽였느니라 그런즉 포도원
주인이 이 사람들을 어떻게 하겠느냐 [16]와서 그 농부들을 진멸하고 포도원을 다른 사람들에게
주리라 하시니 사람들이 듣고 이르되 그렇게 되지 말아지이다 하거늘 [17]그들을 보시며 이르시
되 그러면 기록된 바 건축자들의 버린 돌이 모퉁이의 머릿돌이 되었느니라 함이 어찜이냐 [18]무
릇 이 돌 위에 떨어지는 자는 깨어지겠고 이 돌이 사람 위에 떨어지면 그를 가루로 만들어 흩
으리라 하시니라 [19]서기관들과 대제사장들이 예수의 이 비유는 자기들을 가리켜 말씀하심인
줄 알고 즉시 잡고자 하되 백성을 두려워하더라

마 22:1-14 혼인 잔치 비유

[1]예수께서 다시 비유로 대답하여 이르시되 [2]천국은 마치 자기 아들을 위하여 혼인 잔치를 베푼 어
떤 임금과 같으니 [3]그 종들을 보내어 그 청한 사람들을 혼인 잔치에 오라 하였더니 오기를 싫어하
거늘 [4]다시 다른 종들을 보내며 이르되 청한 사람들에게 이르기를 내가 오찬을 준비하되 나의 소
와 살진 짐승을 잡고 모든 것을 갖추었으니 혼인 잔치에 오소서 하라 하였더니 [5]그들이 돌아 보지
도 않고 한 사람은 자기 밭으로, 한 사람은 자기 사업하러 가고 [6]그 남은 자들은 종들을 잡아 모욕
하고 죽이니 [7]임금이 노하여 군대를 보내어 그 살인한 자들을 진멸하고 그 동네를 불사르고 [8]이에
종들에게 이르되 혼인 잔치는 준비되었으나 청한 사람들은 합당하지 아니하니 [9]네거리 길에 가서
사람을 만나는 대로 혼인 잔치에 청하여 오라 한 대 [10]종들이 길에 나가 악한 자나 선한 자나 만나
는 대로 모두 데려오니 혼인 잔치에 손님들이 가득한지라 [11]임금이 손님들을 보러 들어올새 거기
서 예복을 입지 않은 한 사람을 보고 [12]이르되 친구여 어찌하여 예복을 입지 않고 여기 들어왔느
냐 하니 그가 아무 말도 못하거늘 [13]임금이 사환들에게 말하되 그 손발을 묶어 바깥 어두운 데에
내던지라 거기서 슬피 울며 이를 갈게 되리라 하니라 [14]청함을 받은 자는 많되 택함을 입은 자는
적으니라

눅 14:15 함께 먹는 사람 중의 하나가 이 말을 듣고 이르되 무릇 하나님의 나라에서 떡을 먹는
자는 복되도다 하니 [16]이르시되 어떤 사람이 큰 잔치를 베풀고 많은 사람을 청하였더니 [17]잔치
할 시각에 그 청하였던 자들에게 종을 보내어 이르되 오소서 모든 것이 준비되었나이다 하매
[18]다 일치하게 사양하여 한 사람은 이르되 나는 밭을 샀으매 아무래도 나가 보아야 하겠으니
청컨대 나를 양해하도록 하라 하고 [19]또 한 사람은 이르되 나는 소 다섯 겨리를 샀으매 시험하
러 가니 청컨대 나를 양해하도록 하라 하고 [20]또 한 사람은 이르되 나는 장가 들었으니 그러므

로 가지 못하겠노라 하는지라 21종이 돌아와 주인에게 그대로 고하니 이에 집 주인이 노하여
그 종에게 이르되 빨리 시내의 거리와 골목으로 나가서 가난한 자들과 몸 불편한 자들과 맹인
들과 저는 자들을 데려오라 하니라 22종이 이르되 주인이여 명하신 대로 하였으되 아직도 자
리가 있나이다 23주인이 종에게 이르되 길과 산울타리 가로 나가서 사람을 강권하여 데려다가
내 집을 채우라 24내가 너희에게 말하노니 전에 청하였던 그 사람들은 하나도 내 잔치를 맛보
지 못하리라 하였다 하시니라

마 22:15-22 세금 논쟁(한 데나리온)

15이에 바리새인들이 가서 어떻게 하면 예수를 말의 올무에 걸리게 할까 상의하고 16자기 제자들
을 헤롯 당원들과 함께 예수께 보내어 말하되 선생님이여 우리가 아노니 당신은 참되시고 진리로
하나님의 도를 가르치시며 아무도 꺼리는 일이 없으시니 이는 사람을 외모로 보지 아니하심이니
이다 17그러면 당신의 생각에는 어떠한지 우리에게 이르소서 가이사에게 세금을 바치는 것이 옳
으니이까 옳지 아니하니이까 하니 18예수께서 그들의 악함을 아시고 이르시되 외식하는 자들아
어찌하여 나를 시험하느냐 19세금 낼 돈을 내게 보이라 하시니 데나리온 하나를 가져왔거늘 20예
수께서 말씀하시되 이 형상과 이 글이 누구의 것이냐 21이르되 가이사의 것이니이다 이에 이르시
되 그런즉 가이사의 것은 가이사에게, 하나님의 것은 하나님께 바치라 하시니 22그들이 이 말씀을
듣고 놀랍게 여겨 예수를 떠나가니라

막 12:13 그들이 예수의 말씀을 책잡으려 하여 바리새인과 헤롯당 중에서 사람을 보내매 14와
서 이르되 선생님이여 우리가 아노니 당신은 참되시고 아무도 꺼리는 일이 없으시니 이는 사
람을 외모로 보지 않고 오직 진리로써 하나님의 도를 가르치심이니이다 가이사에게 세금을 바
치는 것이 옳으니이까 옳지 아니하니이까 15우리가 바치리이까 말리이까 한대 예수께서 그 외
식함을 아시고 이르시되 어찌하여 나를 시험하느냐 데나리온 하나를 가져다가 내게 보이라 하
시니 16가져왔거늘 예수께서 이르시되 이 형상과 이 글이 누구의 것이냐 이르되 가이사의 것
이니이다 17이에 예수께서 이르시되 가이사의 것은 가이사에게, 하나님의 것은 하나님께 바치
라 하시니 그들이 예수께 대하여 매우 놀랍게 여기더라

눅 20:20 이에 그들이 엿보다가 예수를 총독의 다스림과 권세 아래에 넘기려 하여 정탐들을
보내어 그들로 스스로 의인인 체하며 예수의 말을 책잡게 하니 21그들이 물어 이르되 선생님
이여 우리가 아노니 당신은 바로 말씀하시고 가르치시며 사람을 외모로 취하지 아니하시고 오
직 진리로써 하나님의 도를 가르치시나이다 22우리가 가이사에게 세를 바치는 것이 옳으니이
까 옳지 않으니이까 하니 23예수께서 그 간계를 아시고 이르시되 24데나리온 하나를 내게 보이
라 누구의 형상과 글이 여기 있느냐 대답하되 가이사의 것이니이다 25이르시되 그런즉 가이사
의 것은 가이사에게, 하나님의 것은 하나님께 바치라 하시니 26그들이 백성 앞에서 그의 말을
능히 책잡지 못하고 그의 대답을 놀랍게 여겨 침묵하니라

마 22:23-33 부활 논쟁

23부활이 없다 하는 사두개인들이 그 날 예수께 와서 물어 이르되 24선생님이여 모세가 일렀으되
사람이 만일 자식이 없이 죽으면 그 동생이 그 아내에게 장가 들어 형을 위하여 상속자를 세울지
니라 하였나이다 25우리 중에 칠 형제가 있었는데 맏이가 장가 들었다가 죽어 상속자가 없으므로
그 아내를 그 동생에게 물려 주고 26그 둘째와 셋째로 일곱째까지 그렇게 하다가 27최후에 그 여
자도 죽었나이다 28그런즉 그들이 다 그를 취하였으니 부활 때에 일곱 중의 누구의 아내가 되리이
까 29예수께서 대답하여 이르시되 너희가 성경도, 하나님의 능력도 알지 못하는 고로 오해하였도
다 30부활 때에는 장가도 아니 가고 시집도 아니 가고 하늘에 있는 천사들과 같으니라 31죽은 자
의 부활을 논할진대 하나님이 너희에게 말씀하신 바 32나는 아브라함의 하나님이요 이삭의 하나
님이요 야곱의 하나님이로라 하신 것을 읽어 보지 못하였느냐 하나님은 죽은 자의 하나님이 아니
요 살아 있는 자의 하나님이시니라 하시니 33무리가 듣고 그의 가르치심에 놀라더라

막 12:18 부활이 없다 하는 사두개인들이 예수께 와서 물어 이르되 19선생님이여 모세가 우리
에게 써 주기를 어떤 사람의 형이 자식이 없이 아내를 두고 죽으면 그 동생이 그 아내를 취하
여 형을 위하여 상속자를 세울지니라 하였나이다 20칠 형제가 있었는데 맏이가 아내를 취하였
다가 상속자가 없이 죽고 21둘째도 그 여자를 취하였다가 상속자가 없이 죽고 셋째도 그렇게
하여 22일곱이 다 상속자가 없었고 최후에 여자도 죽었나이다 23일곱 사람이 다 그를 아내로
취하였으니 부활 때 곧 그들이 살아날 때에 그 중의 누구의 아내가 되리이까 24예수께서 이르
시되 너희가 성경도 하나님의 능력도 알지 못하므로 오해함이 아니냐 25사람이 죽은 자 가운
데서 살아날 때에는 장가도 아니 가고 시집도 아니 가고 하늘에 있는 천사들과 같으니라 26죽
은 자가 살아난다는 것을 말할진대 너희가 모세의 책 중 가시나무 떨기에 관한 글에 하나님께
서 모세에게 이르시되 나는 아브라함의 하나님이요 이삭의 하나님이요 야곱의 하나님이로라
하신 말씀을 읽어보지 못하였느냐 27하나님은 죽은 자의 하나님이 아니요 산 자의 하나님이시
라 너희가 크게 오해하였도다 하시니라

눅 20:27 부활이 없다고 주장하는 사두개인 중 어떤 이들이 와서 28물어 이르되 선생님이여
모세가 우리에게 써 주기를 만일 어떤 사람의 형이 아내를 두고 자식이 없이 죽으면 그 동생
이 그 아내를 취하여 형을 위하여 상속자를 세울지니라 하였나이다 29그런데 칠 형제가 있었
는데 맏이가 아내를 취하였다가 자식이 없이 죽고 30그 둘째와 셋째가 그를 취하고 31일곱이
다 그와 같이 자식이 없이 죽고 32그 후에 여자도 죽었나이다 33일곱이 다 그를 아내로 취하였
으니 부활 때에 그 중에 누구의 아내가 되리이까 34예수께서 이르시되 이 세상의 자녀들은 장
가도 가고 시집도 가되 35저 세상과 및 죽은 자 가운데서 부활함을 얻기에 합당히 여김을 받은
자들은 장가 가고 시집 가는 일이 없으며 36그들은 다시 죽을 수도 없나니 이는 천사와 동등이
요 부활의 자녀로서 하나님의 자녀임이라 37죽은 자가 살아난다는 것은 모세도 가시나무 떨기
에 관한 글에서 주를 아브라함의 하나님이요 이삭의 하나님이요 야곱의 하나님이시라 칭하였
나니 38하나님은 죽은 자의 하나님이 아니요 살아 있는 자의 하나님이시라 하나님에게는 모든

사람이 살았느니라 하시니 39서기관 중 어떤 이들이 말하되 선생님 잘 말씀하셨나이다 하니 40그
들은 아무 것도 감히 더 물을 수 없음이더라

마 22:34-40 큰 계명 논쟁

34예수께서 사두개인들로 대답할 수 없게 하셨다 함을 바리새인들이 듣고 모였는데 35그 중의 한
율법사가 예수를 시험하여 묻되 36선생님 율법 중에서 어느 계명이 크니이까 37예수께서 이르시
되 네 마음을 다하고 목숨을 다하고 뜻을 다하여 주 너의 하나님을 사랑하라 하셨으니 38이것이
크고 첫째 되는 계명이요 39둘째도 그와 같으니 네 이웃을 네 자신 같이 사랑하라 하셨으니 40이
두 계명이 온 율법과 선지자의 강령이니라

막 12:28 서기관 중 한 사람이 그들이 변론하는 것을 듣고 예수께서 잘 대답하신 줄을 알고
나아와 묻되 모든 계명 중에 첫째가 무엇이니이까 29예수께서 대답하시되 첫째는 이것이니 이
스라엘아 들으라 주 곧 우리 하나님은 유일한 주시라 30네 마음을 다하고 목숨을 다하고 뜻을
다하고 힘을 다하여 주 너의 하나님을 사랑하라 하신 것이요 31둘째는 이것이니 네 이웃을 네
자신과 같이 사랑하라 하신 것이라 이보다 더 큰 계명이 없느니라 32서기관이 이르되 선생님
이여 옳소이다 하나님은 한 분이시요 그 외에 다른 이가 없다 하신 말씀이 참이니이다 33또 마
음을 다하고 지혜를 다하고 힘을 다하여 하나님을 사랑하는 것과 또 이웃을 자기 자신과 같이
사랑하는 것이 전체로 드리는 모든 번제물과 기타 제물보다 나으니이다 34예수께서 그가 지혜
있게 대답함을 보시고 이르시되 네가 하나님의 나라에서 멀지 않도다 하시니 그 후에 감히 묻
는 자가 없더라

눅 10:25 어떤 율법교사가 일어나 예수를 시험하여 이르되 선생님 내가 무엇을 하여야 영생
을 얻으리이까 26예수께서 이르시되 율법에 무엇이라 기록되었으며 네가 어떻게 읽느냐 27대
답하여 이르되 네 마음을 다하며 목숨을 다하며 힘을 다하며 뜻을 다하여 주 너의 하나님을 사
랑하고 또한 네 이웃을 네 자신 같이 사랑하라 하였나이다 28예수께서 이르시되 네 대답이 옳
도다 이를 행하라 그러면 살리라 하시니

마 22:41-46 예수의 반문: 그리스도는 다윗의 자손?

41바리새인들이 모였을 때에 예수께서 그들에게 물으시되 42너희는 그리스도에 대하여 어떻게 생
각하느냐 누구의 자손이냐 대답하되 다윗의 자손이니이다 43이르시되 그러면 다윗이 성령에 감동
되어 어찌 그리스도를 주라 칭하여 말하되 44주께서 내 주께 이르시되 내가 네 원수를 네 발 아래

에 둘 때까지 내 우편에 앉아 있으라 하셨도다 하였느냐 [45]다윗이 그리스도를 주라 칭하였은즉 어
찌 그의 자손이 되겠느냐 하시니 [46]한 마디도 능히 대답하는 자가 없고 그 날부터 감히 그에게 묻
는 자도 없더라

막 12:35 예수께서 성전에서 가르치실새 대답하여 이르시되 어찌하여 서기관들이 그리스도
를 다윗의 자손이라 하느냐 [36]다윗이 성령에 감동되어 친히 말하되 주께서 내 주께 이르시되
내가 네 원수를 네 발 아래에 둘 때까지 내 우편에 앉았으라 하셨도다 하였느니라 [37]다윗이 그
리스도를 주라 하였은즉 어찌 그의 자손이 되겠느냐 하시니 많은 사람들이 즐겁게 듣더라

눅 20:41 예수께서 그들에게 이르시되 사람들이 어찌하여 그리스도를 다윗의 자손이라 하느
냐 [42]시편에 다윗이 친히 말하였으되 주께서 내 주께 이르시되 [43]내가 네 원수를 네 발등상으
로 삼을 때까지 내 우편에 앉았으라 하셨도다 하였느니라 [44]그런즉 다윗이 그리스도를 주라
칭하였으니 어찌 그의 자손이 되겠느냐 하시니라

마 23:1-12 서기관들과 바리새인들의 행위 비판

[1]이에 예수께서 무리와 제자들에게 말씀하여 이르시되 [2]서기관들과 바리새인들이 모세의 자리에
앉았으니 [3]그러므로 무엇이든지 그들이 말하는 바는 행하고 지키되 그들이 하는 행위는 본받지
말라 그들은 말만 하고 행하지 아니하며 [4]또 무거운 짐을 묶어 사람의 어깨에 지우되 자기는 이것
을 한 손가락으로도 움직이려 하지 아니하며 [5]그들의 모든 행위를 사람에게 보이고자 하나니 곧
그 경문 띠를 넓게 하며 옷술을 길게 하고 [6]잔치의 윗자리와 회당의 높은 자리와 [7]시장에서 문안
받는 것과 사람에게 랍비라 칭함을 받는 것을 좋아하느니라 [8]그러나 너희는 랍비라 칭함을 받지
말라 너희 선생은 하나요 너희는 다 형제니라 [9]땅에 있는 자를 아버지라 하지 말라 너희의 아버지
는 한 분이시니 곧 하늘에 계신 이시니라 [10]또한 지도자라 칭함을 받지 말라 너희의 지도자는 한
분이시니 곧 그리스도시니라 [11]너희 중에 큰 자는 너희를 섬기는 자가 되어야 하리라 [12]누구든지
자기를 높이는 자는 낮아지고 누구든지 자기를 낮추는 자는 높아지리라

막 12:38 예수께서 가르치실 때에 이르시되 긴 옷을 입고 다니는 것과 시장에서 문안 받는 것
과 [39]회당의 높은 자리와 잔치의 윗자리를 원하는 서기관들을 삼가라 [40]그들은 과부의 가산을
삼키며 외식으로 길게 기도하는 자니 그 받는 판결이 더욱 중하리라 하시니라

눅 20:45 모든 백성이 들을 때에 예수께서 그 제자들에게 이르시되 [46]긴 옷을 입고 다니는 것
을 원하며 시장에서 문안 받는 것과 회당의 높은 자리와 잔치의 윗자리를 좋아하는 서기관들
을 삼가라 [47]그들은 과부의 가산을 삼키며 외식으로 길게 기도하니 그들이 더 엄중한 심판을
받으리라 하시니라

마 23:13-36 칠 화 선포

[13]화 있을진저 외식하는 서기관들과 바리새인들이여 너희는 천국 문을 사람들 앞에서 닫고 너희
도 들어가지 않고 들어가려 하는 자도 들어가지 못하게 하는도다 [14](없음) [15]화 있을진저 외식하
는 서기관들과 바리새인들이여 너희는 교인 한 사람을 얻기 위하여 바다와 육지를 두루 다니다가
생기면 너희보다 배나 더 지옥 자식이 되게 하는도다 [16]화 있을진저 눈 먼 인도자여 너희가 말하
되 누구든지 성전으로 맹세하면 아무 일 없거니와 성전의 금으로 맹세하면 지킬지라 하는도다
[17]어리석은 맹인들이여 어느 것이 크냐 그 금이냐 그 금을 거룩하게 하는 성전이냐 [18]너희가 또
이르되 누구든지 제단으로 맹세하면 아무 일 없거니와 그 위에 있는 예물로 맹세하면 지킬지라 하
는도다 [19]맹인들이여 어느 것이 크냐 그 예물이냐 그 예물을 거룩하게 하는 제단이냐 [20]그러므로
제단으로 맹세하는 자는 제단과 그 위에 있는 모든 것으로 맹세함이요 [21]또 성전으로 맹세하는 자
는 성전과 그 안에 계신 이로 맹세함이요 [22]또 하늘로 맹세하는 자는 하나님의 보좌와 그 위에 앉
으신 이로 맹세함이니라 [23]화 있을진저 외식하는 서기관들과 바리새인들이여 너희가 박하와 회향
과 근채의 십일조는 드리되 율법의 더 중한 바 정의와 긍휼과 믿음은 버렸도다 그러나 이것도 행
하고 저것도 버리지 말아야 할지니라 [24]맹인 된 인도자여 하루살이는 걸러 내고 낙타는 삼키는도
다 [25]화 있을진저 외식하는 서기관들과 바리새인들이여 잔과 대접의 겉은 깨끗이 하되 그 안에는
탐욕과 방탕으로 가득하게 하는도다 [26]눈 먼 바리새인이여 너는 먼저 안을 깨끗이 하라 그리하면
겉도 깨끗하리라 [27]화 있을진저 외식하는 서기관들과 바리새인들이여 회칠한 무덤 같으니 겉으로
는 아름답게 보이나 그 안에는 죽은 사람의 뼈와 모든 더러운 것이 가득하도다 [28]이와 같이 너희
도 겉으로는 사람에게 옳게 보이되 안으로는 외식과 불법이 가득하도다 [29]화 있을진저 외식하는
서기관들과 바리새인들이여 너희는 선지자들의 무덤을 만들고 의인들의 비석을 꾸미며 이르되
[30]만일 우리가 조상 때에 있었더라면 우리는 그들이 선지자의 피를 흘리는 데 참여하지 아니하였
으리라 하니 [31]그러면 너희가 선지자를 죽인 자의 자손임을 스스로 증명함이로다 [32]너희가 너희
조상의 분량을 채우라 [33]뱀들아 독사의 새끼들아 너희가 어떻게 지옥의 판결을 피하겠느냐 [34]그
러므로 내가 너희에게 선지자들과 지혜 있는 자들과 서기관들을 보내매 너희가 그 중에서 더러는
죽이거나 십자가에 못 박고 그 중에서 더러는 너희 회당에서 채찍질하고 이 동네에서 저 동네로
따라다니며 박해하리라 [35]그러므로 의인 아벨의 피로부터 성전과 제단 사이에서 너희가 죽인 바
라갸의 아들 사가랴의 피까지 땅 위에서 흘린 의로운 피가 다 너희에게 돌아가리라 [36]내가 진실로
너희에게 이르노니 이것이 다 이 세대에 돌아가리라

눅 11:42 화 있을진저 너희 바리새인이여 너희가 박하와 운향과 모든 채소의 십일조는 드리
되 공의와 하나님께 대한 사랑은 버리는도다 그러나 이것도 행하고 저것도 버리지 말아야 할
지니라 [43]화 있을진저 너희 바리새인이여 너희가 회당의 높은 자리와 시장에서 문안 받는 것
을 기뻐하는도다 [44]화 있을진저 너희여 너희는 평토장한 무덤 같아서 그 위를 밟는 사람이 알
지 못하느니라 [45]한 율법교사가 예수께 대답하여 이르되 선생님 이렇게 말씀하시니 우리까지
모욕하심이니이다 [46]이르시되 화 있을진저 또 너희 율법교사여 지기 어려운 짐을 사람에게 지

우고 너희는 한 손가락도 이 짐에 대지 않는도다 [47] 화 있을진저 너희는 선지자들의 무덤을 만
드는도다 그들을 죽인 자도 너희 조상들이로다 [48]이와 같이 그들은 죽이고 너희는 무덤을 만
드니 너희가 너희 조상의 행한 일에 증인이 되어 옳게 여기는도다 [49]그러므로 하나님의 지혜
가 일렀으되 내가 선지자와 사도들을 그들에게 보내리니 그 중에서 더러는 죽이며 또 박해하
리라 하였느니라 [50]창세 이후로 흘린 모든 선지자의 피를 이 세대가 담당하되 [51]곧 아벨의 피
로부터 제단과 성전 사이에서 죽임을 당한 사가랴의 피까지 하리라 내가 너희에게 이르노니
과연 이 세대가 담당하리라 [52]화 있을진저 너희 율법교사여 너희가 지식의 열쇠를 가져가서
너희도 들어가지 않고 또 들어가고자 하는 자도 막았느니라 하시니라 [53]거기서 나오실 때에
서기관과 바리새인들이 거세게 달려들어 여러 가지 일을 따져 묻고 [54]그 입에서 나오는 말을
책잡고자 하여 노리고 있더라

마 23:37-39 예루살렘 애가

[37]예루살렘아 예루살렘아 선지자들을 죽이고 네게 파송된 자들을 돌로 치는 자여 암탉이 그 새끼
를 날개 아래에 모음 같이 내가 네 자녀를 모으려 한 일이 몇 번이더냐 그러나 너희가 원하지 아니
하였도다 [38]보라 너희 집이 황폐하여 버려진 바 되리라 [39]내가 너희에게 이르노니 이제부터 너희
는 찬송하리로다 주의 이름으로 오시는 이여 할 때까지 나를 보지 못하리라 하시니라

눅 13:31 곧 그 때에 어떤 바리새인들이 나아와서 이르되 나가서 여기를 떠나소서 헤롯이 당
신을 죽이고자 하나이다 [32]이르시되 너희는 가서 저 여우에게 이르되 오늘과 내일은 내가 귀
신을 쫓아내며 병을 고치다가 제삼일에는 완전하여지리라 하라 [33]그러나 오늘과 내일과 모레
는 내가 갈 길을 가야 하리니 선지자가 예루살렘 밖에서는 죽는 법이 없느니라 [34]예루살렘아
예루살렘아 선지자들을 죽이고 네게 파송된 자들을 돌로 치는 자여 암탉이 제 새끼를 날개 아
래에 모음 같이 내가 너희의 자녀를 모으려 한 일이 몇 번이냐 그러나 너희가 원하지 아니하였
도다 [35]보라 너희 집이 황폐하여 버린 바 되리라 내가 너희에게 이르노니 너희가 주의 이름으
로 오시는 이를 찬송하리로다 할 때까지는 나를 보지 못하리라 하시니라

마 24:1-2 성전 파괴 예고

[1]예수께서 성전에서 나와서 가실 때에 제자들이 성전 건물들을 가리켜 보이려고 나아오니 [2]대답
하여 이르시되 너희가 이 모든 것을 보지 못하느냐 내가 진실로 너희에게 이르노니 돌 하나도 돌
위에 남지 않고 다 무너뜨려지리라

막 13:1 예수께서 성전에서 나가실 때에 제자 중 하나가 이르되 선생님이여 보소서 이 돌들이
어떠하며 이 건물들이 어떠하니이까 2예수께서 이르시되 네가 이 큰 건물들을 보느냐 돌 하나
도 돌 위에 남지 않고 다 무너뜨려지리라 하시니라

눅 21:5 어떤 사람들이 성전을 가리켜 그 아름다운 돌과 헌물로 꾸민 것을 말하매 예수께서
이르시되 6너희 보는 이것들이 날이 이르면 돌 하나도 돌 위에 남지 않고 다 무너뜨려지리라

마 24:3-13 재난의 시작

3예수께서 감람 산 위에 앉으셨을 때에 제자들이 조용히 와서 이르되 우리에게 이르소서 어느 때
에 이런 일이 있겠사오며 또 주의 임하심과 세상 끝에는 무슨 징조가 있사오리이까 4예수께서 대
답하여 이르시되 너희가 사람의 미혹을 받지 않도록 주의하라 5많은 사람이 내 이름으로 와서 이
르되 나는 그리스도라 하여 많은 사람을 미혹하리라 6난리와 난리 소문을 듣겠으나 너희는 삼가
두려워하지 말라 이런 일이 있어야 하되 아직 끝은 아니니라 7민족이 민족을, 나라가 나라를 대적
하여 일어나겠고 곳곳에 기근과 지진이 있으리니 8이 모든 것은 재난의 시작이니라 9그 때에 사람
들이 너희를 환난에 넘겨 주겠으며 너희를 죽이리니 너희가 내 이름 때문에 모든 민족에게 미움
을 받으리라 10그 때에 많은 사람이 실족하게 되어 서로 잡아 주고 서로 미워하겠으며 11거짓 선
지자가 많이 일어나 많은 사람을 미혹하겠으며 12불법이 성하므로 많은 사람의 사랑이 식어지리
라 13그러나 끝까지 견디는 자는 구원을 얻으리라

막 13:3 예수께서 감람 산에서 성전을 마주 대하여 앉으셨을 때에 베드로와 야고보와 요한과
안드레가 조용히 묻되 4우리에게 이르소서 어느 때에 이런 일이 있겠사오며 이 모든 일이 이
루어지려 할 때에 무슨 징조가 있사오리이까 5예수께서 이르시되 너희가 사람의 미혹을 받지
않도록 주의하라 6많은 사람이 내 이름으로 와서 이르되 내가 그라 하여 많은 사람을 미혹하
리라 7난리와 난리의 소문을 들을 때에 두려워하지 말라 이런 일이 있어야 하되 아직 끝은 아
니니라 8민족이 민족을, 나라가 나라를 대적하여 일어나겠고 곳곳에 지진이 있으며 기근이 있
으리니 이는 재난의 시작이니라 9너희는 스스로 조심하라 사람들이 너희를 공회에 넘겨 주겠
고 너희를 회당에서 매질하겠으며 나로 말미암아 너희가 권력자들과 임금들 앞에 서리니 이는
그들에게 증거가 되려 함이라

눅 21:7 그들이 물어 이르되 선생님이여 그러면 어느 때에 이런 일이 있겠사오며 이런 일이
일어나려 할 때에 무슨 징조가 있사오리이까 8이르시되 미혹을 받지 않도록 주의하라 많은 사
람이 내 이름으로 와서 이르되 내가 그라 하며 때가 가까이 왔다 하겠으나 그들을 따르지 말라
9난리와 소요의 소문을 들을 때에 두려워하지 말라 이 일이 먼저 있어야 하되 끝은 곧 되지 아
니하리라 10또 이르시되 민족이 민족을, 나라가 나라를 대적하여 일어나겠고 11곳곳에 큰 지진
과 기근과 전염병이 있겠고 또 무서운 일과 하늘로부터 큰 징조들이 있으리라 12이 모든 일 전

에 내 이름으로 말미암아 너희에게 손을 대어 박해하며 회당과 옥에 넘겨 주며 임금들과 집권
자들 앞에 끌어 가려니와 13이 일이 도리어 너희에게 증거가 되리라

마 24:14 복음의 만국 전파

14이 천국 복음이 모든 민족에게 증언되기 위하여 온 세상에 전파되리니 그제야 끝이 오리라

막 13:10 또 복음이 먼저 만국에 전파되어야 할 것이니라

마 24:15-28 대환란

15그러므로 너희가 선지자 다니엘이 말한 바 멸망의 가증한 것이 거룩한 곳에 선 것을 보거든 (읽
는 자는 깨달을진저) 16그 때에 유대에 있는 자들은 산으로 도망할지어다 17지붕 위에 있는 자는
집 안에 있는 물건을 가지러 내려 가지 말며 18밭에 있는 자는 겉옷을 가지러 뒤로 돌이키지 말지
어다 19그 날에는 아이 밴 자들과 젖 먹이는 자들에게 화가 있으리로다 20너희가 도망하는 일이
겨울에나 안식일에 되지 않도록 기도하라 21이는 그 때에 큰 환난이 있겠음이라 창세로부터 지금
까지 이런 환난이 없었고 후에도 없으리라 22그 날들을 감하지 아니하면 모든 육체가 구원을 얻지
못할 것이나 그러나 택하신 자들을 위하여 그 날들을 감하시리라 23그 때에 사람이 너희에게 말하
되 보라 그리스도가 여기 있다 혹은 저기 있다 하여도 믿지 말라 24거짓 그리스도들과 거짓 선지
자들이 일어나 큰 표적과 기사를 보여 할 수만 있으면 택하신 자들도 미혹하리라 25보라 내가 너
희에게 미리 말하였노라 26그러면 사람들이 너희에게 말하되 보라 그리스도가 광야에 있다 하여
도 나가지 말고 보라 골방에 있다 하여도 믿지 말라 27번개가 동편에서 나서 서편까지 번쩍임 같
이 인자의 임함도 그러하리라 28주검이 있는 곳에는 독수리들이 모일 것이니라

막 13:14 멸망의 가증한 것이 서지 못할 곳에 선 것을 보거든 (읽는 자는 깨달을진저) 그 때에
유대에 있는 자들은 산으로 도망할지어다 15지붕 위에 있는 자는 내려가지도 말고 집에 있는
무엇을 가지러 들어가지도 말며 16밭에 있는 자는 겉옷을 가지러 뒤로 돌이키지 말지어다 17그
날에는 아이 밴 자들과 젖먹이는 자들에게 화가 있으리로다 18이 일이 겨울에 일어나지 않도
록 기도하라 19이는 그 날들이 환난의 날이 되겠음이라 하나님께서 창조하신 시초부터 지금까
지 이런 환난이 없었고 후에도 없으리라 20만일 주께서 그 날들을 감하지 아니하셨더라면 모
든 육체가 구원을 얻지 못할 것이거늘 자기가 택하신 자들을 위하여 그 날들을 감하셨느니라
21그 때에 어떤 사람이 너희에게 말하되 보라 그리스도가 여기 있다 보라 저기 있다 하여도 믿
지 말라 22거짓 그리스도들과 거짓 선지자들이 일어나서 이적과 기사를 행하여 할 수만 있으

면 택하신 자들을 미혹하려 하리라 23너희는 삼가라 내가 모든 일을 너희에게 미리 말하였노라

눅 21:20 너희가 예루살렘이 군대들에게 에워싸이는 것을 보거든 그 멸망이 가까운 줄을 알
라 21그 때에 유대에 있는 자들은 산으로 도망갈 것이며 성내에 있는 자들은 나갈 것이며 촌에
있는 자들은 그리로 들어가지 말지어다 22이 날들은 기록된 모든 것을 이루는 징벌의 날이니
라 23그 날에는 아이 밴 자들과 젖먹이는 자들에게 화가 있으리니 이는 땅에 큰 환난과 이 백
성에게 진노가 있겠음이로다 24그들이 칼날에 죽임을 당하며 모든 이방에 사로잡혀 가겠고 예
루살렘은 이방인의 때가 차기까지 이방인들에게 밟히리라

마 24:29-31 인자의 오심

29그 날 환난 후에 즉시 해가 어두워지며 달이 빛을 내지 아니하며 별들이 하늘에서 떨어지며 하
늘의 권능들이 흔들리리라 30그 때에 인자의 징조가 하늘에서 보이겠고 그 때에 땅의 모든 족속들
이 통곡하며 그들이 인자가 구름을 타고 능력과 큰 영광으로 오는 것을 보리라 31그가 큰 나팔소
리와 함께 천사들을 보내리니 그들이 그의 택하신 자들을 하늘 이 끝에서 저 끝까지 사방에서 모
으리라

막 13:24 그 때에 그 환난 후 해가 어두워지며 달이 빛을 내지 아니하며 25별들이 하늘에서 떨
어지며 하늘에 있는 권능들이 흔들리리라 26그 때에 인자가 구름을 타고 큰 권능과 영광으로
오는 것을 사람들이 보리라 27또 그 때에 그가 천사들을 보내어 자기가 택하신 자들을 땅 끝으
로부터 하늘 끝까지 사방에서 모으리라

눅 21:25 일월 성신에는 징조가 있겠고 땅에서는 민족들이 바다와 파도의 성난 소리로 인하여
혼란한 중에 곤고하리라 26사람들이 세상에 임할 일을 생각하고 무서워하므로 기절하리니 이
는 하늘의 권능들이 흔들리겠음이라 27그 때에 사람들이 인자가 구름을 타고 능력과 큰 영광
으로 오는 것을 보리라 28이런 일이 되기를 시작하거든 일어나 머리를 들라 너희 속량이 가까
웠느니라 하시더라

마 24:32-35 무화과나무 비유

32무화과나무의 비유를 배우라 그 가지가 연하여지고 잎사귀를 내면 여름이 가까운 줄을 아나니
33이와 같이 너희도 이 모든 일을 보거든 인자가 가까이 곧 문 앞에 이른 줄 알라 34내가 진실로 너
희에게 말하노니 이 세대가 지나가기 전에 이 일이 다 일어나리라 35천지는 없어질지언정 내 말은
없어지지 아니하리라

막 13:28 무화과나무의 비유를 배우라 그 가지가 연하여지고 잎사귀를 내면 여름이 가까운
줄 아나니 29이와 같이 너희가 이런 일이 일어나는 것을 보거든 인자가 가까이 곧 문 앞에 이
른 줄 알라 30내가 진실로 너희에게 말하노니 이 세대가 지나가기 전에 이 일이 다 일어나리라
31천지는 없어지겠으나 내 말은 없어지지 아니하리라

눅 21:29 이에 비유로 이르시되 무화과나무와 모든 나무를 보라 30싹이 나면 너희가 보고 여
름이 가까운 줄을 자연히 아나니 31이와 같이 너희가 이런 일이 일어나는 것을 보거든 하나님
의 나라가 가까이 온 줄을 알라 32내가 진실로 너희에게 말하노니 이 세대가 지나가기 전에 모
든 일이 다 이루어지리라 33천지는 없어지겠으나 내 말은 없어지지 아니하리라

마 24:36-44 인자의 때는 모름: 깨어 있으라

36그러나 그 날과 그 때는 아무도 모르나니 하늘의 천사들도, 아들도 모르고 오직 아버지만 아시
느니라 37노아의 때와 같이 인자의 임함도 그러하리라 38홍수 전에 노아가 방주에 들어가던 날까
지 사람들이 먹고 마시고 장가 들고 시집 가고 있으면서 39홍수가 나서 그들을 다 멸하기까지 깨
닫지 못하였으니 인자의 임함도 이와 같으리라 40그 때에 두 사람이 밭에 있으매 한 사람은 데려
가고 한 사람은 버려둠을 당할 것이요 41두 여자가 맷돌질을 하고 있으매 한 사람은 데려가고 한
사람은 버려둠을 당할 것이니라 42그러므로 깨어 있으라 어느 날에 너희 주가 임할는지 너희가 알
지 못함이니라 43너희도 아는 바니 만일 집 주인이 도둑이 어느 시각에 올 줄을 알았더라면 깨어
있어 그 집을 뚫지 못하게 하였으리라 44이러므로 너희도 준비하고 있으라 생각하지 않은 때에 인
자가 오리라

막 13:32 그러나 그 날과 그 때는 아무도 모르나니 하늘에 있는 천사들도, 아들도 모르고 아버
지만 아시느니라 33주의하라 깨어 있으라 그 때가 언제인지 알지 못함이라 34가령 사람이 집
을 떠나 타국으로 갈 때에 그 종들에게 권한을 주어 각각 사무를 맡기며 문지기에게 깨어 있으
라 명함과 같으니 35그러므로 깨어 있으라 집 주인이 언제 올는지 혹 저물 때일는지, 밤중일는
지, 닭 울 때일는지, 새벽일는지 너희가 알지 못함이라 36그가 홀연히 와서 너희가 자는 것을 보
지 않도록 하라 37깨어 있으라 내가 너희에게 하는 이 말은 모든 사람에게 하는 말이니라 하시
니라

눅 21:34 너희는 스스로 조심하라 그렇지 않으면 방탕함과 술취함과 생활의 염려로 마음이
둔하여지고 뜻밖에 그 날이 덫과 같이 너희에게 임하리라 35이 날은 온 지구상에 거하는 모든
사람에게 임하리라 36이러므로 너희는 장차 올 이 모든 일을 능히 피하고 인자 앞에 서도록 항
상 기도하며 깨어 있으라 하시니라

마 24:45-51 충성된 종과 악한 종

45충성되고 지혜 있는 종이 되어 주인에게 그 집 사람들을 맡아 때를 따라 양식을 나눠 줄 자가 누
구냐 46주인이 올 때에 그 종이 이렇게 하는 것을 보면 그 종이 복이 있으리로다 47내가 진실로 너
희에게 이르노니 주인이 그의 모든 소유를 그에게 맡기리라 48만일 그 악한 종이 마음에 생각하기
를 주인이 더디 오리라 하여 49동료들을 때리며 술친구들과 더불어 먹고 마시게 되면 50생각하지
않은 날 알지 못하는 시각에 그 종의 주인이 이르러 51엄히 때리고 외식하는 자가 받는 벌에 처하
리니 거기서 슬피 울며 이를 갈리라

마 25:1-13 열 처녀 비유

1그 때에 천국은 마치 등을 들고 신랑을 맞으러 나간 열 처녀와 같다 하리니 2그 중의 다섯은 미련
하고 다섯은 슬기 있는 자라 3미련한 자들은 등을 가지되 기름을 가지지 아니하고 4슬기 있는 자
들은 그릇에 기름을 담아 등과 함께 가져갔더니 5신랑이 더디 오므로 다 졸며 잘새 6밤중에 소리
가 나되 보라 신랑이로다 맞으러 나오라 하매 7이에 그 처녀들이 다 일어나 등을 준비할새 8미련
한 자들이 슬기 있는 자들에게 이르되 우리 등불이 꺼져가니 너희 기름을 좀 나눠 달라 하거늘 9슬
기 있는 자들이 대답하여 이르되 우리와 너희가 쓰기에 다 부족할까 하노니 차라리 파는 자들에게
가서 너희 쓸 것을 사라 하니 10그들이 사러 간 사이에 신랑이 오므로 준비하였던 자들은 함께 혼
인 잔치에 들어가고 문은 닫힌지라 11그 후에 남은 처녀들이 와서 이르되 주여 주여 우리에게 열
어 주소서 12대답하여 이르되 진실로 너희에게 이르노니 내가 너희를 알지 못하노라 하였느니라
13그런즉 깨어 있으라 너희는 그 날과 그 때를 알지 못하느니라

마 25:14-30 달란트 비유

14또 어떤 사람이 타국에 갈 때 그 종들을 불러 자기 소유를 맡김과 같으니 15각각 그 재능대로 한
사람에게는 금 다섯 달란트를, 한 사람에게는 두 달란트를, 한 사람에게는 한 달란트를 주고 떠났
더니 16다섯 달란트 받은 자는 바로 가서 그것으로 장사하여 또 다섯 달란트를 남기고 17두 달란
트 받은 자도 그같이 하여 또 두 달란트를 남겼으되 18한 달란트 받은 자는 가서 땅을 파고 그 주
인의 돈을 감추어 두었더니 19오랜 후에 그 종들의 주인이 돌아와 그들과 결산할새 20다섯 달란트
받았던 자는 다섯 달란트를 더 가지고 와서 이르되 주인이여 내게 다섯 달란트를 주셨는데 보소서
내가 또 다섯 달란트를 남겼나이다 21그 주인이 이르되 잘하였도다 착하고 충성된 종아 네가 적은

일에 충성하였으매 내가 많은 것을 네게 맡기리니 네 주인의 즐거움에 참여할지어다 하고 [22]두 달
란트 받았던 자도 와서 이르되 주인이여 내게 두 달란트를 주셨는데 보소서 내가 또 두 달란트를
남겼나이다 [23]그 주인이 이르되 잘하였도다 착하고 충성된 종아 네가 적은 일에 충성하였으매 내
가 많은 것을 네게 맡기리니 네 주인의 즐거움에 참여할지어다 하고 [24]한 달란트 받았던 자는 와
서 이르되 주인이여 당신은 굳은 사람이라 심지 않은 데서 거두고 헤치지 않은 데서 모으는 줄을
내가 알았으므로 [25]두려워하여 나가서 당신의 달란트를 땅에 감추어 두었었나이다 보소서 당신의
것을 가지셨나이다 [26]그 주인이 대답하여 이르되 악하고 게으른 종아 나는 심지 않은 데서 거두고
헤치지 않은 데서 모으는 줄로 네가 알았느냐 [27]그러면 네가 마땅히 내 돈을 취리하는 자들에게나
맡겼다가 내가 돌아와서 내 원금과 이자를 받게 하였을 것이니라 하고 [28]그에게서 그 한 달란트를
빼앗아 열 달란트 가진 자에게 주라 [29]무릇 있는 자는 받아 풍족하게 되고 없는 자는 그 있는 것
까지 빼앗기리라 [30]이 무익한 종을 바깥 어두운 데로 내쫓으라 거기서 슬피 울며 이를 갈리라 하
니라

눅 19:11 그들이 이 말씀을 듣고 있을 때에 비유를 더하여 말씀하시니 이는 자기가 예루살렘
에 가까이 오셨고 그들은 하나님의 나라가 당장에 나타날 줄로 생각함이더라 [12]이르시되 어떤
귀인이 왕위를 받아가지고 오려고 먼 나라로 갈 때에 [13]그 종 열을 불러 은화 열 므나를 주며
이르되 내가 돌아올 때까지 장사하라 하니라 [14]그런데 그 백성이 그를 미워하여 사자를 뒤로
보내어 이르되 우리는 이 사람이 우리의 왕 됨을 원하지 아니하나이다 하였더라 [15]귀인이 왕
위를 받아가지고 돌아와서 은화를 준 종들이 각각 어떻게 장사하였는지를 알고자 하여 그들을
부르니 [16]그 첫째가 나아와 이르되 주인이여 당신의 한 므나로 열 므나를 남겼나이다 [17]주인이
이르되 잘하였다 착한 종이여 네가 지극히 작은 것에 충성하였으니 열 고을 권세를 차지하라
하고 [18]그 둘째가 와서 이르되 주인이여 당신의 한 므나로 다섯 므나를 만들었나이다 [19]주인이
그에게도 이르되 너도 다섯 고을을 차지하라 하고 [20]또 한 사람이 와서 이르되 주인이여 보소
서 당신의 한 므나가 여기 있나이다 내가 수건으로 싸 두었었나이다 [21]이는 당신이 엄한 사람
인 것을 내가 무서워함이라 당신은 두지 않은 것을 취하고 심지 않은 것을 거두나이다 [22]주인
이 이르되 악한 종아 내가 네 말로 너를 심판하노니 너는 내가 두지 않은 것을 취하고 심지 않
은 것을 거두는 엄한 사람인 줄로 알았느냐 [23]그러면 어찌하여 내 돈을 은행에 맡기지 아니하
였느냐 그리하였으면 내가 와서 그 이자와 함께 그 돈을 찾았으리라 하고 [24]곁에 섰는 자들에
게 이르되 그 한 므나를 빼앗아 열 므나 있는 자에게 주라 하니 [25]그들이 이르되 주여 그에게
이미 열 므나가 있나이다 [26]주인이 이르되 내가 너희에게 말하노니 무릇 있는 자는 받겠고 없
는 자는 그 있는 것도 빼앗기리라 [27]그리고 내가 왕 됨을 원하지 아니하던 저 원수들을 이리로
끌어다가 내 앞에서 죽이라 하였느니라

마 25:31-46 양과 염소 비유

[31]인자가 자기 영광으로 모든 천사와 함께 올 때에 자기 영광의 보좌에 앉으리니 [32]모든 민족을
그 앞에 모으고 각각 구분하기를 목자가 양과 염소를 구분하는 것 같이 하여 [33]양은 그 오른편에
염소는 왼편에 두리라 [34]그 때에 임금이 그 오른편에 있는 자들에게 이르시되 내 아버지께 복 받
을 자들이여 나아와 창세로부터 너희를 위하여 예비된 나라를 상속받으라 [35]내가 주릴 때에 너희
가 먹을 것을 주었고 목마를 때에 마시게 하였고 나그네 되었을 때에 영접하였고 [36]헐벗었을 때
에 옷을 입혔고 병들었을 때에 돌보았고 옥에 갇혔을 때에 와서 보았느니라 [37]이에 의인들이 대답
하여 이르되 주여 우리가 어느 때에 주께서 주리신 것을 보고 음식을 대접하였으며 목마르신 것을
보고 마시게 하였나이까 [38]어느 때에 나그네 되신 것을 보고 영접하였으며 헐벗으신 것을 보고 옷
입혔나이까 [39]어느 때에 병드신 것이나 옥에 갇히신 것을 보고 가서 뵈었나이까 하리니 [40]임금이
대답하여 이르시되 내가 진실로 너희에게 이르노니 너희가 여기 내 형제 중에 지극히 작은 자 하
나에게 한 것이 곧 내게 한 것이니라 하시고 [41]또 왼편에 있는 자들에게 이르시되 저주를 받은 자
들아 나를 떠나 마귀와 그 사자들을 위하여 예비된 영원한 불에 들어가라 [42]내가 주릴 때에 너희
가 먹을 것을 주지 아니하였고 목마를 때에 마시게 하지 아니하였고 [43]나그네 되었을 때에 영접하
지 아니하였고 헐벗었을 때에 옷 입히지 아니하였고 병들었을 때와 옥에 갇혔을 때에 돌보지 아니
하였느니라 하시니 [44]그들도 대답하여 이르되 주여 우리가 어느 때에 주께서 주리신 것이나 목마
르신 것이나 나그네 되신 것이나 헐벗으신 것이나 병드신 것이나 옥에 갇히신 것을 보고 공양하지
아니하더이까 [45]이에 임금이 대답하여 이르시되 내가 진실로 너희에게 이르노니 이 지극히 작은
자 하나에게 하지 아니한 것이 곧 내게 하지 아니한 것이니라 하시리니 [46]그들은 영벌에, 의인들
은 영생에 들어가리라 하시니라

마 26:1 설교 마침(5)

[1]예수께서 이 말씀을 다 마치시고 제자들에게 이르시되

마 26:2-5 수난 예고(IV)와 예수 죽음 모의

[2]너희가 아는 바와 같이 이틀이 지나면 유월절이라 인자가 십자가에 못 박히기 위하여 팔리리라
하시더라 [3]그 때에 대제사장들과 백성의 장로들이 가야바라 하는 대제사장의 관정에 모여 [4]예수
를 흉계로 잡아 죽이려고 의논하되 [5]말하기를 민란이 날까 하노니 명절에는 하지 말자 하더라

막 14:1 이틀이 지나면 유월절과 무교절이라 대제사장들과 서기관들이 예수를 흉계로 잡아
죽일 방도를 구하며 [2]이르되 민란이 날까 하노니 명절에는 하지 말자 하더라

눅 22:1 유월절이라 하는 무교절이 다가오매 [2]대제사장들과 서기관들이 예수를 무슨 방도로
죽일까 궁리하니 이는 그들이 백성을 두려워함이더라

요 11:45 마리아에게 와서 예수께서 하신 일을 본 많은 유대인이 그를 믿었으나 [46]그 중에 어
떤 자는 바리새인들에게 가서 예수께서 하신 일을 알리니라 [47]이에 대제사장들과 바리새인들
이 공회를 모으고 이르되 이 사람이 많은 표적을 행하니 우리가 어떻게 하겠느냐 [48]만일 그를
이대로 두면 모든 사람이 그를 믿을 것이요 그리고 로마인들이 와서 우리 땅과 민족을 빼앗아
가리라 하니 [49]그 중의 한 사람 그 해의 대제사장인 가야바가 그들에게 말하되 너희가 아무 것
도 알지 못하는도다 [50]한 사람이 백성을 위하여 죽어서 온 민족이 망하지 않게 되는 것이 너희
에게 유익한 줄을 생각하지 아니하는도다 하였으니 [51]이 말은 스스로 함이 아니요 그 해의 대
제사장이므로 예수께서 그 민족을 위하시고 [52]또 그 민족만 위할 뿐 아니라 흩어진 하나님의
자녀를 모아 하나가 되게 하기 위하여 죽으실 것을 미리 말함이러라 [53]이 날부터는 그들이 예
수를 죽이려고 모의하니라

마 26:6-13 여인의 향유 부음

[6]예수께서 베다니 나병환자 시몬의 집에 계실 때에 [7]한 여자가 매우 귀한 향유 한 옥합을 가지고
나아와서 식사하시는 예수의 머리에 부으니 [8]제자들이 보고 분개하여 이르되 무슨 의도로 이것을
허비하느냐 [9]이것을 비싼 값에 팔아 가난한 자들에게 줄 수 있었겠도다 하거늘 [10]예수께서 아시
고 그들에게 이르시되 너희가 어찌하여 이 여자를 괴롭게 하느냐 그가 내게 좋은 일을 하였느니라
[11]가난한 자들은 항상 너희와 함께 있거니와 나는 항상 함께 있지 아니하리라 [12]이 여자가 내 몸
에 이 향유를 부은 것은 내 장례를 위하여 함이니라 [13]내가 진실로 너희에게 이르노니 온 천하에
어디서든지 이 복음이 전파되는 곳에서는 이 여자가 행한 일도 말하여 그를 기억하리라 하시니라

막 14:3 예수께서 베다니 나병환자 시몬의 집에서 식사하실 때에 한 여자가 매우 값진 향유 곧
순전한 나드 한 옥합을 가지고 와서 그 옥합을 깨뜨려 예수의 머리에 부으니 [4]어떤 사람들이
화를 내어 서로 말하되 어찌하여 이 향유를 허비하는가 [5]이 향유를 삼백 데나리온 이상에 팔
아 가난한 자들에게 줄 수 있었겠도다 하며 그 여자를 책망하는지라 [6]예수께서 이르시되 가만
두라 너희가 어찌하여 그를 괴롭게 하느냐 그가 내게 좋은 일을 하였느니라 [7]가난한 자들은
항상 너희와 함께 있으니 아무 때라도 원하는 대로 도울 수 있거니와 나는 너희와 항상 함께
있지 아니하리라 [8]그는 힘을 다하여 내 몸에 향유를 부어 내 장례를 미리 준비하였느니라 [9]내
가 진실로 너희에게 이르노니 온 천하에 어디서든지 복음이 전파되는 곳에는 이 여자가 행한
일도 말하여 그를 기억하리라 하시니라

눅 7:36 한 바리새인이 예수께 자기와 함께 잡수시기를 청하니 이에 바리새인의 집에 들어가 앉으셨을 때에 37그 동네에 죄를 지은 한 여자가 있어 예수께서 바리새인의 집에 앉아 계심을 알고 향유 담은 옥합을 가지고 와서 38예수의 뒤로 그 발 곁에 서서 울며 눈물로 그 발을 적시고 자기 머리털로 닦고 그 발에 입맞추고 향유를 부으니 39예수를 청한 바리새인이 그것을 보고 마음에 이르되 이 사람이 만일 선지자라면 자기를 만지는 이 여자가 누구며 어떠한 자 곧 죄인인 줄을 알았으리라 하거늘 40예수께서 대답하여 이르시되 시몬아 내가 네게 이를 말이 있다 하시니 그가 이르되 선생님 말씀하소서 41이르시되 빚 주는 사람에게 빚진 자가 둘이 있어 하나는 오백 데나리온을 졌고 하나는 오십 데나리온을 졌는데 42갚을 것이 없으므로 둘 다 탕감하여 주었으니 둘 중에 누가 그를 더 사랑하겠느냐 43시몬이 대답하여 이르되 내 생각에는 많이 탕감함을 받은 자니이다 이르시되 네 판단이 옳다 하시고 44그 여자를 돌아보시며 시몬에게 이르시되 이 여자를 보느냐 내가 네 집에 들어올 때 너는 내게 발 씻을 물도 주지 아니하였으되 이 여자는 눈물로 내 발을 적시고 그 머리털로 닦았으며 45너는 내게 입맞추지 아니하였으되 그는 내가 들어올 때로부터 내 발에 입맞추기를 그치지 아니하였으며 46너는 내 머리에 감람유도 붓지 아니하였으되 그는 향유를 내 발에 부었느니라 47이러므로 내가 네게 말하노니 그의 많은 죄가 사하여졌도다 이는 그의 사랑함이 많음이라 사함을 받은 일이 적은 자는 적게 사랑하느니라 48이에 여자에게 이르시되 네 죄 사함을 받았느니라 하시니 49함께 앉아 있는 자들이 속으로 말하되 이가 누구이기에 죄도 사하는가 하더라 50예수께서 여자에게 이르시되 네 믿음이 너를 구원하였으니 평안히 가라 하시니라

요 12:1 유월절 엿새 전에 예수께서 베다니에 이르시니 이 곳은 예수께서 죽은 자 가운데서 살리신 나사로가 있는 곳이라 2거기서 예수를 위하여 잔치할새 마르다는 일을 하고 나사로는 예수와 함께 앉은 자 중에 있더라 3마리아는 지극히 비싼 향유 곧 순전한 나드 한 근을 가져다가 예수의 발에 붓고 자기 머리털로 그의 발을 닦으니 향유 냄새가 집에 가득하더라 4제자 중 하나로서 예수를 잡아 줄 가룟 유다가 말하되 5이 향유를 어찌하여 삼백 데나리온에 팔아 가난한 자들에게 주지 아니하였느냐 하니 6이렇게 말함은 가난한 자들을 생각함이 아니요 그는 도둑이라 돈궤를 맡고 거기 넣는 것을 훔쳐 감이러라 7예수께서 이르시되 그를 가만 두어 나의 장례할 날을 위하여 그것을 간직하게 하라 8가난한 자들은 항상 너희와 함께 있거니와 나는 항상 있지 아니하리라 하시니라

마 26:14-16 유다와 대제사장들

14그 때에 열둘 중의 하나인 가룟 유다라 하는 자가 대제사장들에게 가서 말하되 15내가 예수를 너희에게 넘겨 주리니 얼마나 주려느냐 하니 그들이 은 삼십을 달아 주거늘 16그가 그 때부터 예수를 넘겨 줄 기회를 찾더라

막 14:10 열둘 중의 하나인 가룟 유다가 예수를 넘겨 주려고 대제사장들에게 가매 11그들이

듣고 기뻐하여 돈을 주기로 약속하니 유다가 예수를 어떻게 넘겨 줄까 하고 그 기회를 찾더라

눅 22:3 열둘 중의 하나인 가룟인이라 부르는 유다에게 사탄이 들어가니 [4]이에 유다가 대제사장들과 성전 경비대장들에게 가서 예수를 넘겨 줄 방도를 의논하매 [5]그들이 기뻐하여 돈을 주기로 언약하는지라 [6]유다가 허락하고 예수를 무리가 없을 때에 넘겨 줄 기회를 찾더라

마 26:17-19 마지막 만찬 준비

[17]무교절의 첫날에 제자들이 예수께 나아와서 이르되 유월절 음식 잡수실 것을 우리가 어디서 준비하기를 원하시나이까 [18]이르시되 성안 아무에게 가서 이르되 선생님 말씀이 내 때가 가까이 왔으니 내 제자들과 함께 유월절을 네 집에서 지키겠다 하시더라 하라 하시니 [19]제자들이 예수께서 시키신 대로 하여 유월절을 준비하였더라

막 14:12 무교절의 첫날 곧 유월절 양 잡는 날에 제자들이 예수께 여짜오되 우리가 어디로 가서 선생님께서 유월절 음식을 잡수시게 준비하기를 원하시나이까 하매 [13]예수께서 제자 중의 둘을 보내시며 이르시되 성내로 들어가라 그리하면 물 한 동이를 가지고 가는 사람을 만나리니 그를 따라가서 [14]어디든지 그가 들어가는 그 집 주인에게 이르되 선생님의 말씀이 내가 내 제자들과 함께 유월절 음식을 먹을 나의 객실이 어디 있느냐 하시더라 하라 [15]그리하면 자리를 펴고 준비한 큰 다락방을 보이리니 거기서 우리를 위하여 준비하라 하시니 [16]제자들이 나가 성내로 들어가서 예수께서 하시던 말씀대로 만나 유월절 음식을 준비하니라

눅 22:7 유월절 양을 잡을 무교절날이 이른지라 [8]예수께서 베드로와 요한을 보내시며 이르시되 가서 우리를 위하여 유월절을 준비하여 우리로 먹게 하라 [9]여짜오되 어디서 준비하기를 원하시나이까 [10]이르시되 보라 너희가 성내로 들어가면 물 한 동이를 가지고 가는 사람을 만나리니 그가 들어가는 집으로 따라 들어가서 [11]그 집 주인에게 이르되 선생님이 네게 하는 말씀이 내가 내 제자들과 함께 유월절을 먹을 객실이 어디 있느냐 하시더라 하라 [12]그리하면 그가 자리를 마련한 큰 다락방을 보이리니 거기서 준비하라 하시니 [13]그들이 나가 그 하신 말씀대로 만나 유월절을 준비하니라

마 26:20-25 유다의 배신 예고

[20]저물 때에 예수께서 열두 제자와 함께 앉으셨더니 [21]그들이 먹을 때에 이르시되 내가 진실로 너희에게 이르노니 너희 중의 한 사람이 나를 팔리라 하시니 [22]그들이 몹시 근심하여 각각 여짜오되 주여 나는 아니지요 [23]대답하여 이르시되 나와 함께 그릇에 손을 넣는 그가 나를 팔리라 [24]인자는

자기에 대하여 기록된 대로 가거니와 인자를 파는 그 사람에게는 화가 있으리로다 그 사람은 차라
리 태어나지 아니하였더라면 제게 좋을 뻔하였느니라 25예수를 파는 유다가 대답하여 이르되 랍
비여 나는 아니지요 대답하시되 네가 말하였도다 하시니라

막 14:17 저물매 그 열둘을 데리시고 가서 18다 앉아 먹을 때에 예수께서 이르시되 내가 진실
로 너희에게 이르노니 너희 중의 한 사람 곧 나와 함께 먹는 자가 나를 팔리라 하신대 19그들
이 근심하며 하나씩 하나씩 나는 아니지요 하고 말하기 시작하니 20그들에게 이르시되 열둘
중의 하나 곧 나와 함께 그릇에 손을 넣는 자니라 21인자는 자기에 대하여 기록된 대로 가거니
와 인자를 파는 그 사람에게는 화가 있으리로다 그 사람은 차라리 나지 아니하였더라면 자기
에게 좋을 뻔하였느니라 하시니라

눅 22:21 그러나 보라 나를 파는 자의 손이 나와 함께 상 위에 있도다 22인자는 이미 작정된
대로 가거니와 그를 파는 그 사람에게는 화가 있으리로다 하시니 23그들이 서로 묻되 우리 중
에서 이 일을 행할 자가 누구일까 하더라

요 13:21 예수께서 이 말씀을 하시고 심령이 괴로워 증언하여 이르시되 내가 진실로 진실로
너희에게 이르노니 너희 중 하나가 나를 팔리라 하시니 22제자들이 서로 보며 누구에게 대하
여 말씀하시는지 의심하더라 23예수의 제자 중 하나 곧 그가 사랑하시는 자가 예수의 품에 의
지하여 누웠는지라 24시몬 베드로가 머릿짓을 하여 말하되 말씀하신 자가 누구인지 말하라 하
니 25그가 예수의 가슴에 그대로 의지하여 말하되 주여 누구니이까 26예수께서 대답하시되 내
가 떡 한 조각을 적셔다 주는 자가 그니라 하시고 곧 한 조각을 적셔서 가룟 시몬의 아들 유다
에게 주시니 27조각을 받은 후 곧 사탄이 그 속에 들어간지라 이에 예수께서 유다에게 이르시
되 네가 하는 일을 속히 하라 하시니 28이 말씀을 무슨 뜻으로 하셨는지 그 앉은 자 중에 아는
자가 없고 29어떤 이들은 유다가 돈궤를 맡았으므로 명절에 우리가 쓸 물건을 사라 하시는지
혹은 가난한 자들에게 무엇을 주라 하시는 줄로 생각하더라 30유다가 그 조각을 받고 곧 나가
니 밤이러라

마 26:26-30 성만찬 제정

26그들이 먹을 때에 예수께서 떡을 가지사 축복하시고 떼어 제자들에게 주시며 이르시되 받아서
먹으라 이것은 내 몸이니라 하시고 27또 잔을 가지사 감사 기도 하시고 그들에게 주시며 이르시되
너희가 다 이것을 마시라 28이것은 죄 사함을 얻게 하려고 많은 사람을 위하여 흘리는 바 나의 피
곧 언약의 피니라 29그러나 너희에게 이르노니 내가 포도나무에서 난 것을 이제부터 내 아버지의
나라에서 새것으로 너희와 함께 마시는 날까지 마시지 아니하리라 하시니라 30이에 그들이 찬미
하고 감람 산으로 나아가니라

막 14:22 그들이 먹을 때에 예수께서 떡을 가지사 축복하시고 떼어 제자들에게 주시며 이르
시되 받으라 이것은 내 몸이니라 하시고 23또 잔을 가지사 감사 기도 하시고 그들에게 주시니
다 이를 마시매 24이르시되 이것은 많은 사람을 위하여 흘리는 나의 피 곧 언약의 피니라 25진
실로 너희에게 이르노니 내가 포도나무에서 난 것을 하나님 나라에서 새 것으로 마시는 날까
지 다시 마시지 아니하리라 하시니라 26이에 그들이 찬미하고 감람산으로 가니라

눅 22:14 때가 이르매 예수께서 사도들과 함께 앉으사 15이르시되 내가 고난을 받기 전에 너
희와 함께 이 유월절 먹기를 원하고 원하였노라 16내가 너희에게 이르노니 이 유월절이 하나
님의 나라에서 이루기까지 다시 먹지 아니하리라 하시고 17이에 잔을 받으사 감사 기도 하시
고 이르시되 이것을 갖다가 너희끼리 나누라 18내가 너희에게 이르노니 내가 이제부터 하나님
의 나라가 임할 때까지 포도나무에서 난 것을 다시 마시지 아니하리라 하시고 19또 떡을 가져
감사 기도 하시고 떼어 그들에게 주시며 이르시되 이것은 너희를 위하여 주는 내 몸이라 너희
가 이를 행하여 나를 기념하라 하시고 20저녁 먹은 후에 잔도 그와 같이 하여 이르시되 이 잔
은 내 피로 세우는 새 언약이니 곧 너희를 위하여 붓는 것이라

마 26:31-35 베드로의 부인 예고

31그 때에 예수께서 제자들에게 이르시되 오늘 밤에 너희가 다 나를 버리리라 기록된 바 내가 목
자를 치리니 양의 떼가 흩어지리라 하였느니라 32그러나 내가 살아난 후에 너희보다 먼저 갈릴리
로 가리라 33베드로가 대답하여 이르되 모두 주를 버릴지라도 나는 결코 버리지 않겠나이다 34예
수께서 이르시되 내가 진실로 네게 이르노니 오늘 밤 닭 울기 전에 네가 세 번 나를 부인하리라
35베드로가 이르되 내가 주와 함께 죽을지언정 주를 부인하지 않겠나이다 하고 모든 제자도 그와
같이 말하니라

막 14: 27 예수께서 제자들에게 이르시되 너희가 다 나를 버리리라 이는 기록된 바 내가 목자
를 치리니 양들이 흩어지리라 하였음이니라 28그러나 내가 살아난 후에 너희보다 먼저 갈릴리
로 가리라 29베드로가 여짜오되 다 버릴지라도 나는 그리하지 않겠나이다 30예수께서 이르시
되 내가 진실로 네게 이르노니 오늘 이 밤 닭이 두 번 울기 전에 네가 세 번 나를 부인하리라
31베드로가 힘있게 말하되 내가 주와 함께 죽을지언정 주를 부인하지 않겠나이다 하고 모든
제자도 이와 같이 말하니라

눅 22:31 시몬아, 시몬아, 보라 사탄이 너희를 밀 까부르듯 하려고 요구하였으나 32그러나 내
가 너를 위하여 네 믿음이 떨어지지 않기를 기도하였노니 너는 돌이킨 후에 네 형제를 굳게 하
라 33그가 말하되 주여 내가 주와 함께 옥에도, 죽는 데에도 가기를 각오하였나이다 34이르시
되 베드로야 내가 네게 말하노니 오늘 닭 울기 전에 네가 세 번 나를 모른다고 부인하리라 하
시니라

요 13:36 시몬 베드로가 이르되 주여 어디로 가시나이까 예수께서 대답하시되 내가 가는 곳
에 네가 지금은 따라올 수 없으나 후에는 따라오리라 37베드로가 이르되 주여 내가 지금은 어
찌하여 따라갈 수 없나이까 주를 위하여 내 목숨을 버리겠나이다 38예수께서 대답하시되 네가
나를 위하여 네 목숨을 버리겠느냐 내가 진실로 진실로 네게 이르노니 닭 울기 전에 네가 세
번 나를 부인하리라

마 26:36-46 겟세마네 기도

36이에 예수께서 제자들과 함께 겟세마네라 하는 곳에 이르러 제자들에게 이르시되 내가 저기 가
서 기도할 동안에 너희는 여기 앉아 있으라 하시고 37베드로와 세베대의 두 아들을 데리고 가실새
고민하고 슬퍼하사 38이에 말씀하시되 내 마음이 매우 고민하여 죽게 되었으니 너희는 여기 머물
러 나와 함께 깨어 있으라 하시고 39조금 나아가사 얼굴을 땅에 대시고 엎드려 기도하여 이르시되
내 아버지여 만일 할 만하시거든 이 잔을 내게서 지나가게 하옵소서 그러나 나의 원대로 마시옵고
아버지의 원대로 하옵소서 하시고 40제자들에게 오사 그 자는 것을 보시고 베드로에게 말씀하시
되 너희가 나와 함께 한 시간도 이렇게 깨어 있을 수 없더냐 41시험에 들지 않게 깨어 기도하라 마
음에는 원이로되 육신이 약하도다 하시고 42다시 두 번째 나아가 기도하여 이르시되 내 아버지여
만일 내가 마시지 않고는 이 잔이 내게서 지나갈 수 없거든 아버지의 원대로 되기를 원하나이다
하시고 43다시 오사 보신즉 그들이 자니 이는 그들의 눈이 피곤함일러라 44또 그들을 두시고 나아
가 세 번째 같은 말씀으로 기도하신 후 45이에 제자들에게 오사 이르시되 이제는 자고 쉬라 보라
때가 가까이 왔으니 인자가 죄인의 손에 팔리느니라 46일어나라 함께 가자 보라 나를 파는 자가
가까이 왔느니라

막 14:32 그들이 겟세마네라 하는 곳에 이르매 예수께서 제자들에게 이르시되 내가 기도할
동안에 너희는 여기 앉아 있으라 하시고 33베드로와 야고보와 요한을 데리고 가실새 심히 놀
라시며 슬퍼하사 34말씀하시되 내 마음이 심히 고민하여 죽게 되었으니 너희는 여기 머물러
깨어 있으라 하시고 35조금 나아가사 땅에 엎드리어 될 수 있는 대로 이 때가 자기에게서 지나
가기를 구하여 36이르시되 아빠 아버지여 아버지께는 모든 것이 가능하오니 이 잔을 내게서 옮
기시옵소서 그러나 나의 원대로 마시옵고 아버지의 원대로 하옵소서 하시고 37돌아오사 제자
들이 자는 것을 보시고 베드로에게 말씀하시되 시몬아 자느냐 네가 한 시간도 깨어 있을 수 없
더냐 38시험에 들지 않게 깨어 있어 기도하라 마음에는 원이로되 육신이 약하도다 하시고 39다
시 나아가 동일한 말씀으로 기도하시고 40다시 오사 보신즉 그들이 자니 이는 그들의 눈이 심히
피곤함이라 그들이 예수께 무엇으로 대답할 줄을 알지 못하더라 41세 번째 오사 그들에게 이
르시되 이제는 자고 쉬라 그만 되었다 때가 왔도다 보라 인자가 죄인의 손에 팔리느니라 42일
어나라 함께 가자 보라 나를 파는 자가 가까이 왔느니라

눅 22:39 예수께서 나가사 습관을 따라 감람 산에 가시매 제자들도 따라갔더니 40그 곳에 이

르러 그들에게 이르시되 유혹에 빠지지 않게 기도하라 하시고 41그들을 떠나 돌 던질 만큼 가
서 무릎을 꿇고 기도하여 42이르시되 아버지여 만일 아버지의 뜻이거든 이 잔을 내게서 옮기
시옵소서 그러나 내 원대로 마시옵고 아버지의 원대로 되기를 원하나이다 하시니 43천사가 하
늘로부터 예수께 나타나 힘을 더하더라 44예수께서 힘쓰고 애써 더욱 간절히 기도하시니 땀이
땅에 떨어지는 핏방울 같이 되더라 45기도 후에 일어나 제자들에게 가서 슬픔으로 인하여 잠
든 것을 보시고 46이르시되 어찌하여 자느냐 시험에 들지 않게 일어나 기도하라 하시니라

마 26:47-56 예수 체포

47말씀하실 때에 열둘 중의 하나인 유다가 왔는데 대제사장들과 백성의 장로들에게서 파송된 큰
무리가 칼과 몽치를 가지고 그와 함께 하였더라 48예수를 파는 자가 그들에게 군호를 짜 이르되
내가 입맞추는 자가 그이니 그를 잡으라 한지라 49곧 예수께 나아와 랍비여 안녕하시옵니까 하고
입을 맞추니 50예수께서 이르시되 친구여 네가 무엇을 하려고 왔는지 행하라 하신대 이에 그들이
나아와 예수께 손을 대어 잡는지라 51예수와 함께 있던 자 중의 하나가 손을 펴 칼을 빼어 대제사
장의 종을 쳐 그 귀를 떨어뜨리니 52이에 예수께서 이르시되 네 칼을 도로 칼집에 꽂으라 칼을 가
지는 자는 다 칼로 망하느니라 53너는 내가 내 아버지께 구하여 지금 열두 군단 더 되는 천사를 보
내시게 할 수 없는 줄로 아느냐 54내가 만일 그렇게 하면 이런 일이 있으리라 한 성경이 어떻게 이
루어지겠느냐 하시더라 55그 때에 예수께서 무리에게 말씀하시되 너희가 강도를 잡는 것 같이 칼
과 몽치를 가지고 나를 잡으러 나왔느냐 내가 날마다 성전에 앉아 가르쳤으되 너희가 나를 잡지
아니하였도다 56그러나 이렇게 된 것은 다 선지자들의 글을 이루려 함이니라 하시더라 이에 제자
들이 다 예수를 버리고 도망하니라

막 14:43 예수께서 말씀하실 때에 곧 열둘 중의 하나인 유다가 왔는데 대제사장들과 서기관
들과 장로들에게서 파송된 무리가 검과 몽치를 가지고 그와 함께 하였더라 44예수를 파는 자
가 이미 그들과 군호를 짜 이르되 내가 입맞추는 자가 그이니 그를 잡아 단단히 끌어 가라 하
였는지라 45이에 와서 곧 예수께 나아와 랍비여 하고 입을 맞추니 46그들이 예수께 손을 대어
잡거늘 47곁에 서 있는 자 중의 한 사람이 칼을 빼어 대제사장의 종을 쳐 그 귀를 떨어뜨리니
라 48예수께서 무리에게 말씀하여 이르시되 너희가 강도를 잡는 것 같이 검과 몽치를 가지고
나를 잡으러 나왔느냐 49내가 날마다 너희와 함께 성전에 있으면서 가르쳤으되 너희가 나를
잡지 아니하였도다 그러나 이는 성경을 이루려 함이니라 하시더라 50제자들이 다 예수를 버리
고 도망하니라 51한 청년이 벗은 몸에 베 홑이불을 두르고 예수를 따라가다가 무리에게 잡히
매 52베 홑이불을 버리고 벗은 몸으로 도망하니라

눅 22:47 말씀하실 때에 한 무리가 오는데 열둘 중의 하나인 유다라 하는 자가 그들을 앞장서
와서 48예수께 입을 맞추려고 가까이 하는지라 예수께서 이르시되 유다야 네가 입맞춤으로 인
자를 파느냐 하시니 49그의 주위 사람들이 그 된 일을 보고 여짜오되 주여 우리가 칼로 치리이

까 하고 50그 중의 한 사람이 대제사장의 종을 쳐 그 오른쪽 귀를 떨어뜨린지라 51예수께서 일러 이르시되 이것까지 참으라 하시고 그 귀를 만져 낫게 하시더라 52예수께서 그 잡으러 온 대제사장들과 성전의 경비대장들과 장로들에게 이르시되 너희가 강도를 잡는 것 같이 검과 몽치를 가지고 나왔느냐 53내가 날마다 너희와 함께 성전에 있을 때에 내게 손을 대지 아니하였도다 그러나 이제는 너희 때요 어둠의 권세로다 하시더라

요 18:3 유다가 군대와 대제사장들과 바리새인들에게서 얻은 아랫사람들을 데리고 등과 횃불과 무기를 가지고 그리로 오는지라 4예수께서 그 당할 일을 다 아시고 나아가 이르시되 너희가 누구를 찾느냐 5대답하되 나사렛 예수라 하거늘 이르시되 내가 그니라 하시니라 그를 파는 유다도 그들과 함께 섰더라 6예수께서 그들에게 내가 그니라 하실 때에 그들이 물러가서 땅에 엎드러지는지라 7이에 다시 누구를 찾느냐고 물으신대 그들이 말하되 나사렛 예수라 하거늘 8예수께서 대답하시되 너희에게 내가 그니라 하였으니 나를 찾거든 이 사람들이 가는 것은 용납하라 하시니 9이는 아버지께서 내게 주신 자 중에서 하나도 잃지 아니하였사옵나이다 하신 말씀을 응하게 하려 함이러라 10이에 시몬 베드로가 칼을 가졌는데 그것을 빼어 대제사장의 종을 쳐서 오른편 귀를 베어버리니 그 종의 이름은 말고라 11예수께서 베드로더러 이르시되 칼을 칼집에 꽂으라 아버지께서 주신 잔을 내가 마시지 아니하겠느냐 하시니라

마 26:57-58 대제사장 집 뜰의 베드로

57예수를 잡은 자들이 그를 끌고 대제사장 가야바에게로 가니 거기 서기관과 장로들이 모여 있더라 58베드로가 멀찍이 예수를 따라 대제사장의 집 뜰에까지 가서 그 결말을 보려고 안에 들어가 하인들과 함께 앉아 있더라

막 14:53 그들이 예수를 끌고 대제사장에게로 가니 대제사장들과 장로들과 서기관들이 다 모이더라 54베드로가 예수를 멀찍이 따라 대제사장의 집 뜰 안까지 들어가서 아랫사람들과 함께 앉아 불을 쬐더라

눅 22:54 예수를 잡아 끌고 대제사장의 집으로 들어갈새 베드로가 멀찍이 따라가니라 55사람들이 뜰 가운데 불을 피우고 함께 앉았는지라 베드로도 그 가운데 앉았더니

요 18:15 시몬 베드로와 또 다른 제자 한 사람이 예수를 따르니 이 제자는 대제사장과 아는 사람이라 예수와 함께 대제사장의 집 뜰에 들어가고

마 26:59-68 공회 심문

[59]대제사장들과 온 공회가 예수를 죽이려고 그를 칠 거짓 증거를 찾으매 [60]거짓 증인이 많이 왔
으나 얻지 못하더니 후에 두 사람이 와서 [61]이르되 이 사람의 말이 내가 하나님의 성전을 헐고 사
흘 동안에 지을 수 있다 하더라 하니 [62]대제사장이 일어서서 예수께 묻되 아무 대답도 없느냐 이
사람들이 너를 치는 증거가 어떠하냐 하되 [63]예수께서 침묵하시거늘 대제사장이 이르되 내가 너
로 살아 계신 하나님께 맹세하게 하노니 네가 하나님의 아들 그리스도인지 우리에게 말하라 [64]예
수께서 이르시되 네가 말하였느니라 그러나 내가 너희에게 이르노니 이 후에 인자가 권능의 우편
에 앉아 있는 것과 하늘 구름을 타고 오는 것을 너희가 보리라 하시니 [65]이에 대제사장이 자기 옷
을 찢으며 이르되 그가 신성모독 하는 말을 하였으니 어찌 더 증인을 요구하리요 보라 너희가 지
금 이 신성모독 하는 말을 들었도다 [66]너희 생각은 어떠하냐 대답하여 이르되 그는 사형에 해당하
니라 하고 [67]이에 예수의 얼굴에 침 뱉으며 주먹으로 치고 어떤 사람은 손바닥으로 때리며 [68]이르
되 그리스도야 우리에게 선지자 노릇을 하라 너를 친 자가 누구냐 하더라

막 14:55 대제사장들과 온 공회가 예수를 죽이려고 그를 칠 증거를 찾되 얻지 못하니 [56]이는
예수를 쳐서 거짓 증언 하는 자가 많으나 그 증언이 서로 일치하지 못함이라 [57]어떤 사람들
이 일어나 예수를 쳐서 거짓 증언 하여 이르되 [58]우리가 그의 말을 들으니 손으로 지은 이 성
전을 내가 헐고 손으로 짓지 아니한 다른 성전을 사흘 동안에 지으리라 하더라 하되 [59]그 증언
도 서로 일치하지 않더라 [60]대제사장이 가운데 일어서서 예수에게 물어 이르되 너는 아무 대
답도 없느냐 이 사람들이 너를 치는 증거가 어떠하냐 하되 [61]침묵하고 아무 대답도 아니하시
거늘 대제사장이 다시 물어 이르되 네가 찬송 받을 이의 아들 그리스도냐 [62]예수께서 이르시
되 내가 그니라 인자가 권능자의 우편에 앉은 것과 하늘 구름을 타고 오는 것을 너희가 보리라
하시니 [63]대제사장이 자기 옷을 찢으며 이르되 우리가 어찌 더 증인을 요구하리요 [64]그 신성모
독 하는 말을 너희가 들었도다 너희는 어떻게 생각하느냐 하니 그들이 다 예수를 사형에 해당
한 자로 정죄하고 [65]어떤 사람은 그에게 침을 뱉으며 그의 얼굴을 가리고 주먹으로 치며 이르
되 선지자 노릇을 하라 하고 하인들은 손바닥으로 치더라

눅 22:66 날이 새매 백성의 장로들 곧 대제사장들과 서기관들이 모여서 예수를 그 공회로 끌
어들여 [67]이르되 네가 그리스도이거든 우리에게 말하라 대답하시되 내가 말할지라도 너희가
믿지 아니할 것이요 [68]내가 물어도 너희가 대답하지 아니할 것이니라 [69]그러나 이제부터는 인
자가 하나님의 권능의 우편에 앉아 있으리라 하시니 [70]다 이르되 그러면 네가 하나님의 아들
이냐 대답하시되 너희들이 내가 그라고 말하고 있느니라 [71]그들이 이르되 어찌 더 증거를 요
구하리요 우리가 친히 그 입에서 들었노라 하더라

요 18:19 대제사장이 예수에게 그의 제자들과 그의 교훈에 대하여 물으니 [20]예수께서 대답하
시되 내가 드러내 놓고 세상에 말하였노라 모든 유대인들이 모이는 회당과 성전에서 항상 가
르쳤고 은밀하게는 아무 것도 말하지 아니하였거늘 [21]어찌하여 내게 묻느냐 내가 무슨 말을

하였는지 들은 자들에게 물어 보라 그들이 내가 하던 말을 아느니라 22이 말씀을 하시매 곁에
섰던 아랫사람 하나가 손으로 예수를 쳐 이르되 네가 대제사장에게 이같이 대답하느냐 하니
23예수께서 대답하시되 내가 말을 잘못하였으면 그 잘못한 것을 증언하라 바른 말을 하였으면
네가 어찌하여 나를 치느냐 하시더라

마 26:69-75 베드로의 부인

69베드로가 바깥 뜰에 앉았더니 한 여종이 나아와 이르되 너도 갈릴리 사람 예수와 함께 있었도다
하거늘 70베드로가 모든 사람 앞에서 부인하여 이르되 나는 네가 무슨 말을 하는지 알지 못하겠노
라 하며 71앞문까지 나아가니 다른 여종이 그를 보고 거기 있는 사람들에게 말하되 이 사람은 나
사렛 예수와 함께 있었도다 하매 72베드로가 맹세하고 또 부인하여 이르되 나는 그 사람을 알지
못하노라 하더라 73조금 후에 곁에 섰던 사람들이 나아와 베드로에게 이르되 너도 진실로 그 도
당이라 네 말소리가 너를 표명한다 하거늘 74그가 저주하며 맹세하여 이르되 나는 그 사람을 알지
못하노라 하니 곧 닭이 울더라 75이에 베드로가 예수의 말씀에 닭 울기 전에 네가 세 번 나를 부인
하리라 하심이 생각나서 밖에 나가서 심히 통곡하니라

막 14:66 베드로는 아랫뜰에 있더니 대제사장의 여종 하나가 와서 67베드로가 불 쬐고 있는
것을 보고 주목하여 이르되 너도 나사렛 예수와 함께 있었도다 하거늘 68베드로가 부인하여
이르되 나는 네가 말하는 것이 무엇인지 알지도 못하고 깨닫지도 못하겠노라 하며 앞뜰로 나
갈새 69여종이 그를 보고 곁에 서 있는 자들에게 다시 이르되 이 사람은 그 도당이라 하되 70또
부인하더라 조금 후에 곁에 서 있는 사람들이 다시 베드로에게 말하되 너도 갈릴리 사람이니
참으로 그 도당이니라 71그러나 베드로가 저주하며 맹세하되 나는 너희가 말하는 이 사람을
알지 못하노라 하니 72닭이 곧 두 번째 울더라 이에 베드로가 예수께서 자기에게 하신 말씀 곧
닭이 두 번 울기 전에 네가 세 번 나를 부인하리라 하심이 기억되어 그 일을 생각하고 울었더라

눅 22:56 한 여종이 베드로의 불빛을 향하여 앉은 것을 보고 주목하여 이르되 이 사람도 그와
함께 있었느니라 하니 57베드로가 부인하여 이르되 이 여자여 내가 그를 알지 못하노라 하더
라 58조금 후에 다른 사람이 보고 이르되 너도 그 도당이라 하거늘 베드로가 이르되 이 사람아
나는 아니로라 하더라 59한 시간쯤 있다가 또 한 사람이 장담하여 이르되 이는 갈릴리 사람이
니 참으로 그와 함께 있었느니라 60베드로가 이르되 이 사람아 나는 네가 하는 말을 알지 못하
노라고 아직 말하고 있을 때에 닭이 곧 울더라 61주께서 돌이켜 베드로를 보시니 베드로가 주
의 말씀 곧 오늘 닭 울기 전에 네가 세 번 나를 부인하리라 하심이 생각나서 62밖에 나가서 심
히 통곡하니라

요 18:16 베드로는 문 밖에 서 있는지라 대제사장을 아는 그 다른 제자가 나가서 문 지키는 여
자에게 말하여 베드로를 데리고 들어오니 17문 지키는 여종이 베드로에게 말하되 너도 이 사

람의 제자 중 하나가 아니냐 하니 그가 말하되 나는 아니라 하고 [18]그 때가 추운 고로 종과 아랫사람들이 불을 피우고 서서 쬐니 베드로도 함께 서서 쬐더라

요 18:25 시몬 베드로가 서서 불을 쬐더니 사람들이 묻되 너도 그 제자 중 하나가 아니냐 베드로가 부인하여 이르되 나는 아니라 하니 [26]대제사장의 종 하나는 베드로에게 귀를 잘린 사람의 친척이라 이르되 네가 그 사람과 함께 동산에 있는 것을 내가 보지 아니하였느냐 [27]이에 베드로가 또 부인하니 곧 닭이 울더라

마 27:1-2 빌라도에게 이송

[1]새벽에 모든 대제사장과 백성의 장로들이 예수를 죽이려고 함께 의논하고 [2]결박하여 끌고 가서 총독 빌라도에게 넘겨 주니라

막 15:1 새벽에 대제사장들이 즉시 장로들과 서기관들 곧 온 공회와 더불어 의논하고 예수를 결박하여 끌고 가서 빌라도에게 넘겨 주니

눅 23:1 무리가 다 일어나 예수를 빌라도에게 끌고 가서 [2]고발하여 이르되 우리가 이 사람을 보매 우리 백성을 미혹하고 가이사에게 세금 바치는 것을 금하며 자칭 왕 그리스도라 하더이다 하니

요 18:28 그들이 예수를 가야바에게서 관정으로 끌고 가니 새벽이라 그들은 더럽힘을 받지 아니하고 유월절 잔치를 먹고자 하여 관정에 들어가지 아니하더라 [29]그러므로 빌라도가 밖으로 나가서 그들에게 말하되 너희가 무슨 일로 이 사람을 고발하느냐 [30]대답하여 이르되 이 사람이 행악자가 아니었더라면 우리가 당신에게 넘기지 아니하였겠나이다 [31]빌라도가 이르되 너희가 그를 데려다가 너희 법대로 재판하라 유대인들이 이르되 우리에게는 사람을 죽이는 권한이 없나이다 하니 [32]이는 예수께서 자기가 어떠한 죽음으로 죽을 것을 가리켜 하신 말씀을 응하게 하려 함이러라

마 27:3-10 유다의 자살

[3]그 때에 예수를 판 유다가 그의 정죄됨을 보고 스스로 뉘우쳐 그 은 삼십을 대제사장들과 장로들에게 도로 갖다 주며 [4]이르되 내가 무죄한 피를 팔고 죄를 범하였도다 하니 그들이 이르되 그것이 우리에게 무슨 상관이냐 네가 당하라 하거늘 [5]유다가 은을 성소에 던져 넣고 물러가서 스스로 목 매어 죽은지라 [6]대제사장들이 그 은을 거두며 이르되 이것은 핏값이라 성전고에 넣어 둠이 옳지

않다 하고 [7]의논한 후 이것으로 토기장이의 밭을 사서 나그네의 묘지를 삼았으니 [8]그러므로 오늘날까지 그 밭을 피밭이라 일컫느니라 [9]이에 선지자 예레미야를 통하여 하신 말씀이 이루어졌나니 일렀으되 그들이 그 가격 매겨진 자 곧 이스라엘 자손 중에서 가격 매긴 자의 가격 곧 은 삼십을 가지고 [10]토기장이의 밭 값으로 주었으니 이는 주께서 내게 명하신 바와 같으니라 하였더라

마 27:11-14 빌라도의 심문

[11]예수께서 총독 앞에 섰으매 총독이 물어 이르되 네가 유대인의 왕이냐 예수께서 대답하시되 네 말이 옳도다 하시고 [12]대제사장들과 장로들에게 고발을 당하되 아무 대답도 아니하시는지라 [13]이에 빌라도가 이르되 그들이 너를 쳐서 얼마나 많은 것으로 증언하는지 듣지 못하느냐 하되 [14]한 마디도 대답하지 아니하시니 총독이 크게 놀라워하더라

막 15:2 빌라도가 묻되 네가 유대인의 왕이냐 예수께서 대답하여 이르시되 네 말이 옳도다 하시매 [3]대제사장들이 여러 가지로 고발하는지라 [4]빌라도가 또 물어 이르되 아무 대답도 없느냐 그들이 얼마나 많은 것으로 너를 고발하는가 보라 하되 [5]예수께서 다시 아무 말씀으로도 대답하지 아니하시니 빌라도가 놀랍게 여기더라

눅 23:3 빌라도가 예수께 물어 이르되 네가 유대인의 왕이냐 대답하여 이르시되 네 말이 옳도다 [4]빌라도가 대제사장들과 무리에게 이르되 내가 보니 이 사람에게 죄가 없도다 하니 [5]무리가 더욱 강하게 말하되 그가 온 유대에서 가르치고 갈릴리에서부터 시작하여 여기까지 와서 백성을 소동하게 하나이다

요 18:33 이에 빌라도가 다시 관정에 들어가 예수를 불러 이르되 네가 유대인의 왕이냐 [34]예수께서 대답하시되 이는 네가 스스로 하는 말이냐 다른 사람들이 나에 대하여 네게 한 말이냐 [35]빌라도가 대답하되 내가 유대인이냐 네 나라 사람과 대제사장들이 너를 내게 넘겼으니 네가 무엇을 하였느냐 [36]예수께서 대답하시되 내 나라는 이 세상에 속한 것이 아니니라 만일 내 나라가 이 세상에 속한 것이었더라면 내 종들이 싸워 나로 유대인들에게 넘겨지지 않게 하였으리라 이제 내 나라는 여기에 속한 것이 아니니라 [37]빌라도가 이르되 그러면 네가 왕이 아니냐 예수께서 대답하시되 네 말과 같이 내가 왕이니라 내가 이를 위하여 태어났으며 이를 위하여 세상에 왔나니 곧 진리에 대하여 증언하려 함이로라 무릇 진리에 속한 자는 내 음성을 듣느니라 하신대 [38]빌라도가 이르되 진리가 무엇이냐 하더라 이 말을 하고 다시 유대인들에게 나가서 이르되 나는 그에게서 아무 죄도 찾지 못하였노라

마 27:15-20 바라바 선택

[15]명절이 되면 총독이 무리의 청원대로 죄수 한 사람을 놓아 주는 전례가 있더니 [16]그 때에 바라바라 하는 유명한 죄수가 있는데 [17]그들이 모였을 때에 빌라도가 물어 이르되 너희는 내가 누구를 너희에게 놓아 주기를 원하느냐 바라바냐 그리스도라 하는 예수냐 하니 [18]이는 그가 그들의 시기로 예수를 넘겨 준 줄 앎이더라 [19]총독이 재판석에 앉았을 때에 그의 아내가 사람을 보내어 이르되 저 옳은 사람에게 아무 상관도 하지 마옵소서 오늘 꿈에 내가 그 사람으로 인하여 애를 많이 태웠나이다 하더라 [20]대제사장들과 장로들이 무리를 권하여 바라바를 달라 하게 하고 예수를 죽이자 하게 하였더니

막 15:6 명절이 되면 백성들이 요구하는 대로 죄수 한 사람을 놓아 주는 전례가 있더니 [7]민란을 꾸미고 그 민란중에 살인하고 체포된 자 중에 바라바라 하는 자가 있는지라 [8]무리가 나아가서 전례대로 하여 주기를 요구한대 [9]빌라도가 대답하여 이르되 너희는 내가 유대인의 왕을 너희에게 놓아 주기를 원하느냐 하니 [10]이는 그가 대제사장들이 시기로 예수를 넘겨 준 줄 앎이러라 [11]그러나 대제사장들이 무리를 충동하여 도리어 바라바를 놓아 달라 하게 하니

눅 23:18 무리가 일제히 소리 질러 이르되 이 사람을 없이하고 바라바를 우리에게 놓아 주소서 하니 [19]이 바라바는 성중에서 일어난 민란과 살인으로 말미암아 옥에 갇힌 자러라 [20]빌라도는 예수를 놓고자 하여 다시 그들에게 말하되 [21]그들은 소리 질러 이르되 그를 십자가에 못 박게 하소서 십자가에 못 박게 하소서 하는지라 [22]빌라도가 세 번째 말하되 이 사람이 무슨 악한 일을 하였느냐 나는 그에게서 죽일 죄를 찾지 못하였나니 때려서 놓으리라 하니 [23]그들이 큰 소리로 재촉하여 십자가에 못 박기를 구하니 그들의 소리가 이긴지라 [24]이에 빌라도가 그들이 구하는 대로 하기를 언도하고 [25]그들이 요구하는 자 곧 민란과 살인으로 말미암아 옥에 갇힌 자를 놓아 주고 예수는 넘겨 주어 그들의 뜻대로 하게 하니라

요 18:39 유월절이면 내가 너희에게 한 사람을 놓아 주는 전례가 있으니 그러면 너희는 내가 유대인의 왕을 너희에게 놓아 주기를 원하느냐 하니 [40]그들이 또 소리 질러 이르되 이 사람이 아니라 바라바라 하니 바라바는 강도였더라

마 27:21-26 빌라도의 판결

[21]총독이 대답하여 이르되 둘 중의 누구를 너희에게 놓아 주기를 원하느냐 이르되 바라바로소이다 [22]빌라도가 이르되 그러면 그리스도라 하는 예수를 내가 어떻게 하랴 그들이 다 이르되 십자가에 못 박혀야 하겠나이다 [23]빌라도가 이르되 어찜이냐 무슨 악한 일을 하였느냐 그들이 더욱 소리 질러 이르되 십자가에 못 박혀야 하겠나이다 하는지라 [24]빌라도가 아무 성과도 없이 도리어 민란

이 나려는 것을 보고 물을 가져다가 무리 앞에서 손을 씻으며 이르되 이 사람의 피에 대하여 나는 무죄하니 너희가 당하라 25백성이 다 대답하여 이르되 그 피를 우리와 우리 자손에게 돌릴지어다 하거늘 26이에 바라바는 그들에게 놓아 주고 예수는 채찍질하고 십자가에 못 박히게 넘겨 주니라

막 15:12 빌라도가 또 대답하여 이르되 그러면 너희가 유대인의 왕이라 하는 이를 내가 어떻게 하랴 13그들이 다시 소리 지르되 그를 십자가에 못 박게 하소서 14빌라도가 이르되 어찜이냐 무슨 악한 일을 하였느냐 하니 더욱 소리 지르되 십자가에 못 박게 하소서 하는지라 15빌라도가 무리에게 만족을 주고자 하여 바라바는 놓아 주고 예수는 채찍질하고 십자가에 못 박히게 넘겨 주니라

눅 23:13 빌라도가 대제사장들과 관리들과 백성을 불러 모으고 14이르되 너희가 이 사람이 백성을 미혹하는 자라 하여 내게 끌고 왔도다 보라 내가 너희 앞에서 심문하였으되 너희가 고발하는 일에 대하여 이 사람에게서 죄를 찾지 못하였고 15헤롯이 또한 그렇게 하여 그를 우리에게 도로 보내었도다 보라 그가 행한 일에는 죽일 일이 없느니라 16그러므로 때려서 놓겠노라 17(없음)

요 19:4 빌라도가 다시 밖에 나가 말하되 보라 이 사람을 데리고 너희에게 나오나니 이는 내가 그에게서 아무 죄도 찾지 못한 것을 너희로 알게 하려 함이로라 하더라 5이에 예수께서 가시관을 쓰고 자색 옷을 입고 나오시니 빌라도가 그들에게 말하되 보라 이 사람이로다 하매 6대제사장들과 아랫사람들이 예수를 보고 소리 질러 이르되 십자가에 못 박으소서 십자가에 못 박으소서 하는지라 빌라도가 이르되 너희가 친히 데려다가 십자가에 못 박으라 나는 그에게서 죄를 찾지 못하였노라 7유대인들이 대답하되 우리에게 법이 있으니 그 법대로 하면 그가 당연히 죽을 것은 그가 자기를 하나님의 아들이라 함이니이다 8빌라도가 이 말을 듣고 더욱 두려워하여 9다시 관정에 들어가서 예수께 말하되 너는 어디로부터냐 하되 예수께서 대답하여 주지 아니하시는지라 10빌라도가 이르되 내게 말하지 아니하느냐 내가 너를 놓을 권한도 있고 십자가에 못 박을 권한도 있는 줄 알지 못하느냐 11예수께서 대답하시되 위에서 주지 아니하셨더라면 나를 해할 권한이 없었으리니 그러므로 나를 네게 넘겨 준 자의 죄는 더 크다 하시니라 12이러하므로 빌라도가 예수를 놓으려고 힘썼으나 유대인들이 소리 질러 이르되 이 사람을 놓으면 가이사의 충신이 아니니이다 무릇 자기를 왕이라 하는 자는 가이사를 반역하는 것이니이다 13빌라도가 이 말을 듣고 예수를 끌고 나가서 돌을 깐 뜰(히브리 말로 가바다)에 있는 재판석에 앉아 있더라 14이 날은 유월절의 준비일이요 때는 제육시라 빌라도가 유대인들에게 이르되 보라 너희 왕이로다 15그들이 소리 지르되 없이 하소서 없이 하소서 그를 십자가에 못 박게 하소서 빌라도가 이르되 내가 너희 왕을 십자가에 못 박으랴 대제사장들이 대답하되 가이사 외에는 우리에게 왕이 없나이다 하니 16이에 예수를 십자가에 못 박도록 그들에게 넘겨 주니라

마 27:27-31 예수 희롱

[27]이에 총독의 군병들이 예수를 데리고 관정 안으로 들어가서 온 군대를 그에게로 모으고 [28]그의
옷을 벗기고 홍포를 입히며 [29]가시관을 엮어 그 머리에 씌우고 갈대를 그 오른손에 들리고 그 앞
에서 무릎을 꿇고 희롱하여 이르되 유대인의 왕이여 평안할지어다 하며 [30]그에게 침 뱉고 갈대를
빼앗아 그의 머리를 치더라 [31]희롱을 다 한 후 홍포를 벗기고 도로 그의 옷을 입혀 십자가에 못 박
으려고 끌고 나가니라

막 15:16 군인들이 예수를 끌고 브라이도리온이라는 뜰 안으로 들어가서 온 군대를 모으고
[17]예수에게 자색 옷을 입히고 가시관을 엮어 씌우고 [18]경례하여 이르되 유대인의 왕이여 평안
할지어다 하고 [19]갈대로 그의 머리를 치며 침을 뱉으며 꿇어 절하더라 [20]희롱을 다 한 후 자색
옷을 벗기고 도로 그의 옷을 입히고 십자가에 못 박으려고 끌고 나가니라

눅 22:63 지키는 사람들이 예수를 희롱하고 때리며 [64]그의 눈을 가리고 물어 이르되 선지자
노릇 하라 너를 친 자가 누구냐 하고 [65]이 외에도 많은 말로 욕하더라

요 19:1 이에 빌라도가 예수를 데려다가 채찍질하더라 [2]군인들이 가시나무로 관을 엮어 그의
머리에 씌우고 자색 옷을 입히고 [3]앞에 가서 이르되 유대인의 왕이여 평안할지어다 하며 손으
로 때리더라

마 27:32-44 십자가형

[32]나가다가 시몬이란 구레네 사람을 만나매 그에게 예수의 십자가를 억지로 지워 가게 하였더라
[33]골고다 즉 해골의 곳이라는 곳에 이르러 [34]쓸개 탄 포도주를 예수께 주어 마시게 하려 하였더니
예수께서 맛보시고 마시고자 하지 아니하시더라 [35]그들이 예수를 십자가에 못 박은 후에 그 옷을
제비 뽑아 나누고 [36]거기 앉아 지키더라 [37]그 머리 위에 이는 유대인의 왕 예수라 쓴 죄패를 붙였
더라 [38]이 때에 예수와 함께 강도 둘이 십자가에 못 박히니 하나는 우편에, 하나는 좌편에 있더라
[39]지나가는 자들은 자기 머리를 흔들며 예수를 모욕하여 [40]이르되 성전을 헐고 사흘에 짓는 자여
네가 만일 하나님의 아들이어든 자기를 구원하고 십자가에서 내려오라 하며 [41]그와 같이 대제사
장들도 서기관들과 장로들과 함께 희롱하여 이르되 [42]그가 남은 구원하였으되 자기는 구원할 수
없도다 그가 이스라엘의 왕이로다 지금 십자가에서 내려올지어다 그리하면 우리가 믿겠노라 [43]그
가 하나님을 신뢰하니 하나님이 원하시면 이제 그를 구원하실지라 그의 말이 나는 하나님의 아들
이라 하였도다 하며 [44]함께 십자가에 못 박힌 강도들도 이와 같이 욕하더라

막 15:21 마침 알렉산더와 루포의 아버지인 구레네 사람 시몬이 시골로부터 와서 지나가는데
그들이 그를 억지로 같이 가게 하여 예수의 십자가를 지우고 22예수를 끌고 골고다라 하는 곳
(번역하면 해골의 곳)에 이르러 23몰약을 탄 포도주를 주었으나 예수께서 받지 아니하시니라
24십자가에 못 박고 그 옷을 나눌새 누가 어느 것을 가질까 하여 제비를 뽑더라 25때가 제삼시
가 되어 십자가에 못 박으니라 26그 위에 있는 죄패에 유대인의 왕이라 썼고 27강도 둘을 예수
와 함께 십자가에 못 박으니 하나는 그의 우편에, 하나는 좌편에 있더라 28(없음) 29지나가는
자들은 자기 머리를 흔들며 예수를 모욕하여 이르되 아하 성전을 헐고 사흘에 짓는다는 자여
30네가 너를 구원하여 십자가에서 내려오라 하고 31그와 같이 대제사장들도 서기관들과 함께
희롱하며 서로 말하되 그가 남은 구원하였으되 자기는 구원할 수 없도다 32이스라엘의 왕 그
리스도가 지금 십자가에서 내려와 우리가 보고 믿게 할지어다 하며 함께 십자가에 못 박힌 자
들도 예수를 욕하더라

눅 23:26 그들이 예수를 끌고 갈 때에 시몬이라는 구레네 사람이 시골에서 오는 것을 붙들어
그에게 십자가를 지워 예수를 따르게 하더라 27또 백성과 및 그를 위하여 가슴을 치며 슬피 우
는 여자의 큰 무리가 따라오는지라 28예수께서 돌이켜 그들을 향하여 이르시되 예루살렘의 딸
들아 나를 위하여 울지 말고 너희와 너희 자녀를 위하여 울라 29보라 날이 이르면 사람이 말하
기를 잉태하지 못하는 이와 해산하지 못한 배와 먹이지 못한 젖이 복이 있다 하리라 30그 때에
사람이 산들을 대하여 우리 위에 무너지라 하며 작은 산들을 대하여 우리를 덮으라 하리라 31푸
른 나무에도 이같이 하거든 마른 나무에는 어떻게 되리요 하시니라 32또 다른 두 행악자도 사
형을 받게 되어 예수와 함께 끌려 가니라 33해골이라 하는 곳에 이르러 거기서 예수를 십자가
에 못 박고 두 행악자도 그렇게 하니 하나는 우편에, 하나는 좌편에 있더라 34이에 예수께서
이르시되 아버지 저들을 사하여 주옵소서 자기들이 하는 것을 알지 못함이니이다 하시더라 그
들이 그의 옷을 나눠 제비 뽑을새 35백성은 서서 구경하는데 관리들은 비웃어 이르되 저가 남
을 구원하였으니 만일 하나님이 택하신 자 그리스도이면 자신도 구원할지어다 하고 36군인들
도 희롱하면서 나아와 신 포도주를 주며 37이르되 네가 만일 유대인의 왕이면 네가 너를 구원
하라 하더라 38그의 위에 이는 유대인의 왕이라 쓴 패가 있더라 39달린 행악자 중 하나는 비방
하여 이르되 네가 그리스도가 아니냐 너와 우리를 구원하라 하되 40하나는 그 사람을 꾸짖어
이르되 네가 동일한 정죄를 받고서도 하나님을 두려워하지 아니하느냐 41우리는 우리가 행한
일에 상당한 보응을 받는 것이니 이에 당연하거니와 이 사람이 행한 것은 옳지 않은 것이 없느
니라 하고 42이르되 예수여 당신의 나라에 임하실 때에 나를 기억하소서 하니 43예수께서 이르
시되 내가 진실로 네게 이르노니 오늘 네가 나와 함께 낙원에 있으리라 하시니라

요 19:17 그들이 예수를 맡으매 예수께서 자기의 십자가를 지시고 해골(히브리 말로 골고다)
이라 하는 곳에 나가시니 18그들이 거기서 예수를 십자가에 못 박을새 다른 두 사람도 그와 함
께 좌우편에 못 박으니 예수는 가운데 있더라 19빌라도가 패를 써서 십자가 위에 붙이니 나사
렛 예수 유대인의 왕이라 기록되었더라 20예수께서 못 박히신 곳이 성에서 가까운 고로 많은
유대인이 이 패를 읽는데 히브리와 로마와 헬라 말로 기록되었더라 21유대인의 대제사장들이
빌라도에게 이르되 유대인의 왕이라 쓰지 말고 자칭 유대인의 왕이라 쓰라 하니 22빌라도가

대답하되 내가 쓸 것을 썼다 하니라 [23]군인들이 예수를 십자가에 못 박고 그의 옷을 취하여 네 깃에 나눠 각각 한 깃씩 얻고 속옷도 취하니 이 속옷은 호지 아니하고 위에서부터 통으로 짠 것이라 [24]군인들이 서로 말하되 이것을 찢지 말고 누가 얻나 제비 뽑자 하니 이는 성경에 그들이 내 옷을 나누고 내 옷을 제비 뽑나이다 한 것을 응하게 하려 함이러라 군인들은 이런 일을 하고 [25]예수의 십자가 곁에는 그 어머니와 이모와 글로바의 아내 마리아와 막달라 마리아가 섰는지라 [26]예수께서 자기의 어머니와 사랑하시는 제자가 곁에 서 있는 것을 보시고 자기 어머니께 말씀하시되 여자여 보소서 아들이니이다 하시고 [27]또 그 제자에게 이르시되 보라 네 어머니라 하신대 그 때부터 그 제자가 자기 집에 모시니라

마 27:45-56 죽음

[45]제육시로부터 온 땅에 어둠이 임하여 제구시까지 계속되더니 [46]제구시쯤에 예수께서 크게 소리 질러 이르시되 엘리 엘리 라마 사박다니 하시니 이는 곧 나의 하나님, 나의 하나님, 어찌하여 나를 버리셨나이까 하는 뜻이라 [47]거기 섰던 자 중 어떤 이들이 듣고 이르되 이 사람이 엘리야를 부른다 하고 [48]그 중의 한 사람이 곧 달려가서 해면을 가져다가 신 포도주에 적시어 갈대에 꿰어 마시게 하거늘 [49]그 남은 사람들이 이르되 가만 두라 엘리야가 와서 그를 구원하나 보자 하더라 [50]예수께서 다시 크게 소리 지르시고 영혼이 떠나시니라 [51]이에 성소 휘장이 위로부터 아래까지 찢어져 둘이 되고 땅이 진동하며 바위가 터지고 [52]무덤들이 열리며 자던 성도의 몸이 많이 일어나되 [53]예수의 부활 후에 그들이 무덤에서 나와서 거룩한 성에 들어가 많은 사람에게 보이니라 [54]백부장과 및 함께 예수를 지키던 자들이 지진과 그 일어난 일들을 보고 심히 두려워하여 이르되 이는 진실로 하나님의 아들이었도다 하더라

막 15:33 제육시가 되매 온 땅에 어둠이 임하여 제구시까지 계속하더니 [34]제구시에 예수께서 크게 소리 지르시되 엘리 엘리 라마 사박다니 하시니 이를 번역하면 나의 하나님, 나의 하나님 어찌하여 나를 버리셨나이까 하는 뜻이라 [35]곁에 섰던 자 중 어떤 이들이 듣고 이르되 보라 엘리야를 부른다 하고 [36]한 사람이 달려가서 해면에 신 포도주를 적시어 갈대에 꿰어 마시게 하고 이르되 가만 두라 엘리야가 와서 그를 내려 주나 보자 하더라 [37]예수께서 큰 소리를 지르시고 숨지시니라 [38]이에 성소 휘장이 위로부터 아래까지 찢어져 둘이 되니라 [39]예수를 향하여 섰던 백부장이 그렇게 숨지심을 보고 이르되 이 사람은 진실로 하나님의 아들이었도다 하더라

눅 23:44 때가 제육시쯤 되어 해가 빛을 잃고 온 땅에 어둠이 임하여 제구시까지 계속하며 [45]성소의 휘장이 한가운데가 찢어지더라 [46]예수께서 큰 소리로 불러 이르시되 아버지 내 영혼을 아버지 손에 부탁하나이다 하고 이 말씀을 하신 후 숨지시니라 [47]백부장이 그 된 일을 보고 하나님께 영광을 돌려 이르되 이 사람은 정녕 의인이었도다 하고 [48]이를 구경하러 모인 무리도 그 된 일을 보고 다 가슴을 치며 돌아가고 [49]예수를 아는 자들과 갈릴리로부터 따라온 여자들도 다 멀리 서서 이 일을 보니라

요 19:28 그 후에 예수께서 모든 일이 이미 이루어진 줄 아시고 성경을 응하게 하려 하사 이르시되 내가 목마르다 하시니 [29]거기 신 포도주가 가득히 담긴 그릇이 있는지라 사람들이 신 포도주를 적신 해면을 우슬초에 매어 예수의 입에 대니 [30]예수께서 신 포도주를 받으신 후에 이르시되 다 이루었다 하시고 머리를 숙이니 영혼이 떠나가시니라

마 27:55-56 죽음의 증인들

[55]예수를 섬기며 갈릴리에서부터 따라온 많은 여자가 거기 있어 멀리서 바라보고 있으니 [56]그 중에는 막달라 마리아와 또 야고보와 요셉의 어머니 마리아와 또 세베대의 아들들의 어머니도 있더라

막 15:40 멀리서 바라보는 여자들도 있었는데 그 중에 막달라 마리아와 또 작은 야고보와 요세의 어머니 마리아와 또 살로메가 있었으니 [41]이들은 예수께서 갈릴리에 계실 때에 따르며 섬기던 자들이요 또 이 외에 예수와 함께 예루살렘에 올라온 여자들도 많이 있었더라

눅 23:48 이를 구경하러 모인 무리도 그 된 일을 보고 다 가슴을 치며 돌아가고 [49]예수를 아는 자들과 갈릴리로부터 따라온 여자들도 다 멀리 서서 이 일을 보니라

요 19:25 예수의 십자가 곁에는 그 어머니와 이모와 글로바의 아내 마리아와 막달라 마리아가 섰는지라

요 19:35 이를 본 자가 증언하였으니 그 증언이 참이라 그가 자기의 말하는 것이 참인 줄 알고 너희로 믿게 하려 함이니라 [36]이 일이 일어난 것은 그 뼈가 하나도 꺾이지 아니하리라 한 성경을 응하게 하려 함이라 [37]또 다른 성경에 그들이 그 찌른 자를 보리라 하였느니라

마 27:57-61 매장

[57]저물었을 때에 아리마대의 부자 요셉이라 하는 사람이 왔으니 그도 예수의 제자라 [58]빌라도에게 가서 예수의 시체를 달라 하니 이에 빌라도가 내주라 명령하거늘 [59]요셉이 시체를 가져다가 깨끗한 세마포로 싸서 [60]바위 속에 판 자기 새 무덤에 넣어 두고 큰 돌을 굴려 무덤 문에 놓고 가니 [61]거기 막달라 마리아와 다른 마리아가 무덤을 향하여 앉았더라

막 15:42 이 날은 준비일 곧 안식일 전날이므로 저물었을 때에 [43]아리마대 사람 요셉이 와서 당돌히 빌라도에게 들어가 예수의 시체를 달라 하니 이 사람은 존경 받는 공회원이요 하나님

의 나라를 기다리는 자라 [44]빌라도는 예수께서 벌써 죽었을까 하고 이상히 여겨 백부장을 불
러 죽은 지가 오래냐 묻고 [45]백부장에게 알아 본 후에 요셉에게 시체를 내주는지라 [46]요셉이
세마포를 사서 예수를 내려다가 그것으로 싸서 바위 속에 판 무덤에 넣어 두고 돌을 굴려 무덤
문에 놓으매 [47]막달라 마리아와 요세의 어머니 마리아가 예수 둔 곳을 보더라

눅 23:50 공회 의원으로 선하고 의로운 요셉이라 하는 사람이 있으니 [51](그들의 결의와 행사
에 찬성하지 아니한 자라) 그는 유대인의 동네 아리마대 사람이요 하나님의 나라를 기다리는
자라 [52]그가 빌라도에게 가서 예수의 시체를 달라 하여 [53]이를 내려 세마포로 싸고 아직 사람
을 장사한 일이 없는 바위에 판 무덤에 넣어 두니 [54]이 날은 준비일이요 안식일이 거의 되었더
라 [55]갈릴리에서 예수와 함께 온 여자들이 뒤를 따라 그 무덤과 그의 시체를 어떻게 두었는지
를 보고 [56]돌아가 향품과 향유를 준비하더라

요 19:38 아리마대 사람 요셉은 예수의 제자이나 유대인이 두려워 그것을 숨기더니 이 일 후
에 빌라도에게 예수의 시체를 가져가기를 구하매 빌라도가 허락하는지라 이에 가서 예수의 시
체를 가져가니라 [39]일찍이 예수께 밤에 찾아왔던 니고데모도 몰약과 침향 섞은 것을 백 리트
라쯤 가지고 온지라 [40]이에 예수의 시체를 가져다가 유대인의 장례 법대로 그 향품과 함께 세
마포로 쌌더라 [41]예수께서 십자가에 못 박히신 곳에 동산이 있고 동산 안에 아직 사람을 장사
한 일이 없는 새 무덤이 있는지라 [42]이 날은 유대인의 준비일이요 또 무덤이 가까운 고로 예수
를 거기 두니라

마 27:62-66 무덤 경비

[62]그 이튿날은 준비일 다음 날이라 대제사장들과 바리새인들이 함께 빌라도에게 모여 이르되
[63]주여 저 속이던 자가 살아 있을 때에 말하되 내가 사흘 후에 다시 살아나리라 한 것을 우리가 기
억하노니 [64]그러므로 명령하여 그 무덤을 사흘까지 굳게 지키게 하소서 그의 제자들이 와서 시체
를 도둑질하여 가고 백성에게 말하되 그가 죽은 자 가운데서 살아났다 하면 후의 속임이 전보다
더 클까 하나이다 하니 [65]빌라도가 이르되 너희에게 경비병이 있으니 가서 힘대로 굳게 지키라 하
거늘 [66]그들이 경비병과 함께 가서 돌을 인봉하고 무덤을 굳게 지키니라

마 28:1-8 부활과 여자들

[1]안식일이 다 지나고 안식 후 첫날이 되려는 새벽에 막달라 마리아와 다른 마리아가 무덤을 보려
고 갔더니 [2]큰 지진이 나며 주의 천사가 하늘로부터 내려와 돌을 굴려 내고 그 위에 앉았는데 [3]그

형상이 번개 같고 그 옷은 눈 같이 희거늘 4지키던 자들이 그를 무서워하여 떨며 죽은 사람과 같이
되었더라 5천사가 여자들에게 말하여 이르되 너희는 무서워하지 말라 십자가에 못 박히신 예수를
너희가 찾는 줄을 내가 아노라 6그가 여기 계시지 않고 그가 말씀 하시던 대로 살아나셨느니라 와
서 그가 누우셨던 곳을 보라 7또 빨리 가서 그의 제자들에게 이르되 그가 죽은 자 가운데서 살아나
셨고 너희보다 먼저 갈릴리로 가시나니 거기서 너희가 뵈오리라 하라 보라 내가 너희에게 일렀느
니라 하거늘 8그 여자들이 무서움과 큰 기쁨으로 빨리 무덤을 떠나 제자들에게 알리려고 달음질
할새

막 16:1 안식일이 지나매 막달라 마리아와 야고보의 어머니 마리아와 또 살로메가 가서 예수
께 바르기 위하여 향품을 사다 두었다가 2안식 후 첫날 매우 일찍이 해 돋을 때에 그 무덤으로
가며 3서로 말하되 누가 우리를 위하여 무덤 문에서 돌을 굴려 주리요 하더니 4눈을 들어본즉
벌써 돌이 굴려져 있는데 그 돌이 심히 크더라 5무덤에 들어가서 흰 옷을 입은 한 청년이 우편
에 앉은 것을 보고 놀라매 6청년이 이르되 놀라지 말라 너희가 십자가에 못 박히신 나사렛 예
수를 찾는구나 그가 살아나셨고 여기 계시지 아니하니라 보라 그를 두었던 곳이니라 7가서 그
의 제자들과 베드로에게 이르기를 예수께서 너희보다 먼저 갈릴리로 가시나니 전에 너희에게
말씀하신 대로 너희가 거기서 뵈오리라 하라 하는지라 8여자들이 몹시 놀라 떨며 나와 무덤에
서 도망하고 무서워하여 아무에게 아무 말도 하지 못하더라

눅 24:1 안식 후 첫날 새벽에 이 여자들이 그 준비한 향품을 가지고 무덤에 가서 2돌이 무덤에
서 굴려 옮겨진 것을 보고 3들어가니 주 예수의 시체가 보이지 아니하더라 4이로 인하여 근심
할 때에 문득 찬란한 옷을 입은 두 사람이 곁에 섰는지라 5여자들이 두려워 얼굴을 땅에 대니
두 사람이 이르되 어찌하여 살아 있는 자를 죽은 자 가운데서 찾느냐 6여기 계시지 않고 살아
나셨느니라 갈릴리에 계실 때에 너희에게 어떻게 말씀하셨는지를 기억하라 7이르시기를 인자
가 죄인의 손에 넘겨져 십자가에 못 박히고 제삼일에 다시 살아나야 하리라 하셨느니라 한 대
8그들이 예수의 말씀을 기억하고 9무덤에서 돌아가 이 모든 것을 열한 사도와 다른 모든 이에
게 알리니 10(이 여자들은 막달라 마리아와 요안나와 야고보의 모친 마리아라 또 그들과 함께
한 다른 여자들도 이것을 사도들에게 알리니라) 11사도들은 그들의 말이 허탄한 듯이 들려 믿
지 아니하나 12베드로는 일어나 무덤에 달려가서 구부려 들여다 보니 세마포만 보이는지라 그
된 일을 놀랍게 여기며 집으로 돌아가니라

요 20:1 안식 후 첫날 일찍이 아직 어두울 때에 막달라 마리아가 무덤에 와서 돌이 무덤에서
옮겨진 것을 보고 2시몬 베드로와 예수께서 사랑하시던 그 다른 제자에게 달려가서 말하되 사
람들이 주님을 무덤에서 가져다가 어디 두었는지 우리가 알지 못하겠다 하니 3베드로와 그 다
른 제자가 나가서 무덤으로 갈새 4둘이 같이 달음질하더니 그 다른 제자가 베드로보다 더 빨
리 달려가서 먼저 무덤에 이르러 5구부려 세마포 놓인 것을 보았으나 들어가지는 아니하였더
니 6시몬 베드로는 따라와서 무덤에 들어가 보니 세마포가 놓였고 7또 머리를 쌌던 수건은 세
마포와 함께 놓이지 않고 딴 곳에 쌌던 대로 놓여 있더라 8그 때에야 무덤에 먼저 갔던 그 다

른 제자도 들어가 보고 믿더라 9(그들은 성경에 그가 죽은 자 가운데서 다시 살아나야 하리라
하신 말씀을 아직 알지 못하더라) 10이에 두 제자가 자기들의 집으로 돌아가니라

마 28:9-10 여자들에게 나타나심

9예수께서 그들을 만나 이르시되 평안하냐 하시거늘 여자들이 나아가 그 발을 붙잡고 경배하니
10이에 예수께서 이르시되 무서워하지 말라 가서 내 형제들에게 갈릴리로 가라 하라 거기서 나를
보리라 하시니라

막 16:9 〔예수께서 안식 후 첫날 이른 아침에 살아나신 후 전에 일곱 귀신을 쫓아내어 주신
막달라 마리아에게 먼저 보이시니 10마리아가 가서 예수와 함께 하던 사람들이 슬퍼하며 울고
있는 중에 이 일을 알리매 11그들은 예수께서 살아나셨다는 것과 마리아에게 보이셨다는 것을
듣고도 믿지 아니하니라

눅 24:10 (이 여자들은 막달라 마리아와 요안나와 야고보의 모친 마리아라 또 그들과 함께 한
다른 여자들도 이것을 사도들에게 알리니라)

요 20:11 마리아는 무덤 밖에 서서 울고 있더니 울면서 구부려 무덤 안을 들여다보니 12흰 옷
입은 두 천사가 예수의 시체 뉘었던 곳에 하나는 머리 편에, 하나는 발 편에 앉았더라 13천사
들이 이르되 여자여 어찌하여 우느냐 이르되 사람들이 내 주님을 옮겨다가 어디 두었는지 내
가 알지 못함이니이다 14이 말을 하고 뒤로 돌이켜 예수께서 서 계신 것을 보았으나 예수이신
줄은 알지 못하더라 15예수께서 이르시되 여자여 어찌하여 울며 누구를 찾느냐 하시니 마리
아는 그가 동산지기인 줄 알고 이르되 주여 당신이 옮겼거든 어디 두었는지 내게 이르소서 그
리하면 내가 가져가리이다 16예수께서 마리아야 하시거늘 마리아가 돌이켜 히브리 말로 랍오
니 하니 (이는 선생님이라는 말이라) 17예수께서 이르시되 나를 붙들지 말라 내가 아직 아버지
께로 올라가지 아니하였노라 너는 내 형제들에게 가서 이르되 내가 내 아버지 곧 너희 아버지,
내 하나님 곧 너희 하나님께로 올라간다 하라 하시니 18막달라 마리아가 가서 제자들에게 내
가 주를 보았다 하고 또 주께서 자기에게 이렇게 말씀하셨다 이르니라

마 28:11-15 경비병 보고

11여자들이 갈 때 경비병 중 몇이 성에 들어가 모든 된 일을 대제사장들에게 알리니 12그들이 장
로들과 함께 모여 의논하고 군인들에게 돈을 많이 주며 13이르되 너희는 말하기를 그의 제자들이

밤에 와서 우리가 잘 때에 그를 도둑질하여 갔다 하라 [14]만일 이 말이 총독에게 들리면 우리가 권하여 너희로 근심하지 않게 하리라 하니 [15]군인들이 돈을 받고 가르친 대로 하였으니 이 말이 오늘날까지 유대인 가운데 두루 퍼지니라

마 28:16-17 열한 제자에게 나타나심

[16]열한 제자가 갈릴리에 가서 예수께서 지시하신 산에 이르러 [17]예수를 뵈옵고 경배하나 아직도 의심하는 사람들이 있더라

막 16:12 그 후에 그들 중 두 사람이 걸어서 시골로 갈 때에 예수께서 다른 모양으로 그들에게 나타나시니 [13]두 사람이 가서 남은 제자들에게 알리었으되 역시 믿지 아니하니라 [14]그 후에 열한 제자가 음식 먹을 때에 예수께서 그들에게 나타나사 그들의 믿음 없는 것과 마음이 완악한 것을 꾸짖으시니 이는 자기가 살아난 것을 본 자들의 말을 믿지 아니함일러라

눅 24:36 이 말을 할 때에 예수께서 친히 그들 가운데 서서 이르시되 너희에게 평강이 있을지어다 하시니 [37]그들이 놀라고 무서워하여 그 보는 것을 영으로 생각하는지라 [38]예수께서 이르시되 어찌하여 두려워하며 어찌하여 마음에 의심이 일어나느냐 [39]내 손과 발을 보고 나인 줄 알라 또 나를 만져 보라 영은 살과 뼈가 없으되 너희 보는 바와 같이 나는 있느니라 [40]이 말씀을 하시고 손과 발을 보이시나 [41]그들이 너무 기쁘므로 아직도 믿지 못하고 놀랍게 여길 때에 이르시되 여기 무슨 먹을 것이 있느냐 하시니 [42]이에 구운 생선 한 토막을 드리니 [43]받으사 그 앞에서 잡수시더라

요 20:19 이 날 곧 안식 후 첫날 저녁 때에 제자들이 유대인들을 두려워하여 모인 곳의 문들을 닫았더니 예수께서 오사 가운데 서서 이르시되 너희에게 평강이 있을지어다 [20]이 말씀을 하시고 손과 옆구리를 보이시니 제자들이 주를 보고 기뻐하더라 [21]예수께서 또 이르시되 너희에게 평강이 있을지어다 아버지께서 나를 보내신 것 같이 나도 너희를 보내노라 [22]이 말씀을 하시고 그들을 향하사 숨을 내쉬며 이르시되 성령을 받으라 [23]너희가 누구의 죄든지 사하면 사하여질 것이요 누구의 죄든지 그대로 두면 그대로 있으리라 하시니라

마 28:18-20 마지막 당부

[18]예수께서 나아와 말씀하여 이르시되 하늘과 땅의 모든 권세를 내게 주셨으니 [19]그러므로 너희

는 가서 모든 민족을 제자로 삼아 아버지와 아들과 성령의 이름으로 세례를 베풀고 [20]내가 너희에게 분부한 모든 것을 가르쳐 지키게 하라 볼지어다 내가 세상 끝날까지 너희와 항상 함께 있으리라 하시니라

막 16:15 또 이르시되 너희는 온 천하에 다니며 만민에게 복음을 전파하라 [16]믿고 세례를 받는 사람은 구원을 얻을 것이요 믿지 않는 사람은 정죄를 받으리라 [17]믿는 자들에게는 이런 표적이 따르리니 곧 그들이 내 이름으로 귀신을 쫓아내며 새 방언을 말하며 [18]뱀을 집어올리며 무슨 독을 마실지라도 해를 받지 아니하며 병든 사람에게 손을 얹은즉 나으리라 하시더라

눅 24:44 또 이르시되 내가 너희와 함께 있을 때에 너희에게 말한 바 곧 모세의 율법과 선지자의 글과 시편에 나를 가리켜 기록된 모든 것이 이루어져야 하리라 한 말이 이것이라 하시고
[45]이에 그들의 마음을 열어 성경을 깨닫게 하시고 [46]또 이르시되 이같이 그리스도가 고난을 받고 제삼일에 죽은 자 가운데서 살아날 것과 [47]또 그의 이름으로 죄 사함을 받게 하는 회개가 예루살렘에서 시작하여 모든 족속에게 전파될 것이 기록되었으니 [48]너희는 이 모든 일의 증인이라 [49]볼지어다 내가 내 아버지께서 약속하신 것을 너희에게 보내리니 너희는 위로부터 능력으로 입혀질 때까지 이 성에 머물라 하시니라

2장 마가복음

구성	장	마가복음
	1	[1]복음의 시작 [2]세례 요한의 선포 [9]예수의 세례 [12]예수의 시험 [14]첫 선포 [16]네 제자 부르심 [21] 가버나움 회당 축귀 [29]베드로 장모 치유와 병자들 [35]갈릴리 사역 보고 [40]나병환자 치유
논쟁	2	[1]중풍병자 치유 [13]레위 및 죄인들과 식사 [18]제자들 금식 논쟁 [23]안식일의 주인 논쟁
	3	[1]안식일 치유 논쟁 [7]치유 사역 요약 [13]열둘 세움(사도) [20]예수 친족들의 방문 [22]바알세불 논쟁 [28]성령 모독 [31]예수의 가족 방문
비유	4	[1]씨 뿌리는 비유 [10]비유 쓴 이유 [13]씨 뿌리는 비유 설명 [21]등불 [23]헤아림 [26]스스로 자라는 씨 [30]겨자씨 [33]비유로만 말씀 [35]풍랑 기적
기적	5	[1]거라사 두 사람 축귀 [21]야이로의 딸과 혈루증 여인 치유
누가복음 6:45-8:26 생략	6	[1]고향의 배척 [7]열두 제자 파송 [14]세례 요한의 죽음 [30]사도들의 보고 [31]오병이어 기적 [45]물 위 걷는 기적 [53]게네사렛 치유
	7	[1]장로들의 전통 논쟁 [24]수로보니게 여인 딸 축귀 [31]갈릴리 치유
	8	[1]칠병이어 기적 [11]표적 구함 [14]바리새인들과 헤롯의 누룩 주의 [22]벳세다 맹인 치유 [27]베드로의 고백 [31]수난 예고(I)
	9	[2]변화산 [9]엘리야 [14]어린 아이 축귀 [30]수난 예고(II) [33]제자들의 쟁론: 누가 크냐? [38]반대하지 않는 자는 위하는 자 [42]작은 자 실족과 지옥 [50]소금
	10	[1]이혼에 대한 교훈 [13]어린 아이들 안수 [17]부자와 영생 [28]베드로의 질문 [32]수난 예고(III) [35]세베대 아들들의 요구와 대속물로 온 인자 [46]여리고 맹인(바디매오) 치유
	11	[1]예루살렘 입성 [12]무화과나무 기적 [15]성전 정화 [20]무화과나무 기적 [27]예수의 권위 논쟁
	12	[1]악한 농부들 비유 [13]세금 논쟁 [18]부활 논쟁 [28]큰 계명 논쟁 [35]예수의 반문: 그리스도는 다윗의 자손? [38]서기관들 행위 비판 [41]가난한 과부의 헌금
종말	13	[1]성전 파괴 예고 [3]재난의 시작 [9]박해 속 증거가 되리라 [10]복음의 만국 전파 [11]성령의 대언 [12]미움을 받을 것 [14]대환란 [24]인자의 오심 [28]무화과나무 비유 [32]인자의 때는 모름: 깨어 있으라

구성	장	마가복음
	14	[1]예수 죽음 모의 [3]여인의 향유 부음 [10]유다와 대제사장들 [12]마지막 만찬 준비 [17]유다의 배신 예고 [22]성만찬 제정 [27]베드로의 부인 예고 [32]겟세마네 기도 [43]예수 체포 [51]벗은 채 도망간 청년 [53]대제사장 집 뜰의 베드로 [55]공회 심문 [66]베드로의 부인
	15	[1]빌라도에게 이송 [2]빌라도의 심문 [6]바라바 선택 [12]빌라도의 판결 [16]예수 희롱 [21]십자가형 [33]죽음 [40]죽음의 증인들 [42]매장
	16	[1]부활과 여자들 [[9]마리아에게 나타나심 [12]두 제자와 열한 제자에게 나타나심 [15]마지막 당부 [19]승천]

막 1:1 복음의 시작

[1]하나님의 아들 예수 그리스도의 복음의 시작이라

마 1:1 아브라함과 다윗의 자손 예수 그리스도의 계보라

눅 1:1 우리 중에 이루어진 사실에 대하여 [2]처음부터 목격자와 말씀의 일꾼 된 자들이 전하여
준 그대로 내력을 저술하려고 붓을 든 사람이 많은지라 [3]그 모든 일을 근원부터 자세히 미루
어 살핀 나도 데오빌로 각하에게 차례대로 써 보내는 것이 좋은 줄 알았노니 [4]이는 각하가 알
고 있는 바를 더 확실하게 하려 함이로라

요 1:1 태초에 말씀이 계시니라 이 말씀이 하나님과 함께 계셨으니 이 말씀은 곧 하나님이시
니라

막 1:2-8 세례 요한의 선포

[2]선지자 이사야의 글에 보라 내가 내 사자를 네 앞에 보내노니 그가 네 길을 준비하리라 [3]광야에
외치는 자의 소리가 있어 이르되 너희는 주의 길을 준비하라 그의 오실 길을 곧게 하라 기록된 것
과 같이 [4]세례 요한이 광야에 이르러 죄 사함을 받게 하는 회개의 세례를 전파하니 [5]온 유대 지방
과 예루살렘 사람이 다 나아가 자기 죄를 자복하고 요단 강에서 그에게 세례를 받더라 [6]요한은 낙
타털 옷을 입고 허리에 가죽 띠를 띠고 메뚜기와 석청을 먹더라 [7]그가 전파하여 이르되 나보다 능
력 많으신 이가 내 뒤에 오시나니 나는 굽혀 그의 신발끈을 풀기도 감당하지 못하겠노라 [8]나는 너
희에게 물로 세례를 베풀었거니와 그는 너희에게 성령으로 세례를 베푸시리라

마 3:1 그 때에 세례 요한이 이르러 유대 광야에서 전파하여 말하되 [2]회개하라 천국이 가까이
왔느니라 하였으니 [3]그는 선지자 이사야를 통하여 말씀하신 자라 일렀으되 광야에 외치는 자
의 소리가 있어 이르되 너희는 주의 길을 준비하라 그가 오실 길을 곧게 하라 하였느니라 [4]이
요한은 낙타털 옷을 입고 허리에 가죽 띠를 띠고 음식은 메뚜기와 석청이었더라 [5]이 때에 예
루살렘과 온 유대와 요단 강 사방에서 다 그에게 나아와 [6]자기들의 죄를 자복하고 요단 강에
서 그에게 세례를 받더니 [7]요한이 많은 바리새인들과 사두개인들이 세례 베푸는 데로 오는 것
을 보고 이르되 독사의 자식들아 누가 너희를 가르쳐 임박한 진노를 피하라 하더냐 [8]그러므로
회개에 합당한 열매를 맺고 [9]속으로 아브라함이 우리 조상이라고 생각하지 말라 내가 너희에
게 이르노니 하나님이 능히 이 돌들로도 아브라함의 자손이 되게 하시리라 [10]이미 도끼가 나
무 뿌리에 놓였으니 좋은 열매를 맺지 아니하는 나무마다 찍혀 불에 던져지리라 [11]나는 너희
로 회개하게 하기 위하여 물로 세례를 베풀거니와 내 뒤에 오시는 이는 나보다 능력이 많으시

니 나는 그의 신을 들기도 감당하지 못하겠노라 그는 성령과 불로 너희에게 세례를 베푸실 것이요 [12]손에 키를 들고 자기의 타작 마당을 정하게 하사 알곡은 모아 곳간에 들이고 쭉정이는 꺼지지 않는 불에 태우시리라

눅 3:1 디베료 황제가 통치한 지 열다섯 해 곧 본디오 빌라도가 유대의 총독으로, 헤롯이 갈릴리의 분봉 왕으로, 그 동생 빌립이 이두래와 드라고닛 지방의 분봉 왕으로, 루사니아가 아빌레네의 분봉 왕으로, [2]안나스와 가야바가 대제사장으로 있을 때에 하나님의 말씀이 빈 들에서 사가랴의 아들 요한에게 임한지라 [3]요한이 요단 강 부근 각처에 와서 죄 사함을 받게 하는 회개의 세례를 전파하니 [4]선지자 이사야의 책에 쓴 바 광야에서 외치는 자의 소리가 있어 이르되 너희는 주의 길을 준비하라 그의 오실 길을 곧게 하라 [5]모든 골짜기가 메워지고 모든 산과 작은 산이 낮아지고 굽은 것이 곧아지고 험한 길이 평탄하여질 것이요 [6]모든 육체가 하나님의 구원하심을 보리라 함과 같으니라 [7]요한이 세례 받으러 나아오는 무리에게 이르되 독사의 자식들아 누가 너희에게 일러 장차 올 진노를 피하라 하더냐 [8]그러므로 회개에 합당한 열매를 맺고 속으로 아브라함이 우리 조상이라 말하지 말라 내가 너희에게 이르노니 하나님이 능히 이 돌들로도 아브라함의 자손이 되게 하시리라 [9]이미 도끼가 나무 뿌리에 놓였으니 좋은 열매 맺지 아니하는 나무마다 찍혀 불에 던져지리라 [10]무리가 물어 이르되 그러면 우리가 무엇을 하리이까 [11]대답하여 이르되 옷 두 벌 있는 자는 옷 없는 자에게 나눠 줄 것이요 먹을 것이 있는 자도 그렇게 할 것이니라 하고 [12]세리들도 세례를 받고자 하여 와서 이르되 선생이여 우리는 무엇을 하리이까 하매 [13]이르되 부과된 것 외에는 거두지 말라 하고 [14]군인들도 물어 이르되 우리는 무엇을 하리이까 하매 이르되 사람에게서 강탈하지 말며 거짓으로 고발하지 말고 받는 급료를 족한 줄로 알라 하니라 [15]백성들이 바라고 기다리므로 모든 사람들이 요한을 혹 그리스도신가 심중에 생각하니 [16]요한이 모든 사람에게 대답하여 이르되 나는 물로 너희에게 세례를 베풀거니와 나보다 능력이 많으신 이가 오시나니 나는 그의 신발끈을 풀기도 감당하지 못하겠노라 그는 성령과 불로 너희에게 세례를 베푸실 것이요 [17]손에 키를 들고 자기의 타작 마당을 정하게 하사 알곡은 모아 곳간에 들이고 쭉정이는 꺼지지 않는 불에 태우시리라 [18]또 그 밖에 여러 가지로 권하여 백성에게 좋은 소식을 전하였으나 [19]분봉 왕 헤롯은 그의 동생의 아내 헤로디아의 일과 또 자기가 행한 모든 악한 일로 말미암아 요한에게 책망을 받고 [20]그 위에 한 가지 악을 더하여 요한을 옥에 가두니라

요 1:19 유대인들이 예루살렘에서 제사장들과 레위인들을 요한에게 보내어 네가 누구냐 물을 때에 요한의 증언이 이러하니라 [20]요한이 드러내어 말하고 숨기지 아니하니 드러내어 하는 말이 나는 그리스도가 아니라 한 대 [21]또 묻되 그러면 누구냐 네가 엘리야냐 이르되 나는 아니라 또 묻되 네가 그 선지자냐 대답하되 아니라 [22]또 말하되 누구냐 우리를 보낸 이들에게 대답하게 하라 너는 네게 대하여 무엇이라 하느냐 [23]이르되 나는 선지자 이사야의 말과 같이 주의 길을 곧게 하라고 광야에서 외치는 자의 소리로라 하니라 [24]그들은 바리새인들이 보낸 자라 [25]또 물어 이르되 네가 만일 그리스도도 아니요 엘리야도 아니요 그 선지자도 아닐진대 어찌하여 세례를 베푸느냐 [26]요한이 대답하되 나는 물로 세례를 베풀거니와 너희 가운데 너희가 알지 못하는 한 사람이 섰으니 [27]곧 내 뒤에 오시는 그이라 나는 그의 신발끈을 풀기도 감당하지 못하겠노라 하더라 [28]이 일은 요한이 세례 베풀던 곳 요단 강 건너편 베다니에서 일어난 일이니라

막 1:9-11 예수의 세례

[9]그 때에 예수께서 갈릴리 나사렛으로부터 와서 요단 강에서 요한에게 세례를 받으시고 [10]곧 물
에서 올라오실새 하늘이 갈라짐과 성령이 비둘기 같이 자기에게 내려오심을 보시더니 [11]하늘로부
터 소리가 나기를 너는 내 사랑하는 아들이라 내가 너를 기뻐하노라 하시니라

마 3:13 이 때에 예수께서 갈릴리로부터 요단 강에 이르러 요한에게 세례를 받으려 하시니 [14]요
한이 말려 이르되 내가 당신에게서 세례를 받아야 할 터인데 당신이 내게로 오시나이까 [15]예
수께서 대답하여 이르시되 이제 허락하라 우리가 이와 같이 하여 모든 의를 이루는 것이 합당
하니라 하시니 이에 요한이 허락하는지라 [16]예수께서 세례를 받으시고 곧 물에서 올라오실새
하늘이 열리고 하나님의 성령이 비둘기 같이 내려 자기 위에 임하심을 보시더니 [17]하늘로부터
소리가 있어 말씀하시되 이는 내 사랑하는 아들이요 내 기뻐하는 자라 하시니라

눅 3:21 백성이 다 세례를 받을새 예수도 세례를 받으시고 기도하실 때에 하늘이 열리며 [22]성
령이 비둘기 같은 형체로 그의 위에 강림하시더니 하늘로부터 소리가 나기를 너는 내 사랑하
는 아들이라 내가 너를 기뻐하노라 하시니라

요 1:29 이튿날 요한이 예수께서 자기에게 나아오심을 보고 이르되 보라 세상 죄를 지고 가
는 하나님의 어린 양이로다 [30]내가 전에 말하기를 내 뒤에 오는 사람이 있는데 나보다 앞선 것
은 그가 나보다 먼저 계심이라 한 것이 이 사람을 가리킴이라 [31]나도 그를 알지 못하였으나 내
가 와서 물로 세례를 베푸는 것은 그를 이스라엘에 나타내려 함이라 하니라 [32]요한이 또 증언
하여 이르되 내가 보매 성령이 비둘기 같이 하늘로부터 내려와서 그의 위에 머물렀더라 [33]나
도 그를 알지 못하였으나 나를 보내어 물로 세례를 베풀라 하신 그이가 나에게 말씀하시되 성
령이 내려서 누구 위에든지 머무는 것을 보거든 그가 곧 성령으로 세례를 베푸는 이인 줄 알라
하셨기에 [34]내가 보고 그가 하나님의 아들이심을 증언하였노라 하니라

막 1:12-13 예수의 시험

[12]성령이 곧 예수를 광야로 몰아내신지라 [13]광야에서 사십 일을 계시면서 사탄에게 시험을 받으
시며 들짐승과 함께 계시니 천사들이 수종들더라

마 4:1 그 때에 예수께서 성령에게 이끌리어 마귀에게 시험을 받으러 광야로 가사 [2]사십 일을
밤낮으로 금식하신 후에 주리신지라 [3]시험하는 자가 예수께 나아와서 이르되 네가 만일 하나
님의 아들이어든 명하여 이 돌들로 떡덩이가 되게 하라 [4]예수께서 대답하여 이르시되 기록되었
으되 사람이 떡으로만 살 것이 아니요 하나님의 입으로부터 나오는 모든 말씀으로 살 것이라

하였느니라 하시니 5이에 마귀가 예수를 거룩한 성으로 데려다가 성전 꼭대기에 세우고 6이르
되 네가 만일 하나님의 아들이어든 뛰어내리라 기록되었으되 그가 너를 위하여 그의 사자들을
명하시리니 그들이 손으로 너를 받들어 발이 돌에 부딪치지 않게 하리로다 하였느니라 7예수
께서 이르시되 또 기록되었으되 주 너의 하나님을 시험하지 말라 하였느니라 하시니 8마귀가
또 그를 데리고 지극히 높은 산으로 가서 천하 만국과 그 영광을 보여 9이르되 만일 내게 엎드
려 경배하면 이 모든 것을 네게 주리라 10이에 예수께서 말씀하시되 사탄아 물러가라 기록되
었으되 주 너의 하나님께 경배하고 다만 그를 섬기라 하였느니라 11이에 마귀는 예수를 떠나
고 천사들이 나아와서 수종드니라

눅 4:1 예수께서 성령의 충만함을 입어 요단 강에서 돌아오사 광야에서 사십 일 동안 성령에
게 이끌리시며 2마귀에게 시험을 받으시더라 이 모든 날에 아무 것도 잡수시지 아니하시니 날
수가 다하매 주리신지라 3마귀가 이르되 네가 만일 하나님의 아들이어든 이 돌들에게 명하여
떡이 되게 하라 4예수께서 대답하시되 기록된 바 사람이 떡으로만 살 것이 아니라 하였느니라
5마귀가 또 예수를 이끌고 올라가서 순식간에 천하 만국을 보이며 6이르되 이 모든 권위와 그
영광을 내가 네게 주리라 이것은 내게 넘겨 준 것이므로 내가 원하는 자에게 주노라 7그러므
로 네가 만일 내게 절하면 다 네 것이 되리라 8예수께서 대답하여 이르시되 기록된 바 주 너의
하나님께 경배하고 다만 그를 섬기라 하였느니라 9또 이끌고 예루살렘으로 가서 성전 꼭대기
에 세우고 이르되 네가 만일 하나님의 아들이어든 여기서 뛰어내리라 10기록되었으되 하나님
이 너를 위하여 그 사자들을 명하사 너를 지키게 하시리라 하였고 11또한 그들이 손으로 너를
받들어 네 발이 돌에 부딪치지 않게 하시리라 하였느니라 12예수께서 대답하여 이르시되 주 너
의 하나님을 시험하지 말라 하였느니라 13마귀가 모든 시험을 다 한 후에 얼마 동안 떠나니라

막 1:14-15 첫 선포

14요한이 잡힌 후 예수께서 갈릴리에 오셔서 하나님의 복음을 전파하여 15이르시되 때가 찼고 하
나님의 나라가 가까이 왔으니 회개하고 복음을 믿으라 하시더라

마 4:17 이 때부터 예수께서 비로소 전파하여 이르시되 회개하라 천국이 가까이 왔느니라 하
시더라

눅 4:16 예수께서 그 자라나신 곳 나사렛에 이르사 안식일에 늘 하시던 대로 회당에 들어가사
성경을 읽으려고 서시매 17선지자 이사야의 글을 드리거늘 책을 펴서 이렇게 기록된 데를 찾
으시니 곧 18주의 성령이 내게 임하셨으니 이는 가난한 자에게 복음을 전하게 하시려고 내게
기름을 부으시고 나를 보내사 포로 된 자에게 자유를, 눈 먼 자에게 다시 보게 함을 전파하며
눌린 자를 자유롭게 하고 19주의 은혜의 해를 전파하게 하려 하심이라 하였더라 20책을 덮어
그 맡은 자에게 주시고 앉으시니 회당에 있는 자들이 다 주목하여 보더라 21이에 예수께서 그

들에게 말씀하시되 이 글이 오늘 너희 귀에 응하였느니라 하시니 22그들이 다 그를 증언하고
그 입으로 나오는 바 은혜로운 말을 놀랍게 여겨 이르되 이 사람이 요셉의 아들이 아니냐

막 1:16-20 네 제자 부르심

16갈릴리 해변으로 지나가시다가 시몬과 그 형제 안드레가 바다에 그물 던지는 것을 보시니 그들
은 어부라 17예수께서 이르시되 나를 따라오라 내가 너희로 사람을 낚는 어부가 되게 하리라 하시
니 18곧 그물을 버려 두고 따르니라 19조금 더 가시다가 세베대의 아들 야고보와 그 형제 요한을
보시니 그들도 배에 있어 그물을 깁는데 20곧 부르시니 그 아버지 세베대를 품꾼들과 함께 배에
버려 두고 예수를 따라가니라

마 4:18 갈릴리 해변에 다니시다가 두 형제 곧 베드로라 하는 시몬과 그의 형제 안드레가 바
다에 그물 던지는 것을 보시니 그들은 어부라 19말씀하시되 나를 따라오라 내가 너희를 사람
을 낚는 어부가 되게 하리라 하시니 20그들이 곧 그물을 버려 두고 예수를 따르니라 21거기서
더 가시다가 다른 두 형제 곧 세베대의 아들 야고보와 그의 형제 요한이 그의 아버지 세베대와
함께 배에서 그물 깁는 것을 보시고 부르시니 22그들이 곧 배와 아버지를 버려 두고 예수를 따
르니라

눅 5:1 무리가 몰려와서 하나님의 말씀을 들을새 예수는 게네사렛 호숫가에 서서 2호숫가에
배 두 척이 있는 것을 보시니 어부들은 배에서 나와서 그물을 씻는지라 3예수께서 한 배에 오
르시니 그 배는 시몬의 배라 육지에서 조금 떼기를 청하시고 앉으사 배에서 무리를 가르치시
더니 4말씀을 마치시고 시몬에게 이르시되 깊은 데로 가서 그물을 내려 고기를 잡으라 5시몬
이 대답하여 이르되 선생님 우리들이 밤이 새도록 수고하였으되 잡은 것이 없지마는 말씀에
의지하여 내가 그물을 내리리이다 하고 6그렇게 하니 고기를 잡은 것이 심히 많아 그물이 찢
어지는지라 7이에 다른 배에 있는 동무들에게 손짓하여 와서 도와 달라 하니 그들이 와서 두
배에 채우매 잠기게 되었더라 8시몬 베드로가 이를 보고 예수의 무릎 아래에 엎드려 이르되
주여 나를 떠나소서 나는 죄인이로소이다 하니 9이는 자기 및 자기와 함께 있는 모든 사람이
고기 잡힌 것으로 말미암아 놀라고 10세베대의 아들로서 시몬의 동업자인 야고보와 요한도 놀
랐음이라 예수께서 시몬에게 이르시되 무서워하지 말라 이제 후로는 네가 사람을 취하리라 하
시니 11그들이 배들을 육지에 대고 모든 것을 버려 두고 예수를 따르니라

요 1:35 또 이튿날 요한이 자기 제자 중 두 사람과 함께 섰다가 36예수께서 거니심을 보고 말
하되 보라 하나님의 어린 양이로다 37두 제자가 그의 말을 듣고 예수를 따르거늘 38예수께서
돌이켜 그 따르는 것을 보시고 물어 이르시되 무엇을 구하느냐 이르되 랍비여 어디 계시오니
이까 하니 (랍비는 번역하면 선생이라) 39예수께서 이르시되 와서 보라 그러므로 그들이 가서
계신 데를 보고 그 날 함께 거하니 때가 열 시쯤 되었더라 40요한의 말을 듣고 예수를 따르는

두 사람 중의 하나는 시몬 베드로의 형제 안드레라 41그가 먼저 자기의 형제 시몬을 찾아 말하
되 우리가 메시야를 만났다 하고 (메시야는 번역하면 그리스도라) 42데리고 예수께로 오니 예
수께서 보시고 이르시되 네가 요한의 아들 시몬이니 장차 게바라 하리라 하시니라 (게바는 번
역하면 베드로라) 43이튿날 예수께서 갈릴리로 나가려 하시다가 빌립을 만나 이르시되 나를
따르라 하시니 44빌립은 안드레와 베드로와 한 동네 벳새다 사람이라 45빌립이 나다나엘을 찾
아 이르되 모세가 율법에 기록하였고 여러 선지자가 기록한 그이를 우리가 만났으니 요셉의
아들 나사렛 예수니라 46나다나엘이 이르되 나사렛에서 무슨 선한 것이 날 수 있느냐 빌립이
이르되 와서 보라 하니라 47예수께서 나다나엘이 자기에게 오는 것을 보시고 그를 가리켜 이
르시되 보라 이는 참으로 이스라엘 사람이라 그 속에 간사한 것이 없도다 48나다나엘이 이르
되 어떻게 나를 아시나이까 예수께서 대답하여 이르시되 빌립이 너를 부르기 전에 네가 무화
과나무 아래에 있을 때에 보았노라 49나다나엘이 대답하되 랍비여 당신은 하나님의 아들이시
요 당신은 이스라엘의 임금이로소이다 50예수께서 대답하여 이르시되 내가 너를 무화과나무
아래에서 보았다 하므로 믿느냐 이보다 더 큰 일을 보리라 51또 이르시되 진실로 진실로 너희
에게 이르노니 하늘이 열리고 하나님의 사자들이 인자 위에 오르락 내리락 하는 것을 보리라
하시니라

막 1:21-28 가버나움 회당 축귀

21그들이 가버나움에 들어가니라 예수께서 곧 안식일에 회당에 들어가 가르치시매 22뭇 사람이
그의 교훈에 놀라니 이는 그가 가르치시는 것이 권위 있는 자와 같고 서기관들과 같지 아니함일러
라 23마침 그들의 회당에 더러운 귀신 들린 사람이 있어 소리 질러 이르되 24나사렛 예수여 우리
가 당신과 무슨 상관이 있나이까 우리를 멸하러 왔나이까 나는 당신이 누구인 줄 아노니 하나님
의 거룩한 자니이다 25예수께서 꾸짖어 이르시되 잠잠하고 그 사람에게서 나오라 하시니 26더러
운 귀신이 그 사람에게 경련을 일으키고 큰 소리를 지르며 나오는지라 27다 놀라 서로 물어 이르
되 이는 어찜이냐 권위 있는 새 교훈이로다 더러운 귀신들에게 명한즉 순종하는도다 하더라 28예
수의 소문이 곧 온 갈릴리 사방에 퍼지더라

눅 4:31 갈릴리의 가버나움 동네에 내려오사 안식일에 가르치시매 32그들이 그 가르치심에 놀
라니 이는 그 말씀이 권위가 있음이러라 33회당에 더러운 귀신 들린 사람이 있어 크게 소리 질
러 이르되 34아 나사렛 예수여 우리가 당신과 무슨 상관이 있나이까 우리를 멸하러 왔나이까
나는 당신이 누구인 줄 아노니 하나님의 거룩한 자니이다 35예수께서 꾸짖어 이르시되 잠잠하
고 그 사람에게서 나오라 하시니 귀신이 그 사람을 무리 중에 넘어뜨리고 나오되 그 사람은 상
하지 아니한지라 36다 놀라 서로 말하여 이르되 이 어떠한 말씀인고 권위와 능력으로 더러운
귀신을 명하매 나가는도다 하더라 37이에 예수의 소문이 그 근처 사방에 퍼지니라

막 1:29-34 베드로 장모 치유와 병자들

[29]회당에서 나와 곧 야고보와 요한과 함께 시몬과 안드레의 집에 들어가시니 [30]시몬의 장모가 열
병으로 누워 있는지라 사람들이 곧 그 여자에 대하여 예수께 여짜온대 [31]나아가사 그 손을 잡아
일으키시니 열병이 떠나고 여자가 그들에게 수종드니라 [32]저물어 해 질 때에 모든 병자와 귀신 들
린 자를 예수께 데려오니 [33]온 동네가 그 문 앞에 모였더라 [34]예수께서 각종 병이 든 많은 사람을
고치시며 많은 귀신을 내쫓으시되 귀신이 자기를 알므로 그 말하는 것을 허락하지 아니하시니라

마 8:14 예수께서 베드로의 집에 들어가사 그의 장모가 열병으로 앓아 누운 것을 보시고 [15]그
의 손을 만지시니 열병이 떠나가고 여인이 일어나서 예수께 수종들더라 [16]저물매 사람들이 귀
신 들린 자를 많이 데리고 예수께 오거늘 예수께서 말씀으로 귀신들을 쫓아 내시고 병든 자들
을 다 고치시니 [17]이는 선지자 이사야를 통하여 하신 말씀에 우리의 연약한 것을 친히 담당하
시고 병을 짊어지셨도다 함을 이루려 하심이더라

눅 4:38 예수께서 일어나 회당에서 나가사 시몬의 집에 들어가시니 시몬의 장모가 중한 열병
을 앓고 있는지라 사람들이 그를 위하여 예수께 구하니 [39]예수께서 가까이 서서 열병을 꾸짖
으신대 병이 떠나고 여자가 곧 일어나 그들에게 수종드니라 [40]해 질 무렵에 사람들이 온갖 병
자들을 데리고 나아오매 예수께서 일일이 그 위에 손을 얹으사 고치시니 [41]여러 사람에게서
귀신들이 나가며 소리 질러 이르되 당신은 하나님의 아들이니이다 예수께서 꾸짖으사 그들이
말함을 허락하지 아니하시니 이는 자기를 그리스도인 줄 앎이러라

막 1:35-39 갈릴리 사역 보고

[35]새벽 아직도 밝기 전에 예수께서 일어나 나가 한적한 곳으로 가사 거기서 기도하시더니 [36]시몬
과 및 그와 함께 있는 자들이 예수의 뒤를 따라가 [37]만나서 이르되 모든 사람이 주를 찾나이다
[38]이르시되 우리가 다른 가까운 마을들로 가자 거기서도 전도하리니 내가 이를 위하여 왔노라 하
시고 [39]이에 온 갈릴리에 다니시며 그들의 여러 회당에서 전도하시고 또 귀신들을 내쫓으시더라

마 4:23 예수께서 온 갈릴리에 두루 다니사 그들의 회당에서 가르치시며 천국 복음을 전파하
시며 백성 중의 모든 병과 모든 약한 것을 고치시니 [24]그의 소문이 온 수리아에 퍼진지라 사람
들이 모든 앓는 자 곧 각종 병에 걸려서 고통 당하는 자, 귀신 들린 자, 간질하는 자, 중풍병자
들을 데려오니 그들을 고치시더라 [25]갈릴리와 데가볼리와 예루살렘과 유대와 요단 강 건너편
에서 수많은 무리가 따르니라

눅 4:42 날이 밝으매 예수께서 나오사 한적한 곳에 가시니 무리가 찾다가 만나서 자기들에게
서 떠나시지 못하게 만류하려 하매 43예수께서 이르시되 내가 다른 동네들에서도 하나님의 나
라 복음을 전하여야 하리니 나는 이 일을 위해 보내심을 받았노라 하시고 44갈릴리 여러 회당
에서 전도하시더라

막 1:40-45 나병환자 치유

40한 나병환자가 예수께 와서 꿇어 엎드려 간구하여 이르되 원하시면 저를 깨끗하게 하실 수 있나
이다 41예수께서 불쌍히 여기사 손을 내밀어 그에게 대시며 이르시되 내가 원하노니 깨끗함을 받
으라 하시니 42곧 나병이 그 사람에게서 떠나가고 깨끗하여진지라 43곧 보내시며 엄히 경고하사
44이르시되 삼가 아무에게 아무 말도 하지 말고 가서 네 몸을 제사장에게 보이고 네가 깨끗하게
되었으니 모세가 명한 것을 드려 그들에게 입증하라 하셨더라 45그러나 그 사람이 나가서 이 일을
많이 전파하여 널리 퍼지게 하니 그러므로 예수께서 다시는 드러나게 동네에 들어가지 못하시고
오직 바깥 한적한 곳에 계셨으나 사방에서 사람들이 그에게로 나아오더라

마 8:2 한 나병환자가 나아와 절하며 이르되 주여 원하시면 저를 깨끗하게 하실 수 있나이다
하거늘 3예수께서 손을 내밀어 그에게 대시며 이르시되 내가 원하노니 깨끗함을 받으라 하시
니 즉시 그의 나병이 깨끗하여진지라 4예수께서 이르시되 삼가 아무에게도 이르지 말고 다만
가서 제사장에게 네 몸을 보이고 모세가 명한 예물을 드려 그들에게 입증하라 하시니라

눅 5:12 예수께서 한 동네에 계실 때에 온 몸에 나병 들린 사람이 있어 예수를 보고 엎드려 구
하여 이르되 주여 원하시면 나를 깨끗하게 하실 수 있나이다 하니 13예수께서 손을 내밀어 그
에게 대시며 이르시되 내가 원하노니 깨끗함을 받으라 하신대 나병이 곧 떠나니라 14예수께서
그를 경고하시되 아무에게도 이르지 말고 가서 제사장에게 네 몸을 보이고 또 네가 깨끗하게
됨으로 인하여 모세가 명한 대로 예물을 드려 그들에게 입증하라 하셨더니 15예수의 소문이
더욱 퍼지매 수많은 무리가 말씀도 듣고 자기 병도 고침을 받고자 하여 모여 오되 16예수는 물
러가사 한적한 곳에서 기도하시니라

막 2:1-12 중풍환자 치유

1수 일 후에 예수께서 다시 가버나움에 들어가시니 집에 계시다는 소문이 들린지라 2많은 사람이
모여서 문 앞까지도 들어설 자리가 없게 되었는데 예수께서 그들에게 도를 말씀하시더니 3사람들
이 한 중풍병자를 네 사람에게 메워 가지고 예수께로 올새 4무리들 때문에 예수께 데려갈 수 없으
므로 그 계신 곳의 지붕을 뜯어 구멍을 내고 중풍병자가 누운 상을 달아 내리니 5예수께서 그들의

믿음을 보시고 중풍병자에게 이르시되 작은 자야 네 죄 사함을 받았느니라 하시니 6어떤 서기관
들이 거기 앉아서 마음에 생각하기를 7이 사람이 어찌 이렇게 말하는가 신성모독이로다 오직 하
나님 한 분 외에는 누가 능히 죄를 사하겠느냐 8그들이 속으로 이렇게 생각하는 줄을 예수께서 곧
중심에 아시고 이르시되 어찌하여 이것을 마음에 생각하느냐 9중풍병자에게 네 죄 사함을 받았느
니라 하는 말과 일어나 네 상을 가지고 걸어가라 하는 말 중에서 어느 것이 쉽겠느냐 10그러나 인
자가 땅에서 죄를 사하는 권세가 있는 줄을 너희로 알게 하려 하노라 하시고 중풍병자에게 말씀하
시되 11내가 네게 이르노니 일어나 네 상을 가지고 집으로 가라 하시니 12그가 일어나 곧 상을 가
지고 모든 사람 앞에서 나가거늘 그들이 다 놀라 하나님께 영광을 돌리며 이르되 우리가 이런 일
을 도무지 보지 못하였다 하더라

마 9:1 예수께서 배에 오르사 건너가 본 동네에 이르시니 2침상에 누운 중풍병자를 사람들이
데리고 오거늘 예수께서 그들의 믿음을 보시고 중풍병자에게 이르시되 작은 자야 안심하라 네
죄 사함을 받았느니라 3어떤 서기관들이 속으로 이르되 이 사람이 신성을 모독하도다 4예수께
서 그 생각을 아시고 이르시되 너희가 어찌하여 마음에 악한 생각을 하느냐 5네 죄 사함을 받
았느니라 하는 말과 일어나 걸어가라 하는 말 중에 어느 것이 쉽겠느냐 6그러나 인자가 세상
에서 죄를 사하는 권능이 있는 줄을 너희로 알게 하려 하노라 하시고 중풍병자에게 말씀하시
되 일어나 네 침상을 가지고 집으로 가라 하시니 7그가 일어나 집으로 돌아가거늘 8무리가 보
고 두려워하며 이런 권능을 사람에게 주신 하나님께 영광을 돌리니라

눅 5:17 하루는 가르치실 때에 갈릴리의 각 마을과 유대와 예루살렘에서 온 바리새인과 율법
교사들이 앉았는데 병을 고치는 주의 능력이 예수와 함께 하더라 18한 중풍병자를 사람들이
침상에 메고 와서 예수 앞에 들여놓고자 하였으나 19무리 때문에 메고 들어갈 길을 얻지 못한
지라 지붕에 올라가 기와를 벗기고 병자를 침상째 무리 가운데로 예수 앞에 달아 내리니 20예
수께서 그들의 믿음을 보시고 이르시되 이 사람아 네 죄 사함을 받았느니라 하시니 21서기관
과 바리새인들이 생각하여 이르되 이 신성모독 하는 자가 누구냐 오직 하나님 외에 누가 능히
죄를 사하겠느냐 22예수께서 그 생각을 아시고 대답하여 이르시되 너희 마음에 무슨 생각을
하느냐 23네 죄 사함을 받았느니라 하는 말과 일어나 걸어가라 하는 말이 어느 것이 쉽겠느냐
24그러나 인자가 땅에서 죄를 사하는 권세가 있는 줄을 너희로 알게 하리라 하시고 중풍병자
에게 말씀하시되 내가 네게 이르노니 일어나 네 침상을 가지고 집으로 가라 하시매 25그 사람
이 그들 앞에서 곧 일어나 그 누웠던 것을 가지고 하나님께 영광을 돌리며 자기 집으로 돌아가
니 26모든 사람이 놀라 하나님께 영광을 돌리며 심히 두려워하여 이르되 오늘 우리가 놀라운
일을 보았다 하니라

막 2:13-17 레위 및 죄인들과 식사

13예수께서 다시 바닷가에 나가시매 큰 무리가 나왔거늘 예수께서 그들을 가르치시니라 14또 지나가시다가 알패오의 아들 레위가 세관에 앉아 있는 것을 보시고 그에게 이르시되 나를 따르라 하시니 일어나 따르니라 15그의 집에 앉아 잡수실 때에 많은 세리와 죄인들이 예수와 그의 제자들과 함께 앉았으니 이는 그러한 사람들이 많이 있어서 예수를 따름이러라 16바리새인의 서기관들이 예수께서 죄인 및 세리들과 함께 잡수시는 것을 보고 그의 제자들에게 이르되 어찌하여 세리 및 죄인들과 함께 먹는가 17예수께서 들으시고 그들에게 이르시되 건강한 자에게는 의사가 쓸 데 없고 병든 자에게라야 쓸 데 있느니라 나는 의인을 부르러 온 것이 아니요 죄인을 부르러 왔노라 하시니라

마 9:9 예수께서 그 곳을 떠나 지나가시다가 마태라 하는 사람이 세관에 앉아 있는 것을 보시고 이르시되 나를 따르라 하시니 일어나 따르니라 10예수께서 마태의 집에서 앉아 음식을 잡수실 때에 많은 세리와 죄인들이 와서 예수와 그의 제자들과 함께 앉았더니 11바리새인들이 보고 그의 제자들에게 이르되 어찌하여 너희 선생은 세리와 죄인들과 함께 잡수시느냐 12예수께서 들으시고 이르시되 건강한 자에게는 의사가 쓸 데 없고 병든 자에게라야 쓸 데 있느니라 13너희는 가서 내가 긍휼을 원하고 제사를 원하지 아니하노라 하신 뜻이 무엇인지 배우라 나는 의인을 부르러 온 것이 아니요 죄인을 부르러 왔노라 하시니라

눅 5:27 그 후에 예수께서 나가사 레위라 하는 세리가 세관에 앉아 있는 것을 보시고 나를 따르라 하시니 28그가 모든 것을 버리고 일어나 따르니라 29레위가 예수를 위하여 자기 집에서 큰 잔치를 하니 세리와 다른 사람이 많이 함께 앉아 있는지라 30바리새인과 그들의 서기관들이 그 제자들을 비방하여 이르되 너희가 어찌하여 세리와 죄인과 함께 먹고 마시느냐 31예수께서 대답하여 이르시되 건강한 자에게는 의사가 쓸 데 없고 병든 자에게라야 쓸 데 있나니 32내가 의인을 부르러 온 것이 아니요 죄인을 불러 회개시키러 왔노라

막 2:18-22 제자들 금식 논쟁

18요한의 제자들과 바리새인들이 금식하고 있는지라 사람들이 예수께 와서 말하되 요한의 제자들과 바리새인의 제자들은 금식하는데 어찌하여 당신의 제자들은 금식하지 아니하나이까 19예수께서 그들에게 이르시되 혼인 집 손님들이 신랑과 함께 있을 때에 금식할 수 있느냐 신랑과 함께 있을 동안에는 금식할 수 없느니라 20그러나 신랑을 빼앗길 날이 이르리니 그 날에는 금식할 것이니라 21생베 조각을 낡은 옷에 붙이는 자가 없나니 만일 그렇게 하면 기운 새 것이 낡은 그것을 당기어 해어짐이 더하게 되느니라 22새 포도주를 낡은 가죽 부대에 넣는 자가 없나니 만일 그렇게 하

면 새 포도주가 부대를 터뜨려 포도주와 부대를 버리게 되리라 오직 새 포도주는 새 부대에 넣느니라 하시니라

마 9:14 그 때에 요한의 제자들이 예수께 나아와 이르되 우리와 바리새인들은 금식하는데 어찌하여 당신의 제자들은 금식하지 아니하나이까 [15]예수께서 그들에게 이르시되 혼인집 손님들이 신랑과 함께 있을 동안에 슬퍼할 수 있느냐 그러나 신랑을 빼앗길 날이 이르리니 그 때에는 금식할 것이니라 [16]생베 조각을 낡은 옷에 붙이는 자가 없나니 이는 기운 것이 그 옷을 당기어 해어짐이 더하게 됨이요 [17]새 포도주를 낡은 가죽 부대에 넣지 아니하나니 그렇게 하면 부대가 터져 포도주도 쏟아지고 부대도 버리게 됨이라 새 포도주는 새 부대에 넣어야 둘이 다 보전되느니라

눅 5:33 그들이 예수께 말하되 요한의 제자는 자주 금식하며 기도하고 바리새인의 제자들도 또한 그리하되 당신의 제자들은 먹고 마시나이다 [34]예수께서 그들에게 이르시되 혼인 집 손님들이 신랑과 함께 있을 때에 너희가 그 손님으로 금식하게 할 수 있느냐 [35]그러나 그 날에 이르러 그들이 신랑을 빼앗기리니 그 날에는 금식할 것이니라 [36]또 비유하여 이르시되 새 옷에서 한 조각을 찢어 낡은 옷에 붙이는 자가 없나니 만일 그렇게 하면 새 옷을 찢을 뿐이요 또 새 옷에서 찢은 조각이 낡은 것에 어울리지 아니하리라 [37]새 포도주를 낡은 가죽 부대에 넣는 자가 없나니 만일 그렇게 하면 새 포도주가 부대를 터뜨려 포도주가 쏟아지고 부대도 못쓰게 되리라 [38]새 포도주는 새 부대에 넣어야 할 것이니라 [39]묵은 포도주를 마시고 새 것을 원하는 자가 없나니 이는 묵은 것이 좋다 함이니라

막 2:23-28 안식일의 주인 논쟁

[23]안식일에 예수께서 밀밭 사이로 지나가실새 그의 제자들이 길을 열며 이삭을 자르니 [24]바리새인들이 예수께 말하되 보시오 저들이 어찌하여 안식일에 하지 못할 일을 하나이까 [25]예수께서 이르시되 다윗이 자기와 및 함께 한 자들이 먹을 것이 없어 시장할 때에 한 일을 읽지 못하였느냐 [26]그가 아비아달 대제사장 때에 하나님의 전에 들어가서 제사장 외에는 먹어서는 안 되는 진설병을 먹고 함께 한 자들에게도 주지 아니하였느냐 [27]또 이르시되 안식일이 사람을 위하여 있는 것이요 사람이 안식일을 위하여 있는 것이 아니니 [28]이러므로 인자는 안식일에도 주인이니라

마 12:1 그 때에 예수께서 안식일에 밀밭 사이로 가실새 제자들이 시장하여 이삭을 잘라 먹으니 [2]바리새인들이 보고 예수께 말하되 보시오 당신의 제자들이 안식일에 하지 못할 일을 하나이다 [3]예수께서 이르시되 다윗이 자기와 그 함께 한 자들이 시장할 때에 한 일을 읽지 못하였느냐 [4]그가 하나님의 전에 들어가서 제사장 외에는 자기나 그 함께 한 자들이 먹어서는 안 되

는 진설병을 먹지 아니하였느냐 [5]또 안식일에 제사장들이 성전 안에서 안식을 범하여도 죄가
없음을 너희가 율법에서 읽지 못하였느냐 [6]내가 너희에게 이르노니 성전보다 더 큰 이가 여기
있느니라 [7]나는 자비를 원하고 제사를 원하지 아니하노라 하신 뜻을 너희가 알았더라면 무죄
한 자를 정죄하지 아니하였으리라 [8]인자는 안식일의 주인이니라 하시니라

눅 6:1 안식일에 예수께서 밀밭 사이로 지나가실새 제자들이 이삭을 잘라 손으로 비비어 먹으
니 [2]어떤 바리새인들이 말하되 어찌하여 안식일에 하지 못할 일을 하느냐 [3]예수께서 대답하여
이르시되 다윗이 자기 및 자기와 함께 한 자들이 시장할 때에 한 일을 읽지 못하였느냐 [4]그가
하나님의 전에 들어가서 다만 제사장 외에는 먹어서는 안 되는 진설병을 먹고 함께 한 자들에
게도 주지 아니하였느냐 [5]또 이르시되 인자는 안식일의 주인이니라 하시더라

막 3:1-6 안식일 치유 논쟁

[1]예수께서 다시 회당에 들어가시니 한쪽 손 마른 사람이 거기 있는지라 [2]사람들이 예수를 고발하
려 하여 안식일에 그 사람을 고치시는가 주시하고 있거늘 [3]예수께서 손 마른 사람에게 이르시되
한 가운데에 일어서라 하시고 [4]그들에게 이르시되 안식일에 선을 행하는 것과 악을 행하는 것, 생
명을 구하는 것과 죽이는 것, 어느 것이 옳으냐 하시니 그들이 잠잠하거늘 [5]그들의 마음이 완악함
을 탄식하사 노하심으로 그들을 둘러 보시고 그 사람에게 이르시되 네 손을 내밀라 하시니 내밀매
그 손이 회복되었더라 [6]바리새인들이 나가서 곧 헤롯당과 함께 어떻게 하여 예수를 죽일까 의논
하니라

마 12:9 거기에서 떠나 그들의 회당에 들어가시니 [10]한쪽 손 마른 사람이 있는지라 사람들이
예수를 고발하려 하여 물어 이르되 안식일에 병 고치는 것이 옳으니이까 [11]예수께서 이르시되
너희 중에 어떤 사람이 양 한 마리가 있어 안식일에 구덩이에 빠졌으면 끌어내지 않겠느냐 [12]사
람이 양보다 얼마나 더 귀하냐 그러므로 안식일에 선을 행하는 것이 옳으니라 하시고 [13]이에
그 사람에게 이르시되 손을 내밀라 하시니 그가 내밀매 다른 손과 같이 회복되어 성하더라 [14]바
리새인들이 나가서 어떻게 하여 예수를 죽일까 의논하거늘

눅 6:6 또 다른 안식일에 예수께서 회당에 들어가사 가르치실새 거기 오른손 마른 사람이 있
는지라 [7]서기관과 바리새인들이 예수를 고발할 증거를 찾으려 하여 안식일에 병을 고치시는
가 엿보니 [8]예수께서 그들의 생각을 아시고 손 마른 사람에게 이르시되 일어나 한가운데 서라
하시니 그가 일어나 서거늘 [9]예수께서 그들에게 이르시되 내가 너희에게 묻노니 안식일에 선
을 행하는 것과 악을 행하는 것, 생명을 구하는 것과 죽이는 것, 어느 것이 옳으냐 하시며 [10]무
리를 둘러보시고 그 사람에게 이르시되 네 손을 내밀라 하시니 그가 그리하매 그 손이 회복된
지라 [11]그들은 노기가 가득하여 예수를 어떻게 할까 하고 서로 의논하니라

막 3:7-12 치유 사역 요약

7예수께서 제자들과 함께 바다로 물러가시니 갈릴리에서 큰 무리가 따르며 8유대와 예루살렘과
이두매와 요단 강 건너편과 또 두로와 시돈 근처에서 많은 무리가 그가 하신 큰 일을 듣고 나아오
는지라 9예수께서 무리가 에워싸 미는 것을 피하기 위하여 작은 배를 대기하도록 제자들에게 명
하셨으니 10이는 많은 사람을 고치셨으므로 병으로 고생하는 자들이 예수를 만지고자 하여 몰려
왔음이더라 11더러운 귀신들도 어느 때든지 예수를 보면 그 앞에 엎드려 부르짖어 이르되 당신은
하나님의 아들이니이다 하니 12예수께서 자기를 나타내지 말라고 많이 경고하시니라

마 12:15 예수께서 아시고 거기를 떠나가시니 많은 사람이 따르는지라 예수께서 그들의 병을
다 고치시고 16자기를 나타내지 말라 경고하셨으니 17이는 선지자 이사야를 통하여 말씀하신
바 18보라 내가 택한 종 곧 내 마음에 기뻐하는 바 내가 사랑하는 자로다 내가 내 영을 그에게
줄 터이니 그가 심판을 이방에 알게 하리라 19그는 다투지도 아니하며 들레지도 아니하리니
아무도 길에서 그 소리를 듣지 못하리라 20상한 갈대를 꺾지 아니하며 꺼져가는 심지를 끄지
아니하기를 심판하여 이길 때까지 하리니 21또한 이방들이 그의 이름을 바라리라 함을 이루려
하심이니라

눅 6:17 예수께서 그들과 함께 내려오사 평지에 서시니 그 제자의 많은 무리와 예수의 말씀도
듣고 병 고침을 받으려고 유대 사방과 예루살렘과 두로와 시돈의 해안으로부터 온 많은 백성
도 있더라 18더러운 귀신에게 고난 받는 자들도 고침을 받은지라 19온 무리가 예수를 만지려고
힘쓰니 이는 능력이 예수께로부터 나와서 모든 사람을 낫게 함이러라

막 3:13-19 열둘 세움(사도)

13또 산에 오르사 자기가 원하는 자들을 부르시니 나아온지라 14이에 열둘을 세우셨으니 이는 자
기와 함께 있게 하시고 또 보내사 전도도 하며 15귀신을 내쫓는 권능도 가지게 하려 하심이러라
16이 열둘을 세우셨으니 시몬에게는 베드로란 이름을 더하셨고 17또 세베대의 아들 야고보와 야
고보의 형제 요한이니 이 둘에게는 보아너게 곧 우레의 아들이란 이름을 더하셨으며 18또 안드
레와 빌립과 바돌로매와 마태와 도마와 알패오의 아들 야고보와 및 다대오와 가나나인 시몬이며
19또 가룟 유다니 이는 예수를 판 자더라

마 10:1 예수께서 그의 열두 제자를 부르사 더러운 귀신을 쫓아내며 모든 병과 모든 약한 것
을 고치는 권능을 주시니라 열두 제자에게 명하여 이르시다 2열두 사도의 이름은 이러하니 베
드로라 하는 시몬을 비롯하여 그의 형제 안드레와 세베대의 아들 야고보와 그의 형제 요한, 3빌

립과 바돌로매, 도마와 세리 마태, 알패오의 아들 야고보와 다대오, [4]가나나인 시몬 및 가룟 유
다 곧 예수를 판 자라

눅 6:12 이 때에 예수께서 기도하시러 산으로 가사 밤이 새도록 하나님께 기도하시고 [13]밝으
매 그 제자들을 부르사 그 중에서 열둘을 택하여 사도라 칭하셨으니 [14]곧 베드로라고도 이름
을 주신 시몬과 그의 동생 안드레와 야고보와 요한과 빌립과 바돌로매와 [15]마태와 도마와 알
패오의 아들 야고보와 셀롯이라는 시몬과 [16]야고보의 아들 유다와 예수를 파는 자 될 가룟 유
다라

막 3:20-21 예수 친족들의 방문

[20]집에 들어가시니 무리가 다시 모이므로 식사할 겨를도 없는지라 [21]예수의 친족들이 듣고 그를
붙들러 나오니 이는 그가 미쳤다 함일러라

막 3:22-27 바알세불 논쟁

[22]예루살렘에서 내려온 서기관들은 그가 바알세불이 지폈다 하며 또 귀신의 왕을 힘입어 귀신을
쫓아낸다 하니 [23]예수께서 그들을 불러다가 비유로 말씀하시되 사탄이 어찌 사탄을 쫓아낼 수 있
느냐 [24]또 만일 나라가 스스로 분쟁하면 그 나라가 설 수 없고 [25]만일 집이 스스로 분쟁하면 그 집
이 설 수 없고 [26]만일 사탄이 자기를 거슬러 일어나 분쟁하면 설 수 없고 망하느니라 [27]사람이 먼
저 강한 자를 결박하지 않고는 그 강한 자의 집에 들어가 세간을 강탈하지 못하리니 결박한 후에
야 그 집을 강탈하리라

마 12:22 그 때에 귀신 들려 눈 멀고 말 못하는 사람을 데리고 왔거늘 예수께서 고쳐 주시매
그 말 못하는 사람이 말하며 보게 된지라 [23]무리가 다 놀라 이르되 이는 다윗의 자손이 아니냐
하니 [24]바리새인들은 듣고 이르되 이가 귀신의 왕 바알세불을 힘입지 않고는 귀신을 쫓아내지
못하느니라 하거늘 [25]예수께서 그들의 생각을 아시고 이르시되 스스로 분쟁하는 나라마다 황
폐하여질 것이요 스스로 분쟁하는 동네나 집마다 서지 못하리라 [26]만일 사탄이 사탄을 쫓아
내면 스스로 분쟁하는 것이니 그리하고야 어떻게 그의 나라가 서겠느냐 [27]또 내가 바알세불을
힘입어 귀신을 쫓아내면 너희의 아들들은 누구를 힘입어 쫓아내느냐 그러므로 그들이 너희의
재판관이 되리라 [28]그러나 내가 하나님의 성령을 힘입어 귀신을 쫓아내는 것이면 하나님의 나
라가 이미 너희에게 임하였느니라 [29]사람이 먼저 강한 자를 결박하지 않고서야 어떻게 그 강
한 자의 집에 들어가 그 세간을 강탈하겠느냐 결박한 후에야 그 집을 강탈하리라 [30]나와 함께

아니하는 자는 나를 반대하는 자요 나와 함께 모으지 아니하는 자는 헤치는 자니라 [31]그러므
로 내가 너희에게 이르노니 사람에 대한 모든 죄와 모독은 사하심을 얻되 성령을 모독하는 것
은 사하심을 얻지 못하겠고 [32]또 누구든지 말로 인자를 거역하면 사하심을 얻되 누구든지 말
로 성령을 거역하면 이 세상과 오는 세상에서도 사하심을 얻지 못하리라 [33]나무도 좋고 열매
도 좋다 하든지 나무도 좋지 않고 열매도 좋지 않다 하든지 하라 그 열매로 나무를 아느니라
[34]독사의 자식들아 너희는 악하니 어떻게 선한 말을 할 수 있느냐 이는 마음에 가득한 것을 입
으로 말함이라 [35]선한 사람은 그 쌓은 선에서 선한 것을 내고 악한 사람은 그 쌓은 악에서 악
한 것을 내느니라 [36]내가 너희에게 이르노니 사람이 무슨 무익한 말을 하든지 심판 날에 이에
대하여 심문을 받으리니 [37]네 말로 의롭다 함을 받고 네 말로 정죄함을 받으리라

눅 11:14 예수께서 한 말 못하게 하는 귀신을 쫓아내시니 귀신이 나가매 말 못하는 사람이 말
하는지라 무리들이 놀랍게 여겼으나 [15]그 중에 더러는 말하기를 그가 귀신의 왕 바알세불을 힘
입어 귀신을 쫓아낸다 하고 [16]또 더러는 예수를 시험하여 하늘로부터 오는 표적을 구하니 [17]예
수께서 그들의 생각을 아시고 이르시되 스스로 분쟁하는 나라마다 황폐하여지며 스스로 분쟁
하는 집은 무너지느니라 [18]너희 말이 내가 바알세불을 힘입어 귀신을 쫓아낸다 하니 만일 사
탄이 스스로 분쟁하면 그의 나라가 어떻게 서겠느냐 [19]내가 바알세불을 힘입어 귀신을 쫓아내
면 너희 아들들은 누구를 힘입어 쫓아내느냐 그러므로 그들이 너희 재판관이 되리라 [20]그러나
내가 만일 하나님의 손을 힘입어 귀신을 쫓아낸다면 하나님의 나라가 이미 너희에게 임하였느
니라 [21]강한 자가 무장을 하고 자기 집을 지킬 때에는 그 소유가 안전하되 [22]더 강한 자가 와서
그를 굴복시킬 때에는 그가 믿던 무장을 빼앗고 그의 재물을 나누느니라 [23]나와 함께 하지 아
니하는 자는 나를 반대하는 자요 나와 함께 모으지 아니하는 자는 헤치는 자니라

막 3:28-30 성령 모독

[28]내가 진실로 너희에게 이르노니 사람의 모든 죄와 모든 모독하는 일은 사하심을 얻되 [29]누구든
지 성령을 모독하는 자는 영원히 사하심을 얻지 못하고 영원한 죄가 되느니라 하시니

마 12:31 그러므로 내가 너희에게 이르노니 사람에 대한 모든 죄와 모독은 사하심을 얻되 성
령을 모독하는 것은 사하심을 얻지 못하겠고 [32]또 누구든지 말로 인자를 거역하면 사하심을
얻되 누구든지 말로 성령을 거역하면 이 세상과 오는 세상에서도 사하심을 얻지 못하리라

눅 12:10 누구든지 말로 인자를 거역하면 사하심을 받으려니와 성령을 모독하는 자는 사하심
을 받지 못하리라

막 3:31-35 예수의 가족 방문

[31]그 때에 예수의 어머니와 동생들이 와서 밖에 서서 사람을 보내어 예수를 부르니 [32]무리가 예수
를 둘러 앉았다가 여짜오되 보소서 당신의 어머니와 동생들과 누이들이 밖에서 찾나이다 [33]대답
하시되 누가 내 어머니이며 동생들이냐 하시고 [34]둘러 앉은 자들을 보시며 이르시되 내 어머니와
내 동생들을 보라 [35]누구든지 하나님의 뜻대로 행하는 자가 내 형제요 자매요 어머니이니라

마 12:46 예수께서 무리에게 말씀하실 때에 그의 어머니와 동생들이 예수께 말하려고 밖에
섰더니 [47]한 사람이 예수께 여짜오되 보소서 당신의 어머니와 동생들이 당신께 말하려고 밖에
서 있나이다 하니 [48]말하던 사람에게 대답하여 이르시되 누가 내 어머니이며 내 동생들이냐
하시고 [49]손을 내밀어 제자들을 가리켜 이르시되 나의 어머니와 나의 동생들을 보라 [50]누구든
지 하늘에 계신 내 아버지의 뜻대로 하는 자가 내 형제요 자매요 어머니이니라 하시더라

눅 8:19 예수의 어머니와 그 동생들이 왔으나 무리로 인하여 가까이 하지 못하니 [20]어떤 이가
알리되 당신의 어머니와 동생들이 당신을 보려고 밖에 서 있나이다 [21]예수께서 대답하여 이르
시되 내 어머니와 내 동생들은 곧 하나님의 말씀을 듣고 행하는 이 사람들이라 하시니라

막 4:1-9 씨 뿌리는 비유

[1]예수께서 다시 바닷가에서 가르치시니 큰 무리가 모여들거늘 예수께서 바다에 떠 있는 배에 올
라 앉으시고 온 무리는 바닷가 육지에 있더라 [2]이에 예수께서 여러 가지를 비유로 가르치시니 그
가르치시는 중에 그들에게 이르시되 [3]들으라 씨를 뿌리는 자가 뿌리러 나가서 [4]뿌릴새 더러는 길
가에 떨어지매 새들이 와서 먹어 버렸고 [5]더러는 흙이 얕은 돌밭에 떨어지매 흙이 깊지 아니하므
로 곧 싹이 나오나 [6]해가 돋은 후에 타서 뿌리가 없으므로 말랐고 [7]더러는 가시떨기에 떨어지매
가시가 자라 기운을 막으므로 결실하지 못하였고 [8]더러는 좋은 땅에 떨어지매 자라 무성하여 결
실하였으니 삼십 배나 육십 배나 백 배가 되었느니라 하시고 [9]또 이르시되 들을 귀 있는 자는 들으
라 하시니라

마 13:1 그 날 예수께서 집에서 나가사 바닷가에 앉으시매 [2]큰 무리가 그에게로 모여 들거늘
예수께서 배에 올라가 앉으시고 온 무리는 해변에 서 있더니 [3]예수께서 비유로 여러 가지를
그들에게 말씀하여 이르시되 씨를 뿌리는 자가 뿌리러 나가서 [4]뿌릴새 더러는 길 가에 떨어지
매 새들이 와서 먹어버렸고 [5]더러는 흙이 얕은 돌밭에 떨어지매 흙이 깊지 아니하므로 곧 싹
이 나오나 [6]해가 돋은 후에 타서 뿌리가 없으므로 말랐고 [7]더러는 가시떨기 위에 떨어지매 가
시가 자라서 기운을 막았고 [8]더러는 좋은 땅에 떨어지매 어떤 것은 백 배, 어떤 것은 육십 배,

어떤 것은 삼십 배의 결실을 하였느니라 9귀 있는 자는 들으라 하시니라

눅 8:4 각 동네 사람들이 예수께로 나아와 큰 무리를 이루니 예수께서 비유로 말씀하시되 5씨를 뿌리는 자가 그 씨를 뿌리러 나가서 뿌릴새 더러는 길 가에 떨어지매 밟히며 공중의 새들이 먹어버렸고 6더러는 바위 위에 떨어지매 싹이 났다가 습기가 없으므로 말랐고 7더러는 가시떨기 속에 떨어지매 가시가 함께 자라서 기운을 막았고 8더러는 좋은 땅에 떨어지매 나서 백 배의 결실을 하였느니라 이 말씀을 하시고 외치시되 들을 귀 있는 자는 들을지어다

막 4:10-12 비유 쓴 이유

10예수께서 홀로 계실 때에 함께 한 사람들이 열두 제자와 더불어 그 비유들에 대하여 물으니 11이르시되 하나님 나라의 비밀을 너희에게는 주었으나 외인에게는 모든 것을 비유로 하나니 12이는 그들로 보기는 보아도 알지 못하며 듣기는 들어도 깨닫지 못하게 하여 돌이켜 죄 사함을 얻지 못하게 하려 함이라 하시고

마 13:10 제자들이 예수께 나아와 이르되 어찌하여 그들에게 비유로 말씀하시나이까 11대답하여 이르시되 천국의 비밀을 아는 것이 너희에게는 허락되었으나 그들에게는 아니되었나니 12무릇 있는 자는 받아 넉넉하게 되되 없는 자는 그 있는 것도 빼앗기리라 13그러므로 내가 그들에게 비유로 말하는 것은 그들이 보아도 보지 못하며 들어도 듣지 못하며 깨닫지 못함이니라 14이사야의 예언이 그들에게 이루어졌으니 일렀으되 너희가 듣기는 들어도 깨닫지 못할 것이요 보기는 보아도 알지 못하리라 15이 백성들의 마음이 완악하여져서 그 귀는 듣기에 둔하고 눈은 감았으니 이는 눈으로 보고 귀로 듣고 마음으로 깨달아 돌이켜 내게 고침을 받을까 두려워함이라 하였느니라 16그러나 너희 눈은 봄으로, 너희 귀는 들음으로 복이 있도다 17내가 진실로 너희에게 이르노니 많은 선지자와 의인이 너희가 보는 것들을 보고자 하여도 보지 못하였고 너희가 듣는 것들을 듣고자 하여도 듣지 못하였느니라

눅 8:9 제자들이 이 비유의 뜻을 물으니 10이르시되 하나님 나라의 비밀을 아는 것이 너희에게는 허락되었으나 다른 사람에게는 비유로 하나니 이는 그들로 보아도 보지 못하고 들어도 깨닫지 못하게 하려 함이라

막 4:13-20 씨 뿌리는 비유 설명

13또 이르시되 너희가 이 비유를 알지 못할진대 어떻게 모든 비유를 알겠느냐 14뿌리는 자는 말씀을 뿌리는 것이라 15말씀이 길 가에 뿌려졌다는 것은 이들을 가리킴이니 곧 말씀을 들었을 때에

사탄이 즉시 와서 그들에게 뿌려진 말씀을 빼앗는 것이요 [16]또 이와 같이 돌밭에 뿌려졌다는 것은 이들을 가리킴이니 곧 말씀을 들을 때에 즉시 기쁨으로 받으나 [17]그 속에 뿌리가 없어 잠깐 견디다가 말씀으로 인하여 환난이나 박해가 일어나는 때에는 곧 넘어지는 자요 [18]또 어떤 이는 가시떨기에 뿌려진 자니 이들은 말씀을 듣기는 하되 [19]세상의 염려와 재물의 유혹과 기타 욕심이 들어와 말씀을 막아 결실하지 못하게 되는 자요 [20]좋은 땅에 뿌려졌다는 것은 곧 말씀을 듣고 받아 삼십 배나 육십 배나 백 배의 결실을 하는 자니라

마 13:18 그런즉 씨 뿌리는 비유를 들으라 [19]아무나 천국 말씀을 듣고 깨닫지 못할 때는 악한 자가 와서 그 마음에 뿌려진 것을 빼앗나니 이는 곧 길 가에 뿌려진 자요 [20]돌밭에 뿌려졌다는 것은 말씀을 듣고 즉시 기쁨으로 받되 [21]그 속에 뿌리가 없어 잠시 견디다가 말씀으로 말미암아 환난이나 박해가 일어날 때에는 곧 넘어지는 자요 [22]가시떨기에 뿌려졌다는 것은 말씀을 들으나 세상의 염려와 재물의 유혹에 말씀이 막혀 결실하지 못하는 자요 [23]좋은 땅에 뿌려졌다는 것은 말씀을 듣고 깨닫는 자니 결실하여 어떤 것은 백 배, 어떤 것은 육십 배, 어떤 것은 삼십 배가 되느니라 하시더라

눅 8:11 이 비유는 이러하니라 씨는 하나님의 말씀이요 [12]길 가에 있다는 것은 말씀을 들은 자니 이에 마귀가 가서 그들이 믿어 구원을 얻지 못하게 하려고 말씀을 그 마음에서 빼앗는 것이요 [13]바위 위에 있다는 것은 말씀을 들을 때에 기쁨으로 받으나 뿌리가 없어 잠깐 믿다가 시련을 당할 때에 배반하는 자요 [14]가시떨기에 떨어졌다는 것은 말씀을 들은 자이나 지내는 중 이생의 염려와 재물과 향락에 기운이 막혀 온전히 결실하지 못하는 자요 [15]좋은 땅에 있다는 것은 착하고 좋은 마음으로 말씀을 듣고 지키어 인내로 결실하는 자니라

막 4:21-23 등불

[21]또 그들에게 이르시되 사람이 등불을 가져오는 것은 말 아래에나 평상 아래에 두려 함이냐 등경 위에 두려 함이 아니냐 [22]드러내려 하지 않고는 숨긴 것이 없고 나타내려 하지 않고는 감추인 것이 없느니라 [23]들을 귀 있는 자는 들으라

마 5:15 사람이 등불을 켜서 말 아래에 두지 아니하고 등경 위에 두나니 이러므로 집 안 모든 사람에게 비치느니라 [16]이같이 너희 빛이 사람 앞에 비치게 하여 그들로 너희 착한 행실을 보고 하늘에 계신 너희 아버지께 영광을 돌리게 하라

눅 8:16 누구든지 등불을 켜서 그릇으로 덮거나 평상 아래에 두지 아니하고 등경 위에 두나니 이는 들어가는 자들로 그 빛을 보게 하려 함이라 [17]숨은 것이 장차 드러나지 아니할 것이 없고

감추인 것이 장차 알려지고 나타나지 않을 것이 없느니라 18그러므로 너희가 어떻게 들을까
스스로 삼가라 누구든지 있는 자는 받겠고 없는 자는 그 있는 줄로 아는 것까지도 빼앗기리라
하시니라

막 4:24-25 헤아림

24또 이르시되 너희가 무엇을 듣는가 스스로 삼가라 너희의 헤아리는 그 헤아림으로 너희가 헤아
림을 받을 것이며 더 받으리니 25있는 자는 받을 것이요 없는 자는 그 있는 것까지도 빼앗기리라

마 13:12 무릇 있는 자는 받아 넉넉하게 되되 없는 자는 그 있는 것도 빼앗기리라

눅 8:18 그러므로 너희가 어떻게 들을까 스스로 삼가라 누구든지 있는 자는 받겠고 없는 자는 그 있는 줄로 아는 것까지도 빼앗기리라 하시니라

막 4:26-29 스스로 자라는 씨

26또 이르시되 하나님의 나라는 사람이 씨를 땅에 뿌림과 같으니 27그가 밤낮 자고 깨고 하는 중
에 씨가 나서 자라되 어떻게 그리 되는지를 알지 못하느니라 28땅이 스스로 열매를 맺되 처음에는
싹이요 다음에는 이삭이요 그 다음에는 이삭에 충실한 곡식이라 29열매가 익으면 곧 낫을 대나니
이는 추수 때가 이르렀음이라

막 4:30-32 겨자씨

30또 이르시되 우리가 하나님의 나라를 어떻게 비교하며 또 무슨 비유로 나타낼까 31겨자씨 한 알
과 같으니 땅에 심길 때에는 땅 위의 모든 씨보다 작은 것이로되 32심긴 후에는 자라서 모든 풀보
다 커지며 큰 가지를 내나니 공중의 새들이 그 그늘에 깃들일 만큼 되느니라

마 13:31 또 비유를 들어 이르시되 천국은 마치 사람이 자기 밭에 갖다 심은 겨자씨 한 알 같
으니 32이는 모든 씨보다 작은 것이로되 자란 후에는 풀보다 커서 나무가 되매 공중의 새들이
와서 그 가지에 깃들이느니라

눅 13:18 그러므로 예수께서 이르시되 하나님의 나라가 무엇과 같을까 내가 무엇으로 비교할 까 [19]마치 사람이 자기 채소밭에 갖다 심은 겨자씨 한 알 같으니 자라 나무가 되어 공중의 새 들이 그 가지에 깃들였느니라

막 4:33-34 비유로만 말씀

[33]예수께서 이러한 많은 비유로 그들이 알아 들을 수 있는 대로 말씀을 가르치시되 [34]비유가 아니면 말씀하지 아니하시고 다만 혼자 계실 때에 그 제자들에게 모든 것을 해석하시더라

마 13:34 예수께서 이 모든 것을 무리에게 비유로 말씀하시고 비유가 아니면 아무 것도 말씀 하지 아니하셨으니 [35]이는 선지자를 통하여 말씀하신 바 내가 입을 열어 비유로 말하고 창세 부터 감추인 것들을 드러내리라 함을 이루려 하심이라

막 4:35-41 풍랑 기적

[35]그 날 저물 때에 제자들에게 이르시되 우리가 저편으로 건너가자 하시니 [36]그들이 무리를 떠나 예수를 배에 계신 그대로 모시고 가매 다른 배들도 함께 하더니 [37]큰 광풍이 일어나며 물결이 배에 부딪쳐 들어와 배에 가득하게 되었더라 [38]예수께서는 고물에서 베개를 베고 주무시더니 제자들이 깨우며 이르되 선생님이여 우리가 죽게 된 것을 돌보지 아니하시나이까 하니 [39]예수께서 깨어 바람을 꾸짖으시며 바다더러 이르시되 잠잠하라 고요하라 하시니 바람이 그치고 아주 잔잔하여지더라 [40]이에 제자들에게 이르시되 어찌하여 이렇게 무서워하느냐 너희가 어찌 믿음이 없느냐 하시니 [41]그들이 심히 두려워하여 서로 말하되 그가 누구이기에 바람과 바다도 순종하는가 하였더라

마 8:23 배에 오르시매 제자들이 따랐더니 [24]바다에 큰 놀이 일어나 배가 물결에 덮이게 되었으되 예수께서는 주무시는지라 [25]그 제자들이 나아와 깨우며 이르되 주여 구원하소서 우리가 죽겠나이다 [26]예수께서 이르시되 어찌하여 무서워하느냐 믿음이 작은 자들아 하시고 곧 일어나사 바람과 바다를 꾸짖으시니 아주 잔잔하게 되거늘 [27]그 사람들이 놀랍게 여겨 이르되 이 이가 어떠한 사람이기에 바람과 바다도 순종하는가 하더라

눅 8:22 하루는 제자들과 함께 배에 오르사 그들에게 이르시되 호수 저편으로 건너가자 하시매 이에 떠나 [23]행선할 때에 예수께서 잠이 드셨더니 마침 광풍이 호수로 내리치매 배에 물이 가득하게 되어 위태한지라 [24]제자들이 나아와 깨워 이르되 주여 주여 우리가 죽겠나이다 한대 예수께서 잠을 깨사 바람과 물결을 꾸짖으시니 이에 그쳐 잔잔하여지더라 [25]제자들에게 이르

시되 너희 믿음이 어디 있느냐 하시니 그들이 두려워하고 놀랍게 여겨 서로 말하되 그가 누구이기에 바람과 물을 명하매 순종하는가 하더라

막 5:1-20 거라사 두 사람 축귀

[1]예수께서 바다 건너편 거라사인의 지방에 이르러 [2]배에서 나오시매 곧 더러운 귀신 들린 사람이 무덤 사이에서 나와 예수를 만나니라 [3]그 사람은 무덤 사이에 거처하는데 이제는 아무도 그를 쇠사슬로도 맬 수 없게 되었으니 [4]이는 여러 번 고랑과 쇠사슬에 매였어도 쇠사슬을 끊고 고랑을 깨뜨렸음이러라 그리하여 아무도 그를 제어할 힘이 없는지라 [5]밤낮 무덤 사이에서나 산에서나 늘 소리 지르며 돌로 자기의 몸을 해치고 있었더라 [6]그가 멀리서 예수를 보고 달려와 절하며 [7]큰 소리로 부르짖어 이르되 지극히 높으신 하나님의 아들 예수여 나와 당신이 무슨 상관이 있나이까 원하건대 하나님 앞에 맹세하고 나를 괴롭히지 마옵소서 하니 [8]이는 예수께서 이미 그에게 이르시기를 더러운 귀신아 그 사람에게서 나오라 하셨음이라 [9]이에 물으시되 네 이름이 무엇이냐 이르되 내 이름은 군대니 우리가 많음이니이다 하고 [10]자기를 그 지방에서 내보내지 마시기를 간구하더니 [11]마침 거기 돼지의 큰 떼가 산 곁에서 먹고 있는지라 [12]이에 간구하여 이르되 우리를 돼지에게로 보내어 들어가게 하소서 하니 [13]허락하신대 더러운 귀신들이 나와서 돼지에게로 들어가매 거의 이천 마리 되는 떼가 바다를 향하여 비탈로 내리달아 바다에서 몰사하거늘 [14]치던 자들이 도망하여 읍내와 여러 마을에 말하니 사람들이 어떻게 되었는지를 보러 와서 [15]예수께 이르러 그 귀신 들렸던 자 곧 군대 귀신 지폈던 자가 옷을 입고 정신이 온전하여 앉은 것을 보고 두려워하더라 [16]이에 귀신 들렸던 자가 당한 것과 돼지의 일을 본 자들이 그들에게 알리매 [17]그들이 예수께 그 지방에서 떠나시기를 간구하더라 [18]예수께서 배에 오르실 때에 귀신 들렸던 사람이 함께 있기를 간구하였으나 [19]허락하지 아니하시고 그에게 이르시되 집으로 돌아가 주께서 네게 어떻게 큰 일을 행하사 너를 불쌍히 여기신 것을 네 가족에게 알리라 하시니 [20]그가 가서 예수께서 자기에게 어떻게 큰 일 행하셨는지를 데가볼리에 전파하니 모든 사람이 놀랍게 여기더라

마 8:28 또 예수께서 건너편 가다라 지방에 가시매 귀신 들린 자 둘이 무덤 사이에서 나와 예수를 만나니 그들은 몹시 사나워 아무도 그 길로 지나갈 수 없을 지경이더라 [29]이에 그들이 소리 질러 이르되 하나님의 아들이여 우리가 당신과 무슨 상관이 있나이까 때가 이르기 전에 우리를 괴롭게 하려고 여기 오셨나이까 하더니 [30]마침 멀리서 많은 돼지 떼가 먹고 있는지라 [31]귀신들이 예수께 간구하여 이르되 만일 우리를 쫓아 내시려면 돼지 떼에 들여 보내 주소서 하니 [32]그들에게 가라 하시니 귀신들이 나와서 돼지에게로 들어가는지라 온 떼가 비탈로 내리달아 바다에 들어가서 물에서 몰사하거늘 [33]치던 자들이 달아나 시내에 들어가 이 모든 일과 귀신 들린 자의 일을 고하니 [34]온 시내가 예수를 만나려고 나가서 보고 그 지방에서 떠나시기를 간구하더라

눅 8:26 그들이 갈릴리 맞은편 거라사인의 땅에 이르러 [27]예수께서 육지에 내리시매 그 도시

사람으로서 귀신 들린 자 하나가 예수를 만나니 그 사람은 오래 옷을 입지 아니하며 집에 거하
지도 아니하고 무덤 사이에 거하는 자라 [28]예수를 보고 부르짖으며 그 앞에 엎드려 큰 소리로
불러 이르되 지극히 높으신 하나님의 아들 예수여 당신이 나와 무슨 상관이 있나이까 당신께
구하노니 나를 괴롭게 하지 마옵소서 하니 [29]이는 예수께서 이미 더러운 귀신을 명하사 그 사
람에게서 나오라 하셨음이라 [30]예수께서 네 이름이 무엇이냐 물으신즉 이르되 군대라 하니 이
는 많은 귀신이 들렸음이라 [31]무저갱으로 들어가라 하지 마시기를 간구하더니 [32]마침 그 곳에
많은 돼지 떼가 산에서 먹고 있는지라 귀신들이 그 돼지에게로 들어가게 허락하심을 간구하니
이에 허락하시니 [33]귀신들이 그 사람에게서 나와 돼지에게로 들어가니 그 떼가 비탈로 내리달
아 호수에 들어가 몰사하거늘 [34]치던 자들이 그 이루어진 일을 보고 도망하여 성내와 마을에
알리니 [35]사람들이 그 이루어진 일을 보러 나와서 예수께 이르러 귀신 나간 사람이 옷을 입고
정신이 온전하여 예수의 발치에 앉아 있는 것을 보고 두려워하거늘 [36]귀신 들렸던 자가 어떻
게 구원 받았는지를 본 자들이 그들에게 이르매 [37]거라사인의 땅 근방 모든 백성이 크게 두려
워하여 예수께 떠나가시기를 구하더라 예수께서 배에 올라 돌아가실새 [38]귀신 나간 사람이 함
께 있기를 구하였으나 예수께서 그를 보내시며 이르시되 [39]집으로 돌아가 하나님이 네게 어떻
게 큰 일을 행하셨는지를 말하라 하시니 그가 가서 예수께서 자기에게 어떻게 큰 일을 행하셨
는지를 온 성내에 전파하니라

막 5:21-43 야이로의 딸과 혈루증 여인 치유

[21]예수께서 배를 타시고 다시 맞은편으로 건너가시니 큰 무리가 그에게로 모이거늘 이에 바닷가
에 계시더니 [22]회당장 중의 하나인 야이로라 하는 이가 와서 예수를 보고 발 아래 엎드리어 [23]간
곡히 구하여 이르되 내 어린 딸이 죽게 되었사오니 오셔서 그 위에 손을 얹으사 그로 구원을 받아
살게 하소서 하거늘 [24]이에 그와 함께 가실새 큰 무리가 따라가며 에워싸 밀더라 [25]열두 해를 혈
루증으로 앓아 온 한 여자가 있어 [26]많은 의사에게 많은 괴로움을 받았고 가진 것도 다 허비하였
으되 아무 효험이 없고 도리어 더 중하여졌던 차에 [27]예수의 소문을 듣고 무리 가운데 끼어 뒤로
와서 그의 옷에 손을 대니 [28]이는 내가 그의 옷에만 손을 대어도 구원을 받으리라 생각함일러라
[29]이에 그의 혈루 근원이 곧 마르매 병이 나은 줄을 몸에 깨달으니라 [30]예수께서 그 능력이 자기
에게서 나간 줄을 곧 스스로 아시고 무리 가운데서 돌이켜 말씀하시되 누가 내 옷에 손을 대었느
냐 하시니 [31]제자들이 여짜오되 무리가 에워싸 미는 것을 보시며 누가 내게 손을 대었느냐 물으시
나이까 하되 [32]예수께서 이 일 행한 여자를 보려고 둘러 보시니 [33]여자가 자기에게 이루어진 일을
알고 두려워하여 떨며 와서 그 앞에 엎드려 모든 사실을 여쭈니 [34]예수께서 이르시되 딸아 네 믿
음이 너를 구원하였으니 평안히 가라 네 병에서 놓여 건강할지어다 [35]아직 예수께서 말씀하실 때
에 회당장의 집에서 사람들이 와서 회당장에게 이르되 당신의 딸이 죽었나이다 어찌하여 선생을
더 괴롭게 하나이까 [36]예수께서 그 하는 말을 곁에서 들으시고 회당장에게 이르시되 두려워하지
말고 믿기만 하라 하시고 [37]베드로와 야고보와 야고보의 형제 요한 외에 아무도 따라옴을 허락하

지 아니하시고 38회당장의 집에 함께 가사 떠드는 것과 사람들이 울며 심히 통곡함을 보시고 39들
어가서 그들에게 이르시되 너희가 어찌하여 떠들며 우느냐 이 아이가 죽은 것이 아니라 잔다 하시
니 40그들이 비웃더라 예수께서 그들을 다 내보내신 후에 아이의 부모와 또 자기와 함께 한 자들
을 데리시고 아이 있는 곳에 들어가사 41그 아이의 손을 잡고 이르시되 달리다굼 하시니 번역하면
곧 내가 네게 말하노니 소녀야 일어나라 하심이라 42소녀가 곧 일어나서 걸으니 나이가 열두 살이
라 사람들이 곧 크게 놀라고 놀라거늘 43예수께서 이 일을 아무도 알지 못하게 하라고 그들을 많
이 경계하시고 이에 소녀에게 먹을 것을 주라 하시니라

마 9:18 예수께서 이 말씀을 하실 때에 한 관리가 와서 절하며 이르되 내 딸이 방금 죽었사오
나 오셔서 그 몸에 손을 얹어 주소서 그러면 살아나겠나이다 하니 19예수께서 일어나 따라가
시매 제자들도 가더니 20열두 해 동안이나 혈루증으로 앓는 여자가 예수의 뒤로 와서 그 겉옷
가를 만지니 21이는 제 마음에 그 겉옷만 만져도 구원을 받겠다 함이라 22예수께서 돌이켜 그
를 보시며 이르시되 딸아 안심하라 네 믿음이 너를 구원하였다 하시니 여자가 그 즉시 구원을
받으니라 23예수께서 그 관리의 집에 가사 피리 부는 자들과 떠드는 무리를 보시고 24이르시되
물러가라 이 소녀가 죽은 것이 아니라 잔다 하시니 그들이 비웃더라 25무리를 내보낸 후에 예
수께서 들어가사 소녀의 손을 잡으시매 일어나는지라 26그 소문이 그 온 땅에 퍼지더라

눅 8:40 예수께서 돌아오시매 무리가 환영하니 이는 다 기다렸음이러라 41이에 회당장인 야
이로라 하는 사람이 와서 예수의 발 아래에 엎드려 자기 집에 오시기를 간구하니 42이는 자기
에게 열두 살 된 외딸이 있어 죽어감이러라 예수께서 가실 때에 무리가 밀려들더라 43이에 열
두 해를 혈루증으로 앓는 중에 아무에게도 고침을 받지 못하던 여자가 44예수의 뒤로 와서 그
의 옷 가에 손을 대니 혈루증이 즉시 그쳤더라 45예수께서 이르시되 내게 손을 댄 자가 누구냐
하시니 다 아니라 할 때에 베드로가 이르되 주여 무리가 밀려들어 미나이다 46예수께서 이르
시되 내게 손을 댄 자가 있도다 이는 내게서 능력이 나간 줄 앎이로다 하신대 47여자가 스스로
숨기지 못할 줄 알고 떨며 나아와 엎드리어 그 손 댄 이유와 곧 나은 것을 모든 사람 앞에서 말
하니 48예수께서 이르시되 딸아 네 믿음이 너를 구원하였으니 평안히 가라 하시더라 49아직 말
씀하실 때에 회당장의 집에서 사람이 와서 말하되 당신의 딸이 죽었나이다 선생님을 더 괴롭
게 하지 마소서 하거늘 50예수께서 들으시고 이르시되 두려워하지 말고 믿기만 하라 그리하면
딸이 구원을 얻으리라 하시고 51그 집에 이르러 베드로와 요한과 야고보와 아이의 부모 외에
는 함께 들어가기를 허락하지 아니하시니라 52모든 사람이 아이를 위하여 울며 통곡하매 예수
께서 이르시되 울지 말라 죽은 것이 아니라 잔다 하시니 53그들이 그 죽은 것을 아는 고로 비
웃더라 54예수께서 아이의 손을 잡고 불러 이르시되 아이야 일어나라 하시니 55그 영이 돌아와
아이가 곧 일어나거늘 예수께서 먹을 것을 주라 명하시니 56그 부모가 놀라는지라 예수께서
경고하사 이 일을 아무에게도 말하지 말라 하시니라

막 6:1-6 고향의 배척

1예수께서 거기를 떠나사 고향으로 가시니 제자들도 따르니라 2안식일이 되어 회당에서 가르치
시니 많은 사람이 듣고 놀라 이르되 이 사람이 어디서 이런 것을 얻었느냐 이 사람이 받은 지혜와
그 손으로 이루어지는 이런 권능이 어찌됨이냐 3이 사람이 마리아의 아들 목수가 아니냐 야고보
와 요셉과 유다와 시몬의 형제가 아니냐 그 누이들이 우리와 함께 여기 있지 아니하냐 하고 예수
를 배척한지라 4예수께서 그들에게 이르시되 선지자가 자기 고향과 자기 친척과 자기 집 외에서
는 존경을 받지 못함이 없느니라 하시며 5거기서는 아무 권능도 행하실 수 없어 다만 소수의 병자
에게 안수하여 고치실 뿐이었고 6그들이 믿지 않음을 이상히 여기셨더라 이에 모든 촌에 두루 다
니시며 가르치시더라

마 13:53 예수께서 이 모든 비유를 마치신 후에 그 곳을 떠나서 54고향으로 돌아가사 그들의
회당에서 가르치시니 그들이 놀라 이르되 이 사람의 이 지혜와 이런 능력이 어디서 났느냐 55이
는 그 목수의 아들이 아니냐 그 어머니는 마리아, 그 형제들은 야고보, 요셉, 시몬, 유다라 하
지 않느냐 56그 누이들은 다 우리와 함께 있지 아니하냐 그런즉 이 사람의 이 모든 것이 어디
서 났느냐 하고 57예수를 배척한지라 예수께서 그들에게 말씀하시되 선지자가 자기 고향과 자
기 집 외에서는 존경을 받지 않음이 없느니라 하시고 58그들이 믿지 않음으로 말미암아 거기
서 많은 능력을 행하지 아니하시니라

눅 4:23 예수께서 그들에게 이르시되 너희가 반드시 의사야 너 자신을 고치라 하는 속담을 인
용하여 내게 말하기를 우리가 들은 바 가버나움에서 행한 일을 네 고향 여기서도 행하라 하리
라 24또 이르시되 내가 진실로 너희에게 이르노니 선지자가 고향에서는 환영을 받는 자가 없
느니라 25내가 참으로 너희에게 이르노니 엘리야 시대에 하늘이 삼 년 육 개월간 닫히어 온 땅
에 큰 흉년이 들었을 때에 이스라엘에 많은 과부가 있었으되 26엘리야가 그 중 한 사람에게도
보내심을 받지 않고 오직 시돈 땅에 있는 사렙다의 한 과부에게 뿐이었으며 27또 선지자 엘리
사 때에 이스라엘에 많은 나병환자가 있었으되 그 중의 한 사람도 깨끗함을 얻지 못하고 오직
수리아 사람 나아만뿐이었느니라 28회당에 있는 자들이 이것을 듣고 다 크게 화가 나서 29일어
나 동네 밖으로 쫓아내어 그 동네가 건설된 산 낭떠러지까지 끌고 가서 밀쳐 떨어뜨리고자 하
되 30예수께서 그들 가운데로 지나서 가시니라

요 4:43 이틀이 지나매 예수께서 거기를 떠나 갈릴리로 가시며 44친히 증언하시기를 선지자가
고향에서는 높임을 받지 못한다 하시고 45갈릴리에 이르시매 갈릴리인들이 그를 영접하니 이
는 자기들도 명절에 갔다가 예수께서 명절중 예루살렘에서 하신 모든 일을 보았음이더라

막 6:7-13 열두 제자 파송

7열두 제자를 부르사 둘씩 둘씩 보내시며 더러운 귀신을 제어하는 권능을 주시고 8명하시되 여행
을 위하여 지팡이 외에는 양식이나 배낭이나 전대의 돈이나 아무 것도 가지지 말며 9신만 신고 두
벌 옷도 입지 말라 하시고 10또 이르시되 어디서든지 누구의 집에 들어가거든 그 곳을 떠나기까지
거기 유하라 11어느 곳에서든지 너희를 영접하지 아니하고 너희 말을 듣지도 아니하거든 거기서
나갈 때에 발 아래 먼지를 떨어버려 그들에게 증거를 삼으라 하시니 12제자들이 나가서 회개하라
전파하고 13많은 귀신을 쫓아내며 많은 병자에게 기름을 발라 고치더라

마 10:5 예수께서 이 열둘을 내보내시며 명하여 이르시되 이방인의 길로도 가지 말고 사마리
아인의 고을에도 들어가지 말고 6오히려 이스라엘 집의 잃어버린 양에게로 가라 7가면서 전파
하여 말하되 천국이 가까이 왔다 하고 8병든 자를 고치며 죽은 자를 살리며 나병환자를 깨끗
하게 하며 귀신을 쫓아내되 너희가 거저 받았으니 거저 주라 9너희 전대에 금이나 은이나 동을
가지지 말고 10여행을 위하여 배낭이나 두 벌 옷이나 신이나 지팡이를 가지지 말라 이는 일꾼
이 자기의 먹을 것 받는 것이 마땅함이라 11어떤 성이나 마을에 들어가든지 그 중에 합당한 자
를 찾아내어 너희가 떠나기까지 거기서 머물라 12또 그 집에 들어가면서 평안하기를 빌라 13그
집이 이에 합당하면 너희 빈 평안이 거기 임할 것이요 만일 합당하지 아니하면 그 평안이 너희
에게 돌아올 것이니라 14누구든지 너희를 영접하지도 아니하고 너희 말을 듣지도 아니하거든
그 집이나 성에서 나가 너희 발의 먼지를 떨어 버리라 15내가 진실로 너희에게 이르노니 심판
날에 소돔과 고모라 땅이 그 성보다 견디기 쉬우리라

눅 9:1 예수께서 열두 제자를 불러 모으사 모든 귀신을 제어하며 병을 고치는 능력과 권위를
주시고 2하나님의 나라를 전파하며 앓는 자를 고치게 하려고 내보내시며 3이르시되 여행을 위
하여 아무 것도 가지지 말라 지팡이나 배낭이나 양식이나 돈이나 두 벌 옷을 가지지 말며 4어
느 집에 들어가든지 거기서 머물다가 거기서 떠나라 5누구든지 너희를 영접하지 아니하거든
그 성에서 떠날 때에 너희 발에서 먼지를 떨어 버려 그들에게 증거를 삼으라 하시니 6제자들
이 나가 각 마을에 두루 다니며 곳곳에 복음을 전하며 병을 고치더라

막 6:14-29 세례 요한의 죽음

14이에 예수의 이름이 드러난지라 헤롯 왕이 듣고 이르되 이는 세례 요한이 죽은 자 가운데서 살
아났도다 그러므로 이런 능력이 그 속에서 일어나느니라 하고 15어떤 이는 그가 엘리야라 하고 또
어떤 이는 그가 선지자니 옛 선지자 중의 하나와 같다 하되 16헤롯은 듣고 이르되 내가 목 벤 요한
그가 살아났다 하더라 17전에 헤롯이 자기가 동생 빌립의 아내 헤로디아에게 장가 든 고로 이 여

자를 위하여 사람을 보내어 요한을 잡아 옥에 가두었으니 18이는 요한이 헤롯에게 말하되 동생의
아내를 취한 것이 옳지 않다 하였음이라 19헤로디아가 요한을 원수로 여겨 죽이고자 하였으되 하
지 못한 것은 20헤롯이 요한을 의롭고 거룩한 사람으로 알고 두려워하여 보호하며 또 그의 말을
들을 때에 크게 번민을 하면서도 달갑게 들음이러라 21마침 기회가 좋은 날이 왔으니 곧 헤롯이
자기 생일에 대신들과 천부장들과 갈릴리의 귀인들로 더불어 잔치할새 22헤로디아의 딸이 친히
들어와 춤을 추어 헤롯과 그와 함께 앉은 자들을 기쁘게 한지라 왕이 그 소녀에게 이르되 무엇이
든지 네가 원하는 것을 내게 구하라 내가 주리라 하고 23또 맹세하기를 무엇이든지 네가 내게 구
하면 내 나라의 절반까지라도 주리라 하거늘 24그가 나가서 그 어머니에게 말하되 내가 무엇을 구
하리이까 그 어머니가 이르되 세례 요한의 머리를 구하라 하니 25그가 곧 왕에게 급히 들어가 구
하여 이르되 세례 요한의 머리를 소반에 얹어 곧 내게 주기를 원하옵나이다 하니 26왕이 심히 근
심하나 자기가 맹세한 것과 그 앉은 자들로 인하여 그를 거절할 수 없는지라 27왕이 곧 시위병 하
나를 보내어 요한의 머리를 가져오라 명하니 그 사람이 나가 옥에서 요한을 목 베어 28그 머리를
소반에 얹어다가 소녀에게 주니 소녀가 이것을 그 어머니에게 주니라 29요한의 제자들이 듣고 와
서 시체를 가져다가 장사하니라

마 14:1 그 때에 분봉 왕 헤롯이 예수의 소문을 듣고 2그 신하들에게 이르되 이는 세례 요한이
라 그가 죽은 자 가운데서 살아났으니 그러므로 이런 능력이 그 속에서 역사하는도다 하더라
3전에 헤롯이 그 동생 빌립의 아내 헤로디아의 일로 요한을 잡아 결박하여 옥에 가두었으니 4이
는 요한이 헤롯에게 말하되 당신이 그 여자를 차지한 것이 옳지 않다 하였음이라 5헤롯이 요
한을 죽이려 하되 무리가 그를 선지자로 여기므로 그들을 두려워하더니 6마침 헤롯의 생일이
되어 헤로디아의 딸이 연석 가운데서 춤을 추어 헤롯을 기쁘게 하니 7헤롯이 맹세로 그에게
무엇이든지 달라는 대로 주겠다고 약속하거늘 8그가 제 어머니의 시킴을 듣고 이르되 세례 요
한의 머리를 소반에 얹어 여기서 내게 주소서 하니 9왕이 근심하나 자기가 맹세한 것과 그 함
께 앉은 사람들 때문에 주라 명하고 10사람을 보내어 옥에서 요한의 목을 베어 11그 머리를 소
반에 얹어서 그 소녀에게 주니 그가 자기 어머니에게로 가져가니라 12요한의 제자들이 와서
시체를 가져다가 장사하고 가서 예수께 아뢰니라

눅 9:7 분봉 왕 헤롯이 이 모든 일을 듣고 심히 당황하니 이는 어떤 사람은 요한이 죽은 자 가
운데서 살아났다고도 하며 8어떤 사람은 엘리야가 나타났다고도 하며 어떤 사람은 옛 선지자
한 사람이 다시 살아났다고도 함이라 9헤롯이 이르되 요한은 내가 목을 베었거늘 이제 이런
일이 들리니 이 사람이 누군가 하며 그를 보고자 하더라

막 6:30 사도들의 보고

30사도들이 예수께 모여 자기들이 행한 것과 가르친 것을 낱낱이 고하니

눅 9:10 사도들이 돌아와 자기들이 행한 모든 것을 예수께 여쭈니 데리시고 따로 벳새다라는
고을로 떠나 가셨으나

막 6:31-44 오병이어 기적

31이르시되 너희는 따로 한적한 곳에 가서 잠깐 쉬어라 하시니 이는 오고 가는 사람이 많아 음식
먹을 겨를도 없음이라 32이에 배를 타고 따로 한적한 곳에 갈새 33그들이 가는 것을 보고 많은 사
람이 그들인 줄 안지라 모든 고을로부터 도보로 그 곳에 달려와 그들보다 먼저 갔더라 34예수께서
나오사 큰 무리를 보시고 그 목자 없는 양 같음으로 인하여 불쌍히 여기사 이에 여러 가지로 가르
치시더라 35때가 저물어가매 제자들이 예수께 나아와 여짜오되 이 곳은 빈 들이요 날도 저물어가
니 36무리를 보내어 두루 촌과 마을로 가서 무엇을 사 먹게 하옵소서 37대답하여 이르시되 너희가
먹을 것을 주라 하시니 여짜오되 우리가 가서 이백 데나리온의 떡을 사다 먹이리이까 38이르시되
너희에게 떡 몇 개나 있는지 가서 보라 하시니 알아보고 이르되 떡 다섯 개와 물고기 두 마리가 있
더이다 하거늘 39제자들에게 명하사 그 모든 사람으로 떼를 지어 푸른 잔디 위에 앉게 하시니 40떼
로 백 명씩 또는 오십 명씩 앉은지라 41예수께서 떡 다섯 개와 물고기 두 마리를 가지사 하늘을 우
러러 축사하시고 떡을 떼어 제자들에게 주어 사람들에게 나누어 주게 하시고 또 물고기 두 마리도
모든 사람에게 나누시매 42다 배불리 먹고 43남은 떡 조각과 물고기를 열두 바구니에 차게 거두었
으며 44떡을 먹은 남자는 오천 명이었더라

마 14:13 예수께서 들으시고 배를 타고 떠나사 따로 빈 들에 가시니 무리가 듣고 여러 고을로
부터 걸어서 따라간지라 14예수께서 나오사 큰 무리를 보시고 불쌍히 여기사 그 중에 있는 병
자를 고쳐 주시니라 15저녁이 되매 제자들이 나아와 이르되 이 곳은 빈 들이요 때도 이미 저물
었으니 무리를 보내어 마을에 들어가 먹을 것을 사 먹게 하소서 16예수께서 이르시되 갈 것 없
다 너희가 먹을 것을 주라 17제자들이 이르되 여기 우리에게 있는 것은 떡 다섯 개와 물고기
두 마리뿐이니이다 18이르시되 그것을 내게 가져오라 하시고 19무리를 명하여 잔디 위에 앉히
시고 떡 다섯 개와 물고기 두 마리를 가지사 하늘을 우러러 축사하시고 떡을 떼어 제자들에게
주시매 제자들이 무리에게 주니 20다 배불리 먹고 남은 조각을 열두 바구니에 차게 거두었으
며 21먹은 사람은 여자와 어린이 외에 오천 명이나 되었더라

눅 9:10 사도들이 돌아와 자기들이 행한 모든 것을 예수께 여쭈니 데리시고 따로 벳새다라는
고을로 떠나 가셨으나 11무리가 알고 따라왔거늘 예수께서 그들을 영접하사 하나님 나라의 일

을 이야기하시며 병 고칠 자들은 고치시더라 12날이 저물어 가매 열두 사도가 나아와 여짜오
되 무리를 보내어 두루 마을과 촌으로 가서 유하며 먹을 것을 얻게 하소서 우리가 있는 여기는
빈 들이니이다 13예수께서 이르시되 너희가 먹을 것을 주라 하시니 여짜오되 우리에게 떡 다
섯 개와 물고기 두 마리밖에 없으니 이 모든 사람을 위하여 먹을 것을 사지 아니하고서는 할
수 없사옵나이다 하니 14이는 남자가 한 오천 명 됨이러라 제자들에게 이르시되 떼를 지어 한
오십 명씩 앉히라 하시니 15제자들이 이렇게 하여 다 앉힌 후 16예수께서 떡 다섯 개와 물고기
두 마리를 가지사 하늘을 우러러 축사하시고 떼어 제자들에게 주어 무리에게 나누어 주게 하
시니 17먹고 다 배불렀더라 그 남은 조각을 열두 바구니에 거두니라

요 6:1 그 후에 예수께서 디베랴의 갈릴리 바다 건너편으로 가시매 2큰 무리가 따르니 이는 병
자들에게 행하시는 표적을 보았음이러라 3예수께서 산에 오르사 제자들과 함께 거기 앉으시
니 4마침 유대인의 명절인 유월절이 가까운지라 5예수께서 눈을 들어 큰 무리가 자기에게로
오는 것을 보시고 빌립에게 이르시되 우리가 어디서 떡을 사서 이 사람들을 먹이겠느냐 하시
니 6이렇게 말씀하심은 친히 어떻게 하실지를 아시고 빌립을 시험하고자 하심이라 7빌립이 대
답하되 각 사람으로 조금씩 받게 할지라도 이백 데나리온의 떡이 부족하리이다 8제자 중 하나
곧 시몬 베드로의 형제 안드레가 예수께 여짜오되 9여기 한 아이가 있어 보리떡 다섯 개와 물
고기 두 마리를 가지고 있나이다 그러나 그것이 이 많은 사람에게 얼마나 되겠사옵나이까 10예
수께서 이르시되 이 사람들로 앉게 하라 하시니 그 곳에 잔디가 많은지라 사람들이 앉으니 수
가 오천 명쯤 되더라 11예수께서 떡을 가져 축사하신 후에 앉아 있는 자들에게 나눠 주시고 물
고기도 그렇게 그들의 원대로 주시니라 12그들이 배부른 후에 예수께서 제자들에게 이르시되
남은 조각을 거두고 버리는 것이 없게 하라 하시므로 13이에 거두니 보리떡 다섯 개로 먹고 남
은 조각이 열두 바구니에 찼더라 14그 사람들이 예수께서 행하신 이 표적을 보고 말하되 이는
참으로 세상에 오실 그 선지자라 하더라 15그러므로 예수께서 그들이 와서 자기를 억지로 붙
들어 임금으로 삼으려는 줄 아시고 다시 혼자 산으로 떠나 가시니라

막 6:45-52 물위 걷는 기적

45예수께서 즉시 제자들을 재촉하사 자기가 무리를 보내는 동안에 배 타고 앞서 건너편 벳새다로
가게 하시고 46무리를 작별하신 후에 기도하러 산으로 가시니라 47저물매 배는 바다 가운데 있고
예수께서는 홀로 뭍에 계시다가 48바람이 거스르므로 제자들이 힘겹게 노 젓는 것을 보시고 밤 사
경쯤에 바다 위로 걸어서 그들에게 오사 지나가려고 하시매 49제자들이 그가 바다 위로 걸어 오심
을 보고 유령인가 하여 소리 지르니 50그들이 다 예수를 보고 놀람이라 이에 예수께서 곧 그들에
게 말씀하여 이르시되 안심하라 내니 두려워하지 말라 하시고 51배에 올라 그들에게 가시니 바람
이 그치는지라 제자들이 마음에 심히 놀라니 52이는 그들이 그 떡 떼시던 일을 깨닫지 못하고 도
리어 그 마음이 둔하여졌음이러라

마 14:22 예수께서 즉시 제자들을 재촉하사 자기가 무리를 보내는 동안에 배를 타고 앞서 건
너편으로 가게 하시고 23무리를 보내신 후에 기도하러 따로 산에 올라가시니라 저물매 거기
혼자 계시더니 24배가 이미 육지에서 수 리나 떠나서 바람이 거스르므로 물결로 말미암아 고
난을 당하더라 25밤 사경에 예수께서 바다 위로 걸어서 제자들에게 오시니 26제자들이 그가 바
다 위로 걸어오심을 보고 놀라 유령이라 하며 무서워하여 소리 지르거늘 27예수께서 즉시 이
르시되 안심하라 나니 두려워하지 말라 28베드로가 대답하여 이르되 주여 만일 주님이시거든
나를 명하사 물 위로 오라 하소서 하니 29오라 하시니 베드로가 배에서 내려 물 위로 걸어서
예수께로 가되 30바람을 보고 무서워 빠져 가는지라 소리 질러 이르되 주여 나를 구원하소서
하니 31예수께서 즉시 손을 내밀어 그를 붙잡으시며 이르시되 믿음이 작은 자여 왜 의심하였
느냐 하시고 32배에 함께 오르매 바람이 그치는지라 33배에 있는 사람들이 예수께 절하며 이르
되 진실로 하나님의 아들이로소이다 하더라

요 6:16 저물매 제자들이 바다에 내려가서 17배를 타고 바다를 건너 가버나움으로 가는데 이
미 어두웠고 예수는 아직 그들에게 오시지 아니하셨더니 18큰 바람이 불어 파도가 일어나더라
19제자들이 노를 저어 십여 리쯤 가다가 예수께서 바다 위로 걸어 배에 가까이 오심을 보고 두
려워하거늘 20이르시되 내니 두려워하지 말라 하신대 21이에 기뻐서 배로 영접하니 배는 곧 그
들이 가려던 땅에 이르렀더라

막 6:53-56 게네사렛 치유

53건너가 게네사렛 땅에 이르러 대고 54배에서 내리니 사람들이 곧 예수신 줄을 알고 55그 온 지방
으로 달려 돌아 다니며 예수께서 어디 계시다는 말을 듣는 대로 병든 자를 침상째로 메고 나아오
니 56아무 데나 예수께서 들어가시는 지방이나 도시나 마을에서 병자를 시장에 두고 예수께 그의
옷 가에라도 손을 대게 하시기를 간구하니 손을 대는 자는 다 성함을 얻으니라

마 14:34 그들이 건너가 게네사렛 땅에 이르니 35그 곳 사람들이 예수이신 줄을 알고 그 근방
에 두루 통지하여 모든 병든 자를 예수께 데리고 와서 36다만 예수의 옷자락에라도 손을 대게
하시기를 간구하니 손을 대는 자는 다 나음을 얻으니라

막 7:1-23 장로들의 전통 논쟁

1바리새인들과 또 서기관 중 몇이 예루살렘에서 와서 예수께 모여들었다가 2그의 제자 중 몇 사람
이 부정한 손 곧 씻지 아니한 손으로 떡 먹는 것을 보았더라 3(바리새인들과 모든 유대인들은 장

로들의 전통을 지키어 손을 잘 씻지 않고서는 음식을 먹지 아니하며 4또 시장에서 돌아와서도 물
을 뿌리지 않고서는 먹지 아니하며 그 외에도 여러 가지를 지키어 오는 것이 있으니 잔과 주발과
놋그릇을 씻음이러라) 5이에 바리새인들과 서기관들이 예수께 묻되 어찌하여 당신의 제자들은 장
로들의 전통을 준행하지 아니하고 부정한 손으로 떡을 먹나이까 6이르시되 이사야가 너희 외식하
는 자에 대하여 잘 예언하였도다 기록하였으되 이 백성이 입술로는 나를 공경하되 마음은 내게서
멀도다 7사람의 계명으로 교훈을 삼아 가르치니 나를 헛되이 경배하는도다 하였느니라 8너희가
하나님의 계명은 버리고 사람의 전통을 지키느니라 9또 이르시되 너희가 너희 전통을 지키려고
하나님의 계명을 잘 저버리는도다 10모세는 네 부모를 공경하라 하고 또 아버지나 어머니를 모욕
하는 자는 죽임을 당하리라 하였거늘 11너희는 이르되 사람이 아버지에게나 어머니에게나 말하기
를 내가 드려 유익하게 할 것이 고르반 곧 하나님께 드림이 되었다고 하기만 하면 그만이라 하고
12자기 아버지나 어머니에게 다시 아무 것도 하여 드리기를 허락하지 아니하여 13너희가 전한 전
통으로 하나님의 말씀을 폐하며 또 이같은 일을 많이 행하느니라 하시고 14무리를 시 불러 이르시
되 너희는 다 내 말을 듣고 깨달으라 15무엇이든지 밖에서 사람에게로 들어가는 것은 능히 사람을
더럽게 하지 못하되 16사람 안에서 나오는 것이 사람을 더럽게 하는 것이니라 하시고 17무리를 떠
나 집으로 들어가시니 제자들이 그 비유를 묻자온대 18예수께서 이르시되 너희도 이렇게 깨달음
이 없느냐 무엇이든지 밖에서 들어가는 것이 능히 사람을 더럽게 하지 못함을 알지 못하느냐 19이
는 마음으로 들어가지 아니하고 배로 들어가 뒤로 나감이라 이러므로 모든 음식물을 깨끗하다 하
시니라 20또 이르시되 사람에게서 나오는 그것이 사람을 더럽게 하느니라 21속에서 곧 사람의 마
음에서 나오는 것은 악한 생각 곧 음란과 도둑질과 살인과 22간음과 탐욕과 악독과 속임과 음탕과
질투와 비방과 교만과 우매함이니 23이 모든 악한 것이 다 속에서 나와서 사람을 더럽게 하느니라

마 15:1 그 때에 바리새인과 서기관들이 예루살렘으로부터 예수께 나아와 이르되 2당신의 제
자들이 어찌하여 장로들의 전통을 범하나이까 떡 먹을 때에 손을 씻지 아니하나이다 3대답하
여 이르시되 너희는 어찌하여 너희의 전통으로 하나님의 계명을 범하느냐 4하나님이 이르셨
으되 네 부모를 공경하라 하시고 또 아버지나 어머니를 비방하는 자는 반드시 죽임을 당하리
라 하셨거늘 5너희는 이르되 누구든지 아버지에게나 어머니에게 말하기를 내가 드려 유익하
게 할 것이 하나님께 드림이 되었다고 하기만 하면 6그 부모를 공경할 것이 없다 하여 너희의
전통으로 하나님의 말씀을 폐하는도다 7외식하는 자들아 이사야가 너희에 관하여 잘 예언하
였도다 일렀으되 8이 백성이 입술로는 나를 공경하되 마음은 내게서 멀도다 9사람의 계명으
로 교훈을 삼아 가르치니 나를 헛되이 경배하는도다 하였느니라 하시고 10무리를 불러 이르시
되 듣고 깨달으라 11입으로 들어가는 것이 사람을 더럽게 하는 것이 아니라 입에서 나오는 그
것이 사람을 더럽게 하는 것이니라 12이에 제자들이 나아와 이르되 바리새인들이 이 말씀을
듣고 걸림이 된 줄 아시나이까 13예수께서 대답하여 이르시되 심은 것마다 내 하늘 아버지께
서 심으시지 않은 것은 뽑힐 것이니 14그냥 두라 그들은 맹인이 되어 맹인을 인도하는 자로다
만일 맹인이 맹인을 인도하면 둘이 다 구덩이에 빠지리라 하시니 15베드로가 대답하여 이르되
이 비유를 우리에게 설명하여 주옵소서 16예수께서 이르시되 너희도 아직까지 깨달음이 없느

냐 [17]입으로 들어가는 모든 것은 배로 들어가서 뒤로 내버려지는 줄 알지 못하느냐 [18]입에서
나오는 것들은 마음에서 나오나니 이것이야말로 사람을 더럽게 하느니라 [19]마음에서 나오는
것은 악한 생각과 살인과 간음과 음란과 도둑질과 거짓 증언과 비방이니 [20]이런 것들이 사람
을 더럽게 하는 것이요 씻지 않은 손으로 먹는 것은 사람을 더럽게 하지 못하느니라

막 7:24-30 수로보니게 여자 딸 축귀

[24]예수께서 일어나사 거기를 떠나 두로 지방으로 가서 한 집에 들어가 아무도 모르게 하시려 하나
숨길 수 없더라 [25]이에 더러운 귀신 들린 어린 딸을 둔 한 여자가 예수의 소문을 듣고 곧 와서 그
발 아래에 엎드리니 [26]그 여자는 헬라인이요 수로보니게 족속이라 자기 딸에게서 귀신 쫓아내 주
시기를 간구하거늘 [27]예수께서 이르시되 자녀로 먼저 배불리 먹게 할지니 자녀의 떡을 취하여 개
들에게 던짐이 마땅치 아니하니라 [28]여자가 대답하여 이르되 주여 옳소이다마는 상 아래 개들도
아이들이 먹던 부스러기를 먹나이다 [29]예수께서 이르시되 이 말을 하였으니 돌아가라 귀신이 네
딸에게서 나갔느니라 하시매 [30]여자가 집에 돌아가 본즉 아이가 침상에 누웠고 귀신이 나갔더라

마 15:21 예수께서 거기서 나가사 두로와 시돈 지방으로 들어가시니 [22]가나안 여자 하나가 그
지경에서 나와서 소리 질러 이르되 주 다윗의 자손이여 나를 불쌍히 여기소서 내 딸이 흉악하
게 귀신 들렸나이다 하되 [23]예수는 한 말씀도 대답하지 아니하시니 제자들이 와서 청하여 말
하되 그 여자가 우리 뒤에서 소리를 지르오니 그를 보내소서 [24]예수께서 대답하여 이르시되
나는 이스라엘 집의 잃어버린 양 외에는 다른 데로 보내심을 받지 아니하였노라 하시니 [25]여
자가 와서 예수께 절하며 이르되 주여 저를 도우소서 [26]대답하여 이르시되 자녀의 떡을 취하
여 개들에게 던짐이 마땅하지 아니하니라 [27]여자가 이르되 주여 옳소이다마는 개들도 제 주인
의 상에서 떨어지는 부스러기를 먹나이다 하니 [28]이에 예수께서 대답하여 이르시되 여자여 네
믿음이 크도다 네 소원대로 되리라 하시니 그 때로부터 그의 딸이 나으니라

막 7:31-37 갈릴리 치유

[31]예수께서 다시 두로 지방에서 나와 시돈을 지나고 데가볼리 지방을 통과하여 갈릴리 호수에 이
르시매 [32]사람들이 귀 먹고 말 더듬는 자를 데리고 예수께 나아와 안수하여 주시기를 간구하거늘
[33]예수께서 그 사람을 따로 데리고 무리를 떠나사 손가락을 그의 양 귀에 넣고 침을 뱉어 그의 혀
에 손을 대시며 [34]하늘을 우러러 탄식하시며 그에게 이르시되 에바다 하시니 이는 열리라는 뜻이
라 [35]그의 귀가 열리고 혀가 맺힌 것이 곧 풀려 말이 분명하여졌더라 [36]예수께서 그들에게 경고하
사 아무에게도 이르지 말라 하시되 경고하실수록 그들이 더욱 널리 전파하니 [37]사람들이 심히 놀

라 이르되 그가 모든 것을 잘하였도다 못 듣는 사람도 듣게 하고 말 못하는 사람도 말하게 한다 하
니라

마 15:29 예수께서 거기서 떠나사 갈릴리 호숫가에 이르러 산에 올라가 거기 앉으시니 [30]큰
무리가 다리 저는 사람과 장애인과 맹인과 말 못하는 사람과 기타 여럿을 데리고 와서 예수의
발 앞에 앉히매 고쳐 주시니 [31]말 못하는 사람이 말하고 장애인이 온전하게 되고 다리 저는 사
람이 걸으며 맹인이 보는 것을 무리가 보고 놀랍게 여겨 이스라엘의 하나님께 영광을 돌리니라

막 8:1-10 칠병이어 기적

[1]그 무렵에 또 큰 무리가 있어 먹을 것이 없는지라 예수께서 제자들을 불러 이르시되 [2]내가 무리
를 불쌍히 여기노라 그들이 나와 함께 있은 지 이미 사흘이 지났으나 먹을 것이 없도다 [3]만일 내
가 그들을 굶겨 집으로 보내면 길에서 기진하리라 그 중에는 멀리서 온 사람들도 있느니라 [4]제자
들이 대답하되 이 광야 어디서 떡을 얻어 이 사람들로 배부르게 할 수 있으리이까 [5]예수께서 물으
시되 너희에게 떡 몇 개나 있느냐 이르되 일곱이로소이다 하거늘 [6]예수께서 무리를 명하여 땅에
앉게 하시고 떡 일곱 개를 가지사 축사하시고 떼어 제자들에게 주어 나누어 주게 하시니 제자들이
무리에게 나누어 주더라 [7]또 작은 생선 두어 마리가 있는지라 이에 축복하시고 명하사 이것도 나
누어 주게 하시니 [8]배불리 먹고 남은 조각 일곱 광주리를 거두었으며 [9]사람은 약 사천 명이었더라
예수께서 그들을 흩어 보내시고 [10]곧 제자들과 함께 배에 오르사 달마누다 지방으로 가시니라

마 15:32 예수께서 제자들을 불러 이르시되 내가 무리를 불쌍히 여기노라 그들이 나와 함께
있은 지 이미 사흘이매 먹을 것이 없도다 길에서 기진할까 하여 굶겨 보내지 못하겠노라 [33]제
자들이 이르되 광야에 있어 우리가 어디서 이런 무리가 배부를 만큼 떡을 얻으리이까 [34]예수
께서 이르시되 너희에게 떡이 몇 개나 있느냐 이르되 일곱 개와 작은 생선 두어 마리가 있나이
다 하거늘 [35]예수께서 무리에게 명하사 땅에 앉게 하시고 [36]떡 일곱 개와 그 생선을 가지사 축
사하시고 떼어 제자들에게 주시니 제자들이 무리에게 주매 [37]다 배불리 먹고 남은 조각을 일
곱 광주리에 차게 거두었으며 [38]먹은 자는 여자와 어린이 외에 사천 명이었더라 [39]예수께서 무
리를 흩어 보내시고 배에 오르사 마가단 지경으로 가시니라

막 8:11-13 표적 구함

[11]바리새인들이 나와서 예수를 힐난하며 그를 시험하여 하늘로부터 오는 표적을 구하거늘 [12]예수

께서 마음속으로 깊이 탄식하시며 이르시되 어찌하여 이 세대가 표적을 구하느냐 내가 진실로 너
희에게 이르노니 이 세대에 표적을 주지 아니하리라 하시고 [13]그들을 떠나 다시 배에 올라 건너편
으로 가시니라

마 16:1 바리새인과 사두개인들이 와서 예수를 시험하여 하늘로부터 오는 표적 보이기를 청
하니 [2]예수께서 대답하여 이르시되 너희가 저녁에 하늘이 붉으면 날이 좋겠다 하고 [3]아침에
하늘이 붉고 흐리면 오늘은 날이 궂겠다 하나니 너희가 날씨는 분별할 줄 알면서 시대의 표적
은 분별할 수 없느냐 [4]악하고 음란한 세대가 표적을 구하나 요나의 표적 밖에는 보여 줄 표적
이 없느니라 하시고 그들을 떠나 가시니라

눅 12:54 또 무리에게 이르시되 너희가 구름이 서쪽에서 이는 것을 보면 곧 말하기를 소나기
가 오리라 하나니 과연 그러하고 [55]남풍이 부는 것을 보면 말하기를 심히 더우리라 하나니 과
연 그러하니라 [56]외식하는 자여 너희가 천지의 기상은 분간할 줄 알면서 어찌 이 시대는 분간
하지 못하느냐

막 8:14-21 바리새인들과 헤롯의 누룩 주의

[14]제자들이 떡 가져오기를 잊었으매 배에 떡 한 개밖에 그들에게 없더라 [15]예수께서 경고하여 이
르시되 삼가 바리새인들의 누룩과 헤롯의 누룩을 주의하라 하시니 [16]제자들이 서로 수군거리기를
이는 우리에게 떡이 없음이로다 하거늘 [17]예수께서 아시고 이르시되 너희가 어찌 떡이 없음으로
수군거리느냐 아직도 알지 못하며 깨닫지 못하느냐 너희 마음이 둔하냐 [18]너희가 눈이 있어도 보
지 못하며 귀가 있어도 듣지 못하느냐 또 기억하지 못하느냐 [19]내가 떡 다섯 개를 오천 명에게 떼
어 줄 때에 조각 몇 바구니를 거두었더냐 이르되 열둘이니이다 [20]또 일곱 개를 사천 명에게 떼어
줄 때에 조각 몇 광주리를 거두었더냐 이르되 일곱이니이다 [21]이르시되 아직도 깨닫지 못하느냐
하시니라

마 16:5 제자들이 건너편으로 갈새 떡 가져가기를 잊었더니 [6]예수께서 이르시되 삼가 바리새
인과 사두개인들의 누룩을 주의하라 하시니 [7]제자들이 서로 논의하여 이르되 우리가 떡을 가
져오지 아니하였도다 하거늘 [8]예수께서 아시고 이르시되 믿음이 작은 자들아 어찌 떡이 없으
므로 서로 논의하느냐 [9]너희가 아직도 깨닫지 못하느냐 떡 다섯 개로 오천 명을 먹이고 주운
것이 몇 바구니며 [10]떡 일곱 개로 사천 명을 먹이고 주운 것이 몇 광주리였는지를 기억하지 못
하느냐 [11]어찌 내 말한 것이 떡에 관함이 아닌 줄을 깨닫지 못하느냐 오직 바리새인과 사두개
인들의 누룩을 주의하라 하시니 [12]그제서야 제자들이 떡의 누룩이 아니요 바리새인과 사두개
인들의 교훈을 삼가라고 말씀하신 줄을 깨달으니라

막 8:22-26 벳세다 맹인 치유

22벳새다에 이르매 사람들이 맹인 한 사람을 데리고 예수께 나아와 손 대시기를 구하거늘 23예수
께서 맹인의 손을 붙잡으시고 마을 밖으로 데리고 나가사 눈에 침을 뱉으시며 그에게 안수하시고
무엇이 보이느냐 물으시니 24쳐다보며 이르되 사람들이 보이나이다 나무 같은 것들이 걸어 가는
것을 보나이다 하거늘 25이에 그 눈에 다시 안수하시매 그가 주목하여 보더니 나아서 모든 것을 밝
히 보는지라 26예수께서 그 사람을 집으로 보내시며 이르시되 마을에는 들어가지 말라 하시니라

막 8:27-30 베드로의 고백

27예수와 제자들이 빌립보 가이사랴 여러 마을로 나가실새 길에서 제자들에게 물어 이르시되 사
람들이 나를 누구라고 하느냐 28제자들이 여짜와 이르되 세례 요한이라 하고 더러는 엘리야, 더러
는 선지자 중의 하나라 하나이다 29또 물으시되 너희는 나를 누구라 하느냐 베드로가 대답하여 이
르되 주는 그리스도시니이다 하매 30이에 자기의 일을 아무에게도 말하지 말라 경고하시고

마 16:13 예수께서 빌립보 가이사랴 지방에 이르러 제자들에게 물어 이르시되 사람들이 인자
를 누구라 하느냐 14이르되 더러는 세례 요한, 더러는 엘리야, 어떤 이는 예레미야나 선지자 중
의 하나라 하나이다 15이르시되 너희는 나를 누구라 하느냐 16시몬 베드로가 대답하여 이르
되 주는 그리스도시요 살아 계신 하나님의 아들이시니이다 17예수께서 대답하여 이르시되 바
요나 시몬아 네가 복이 있도다 이를 네게 알게 한 이는 혈육이 아니요 하늘에 계신 내 아버지
시니라 18또 내가 네게 이르노니 너는 베드로라 내가 이 반석 위에 내 교회를 세우리니 음부의
권세가 이기지 못하리라 19내가 천국 열쇠를 네게 주리니 네가 땅에서 무엇이든지 매면 하늘
에서도 매일 것이요 네가 땅에서 무엇이든지 풀면 하늘에서도 풀리리라 하시고 20이에 제자들
에게 경고하사 자기가 그리스도인 것을 아무에게도 이르지 말라 하시니라

눅 9:18 예수께서 따로 기도하실 때에 제자들이 주와 함께 있더니 물어 이르시되 무리가 나를
누구라고 하느냐 19대답하여 이르되 세례 요한이라 하고 더러는 엘리야라, 더러는 옛 선지자
중의 한 사람이 살아났다 하나이다 20예수께서 이르시되 너희는 나를 누구라 하느냐 베드로가
대답하여 이르되 하나님의 그리스도시니이다 하니 21경고하사 이 말을 아무에게도 이르지 말
라 명하시고

막 8:31-9:1 수난 예고(I)

31인자가 많은 고난을 받고 장로들과 대제사장들과 서기관들에게 버린 바 되어 죽임을 당하고 사
흘 만에 살아나야 할 것을 비로소 그들에게 가르치시되 32드러내 놓고 이 말씀을 하시니 베드로가
예수를 붙들고 항변하매 33예수께서 돌이키사 제자들을 보시며 베드로를 꾸짖어 이르시되 사탄아
내 뒤로 물러가라 네가 하나님의 일을 생각하지 아니하고 도리어 사람의 일을 생각하는도다 하시
고 34무리와 제자들을 불러 이르시되 누구든지 나를 따라오려거든 자기를 부인하고 자기 십자가
를 지고 나를 따를 것이니라 35누구든지 자기 목숨을 구원하고자 하면 잃을 것이요 누구든지 나와
복음을 위하여 자기 목숨을 잃으면 구원하리라 36사람이 만일 온 천하를 얻고도 자기 목숨을 잃으
면 무엇이 유익하리요 37사람이 무엇을 주고 자기 목숨과 바꾸겠느냐 38누구든지 이 음란하고 죄
많은 세대에서 나와 내 말을 부끄러워하면 인자도 아버지의 영광으로 거룩한 천사들과 함께 올 때
에 그 사람을 부끄러워하리라 9:1 또 그들에게 이르시되 내가 진실로 너희에게 이르노니 여기 서
있는 사람 중에는 죽기 전에 하나님의 나라가 권능으로 임하는 것을 볼 자들도 있느니라 하시니라

마 16:21 이 때로부터 예수 그리스도께서 자기가 예루살렘에 올라가 장로들과 대제사장들과
서기관들에게 많은 고난을 받고 죽임을 당하고 제삼일에 살아나야 할 것을 제자들에게 비로소
나타내시니 22베드로가 예수를 붙들고 항변하여 이르되 주여 그리 마옵소서 이 일이 결코 주
께 미치지 아니하리이다 23예수께서 돌이키시며 베드로에게 이르시되 사탄아 내 뒤로 물러 가
라 너는 나를 넘어지게 하는 자로다 네가 하나님의 일을 생각하지 아니하고 도리어 사람의 일
을 생각하는도다 하시고 24이에 예수께서 제자들에게 이르시되 누구든지 나를 따라오려거든
자기를 부인하고 자기 십자가를 지고 나를 따를 것이니라 25누구든지 제 목숨을 구원하고자
하면 잃을 것이요 누구든지 나를 위하여 제 목숨을 잃으면 찾으리라 26사람이 만일 온 천하를
얻고도 제 목숨을 잃으면 무엇이 유익하리요 사람이 무엇을 주고 제 목숨과 바꾸겠느냐 27인
자가 아버지의 영광으로 그 천사들과 함께 오리니 그 때에 각 사람이 행한 대로 갚으리라 28진
실로 너희에게 이르노니 여기 서 있는 사람 중에 죽기 전에 인자가 그 왕권을 가지고 오는 것
을 볼 자들도 있느니라

눅 9:22 이르시되 인자가 많은 고난을 받고 장로들과 대제사장들과 서기관들에게 버린 바 되
어 죽임을 당하고 제삼일에 살아나야 하리라 하시고 23또 무리에게 이르시되 아무든지 나를
따라오려거든 자기를 부인하고 날마다 제 십자가를 지고 나를 따를 것이니라 24누구든지 제 목
숨을 구원하고자 하면 잃을 것이요 누구든지 나를 위하여 제 목숨을 잃으면 구원하리라 25사
람이 만일 온 천하를 얻고도 자기를 잃든지 빼앗기든지 하면 무엇이 유익하리요 26누구든지
나와 내 말을 부끄러워하면 인자도 자기와 아버지와 거룩한 천사들의 영광으로 올 때에 그 사
람을 부끄러워하리라 27내가 참으로 너희에게 이르노니 여기 서 있는 사람 중에 죽기 전에 하
나님의 나라를 볼 자들도 있느니라

막 9:2-8 변화산

2엿새 후에 예수께서 베드로와 야고보와 요한을 데리시고 따로 높은 산에 올라가셨더니 그들 앞에서 변형되사 3그 옷이 광채가 나며 세상에서 빨래하는 자가 그렇게 희게 할 수 없을 만큼 매우 희어졌더라 4이에 엘리야가 모세와 함께 그들에게 나타나 예수와 더불어 말하거늘 5베드로가 예수께 고하되 랍비여 우리가 여기 있는 것이 좋사오니 우리가 초막 셋을 짓되 하나는 주를 위하여, 하나는 모세를 위하여, 하나는 엘리야를 위하여 하사이다 하니 6이는 그들이 몹시 무서워하므로 그가 무슨 말을 할지 알지 못함이더라 7마침 구름이 와서 그들을 덮으며 구름 속에서 소리가 나되 이는 내 사랑하는 아들이니 너희는 그의 말을 들으라 하는지라 8문득 둘러보니 아무도 보이지 아니하고 오직 예수와 자기들뿐이었더라

마 17:1 엿새 후에 예수께서 베드로와 야고보와 그 형제 요한을 데리시고 따로 높은 산에 올라가셨더니 2그들 앞에서 변형되사 그 얼굴이 해 같이 빛나며 옷이 빛과 같이 희어졌더라 3그 때에 모세와 엘리야가 예수와 더불어 말하는 것이 그들에게 보이거늘 4베드로가 예수께 여쭈어 이르되 주여 우리가 여기 있는 것이 좋사오니 만일 주께서 원하시면 내가 여기서 초막 셋을 짓되 하나는 주님을 위하여, 하나는 모세를 위하여, 하나는 엘리야를 위하여 하리이다 5말할 때에 홀연히 빛난 구름이 그들을 덮으며 구름 속에서 소리가 나서 이르시되 이는 내 사랑하는 아들이요 내 기뻐하는 자니 너희는 그의 말을 들으라 하시는지라 6제자들이 듣고 엎드려 심히 두려워하니 7예수께서 나아와 그들에게 손을 대시며 이르시되 일어나라 두려워하지 말라 하시니 8제자들이 눈을 들고 보매 오직 예수 외에는 아무도 보이지 아니하더라

눅 9:28 이 말씀을 하신 후 팔 일쯤 되어 예수께서 베드로와 요한과 야고보를 데리고 기도하시러 산에 올라가사 29기도하실 때에 용모가 변화되고 그 옷이 희어져 광채가 나더라 30문득 두 사람이 예수와 함께 말하니 이는 모세와 엘리야라 31영광중에 나타나서 장차 예수께서 예루살렘에서 별세하실 것을 말할새 32베드로와 및 함께 있는 자들이 깊이 졸다가 온전히 깨어나 예수의 영광과 및 함께 선 두 사람을 보더니 33두 사람이 떠날 때에 베드로가 예수께 여짜오되 주여 우리가 여기 있는 것이 좋사오니 우리가 초막 셋을 짓되 하나는 주를 위하여, 하나는 모세를 위하여, 하나는 엘리야를 위하여 하사이다 하되 자기가 하는 말을 자기도 알지 못하더라 34이 말 할 즈음에 구름이 와서 그들을 덮는지라 구름 속으로 들어갈 때에 그들이 무서워하더니 35구름 속에서 소리가 나서 이르되 이는 나의 아들 곧 택함을 받은 자니 너희는 그의 말을 들으라 하고 36소리가 그치매 오직 예수만 보이더라 제자들이 잠잠하여 그 본 것을 무엇이든지 그 때에는 아무에게도 이르지 아니하니라

막 9:9-13 엘리야

[9]그들이 산에서 내려올 때에 예수께서 경고하시되 인자가 죽은 자 가운데서 살아날 때까지는 본
것을 아무에게도 이르지 말라 하시니 [10]그들이 이 말씀을 마음에 두며 서로 문의하되 죽은 자 가
운데서 살아나는 것이 무엇일까 하고 [11]이에 예수께 묻자와 이르되 어찌하여 서기관들이 엘리야
가 먼저 와야 하리라 하나이까 [12]이르시되 엘리야가 과연 먼저 와서 모든 것을 회복하거니와 어찌
인자에 대하여 기록하기를 많은 고난을 받고 멸시를 당하리라 하였느냐 [13]그러나 내가 너희에게
이르노니 엘리야가 왔으되 기록된 바와 같이 사람들이 함부로 대우하였느니라 하시니라

마 17:9 그들이 산에서 내려올 때에 예수께서 명하여 이르시되 인자가 죽은 자 가운데서 살
아나기 전에는 본 것을 아무에게도 이르지 말라 하시니 [10]제자들이 물어 이르되 그러면 어찌
하여 서기관들이 엘리야가 먼저 와야 하리라 하나이까 [11]예수께서 대답하여 이르시되 엘리야
가 과연 먼저 와서 모든 일을 회복하리라 [12]내가 너희에게 말하노니 엘리야가 이미 왔으되 사
람들이 알지 못하고 임의로 대우하였도다 인자도 이와 같이 그들에게 고난을 받으리라 하시니
[13]그제서야 제자들이 예수께서 말씀하신 것이 세례 요한인 줄을 깨달으니라

막 9:14-29 어린 아이 축귀

[14]이에 그들이 제자들에게 와서 보니 큰 무리가 그들을 둘러싸고 서기관들이 그들과 더불어 변론
하고 있더라 [15]온 무리가 곧 예수를 보고 매우 놀라며 달려와 문안하거늘 [16]예수께서 물으시되 너
희가 무엇을 그들과 변론하느냐 [17]무리 중의 하나가 대답하되 선생님 말 못하게 귀신 들린 내 아
들을 선생님께 데려왔나이다 [18]귀신이 어디서든지 그를 잡으면 거꾸러져 거품을 흘리며 이를 갈
며 그리고 파리해지는지라 내가 선생님의 제자들에게 내쫓아 달라 하였으나 그들이 능히 하지 못
하더이다 [19]대답하여 이르시되 믿음이 없는 세대여 내가 얼마나 너희와 함께 있으며 얼마나 너희
에게 참으리요 그를 내게로 데려오라 하시매 [20]이에 데리고 오니 귀신이 예수를 보고 곧 그 아이
로 심히 경련을 일으키게 하는지라 그가 땅에 엎드러져 구르며 거품을 흘리더라 [21]예수께서 그
아버지에게 물으시되 언제부터 이렇게 되었느냐 하시니 이르되 어릴 때부터니이다 [22]귀신이 그
를 죽이려고 불과 물에 자주 던졌나이다 그러나 무엇을 하실 수 있거든 우리를 불쌍히 여기사 도
와 주옵소서 [23]예수께서 이르시되 할 수 있거든이 무슨 말이냐 믿는 자에게는 능히 하지 못할 일
이 없느니라 하시니 [24]곧 그 아이의 아버지가 소리를 질러 이르되 내가 믿나이다 나의 믿음 없는
것을 도와 주소서 하더라 [25]예수께서 무리가 달려와 모이는 것을 보시고 그 더러운 귀신을 꾸짖어
이르시되 말 못하고 못 듣는 귀신아 내가 네게 명하노니 그 아이에게서 나오고 다시 들어가지 말
라 하시매 [26]귀신이 소리 지르며 아이로 심히 경련을 일으키게 하고 나가니 그 아이가 죽은 것 같
이 되어 많은 사람이 말하기를 죽었다 하나 [27]예수께서 그 손을 잡아 일으키시니 이에 일어서니라

[28]집에 들어가시매 제자들이 조용히 묻자오되 우리는 어찌하여 능히 그 귀신을 쫓아내지 못하였
나이까 [29]이르시되 기도 외에 다른 것으로는 이런 종류가 나갈 수 없느니라 하시니라

마 17:14 그들이 무리에게 이르매 한 사람이 예수께 와서 꿇어 엎드려 이르되 [15]주여 내 아들
을 불쌍히 여기소서 그가 간질로 심히 고생하여 자주 불에도 넘어지며 물에도 넘어지는지라
[16]내가 주의 제자들에게 데리고 왔으나 능히 고치지 못하더이다 [17]예수께서 대답하여 이르시
되 믿음이 없고 패역한 세대여 내가 얼마나 너희와 함께 있으며 얼마나 너희에게 참으리요 그
를 이리로 데려오라 하시니라 [18]이에 예수께서 꾸짖으시니 귀신이 나가고 아이가 그 때부터
나으니라 [19]이 때에 제자들이 조용히 예수께 나아와 이르되 우리는 어찌하여 쫓아내지 못하였
나이까 [20]이르시되 너희 믿음이 작은 까닭이니라 진실로 너희에게 이르노니 만일 너희에게 믿
음이 겨자씨 한 알 만큼만 있어도 이 산을 명하여 여기서 저기로 옮겨지라 하면 옮겨질 것이요
또 너희가 못할 것이 없으리라

눅 9:37 이튿날 산에서 내려오시니 큰 무리가 맞을새 [38]무리 중의 한 사람이 소리 질러 이르되
선생님 청컨대 내 아들을 돌보아 주옵소서 이는 내 외아들이니이다 [39]귀신이 그를 잡아 갑자
기 부르짖게 하고 경련을 일으켜 거품을 흘리게 하며 몹시 상하게 하고야 겨우 떠나 가나이다
[40]당신의 제자들에게 내쫓아 주기를 구하였으나 그들이 능히 못하더이다 [41]예수께서 대답하여
이르시되 믿음이 없고 패역한 세대여 내가 얼마나 너희와 함께 있으며 너희에게 참으리요 네
아들을 이리로 데리고 오라 하시니 [42]올 때에 귀신이 그를 거꾸러뜨리고 심한 경련을 일으키
게 하는지라 예수께서 더러운 귀신을 꾸짖으시고 아이를 낫게 하사 그 아버지에게 도로 주시
니 [43a] 사람들이 다 하나님의 위엄에 놀라니라

막 9:30-32 수난 예고(II)

[30]그 곳을 떠나 갈릴리 가운데로 지날새 예수께서 아무에게도 알리고자 아니하시니 [31]이는 제자
들을 가르치시며 또 인자가 사람들의 손에 넘겨져 죽임을 당하고 죽은 지 삼 일만에 살아나리라는
것을 말씀하셨기 때문이더라 [32]그러나 제자들은 이 말씀을 깨닫지 못하고 묻기도 두려워하더라

마 17:22 갈릴리에 모일 때에 예수께서 제자들에게 이르시되 인자가 장차 사람들의 손에 넘
겨져 [23]죽임을 당하고 제삼일에 살아나리라 하시니 제자들이 매우 근심하더라

눅 9:43b 그들이 다 그 행하시는 모든 일을 놀랍게 여길새 예수께서 제자들에게 이르시되 [44]이
말을 너희 귀에 담아 두라 인자가 장차 사람들의 손에 넘겨지리라 하시되 [45]그들이 이 말씀을
알지 못하니 이는 그들로 깨닫지 못하게 숨긴 바 되었음이라 또 그들은 이 말씀을 묻기도 두려
워하더라

막 9:33-37 제자들의 쟁론: 누가 크냐?

33가버나움에 이르러 집에 계실새 제자들에게 물으시되 너희가 길에서 서로 토론한 것이 무엇이
냐 하시되 34그들이 잠잠하니 이는 길에서 서로 누가 크냐 하고 쟁론하였음이라 35예수께서 앉으
사 열두 제자를 불러서 이르시되 누구든지 첫째가 되고자 하면 뭇 사람의 끝이 되며 뭇 사람을 섬
기는 자가 되어야 하리라 하시고 36어린 아이 하나를 데려다가 그들 가운데 세우시고 안으시며 제
자들에게 이르시되 37누구든지 내 이름으로 이런 어린 아이 하나를 영접하면 곧 나를 영접함이요
누구든지 나를 영접하면 나를 영접함이 아니요 나를 보내신 이를 영접함이니라

마 18:1 그 때에 제자들이 예수께 나아와 이르되 천국에서는 누가 크니이까 2예수께서 한 어
린 아이를 불러 그들 가운데 세우시고 3이르시되 진실로 너희에게 이르노니 너희가 돌이켜 어
린 아이들과 같이 되지 아니하면 결단코 천국에 들어가지 못하리라 4그러므로 누구든지 이 어
린 아이와 같이 자기를 낮추는 사람이 천국에서 큰 자니라 5또 누구든지 내 이름으로 이런 어
린 아이 하나를 영접하면 곧 나를 영접함이니

눅 9:46 제자 중에서 누가 크냐 하는 변론이 일어나니 47예수께서 그 마음에 변론하는 것을 아
시고 어린 아이 하나를 데려다가 자기 곁에 세우시고 48그들에게 이르시되 누구든지 내 이름
으로 이런 어린 아이를 영접하면 곧 나를 영접함이요 또 누구든지 나를 영접하면 곧 나를 보내
신 이를 영접함이라 너희 모든 사람 중에 가장 작은 그가 큰 자니라

막 9:38-41 반대하지 않는 자는 위하는 자

38요한이 예수께 여짜오되 선생님 우리를 따르지 않는 어떤 자가 주의 이름으로 귀신을 내쫓는 것
을 우리가 보고 우리를 따르지 아니하므로 금하였나이다 39예수께서 이르시되 금하지 말라 내 이
름을 의탁하여 능한 일을 행하고 즉시로 나를 비방할 자가 없느니라 40우리를 반대하지 않는 자는
우리를 위하는 자니라 41누구든지 너희가 그리스도에게 속한 자라 하여 물 한 그릇이라도 주면 내
가 진실로 너희에게 이르노니 그가 결코 상을 잃지 않으리라

눅 9:49 요한이 여짜오되 주여 어떤 사람이 주의 이름으로 귀신을 내쫓는 것을 우리가 보고
우리와 함께 따르지 아니하므로 금하였나이다 50예수께서 이르시되 금하지 말라 너희를 반대
하지 않는 자는 너희를 위하는 자니라 하시니라

막 9:42-49 작은 자 실족과 지옥

42또 누구든지 나를 믿는 이 작은 자들 중 하나라도 실족하게 하면 차라리 연자맷돌이 그 목에 매
여 바다에 던져지는 것이 나으리라 43만일 네 손이 너를 범죄하게 하거든 찍어버리라 장애인으로
영생에 들어가는 것이 두 손을 가지고 지옥 곧 꺼지지 않는 불에 들어가는 것보다 나으니라 44(없
음) 45만일 네 발이 너를 범죄하게 하거든 찍어버리라 다리 저는 자로 영생에 들어가는 것이 두 발
을 가지고 지옥에 던져지는 것보다 나으니라 46(없음) 47만일 네 눈이 너를 범죄하게 하거든 빼버
리라 한 눈으로 하나님의 나라에 들어가는 것이 두 눈을 가지고 지옥에 던져지는 것보다 나으니라
48거기에서는 구더기도 죽지 않고 불도 꺼지지 아니하느니라 49사람마다 불로써 소금 치듯 함을
받으리라

마 18:6 누구든지 나를 믿는 이 작은 자 중 하나를 실족하게 하면 차라리 연자 맷돌이 그 목에
달려서 깊은 바다에 빠뜨려지는 것이 나으니라 7실족하게 하는 일들이 있음으로 말미암아 세
상에 화가 있도다 실족하게 하는 일이 없을 수는 없으나 실족하게 하는 그 사람에게는 화가 있
도다 8만일 네 손이나 네 발이 너를 범죄하게 하거든 찍어 내버리라 장애인이나 다리 저는 자
로 영생에 들어가는 것이 두 손과 두 발을 가지고 영원한 불에 던져지는 것보다 나으니라 9만
일 네 눈이 너를 범죄하게 하거든 빼어 내버리라 한 눈으로 영생에 들어가는 것이 두 눈을 가
지고 지옥 불에 던져지는 것보다 나으니라 10삼가 이 작은 자 중의 하나도 업신여기지 말라 너
희에게 말하노니 그들의 천사들이 하늘에서 하늘에 계신 내 아버지의 얼굴을 항상 뵈옵느니라

막 9:50 소금

50소금은 좋은 것이로되 만일 소금이 그 맛을 잃으면 무엇으로 이를 짜게 하리요 너희 속에 소금
을 두고 서로 화목하라 하시니라

마 5:13 너희는 세상의 소금이니 소금이 만일 그 맛을 잃으면 무엇으로 짜게 하리요 후에는
아무 쓸 데 없어 다만 밖에 버려져 사람에게 밟힐 뿐이니라

눅 14:34 소금이 좋은 것이나 소금도 만일 그 맛을 잃으면 무엇으로 짜게 하리요 35땅에도, 거
름에도 쓸 데 없어 내버리느니라 들을 귀가 있는 자는 들을지어다 하시니라

막 10:1-12 이혼에 대한 교훈

1예수께서 거기서 떠나 유대 지경과 요단 강 건너편으로 가시니 무리가 다시 모여들거늘 예수께
서 다시 전례대로 가르치시더니 2바리새인들이 예수께 나아와 그를 시험하여 묻되 사람이 아내를
버리는 것이 옳으니이까 3대답하여 이르시되 모세가 어떻게 너희에게 명하였느냐 4이르되 모세는
이혼 증서를 써주어 버리기를 허락하였나이다 5예수께서 그들에게 이르시되 너희 마음이 완악함
으로 말미암아 이 명령을 기록하였거니와 6창조 때로부터 사람을 남자와 여자로 지으셨으니 7이
러므로 사람이 그 부모를 떠나서 8그 둘이 한 몸이 될지니라 이러한즉 이제 둘이 아니요 한 몸이니
9그러므로 하나님이 짝지어 주신 것을 사람이 나누지 못할지니라 하시더라 10집에서 제자들이 다
시 이 일을 물으니 11이르시되 누구든지 그 아내를 버리고 다른 데에 장가 드는 자는 본처에게 간
음을 행함이요 12또 아내가 남편을 버리고 다른 데로 시집 가면 간음을 행함이니라

마 19:1 예수께서 이 말씀을 마치시고 갈릴리를 떠나 요단 강 건너 유대 지경에 이르시니 2큰
무리가 따르거늘 예수께서 거기서 그들의 병을 고치시더라 3바리새인들이 예수께 나아와 그
를 시험하여 이르되 사람이 어떤 이유가 있으면 그 아내를 버리는 것이 옳으니이까 4예수께서
대답하여 이르시되 사람을 지으신 이가 본래 그들을 남자와 여자로 지으시고 5말씀하시기를
그러므로 사람이 그 부모를 떠나서 아내에게 합하여 그 둘이 한 몸이 될지니라 하신 것을 읽지
못하였느냐 6그런즉 이제 둘이 아니요 한 몸이니 그러므로 하나님이 짝지어 주신 것을 사람이
나누지 못할지니라 하시니 7여짜오되 그러면 어찌하여 모세는 이혼 증서를 주어서 버리라 명
하였나이까 8예수께서 이르시되 모세가 너희 마음의 완악함 때문에 아내 버림을 허락하였거
니와 본래는 그렇지 아니하니라 9내가 너희에게 말하노니 누구든지 음행한 이유 외에 아내를
버리고 다른 데 장가 드는 자는 간음함이니라

막 10:13-16 어린 아이들 안수

13사람들이 예수께서 만져 주심을 바라고 어린 아이들을 데리고 오매 제자들이 꾸짖거늘 14예수
께서 보시고 노하시어 이르시되 어린 아이들이 내게 오는 것을 용납하고 금하지 말라 하나님의 나
라가 이런 자의 것이니라 15내가 진실로 너희에게 이르노니 누구든지 하나님의 나라를 어린 아이
와 같이 받들지 않는 자는 결단코 그 곳에 들어가지 못하리라 하시고 16그 어린 아이들을 안고 그
들 위에 안수하시고 축복하시니라

마 19:13 그 때에 사람들이 예수께서 안수하고 기도해 주심을 바라고 어린 아이들을 데리고
오매 제자들이 꾸짖거늘 14예수께서 이르시되 어린 아이들을 용납하고 내게 오는 것을 금하지
말라 천국이 이런 사람의 것이니라 하시고 15그들에게 안수하시고 거기를 떠나시니라

눅 18:15 사람들이 예수께서 만져 주심을 바라고 자기 어린 아기를 데리고 오매 제자들이 보
고 꾸짖거늘 16예수께서 그 어린 아이들을 불러 가까이 하시고 이르시되 어린 아이들이 내게
오는 것을 용납하고 금하지 말라 하나님의 나라가 이런 자의 것이니라 17내가 진실로 너희에
게 이르노니 누구든지 하나님의 나라를 어린 아이와 같이 받아들이지 않는 자는 결단코 거기
들어가지 못하리라 하시니라

막 10:17-27 부자와 영생

17예수께서 길에 나가실새 한 사람이 달려와서 꿇어 앉아 묻자오되 선한 선생님이여 내가 무엇을
하여야 영생을 얻으리이까 18예수께서 이르시되 네가 어찌하여 나를 선하다 일컫느냐 하나님 한
분 외에는 선한 이가 없느니라 19네가 계명을 아나니 살인하지 말라, 간음하지 말라, 도둑질하지
말라, 거짓 증언 하지 말라, 속여 빼앗지 말라, 네 부모를 공경하라 하였느니라 20그가 여짜오되 선
생님이여 이것은 내가 어려서부터 다 지켰나이다 21예수께서 그를 보시고 사랑하사 이르시되 네
게 아직도 한 가지 부족한 것이 있으니 가서 네게 있는 것을 다 팔아 가난한 자들에게 주라 그리하
면 하늘에서 보화가 네게 있으리라 그리고 와서 나를 따르라 하시니 22그 사람은 재물이 많은 고
로 이 말씀으로 인하여 슬픈 기색을 띠고 근심하며 가니라 23예수께서 둘러 보시고 제자들에게 이
르시되 재물이 있는 자는 하나님의 나라에 들어가기가 심히 어렵도다 하시니 24제자들이 그 말씀
에 놀라는지라 예수께서 다시 대답하여 이르시되 얘들아 하나님의 나라에 들어가기가 얼마나 어
려운지 25낙타가 바늘귀로 나가는 것이 부자가 하나님의 나라에 들어가는 것보다 쉬우니라 하시
니 26제자들이 매우 놀라 서로 말하되 그런즉 누가 구원을 얻을 수 있는가 하니 27예수께서 그들
을 보시며 이르시되 사람으로는 할 수 없으되 하나님으로는 그렇지 아니하니 하나님으로서는 다
하실 수 있느니라

마 19:16 어떤 사람이 주께 와서 이르되 선생님이여 내가 무슨 선한 일을 하여야 영생을 얻으
리이까 17예수께서 이르시되 어찌하여 선한 일을 내게 묻느냐 선한 이는 오직 한 분이시니라
네가 생명에 들어 가려면 계명들을 지키라 18이르되 어느 계명이오니이까 예수께서 이르시되
살인하지 말라, 간음하지 말라, 도둑질하지 말라, 거짓 증언 하지 말라, 19네 부모를 공경하라,
네 이웃을 네 자신과 같이 사랑하라 하신 것이니라 20그 청년이 이르되 이 모든 것을 내가 지
키었사온대 아직도 무엇이 부족하니이까 21예수께서 이르시되 네가 온전하고자 할진대 가서
네 소유를 팔아 가난한 자들에게 주라 그리하면 하늘에서 보화가 네게 있으리라 그리고 와서
나를 따르라 하시니 22그 청년이 재물이 많으므로 이 말씀을 듣고 근심하며 가니라 23예수께서
제자들에게 이르시되 내가 진실로 너희에게 이르노니 부자는 천국에 들어가기가 어려우니라
24다시 너희에게 말하노니 낙타가 바늘귀로 들어가는 것이 부자가 하나님의 나라에 들어가는
것보다 쉬우니라 하시니 25제자들이 듣고 몹시 놀라 이르되 그렇다면 누가 구원을 얻을 수 있
으리이까 26예수께서 그들을 보시며 이르시되 사람으로는 할 수 없으나 하나님으로서는 다 하
실 수 있느니라

눅 18:18 어떤 관리가 물어 이르되 선한 선생님이여 내가 무엇을 하여야 영생을 얻으리이까
19예수께서 이르시되 네가 어찌하여 나를 선하다 일컫느냐 하나님 한 분 외에는 선한 이가 없느
니라 20네가 계명을 아나니 간음하지 말라, 살인하지 말라, 도둑질하지 말라, 거짓 증언 하지 말
라, 네 부모를 공경하라 하였느니라 21여짜오되 이것은 내가 어려서부터 다 지키었나이다 22예
수께서 이 말을 들으시고 이르시되 네게 아직도 한 가지 부족한 것이 있으니 네게 있는 것을
다 팔아 가난한 자들에게 나눠 주라 그리하면 하늘에서 네게 보화가 있으리라 그리고 와서 나
를 따르라 하시니 23그 사람이 큰 부자이므로 이 말씀을 듣고 심히 근심하더라 24예수께서 그
를 보시고 이르시되 재물이 있는 자는 하나님의 나라에 들어가기가 얼마나 어려운지 25낙타
가 바늘귀로 들어가는 것이 부자가 하나님의 나라에 들어가는 것보다 쉬우니라 하시니 26듣는
자들이 이르되 그런즉 누가 구원을 얻을 수 있나이까 27이르시되 무릇 사람이 할 수 없는 것을
하나님은 하실 수 있느니라

막 10:28-31 베드로의 질문

28베드로가 여짜와 이르되 보소서 우리가 모든 것을 버리고 주를 따랐나이다 29예수께서 이르시
되 내가 진실로 너희에게 이르노니 나와 복음을 위하여 집이나 형제나 자매나 어머니나 아버지나
자식이나 전토를 버린 자는 30현세에 있어 집과 형제와 자매와 어머니와 자식과 전토를 백 배나
받되 박해를 겸하여 받고 내세에 영생을 받지 못할 자가 없느니라 31그러나 먼저 된 자로서 나중
되고 나중 된 자로서 먼저 될 자가 많으니라

마 19:27 이에 베드로가 대답하여 이르되 보소서 우리가 모든 것을 버리고 주를 따랐사온대
그런즉 우리가 무엇을 얻으리이까 28예수께서 이르시되 내가 진실로 너희에게 이르노니 세상
이 새롭게 되어 인자가 자기 영광의 보좌에 앉을 때에 나를 따르는 너희도 열두 보좌에 앉아
이스라엘 열두 지파를 심판하리라 29또 내 이름을 위하여 집이나 형제나 자매나 부모나 자식
이나 전토를 버린 자마다 여러 배를 받고 또 영생을 상속하리라 30그러나 먼저 된 자로서 나중
되고 나중 된 자로서 먼저 될 자가 많으니라

눅 18:28 베드로가 여짜오되 보옵소서 우리가 우리의 것을 다 버리고 주를 따랐나이다 29이르
시되 내가 진실로 너희에게 이르노니 하나님의 나라를 위하여 집이나 아내나 형제나 부모나
자녀를 버린 자는 30현세에 여러 배를 받고 내세에 영생을 받지 못할 자가 없느니라 하시니라

막 10:32-34 수난 예고(III)

32예루살렘으로 올라가는 길에 예수께서 그들 앞에 서서 가시는데 그들이 놀라고 따르는 자들은

두려워하더라 이에 다시 열두 제자를 데리시고 자기가 당할 일을 말씀하여 이르시되 33보라 우리
가 예루살렘에 올라가노니 인자가 대제사장들과 서기관들에게 넘겨지매 그들이 죽이기로 결의하
고 이방인들에게 넘겨 주겠고 34그들은 능욕하며 침 뱉으며 채찍질하고 죽일 것이나 그는 삼 일
만에 살아나리라 하시니라

마 20:17 예수께서 예루살렘으로 올라가려 하실 때에 열두 제자를 따로 데리시고 길에서 이
르시되 18보라 우리가 예루살렘으로 올라가노니 인자가 대제사장들과 서기관들에게 넘겨지매
그들이 죽이기로 결의하고 19이방인들에게 넘겨 주어 그를 조롱하며 채찍질하며 십자가에 못
박게 할 것이나 제삼일에 살아나리라

눅 18:31 예수께서 열두 제자를 데리시고 이르시되 보라 우리가 예루살렘으로 올라가노니 선
지자들을 통하여 기록된 모든 것이 인자에게 응하리라 32인자가 이방인들에게 넘겨져 희롱을
당하고 능욕을 당하고 침 뱉음을 당하겠으며 33그들은 채찍질하고 그를 죽일 것이나 그는 삼
일 만에 살아나리라 하시되 34제자들이 이것을 하나도 깨닫지 못하였으니 그 말씀이 감취었으
므로 그들이 그 이르신 바를 알지 못하였더라

막 10:35-45 세베대 아들들의 요구와 대속물로 온 인자

35세베대의 아들 야고보와 요한이 주께 나아와 여짜오되 선생님이여 무엇이든지 우리가 구하는
바를 우리에게 하여 주시기를 원하옵나이다 36이르시되 너희에게 무엇을 하여 주기를 원하느냐
37여짜오되 주의 영광중에서 우리를 하나는 주의 우편에, 하나는 좌편에 앉게 하여 주옵소서 38예
수께서 이르시되 너희는 너희가 구하는 것을 알지 못하는도다 내가 마시는 잔을 너희가 마실 수
있으며 내가 받는 세례를 너희가 받을 수 있느냐 39그들이 말하되 할 수 있나이다 예수께서 이르
시되 너희는 내가 마시는 잔을 마시며 내가 받는 세례를 받으려니와 40내 좌우편에 앉는 것은 내
가 줄 것이 아니라 누구를 위하여 준비되었든지 그들이 얻을 것이니라 41열 제자가 듣고 야고보와
요한에 대하여 화를 내거늘 42예수께서 불러다가 이르시되 이방인의 집권자들이 그들을 임의로
주관하고 그 고관들이 그들에게 권세를 부리는 줄을 너희가 알거니와 43너희 중에는 그렇지 않을
지니 너희 중에 누구든지 크고자 하는 자는 너희를 섬기는 자가 되고 44너희 중에 누구든지 으뜸
이 되고자 하는 자는 모든 사람의 종이 되어야 하리라 45인자가 온 것은 섬김을 받으려 함이 아니
라 도리어 섬기려 하고 자기 목숨을 많은 사람의 대속물로 주려 함이니라

마 20:20 그 때에 세베대의 아들들의 어머니가 그 아들들을 데리고 예수께 와서 절하며 무엇을
구하니 21예수께서 이르시되 무엇을 원하느냐 이르되 나의 이 두 아들을 주의 나라에서 하나
는 주의 우편에, 하나는 주의 좌편에 앉게 명하소서 22예수께서 대답하여 이르시되 너희는 너

희가 구하는 것을 알지 못하는도다 내가 마시려는 잔을 너희가 마실 수 있느냐 그들이 말하되 할 수 있나이다 23이르시되 너희가 과연 내 잔을 마시려니와 내 좌우편에 앉는 것은 내가 주는 것이 아니라 내 아버지께서 누구를 위하여 예비하셨든지 그들이 얻을 것이니라 24열 제자가 듣고 그 두 형제에 대하여 분히 여기거늘 25예수께서 제자들을 불러다가 이르시되 이방인의 집권자들이 그들을 임의로 주관하고 그 고관들이 그들에게 권세를 부리는 줄을 너희가 알거니와 26너희 중에는 그렇지 않아야 하나니 너희 중에 누구든지 크고자 하는 자는 너희를 섬기는 자가 되고 27너희 중에 누구든지 으뜸이 되고자 하는 자는 너희의 종이 되어야 하리라 28인자가 온 것은 섬김을 받으려 함이 아니라 도리어 섬기려 하고 자기 목숨을 많은 사람의 대속물로 주려 함이니라

막 10:46-52 여리고 맹인(바디매오) 치유

46그들이 여리고에 이르렀더니 예수께서 제자들과 허다한 무리와 함께 여리고에서 나가실 때에 디매오의 아들인 맹인 거지 바디매오가 길 가에 앉았다가 47나사렛 예수시란 말을 듣고 소리 질러 이르되 다윗의 자손 예수여 나를 불쌍히 여기소서 하거늘 48많은 사람이 꾸짖어 잠잠하라 하되 그가 더욱 크게 소리 질러 이르되 다윗의 자손이여 나를 불쌍히 여기소서 하는지라 49예수께서 머물러 서서 그를 부르라 하시니 그들이 그 맹인을 부르며 이르되 안심하고 일어나라 그가 너를 부르신다 하매 50맹인이 겉옷을 내버리고 뛰어 일어나 예수께 나아오거늘 51예수께서 말씀하여 이르시되 네게 무엇을 하여 주기를 원하느냐 맹인이 이르되 선생님이여 보기를 원하나이다 52예수께서 이르시되 가라 네 믿음이 너를 구원하였느니라 하시니 그가 곧 보게 되어 예수를 길에서 따르니라

마 20:29 그들이 여리고에서 떠나 갈 때에 큰 무리가 예수를 따르더라 30맹인 두 사람이 길 가에 앉았다가 예수께서 지나가신다 함을 듣고 소리 질러 이르되 주여 우리를 불쌍히 여기소서 다윗의 자손이여 하니 31무리가 꾸짖어 잠잠하라 하되 더욱 소리 질러 이르되 주여 우리를 불쌍히 여기소서 다윗의 자손이여 하는지라 32예수께서 머물러 서서 그들을 불러 이르시되 너희에게 무엇을 하여 주기를 원하느냐 33이르되 주여 우리의 눈 뜨기를 원하나이다 34예수께서 불쌍히 여기사 그들의 눈을 만지시니 곧 보게 되어 그들이 예수를 따르니라

눅 18:35 여리고에 가까이 가셨을 때에 한 맹인이 길 가에 앉아 구걸하다가 36무리가 지나감을 듣고 이 무슨 일이냐고 물은대 37그들이 나사렛 예수께서 지나가신다 하니 38맹인이 외쳐 이르되 다윗의 자손 예수여 나를 불쌍히 여기소서 하거늘 39앞서 가는 자들이 그를 꾸짖어 잠잠하라 하되 그가 더욱 크게 소리 질러 다윗의 자손이여 나를 불쌍히 여기소서 하는지라 40예수께서 머물러 서서 명하여 데려오라 하셨더니 그가 가까이 오매 물어 이르시되 41네게 무엇을 하여 주기를 원하느냐 이르되 주여 보기를 원하나이다 42예수께서 그에게 이르시되 보라 네 믿음이 너를 구원하였느니라 하시매 43곧 보게 되어 하나님께 영광을 돌리며 예수를 따르

니 백성이 다 이를 보고 하나님을 찬양하니라

막 11:1-11 예루살렘 입성

1그들이 예루살렘에 가까이 와서 감람 산 벳바게와 베다니에 이르렀을 때에 예수께서 제자 중 둘
을 보내시며 2이르시되 너희는 맞은편 마을로 가라 그리로 들어가면 곧 아직 아무도 타 보지 않은
나귀 새끼가 매여 있는 것을 보리니 풀어 끌고 오라 3만일 누가 너희에게 왜 이렇게 하느냐 묻거든
주가 쓰시겠다 하라 그리하면 즉시 이리로 보내리라 하시니 4제자들이 가서 본즉 나귀 새끼가 문
앞 거리에 매여 있는지라 그것을 푸니 5거기 서 있는 사람 중 어떤 이들이 이르되 나귀 새끼를 풀
어 무엇 하려느냐 하매 6제자들이 예수께서 이르신 대로 말한대 이에 허락하는지라 7나귀 새끼를
예수께로 끌고 와서 자기들의 겉옷을 그 위에 얹어 놓으매 예수께서 타시니 8많은 사람들은 자기
들의 겉옷을, 또 다른 이들은 들에서 벤 나뭇가지를 길에 펴며 9앞에서 가고 뒤에서 따르는 자들이
소리 지르되 호산나 찬송하리로다 주의 이름으로 오시는 이여 10찬송하리로다 오는 우리 조상 다
윗의 나라여 가장 높은 곳에서 호산나 하더라 11예수께서 예루살렘에 이르러 성전에 들어가사 모
든 것을 둘러 보시고 때가 이미 저물매 열두 제자를 데리시고 베다니에 나가시니라

마 21:1 그들이 예루살렘에 가까이 가서 감람 산 벳바게에 이르렀을 때에 예수께서 두 제자
를 보내시며 2이르시되 너희는 맞은편 마을로 가라 그리하면 곧 매인 나귀와 나귀 새끼가 함
께 있는 것을 보리니 풀어 내게로 끌고 오라 3만일 누가 무슨 말을 하거든 주가 쓰시겠다 하라
그리하면 즉시 보내리라 하시니 4이는 선지자를 통하여 하신 말씀을 이루려 하심이라 일렀으
되 5시온 딸에게 이르기를 네 왕이 네게 임하나니 그는 겸손하여 나귀, 곧 멍에 메는 짐승의 새
끼를 탔도다 하라 하였느니라 6제자들이 가서 예수께서 명하신 대로 하여 7나귀와 나귀 새끼
를 끌고 와서 자기들의 겉옷을 그 위에 얹으매 예수께서 그 위에 타시니 8무리의 대다수는 그
들의 겉옷을 길에 펴고 다른 이들은 나뭇가지를 베어 길에 펴고 9앞에서 가고 뒤에서 따르는
무리가 소리 높여 이르되 호산나 다윗의 자손이여 찬송하리로다 주의 이름으로 오시는 이여
가장 높은 곳에서 호산나 하더라 10예수께서 예루살렘에 들어가시니 온 성이 소동하여 이르되
이는 누구냐 하거늘 11무리가 이르되 갈릴리 나사렛에서 나온 선지자 예수라 하니라

눅 19:28 예수께서 이 말씀을 하시고 예루살렘을 향하여 앞서서 가시더라 29감람원이라 불리
는 산쪽에 있는 벳바게와 베다니에 가까이 가셨을 때에 제자 중 둘을 보내시며 30이르시되 너
희는 맞은편 마을로 가라 그리로 들어가면 아직 아무도 타 보지 않은 나귀 새끼가 매여 있는
것을 보리니 풀어 끌고 오라 31만일 누가 너희에게 어찌하여 푸느냐 묻거든 말하기를 주가 쓰
시겠다 하라 하시매 32보내심을 받은 자들이 가서 그 말씀하신 대로 만난지라 33나귀 새끼를
풀 때에 그 임자들이 이르되 어찌하여 나귀 새끼를 푸느냐 34대답하되 주께서 쓰시겠다 하고
35그것을 예수께로 끌고 와서 자기들의 겉옷을 나귀 새끼 위에 걸쳐 놓고 예수를 태우니 36가
실 때에 그들이 자기의 겉옷을 길에 펴더라 37이미 감람 산 내리막길에 가까이 오시매 제자의

온 무리가 자기들이 본 바 모든 능한 일로 인하여 기뻐하며 큰 소리로 하나님을 찬양하여 [38]이르되 찬송하리로다 주의 이름으로 오시는 왕이여 하늘에는 평화요 가장 높은 곳에는 영광이로다 하니

요 12:12 그 이튿날에는 명절에 온 큰 무리가 예수께서 예루살렘으로 오신다는 것을 듣고 [13]종려나무 가지를 가지고 맞으러 나가 외치되 호산나 찬송하리로다 주의 이름으로 오시는 이 곧 이스라엘의 왕이시여 하더라 [14]예수는 한 어린 나귀를 보고 타시니 [15]이는 기록된 바 시온 딸아 두려워하지 말라 보라 너의 왕이 나귀 새끼를 타고 오신다 함과 같더라 [16]제자들은 처음에 이 일을 깨닫지 못하였다가 예수께서 영광을 얻으신 후에야 이것이 예수께 대하여 기록된 것임과 사람들이 예수께 이같이 한 것임이 생각났더라 [17]나사로를 무덤에서 불러내어 죽은 자 가운데서 살리실 때에 함께 있던 무리가 증언한지라 [18]이에 무리가 예수를 맞음은 이 표적 행하심을 들었음이러라 [19]바리새인들이 서로 말하되 볼지어다 너희 하는 일이 쓸 데 없다 보라 온 세상이 그를 따르는도다 하니라

막 11:12-14 무화과나무 기적

[12]이튿날 그들이 베다니에서 나왔을 때에 예수께서 시장하신지라 [13]멀리서 잎사귀 있는 한 무화과나무를 보시고 혹 그 나무에 무엇이 있을까 하여 가셨더니 가서 보신즉 잎사귀 외에 아무 것도 없더라 이는 무화과의 때가 아님이라 [14]예수께서 나무에게 말씀하여 이르시되 이제부터 영원토록 사람이 네게서 열매를 따 먹지 못하리라 하시니 제자들이 이를 듣더라

마 21:18 이른 아침에 성으로 들어오실 때에 시장하신지라 [19]길 가에서 한 무화과나무를 보시고 그리로 가사 잎사귀 밖에 아무 것도 찾지 못하시고 나무에게 이르시되 이제부터 영원토록 네가 열매를 맺지 못하리라 하시니 무화과나무가 곧 마른지라

막 11:15-19 성전 정화

[15]그들이 예루살렘에 들어가니라 예수께서 성전에 들어가사 성전 안에서 매매하는 자들을 내쫓으시며 돈 바꾸는 자들의 상과 비둘기 파는 자들의 의자를 둘러 엎으시며 [16]아무나 물건을 가지고 성전 안으로 지나다님을 허락하지 아니하시고 [17]이에 가르쳐 이르시되 기록된 바 내 집은 만민이 기도하는 집이라 칭함을 받으리라고 하지 아니하였느냐 너희는 강도의 소굴을 만들었도다 하시매 [18]대제사장들과 서기관들이 듣고 예수를 어떻게 죽일까 하고 꾀하니 이는 무리가 다 그의 교훈을 놀랍게 여기므로 그를 두려워함일러라 [19]그리고 날이 저물매 그들이 성 밖으로 나가더라

마 21:12 예수께서 성전에 들어가사 성전 안에서 매매하는 모든 사람들을 내쫓으시며 돈 바꾸는 사람들의 상과 비둘기 파는 사람들의 의자를 둘러 엎으시고 [13]그들에게 이르시되 기록된 바 내 집은 기도하는 집이라 일컬음을 받으리라 하였거늘 너희는 강도의 소굴을 만드는도다 하시니라 [14]맹인과 저는 자들이 성전에서 예수께 나아오매 고쳐주시니 [15]대제사장들과 서기관들이 예수께서 하시는 이상한 일과 또 성전에서 소리 질러 호산나 다윗의 자손이여 하는 어린 이들을 보고 노하여 [16]예수께 말하되 그들이 하는 말을 듣느냐 예수께서 이르시되 그렇다 어린 아기와 젖먹이들의 입에서 나오는 찬미를 온전하게 하셨나이다 함을 너희가 읽어 본 일이 없느냐 하시고 [17]그들을 떠나 성 밖으로 베다니에 가서 거기서 유하시니라

눅 19:45 성전에 들어가사 장사하는 자들을 내쫓으시며 [46]그들에게 이르시되 기록된 바 내 집은 기도하는 집이 되리라 하였거늘 너희는 강도의 소굴을 만들었도다 하시니라 [47]예수께서 날마다 성전에서 가르치시니 대제사장들과 서기관들과 백성의 지도자들이 그를 죽이려고 꾀하되 [48]백성이 다 그에게 귀를 기울여 들으므로 어찌할 방도를 찾지 못하였더라

요 2:13 유대인의 유월절이 가까운지라 예수께서 예루살렘으로 올라가셨더니 [14]성전 안에서 소와 양과 비둘기 파는 사람들과 돈 바꾸는 사람들이 앉아 있는 것을 보시고 [15]노끈으로 채찍을 만드사 양이나 소를 다 성전에서 내쫓으시고 돈 바꾸는 사람들의 돈을 쏟으시며 상을 엎으시고 [16]비둘기 파는 사람들에게 이르시되 이것을 여기서 가져가라 내 아버지의 집으로 장사하는 집을 만들지 말라 하시니 [17]제자들이 성경 말씀에 주의 전을 사모하는 열심이 나를 삼키리라 한 것을 기억하더라 [18]이에 유대인들이 대답하여 예수께 말하기를 네가 이런 일을 행하니 무슨 표적을 우리에게 보이겠느냐 [19]예수께서 대답하여 이르시되 너희가 이 성전을 헐라 내가 사흘 동안에 일으키리라 [20]유대인들이 이르되 이 성전은 사십육 년 동안에 지었거늘 네가 삼 일 동안에 일으키겠느냐 하더라 [21]그러나 예수는 성전된 자기 육체를 가리켜 말씀하신 것이라 [22]죽은 자 가운데서 살아나신 후에야 제자들이 이 말씀하신 것을 기억하고 성경과 예수께서 하신 말씀을 믿었더라

막 11:20-26 무화과나무 기적

[20]그들이 아침에 지나갈 때에 무화과나무가 뿌리째 마른 것을 보고 [21]베드로가 생각이 나서 여짜오되 랍비여 보소서 저주하신 무화과나무가 말랐나이다 [22]예수께서 그들에게 대답하여 이르시되 하나님을 믿으라 [23]내가 진실로 너희에게 이르노니 누구든지 이 산더러 들리어 바다에 던져지라 하며 그 말하는 것이 이루어질 줄 믿고 마음에 의심하지 아니하면 그대로 되리라 [24]그러므로 내가 너희에게 말하노니 무엇이든지 기도하고 구하는 것은 받은 줄로 믿으라 그리하면 너희에게 그대로 되리라 [25]서서 기도할 때에 아무에게나 혐의가 있거든 용서하라 그리하여야 하늘에 계신 너희 아버지께서도 너희 허물을 사하여 주시리라 하시니라 [26](없음)

마 21:20 제자들이 보고 이상히 여겨 이르되 무화과나무가 어찌하여 곧 말랐나이까 21예수께서 대답하여 이르시되 내가 진실로 너희에게 이르노니 만일 너희가 믿음이 있고 의심하지 아니하면 이 무화과나무에게 된 이런 일만 할 뿐 아니라 이 산더러 들려 바다에 던져지라 하여도 될 것이요 22너희가 기도할 때에 무엇이든지 믿고 구하는 것은 다 받으리라 하시니라

막 11:27-33 예수의 권위 논쟁

27그들이 다시 예루살렘에 들어가니라 예수께서 성전에서 거니실 때에 대제사장들과 서기관들과 장로들이 나아와 28이르되 무슨 권위로 이런 일을 하느냐 누가 이런 일 할 권위를 주었느냐 29예수께서 이르시되 나도 한 말을 너희에게 물으리니 대답하라 그리하면 나도 무슨 권위로 이런 일을 하는지 이르리라 30요한의 세례가 하늘로부터냐 사람으로부터냐 내게 대답하라 31그들이 서로 의논하여 이르되 만일 하늘로부터라 하면 어찌하여 그를 믿지 아니하였느냐 할 것이니 32그러면 사람으로부터라 할까 하였으나 모든 사람이 요한을 참 선지자로 여기므로 그들이 백성을 두려워하는지라 33이에 예수께 대답하여 이르되 우리가 알지 못하노라 하니 예수께서 이르시되 나도 무슨 권위로 이런 일을 하는지 너희에게 이르지 아니하리라 하시니라

마 21:23 예수께서 성전에 들어가 가르치실새 대제사장들과 백성의 장로들이 나아와 이르되 네가 무슨 권위로 이런 일을 하느냐 또 누가 이 권위를 주었느냐 24예수께서 대답하시되 나도 한 말을 너희에게 물으리니 너희가 대답하면 나도 무슨 권위로 이런 일을 하는지 이르리라 25요한의 세례가 어디로부터 왔느냐 하늘로부터냐 사람으로부터냐 그들이 서로 의논하여 이르되 만일 하늘로부터라 하면 어찌하여 그를 믿지 아니하였느냐 할 것이요 26만일 사람으로부터라 하면 모든 사람이 요한을 선지자로 여기니 백성이 무섭다 하여 27예수께 대답하여 이르되 우리가 알지 못하노라 하니 예수께서 이르시되 나도 무슨 권위로 이런 일을 하는지 너희에게 이르지 아니하리라

눅 20:1 하루는 예수께서 성전에서 백성을 가르치시며 복음을 전하실새 대제사장들과 서기관들이 장로들과 함께 가까이 와서 2말하여 이르되 당신이 무슨 권위로 이런 일을 하는지 이 권위를 준 이가 누구인지 우리에게 말하라 3대답하여 이르시되 나도 한 말을 너희에게 물으리니 내게 말하라 4요한의 세례가 하늘로부터냐 사람으로부터냐 5그들이 서로 의논하여 이르되 만일 하늘로부터라 하면 어찌하여 그를 믿지 아니하였느냐 할 것이요 6만일 사람으로부터라 하면 백성이 요한을 선지자로 인정하니 그들이 다 우리를 돌로 칠 것이라 하고 7대답하되 어디로부터인지 알지 못하노라 하니 8예수께서 이르시되 나도 무슨 권위로 이런 일을 하는지 너희에게 이르지 아니하리라 하시니라

막 12:1-12 악한 농부들 비유

1예수께서 비유로 그들에게 말씀하시되 한 사람이 포도원을 만들어 산울타리로 두르고 즙 짜는
틀을 만들고 망대를 지어서 농부들에게 세로 주고 타국에 갔더니 2때가 이르매 농부들에게 포도
원 소출 얼마를 받으려고 한 종을 보내니 3그들이 종을 잡아 심히 때리고 거저 보내었거늘 4다시
다른 종을 보내니 그의 머리에 상처를 내고 능욕하였거늘 5또 다른 종을 보내니 그들이 그를 죽이
고 또 그 외 많은 종들도 더러는 때리고 더러는 죽인지라 6이제 한 사람이 남았으니 곧 그가 사랑
하는 아들이라 최후로 이를 보내며 이르되 내 아들은 존대하리라 하였더니 7그 농부들이 서로 말
하되 이는 상속자니 자 죽이자 그러면 그 유산이 우리 것이 되리라 하고 8이에 잡아 죽여 포도원
밖에 내던졌느니라 9포도원 주인이 어떻게 하겠느냐 와서 그 농부들을 진멸하고 포도원을 다른
사람들에게 주리라 10너희가 성경에 건축자들이 버린 돌이 모퉁이의 머릿돌이 되었나니 11이것은
주로 말미암아 된 것이요 우리 눈에 놀랍도다 함을 읽어 보지도 못하였느냐 하시니라 12그들이 예
수의 이 비유가 자기들을 가리켜 말씀하심인 줄 알고 잡고자 하되 무리를 두려워하여 예수를 두고
가니라

마 21:33 다른 한 비유를 들으라 한 집 주인이 포도원을 만들어 산울타리로 두르고 거기에 즙
짜는 틀을 만들고 망대를 짓고 농부들에게 세로 주고 타국에 갔더니 34열매 거둘 때가 가까우
매 그 열매를 받으려고 자기 종들을 농부들에게 보내니 35농부들이 종들을 잡아 하나는 심히
때리고 하나는 죽이고 하나는 돌로 쳤거늘 36다시 다른 종들을 처음보다 많이 보내니 그들에
게도 그렇게 하였는지라 37후에 자기 아들을 보내며 이르되 그들이 내 아들은 존대하리라 하
였더니 38농부들이 그 아들을 보고 서로 말하되 이는 상속자니 자 죽이고 그의 유산을 차지하
자 하고 39이에 잡아 포도원 밖에 내쫓아 죽였느니라 40그러면 포도원 주인이 올 때에 그 농부
들을 어떻게 하겠느냐 41그들이 말하되 그 악한 자들을 진멸하고 포도원은 제 때에 열매를 바
칠 만한 다른 농부들에게 세로 줄지니이다 42예수께서 이르시되 너희가 성경에 건축자들이 버
린 돌이 모퉁이의 머릿돌이 되었나니 이것은 주로 말미암아 된 것이요 우리 눈에 기이하도다
함을 읽어 본 일이 없느냐 43그러므로 내가 너희에게 이르노니 하나님의 나라를 너희는 빼앗
기고 그 나라의 열매 맺는 백성이 받으리라 44이 돌 위에 떨어지는 자는 깨지겠고 이 돌이 사
람 위에 떨어지면 그를 가루로 만들어 흩으리라 하시니 45대제사장들과 바리새인들이 예수의
비유를 듣고 자기들을 가리켜 말씀하심인 줄 알고 46잡고자 하나 무리를 무서워하니 이는 그
들이 예수를 선지자로 앎이었더라

눅 20:9 그가 또 이 비유로 백성에게 말씀하시기 시작하시니라 한 사람이 포도원을 만들어 농
부들에게 세로 주고 타국에 가서 오래 있다가 10때가 이르매 포도원 소출 얼마를 바치게 하려
고 한 종을 농부들에게 보내니 농부들이 종을 몹시 때리고 거저 보내었거늘 11다시 다른 종을
보내니 그도 몹시 때리고 능욕하고 거저 보내었거늘 12다시 세 번째 종을 보내니 이 종도 상하
게 하고 내쫓은지라 13포도원 주인이 이르되 어찌할까 내 사랑하는 아들을 보내리니 그들이
혹 그는 존대하리라 하였더니 14농부들이 그를 보고 서로 의논하여 이르되 이는 상속자니 죽

이고 그 유산을 우리의 것으로 만들자 하고 15포도원 밖에 내쫓아 죽였느니라 그런즉 포도원
주인이 이 사람들을 어떻게 하겠느냐 16와서 그 농부들을 진멸하고 포도원을 다른 사람들에게
주리라 하시니 사람들이 듣고 이르되 그렇게 되지 말아지이다 하거늘 17그들을 보시며 이르시
되 그러면 기록된 바 건축자들의 버린 돌이 모퉁이의 머릿돌이 되었느니라 함이 어찜이냐 18
무릇 이 돌 위에 떨어지는 자는 깨어지겠고 이 돌이 사람 위에 떨어지면 그를 가루로 만들어
흩으리라 하시니라 19서기관들과 대제사장들이 예수의 이 비유는 자기들을 가리켜 말씀하심
인 줄 알고 즉시 잡고자 하되 백성을 두려워하더라

막 12:13-17 세금 논쟁

13그들이 예수의 말씀을 책잡으려 하여 바리새인과 헤롯당 중에서 사람을 보내매 14와서 이르되
선생님이여 우리가 아노니 당신은 참되시고 아무도 꺼리는 일이 없으시니 이는 사람을 외모로 보
지 않고 오직 진리로써 하나님의 도를 가르치심이니이다 가이사에게 세금을 바치는 것이 옳으니
이까 옳지 아니하니이까 15우리가 바치리이까 말리이까 한대 예수께서 그 외식함을 아시고 이르
시되 어찌하여 나를 시험하느냐 데나리온 하나를 가져다가 내게 보이라 하시니 16가져왔거늘 예
수께서 이르시되 이 형상과 이 글이 누구의 것이냐 이르되 가이사의 것이니이다 17이에 예수께서
이르시되 가이사의 것은 가이사에게, 하나님의 것은 하나님께 바치라 하시니 그들이 예수께 대하
여 매우 놀랍게 여기더라

마 22:15 이에 바리새인들이 가서 어떻게 하면 예수를 말의 올무에 걸리게 할까 상의하고 16자
기 제자들을 헤롯 당원들과 함께 예수께 보내어 말하되 선생님이여 우리가 아노니 당신은 참
되시고 진리로 하나님의 도를 가르치시며 아무도 꺼리는 일이 없으시니 이는 사람을 외모로
보지 아니하심이니이다 17그러면 당신의 생각에는 어떠한지 우리에게 이르소서 가이사에게
세금을 바치는 것이 옳으니이까 옳지 아니하니이까 하니 18예수께서 그들의 악함을 아시고 이
르시되 외식하는 자들아 어찌하여 나를 시험하느냐 19세금 낼 돈을 내게 보이라 하시니 데나
리온 하나를 가져왔거늘 20예수께서 말씀하시되 이 형상과 이 글이 누구의 것이냐 21이르되 가
이사의 것이니이다 이에 이르시되 그런즉 가이사의 것은 가이사에게, 하나님의 것은 하나님께
바치라 하시니 22그들이 이 말씀을 듣고 놀랍게 여겨 예수를 떠나가니라

눅 20:20 이에 그들이 엿보다가 예수를 총독의 다스림과 권세 아래에 넘기려 하여 정탐들을
보내어 그들로 스스로 의인인 체하며 예수의 말을 책잡게 하니 21그들이 물어 이르되 선생님
이여 우리가 아노니 당신은 바로 말씀하시고 가르치시며 사람을 외모로 취하지 아니하시고 오
직 진리로써 하나님의 도를 가르치시나이다 22우리가 가이사에게 세를 바치는 것이 옳으니이
까 옳지 않으니이까 하니 23예수께서 그 간계를 아시고 이르시되 24데나리온 하나를 내게 보이
라 누구의 형상과 글이 여기 있느냐 대답하되 가이사의 것이니이다 25이르시되 그런즉 가이사
의 것은 가이사에게, 하나님의 것은 하나님께 바치라 하시니 26그들이 백성 앞에서 그의 말을

능히 책잡지 못하고 그의 대답을 놀랍게 여겨 침묵하니라

막 12:18-27 부활 논쟁

18부활이 없다 하는 사두개인들이 예수께 와서 물어 이르되 19선생님이여 모세가 우리에게 써 주
기를 어떤 사람의 형이 자식이 없이 아내를 두고 죽으면 그 동생이 그 아내를 취하여 형을 위하여
상속자를 세울지니라 하였나이다 20칠 형제가 있었는데 맏이가 아내를 취하였다가 상속자가 없이
죽고 21둘째도 그 여자를 취하였다가 상속자가 없이 죽고 셋째도 그렇게 하여 22일곱이 다 상속자
가 없었고 최후에 여자도 죽었나이다 23일곱 사람이 다 그를 아내로 취하였으니 부활 때 곧 그들
이 살아날 때에 그 중의 누구의 아내가 되리이까 24예수께서 이르시되 너희가 성경도 하나님의 능
력도 알지 못하므로 오해함이 아니냐 25사람이 죽은 자 가운데서 살아날 때에는 장가도 아니 가고
시집도 아니 가고 하늘에 있는 천사들과 같으니라 26죽은 자가 살아난다는 것을 말할진대 너희가
모세의 책 중 가시나무 떨기에 관한 글에 하나님께서 모세에게 이르시되 나는 아브라함의 하나님
이요 이삭의 하나님이요 야곱의 하나님이로라 하신 말씀을 읽어보지 못하였느냐 27하나님은 죽은
자의 하나님이 아니요 산 자의 하나님이시라 너희가 크게 오해하였도다 하시니라

마 22:23 부활이 없다 하는 사두개인들이 그 날 예수께 와서 물어 이르되 24선생님이여 모세
가 일렀으되 사람이 만일 자식이 없이 죽으면 그 동생이 그 아내에게 장가 들어 형을 위하여
상속자를 세울지니라 하였나이다 25우리 중에 칠 형제가 있었는데 맏이가 장가 들었다가 죽어
상속자가 없으므로 그 아내를 그 동생에게 물려 주고 26그 둘째와 셋째로 일곱째까지 그렇게
하다가 27최후에 그 여자도 죽었나이다 28그런즉 그들이 다 그를 취하였으니 부활 때에 일곱
중의 누구의 아내가 되리이까 29예수께서 대답하여 이르시되 너희가 성경도, 하나님의 능력도
알지 못하는 고로 오해하였도다 30부활 때에는 장가도 아니 가고 시집도 아니 가고 하늘에 있
는 천사들과 같으니라 31죽은 자의 부활을 논할진대 하나님이 너희에게 말씀하신 바 32나는 아
브라함의 하나님이요 이삭의 하나님이요 야곱의 하나님이로라 하신 것을 읽어 보지 못하였느
냐 하나님은 죽은 자의 하나님이 아니요 살아 있는 자의 하나님이시니라 하시니 33무리가 듣
고 그의 가르치심에 놀라더라

눅 20:27 부활이 없다고 주장하는 사두개인 중 어떤 이들이 와서 28물어 이르되 선생님이여
모세가 우리에게 써 주기를 만일 어떤 사람의 형이 아내를 두고 자식이 없이 죽으면 그 동생이
그 아내를 취하여 형을 위하여 상속자를 세울지니라 하였나이다 29그런데 칠 형제가 있었는데
맏이가 아내를 취하였다가 자식이 없이 죽고 30그 둘째와 셋째가 그를 취하고 31일곱이 다 그
와 같이 자식이 없이 죽고 32그 후에 여자도 죽었나이다 33일곱이 다 그를 아내로 취하였으니
부활 때에 그 중에 누구의 아내가 되리이까 34예수께서 이르시되 이 세상의 자녀들은 장가도
가고 시집도 가되 35저 세상과 및 죽은 자 가운데서 부활함을 얻기에 합당히 여김을 받은 자들
은 장가 가고 시집 가는 일이 없으며 36그들은 다시 죽을 수도 없나니 이는 천사와 동등이요

부활의 자녀로서 하나님의 자녀임이라 37죽은 자가 살아난다는 것은 모세도 가시나무 떨기에
관한 글에서 주를 아브라함의 하나님이요 이삭의 하나님이요 야곱의 하나님이시라 칭하였나니
38하나님은 죽은 자의 하나님이 아니요 살아 있는 자의 하나님이시라 하나님에게는 모든 사람
이 살았느니라 하시니 39서기관 중 어떤 이들이 말하되 선생님 잘 말씀하셨나이다 하니 40그들
은 아무 것도 감히 더 물을 수 없음이더라

막 12:28-34 큰 계명 논쟁

28서기관 중 한 사람이 그들이 변론하는 것을 듣고 예수께서 잘 대답하신 줄을 알고 나아와 묻되
모든 계명 중에 첫째가 무엇이니이까 29예수께서 대답하시되 첫째는 이것이니 이스라엘아 들으라
주 곧 우리 하나님은 유일한 주시라 30네 마음을 다하고 목숨을 다하고 뜻을 다하고 힘을 다하여
주 너의 하나님을 사랑하라 하신 것이요 31둘째는 이것이니 네 이웃을 네 자신과 같이 사랑하라
하신 것이라 이보다 더 큰 계명이 없느니라 32서기관이 이르되 선생님이여 옳소이다 하나님은 한
분이시요 그 외에 다른 이가 없다 하신 말씀이 참이니이다 33또 마음을 다하고 지혜를 다하고 힘
을 다하여 하나님을 사랑하는 것과 또 이웃을 자기 자신과 같이 사랑하는 것이 전체로 드리는 모
든 번제물과 기타 제물보다 나으니이다 34예수께서 그가 지혜 있게 대답함을 보시고 이르시되 네
가 하나님의 나라에서 멀지 않도다 하시니 그 후에 감히 묻는 자가 없더라

마 22:34 예수께서 사두개인들로 대답할 수 없게 하셨다 함을 바리새인들이 듣고 모였는데
35그 중의 한 율법사가 예수를 시험하여 묻되 36선생님 율법 중에서 어느 계명이 크니이까 37예
수께서 이르시되 네 마음을 다하고 목숨을 다하고 뜻을 다하여 주 너의 하나님을 사랑하라 하
셨으니 38이것이 크고 첫째 되는 계명이요 39둘째도 그와 같으니 네 이웃을 네 자신 같이 사랑
하라 하셨으니 40이 두 계명이 온 율법과 선지자의 강령이니라

눅 10:25 어떤 율법교사가 일어나 예수를 시험하여 이르되 선생님 내가 무엇을 하여야 영생
을 얻으리이까 26예수께서 이르시되 율법에 무엇이라 기록되었으며 네가 어떻게 읽느냐 27대
답하여 이르되 네 마음을 다하며 목숨을 다하며 힘을 다하며 뜻을 다하여 주 너의 하나님을 사
랑하고 또한 네 이웃을 네 자신 같이 사랑하라 하였나이다 28예수께서 이르시되 네 대답이 옳
도다 이를 행하라 그러면 살리라 하시니

막 12:35-37 예수의 반문: 그리스도는 다윗의 자손?

35예수께서 성전에서 가르치실새 대답하여 이르시되 어찌하여 서기관들이 그리스도를 다윗의 자

손이라 하느냐 [36]다윗이 성령에 감동되어 친히 말하되 주께서 내 주께 이르시되 내가 네 원수를
네 발 아래에 둘 때까지 내 우편에 앉았으라 하셨도다 하였느니라 [37]다윗이 그리스도를 주라 하였
은즉 어찌 그의 자손이 되겠느냐 하시니 많은 사람들이 즐겁게 듣더라

마 22:41 바리새인들이 모였을 때에 예수께서 그들에게 물으시되 [42]너희는 그리스도에 대하
여 어떻게 생각하느냐 누구의 자손이냐 대답하되 다윗의 자손이니이다 [43]이르시되 그러면 다
윗이 성령에 감동되어 어찌 그리스도를 주라 칭하여 말하되 [44]주께서 내 주께 이르시되 내가
네 원수를 네 발 아래에 둘 때까지 내 우편에 앉아 있으라 하셨도다 하였느냐 [45]다윗이 그리스
도를 주라 칭하였은즉 어찌 그의 자손이 되겠느냐 하시니 [46]한 마디도 능히 대답하는 자가 없
고 그 날부터 감히 그에게 묻는 자도 없더라

눅 20:41 예수께서 그들에게 이르시되 사람들이 어찌하여 그리스도를 다윗의 자손이라 하느
냐 [42]시편에 다윗이 친히 말하였으되 주께서 내 주께 이르시되 [43]내가 네 원수를 네 발등상으
로 삼을 때까지 내 우편에 앉았으라 하셨도다 하였느니라 [44]그런즉 다윗이 그리스도를 주라
칭하였으니 어찌 그의 자손이 되겠느냐 하시니라

막 12:38-40 서기관들 행위 비판

[38]예수께서 가르치실 때에 이르시되 긴 옷을 입고 다니는 것과 시장에서 문안 받는 것과 [39]회당의
높은 자리와 잔치의 윗자리를 원하는 서기관들을 삼가라 [40]그들은 과부의 가산을 삼키며 외식으
로 길게 기도하는 자니 그 받는 판결이 더욱 중하리라 하시니라

마 23:1 이에 예수께서 무리와 제자들에게 말씀하여 이르시되 [2]서기관들과 바리새인들이 모
세의 자리에 앉았으니 [3]그러므로 무엇이든지 그들이 말하는 바는 행하고 지키되 그들이 하는
행위는 본받지 말라 그들은 말만 하고 행하지 아니하며 [4]또 무거운 짐을 묶어 사람의 어깨에
지우되 자기는 이것을 한 손가락으로도 움직이려 하지 아니하며 [5]그들의 모든 행위를 사람에
게 보이고자 하나니 곧 그 경문 띠를 넓게 하며 옷술을 길게 하고 [6]잔치의 윗자리와 회당의 높
은 자리와 [7]시장에서 문안 받는 것과 사람에게 랍비라 칭함을 받는 것을 좋아하느니라 [8]그러
나 너희는 랍비라 칭함을 받지 말라 너희 선생은 하나요 너희는 다 형제니라 [9]땅에 있는 자를
아버지라 하지 말라 너희의 아버지는 한 분이시니 곧 하늘에 계신 이시니라 [10]또한 지도자라
칭함을 받지 말라 너희의 지도자는 한 분이시니 곧 그리스도시니라 [11]너희 중에 큰 자는 너희
를 섬기는 자가 되어야 하리라 [12]누구든지 자기를 높이는 자는 낮아지고 누구든지 자기를 낮
추는 자는 높아지리라

눅 20:45 모든 백성이 들을 때에 예수께서 그 제자들에게 이르시되 [46]긴 옷을 입고 다니는 것

을 원하며 시장에서 문안 받는 것과 회당의 높은 자리와 잔치의 윗자리를 좋아하는 서기관들
을 삼가라 47그들은 과부의 가산을 삼키며 외식으로 길게 기도하니 그들이 더 엄중한 심판을
받으리라 하시니라

막 12:41-44 가난한 과부의 헌금

41예수께서 헌금함을 대하여 앉으사 무리가 어떻게 헌금함에 돈 넣는가를 보실새 여러 부자는 많
이 넣는데 42한 가난한 과부는 와서 두 렙돈 곧 한 고드란트를 넣는지라 43예수께서 제자들을 불
러다가 이르시되 내가 진실로 너희에게 이르노니 이 가난한 과부는 헌금함에 넣는 모든 사람보다
많이 넣었도다 44그들은 다 그 풍족한 중에서 넣었거니와 이 과부는 그 가난한 중에서 자기의 모
든 소유 곧 생활비 전부를 넣었느니라 하시니라

눅 21:1 예수께서 눈을 들어 부자들이 헌금함에 헌금 넣는 것을 보시고 2또 어떤 가난한 과부
가 두 렙돈 넣는 것을 보시고 3이르시되 내가 참으로 너희에게 말하노니 이 가난한 과부가 다
른 모든 사람보다 많이 넣었도다 4저들은 그 풍족한 중에서 헌금을 넣었거니와 이 과부는 그
가난한 중에서 자기가 가지고 있는 생활비 전부를 넣었느니라 하시니라

막 13:1-2 성전 파괴 예고

1예수께서 성전에서 나가실 때에 제자 중 하나가 이르되 선생님이여 보소서 이 돌들이 어떠하며
이 건물들이 어떠하니이까 2예수께서 이르시되 네가 이 큰 건물들을 보느냐 돌 하나도 돌 위에 남
지 않고 다 무너뜨려지리라 하시니라

마 24:1 예수께서 성전에서 나와서 가실 때에 제자들이 성전 건물들을 가리켜 보이려고 나아
오니 2대답하여 이르시되 너희가 이 모든 것을 보지 못하느냐 내가 진실로 너희에게 이르노니
돌 하나도 돌 위에 남지 않고 다 무너뜨려지리라

눅 21:5 어떤 사람들이 성전을 가리켜 그 아름다운 돌과 헌물로 꾸민 것을 말하매 예수께서
이르시되 6너희 보는 이것들이 날이 이르면 돌 하나도 돌 위에 남지 않고 다 무너뜨려지리라

막 13:3-8 재난의 시작

3예수께서 감람 산에서 성전을 마주 대하여 앉으셨을 때에 베드로와 야고보와 요한과 안드레가
조용히 묻되 4우리에게 이르소서 어느 때에 이런 일이 있겠사오며 이 모든 일이 이루어지려 할 때
에 무슨 징조가 있사오리이까 5예수께서 이르시되 너희가 사람의 미혹을 받지 않도록 주의하라
6많은 사람이 내 이름으로 와서 이르되 내가 그라 하여 많은 사람을 미혹하리라 7난리와 난리의 소
문을 들을 때에 두려워하지 말라 이런 일이 있어야 하되 아직 끝은 아니니라 8민족이 민족을, 나라
가 나라를 대적하여 일어나겠고 곳곳에 지진이 있으며 기근이 있으리니 이는 재난의 시작이니라

마 24:3 예수께서 감람 산 위에 앉으셨을 때에 제자들이 조용히 와서 이르되 우리에게 이르소
서 어느 때에 이런 일이 있겠사오며 또 주의 임하심과 세상 끝에는 무슨 징조가 있사오리이까
4예수께서 대답하여 이르시되 너희가 사람의 미혹을 받지 않도록 주의하라 5많은 사람이 내
이름으로 와서 이르되 나는 그리스도라 하여 많은 사람을 미혹하리라 6난리와 난리 소문을 듣
겠으나 너희는 삼가 두려워하지 말라 이런 일이 있어야 하되 아직 끝은 아니니라 7민족이 민
족을, 나라가 나라를 대적하여 일어나겠고 곳곳에 기근과 지진이 있으리니 8이 모든 것은 재난
의 시작이니라

눅 21:7 그들이 물어 이르되 선생님이여 그러면 어느 때에 이런 일이 있겠사오며 이런 일이
일어나려 할 때에 무슨 징조가 있사오리이까 8이르시되 미혹을 받지 않도록 주의하라 많은 사
람이 내 이름으로 와서 이르되 내가 그라 하며 때가 가까이 왔다 하겠으나 그들을 따르지 말라
9난리와 소요의 소문을 들을 때에 두려워하지 말라 이 일이 먼저 있어야 하되 끝은 곧 되지 아
니하리라 10또 이르시되 민족이 민족을, 나라가 나라를 대적하여 일어나겠고 11곳곳에 큰 지진
과 기근과 전염병이 있겠고 또 무서운 일과 하늘로부터 큰 징조들이 있으리라

막 13:9 박해 속 증거가 되리라

9너희는 스스로 조심하라 사람들이 너희를 공회에 넘겨 주겠고 너희를 회당에서 매질하겠으며 나
로 말미암아 너희가 권력자들과 임금들 앞에 서리니 이는 그들에게 증거가 되려 함이라

눅 21:12 이 모든 일 전에 내 이름으로 말미암아 너희에게 손을 대어 박해하며 회당과 옥에 넘
겨 주며 임금들과 집권자들 앞에 끌어 가려니와 13이 일이 도리어 너희에게 증거가 되리라

막 13:10 복음의 만국 전파

[10]또 복음이 먼저 만국에 전파되어야 할 것이니라

마 24:14 이 천국 복음이 모든 민족에게 증언되기 위하여 온 세상에 전파되리니 그제야 끝이 오리라

막 13:11 성령의 대언

[11]사람들이 너희를 끌어다가 넘겨 줄 때에 무슨 말을 할까 미리 염려하지 말고 무엇이든지 그 때에 너희에게 주시는 그 말을 하라 말하는 이는 너희가 아니요 성령이시니라

마 10:19 너희를 넘겨 줄 때에 어떻게 또는 무엇을 말할까 염려하지 말라 그 때에 너희에게 할 말을 주시리니 [20]말하는 이는 너희가 아니라 너희 속에서 말씀하시는 이 곧 너희 아버지의 성령이시니라

눅 12:11 사람이 너희를 회당이나 위정자나 권세 있는 자 앞에 끌고 가거든 어떻게 무엇으로 대답하며 무엇으로 말할까 염려하지 말라 [12]마땅히 할 말을 성령이 곧 그 때에 너희에게 가르치시리라 하시니라

막 13:12-13 미움을 받을 것

[12]형제가 형제를, 아버지가 자식을 죽는 데에 내주며 자식들이 부모를 대적하여 죽게 하리라 [13]또 너희가 내 이름으로 말미암아 모든 사람에게 미움을 받을 것이나 끝까지 견디는 자는 구원을 받으리라

마 24:9 그 때에 사람들이 너희를 환난에 넘겨 주겠으며 너희를 죽이리니 너희가 내 이름 때문에 모든 민족에게 미움을 받으리라 [10]그 때에 많은 사람이 실족하게 되어 서로 잡아 주고 서로 미워하겠으며 [11]거짓 선지자가 많이 일어나 많은 사람을 미혹하겠으며 [12]불법이 성하므로 많은 사람의 사랑이 식어지리라 [13]그러나 끝까지 견디는 자는 구원을 얻으리라

눅 21:16 심지어 부모와 형제와 친척과 벗이 너희를 넘겨 주어 너희 중의 몇을 죽이게 하겠고

[17]또 너희가 내 이름으로 말미암아 모든 사람에게 미움을 받을 것이나 [18]너희 머리털 하나도
상하지 아니하리라 [19]너희의 인내로 너희 영혼을 얻으리라

막 13:14-23 대환란

[14]멸망의 가증한 것이 서지 못할 곳에 선 것을 보거든 (읽는 자는 깨달을진저) 그 때에 유대에 있
는 자들은 산으로 도망할지어다 [15]지붕 위에 있는 자는 내려가지도 말고 집에 있는 무엇을 가지러
들어가지도 말며 [16]밭에 있는 자는 겉옷을 가지러 뒤로 돌이키지 말지어다 [17]그 날에는 아이 밴
자들과 젖먹이는 자들에게 화가 있으리로다 [18]이 일이 겨울에 일어나지 않도록 기도하라 [19]이는
그 날들이 환난의 날이 되겠음이라 하나님께서 창조하신 시초부터 지금까지 이런 환난이 없었고
후에도 없으리라 [20]만일 주께서 그 날들을 감하지 아니하셨더라면 모든 육체가 구원을 얻지 못할
것이거늘 자기가 택하신 자들을 위하여 그 날들을 감하셨느니라 [21]그 때에 어떤 사람이 너희에게
말하되 보라 그리스도가 여기 있다 보라 저기 있다 하여도 믿지 말라 [22]거짓 그리스도들과 거짓 선
지자들이 일어나서 이적과 기사를 행하여 할 수만 있으면 택하신 자들을 미혹하려 하리라 [23]너희
는 삼가라 내가 모든 일을 너희에게 미리 말하였노라

마 24:15 그러므로 너희가 선지자 다니엘이 말한 바 멸망의 가증한 것이 거룩한 곳에 선 것을
보거든 (읽는 자는 깨달을진저) [16]그 때에 유대에 있는 자들은 산으로 도망할지어다 [17]지붕 위
에 있는 자는 집 안에 있는 물건을 가지러 내려 가지 말며 [18]밭에 있는 자는 겉옷을 가지러 뒤
로 돌이키지 말지어다 [19]그 날에는 아이 밴 자들과 젖 먹이는 자들에게 화가 있으리로다 [20]너
희가 도망하는 일이 겨울에나 안식일에 되지 않도록 기도하라 [21]이는 그 때에 큰 환난이 있겠
음이라 창세로부터 지금까지 이런 환난이 없었고 후에도 없으리라 [22]그 날들을 감하지 아니하
면 모든 육체가 구원을 얻지 못할 것이나 그러나 택하신 자들을 위하여 그 날들을 감하시리라
[23]그 때에 사람이 너희에게 말하되 보라 그리스도가 여기 있다 혹은 저기 있다 하여도 믿지 말
라 [24]거짓 그리스도들과 거짓 선지자들이 일어나 큰 표적과 기사를 보여 할 수만 있으면 택하
신 자들도 미혹하리라 [25]보라 내가 너희에게 미리 말하였노라 [26]그러면 사람들이 너희에게 말
하되 보라 그리스도가 광야에 있다 하여도 나가지 말고 보라 골방에 있다 하여도 믿지 말라
[27]번개가 동편에서 나서 서편까지 번쩍임 같이 인자의 임함도 그러하리라 [28]주검이 있는 곳에
는 독수리들이 모일 것이니라

눅 21:20 너희가 예루살렘이 군대들에게 에워싸이는 것을 보거든 그 멸망이 가까운 줄을 알
라 [21]그 때에 유대에 있는 자들은 산으로 도망갈 것이며 성내에 있는 자들은 나갈 것이며 촌에
있는 자들은 그리로 들어가지 말지어다 [22]이 날들은 기록된 모든 것을 이루는 징벌의 날이니
라 [23]그 날에는 아이 밴 자들과 젖먹이는 자들에게 화가 있으리니 이는 땅에 큰 환난과 이 백
성에게 진노가 있겠음이로다 [24]그들이 칼날에 죽임을 당하며 모든 이방에 사로잡혀 가겠고 예
루살렘은 이방인의 때가 차기까지 이방인들에게 밟히리라

막 13:24-27 인자의 오심

24그 때에 그 환난 후 해가 어두워지며 달이 빛을 내지 아니하며 25별들이 하늘에서 떨어지며 하
늘에 있는 권능들이 흔들리리라 26그 때에 인자가 구름을 타고 큰 권능과 영광으로 오는 것을 사
람들이 보리라 27또 그 때에 그가 천사들을 보내어 자기가 택하신 자들을 땅 끝으로부터 하늘 끝
까지 사방에서 모으리라

마 24:29 그 날 환난 후에 즉시 해가 어두워지며 달이 빛을 내지 아니하며 별들이 하늘에서
떨어지며 하늘의 권능들이 흔들리리라 30그 때에 인자의 징조가 하늘에서 보이겠고 그 때에
땅의 모든 족속들이 통곡하며 그들이 인자가 구름을 타고 능력과 큰 영광으로 오는 것을 보리
라 31그가 큰 나팔소리와 함께 천사들을 보내리니 그들이 그의 택하신 자들을 하늘 이 끝에서
저 끝까지 사방에서 모으리라

눅 21:25 일월 성신에는 징조가 있겠고 땅에서는 민족들이 바다와 파도의 성난 소리로 인하
여 혼란한 중에 곤고하리라 26사람들이 세상에 임할 일을 생각하고 무서워하므로 기절하리니
이는 하늘의 권능들이 흔들리겠음이라 27그 때에 사람들이 인자가 구름을 타고 능력과 큰 영
광으로 오는 것을 보리라 28이런 일이 되기를 시작하거든 일어나 머리를 들라 너희 속량이 가
까웠느니라 하시더라

막 13:28-31 무화과나무 비유

28무화과나무의 비유를 배우라 그 가지가 연하여지고 잎사귀를 내면 여름이 가까운 줄 아나니
29이와 같이 너희가 이런 일이 일어나는 것을 보거든 인자가 가까이 곧 문 앞에 이른 줄 알라 30내
가 진실로 너희에게 말하노니 이 세대가 지나가기 전에 이 일이 다 일어나리라 31천지는 없어지겠
으나 내 말은 없어지지 아니하리라

마 24:32 무화과나무의 비유를 배우라 그 가지가 연하여지고 잎사귀를 내면 여름이 가까운
줄을 아나니 33이와 같이 너희도 이 모든 일을 보거든 인자가 가까이 곧 문 앞에 이른 줄 알라
34내가 진실로 너희에게 말하노니 이 세대가 지나가기 전에 이 일이 다 일어나리라 35천지는
없어질지언정 내 말은 없어지지 아니하리라

눅 21:29 이에 비유로 이르시되 무화과나무와 모든 나무를 보라 30싹이 나면 너희가 보고 여
름이 가까운 줄을 자연히 아나니 31이와 같이 너희가 이런 일이 일어나는 것을 보거든 하나님
의 나라가 가까이 온 줄을 알라 32내가 진실로 너희에게 말하노니 이 세대가 지나가기 전에 모
든 일이 다 이루어지리라 33천지는 없어지겠으나 내 말은 없어지지 아니하리라

막 13:32-37 인자의 때는 모름: 깨어 있으라

32그러나 그 날과 그 때는 아무도 모르나니 하늘에 있는 천사들도, 아들도 모르고 아버지만 아시
느니라 33주의하라 깨어 있으라 그 때가 언제인지 알지 못함이라 34가령 사람이 집을 떠나 타국
으로 갈 때에 그 종들에게 권한을 주어 각각 사무를 맡기며 문지기에게 깨어 있으라 명함과 같으
니 35그러므로 깨어 있으라 집 주인이 언제 올는지 혹 저물 때일는지, 밤중일는지, 닭 울 때일는지,
새벽일는지 너희가 알지 못함이라 36그가 홀연히 와서 너희가 자는 것을 보지 않도록 하라 37깨어
있으라 내가 너희에게 하는 이 말은 모든 사람에게 하는 말이니라 하시니라

마 24:36 그러나 그 날과 그 때는 아무도 모르나니 하늘의 천사들도, 아들도 모르고 오직 아버
지만 아시느니라 37노아의 때와 같이 인자의 임함도 그러하리라 38홍수 전에 노아가 방주에 들
어가던 날까지 사람들이 먹고 마시고 장가들고 시집 가고 있으면서 39홍수가 나서 그들을 다
멸하기까지 깨닫지 못하였으니 인자의 임함도 이와 같으리라 40그 때에 두 사람이 밭에 있으
매 한 사람은 데려가고 한 사람은 버려둠을 당할 것이요 41두 여자가 맷돌질을 하고 있으매 한
사람은 데려가고 한 사람은 버려둠을 당할 것이니라 42그러므로 깨어 있으라 어느 날에 너희
주가 임할는지 너희가 알지 못함이니라 43너희도 아는 바니 만일 집 주인이 도둑이 어느 시각
에 올 줄을 알았더라면 깨어 있어 그 집을 뚫지 못하게 하였으리라 44이러므로 너희도 준비하
고 있으라 생각하지 않은 때에 인자가 오리라

눅 21:34 너희는 스스로 조심하라 그렇지 않으면 방탕함과 술취함과 생활의 염려로 마음이
둔하여지고 뜻밖에 그 날이 덫과 같이 너희에게 임하리라 35이 날은 온 지구상에 거하는 모든
사람에게 임하리라 36이러므로 너희는 장차 올 이 모든 일을 능히 피하고 인자 앞에 서도록 항
상 기도하며 깨어 있으라 하시니라

막 14:1-2 예수 죽음 모의

1이틀이 지나면 유월절과 무교절이라 대제사장들과 서기관들이 예수를 흉계로 잡아 죽일 방도를
구하며 2이르되 민란이 날까 하노니 명절에는 하지 말자 하더라

마 26:1 예수께서 이 말씀을 다 마치시고 제자들에게 이르시되 2너희가 아는 바와 같이 이틀
이 지나면 유월절이라 인자가 십자가에 못 박히기 위하여 팔리리라 하시더라 3그 때에 대제사
장들과 백성의 장로들이 가야바라 하는 대제사장의 관정에 모여 4예수를 흉계로 잡아 죽이려
고 의논하되 5말하기를 민란이 날까 하노니 명절에는 하지 말자 하더라

눅 22:1 유월절이라 하는 무교절이 다가오매 2대제사장들과 서기관들이 예수를 무슨 방도로
죽일까 궁리하니 이는 그들이 백성을 두려워함이더라

요 11:45 마리아에게 와서 예수께서 하신 일을 본 많은 유대인이 그를 믿었으나 46그 중에 어
떤 자는 바리새인들에게 가서 예수께서 하신 일을 알리니라 47이에 대제사장들과 바리새인들
이 공회를 모으고 이르되 이 사람이 많은 표적을 행하니 우리가 어떻게 하겠느냐 48만일 그를
이대로 두면 모든 사람이 그를 믿을 것이요 그리고 로마인들이 와서 우리 땅과 민족을 빼앗아
가리라 하니 49그 중의 한 사람 그 해의 대제사장인 가야바가 그들에게 말하되 너희가 아무 것
도 알지 못하는도다 50한 사람이 백성을 위하여 죽어서 온 민족이 망하지 않게 되는 것이 너희
에게 유익한 줄을 생각하지 아니하는도다 하였으니 51이 말은 스스로 함이 아니요 그 해의 대
제사장이므로 예수께서 그 민족을 위하시고 52또 그 민족만 위할 뿐 아니라 흩어진 하나님의
자녀를 모아 하나가 되게 하기 위하여 죽으실 것을 미리 말함이러라 53이 날부터는 그들이 예
수를 죽이려고 모의하니라

막 14:3-9 여인의 향유 부음

3예수께서 베다니 나병환자 시몬의 집에서 식사하실 때에 한 여자가 매우 값진 향유 곧 순전한 나
드 한 옥합을 가지고 와서 그 옥합을 깨뜨려 예수의 머리에 부으니 4어떤 사람들이 화를 내어 서로
말하되 어찌하여 이 향유를 허비하는가 5이 향유를 삼백 데나리온 이상에 팔아 가난한 자들에게
줄 수 있었겠도다 하며 그 여자를 책망하는지라 6예수께서 이르시되 가만 두라 너희가 어찌하여
그를 괴롭게 하느냐 그가 내게 좋은 일을 하였느니라 7가난한 자들은 항상 너희와 함께 있으니 아
무 때라도 원하는 대로 도울 수 있거니와 나는 너희와 항상 함께 있지 아니하리라 8그는 힘을 다하
여 내 몸에 향유를 부어 내 장례를 미리 준비하였느니라 9내가 진실로 너희에게 이르노니 온 천하
에 어디서든지 복음이 전파되는 곳에는 이 여자가 행한 일도 말하여 그를 기억하리라 하시니라

마 26:6 예수께서 베다니 나병환자 시몬의 집에 계실 때에 7한 여자가 매우 귀한 향유 한 옥합
을 가지고 나아와서 식사하시는 예수의 머리에 부으니 8제자들이 보고 분개하여 이르되 무슨
의도로 이것을 허비하느냐 9이것을 비싼 값에 팔아 가난한 자들에게 줄 수 있었겠도다 하거늘
10예수께서 아시고 그들에게 이르시되 너희가 어찌하여 이 여자를 괴롭게 하느냐 그가 내게
좋은 일을 하였느니라 11가난한 자들은 항상 너희와 함께 있거니와 나는 항상 함께 있지 아니
하리라 12이 여자가 내 몸에 이 향유를 부은 것은 내 장례를 위하여 함이니라 13내가 진실로 너
희에게 이르노니 온 천하에 어디서든지 이 복음이 전파되는 곳에서는 이 여자가 행한 일도 말
하여 그를 기억하리라 하시니라

눅 7:36 한 바리새인이 예수께 자기와 함께 잡수시기를 청하니 이에 바리새인의 집에 들어가
앉으셨을 때에 37그 동네에 죄를 지은 한 여자가 있어 예수께서 바리새인의 집에 앉아 계심을

알고 향유 담은 옥합을 가지고 와서 [38]예수의 뒤로 그 발 곁에 서서 울며 눈물로 그 발을 적시
고 자기 머리털로 닦고 그 발에 입맞추고 향유를 부으니 [39]예수를 청한 바리새인이 그것을 보
고 마음에 이르되 이 사람이 만일 선지자라면 자기를 만지는 이 여자가 누구며 어떠한 자 곧
죄인인 줄을 알았으리라 하거늘 [40]예수께서 대답하여 이르시되 시몬아 내가 네게 이를 말이
있다 하시니 그가 이르되 선생님 말씀하소서 [41]이르시되 빚 주는 사람에게 빚진 자가 둘이 있
어 하나는 오백 데나리온을 졌고 하나는 오십 데나리온을 졌는데 [42]갚을 것이 없으므로 둘 다
탕감하여 주었으니 둘 중에 누가 그를 더 사랑하겠느냐 [43]시몬이 대답하여 이르되 내 생각에
는 많이 탕감함을 받은 자니이다 이르시되 네 판단이 옳다 하시고 [44]그 여자를 돌아보시며 시
몬에게 이르시되 이 여자를 보느냐 내가 네 집에 들어올 때 너는 내게 발 씻을 물도 주지 아니
하였으되 이 여자는 눈물로 내 발을 적시고 그 머리털로 닦았으며 [45]너는 내게 입맞추지 아니
하였으되 그는 내가 들어올 때로부터 내 발에 입맞추기를 그치지 아니하였으며 [46]너는 내 머
리에 감람유도 붓지 아니하였으되 그는 향유를 내 발에 부었느니라 [47]이러므로 내가 네게 말
하노니 그의 많은 죄가 사하여졌도다 이는 그의 사랑함이 많음이라 사함을 받은 일이 적은 자
는 적게 사랑하느니라 [48]이에 여자에게 이르시되 네 죄 사함을 받았느니라 하시니 [49]함께 앉아
있는 자들이 속으로 말하되 이가 누구이기에 죄도 사하는가 하더라 [50]예수께서 여자에게 이르
시되 네 믿음이 너를 구원하였으니 평안히 가라 하시니라

요 12:1 유월절 엿새 전에 예수께서 베다니에 이르시니 이 곳은 예수께서 죽은 자 가운데서
살리신 나사로가 있는 곳이라 [2]거기서 예수를 위하여 잔치할새 마르다는 일을 하고 나사로는
예수와 함께 앉은 자 중에 있더라 [3]마리아는 지극히 비싼 향유 곧 순전한 나드 한 근을 가져다
가 예수의 발에 붓고 자기 머리털로 그의 발을 닦으니 향유 냄새가 집에 가득하더라 [4]제자 중
하나로서 예수를 잡아 줄 가룟 유다가 말하되 [5]이 향유를 어찌하여 삼백 데나리온에 팔아 가
난한 자들에게 주지 아니하였느냐 하니 [6]이렇게 말함은 가난한 자들을 생각함이 아니요 그는
도둑이라 돈궤를 맡고 거기 넣는 것을 훔쳐 감이러라 [7]예수께서 이르시되 그를 가만 두어 나
의 장례할 날을 위하여 그것을 간직하게 하라 [8]가난한 자들은 항상 너희와 함께 있거니와 나
는 항상 있지 아니하리라 하시니라

막 14:10-11 유다와 대제사장들

[10]열둘 중의 하나인 가룟 유다가 예수를 넘겨 주려고 대제사장들에게 가매 [11]그들이 듣고 기뻐하
여 돈을 주기로 약속하니 유다가 예수를 어떻게 넘겨 줄까 하고 그 기회를 찾더라

마 26:14 그 때에 열둘 중의 하나인 가룟 유다라 하는 자가 대제사장들에게 가서 말하되 [15]내
가 예수를 너희에게 넘겨 주리니 얼마나 주려느냐 하니 그들이 은 삼십을 달아 주거늘 [16]그가
그 때부터 예수를 넘겨 줄 기회를 찾더라

눅 22:3 열둘 중의 하나인 가룟인이라 부르는 유다에게 사탄이 들어가니 [4]이에 유다가 대제사
장들과 성전 경비대장들에게 가서 예수를 넘겨 줄 방도를 의논하매 [5]그들이 기뻐하여 돈을 주
기로 언약하는지라 [6]유다가 허락하고 예수를 무리가 없을 때에 넘겨 줄 기회를 찾더라

막 14:12-16 마지막 만찬 준비

[12]무교절의 첫날 곧 유월절 양 잡는 날에 제자들이 예수께 여짜오되 우리가 어디로 가서 선생님께
서 유월절 음식을 잡수시게 준비하기를 원하시나이까 하매 [13]예수께서 제자 중의 둘을 보내시며
이르시되 성내로 들어가라 그리하면 물 한 동이를 가지고 가는 사람을 만나리니 그를 따라가서
[14]어디든지 그가 들어가는 그 집 주인에게 이르되 선생님의 말씀이 내가 내 제자들과 함께 유월절
음식을 먹을 나의 객실이 어디 있느냐 하시더라 하라 [15]그리하면 자리를 펴고 준비한 큰 다락방을
보이리니 거기서 우리를 위하여 준비하라 하시니 [16]제자들이 나가 성내로 들어가서 예수께서 하
시던 말씀대로 만나 유월절 음식을 준비하니라

마 26:17 무교절의 첫날에 제자들이 예수께 나아와서 이르되 유월절 음식 잡수실 것을 우리가
어디서 준비하기를 원하시나이까 [18]이르시되 성안 아무에게 가서 이르되 선생님 말씀이 내 때
가 가까이 왔으니 내 제자들과 함께 유월절을 네 집에서 지키겠다 하시더라 하라 하시니 [19]제
자들이 예수께서 시키신 대로 하여 유월절을 준비하였더라

눅 22:7 유월절 양을 잡을 무교절날이 이른지라 [8]예수께서 베드로와 요한을 보내시며 이르시
되 가서 우리를 위하여 유월절을 준비하여 우리로 먹게 하라 [9]여짜오되 어디서 준비하기를 원
하시나이까 [10]이르시되 보라 너희가 성내로 들어가면 물 한 동이를 가지고 가는 사람을 만나
리니 그가 들어가는 집으로 따라 들어가서 [11]그 집 주인에게 이르되 선생님이 네게 하는 말씀
이 내가 내 제자들과 함께 유월절을 먹을 객실이 어디 있느냐 하시더라 하라 [12]그리하면 그가
자리를 마련한 큰 다락방을 보이리니 거기서 준비하라 하시니 [13]그들이 나가 그 하신 말씀대
로 만나 유월절을 준비하니라

막 14:17-21 유다의 배신 예고

[17]저물매 그 열둘을 데리시고 가서 [18]다 앉아 먹을 때에 예수께서 이르시되 내가 진실로 너희에게
이르노니 너희 중의 한 사람 곧 나와 함께 먹는 자가 나를 팔리라 하신대 [19]그들이 근심하며 하나
씩 하나씩 나는 아니지요 하고 말하기 시작하니 [20]그들에게 이르시되 열둘 중의 하나 곧 나와 함
께 그릇에 손을 넣는 자니라 [21]인자는 자기에 대하여 기록된 대로 가거니와 인자를 파는 그 사람

에게는 화가 있으리로다 그 사람은 차라리 나지 아니하였더라면 자기에게 좋을 뻔하였느니라 하
시니라

마 26:20 저물 때에 예수께서 열두 제자와 함께 앉으셨더니 21그들이 먹을 때에 이르시되 내
가 진실로 너희에게 이르노니 너희 중의 한 사람이 나를 팔리라 하시니 22그들이 몹시 근심하
여 각각 여짜오되 주여 나는 아니지요 23대답하여 이르시되 나와 함께 그릇에 손을 넣는 그가
나를 팔리라 24인자는 자기에 대하여 기록된 대로 가거니와 인자를 파는 그 사람에게는 화가
있으리로다 그 사람은 차라리 태어나지 아니하였더라면 제게 좋을 뻔하였느니라 25예수를 파
는 유다가 대답하여 이르되 랍비여 나는 아니지요 대답하시되 네가 말하였도다 하시니라

눅 22:21 그러나 보라 나를 파는 자의 손이 나와 함께 상 위에 있도다 22인자는 이미 작정된
대로 가거니와 그를 파는 그 사람에게는 화가 있으리로다 하시니 23그들이 서로 묻되 우리 중
에서 이 일을 행할 자가 누구일까 하더라

요 13:21 예수께서 이 말씀을 하시고 심령이 괴로워 증언하여 이르시되 내가 진실로 진실로
너희에게 이르노니 너희 중 하나가 나를 팔리라 하시니 22제자들이 서로 보며 누구에게 대하
여 말씀하시는지 의심하더라 23예수의 제자 중 하나 곧 그가 사랑하시는 자가 예수의 품에 의
지하여 누웠는지라 24시몬 베드로가 머릿짓을 하여 말하되 말씀하신 자가 누구인지 말하라 하
니 25그가 예수의 가슴에 그대로 의지하여 말하되 주여 누구니이까 26예수께서 대답하시되 내
가 떡 한 조각을 적셔다 주는 자가 그니라 하시고 곧 한 조각을 적셔서 가룟 시몬의 아들 유다
에게 주시니 27조각을 받은 후 곧 사탄이 그 속에 들어간지라 이에 예수께서 유다에게 이르시
되 네가 하는 일을 속히 하라 하시니 28이 말씀을 무슨 뜻으로 하셨는지 그 앉은 자 중에 아는
자가 없고 29어떤 이들은 유다가 돈궤를 맡았으므로 명절에 우리가 쓸 물건을 사라 하시는지
혹은 가난한 자들에게 무엇을 주라 하시는 줄로 생각하더라 30유다가 그 조각을 받고 곧 나가
니 밤이러라

막 14:22-26 성만찬 제정

22그들이 먹을 때에 예수께서 떡을 가지사 축복하시고 떼어 제자들에게 주시며 이르시되 받으라
이것은 내 몸이니라 하시고 23또 잔을 가지사 감사 기도 하시고 그들에게 주시니 다 이를 마시매
24이르시되 이것은 많은 사람을 위하여 흘리는 나의 피 곧 언약의 피니라 25진실로 너희에게 이르
노니 내가 포도나무에서 난 것을 하나님 나라에서 새 것으로 마시는 날까지 다시 마시지 아니하리
라 하시니라 26이에 그들이 찬미하고 감람 산으로 가니라

마 26:26 그들이 먹을 때에 예수께서 떡을 가지사 축복하시고 떼어 제자들에게 주시며 이르
시되 받아서 먹으라 이것은 내 몸이니라 하시고 27또 잔을 가지사 감사 기도 하시고 그들에게
주시며 이르시되 너희가 다 이것을 마시라 28이것은 죄 사함을 얻게 하려고 많은 사람을 위하
여 흘리는 바 나의 피 곧 언약의 피니라 29그러나 너희에게 이르노니 내가 포도나무에서 난 것
을 이제부터 내 아버지의 나라에서 새것으로 너희와 함께 마시는 날까지 마시지 아니하리라
하시니라

눅 22:14 때가 이르매 예수께서 사도들과 함께 앉으사 15이르시되 내가 고난을 받기 전에 너
희와 함께 이 유월절 먹기를 원하고 원하였노라 16내가 너희에게 이르노니 이 유월절이 하나
님의 나라에서 이루기까지 다시 먹지 아니하리라 하시고 17이에 잔을 받으사 감사 기도 하시
고 이르시되 이것을 갖다가 너희끼리 나누라 18내가 너희에게 이르노니 내가 이제부터 하나님
의 나라가 임할 때까지 포도나무에서 난 것을 다시 마시지 아니하리라 하시고 19또 떡을 가져
감사 기도 하시고 떼어 그들에게 주시며 이르시되 이것은 너희를 위하여 주는 내 몸이라 너희
가 이를 행하여 나를 기념하라 하시고 20저녁 먹은 후에 잔도 그와 같이 하여 이르시되 이 잔
은 내 피로 세우는 새 언약이니 곧 너희를 위하여 붓는 것이라

막 14:27-31 베드로의 부인 예고

27예수께서 제자들에게 이르시되 너희가 다 나를 버리리라 이는 기록된 바 내가 목자를 치리니 양
들이 흩어지리라 하였음이니라 28그러나 내가 살아난 후에 너희보다 먼저 갈릴리로 가리라 29베
드로가 여짜오되 다 버릴지라도 나는 그리하지 않겠나이다 30예수께서 이르시되 내가 진실로 네
게 이르노니 오늘 이 밤 닭이 두 번 울기 전에 네가 세 번 나를 부인하리라 31베드로가 힘있게 말
하되 내가 주와 함께 죽을지언정 주를 부인하지 않겠나이다 하고 모든 제자도 이와 같이 말하니라

마 26:30 이에 그들이 찬미하고 감람 산으로 나아가니라 31그 때에 예수께서 제자들에게 이르
시되 오늘 밤에 너희가 다 나를 버리리라 기록된 바 내가 목자를 치리니 양의 떼가 흩어지리라
하였느니라 32그러나 내가 살아난 후에 너희보다 먼저 갈릴리로 가리라 33베드로가 대답하여
이르되 모두 주를 버릴지라도 나는 결코 버리지 않겠나이다 34예수께서 이르시되 내가 진실로
네게 이르노니 오늘 밤 닭 울기 전에 네가 세 번 나를 부인하리라 35베드로가 이르되 내가 주
와 함께 죽을지언정 주를 부인하지 않겠나이다 하고 모든 제자도 그와 같이 말하니라

눅 22:31 시몬아, 시몬아, 보라 사탄이 너희를 밀 까부르듯 하려고 요구하였으나 32그러나 내
가 너를 위하여 네 믿음이 떨어지지 않기를 기도하였노니 너는 돌이킨 후에 네 형제를 굳게 하
라 33그가 말하되 주여 내가 주와 함께 옥에도, 죽는 데에도 가기를 각오하였나이다 34이르시
되 베드로야 내가 네게 말하노니 오늘 닭 울기 전에 네가 세 번 나를 모른다고 부인하리라 하
시니라

요 13:36 시몬 베드로가 이르되 주여 어디로 가시나이까 예수께서 대답하시되 내가 가는 곳에 네가 지금은 따라올 수 없으나 후에는 따라오리라 [37]베드로가 이르되 주여 내가 지금은 어찌하여 따라갈 수 없나이까 주를 위하여 내 목숨을 버리겠나이다 [38]예수께서 대답하시되 네가 나를 위하여 네 목숨을 버리겠느냐 내가 진실로 진실로 네게 이르노니 닭 울기 전에 네가 세 번 나를 부인하리라

막 14:32-42 겟세마네 기도

[32]그들이 겟세마네라 하는 곳에 이르매 예수께서 제자들에게 이르시되 내가 기도할 동안에 너희는 여기 앉아 있으라 하시고 [33]베드로와 야고보와 요한을 데리고 가실새 심히 놀라시며 슬퍼하사 [34]말씀하시되 내 마음이 심히 고민하여 죽게 되었으니 너희는 여기 머물러 깨어 있으라 하시고 [35]조금 나아가사 땅에 엎드리어 될 수 있는 대로 이 때가 자기에게서 지나가기를 구하여 [36]이르시되 아빠 아버지여 아버지께는 모든 것이 가능하오니 이 잔을 내게서 옮기시옵소서 그러나 나의 원대로 마시옵고 아버지의 원대로 하옵소서 하시고 [37]돌아오사 제자들이 자는 것을 보시고 베드로에게 말씀하시되 시몬아 자느냐 네가 한 시간도 깨어 있을 수 없더냐 [38]시험에 들지 않게 깨어 있어 기도하라 마음에는 원이로되 육신이 약하도다 하시고 [39]다시 나아가 동일한 말씀으로 기도하시고 [40]다시 오사 보신즉 그들이 자니 이는 그들의 눈이 심히 피곤함이라 그들이 예수께 무엇으로 대답할 줄을 알지 못하더라 [41]세 번째 오사 그들에게 이르시되 이제는 자고 쉬라 그만 되었다 때가 왔도다 보라 인자가 죄인의 손에 팔리느니라 [42]일어나라 함께 가자 보라 나를 파는 자가 가까이 왔느니라

마 26:36 이에 예수께서 제자들과 함께 겟세마네라 하는 곳에 이르러 제자들에게 이르시되 내가 저기 가서 기도할 동안에 너희는 여기 앉아 있으라 하시고 [37]베드로와 세베대의 두 아들을 데리고 가실새 고민하고 슬퍼하사 [38]이에 말씀하시되 내 마음이 매우 고민하여 죽게 되었으니 너희는 여기 머물러 나와 함께 깨어 있으라 하시고 [39]조금 나아가사 얼굴을 땅에 대시고 엎드려 기도하여 이르시되 내 아버지여 만일 할 만하시거든 이 잔을 내게서 지나가게 하옵소서 그러나 나의 원대로 마시옵고 아버지의 원대로 하옵소서 하시고 [40]제자들에게 오사 그 자는 것을 보시고 베드로에게 말씀하시되 너희가 나와 함께 한 시간도 이렇게 깨어 있을 수 없더냐 [41]시험에 들지 않게 깨어 기도하라 마음에는 원이로되 육신이 약하도다 하시고 [42]다시 두 번째 나아가 기도하여 이르시되 내 아버지여 만일 내가 마시지 않고는 이 잔이 내게서 지나갈 수 없거든 아버지의 원대로 되기를 원하나이다 하시고 [43]다시 오사 보신즉 그들이 자니 이는 그들의 눈이 피곤함일러라 [44]또 그들을 두시고 나아가 세 번째 같은 말씀으로 기도하신 후 [45]이에 제자들에게 오사 이르시되 이제는 자고 쉬라 보라 때가 가까이 왔으니 인자가 죄인의 손에 팔리느니라 [46]일어나라 함께 가자 보라 나를 파는 자가 가까이 왔느니라

눅 22:39 예수께서 나가사 습관을 따라 감람 산에 가시매 제자들도 따라갔더니 [40]그 곳에 이

르러 그들에게 이르시되 유혹에 빠지지 않게 기도하라 하시고 41그들을 떠나 돌 던질 만큼 가
서 무릎을 꿇고 기도하여 42이르시되 아버지여 만일 아버지의 뜻이거든 이 잔을 내게서 옮기
시옵소서 그러나 내 원대로 마시옵고 아버지의 원대로 되기를 원하나이다 하시니 43천사가 하
늘로부터 예수께 나타나 힘을 더하더라 44예수께서 힘쓰고 애써 더욱 간절히 기도하시니 땀이
땅에 떨어지는 핏방울 같이 되더라 45기도 후에 일어나 제자들에게 가서 슬픔으로 인하여 잠
든 것을 보시고 46이르시되 어찌하여 자느냐 시험에 들지 않게 일어나 기도하라 하시니라

막 14:43-50 예수 체포

43예수께서 말씀하실 때에 곧 열둘 중의 하나인 유다가 왔는데 대제사장들과 서기관들과 장로들
에게서 파송된 무리가 검과 몽치를 가지고 그와 함께 하였더라 44예수를 파는 자가 이미 그들과
군호를 짜 이르되 내가 입맞추는 자가 그이니 그를 잡아 단단히 끌어 가라 하였는지라 45이에 와
서 곧 예수께 나아와 랍비여 하고 입을 맞추니 46그들이 예수께 손을 대어 잡거늘 47곁에 서 있는
자 중의 한 사람이 칼을 빼어 대제사장의 종을 쳐 그 귀를 떨어뜨리니라 48예수께서 무리에게 말
씀하여 이르시되 너희가 강도를 잡는 것 같이 검과 몽치를 가지고 나를 잡으러 나왔느냐 49내가
날마다 너희와 함께 성전에 있으면서 가르쳤으되 너희가 나를 잡지 아니하였도다 그러나 이는 성
경을 이루려 함이니라 하시더라 50제자들이 다 예수를 버리고 도망하니라

마 26:47 말씀하실 때에 열둘 중의 하나인 유다가 왔는데 대제사장들과 백성의 장로들에게서
파송된 큰 무리가 칼과 몽치를 가지고 그와 함께 하였더라 48예수를 파는 자가 그들에게 군호
를 짜 이르되 내가 입맞추는 자가 그이니 그를 잡으라 한지라 49곧 예수께 나아와 랍비여 안녕
하시옵니까 하고 입을 맞추니 50예수께서 이르시되 친구여 네가 무엇을 하려고 왔는지 행하
라 하신대 이에 그들이 나아와 예수께 손을 대어 잡는지라 51예수와 함께 있던 자 중의 하나가
손을 펴 칼을 빼어 대제사장의 종을 쳐 그 귀를 떨어뜨리니 52이에 예수께서 이르시되 네 칼을
도로 칼집에 꽂으라 칼을 가지는 자는 다 칼로 망하느니라 53너는 내가 내 아버지께 구하여 지
금 열두 군단 더 되는 천사를 보내시게 할 수 없는 줄로 아느냐 54내가 만일 그렇게 하면 이런
일이 있으리라 한 성경이 어떻게 이루어지겠느냐 하시더라 55그 때에 예수께서 무리에게 말씀
하시되 너희가 강도를 잡는 것 같이 칼과 몽치를 가지고 나를 잡으러 나왔느냐 내가 날마다 성
전에 앉아 가르쳤으되 너희가 나를 잡지 아니하였도다 56그러나 이렇게 된 것은 다 선지자들
의 글을 이루려 함이니라 하시더라 이에 제자들이 다 예수를 버리고 도망하니라

눅 22:47 말씀하실 때에 한 무리가 오는데 열둘 중의 하나인 유다라 하는 자가 그들을 앞장서
와서 48예수께 입을 맞추려고 가까이 하는지라 예수께서 이르시되 유다야 네가 입맞춤으로 인
자를 파느냐 하시니 49그의 주위 사람들이 그 된 일을 보고 여짜오되 주여 우리가 칼로 치리이
까 하고 50그 중의 한 사람이 대제사장의 종을 쳐 그 오른쪽 귀를 떨어뜨린지라 51예수께서 일
러 이르시되 이것까지 참으라 하시고 그 귀를 만져 낫게 하시더라 52예수께서 그 잡으러 온 대

제사장들과 성전의 경비대장들과 장로들에게 이르시되 너희가 강도를 잡는 것 같이 검과 몽치를 가지고 나왔느냐 [53]내가 날마다 너희와 함께 성전에 있을 때에 내게 손을 대지 아니하였도다 그러나 이제는 너희 때요 어둠의 권세로다 하시더라

요 18:1 예수께서 이 말씀을 하시고 제자들과 함께 기드론 시내 건너편으로 나가시니 그 곳에 동산이 있는데 제자들과 함께 들어가시니라 [2]그 곳은 가끔 예수께서 제자들과 모이시는 곳이므로 예수를 파는 유다도 그 곳을 알더라 [3]유다가 군대와 대제사장들과 바리새인들에게서 얻은 아랫사람들을 데리고 등과 횃불과 무기를 가지고 그리로 오는지라 [4]예수께서 그 당할 일을 다 아시고 나아가 이르시되 너희가 누구를 찾느냐 [5]대답하되 나사렛 예수라 하거늘 이르시되 내가 그니라 하시니라 그를 파는 유다도 그들과 함께 섰더라 [6]예수께서 그들에게 내가 그니라 하실 때에 그들이 물러가서 땅에 엎드러지는지라 [7]이에 다시 누구를 찾느냐고 물으신대 그들이 말하되 나사렛 예수라 하거늘 [8]예수께서 대답하시되 너희에게 내가 그니라 하였으니 나를 찾거든 이 사람들이 가는 것은 용납하라 하시니 [9]이는 아버지께서 내게 주신 자 중에서 하나도 잃지 아니하였사옵나이다 하신 말씀을 응하게 하려 함이러라 [10]이에 시몬 베드로가 칼을 가졌는데 그것을 빼어 대제사장의 종을 쳐서 오른편 귀를 베어버리니 그 종의 이름은 말고라 [11]예수께서 베드로더러 이르시되 칼을 칼집에 꽂으라 아버지께서 주신 잔을 내가 마시지 아니하겠느냐 하시니라

막 14:51-52 벗은 채 도망간 청년

[51]한 청년이 벗은 몸에 베 홑이불을 두르고 예수를 따라가다가 무리에게 잡히매 [52]베 홑이불을 버리고 벗은 몸으로 도망하니라

막 14:53-54 대제사장 집 뜰의 베드로

[53]그들이 예수를 끌고 대제사장에게로 가니 대제사장들과 장로들과 서기관들이 다 모이더라 [54]베드로가 예수를 멀찍이 따라 대제사장의 집 뜰 안까지 들어가서 아랫사람들과 함께 앉아 불을 쬐더라

마 26:57 예수를 잡은 자들이 그를 끌고 대제사장 가야바에게로 가니 거기 서기관과 장로들이 모여 있더라 [58]베드로가 멀찍이 예수를 따라 대제사장의 집 뜰에까지 가서 그 결말을 보려고 안에 들어가 하인들과 함께 앉아 있더라

눅 22:54 예수를 잡아 끌고 대제사장의 집으로 들어갈새 베드로가 멀찍이 따라가니라 [55]사람들이 뜰 가운데 불을 피우고 함께 앉았는지라 베드로도 그 가운데 앉았더니

요 18:15 시몬 베드로와 또 다른 제자 한 사람이 예수를 따르니 이 제자는 대제사장과 아는 사람이라 예수와 함께 대제사장의 집 뜰에 들어가고

막 14:55-65 공회 심문

[55]대제사장들과 온 공회가 예수를 죽이려고 그를 칠 증거를 찾되 얻지 못하니 [56]이는 예수를 쳐서 거짓 증언 하는 자가 많으나 그 증언이 서로 일치하지 못함이라 [57]어떤 사람들이 일어나 예수를 쳐서 거짓 증언 하여 이르되 [58]우리가 그의 말을 들으니 손으로 지은 이 성전을 내가 헐고 손으로 짓지 아니한 다른 성전을 사흘 동안에 지으리라 하더라 하되 [59]그 증언도 서로 일치하지 않더라 [60]대제사장이 가운데 일어서서 예수에게 물어 이르되 너는 아무 대답도 없느냐 이 사람들이 너를 치는 증거가 어떠하냐 하되 [61]침묵하고 아무 대답도 아니하시거늘 대제사장이 다시 물어 이르되 네가 찬송 받을 이의 아들 그리스도냐 [62]예수께서 이르시되 내가 그니라 인자가 권능자의 우편에 앉은 것과 하늘 구름을 타고 오는 것을 너희가 보리라 하시니 [63]대제사장이 자기 옷을 찢으며 이르되 우리가 어찌 더 증인을 요구하리요 [64]그 신성모독 하는 말을 너희가 들었도다 너희는 어떻게 생각하느냐 하니 그들이 다 예수를 사형에 해당한 자로 정죄하고 [65]어떤 사람은 그에게 침을 뱉으며 그의 얼굴을 가리고 주먹으로 치며 이르되 선지자 노릇을 하라 하고 하인들은 손바닥으로 치더라

마 26:59 대제사장들과 온 공회가 예수를 죽이려고 그를 칠 거짓 증거를 찾으매 [60]거짓 증인이 많이 왔으나 얻지 못하더니 후에 두 사람이 와서 [61]이르되 이 사람의 말이 내가 하나님의 성전을 헐고 사흘 동안에 지을 수 있다 하더라 하니 [62]대제사장이 일어서서 예수께 묻되 아무 대답도 없느냐 이 사람들이 너를 치는 증거가 어떠하냐 하되 [63]예수께서 침묵하시거늘 대제사장이 이르되 내가 너로 살아 계신 하나님께 맹세하게 하노니 네가 하나님의 아들 그리스도인지 우리에게 말하라 [64]예수께서 이르시되 네가 말하였느니라 그러나 내가 너희에게 이르노니 이 후에 인자가 권능의 우편에 앉아 있는 것과 하늘 구름을 타고 오는 것을 너희가 보리라 하시니 [65]이에 대제사장이 자기 옷을 찢으며 이르되 그가 신성모독 하는 말을 하였으니 어찌 더 증인을 요구하리요 보라 너희가 지금 이 신성모독 하는 말을 들었도다 [66]너희 생각은 어떠하냐 대답하여 이르되 그는 사형에 해당하니라 하고 [67]이에 예수의 얼굴에 침 뱉으며 주먹으로 치고 어떤 사람은 손바닥으로 때리며 [68]이르되 그리스도야 우리에게 선지자 노릇을 하라 너를 친 자가 누구냐 하더라

눅 22:63 지키는 사람들이 예수를 희롱하고 때리며 [64]그의 눈을 가리고 물어 이르되 선지자 노릇 하라 너를 친 자가 누구냐 하고 [65]이 외에도 많은 말로 욕하더라 [66]날이 새매 백성의 장로

들 곧 대제사장들과 서기관들이 모여서 예수를 그 공회로 끌어들여 67이르되 네가 그리스도이
거든 우리에게 말하라 대답하시되 내가 말할지라도 너희가 믿지 아니할 것이요 68내가 물어도
너희가 대답하지 아니할 것이니라 69그러나 이제부터는 인자가 하나님의 권능의 우편에 앉아
있으리라 하시니 70다 이르되 그러면 네가 하나님의 아들이냐 대답하시되 너희들이 내가 그라
고 말하고 있느니라 71그들이 이르되 어찌 더 증거를 요구하리요 우리가 친히 그 입에서 들었
노라 하더라

요 18:19 대제사장이 예수에게 그의 제자들과 그의 교훈에 대하여 물으니 20예수께서 대답하
시되 내가 드러내 놓고 세상에 말하였노라 모든 유대인들이 모이는 회당과 성전에서 항상 가
르쳤고 은밀하게는 아무 것도 말하지 아니하였거늘 21어찌하여 내게 묻느냐 내가 무슨 말을
하였는지 들은 자들에게 물어 보라 그들이 내가 하던 말을 아느니라 22이 말씀을 하시매 곁에
섰던 아랫사람 하나가 손으로 예수를 쳐 이르되 네가 대제사장에게 이같이 대답하느냐 하니
23예수께서 대답하시되 내가 말을 잘못하였으면 그 잘못한 것을 증언하라 바른 말을 하였으면
네가 어찌하여 나를 치느냐 하시더라 24안나스가 예수를 결박한 그대로 대제사장 가야바에게
보내니라

막 14:66-72 베드로의 부인

66베드로는 아랫뜰에 있더니 대제사장의 여종 하나가 와서 67베드로가 불 쬐고 있는 것을 보고 주
목하여 이르되 너도 나사렛 예수와 함께 있었도다 하거늘 68베드로가 부인하여 이르되 나는 네가
말하는 것이 무엇인지 알지도 못하고 깨닫지도 못하겠노라 하며 앞뜰로 나갈새 69여종이 그를 보
고 곁에 서 있는 자들에게 다시 이르되 이 사람은 그 도당이라 하되 70또 부인하더라 조금 후에 곁
에 서 있는 사람들이 다시 베드로에게 말하되 너도 갈릴리 사람이니 참으로 그 도당이니라 71그러
나 베드로가 저주하며 맹세하되 나는 너희가 말하는 이 사람을 알지 못하노라 하니 72닭이 곧 두
번째 울더라 이에 베드로가 예수께서 자기에게 하신 말씀 곧 닭이 두 번 울기 전에 네가 세 번 나
를 부인하리라 하심이 기억되어 그 일을 생각하고 울었더라

마 26:69 베드로가 바깥 뜰에 앉았더니 한 여종이 나아와 이르되 너도 갈릴리 사람 예수와 함
께 있었도다 하거늘 70베드로가 모든 사람 앞에서 부인하여 이르되 나는 네가 무슨 말을 하는
지 알지 못하겠노라 하며 71앞문까지 나아가니 다른 여종이 그를 보고 거기 있는 사람들에게
말하되 이 사람은 나사렛 예수와 함께 있었도다 하매 72베드로가 맹세하고 또 부인하여 이르
되 나는 그 사람을 알지 못하노라 하더라 73조금 후에 곁에 섰던 사람들이 나아와 베드로에게
이르되 너도 진실로 그 도당이라 네 말소리가 너를 표명한다 하거늘 74그가 저주하며 맹세하
여 이르되 나는 그 사람을 알지 못하노라 하니 곧 닭이 울더라 75이에 베드로가 예수의 말씀에
닭 울기 전에 네가 세 번 나를 부인하리라 하심이 생각나서 밖에 나가서 심히 통곡하니라

눅 22:56 한 여종이 베드로의 불빛을 향하여 앉은 것을 보고 주목하여 이르되 이 사람도 그와
함께 있었느니라 하니 57베드로가 부인하여 이르되 이 여자여 내가 그를 알지 못하노라 하더
라 58조금 후에 다른 사람이 보고 이르되 너도 그 도당이라 하거늘 베드로가 이르되 이 사람아
나는 아니로라 하더라 59한 시간쯤 있다가 또 한 사람이 장담하여 이르되 이는 갈릴리 사람이
니 참으로 그와 함께 있었느니라 60베드로가 이르되 이 사람아 나는 네가 하는 말을 알지 못하
노라고 아직 말하고 있을 때에 닭이 곧 울더라 61주께서 돌이켜 베드로를 보시니 베드로가 주
의 말씀 곧 오늘 닭 울기 전에 네가 세 번 나를 부인하리라 하심이 생각나서 62밖에 나가서 심
히 통곡하니라

요 18:16 베드로는 문 밖에 서 있는지라 대제사장을 아는 그 다른 제자가 나가서 문 지키는 여
자에게 말하여 베드로를 데리고 들어오니 17문 지키는 여종이 베드로에게 말하되 너도 이 사
람의 제자 중 하나가 아니냐 하니 그가 말하되 나는 아니라 하고 18그 때가 추운 고로 종과 아
랫사람들이 불을 피우고 서서 쬐니 베드로도 함께 서서 쬐더라

요 18:25 시몬 베드로가 서서 불을 쬐더니 사람들이 묻되 너도 그 제자 중 하나가 아니냐 베
드로가 부인하여 이르되 나는 아니라 하니 26대제사장의 종 하나는 베드로에게 귀를 잘린 사
람의 친척이라 이르되 네가 그 사람과 함께 동산에 있는 것을 내가 보지 아니하였느냐 27이에
베드로가 또 부인하니 곧 닭이 울더라

막 15:1 빌라도에게 이송

1새벽에 대제사장들이 즉시 장로들과 서기관들 곧 온 공회와 더불어 의논하고 예수를 결박하여
끌고 가서 빌라도에게 넘겨 주니

마 27:1 새벽에 모든 대제사장과 백성의 장로들이 예수를 죽이려고 함께 의논하고 2결박하여
끌고 가서 총독 빌라도에게 넘겨 주니라

눅 23:1 무리가 다 일어나 예수를 빌라도에게 끌고 가서 2고발하여 이르되 우리가 이 사람을
보매 우리 백성을 미혹하고 가이사에게 세금 바치는 것을 금하며 자칭 왕 그리스도라 하더이
다 하니

요 18:28 그들이 예수를 가야바에게서 관정으로 끌고 가니 새벽이라 그들은 더럽힘을 받지
아니하고 유월절 잔치를 먹고자 하여 관정에 들어가지 아니하더라 29그러므로 빌라도가 밖으
로 나가서 그들에게 말하되 너희가 무슨 일로 이 사람을 고발하느냐 30대답하여 이르되 이 사
람이 행악자가 아니었더라면 우리가 당신에게 넘기지 아니하였겠나이다 31빌라도가 이르되
너희가 그를 데려다가 너희 법대로 재판하라 유대인들이 이르되 우리에게는 사람을 죽이는 권
한이 없나이다 하니 32이는 예수께서 자기가 어떠한 죽음으로 죽을 것을 가리켜 하신 말씀을

응하게 하려 함이러라

막 15:2-5 빌라도의 심문

2빌라도가 묻되 네가 유대인의 왕이냐 예수께서 대답하여 이르시되 네 말이 옳도다 하시매 3대제
사장들이 여러 가지로 고발하는지라 4빌라도가 또 물어 이르되 아무 대답도 없느냐 그들이 얼마
나 많은 것으로 너를 고발하는가 보라 하되 5예수께서 다시 아무 말씀으로도 대답하지 아니하시
니 빌라도가 놀랍게 여기더라

마 27:11 예수께서 총독 앞에 섰으매 총독이 물어 이르되 네가 유대인의 왕이냐 예수께서 대
답하시되 네 말이 옳도다 하시고 12대제사장들과 장로들에게 고발을 당하되 아무 대답도 아니
하시는지라 13이에 빌라도가 이르되 그들이 너를 쳐서 얼마나 많은 것으로 증언하는지 듣지
못하느냐 하되 14한 마디도 대답하지 아니하시니 총독이 크게 놀라워하더라

눅 23:3 빌라도가 예수께 물어 이르되 네가 유대인의 왕이냐 대답하여 이르시되 네 말이 옳도
다 4빌라도가 대제사장들과 무리에게 이르되 내가 보니 이 사람에게 죄가 없도다 하니 5무리
가 더욱 강하게 말하되 그가 온 유대에서 가르치고 갈릴리에서부터 시작하여 여기까지 와서
백성을 소동하게 하나이다

요 18:33 이에 빌라도가 다시 관정에 들어가 예수를 불러 이르되 네가 유대인의 왕이냐 34예
수께서 대답하시되 이는 네가 스스로 하는 말이냐 다른 사람들이 나에 대하여 네게 한 말이냐
35빌라도가 대답하되 내가 유대인이냐 네 나라 사람과 대제사장들이 너를 내게 넘겼으니 네가
무엇을 하였느냐 36예수께서 대답하시되 내 나라는 이 세상에 속한 것이 아니니라 만일 내 나
라가 이 세상에 속한 것이었더라면 내 종들이 싸워 나로 유대인들에게 넘겨지지 않게 하였으
리라 이제 내 나라는 여기에 속한 것이 아니니라 37빌라도가 이르되 그러면 네가 왕이 아니냐
예수께서 대답하시되 네 말과 같이 내가 왕이니라 내가 이를 위하여 태어났으며 이를 위하여
세상에 왔나니 곧 진리에 대하여 증언하려 함이로라 무릇 진리에 속한 자는 내 음성을 듣느니
라 하신대 38빌라도가 이르되 진리가 무엇이냐 하더라 이 말을 하고 다시 유대인들에게 나가
서 이르되 나는 그에게서 아무 죄도 찾지 못하였노라

막 15:6-11 바라바 선택

6명절이 되면 백성들이 요구하는 대로 죄수 한 사람을 놓아 주는 전례가 있더니 7민란을 꾸미고
그 민란중에 살인하고 체포된 자 중에 바라바라 하는 자가 있는지라 8무리가 나아가서 전례대로

하여 주기를 요구한대 [9]빌라도가 대답하여 이르되 너희는 내가 유대인의 왕을 너희에게 놓아 주
기를 원하느냐 하니 [10]이는 그가 대제사장들이 시기로 예수를 넘겨 준 줄 앎이러라 [11]그러나 대제
사장들이 무리를 충동하여 도리어 바라바를 놓아 달라 하게 하니

마 27:15 명절이 되면 총독이 무리의 청원대로 죄수 한 사람을 놓아 주는 전례가 있더니 [16]그
때에 바라바라 하는 유명한 죄수가 있는데 [17]그들이 모였을 때에 빌라도가 물어 이르되 너희
는 내가 누구를 너희에게 놓아 주기를 원하느냐 바라바냐 그리스도라 하는 예수냐 하니 [18]이
는 그가 그들의 시기로 예수를 넘겨 준 줄 앎이더라 [19]총독이 재판석에 앉았을 때에 그의 아내
가 사람을 보내어 이르되 저 옳은 사람에게 아무 상관도 하지 마옵소서 오늘 꿈에 내가 그 사
람으로 인하여 애를 많이 태웠나이다 하더라 [20]대제사장들과 장로들이 무리를 권하여 바라바
를 달라 하게 하고 예수를 죽이자 하게 하였더니

눅 23:18 무리가 일제히 소리 질러 이르되 이 사람을 없이하고 바라바를 우리에게 놓아 주소
서 하니 [19]이 바라바는 성중에서 일어난 민란과 살인으로 말미암아 옥에 갇힌 자러라 [20]빌라도
는 예수를 놓고자 하여 다시 그들에게 말하되 [21]그들은 소리 질러 이르되 그를 십자가에 못 박
게 하소서 십자가에 못 박게 하소서 하는지라 [22]빌라도가 세 번째 말하되 이 사람이 무슨 악한
일을 하였느냐 나는 그에게서 죽일 죄를 찾지 못하였나니 때려서 놓으리라 하니 [23]그들이 큰
소리로 재촉하여 십자가에 못 박기를 구하니 그들의 소리가 이긴지라 [24]이에 빌라도가 그들이
구하는 대로 하기를 언도하고 [25]그들이 요구하는 자 곧 민란과 살인으로 말미암아 옥에 갇힌
자를 놓아 주고 예수는 넘겨 주어 그들의 뜻대로 하게 하니라

요 18:39 유월절이면 내가 너희에게 한 사람을 놓아 주는 전례가 있으니 그러면 너희는 내가
유대인의 왕을 너희에게 놓아 주기를 원하느냐 하니 [40]그들이 또 소리 질러 이르되 이 사람이
아니라 바라바라 하니 바라바는 강도였더라

막 15:12-15 빌라도의 판결

[12]빌라도가 또 대답하여 이르되 그러면 너희가 유대인의 왕이라 하는 이를 내가 어떻게 하랴 [13]그
들이 다시 소리 지르되 그를 십자가에 못 박게 하소서 [14]빌라도가 이르되 어찜이냐 무슨 악한 일
을 하였느냐 하니 더욱 소리 지르되 십자가에 못 박게 하소서 하는지라 [15]빌라도가 무리에게 만족
을 주고자 하여 바라바는 놓아 주고 예수는 채찍질하고 십자가에 못 박히게 넘겨 주니라

마 27:21 총독이 대답하여 이르되 둘 중의 누구를 너희에게 놓아 주기를 원하느냐 이르되 바
라바로소이다 [22]빌라도가 이르되 그러면 그리스도라 하는 예수를 내가 어떻게 하랴 그들이 다
이르되 십자가에 못 박혀야 하겠나이다 [23]빌라도가 이르되 어찜이냐 무슨 악한 일을 하였느냐

그들이 더욱 소리 질러 이르되 십자가에 못 박혀야 하겠나이다 하는지라 24빌라도가 아무 성
과도 없이 도리어 민란이 나려는 것을 보고 물을 가져다가 무리 앞에서 손을 씻으며 이르되 이
사람의 피에 대하여 나는 무죄하니 너희가 당하라 25백성이 다 대답하여 이르되 그 피를 우리
와 우리 자손에게 돌릴지어다 하거늘 26이에 바라바는 그들에게 놓아 주고 예수는 채찍질하고
십자가에 못 박히게 넘겨 주니라

눅 23:13 빌라도가 대제사장들과 관리들과 백성을 불러 모으고 14이르되 너희가 이 사람이 백
성을 미혹하는 자라 하여 내게 끌고 왔도다 보라 내가 너희 앞에서 심문하였으되 너희가 고발
하는 일에 대하여 이 사람에게서 죄를 찾지 못하였고 15헤롯이 또한 그렇게 하여 그를 우리에
게 도로 보내었도다 보라 그가 행한 일에는 죽일 일이 없느니라 16그러므로 때려서 놓겠노라
17(없음)

요 19:4 빌라도가 다시 밖에 나가 말하되 보라 이 사람을 데리고 너희에게 나오나니 이는 내
가 그에게서 아무 죄도 찾지 못한 것을 너희로 알게 하려 함이로라 하더라 5이에 예수께서 가
시관을 쓰고 자색 옷을 입고 나오시니 빌라도가 그들에게 말하되 보라 이 사람이로다 하매 6대
제사장들과 아랫사람들이 예수를 보고 소리 질러 이르되 십자가에 못 박으소서 십자가에 못
박으소서 하는지라 빌라도가 이르되 너희가 친히 데려다가 십자가에 못 박으라 나는 그에게서
죄를 찾지 못하였노라 7유대인들이 대답하되 우리에게 법이 있으니 그 법대로 하면 그가 당연
히 죽을 것은 그가 자기를 하나님의 아들이라 함이니이다 8빌라도가 이 말을 듣고 더욱 두려
워하여 9다시 관정에 들어가서 예수께 말하되 너는 어디로부터냐 하되 예수께서 대답하여 주
지 아니하시는지라 10빌라도가 이르되 내게 말하지 아니하느냐 내가 너를 놓을 권한도 있고
십자가에 못 박을 권한도 있는 줄 알지 못하느냐 11예수께서 대답하시되 위에서 주지 아니하
셨더라면 나를 해할 권한이 없었으리니 그러므로 나를 네게 넘겨 준 자의 죄는 더 크다 하시니
라 12이러하므로 빌라도가 예수를 놓으려고 힘썼으나 유대인들이 소리 질러 이르되 이 사람을
놓으면 가이사의 충신이 아니니이다 무릇 자기를 왕이라 하는 자는 가이사를 반역하는 것이니
이다 13빌라도가 이 말을 듣고 예수를 끌고 나가서 돌을 깐 뜰(히브리 말로 가바다)에 있는 재
판석에 앉아 있더라 14이 날은 유월절의 준비일이요 때는 제육시라 빌라도가 유대인들에게 이
르되 보라 너희 왕이로다 15그들이 소리 지르되 없이 하소서 없이 하소서 그를 십자가에 못 박
게 하소서 빌라도가 이르되 내가 너희 왕을 십자가에 못 박으랴 대제사장들이 대답하되 가이
사 외에는 우리에게 왕이 없나이다 하니 16이에 예수를 십자가에 못 박도록 그들에게 넘겨 주
니라

막 15:16-20 예수 희롱

16군인들이 예수를 끌고 브라이도리온이라는 뜰 안으로 들어가서 온 군대를 모으고 17예수에게
자색 옷을 입히고 가시관을 엮어 씌우고 18경례하여 이르되 유대인의 왕이여 평안할지어다 하고

19갈대로 그의 머리를 치며 침을 뱉으며 꿇어 절하더라 20희롱을 다 한 후 자색 옷을 벗기고 도로
그의 옷을 입히고 십자가에 못 박으려고 끌고 나가니라

마 27:27 이에 총독의 군병들이 예수를 데리고 관정 안으로 들어가서 온 군대를 그에게로 모
으고 28그의 옷을 벗기고 홍포를 입히며 29가시관을 엮어 그 머리에 씌우고 갈대를 그 오른손
에 들리고 그 앞에서 무릎을 꿇고 희롱하여 이르되 유대인의 왕이여 평안할지어다 하며 30그
에게 침 뱉고 갈대를 빼앗아 그의 머리를 치더라 31희롱을 다 한 후 홍포를 벗기고 도로 그의
옷을 입혀 십자가에 못 박으려고 끌고 나가니라

눅 22:63 지키는 사람들이 예수를 희롱하고 때리며 64그의 눈을 가리고 물어 이르되 선지자
노릇 하라 너를 친 자가 누구냐 하고 65이 외에도 많은 말로 욕하더라

요 19:1 이에 빌라도가 예수를 데려다가 채찍질하더라 2군인들이 가시나무로 관을 엮어 그의
머리에 씌우고 자색 옷을 입히고 3앞에 가서 이르되 유대인의 왕이여 평안할지어다 하며 손으
로 때리더라

막 15:21-32 십자가형

21마침 알렉산더와 루포의 아버지인 구레네 사람 시몬이 시골로부터 와서 지나가는데 그들이 그
를 억지로 같이 가게 하여 예수의 십자가를 지우고 22예수를 끌고 골고다라 하는 곳(번역하면 해
골의 곳)에 이르러 23몰약을 탄 포도주를 주었으나 예수께서 받지 아니하시니라 24십자가에 못 박
고 그 옷을 나눌새 누가 어느 것을 가질까 하여 제비를 뽑더라 25때가 제삼시가 되어 십자가에 못
박으니라 26그 위에 있는 죄패에 유대인의 왕이라 썼고 27강도 둘을 예수와 함께 십자가에 못 박
으니 하나는 그의 우편에, 하나는 좌편에 있더라 28(없음) 29지나가는 자들은 자기 머리를 흔들며
예수를 모욕하여 이르되 아하 성전을 헐고 사흘에 짓는다는 자여 30네가 너를 구원하여 십자가에
서 내려오라 하고 31그와 같이 대제사장들도 서기관들과 함께 희롱하며 서로 말하되 그가 남은 구
원하였으되 자기는 구원할 수 없도다 32이스라엘의 왕 그리스도가 지금 십자가에서 내려와 우리
가 보고 믿게 할지어다 하며 함께 십자가에 못 박힌 자들도 예수를 욕하더라

마 27:32 나가다가 시몬이란 구레네 사람을 만나매 그에게 예수의 십자가를 억지로 지워 가게
하였더라 33골고다 즉 해골의 곳이라는 곳에 이르러 34쓸개 탄 포도주를 예수께 주어 마시게
하려 하였더니 예수께서 맛보시고 마시고자 하지 아니하시더라 35그들이 예수를 십자가에 못
박은 후에 그 옷을 제비 뽑아 나누고 36거기 앉아 지키더라 37그 머리 위에 이는 유대인의 왕
예수라 쓴 죄패를 붙였더라 38이 때에 예수와 함께 강도 둘이 십자가에 못 박히니 하나는 우편

에, 하나는 좌편에 있더라 [39]지나가는 자들은 자기 머리를 흔들며 예수를 모욕하여 [40]이르되
성전을 헐고 사흘에 짓는 자여 네가 만일 하나님의 아들이어든 자기를 구원하고 십자가에서
내려오라 하며 [41]그와 같이 대제사장들도 서기관들과 장로들과 함께 희롱하여 이르되 [42]그가
남은 구원하였으되 자기는 구원할 수 없도다 그가 이스라엘의 왕이로다 지금 십자가에서 내려
올지어다 그리하면 우리가 믿겠노라 [43]그가 하나님을 신뢰하니 하나님이 원하시면 이제 그를
구원하실지라 그의 말이 나는 하나님의 아들이라 하였도다 하며 [44]함께 십자가에 못 박힌 강
도들도 이와 같이 욕하더라

눅 23:26 그들이 예수를 끌고 갈 때에 시몬이라는 구레네 사람이 시골에서 오는 것을 붙들어
그에게 십자가를 지워 예수를 따르게 하더라 [27]또 백성과 및 그를 위하여 가슴을 치며 슬피 우
는 여자의 큰 무리가 따라오는지라 [28]예수께서 돌이켜 그들을 향하여 이르시되 예루살렘의 딸
들아 나를 위하여 울지 말고 너희와 너희 자녀를 위하여 울라 [29]보라 날이 이르면 사람이 말하
기를 잉태하지 못하는 이와 해산하지 못한 배와 먹이지 못한 젖이 복이 있다 하리라 [30]그 때에
사람이 산들을 대하여 우리 위에 무너지라 하며 작은 산들을 대하여 우리를 덮으라 하리라 [31]푸
른 나무에도 이같이 하거든 마른 나무에는 어떻게 되리요 하시니라 [32]또 다른 두 행악자도 사
형을 받게 되어 예수와 함께 끌려 가니라 [33]해골이라 하는 곳에 이르러 거기서 예수를 십자가
에 못 박고 두 행악자도 그렇게 하니 하나는 우편에, 하나는 좌편에 있더라 [34]이에 예수께서
이르시되 아버지 저들을 사하여 주옵소서 자기들이 하는 것을 알지 못함이니이다 하시더라 그
들이 그의 옷을 나눠 제비 뽑을새 [35]백성은 서서 구경하는데 관리들은 비웃어 이르되 저가 남
을 구원하였으니 만일 하나님이 택하신 자 그리스도이면 자신도 구원할지어다 하고 [36]군인들
도 희롱하면서 나아와 신 포도주를 주며 [37]이르되 네가 만일 유대인의 왕이면 네가 너를 구원
하라 하더라 [38]그의 위에 이는 유대인의 왕이라 쓴 패가 있더라 [39]달린 행악자 중 하나는 비방
하여 이르되 네가 그리스도가 아니냐 너와 우리를 구원하라 하되 [40]하나는 그 사람을 꾸짖어
이르되 네가 동일한 정죄를 받고서도 하나님을 두려워하지 아니하느냐 [41]우리는 우리가 행한
일에 상당한 보응을 받는 것이니 이에 당연하거니와 이 사람이 행한 것은 옳지 않은 것이 없느
니라 하고 [42]이르되 예수여 당신의 나라에 임하실 때에 나를 기억하소서 하니 [43]예수께서 이르
시되 내가 진실로 네게 이르노니 오늘 네가 나와 함께 낙원에 있으리라 하시니라

요 19:17 그들이 예수를 맡으매 예수께서 자기의 십자가를 지시고 해골(히브리 말로 골고다)
이라 하는 곳에 나가시니 [18]그들이 거기서 예수를 십자가에 못 박을새 다른 두 사람도 그와 함
께 좌우편에 못 박으니 예수는 가운데 있더라 [19]빌라도가 패를 써서 십자가 위에 붙이니 나사
렛 예수 유대인의 왕이라 기록되었더라 [20]예수께서 못 박히신 곳이 성에서 가까운 고로 많은
유대인이 이 패를 읽는데 히브리와 로마와 헬라 말로 기록되었더라 [21]유대인의 대제사장들이
빌라도에게 이르되 유대인의 왕이라 쓰지 말고 자칭 유대인의 왕이라 쓰라 하니 [22]빌라도가
대답하되 내가 쓸 것을 썼다 하니라 [23]군인들이 예수를 십자가에 못 박고 그의 옷을 취하여 네
깃에 나눠 각각 한 깃씩 얻고 속옷도 취하니 이 속옷은 호지 아니하고 위에서부터 통으로 짠
것이라 [24]군인들이 서로 말하되 이것을 찢지 말고 누가 얻나 제비 뽑자 하니 이는 성경에 그
들이 내 옷을 나누고 내 옷을 제비 뽑나이다 한 것을 응하게 하려 함이러라 군인들은 이런 일

을 하고 [25]예수의 십자가 곁에는 그 어머니와 이모와 글로바의 아내 마리아와 막달라 마리아가 섰는지라 [26]예수께서 자기의 어머니와 사랑하시는 제자가 곁에 서 있는 것을 보시고 자기 어머니께 말씀하시되 여자여 보소서 아들이니이다 하시고 [27]또 그 제자에게 이르시되 보라 네 어머니라 하신대 그 때부터 그 제자가 자기 집에 모시니라

막 15:33-39 죽음

[33]제육시가 되매 온 땅에 어둠이 임하여 제구시까지 계속하더니 [34]제구시에 예수께서 크게 소리 지르시되 엘리 엘리 라마 사박다니 하시니 이를 번역하면 나의 하나님, 나의 하나님 어찌하여 나를 버리셨나이까 하는 뜻이라 [35]곁에 섰던 자 중 어떤 이들이 듣고 이르되 보라 엘리야를 부른다 하고 [36]한 사람이 달려가서 해면에 신 포도주를 적시어 갈대에 꿰어 마시게 하고 이르되 가만 두라 엘리야가 와서 그를 내려 주나 보자 하더라 [37]예수께서 큰 소리를 지르시고 숨지시니라 [38]이에 성소 휘장이 위로부터 아래까지 찢어져 둘이 되니라 [39]예수를 향하여 섰던 백부장이 그렇게 숨지심을 보고 이르되 이 사람은 진실로 하나님의 아들이었도다 하더라

마 27:45 제육시로부터 온 땅에 어둠이 임하여 제구시까지 계속되더니 [46]제구시쯤에 예수께서 크게 소리 질러 이르시되 엘리 엘리 라마 사박다니 하시니 이는 곧 나의 하나님, 나의 하나님, 어찌하여 나를 버리셨나이까 하는 뜻이라 [47]거기 섰던 자 중 어떤 이들이 듣고 이르되 이 사람이 엘리야를 부른다 하고 [48]그 중의 한 사람이 곧 달려가서 해면을 가져다가 신 포도주에 적시어 갈대에 꿰어 마시게 하거늘 [49]그 남은 사람들이 이르되 가만 두라 엘리야가 와서 그를 구원하나 보자 하더라 [50]예수께서 다시 크게 소리 지르시고 영혼이 떠나시니라 [51]이에 성소 휘장이 위로부터 아래까지 찢어져 둘이 되고 땅이 진동하며 바위가 터지고 [52]무덤들이 열리며 자던 성도의 몸이 많이 일어나되 [53]예수의 부활 후에 그들이 무덤에서 나와서 거룩한 성에 들어가 많은 사람에게 보이니라 [54]백부장과 및 함께 예수를 지키던 자들이 지진과 그 일어난 일들을 보고 심히 두려워하여 이르되 이는 진실로 하나님의 아들이었도다 하더라

눅 23:44 때가 제육시쯤 되어 해가 빛을 잃고 온 땅에 어둠이 임하여 제구시까지 계속하며 [45]성소의 휘장이 한가운데가 찢어지더라 [46]예수께서 큰 소리로 불러 이르시되 아버지 내 영혼을 아버지 손에 부탁하나이다 하고 이 말씀을 하신 후 숨지시니라 [47]백부장이 그 된 일을 보고 하나님께 영광을 돌려 이르되 이 사람은 정녕 의인이었도다 하고

요 19:28 그 후에 예수께서 모든 일이 이미 이루어진 줄 아시고 성경을 응하게 하려 하사 이르시되 내가 목마르다 하시니 [29]거기 신 포도주가 가득히 담긴 그릇이 있는지라 사람들이 신 포도주를 적신 해면을 우슬초에 매어 예수의 입에 대니 [30]예수께서 신 포도주를 받으신 후에 이르시되 다 이루었다 하시고 머리를 숙이니 영혼이 떠나가시니라

막 15:40-41 죽음의 증인들

40멀리서 바라보는 여자들도 있었는데 그 중에 막달라 마리아와 또 작은 야고보와 요세의 어머니
마리아와 또 살로메가 있었으니 41이들은 예수께서 갈릴리에 계실 때에 따르며 섬기던 자들이요
또 이 외에 예수와 함께 예루살렘에 올라온 여자들도 많이 있었더라

마 27:55 예수를 섬기며 갈릴리에서부터 따라온 많은 여자가 거기 있어 멀리서 바라보고 있으
니 56그 중에는 막달라 마리아와 또 야고보와 요셉의 어머니 마리아와 또 세베대의 아들들의
어머니도 있더라

눅 23:48 이를 구경하러 모인 무리도 그 된 일을 보고 다 가슴을 치며 돌아가고 49예수를 아는
자들과 갈릴리로부터 따라온 여자들도 다 멀리 서서 이 일을 보니라

요 19:25 예수의 십자가 곁에는 그 어머니와 이모와 글로바의 아내 마리아와 막달라 마리아
가 섰는지라

요 19:35 이를 본 자가 증언하였으니 그 증언이 참이라 그가 자기의 말하는 것이 참인 줄 알
고 너희로 믿게 하려 함이니라 36이 일이 일어난 것은 그 뼈가 하나도 꺾이지 아니하리라 한
성경을 응하게 하려 함이라 37또 다른 성경에 그들이 그 찌른 자를 보리라 하였느니라

막 15:42-47 매장

42이 날은 준비일 곧 안식일 전날이므로 저물었을 때에 43아리마대 사람 요셉이 와서 당돌히 빌라
도에게 들어가 예수의 시체를 달라 하니 이 사람은 존경 받는 공회원이요 하나님의 나라를 기다
리는 자라 44빌라도는 예수께서 벌써 죽었을까 하고 이상히 여겨 백부장을 불러 죽은 지가 오래냐
묻고 45백부장에게 알아 본 후에 요셉에게 시체를 내주는지라 46요셉이 세마포를 사서 예수를 내
려다가 그것으로 싸서 바위 속에 판 무덤에 넣어 두고 돌을 굴려 무덤 문에 놓으매 47막달라 마리
아와 요세의 어머니 마리아가 예수 둔 곳을 보더라

마 27:57 저물었을 때에 아리마대의 부자 요셉이라 하는 사람이 왔으니 그도 예수의 제자라
58빌라도에게 가서 예수의 시체를 달라 하니 이에 빌라도가 내주라 명령하거늘 59요셉이 시체
를 가져다가 깨끗한 세마포로 싸서 60바위 속에 판 자기 새 무덤에 넣어 두고 큰 돌을 굴려 무
덤 문에 놓고 가니 61거기 막달라 마리아와 다른 마리아가 무덤을 향하여 앉았더라

눅 23:50 공회 의원으로 선하고 의로운 요셉이라 하는 사람이 있으니 51(그들의 결의와 행사

에 찬성하지 아니한 자라) 그는 유대인의 동네 아리마대 사람이요 하나님의 나라를 기다리는
자라 [52]그가 빌라도에게 가서 예수의 시체를 달라 하여 [53]이를 내려 세마포로 싸고 아직 사람
을 장사한 일이 없는 바위에 판 무덤에 넣어 두니 [54]이 날은 준비일이요 안식일이 거의 되었더
라 [55]갈릴리에서 예수와 함께 온 여자들이 뒤를 따라 그 무덤과 그의 시체를 어떻게 두었는지
를 보고 [56]돌아가 향품과 향유를 준비하더라

요 19:38 아리마대 사람 요셉은 예수의 제자이나 유대인이 두려워 그것을 숨기더니 이 일 후
에 빌라도에게 예수의 시체를 가져가기를 구하매 빌라도가 허락하는지라 이에 가서 예수의 시
체를 가져가니라 [39]일찍이 예수께 밤에 찾아왔던 니고데모도 몰약과 침향 섞은 것을 백 리트
라쯤 가지고 온지라 [40]이에 예수의 시체를 가져다가 유대인의 장례 법대로 그 향품과 함께 세
마포로 쌌더라 [41]예수께서 십자가에 못 박히신 곳에 동산이 있고 동산 안에 아직 사람을 장사
한 일이 없는 새 무덤이 있는지라 [42]이 날은 유대인의 준비일이요 또 무덤이 가까운 고로 예수
를 거기 두니라

막 16:1-8 부활과 여자들

[1]안식일이 지나매 막달라 마리아와 야고보의 어머니 마리아와 또 살로메가 가서 예수께 바르기
위하여 향품을 사다 두었다가 [2]안식 후 첫날 매우 일찍이 해 돋을 때에 그 무덤으로 가며 [3]서로 말
하되 누가 우리를 위하여 무덤 문에서 돌을 굴려 주리요 하더니 [4]눈을 들어본즉 벌써 돌이 굴려져
있는데 그 돌이 심히 크더라 [5]무덤에 들어가서 흰 옷을 입은 한 청년이 우편에 앉은 것을 보고 놀
라매 [6]청년이 이르되 놀라지 말라 너희가 십자가에 못 박히신 나사렛 예수를 찾는구나 그가 살아
나셨고 여기 계시지 아니하니라 보라 그를 두었던 곳이니라 [7]가서 그의 제자들과 베드로에게 이
르기를 예수께서 너희보다 먼저 갈릴리로 가시나니 전에 너희에게 말씀하신 대로 너희가 거기서
뵈오리라 하라 하는지라 [8]여자들이 몹시 놀라 떨며 나와 무덤에서 도망하고 무서워하여 아무에게
아무 말도 하지 못하더라

마 28:1 안식일이 지나매 막달라 마리아와 야고보의 어머니 마리아와 또 살로메가 가서 예수
께 바르기 위하여 향품을 사다 두었다가 [2]안식 후 첫날 매우 일찍이 해 돋을 때에 그 무덤으로
가며 [3]서로 말하되 누가 우리를 위하여 무덤 문에서 돌을 굴려 주리요 하더니 [4]눈을 들어본즉
벌써 돌이 굴려져 있는데 그 돌이 심히 크더라 [5]무덤에 들어가서 흰 옷을 입은 한 청년이 우편
에 앉은 것을 보고 놀라매 [6]청년이 이르되 놀라지 말라 너희가 십자가에 못 박히신 나사렛 예
수를 찾는구나 그가 살아나셨고 여기 계시지 아니하니라 보라 그를 두었던 곳이니라 [7]가서 그
의 제자들과 베드로에게 이르기를 예수께서 너희보다 먼저 갈릴리로 가시나니 전에 너희에게
말씀하신 대로 너희가 거기서 뵈오리라 하라 하는지라 [8]여자들이 몹시 놀라 떨며 나와 무덤에
서 도망하고 무서워하여 아무에게 아무 말도 하지 못하더라

눅 24:1 안식 후 첫날 새벽에 이 여자들이 그 준비한 향품을 가지고 무덤에 가서 2돌이 무덤에
서 굴려 옮겨진 것을 보고 3들어가니 주 예수의 시체가 보이지 아니하더라 4이로 인하여 근심
할 때에 문득 찬란한 옷을 입은 두 사람이 곁에 섰는지라 5여자들이 두려워 얼굴을 땅에 대니
두 사람이 이르되 어찌하여 살아 있는 자를 죽은 자 가운데서 찾느냐 6여기 계시지 않고 살아
나셨느니라 갈릴리에 계실 때에 너희에게 어떻게 말씀하셨는지를 기억하라 7이르시기를 인자
가 죄인의 손에 넘겨져 십자가에 못 박히고 제삼일에 다시 살아나야 하리라 하셨느니라 한 대
8그들이 예수의 말씀을 기억하고 9무덤에서 돌아가 이 모든 것을 열한 사도와 다른 모든 이에
게 알리니 10(이 여자들은 막달라 마리아와 요안나와 야고보의 모친 마리아라 또 그들과 함께
한 다른 여자들도 이것을 사도들에게 알리니라) 11사도들은 그들의 말이 허탄한 듯이 들려 믿
지 아니하나 12베드로는 일어나 무덤에 달려가서 구부려 들여다 보니 세마포만 보이는지라 그
된 일을 놀랍게 여기며 집으로 돌아가니라

요 20:1 안식 후 첫날 일찍이 아직 어두울 때에 막달라 마리아가 무덤에 와서 돌이 무덤에서
옮겨진 것을 보고 2시몬 베드로와 예수께서 사랑하시던 그 다른 제자에게 달려가서 말하되 사
람들이 주님을 무덤에서 가져다가 어디 두었는지 우리가 알지 못하겠다 하니 3베드로와 그 다
른 제자가 나가서 무덤으로 갈새 4둘이 같이 달음질하더니 그 다른 제자가 베드로보다 더 빨
리 달려가서 먼저 무덤에 이르러 5구부려 세마포 놓인 것을 보았으나 들어가지는 아니하였더
니 6시몬 베드로는 따라와서 무덤에 들어가 보니 세마포가 놓였고 7또 머리를 쌌던 수건은 세
마포와 함께 놓이지 않고 딴 곳에 쌌던 대로 놓여 있더라 8그 때에야 무덤에 먼저 갔던 그 다
른 제자도 들어가 보고 믿더라 9(그들은 성경에 그가 죽은 자 가운데서 다시 살아나야 하리라
하신 말씀을 아직 알지 못하더라) 10이에 두 제자가 자기들의 집으로 돌아가니라 11마리아는
무덤 밖에 서서 울고 있더니 울면서 구부려 무덤 안을 들여다보니 12흰 옷 입은 두 천사가 예
수의 시체 뉘었던 곳에 하나는 머리 편에, 하나는 발 편에 앉았더라 13천사들이 이르되 여자여
어찌하여 우느냐 이르되 사람들이 내 주님을 옮겨다가 어디 두었는지 내가 알지 못함이니이다
14이 말을 하고 뒤로 돌이켜 예수께서 서 계신 것을 보았으나 예수이신 줄은 알지 못하더라
15예수께서 이르시되 여자여 어찌하여 울며 누구를 찾느냐 하시니 마리아는 그가 동산지기인
줄 알고 이르되 주여 당신이 옮겼거든 어디 두었는지 내게 이르소서 그리하면 내가 가져가리
이다 16예수께서 마리아야 하시거늘 마리아가 돌이켜 히브리 말로 랍오니 하니 (이는 선생님
이라는 말이라) 17예수께서 이르시되 나를 붙들지 말라 내가 아직 아버지께로 올라가지 아니
하였노라 너는 내 형제들에게 가서 이르되 내가 내 아버지 곧 너희 아버지, 내 하나님 곧 너희
하나님께로 올라간다 하라 하시니 18막달라 마리아가 가서 제자들에게 내가 주를 보았다 하고
또 주께서 자기에게 이렇게 말씀하셨다 이르니라

〔막 16:9-11 마리아에게 나타나심

9〔예수께서 안식 후 첫날 이른 아침에 살아나신 후 전에 일곱 귀신을 쫓아내어 주신 막달라 마리

아에게 먼저 보이시니 [10]마리아가 가서 예수와 함께 하던 사람들이 슬퍼하며 울고 있는 중에 이 일을 알리매 [11]그들은 예수께서 살아나셨다는 것과 마리아에게 보이셨다는 것을 듣고도 믿지 아니하니라

마 28:9 예수께서 그들을 만나 이르시되 평안하냐 하시거늘 여자들이 나아가 그 발을 붙잡고 경배하니 [10]이에 예수께서 이르시되 무서워하지 말라 가서 내 형제들에게 갈릴리로 가라 하라 거기서 나를 보리라 하시니라

눅 24:10 (이 여자들은 막달라 마리아와 요안나와 야고보의 모친 마리아라 또 그들과 함께 한 다른 여자들도 이것을 사도들에게 알리니라)

요 20:11 마리아는 무덤 밖에 서서 울고 있더니 울면서 구부려 무덤 안을 들여다보니 [12]흰 옷 입은 두 천사가 예수의 시체 뉘었던 곳에 하나는 머리 편에, 하나는 발 편에 앉았더라 [13]천사들이 이르되 여자여 어찌하여 우느냐 이르되 사람들이 내 주님을 옮겨다가 어디 두었는지 내가 알지 못함이니이다 [14]이 말을 하고 뒤로 돌이켜 예수께서 서 계신 것을 보았으나 예수이신 줄은 알지 못하더라 [15]예수께서 이르시되 여자여 어찌하여 울며 누구를 찾느냐 하시니 마리아는 그가 동산지기인 줄 알고 이르되 주여 당신이 옮겼거든 어디 두었는지 내게 이르소서 그리하면 내가 가져가리이다 [16]예수께서 마리아야 하시거늘 마리아가 돌이켜 히브리 말로 랍오니 하니 (이는 선생님이라는 말이라) [17]예수께서 이르시되 나를 붙들지 말라 내가 아직 아버지께로 올라가지 아니하였노라 너는 내 형제들에게 가서 이르되 내가 내 아버지 곧 너희 아버지, 내 하나님 곧 너희 하나님께로 올라간다 하라 하시니 [18]막달라 마리아가 가서 제자들에게 내가 주를 보았다 하고 또 주께서 자기에게 이렇게 말씀하셨다 이르니라

막 16:12-14 두 제자와 열한 제자에게 나타나심

[12]그 후에 그들 중 두 사람이 걸어서 시골로 갈 때에 예수께서 다른 모양으로 그들에게 나타나시니 [13]두 사람이 가서 남은 제자들에게 알리었으되 역시 믿지 아니하니라 [14]그 후에 열한 제자가 음식 먹을 때에 예수께서 그들에게 나타나사 그들의 믿음 없는 것과 마음이 완악한 것을 꾸짖으시니 이는 자기가 살아난 것을 본 자들의 말을 믿지 아니함일러라

눅 24:13 그 날에 그들 중 둘이 예루살렘에서 이십오 리 되는 엠마오라 하는 마을로 가면서 [14]이 모든 된 일을 서로 이야기하더라 [15]그들이 서로 이야기하며 문의할 때에 예수께서 가까이 이르러 그들과 동행하시나 [16]그들의 눈이 가리어져서 그인 줄 알아보지 못하거늘 [17]예수께서 이르시되 너희가 길 가면서 서로 주고받고 하는 이야기가 무엇이냐 하시니 두 사람이 슬픈 빛을 띠고 머물러 서더라 [18]그 한 사람인 글로바라 하는 자가 대답하여 이르되 당신이 예루살렘

에 체류하면서도 요즘 거기서 된 일을 혼자만 알지 못하느냐 [19]이르시되 무슨 일이냐 이르되
나사렛 예수의 일이니 그는 하나님과 모든 백성 앞에서 말과 일에 능하신 선지자이거늘 [20]우
리 대제사장들과 관리들이 사형 판결에 넘겨 주어 십자가에 못 박았느니라 [21]우리는 이 사람
이 이스라엘을 속량할 자라고 바랐노라 이뿐 아니라 이 일이 일어난 지가 사흘째요 [22]또한 우
리 중에 어떤 여자들이 우리로 놀라게 하였으니 이는 그들이 새벽에 무덤에 갔다가 [23]그의 시
체는 보지 못하고 와서 그가 살아나셨다 하는 천사들의 나타남을 보았다 함이라 [24]또 우리와
함께 한 자 중에 두어 사람이 무덤에 가 과연 여자들이 말한 바와 같음을 보았으나 예수는 보
지 못하였느니라 하거늘 [25]이르시되 미련하고 선지자들이 말한 모든 것을 마음에 더디 믿는
자들이여 [26]그리스도가 이런 고난을 받고 자기의 영광에 들어가야 할 것이 아니냐 하시고 [27]이
에 모세와 모든 선지자의 글로 시작하여 모든 성경에 쓴 바 자기에 관한 것을 자세히 설명하시
니라 [28]그들이 가는 마을에 가까이 가매 예수는 더 가려 하는 것 같이 하시니 [29]그들이 강권하
여 이르되 우리와 함께 유하사이다 때가 저물어가고 날이 이미 기울었나이다 하니 이에 그들
과 함께 유하러 들어가시니라 [30]그들과 함께 음식 잡수실 때에 떡을 가지사 축사하시고 떼어
그들에게 주시니 [31]그들의 눈이 밝아져 그인 줄 알아 보더니 예수는 그들에게 보이지 아니하
시는지라 [32]그들이 서로 말하되 길에서 우리에게 말씀하시고 우리에게 성경을 풀어 주실 때에
우리 속에서 마음이 뜨겁지 아니하더냐 하고 [33a]곧 그 때로 일어나 예루살렘에 돌아가 보니

막 16:15-18 마지막 당부

[15]또 이르시되 너희는 온 천하에 다니며 만민에게 복음을 전파하라 [16]믿고 세례를 받는 사람은 구
원을 얻을 것이요 믿지 않는 사람은 정죄를 받으리라 [17]믿는 자들에게는 이런 표적이 따르리니 곧
그들이 내 이름으로 귀신을 쫓아내며 새 방언을 말하며 [18]뱀을 집어올리며 무슨 독을 마실지라도
해를 받지 아니하며 병든 사람에게 손을 얹은즉 나으리라 하시더라

마 28:16 열한 제자가 갈릴리에 가서 예수께서 지시하신 산에 이르러 [17]예수를 뵈옵고 경배하
나 아직도 의심하는 사람들이 있더라 [18]예수께서 나아와 말씀하여 이르시되 하늘과 땅의 모든
권세를 내게 주셨으니 [19]그러므로 너희는 가서 모든 민족을 제자로 삼아 아버지와 아들과 성
령의 이름으로 세례를 베풀고 [20]내가 너희에게 분부한 모든 것을 가르쳐 지키게 하라 볼지어
다 내가 세상 끝날까지 너희와 항상 함께 있으리라 하시니라

눅 24:44 또 이르시되 내가 너희와 함께 있을 때에 너희에게 말한 바 곧 모세의 율법과 선지
자의 글과 시편에 나를 가리켜 기록된 모든 것이 이루어져야 하리라 한 말이 이것이라 하시고
[45]이에 그들의 마음을 열어 성경을 깨닫게 하시고 [46]또 이르시되 이같이 그리스도가 고난을 받
고 제삼일에 죽은 자 가운데서 살아날 것과 [47]또 그의 이름으로 죄 사함을 받게 하는 회개가
예루살렘에서 시작하여 모든 족속에게 전파될 것이 기록되었으니 [48]너희는 이 모든 일의 증인
이라 [49]볼지어다 내가 내 아버지께서 약속하신 것을 너희에게 보내리니 너희는 위로부터 능력

으로 입혀질 때까지 이 성에 머물라 하시니라

막 16:19-20 승천]

[19]주 예수께서 말씀을 마치신 후에 하늘로 올려지사 하나님 우편에 앉으시니라 [20]제자들이 나가
두루 전파할새 주께서 함께 역사하사 그 따르는 표적으로 말씀을 확실히 증언하시니라]

눅 24:50 예수께서 그들을 데리고 베다니 앞까지 나가사 손을 들어 그들에게 축복하시더니 [51]축
복하실 때에 그들을 떠나 〔하늘로 올려지시니〕 [52]그들이 〔그에게 경배하고〕 큰 기쁨으로 예
루살렘에 돌아가 [53]늘 성전에서 하나님을 찬송하니라

3장 누가복음

구성	장	누가복음
	1	[1]헌정사 [5]요한의 탄생 예고 [26]예수의 탄생 예고 [39]마리아와 엘리사벳의 만남 [46]마리아의 찬가 [57]세례 요한의 탄생 [67]사가랴의 찬가
갈릴리	2	[1]예수의 탄생 [8]목자들과 천사 [22]아기 예수와 시므온의 찬가 [39]나사렛 귀환 [41]성전에 간 열두 살 예수
갈릴리	3	[1]세례 요한의 선포 [21]예수의 세례 [23]족보
갈릴리	4	[1]예수의 시험 [14]갈릴리 사역 [16]첫 설교 [23]고향의 배척 [31]가버나움 회당 축귀 [38]베드로 장모 치유와 병자들 [42]갈릴리 사역 보고
갈릴리	5	[1]세 제자 부름 [12]나병환자 치유 [17]중풍병자 치유 [27]레위 및 죄인들과 식사 [33]제자들 금식 논쟁
갈릴리	6	[1]안식일의 주인 논쟁 [6]안식일 치유 논쟁 [12]열두 사도 세움 [17]치유 사역 요약(도입부) [20]평지설교(4복4화) [27]복수 금지 [32]원수 사랑 [37]비판하지 말라 [43]좋은 나무와 나쁜 나무 [46]"주여, 주여" 하는 자
갈릴리	7	[1]백부장 하인 치유 [11]나인성 과부 아들 살림 [18]세례 요한의 제자들 [36]여인의 향유 부음
갈릴리	8	[1]여성 동역자들 [4]씨 뿌리는 비유 [9]비유 쓴 이유 [11]씨 뿌리는 비유 설명 [16]등불(1) [19]예수의 가족 방문 [22]풍랑 기적 [26]거라사인 축귀 [40]야이로의 딸과 혈루증 여인 치유
갈릴리 / 여행기	9	[1]제자 파송 [7]세례 요한의 죽음 [10]사도들의 보고 [12]오병이어 기적 [18]베드로의 고백 [22]수난 예고(I) [28]변화산 [37]어린 아이 축귀 [43]수난 예고(II) [46]제자들의 질문: 누가 크냐? [49]반대하지 않는 자는 위하는 자 [51] 예루살렘 행 결심과 사마리아의 배척 [57]나를 따르라
여행기	10	[1]칠십 인 파송 [13]화 있을 고을들 [17]칠십 인 보고 [21]천지의 주재 [23]복이 있도다 [25]영생에 대한 질문 [29]선한 사마리아인 비유 [38]마르다와 마리아
여행기	11	[1]주기도문 [5]밤에 온 벗 비유 [9]구하라, 찾으라, 두드리라 [14]바알세불 논쟁 [24]더러운 귀신의 귀환 [27]복 선포 [29]표적을 구함 [33]등불(2) [37]바리새인 화 선포 [45]율법교사 화 선포
여행기	12	[1]바리새인 누룩 주의 [4]두려워 말라 [8]시인과 부인 [10]성령 모독 [11]성령의 대언 [13]어리석은 부자 비유 [22]염려 대신 그의 나라를 구하라 [32]하늘에 쌓은 보물 [35]도둑같이 오는 집 주인(인자의 오심) 비유 [41]진실한 청지기(충성된 종과 악한 종) 비유 [49]화평 대신 분쟁 [54]시대 분간 [57]화해하라

구성	장	누가복음
여행기	13	[1]회개하지 않으면 망하리라 [6]무화과나무 비유(1) [10]안식일 여인 치유 논쟁 [18]겨자씨와 누룩 [22]좁은 문 [25]주여 열어 주소서 [28]하나님 나라와 밖 [31]헤롯의 음모 제보 [34]예루살렘 애가
	14	[1]안식일 수종병 환자 치유 [7]혼인 잔치 비유 [15]큰 잔치 비유 [25]제자도 [34]소금
	15	[1]잃은 양 비유 [8]잃은 동전 비유 [11]잃은 아들(탕자) 비유
	16	[1]불의한 청지기 비유 [13]하나님과 재물 [16]세례 요한의 때 [17]율법의 한 획 [18]이혼 [19]부자와 나사로
	17	[1]작은 자 실족 [3]형제 용서 [5]겨자씨 한 알만한 믿음 [7]무익한 종 [11]나병환자 열 명 치유 [20]하나님의 나라는 너희 안에 [25]인자의 때
	18	[1]불의한 재판장 비유 [9]바리새인과 세리 기도 비유 [15]어린 아이들 안수 [18]부자 관리와 영생 [28]베드로의 질문 [31]수난 예고(III) [35]여리고 맹인 치유
예루살렘	19	[1]삭개오 [11]므나(달란트) 비유 [28]예루살렘 입성 [41]예루살렘 파괴 예고 [45]성전 정화
	20	[1]예수의 권위 논쟁 [9]악한 농부들 비유 [20]세금 논쟁 [27]부활 논쟁 [41]예수의 반문: 그리스도는 다윗의 자손? [45]서기관들 행위 비판
	21	[1]가난한 과부의 헌금 [5]성전 파괴 예고 [7]큰 징조(재난의 시작) [12]박해 속 증거가 되리라 [14]예수의 대언 [16]미움을 받을 것 [20]대환란 [25]인자의 오심 [29]무화과나무 비유(2) [34]깨어 있으라
	22	[1]예수 죽음 모의 [3]유다와 대제사장들 [7]마지막 만찬 준비 [14]성만찬 제정 [21]유다의 배신 예고 [24]제자들의 다툼: 누가 크냐? [31]베드로 부인 예고 [35]검 둘 [39]감람산 기도 [47]예수 체포 [54]대제사장 집 뜰의 베드로 [56]베드로의 부인 [63]예수 희롱 [66]공회 심문
	23	[1]빌라도에게 이송 [3]빌라도의 심문 [6]헤롯의 심문 [13]빌라도의 판결 [18]바라바 선택 [26]십자가형 [44]죽음 [48]죽음의 증인들 [50]매장
	24	[1]부활과 여자들 [13]엠마오 두 제자 [36]열한 제자에게 나타나심 [44]마지막 당부 [50]승천

눅 1:1-4 헌정사

1우리 중에 이루어진 사실에 대하여 2처음부터 목격자와 말씀의 일꾼 된 자들이 전하여 준 그대로
내력을 저술하려고 붓을 든 사람이 많은지라 3그 모든 일을 근원부터 자세히 미루어 살핀 나도 데
오빌로 각하에게 차례대로 써 보내는 것이 좋은 줄 알았노니 4이는 각하가 알고 있는 바를 더 확실
하게 하려 함이로라

마 1:1 아브라함과 다윗의 자손 예수 그리스도의 계보라

막 1:1 하나님의 아들 예수 그리스도의 복음의 시작이라

요 1:1 태초에 말씀이 계시니라 이 말씀이 하나님과 함께 계셨으니 이 말씀은 곧 하나님이시
니라

눅 1:5-25 요한의 탄생 예고

5유대 왕 헤롯 때에 아비야 반열에 제사장 한 사람이 있었으니 이름은 사가랴요 그의 아내는 아론
의 자손이니 이름은 엘리사벳이라 6이 두 사람이 하나님 앞에 의인이니 주의 모든 계명과 규례대
로 흠이 없이 행하더라 7엘리사벳이 잉태를 못하므로 그들에게 자식이 없고 두 사람의 나이가 많
더라 8마침 사가랴가 그 반열의 차례대로 하나님 앞에서 제사장의 직무를 행할새 9제사장의 전례
를 따라 제비를 뽑아 주의 성전에 들어가 분향하고 10모든 백성은 그 분향하는 시간에 밖에서 기
도하더니 11주의 사자가 그에게 나타나 향단 우편에 선지라 12사가랴가 보고 놀라며 무서워하니
13천사가 그에게 이르되 사가랴여 무서워하지 말라 너의 간구함이 들린지라 네 아내 엘리사벳이
네게 아들을 낳아 주리니 그 이름을 요한이라 하라 14너도 기뻐하고 즐거워할 것이요 많은 사람도
그의 태어남을 기뻐하리니 15이는 그가 주 앞에 큰 자가 되며 포도주나 독한 술을 마시지 아니하
며 모태로부터 성령의 충만함을 받아 16이스라엘 자손을 주 곧 그들의 하나님께로 많이 돌아오게
하겠음이라 17그가 또 엘리야의 심령과 능력으로 주 앞에 먼저 와서 아버지의 마음을 자식에게,
거스르는 자를 의인의 슬기에 돌아오게 하고 주를 위하여 세운 백성을 준비하리라 18사가랴가 천
사에게 이르되 내가 이것을 어떻게 알리요 내가 늙고 아내도 나이가 많으니이다 19천사가 대답하
여 이르되 나는 하나님 앞에 서 있는 가브리엘이라 이 좋은 소식을 전하여 네게 말하라고 보내심
을 받았노라 20보라 이 일이 되는 날까지 네가 말 못하는 자가 되어 능히 말을 못하리니 이는 네가
내 말을 믿지 아니함이거니와 때가 이르면 내 말이 이루어지리라 하더라 21백성들이 사가랴를 기
다리며 그가 성전 안에서 지체함을 이상히 여기더라 22그가 나와서 그들에게 말을 못하니 백성들
이 그가 성전 안에서 환상을 본 줄 알았더라 그가 몸짓으로 뜻을 표시하며 그냥 말 못하는 대로 있

더니 23그 직무의 날이 다 되매 집으로 돌아가니라 24이 후에 그의 아내 엘리사벳이 잉태하고 다
섯 달 동안 숨어 있으며 이르되 25주께서 나를 돌보시는 날에 사람들 앞에서 내 부끄러움을 없게
하시려고 이렇게 행하심이라 하더라

눅 1:26-38 예수의 탄생 예고

26여섯째 달에 천사 가브리엘이 하나님의 보내심을 받아 갈릴리 나사렛이란 동네에 가서 27다윗
의 자손 요셉이라 하는 사람과 약혼한 처녀에게 이르니 그 처녀의 이름은 마리아라 28그에게 들어
가 이르되 은혜를 받은 자여 평안할지어다 주께서 너와 함께 하시도다 하니 29처녀가 그 말을 듣
고 놀라 이런 인사가 어찌함인가 생각하매 30천사가 이르되 마리아여 무서워하지 말라 네가 하나
님께 은혜를 입었느니라 31보라 네가 잉태하여 아들을 낳으리니 그 이름을 예수라 하라 32그가 큰
자가 되고 지극히 높으신 이의 아들이라 일컬어질 것이요 주 하나님께서 그 조상 다윗의 왕위를
그에게 주시리니 33영원히 야곱의 집을 왕으로 다스리실 것이며 그 나라가 무궁하리라 34마리아
가 천사에게 말하되 나는 남자를 알지 못하니 어찌 이 일이 있으리이까 35천사가 대답하여 이르되
성령이 네게 임하시고 지극히 높으신 이의 능력이 너를 덮으시리니 이러므로 나실 바 거룩한 이는
하나님의 아들이라 일컬어지리라 36보라 네 친족 엘리사벳도 늙어서 아들을 배었느니라 본래 임
신하지 못한다고 알려진 이가 이미 여섯 달이 되었나니 37대저 하나님의 모든 말씀은 능하지 못하
심이 없느니라 38마리아가 이르되 주의 여종이오니 말씀대로 내게 이루어지이다 하매 천사가 떠
나가니라

마 1:18 예수 그리스도의 나심은 이러하니라 그의 어머니 마리아가 요셉과 약혼하고 동거하
기 전에 성령으로 잉태된 것이 나타났더니 19그의 남편 요셉은 의로운 사람이라 그를 드러내
지 아니하고 가만히 끊고자 하여 20이 일을 생각할 때에 주의 사자가 현몽하여 이르되 다윗의
자손 요셉아 네 아내 마리아 데려오기를 무서워하지 말라 그에게 잉태된 자는 성령으로 된 것
이라 21아들을 낳으리니 이름을 예수라 하라 이는 그가 자기 백성을 그들의 죄에서 구원할 자
이심이라 하니라 22이 모든 일이 된 것은 주께서 선지자로 하신 말씀을 이루려 하심이니 이르
시되 23보라 처녀가 잉태하여 아들을 낳을 것이요 그의 이름은 임마누엘이라 하리라 하셨으니
이를 번역한즉 하나님이 우리와 함께 계시다 함이라 24요셉이 잠에서 깨어 일어나 주의 사자
의 분부대로 행하여 그의 아내를 데려왔으나 25아들을 낳기까지 동침하지 아니하더니 낳으매
이름을 예수라 하니라

눅 1:39-45 마리아와 엘리사벳의 만남

39이 때에 마리아가 일어나 빨리 산골로 가서 유대한 동네에 이르러 40사가랴의 집에 들어가 엘리
사벳에게 문안하니 41엘리사벳이 마리아가 문안함을 들으매 아이가 복중에서 뛰노는지라 엘리사
벳이 성령의 충만함을 받아 42큰 소리로 불러 이르되 여자 중에 네가 복이 있으며 네 태중의 아이
도 복이 있도다 43내 주의 어머니가 내게 나아오니 이 어찌 된 일인가 44보라 네 문안하는 소리가
내 귀에 들릴 때에 아이가 내 복중에서 기쁨으로 뛰놀았도다 45주께서 하신 말씀이 반드시 이루어
지리라고 믿은 그 여자에게 복이 있도다

눅 1:46-56 마리아의 찬가

46마리아가 이르되 내 영혼이 주를 찬양하며 47내 마음이 하나님 내 구주를 기뻐하였음은 48그의
여종의 비천함을 돌보셨음이라 보라 이제 후로는 만세에 나를 복이 있다 일컬으리로다 49능하신
이가 큰 일을 내게 행하셨으니 그 이름이 거룩하시며 50긍휼하심이 두려워하는 자에게 대대로 이
르는도다 51그의 팔로 힘을 보이사 마음의 생각이 교만한 자들을 흩으셨고 52권세 있는 자를 그
위에서 내리치셨으며 비천한 자를 높이셨고 53주리는 자를 좋은 것으로 배불리셨으며 부자는 빈
손으로 보내셨도다 54그 종 이스라엘을 도우사 긍휼히 여기시고 기억하시되 55우리 조상에게 말
씀하신 것과 같이 아브라함과 그 자손에게 영원히 하시리로다 하니라 56마리아가 석 달쯤 함께 있
다가 집으로 돌아가니라

눅 1:57-66 세례 요한의 탄생

57 리사벳이 해산할 기한이 차서 아들을 낳으니 58이웃과 친족이 주께서 그를 크게 긍휼히 여기심
을 듣고 함께 즐거워하더라 59팔 일이 되매 아이를 할례하러 와서 그 아버지의 이름을 따라 사가
랴라 하고자 하더니 60그 어머니가 대답하여 이르되 아니라 요한이라 할 것이라 하매 61그들이 이
르되 네 친족 중에 이 이름으로 이름한 이가 없다 하고 62그의 아버지께 몸짓하여 무엇으로 이름
을 지으려 하는가 물으니 63그가 서판을 달라 하여 그 이름을 요한이라 쓰매 다 놀랍게 여기더라
64이에 그 입이 곧 열리고 혀가 풀리며 말을 하여 하나님을 찬송하니 65그 근처에 사는 자가 다 두
려워하고 이 모든 말이 온 유대 산골에 두루 퍼지매 66듣는 사람이 다 이 말을 마음에 두며 이르되
이 아이가 장차 어찌 될까 하니 이는 주의 손이 그와 함께 하심이러라

눅 1:67-80 사가랴의 찬가

67그 부친 사가랴가 성령의 충만함을 받아 예언하여 이르되 68찬송하리로다 주 이스라엘의 하나
님이여 그 백성을 돌보사 속량하시며 69우리를 위하여 구원의 뿔을 그 종 다윗의 집에 일으키셨
으니 70이것은 주께서 예로부터 거룩한 선지자의 입으로 말씀하신 바와 같이 71우리 원수에게서
와 우리를 미워하는 모든 자의 손에서 구원하시는 일이라 72우리 조상을 긍휼히 여기시며 그 거룩
한 언약을 기억하셨으니 73곧 우리 조상 아브라함에게 하신 맹세라 74우리가 원수의 손에서 건지
심을 받고 75종신토록 주의 앞에서 성결과 의로 두려움이 없이 섬기게 하리라 하셨도다 76이 아이
여 네가 지극히 높으신 이의 선지자라 일컬음을 받고 주 앞에 앞서 가서 그 길을 준비하여 77주의
백성에게 그 죄 사함으로 말미암는 구원을 알게 하리니 78이는 우리 하나님의 긍휼로 인함이라 이
로써 돋는 해가 위로부터 우리에게 임하여 79어둠과 죽음의 그늘에 앉은 자에게 비치고 우리 발을
평강의 길로 인도하시리로다 하니라 80아이가 자라며 심령이 강하여지며 이스라엘에게 나타나는
날까지 빈 들에 있으니라

눅 2:1-7 예수의 탄생

1그 때에 가이사 아구스도가 영을 내려 천하로 다 호적하라 하였으니 2이 호적은 구레뇨가 수리아
총독이 되었을 때에 처음 한 것이라 3모든 사람이 호적하러 각각 고향으로 돌아가매 4요셉도 다윗
의 집 족속이므로 갈릴리 나사렛 동네에서 유대를 향하여 베들레헴이라 하는 다윗의 동네로 5그
약혼한 마리아와 함께 호적하러 올라가니 마리아가 이미 잉태하였더라 6거기 있을 그 때에 해산
할 날이 차서 7첫아들을 낳아 강보로 싸서 구유에 뉘었으니 이는 여관에 있을 곳이 없음이러라

눅 2:8-21 목자들과 천사

8그 지역에 목자들이 밤에 밖에서 자기 양 떼를 지키더니 9주의 사자가 곁에 서고 주의 영광이 그
들을 두루 비추매 크게 무서워하는지라 10천사가 이르되 무서워하지 말라 보라 내가 온 백성에게
미칠 큰 기쁨의 좋은 소식을 너희에게 전하노라 11오늘 다윗의 동네에 너희를 위하여 구주가 나
셨으니 곧 그리스도 주시니라 12너희가 가서 강보에 싸여 구유에 뉘어 있는 아기를 보리니 이것
이 너희에게 표적이니라 하더니 13홀연히 수많은 천군이 그 천사와 함께 하나님을 찬송하여 이르
되 14지극히 높은 곳에서는 하나님께 영광이요 땅에서는 하나님이 기뻐하신 사람들 중에 평화로
다 하니라 15천사들이 떠나 하늘로 올라가니 목자가 서로 말하되 이제 베들레헴으로 가서 주께서

우리에게 알리신 바 이 이루어진 일을 보자 하고 16빨리 가서 마리아와 요셉과 구유에 누인 아기
를 찾아서 17보고 천사가 자기들에게 이 아기에 대하여 말한 것을 전하니 18듣는 자가 다 목자들
이 그들에게 말한 것들을 놀랍게 여기되 19마리아는 이 모든 말을 마음에 새기어 생각하니라 20목
자들은 자기들에게 이르던 바와 같이 듣고 본 그 모든 것으로 인하여 하나님께 영광을 돌리고 찬
송하며 돌아가니라 21할례할 팔 일이 되매 그 이름을 예수라 하니 곧 잉태하기 전에 천사가 일컬
은 바러라

마 2:1 헤롯 왕 때에 예수께서 유대 베들레헴에서 나시매 동방으로부터 박사들이 예루살렘에
이르러 말하되 2유대인의 왕으로 나신 이가 어디 계시냐 우리가 동방에서 그의 별을 보고 그
에게 경배하러 왔노라 하니 3헤롯 왕과 온 예루살렘이 듣고 소동한지라 4왕이 모든 대제사장
과 백성의 서기관들을 모아 그리스도가 어디서 나겠느냐 물으니 5이르되 유대 베들레헴이오
니 이는 선지자로 이렇게 기록된 바 6또 유대 땅 베들레헴아 너는 유대 고을 중에서 가장 작지
아니하도다 네게서 한 다스리는 자가 나와서 내 백성 이스라엘의 목자가 되리라 하였음이니이
다 7이에 헤롯이 가만히 박사들을 불러 별이 나타난 때를 자세히 묻고 8베들레헴으로 보내며
이르되 가서 아기에 대하여 자세히 알아보고 찾거든 내게 고하여 나도 가서 그에게 경배하게
하라 9박사들이 왕의 말을 듣고 갈새 동방에서 보던 그 별이 문득 앞서 인도하여 가다가 아기
있는 곳 위에 머물러 서 있는지라 10그들이 별을 보고 매우 크게 기뻐하고 기뻐하더라 11집에
들어가 아기와 그의 어머니 마리아가 함께 있는 것을 보고 엎드려 아기께 경배하고 보배합을
열어 황금과 유향과 몰약을 예물로 드리니라 12그들은 꿈에 헤롯에게로 돌아가지 말라 지시하
심을 받아 다른 길로 고국에 돌아가니라

눅 2:22-38 아기 예수와 시므온의 찬가

22모세의 법대로 정결예식의 날이 차매 아기를 데리고 예루살렘에 올라가니 23이는 주의 율법에
쓴 바 첫 태에 처음 난 남자마다 주의 거룩한 자라 하리라 한 대로 아기를 주께 드리고 24또 주의
율법에 말씀하신 대로 산비둘기 한 쌍이나 혹은 어린 집비둘기 둘로 제사하려 함이더라 25예루살
렘에 시므온이라 하는 사람이 있으니 이 사람은 의롭고 경건하여 이스라엘의 위로를 기다리는 자
라 성령이 그 위에 계시더라 26그가 주의 그리스도를 보기 전에는 죽지 아니하리라 하는 성령의
지시를 받았더니 27성령의 감동으로 성전에 들어가매 마침 부모가 율법의 관례대로 행하고자 하
여 그 아기 예수를 데리고 오는지라 28시므온이 아기를 안고 하나님을 찬송하여 이르되 29주재여
이제는 말씀하신 대로 종을 평안히 놓아 주시는도다 30내 눈이 주의 구원을 보았사오니 31이는 만
민 앞에 예비하신 것이요 32이방을 비추는 빛이요 주의 백성 이스라엘의 영광이니이다 하니 33그
의 부모가 그에 대한 말들을 놀랍게 여기더라 34시므온이 그들에게 축복하고 그의 어머니 마리아
에게 말하여 이르되 보라 이는 이스라엘 중 많은 사람을 패하거나 흥하게 하며 비방을 받는 표적

이 되기 위하여 세움을 받았고 [35]또 칼이 네 마음을 찌르듯 하리니 이는 여러 사람의 마음의 생각
을 드러내려 함이니라 하더라 [36]또 아셀 지파 바누엘의 딸 안나라 하는 선지자가 있어 나이가 매
우 많았더라 그가 결혼한 후 일곱 해 동안 남편과 함께 살다가 [37]과부가 되고 팔십사 세가 되었더
라 이 사람이 성전을 떠나지 아니하고 주야로 금식하며 기도함으로 섬기더니 [38]마침 이 때에 나아
와서 하나님께 감사하고 예루살렘의 속량을 바라는 모든 사람에게 그에 대하여 말하니라

눅 2:39-40 나사렛 귀환

[39]주의 율법을 따라 모든 일을 마치고 갈릴리로 돌아가 본 동네 나사렛에 이르니라 [40]아기가 자
라며 강하여지고 지혜가 충만하며 하나님의 은혜가 그의 위에 있더라

눅 2:41-52 성전에 간 열두 살 예수

[41]그의 부모가 해마다 유월절이 되면 예루살렘으로 가더니 [42]예수께서 열두 살 되었을 때에 그들
이 이 절기의 관례를 따라 올라갔다가 [43]그 날들을 마치고 돌아갈 때에 아이 예수는 예루살렘에
머무셨더라 그 부모는 이를 알지 못하고 [44]동행 중에 있는 줄로 생각하고 하룻길을 간 후 친족과
아는 자 중에서 찾되 [45]만나지 못하매 찾으면서 예루살렘에 돌아갔더니 [46]사흘 후에 성전에서 만
난즉 그가 선생들 중에 앉으사 그들에게 듣기도 하시며 묻기도 하시니 [47]듣는 자가 다 그 지혜와
대답을 놀랍게 여기더라 [48]그의 부모가 보고 놀라며 그의 어머니는 이르되 아이야 어찌하여 우리
에게 이렇게 하였느냐 보라 네 아버지와 내가 근심하여 너를 찾았노라 [49]예수께서 이르시되 어찌
하여 나를 찾으셨나이까 내가 내 아버지 집에 있어야 될 줄을 알지 못하셨나이까 하시니 [50]그 부
모가 그가 하신 말씀을 깨닫지 못하더라 [51]예수께서 함께 내려가사 나사렛에 이르러 순종하여 받
드시더라 그 어머니는 이 모든 말을 마음에 두니라 [52]예수는 지혜와 키가 자라가며 하나님과 사람
에게 더욱 사랑스러워 가시더라

눅 3:1-20 세례 요한의 선포

[1]디베료 황제가 통치한 지 열다섯 해 곧 본디오 빌라도가 유대의 총독으로, 헤롯이 갈릴리의 분봉
왕으로, 그 동생 빌립이 이두래와 드라고닛 지방의 분봉 왕으로, 루사니아가 아빌레네의 분봉 왕

으로, 2안나스와 가야바가 대제사장으로 있을 때에 하나님의 말씀이 빈 들에서 사가랴의 아들 요
한에게 임한지라 3요한이 요단 강 부근 각처에 와서 죄 사함을 받게 하는 회개의 세례를 전파하
니 4선지자 이사야의 책에 쓴 바 광야에서 외치는 자의 소리가 있어 이르되 너희는 주의 길을 준비
하라 그의 오실 길을 곧게 하라 5모든 골짜기가 메워지고 모든 산과 작은 산이 낮아지고 굽은 것이
곧아지고 험한 길이 평탄하여질 것이요 6모든 육체가 하나님의 구원하심을 보리라 함과 같으니라
7요한이 세례 받으러 나아오는 무리에게 이르되 독사의 자식들아 누가 너희에게 일러 장차 올 진
노를 피하라 하더냐 8그러므로 회개에 합당한 열매를 맺고 속으로 아브라함이 우리 조상이라 말
하지 말라 내가 너희에게 이르노니 하나님이 능히 이 돌들로도 아브라함의 자손이 되게 하시리라
9이미 도끼가 나무 뿌리에 놓였으니 좋은 열매 맺지 아니하는 나무마다 찍혀 불에 던져지리라
10무리가 물어 이르되 그러면 우리가 무엇을 하리이까 11대답하여 이르되 옷 두 벌 있는 자는 옷
없는 자에게 나눠 줄 것이요 먹을 것이 있는 자도 그렇게 할 것이니라 하고 12세리들도 세례를 받
고자 하여 와서 이르되 선생이여 우리는 무엇을 하리이까 하매 13이르되 부과된 것 외에는 거두지
말라 하고 14군인들도 물어 이르되 우리는 무엇을 하리이까 하매 이르되 사람에게서 강탈하지 말
며 거짓으로 고발하지 말고 받는 급료를 족한 줄로 알라 하니라 15백성들이 바라고 기다리므로 모
든 사람들이 요한을 혹 그리스도신가 심중에 생각하니 16요한이 모든 사람에게 대답하여 이르되
나는 물로 너희에게 세례를 베풀거니와 나보다 능력이 많으신 이가 오시나니 나는 그의 신발끈을
풀기도 감당하지 못하겠노라 그는 성령과 불로 너희에게 세례를 베푸실 것이요 17손에 키를 들고
자기의 타작 마당을 정하게 하사 알곡은 모아 곳간에 들이고 쭉정이는 꺼지지 않는 불에 태우시리
라 18또 그 밖에 여러 가지로 권하여 백성에게 좋은 소식을 전하였으나 19분봉 왕 헤롯은 그의 동
생의 아내 헤로디아의 일과 또 자기가 행한 모든 악한 일로 말미암아 요한에게 책망을 받고 20그
위에 한 가지 악을 더하여 요한을 옥에 가두니라

마 3:1 그 때에 세례 요한이 이르러 유대 광야에서 전파하여 말하되 2회개하라 천국이 가까이
왔느니라 하였으니 3그는 선지자 이사야를 통하여 말씀하신 자라 일렀으되 광야에 외치는 자
의 소리가 있어 이르되 너희는 주의 길을 준비하라 그가 오실 길을 곧게 하라 하였느니라 4이
요한은 낙타털 옷을 입고 허리에 가죽 띠를 띠고 음식은 메뚜기와 석청이었더라 5이 때에 예
루살렘과 온 유대와 요단 강 사방에서 다 그에게 나아와 6자기들의 죄를 자복하고 요단 강에
서 그에게 세례를 받더니 7요한이 많은 바리새인들과 사두개인들이 세례 베푸는 데로 오는 것
을 보고 이르되 독사의 자식들아 누가 너희를 가르쳐 임박한 진노를 피하라 하더냐 8그러므로
회개에 합당한 열매를 맺고 9속으로 아브라함이 우리 조상이라고 생각하지 말라 내가 너희에
게 이르노니 하나님이 능히 이 돌들로도 아브라함의 자손이 되게 하시리라 10이미 도끼가 나
무 뿌리에 놓였으니 좋은 열매를 맺지 아니하는 나무마다 찍혀 불에 던져지리라 11나는 너희
로 회개하게 하기 위하여 물로 세례를 베풀거니와 내 뒤에 오시는 이는 나보다 능력이 많으시
니 나는 그의 신을 들기도 감당하지 못하겠노라 그는 성령과 불로 너희에게 세례를 베푸실 것
이요 12손에 키를 들고 자기의 타작 마당을 정하게 하사 알곡은 모아 곳간에 들이고 쭉정이는
꺼지지 않는 불에 태우시리라

막 1:2 선지자 이사야의 글에 보라 내가 내 사자를 네 앞에 보내노니 그가 네 길을 준비하리라
3광야에 외치는 자의 소리가 있어 이르되 너희는 주의 길을 준비하라 그의 오실 길을 곧게 하
라 기록된 것과 같이 4세례 요한이 광야에 이르러 죄 사함을 받게 하는 회개의 세례를 전파하
니 5온 유대 지방과 예루살렘 사람이 다 나아가 자기 죄를 자복하고 요단 강에서 그에게 세례
를 받더라 6요한은 낙타털 옷을 입고 허리에 가죽 띠를 띠고 메뚜기와 석청을 먹더라 7그가 전
파하여 이르되 나보다 능력 많으신 이가 내 뒤에 오시나니 나는 굽혀 그의 신발끈을 풀기도 감
당하지 못하겠노라 8나는 너희에게 물로 세례를 베풀었거니와 그는 너희에게 성령으로 세례
를 베푸시리라

요 1:19 유대인들이 예루살렘에서 제사장들과 레위인들을 요한에게 보내어 네가 누구냐 물을
때에 요한의 증언이 이러하니라 20요한이 드러내어 말하고 숨기지 아니하니 드러내어 하는 말
이 나는 그리스도가 아니라 한대 21또 묻되 그러면 누구냐 네가 엘리야냐 이르되 나는 아니라
또 묻되 네가 그 선지자냐 대답하되 아니라 22또 말하되 누구냐 우리를 보낸 이들에게 대답하게
하라 너는 네게 대하여 무엇이라 하느냐 23이르되 나는 선지자 이사야의 말과 같이 주의 길을
곧게 하라고 광야에서 외치는 자의 소리로라 하니라 24그들은 바리새인들이 보낸 자라 25또 물
어 이르되 네가 만일 그리스도도 아니요 엘리야도 아니요 그 선지자도 아닐진대 어찌하여 세
례를 베푸느냐 26요한이 대답하되 나는 물로 세례를 베풀거니와 너희 가운데 너희가 알지 못
하는 한 사람이 섰으니 27곧 내 뒤에 오시는 그이라 나는 그의 신발끈을 풀기도 감당하지 못하
겠노라 하더라 28이 일은 요한이 세례 베풀던 곳 요단 강 건너편 베다니에서 일어난 일이니라

눅 3:21-22 예수의 세례

21백성이 다 세례를 받을새 예수도 세례를 받으시고 기도하실 때에 하늘이 열리며 22성령이 비둘
기 같은 형체로 그의 위에 강림하시더니 하늘로부터 소리가 나기를 너는 내 사랑하는 아들이라 내
가 너를 기뻐하노라 하시니라

마 3:13 이 때에 예수께서 갈릴리로부터 요단 강에 이르러 요한에게 세례를 받으려 하시니 14요
한이 말려 이르되 내가 당신에게서 세례를 받아야 할 터인데 당신이 내게로 오시나이까 15예
수께서 대답하여 이르시되 이제 허락하라 우리가 이와 같이 하여 모든 의를 이루는 것이 합당
하니라 하시니 이에 요한이 허락하는지라 16예수께서 세례를 받으시고 곧 물에서 올라오실새
하늘이 열리고 하나님의 성령이 비둘기 같이 내려 자기 위에 임하심을 보시더니 17하늘로부터
소리가 있어 말씀하시되 이는 내 사랑하는 아들이요 내 기뻐하는 자라 하시니라

막 1:9 그 때에 예수께서 갈릴리 나사렛으로부터 와서 요단 강에서 요한에게 세례를 받으시고
10곧 물에서 올라오실새 하늘이 갈라짐과 성령이 비둘기 같이 자기에게 내려오심을 보시더니
11하늘로부터 소리가 나기를 너는 내 사랑하는 아들이라 내가 너를 기뻐하노라 하시니라

요 1:29 이튿날 요한이 예수께서 자기에게 나아오심을 보고 이르되 보라 세상 죄를 지고 가는 하나님의 어린 양이로다 30내가 전에 말하기를 내 뒤에 오는 사람이 있는데 나보다 앞선 것은 그가 나보다 먼저 계심이라 한 것이 이 사람을 가리킴이라 31나도 그를 알지 못하였으나 내가 와서 물로 세례를 베푸는 것은 그를 이스라엘에 나타내려 함이라 하니라 32요한이 또 증언하여 이르되 내가 보매 성령이 비둘기 같이 하늘로부터 내려와서 그의 위에 머물렀더라 33나도 그를 알지 못하였으나 나를 보내어 물로 세례를 베풀라 하신 그이가 나에게 말씀하시되 성령이 내려서 누구 위에든지 머무는 것을 보거든 그가 곧 성령으로 세례를 베푸는 이인 줄 알라 하셨기에 34내가 보고 그가 하나님의 아들이심을 증언하였노라 하니라

눅 3:23-38 족보

23예수께서 가르치심을 시작하실 때에 삼십 세쯤 되시니라 사람들이 아는 대로는 요셉의 아들이니 요셉의 위는 헬리요 24그 위는 맛닷이요 그 위는 레위요 그 위는 멜기요 그 위는 얀나요 그 위는 요셉이요 25그 위는 맛다디아요 그 위는 아모스요 그 위는 나훔이요 그 위는 에슬리요 그 위는 낙개요 26그 위는 마앗이요 그 위는 맛다디아요 그 위는 서머인이요 그 위는 요섹이요 그 위는 요다요 27그 위는 요아난이요 그 위는 레사요 그 위는 스룹바벨이요 그 위는 스알디엘이요 그 위는 네리요 28그 위는 멜기요 그 위는 앗디요 그 위는 고삼이요 그 위는 엘마담이요 그 위는 에르요 29그 위는 예수요 그 위는 엘리에서요 그 위는 요림이요 그 위는 맛닷이요 그 위는 레위요 30그 위는 시므온이요 그 위는 유다요 그 위는 요셉이요 그 위는 요남이요 그 위는 엘리아김이요 31그 위는 멜레아요 그 위는 멘나요 그 위는 맛다다요 그 위는 나단이요 그 위는 다윗이요 32그 위는 이새요 그 위는 오벳이요 그 위는 보아스요 그 위는 살몬이요 그 위는 나손이요 33그 위는 아미나답이요 그 위는 아니요 그 위는 헤스론이요 그 위는 베레스요 그 위는 유다요 34그 위는 야곱이요 그 위는 이삭이요 그 위는 아브라함이요 그 위는 데라요 그 위는 나홀이요 35그 위는 스룩이요 그 위는 르우요 그 위는 벨렉이요 그 위는 헤버요 그 위는 살라요 36그 위는 가이난이요 그 위는 아박삿이요 그 위는 셈이요 그 위는 노아요 그 위는 레멕이요 37그 위는 므두셀라요 그 위는 에녹이요 그 위는 야렛이요 그 위는 마할랄렐이요 그 위는 가이난이요 38그 위는 에노스요 그 위는 셋이요 그 위는 아담이요 그 위는 하나님이시니라

마 1:1 아브라함과 다윗의 자손 예수 그리스도의 계보라 2아브라함이 이삭을 낳고 이삭은 야곱을 낳고 야곱은 유다와 그의 형제들을 낳고 3유다는 다말에게서 베레스와 세라를 낳고 베레스는 헤스론을 낳고 헤스론은 람을 낳고 4람은 아미나답을 낳고 아미나답은 나손을 낳고 나손은 살몬을 낳고 5살몬은 라합에게서 보아스를 낳고 보아스는 룻에게서 오벳을 낳고 오벳은 이새를 낳고 6이새는 다윗 왕을 낳으니라 다윗은 우리야의 아내에게서 솔로몬을 낳고 7솔로몬은 르호보암을 낳고 르호보암은 아비야를 낳고 아비야는 아사를 낳고 8아사는 여호사밧을 낳고 여호사밧은 요람을 낳고 요람은 웃시야를 낳고 9웃시야는 요담을 낳고 요담은 아하스를 낳

고 아하스는 히스기야를 낳고 10히스기야는 므낫세를 낳고 므낫세는 아몬을 낳고 아몬은 요시
야를 낳고 11바벨론으로 사로잡혀 갈 때에 요시야는 여고냐와 그의 형제들을 낳으니라 12바벨
론으로 사로잡혀 간 후에 여고냐는 스알디엘을 낳고 스알디엘은 스룹바벨을 낳고 13스룹바벨
은 아비훗을 낳고 아비훗은 엘리아김을 낳고 엘리아김은 아소르를 낳고 14아소르는 사독을 낳
고 사독은 아킴을 낳고 아킴은 엘리웃을 낳고 15엘리웃은 엘르아살을 낳고 엘르아살은 맛단을
낳고 맛단은 야곱을 낳고 16야곱은 마리아의 남편 요셉을 낳았으니 마리아에게서 그리스도라
칭하는 예수가 나시니라 17그런즉 모든 대 수가 아브라함부터 다윗까지 열네 대요 다윗부터
바벨론으로 사로잡혀 갈 때까지 열네 대요 바벨론으로 사로잡혀 간 후부터 그리스도까지 열네
대더라

눅 4:1-13 예수의 시험

1예수께서 성령의 충만함을 입어 요단 강에서 돌아오사 광야에서 사십 일 동안 성령에게 이끌리
시며 2마귀에게 시험을 받으시더라 이 모든 날에 아무 것도 잡수시지 아니하시니 날 수가 다하매
주리신지라 3마귀가 이르되 네가 만일 하나님의 아들이어든 이 돌들에게 명하여 떡이 되게 하라
4예수께서 대답하시되 기록된 바 사람이 떡으로만 살 것이 아니라 하였느니라 5마귀가 또 예수를
이끌고 올라가서 순식간에 천하 만국을 보이며 6이르되 이 모든 권위와 그 영광을 내가 네게 주리
라 이것은 내게 넘겨 준 것이므로 내가 원하는 자에게 주노라 7그러므로 네가 만일 내게 절하면 다
네 것이 되리라 8예수께서 대답하여 이르시되 기록된 바 주 너의 하나님께 경배하고 다만 그를 섬
기라 하였느니라 9또 이끌고 예루살렘으로 가서 성전 꼭대기에 세우고 이르되 네가 만일 하나님
의 아들이어든 여기서 뛰어내리라 10기록되었으되 하나님이 너를 위하여 그 사자들을 명하사 너
를 지키게 하시리라 하였고 11또한 그들이 손으로 너를 받들어 네 발이 돌에 부딪치지 않게 하시
리라 하였느니라 12예수께서 대답하여 이르시되 주 너의 하나님을 시험하지 말라 하였느니라 13마
귀가 모든 시험을 다 한 후에 얼마 동안 떠나니라

마 4:1 그 때에 예수께서 성령에게 이끌리어 마귀에게 시험을 받으러 광야로 가사 2사십 일을
밤낮으로 금식하신 후에 주리신지라 3시험하는 자가 예수께 나아와서 이르되 네가 만일 하나
님의 아들이어든 명하여 이 돌들로 떡덩이가 되게 하라 4예수께서 대답하여 이르시되 기록되었
으되 사람이 떡으로만 살 것이 아니요 하나님의 입으로부터 나오는 모든 말씀으로 살 것이라
하였느니라 하시니 5이에 마귀가 예수를 거룩한 성으로 데려다가 성전 꼭대기에 세우고 6이르
되 네가 만일 하나님의 아들이어든 뛰어내리라 기록되었으되 그가 너를 위하여 그의 사자들을
명하시리니 그들이 손으로 너를 받들어 발이 돌에 부딪치지 않게 하리로다 하였느니라 7예수
께서 이르시되 또 기록되었으되 주 너의 하나님을 시험하지 말라 하였느니라 하시니 8마귀가
또 그를 데리고 지극히 높은 산으로 가서 천하 만국과 그 영광을 보여 9이르되 만일 내게 엎드
려 경배하면 이 모든 것을 네게 주리라 10이에 예수께서 말씀하시되 사탄아 물러가라 기록되

었으되 주 너의 하나님께 경배하고 다만 그를 섬기라 하였느니라 [11]이에 마귀는 예수를 떠나
고 천사들이 나아와서 수종드니라

막 1:12 성령이 곧 예수를 광야로 몰아내신지라 [13]광야에서 사십 일을 계시면서 사탄에게 시
험을 받으시며 들짐승과 함께 계시니 천사들이 수종들더라

눅 4:14-15 갈릴리 사역

[14]예수께서 성령의 능력으로 갈릴리에 돌아가시니 그 소문이 사방에 퍼졌고 [15]친히 그 여러 회당
에서 가르치시매 뭇 사람에게 칭송을 받으시더라

마 4:12 예수께서 요한이 잡혔음을 들으시고 갈릴리로 물러가셨다가 [13]나사렛을 떠나 스불론
과 납달리 지경 해변에 있는 가버나움에 가서 사시니 [14]이는 선지자 이사야를 통하여 하신 말
씀을 이루려 하심이라 일렀으되 [15]스불론 땅과 납달리 땅과 요단 강 저편 해변 길과 이방의 갈
릴리여 [16]흑암에 앉은 백성이 큰 빛을 보았고 사망의 땅과 그늘에 앉은 자들에게 빛이 비치었
도다 하였느니라

눅 4:16-22 첫 설교

[16]예수께서 그 자라나신 곳 나사렛에 이르사 안식일에 늘 하시던 대로 회당에 들어가사 성경을 읽
으려고 서시매 [17]선지자 이사야의 글을 드리거늘 책을 펴서 이렇게 기록된 데를 찾으시니 곧 [18]주
의 성령이 내게 임하셨으니 이는 가난한 자에게 복음을 전하게 하시려고 내게 기름을 부으시고 나
를 보내사 포로 된 자에게 자유를, 눈 먼 자에게 다시 보게 함을 전파하며 눌린 자를 자유롭게 하
고 [19]주의 은혜의 해를 전파하게 하려 하심이라 하였더라 [20]책을 덮어 그 맡은 자에게 주시고 앉
으시니 회당에 있는 자들이 다 주목하여 보더라 [21]이에 예수께서 그들에게 말씀하시되 이 글이 오
늘 너희 귀에 응하였느니라 하시니 [22]그들이 다 그를 증언하고 그 입으로 나오는 바 은혜로운 말
을 놀랍게 여겨 이르되 이 사람이 요셉의 아들이 아니냐

마 4:17 이 때부터 예수께서 비로소 전파하여 이르시되 회개하라 천국이 가까이 왔느니라 하
시더라

막 1:14 요한이 잡힌 후 예수께서 갈릴리에 오셔서 하나님의 복음을 전파하여 [15]이르시되 때
가 찼고 하나님의 나라가 가까이 왔으니 회개하고 복음을 믿으라 하시더라

눅 4:23-30 고향의 배척

[23]예수께서 그들에게 이르시되 너희가 반드시 의사야 너 자신을 고치라 하는 속담을 인용하여 내
게 말하기를 우리가 들은 바 가버나움에서 행한 일을 네 고향 여기서도 행하라 하리라 [24]또 이르
시되 내가 진실로 너희에게 이르노니 선지자가 고향에서는 환영을 받는 자가 없느니라 [25]내가 참
으로 너희에게 이르노니 엘리야 시대에 하늘이 삼 년 육 개월간 닫히어 온 땅에 큰 흉년이 들었을
때에 이스라엘에 많은 과부가 있었으되 [26]엘리야가 그 중 한 사람에게도 보내심을 받지 않고 오직
시돈 땅에 있는 사렙다의 한 과부에게 뿐이었으며 [27]또 선지자 엘리사 때에 이스라엘에 많은 나병
환자가 있었으되 그 중의 한 사람도 깨끗함을 얻지 못하고 오직 수리아 사람 나아만뿐이었느니라
[28]회당에 있는 자들이 이것을 듣고 다 크게 화가 나서 [29]일어나 동네 밖으로 쫓아내어 그 동네가
건설된 산 낭떠러지까지 끌고 가서 밀쳐 떨어뜨리고자 하되 [30]예수께서 그들 가운데로 지나서 가
시니라

마 13:54 고향으로 돌아가사 그들의 회당에서 가르치시니 그들이 놀라 이르되 이 사람의 이
지혜와 이런 능력이 어디서 났느냐 [55]이는 그 목수의 아들이 아니냐 그 어머니는 마리아, 그
형제들은 야고보, 요셉, 시몬, 유다라 하지 않느냐 [56]그 누이들은 다 우리와 함께 있지 아니하
냐 그런즉 이 사람의 이 모든 것이 어디서 났느냐 하고 [57]예수를 배척한지라 예수께서 그들에
게 말씀하시되 선지자가 자기 고향과 자기 집 외에서는 존경을 받지 않음이 없느니라 하시고
[58]그들이 믿지 않음으로 말미암아 거기서 많은 능력을 행하지 아니하시니라

막 6:1 예수께서 거기를 떠나사 고향으로 가시니 제자들도 따르니라 [2]안식일이 되어 회당에
서 가르치시니 많은 사람이 듣고 놀라 이르되 이 사람이 어디서 이런 것을 얻었느냐 이 사람이
받은 지혜와 그 손으로 이루어지는 이런 권능이 어찌됨이냐 [3]이 사람이 마리아의 아들 목수가
아니냐 야고보와 요셉과 유다와 시몬의 형제가 아니냐 그 누이들이 우리와 함께 여기 있지 아
니하냐 하고 예수를 배척한지라 [4]예수께서 그들에게 이르시되 선지자가 자기 고향과 자기 친
척과 자기 집 외에서는 존경을 받지 못함이 없느니라 하시며 [5]거기서는 아무 권능도 행하실
수 없어 다만 소수의 병자에게 안수하여 고치실 뿐이었고 [6]그들이 믿지 않음을 이상히 여기셨
더라 이에 모든 촌에 두루 다니시며 가르치시더라

요 4:43 이틀이 지나매 예수께서 거기를 떠나 갈릴리로 가시며 [44]친히 증언하시기를 선지자가
고향에서는 높임을 받지 못한다 하시고 [45]갈릴리에 이르시매 갈릴리인들이 그를 영접하니 이
는 자기들도 명절에 갔다가 예수께서 명절중 예루살렘에서 하신 모든 일을 보았음이더라

눅 4:31-37 가버나움 회당 축귀

[31]갈릴리의 가버나움 동네에 내려오사 안식일에 가르치시매 [32]그들이 그 가르치심에 놀라니 이는
그 말씀이 권위가 있음이러라 [33]회당에 더러운 귀신 들린 사람이 있어 크게 소리 질러 이르되 [34]아
나사렛 예수여 우리가 당신과 무슨 상관이 있나이까 우리를 멸하러 왔나이까 나는 당신이 누구인
줄 아노니 하나님의 거룩한 자니이다 [35]예수께서 꾸짖어 이르시되 잠잠하고 그 사람에게서 나오
라 하시니 귀신이 그 사람을 무리 중에 넘어뜨리고 나오되 그 사람은 상하지 아니한지라 [36]다 놀
라 서로 말하여 이르되 이 어떠한 말씀인고 권위와 능력으로 더러운 귀신을 명하매 나가는도다 하
더라 [37]이에 예수의 소문이 그 근처 사방에 퍼지니라

막 1:21 그들이 가버나움에 들어가니라 예수께서 곧 안식일에 회당에 들어가 가르치시매 [22]뭇
사람이 그의 교훈에 놀라니 이는 그가 가르치시는 것이 권위 있는 자와 같고 서기관들과 같지
아니함일러라 [23]마침 그들의 회당에 더러운 귀신 들린 사람이 있어 소리 질러 이르되 [24]나사
렛 예수여 우리가 당신과 무슨 상관이 있나이까 우리를 멸하러 왔나이까 나는 당신이 누구인
줄 아노니 하나님의 거룩한 자니이다 [25]예수께서 꾸짖어 이르시되 잠잠하고 그 사람에게서 나
오라 하시니 [26]더러운 귀신이 그 사람에게 경련을 일으키고 큰 소리를 지르며 나오는지라 [27]다
놀라 서로 물어 이르되 이는 어찜이냐 권위 있는 새 교훈이로다 더러운 귀신들에게 명한즉 순
종하는도다 하더라 [28]예수의 소문이 곧 온 갈릴리 사방에 퍼지더라

눅 4:38-41 베드로의 장모 치유와 병자들

[38]예수께서 일어나 회당에서 나가사 시몬의 집에 들어가시니 시몬의 장모가 중한 열병을 앓고 있
는지라 사람들이 그를 위하여 예수께 구하니 [39]예수께서 가까이 서서 열병을 꾸짖으신대 병이 떠
나고 여자가 곧 일어나 그들에게 수종드니라 [40]해 질 무렵에 사람들이 온갖 병자들을 데리고 나아
오매 예수께서 일일이 그 위에 손을 얹으사 고치시니 [41]여러 사람에게서 귀신들이 나가며 소리 질
러 이르되 당신은 하나님의 아들이니이다 예수께서 꾸짖으사 그들이 말함을 허락하지 아니하시
니 이는 자기를 그리스도인 줄 앎이러라

마 8:14 예수께서 베드로의 집에 들어가사 그의 장모가 열병으로 앓아 누운 것을 보시고 [15]그
의 손을 만지시니 열병이 떠나가고 여인이 일어나서 예수께 수종들더라 [16]저물매 사람들이 귀
신 들린 자를 많이 데리고 예수께 오거늘 예수께서 말씀으로 귀신들을 쫓아 내시고 병든 자들
을 다 고치시니 [17]이는 선지자 이사야를 통하여 하신 말씀에 우리의 연약한 것을 친히 담당하
시고 병을 짊어지셨도다 함을 이루려 하심이더라

막 1:29 회당에서 나와 곧 야고보와 요한과 함께 시몬과 안드레의 집에 들어가시니 30시몬의
장모가 열병으로 누워 있는지라 사람들이 곧 그 여자에 대하여 예수께 여짜온대 31나아가사
그 손을 잡아 일으키시니 열병이 떠나고 여자가 그들에게 수종드니라 32저물어 해 질 때에 모
든 병자와 귀신 들린 자를 예수께 데려오니 33온 동네가 그 문 앞에 모였더라 34예수께서 각종
병이 든 많은 사람을 고치시며 많은 귀신을 내쫓으시되 귀신이 자기를 알므로 그 말하는 것을
허락하지 아니하시니라

눅 4:42-44 갈릴리 사역 보고

42날이 밝으매 예수께서 나오사 한적한 곳에 가시니 무리가 찾다가 만나서 자기들에게서 떠나시
지 못하게 만류하려 하매 43예수께서 이르시되 내가 다른 동네들에서도 하나님의 나라 복음을 전
하여야 하리니 나는 이 일을 위해 보내심을 받았노라 하시고 44갈릴리 여러 회당에서 전도하시
더라

마 4:23 예수께서 온 갈릴리에 두루 다니사 그들의 회당에서 가르치시며 천국 복음을 전파하
시며 백성 중의 모든 병과 모든 약한 것을 고치시니 24그의 소문이 온 수리아에 퍼진지라 사람
들이 모든 앓는 자 곧 각종 병에 걸려서 고통 당하는 자, 귀신 들린 자, 간질하는 자, 중풍병자
들을 데려오니 그들을 고치시더라 25갈릴리와 데가볼리와 예루살렘과 유대와 요단 강 건너편
에서 수많은 무리가 따르니라

막 1:35 새벽 아직도 밝기 전에 예수께서 일어나 나가 한적한 곳으로 가사 거기서 기도하시더
니 36시몬과 및 그와 함께 있는 자들이 예수의 뒤를 따라가 37만나서 이르되 모든 사람이 주를
찾나이다 38이르시되 우리가 다른 가까운 마을들로 가자 거기서도 전도하리니 내가 이를 위하
여 왔노라 하시고 39이에 온 갈릴리에 다니시며 그들의 여러 회당에서 전도하시고 또 귀신들
을 내쫓으시더라

눅 5:1-11 세 제자 부름

1무리가 몰려와서 하나님의 말씀을 들을새 예수는 게네사렛 호숫가에 서서 2호숫가에 배 두 척이
있는 것을 보시니 어부들은 배에서 나와서 그물을 씻는지라 3예수께서 한 배에 오르시니 그 배는
시몬의 배라 육지에서 조금 떼기를 청하시고 앉으사 배에서 무리를 가르치시더니 4말씀을 마치시
고 시몬에게 이르시되 깊은 데로 가서 그물을 내려 고기를 잡으라 5시몬이 대답하여 이르되 선생
님 우리들이 밤이 새도록 수고하였으되 잡은 것이 없지마는 말씀에 의지하여 내가 그물을 내리리

이다 하고 [6]그렇게 하니 고기를 잡은 것이 심히 많아 그물이 찢어지는지라 [7]이에 다른 배에 있는 동무들에게 손짓하여 와서 도와 달라 하니 그들이 와서 두 배에 채우매 잠기게 되었더라 [8]시몬 베드로가 이를 보고 예수의 무릎 아래에 엎드려 이르되 주여 나를 떠나소서 나는 죄인이로소이다 하니 [9]이는 자기 및 자기와 함께 있는 모든 사람이 고기 잡힌 것으로 말미암아 놀라고 [10]세베대의 아들로서 시몬의 동업자인 야고보와 요한도 놀랐음이라 예수께서 시몬에게 이르시되 무서워하지 말라 이제 후로는 네가 사람을 취하리라 하시니 [11]그들이 배들을 육지에 대고 모든 것을 버려 두고 예수를 따르니라

마 4:18 갈릴리 해변에 다니시다가 두 형제 곧 베드로라 하는 시몬과 그의 형제 안드레가 바다에 그물 던지는 것을 보시니 그들은 어부라 [19]말씀하시되 나를 따라오라 내가 너희를 사람을 낚는 어부가 되게 하리라 하시니 [20]그들이 곧 그물을 버려 두고 예수를 따르니라 [21]거기서 더 가시다가 다른 두 형제 곧 세베대의 아들야고보와 그의 형제 요한이 그의 아버지 세베대와 함께 배에서 그물 깁는 것을 보시고 부르시니 [22]그들이 곧 배와 아버지를 버려 두고 예수를 따르니라

막 1:16 갈릴리 해변으로 지나가시다가 시몬과 그 형제 안드레가 바다에 그물 던지는 것을 보시니 그들은 어부라 [17]예수께서 이르시되 나를 따라오라 내가 너희로 사람을 낚는 어부가 되게 하리라 하시니 [18]곧 그물을 버려 두고 따르니라 [19]조금 더 가시다가 세베대의 아들 야고보와 그 형제 요한을 보시니 그들도 배에 있어 그물을 깁는데 [20]곧 부르시니 그 아버지 세베대를 품꾼들과 함께 배에 버려 두고 예수를 따라가니라

요 1:35 또 이튿날 요한이 자기 제자 중 두 사람과 함께 섰다가 [36]예수께서 거니심을 보고 말하되 보라 하나님의 어린 양이로다 [37]두 제자가 그의 말을 듣고 예수를 따르거늘 [38]예수께서 돌이켜 그 따르는 것을 보시고 물어 이르시되 무엇을 구하느냐 이르되 랍비여 어디 계시오니이까 하니 (랍비는 번역하면 선생이라) [39]예수께서 이르시되 와서 보라 그러므로 그들이 가서 계신 데를 보고 그 날 함께 거하니 때가 열 시쯤 되었더라 [40]요한의 말을 듣고 예수를 따르는 두 사람 중의 하나는 시몬 베드로의 형제 안드레라 [41]그가 먼저 자기의 형제 시몬을 찾아 말하되 우리가 메시야를 만났다 하고 (메시야는 번역하면 그리스도라) [42]데리고 예수께로 오니 예수께서 보시고 이르시되 네가 요한의 아들 시몬이니 장차 게바라 하리라 하시니라 (게바는 번역하면 베드로라) [43]이튿날 예수께서 갈릴리로 나가려 하시다가 빌립을 만나 이르시되 나를 따르라 하시니 [44]빌립은 안드레와 베드로와 한 동네 벳새다 사람이라 [45]빌립이 나다나엘을 찾아 이르되 모세가 율법에 기록하였고 여러 선지자가 기록한 그이를 우리가 만났으니 요셉의 아들 나사렛 예수니라 [46]나다나엘이 이르되 나사렛에서 무슨 선한 것이 날 수 있느냐 빌립이 이르되 와서 보라 하니라 [47]예수께서 나다나엘이 자기에게 오는 것을 보시고 그를 가리켜 이르시되 보라 이는 참으로 이스라엘 사람이라 그 속에 간사한 것이 없도다 [48]나다나엘이 이르되 어떻게 나를 아시나이까 예수께서 대답하여 이르시되 빌립이 너를 부르기 전에 네가 무화과나무 아래에 있을 때에 보았노라 [49]나다나엘이 대답하되 랍비여 당신은 하나님의 아들이시

요 당신은 이스라엘의 임금이로소이다 50예수께서 대답하여 이르시되 내가 너를 무화과나무
아래에서 보았다 하므로 믿느냐 이보다 더 큰 일을 보리라 51또 이르시되 진실로 진실로 너희
에게 이르노니 하늘이 열리고 하나님의 사자들이 인자 위에 오르락 내리락 하는 것을 보리라
하시니라

눅 5:12-16 나병환자 치유

12예수께서 한 동네에 계실 때에 온 몸에 나병 들린 사람이 있어 예수를 보고 엎드려 구하여 이르
되 주여 원하시면 나를 깨끗하게 하실 수 있나이다 하니 13예수께서 손을 내밀어 그에게 대시며
이르시되 내가 원하노니 깨끗함을 받으라 하신대 나병이 곧 떠나니라 14예수께서 그를 경고하시
되 아무에게도 이르지 말고 가서 제사장에게 네 몸을 보이고 또 네가 깨끗하게 됨으로 인하여 모
세가 명한 대로 예물을 드려 그들에게 입증하라 하셨더니 15예수의 소문이 더욱 퍼지매 수많은 무
리가 말씀도 듣고 자기 병도 고침을 받고자 하여 모여 오되 16예수는 물러가사 한적한 곳에서 기
도하시니라

마 8:2 한 나병환자가 나아와 절하며 이르되 주여 원하시면 저를 깨끗하게 하실 수 있나이다
하거늘 3예수께서 손을 내밀어 그에게 대시며 이르시되 내가 원하노니 깨끗함을 받으라 하시
니 즉시 그의 나병이 깨끗하여진지라 4예수께서 이르시되 삼가 아무에게도 이르지 말고 다만
가서 제사장에게 네 몸을 보이고 모세가 명한 예물을 드려 그들에게 입증하라 하시니라

막 1:40 한 나병환자가 예수께 와서 꿇어 엎드려 간구하여 이르되 원하시면 저를 깨끗하게 하
실 수 있나이다 41예수께서 불쌍히 여기사 손을 내밀어 그에게 대시며 이르시되 내가 원하노
니 깨끗함을 받으라 하시니 42곧 나병이 그 사람에게서 떠나가고 깨끗하여진지라 43곧 보내시
며 엄히 경고하사 44이르시되 삼가 아무에게 아무 말도 하지 말고 가서 네 몸을 제사장에게 보
이고 네가 깨끗하게 되었으니 모세가 명한 것을 드려 그들에게 입증하라 하셨더라 45그러나
그 사람이 나가서 이 일을 많이 전파하여 널리 퍼지게 하니 그러므로 예수께서 다시는 드러나
게 동네에 들어가지 못하시고 오직 바깥 한적한 곳에 계셨으나 사방에서 사람들이 그에게로
나아오더라

눅 5:17-26 중풍병자 치유

17하루는 가르치실 때에 갈릴리의 각 마을과 유대와 예루살렘에서 온 바리새인과 율법교사들이
앉았는데 병을 고치는 주의 능력이 예수와 함께 하더라 18한 중풍병자를 사람들이 침상에 메고 와

서 예수 앞에 들여놓고자 하였으나 19무리 때문에 메고 들어갈 길을 얻지 못한지라 지붕에 올라가 기와를 벗기고 병자를 침상째 무리 가운데로 예수 앞에 달아 내리니 20예수께서 그들의 믿음을 보시고 이르시되 이 사람아 네 죄 사함을 받았느니라 하시니 21서기관과 바리새인들이 생각하여 이르되 이 신성모독 하는 자가 누구냐 오직 하나님 외에 누가 능히 죄를 사하겠느냐 22예수께서 그 생각을 아시고 대답하여 이르시되 너희 마음에 무슨 생각을 하느냐 23네 죄 사함을 받았느니라 하는 말과 일어나 걸어가라 하는 말이 어느 것이 쉽겠느냐 24그러나 인자가 땅에서 죄를 사하는 권세가 있는 줄을 너희로 알게 하리라 하시고 중풍병자에게 말씀하시되 내가 네게 이르노니 일어나 네 침상을 가지고 집으로 가라 하시매 25그 사람이 그들 앞에서 곧 일어나 그 누웠던 것을 가지고 하나님께 영광을 돌리며 자기 집으로 돌아가니 26모든 사람이 놀라 하나님께 영광을 돌리며 심히 두려워하여 이르되 오늘 우리가 놀라운 일을 보았다 하니라

마 9:1 예수께서 배에 오르사 건너가 본 동네에 이르시니 2침상에 누운 중풍병자를 사람들이 데리고 오거늘 예수께서 그들의 믿음을 보시고 중풍병자에게 이르시되 작은 자야 안심하라 네 죄 사함을 받았느니라 3어떤 서기관들이 속으로 이르되 이 사람이 신성을 모독하도다 4예수께서 그 생각을 아시고 이르시되 너희가 어찌하여 마음에 악한 생각을 하느냐 5네 죄 사함을 받았느니라 하는 말과 일어나 걸어가라 하는 말 중에 어느 것이 쉽겠느냐 6그러나 인자가 세상에서 죄를 사하는 권능이 있는 줄을 너희로 알게 하려 하노라 하시고 중풍병자에게 말씀하시되 일어나 네 침상을 가지고 집으로 가라 하시니 7그가 일어나 집으로 돌아가거늘 8무리가 보고 두려워하며 이런 권능을 사람에게 주신 하나님께 영광을 돌리니라

막 2:1 수 일 후에 예수께서 다시 가버나움에 들어가시니 집에 계시다는 소문이 들린지라 2많은 사람이 모여서 문 앞까지도 들어설 자리가 없게 되었는데 예수께서 그들에게 도를 말씀하시더니 3사람들이 한 중풍병자를 네 사람에게 메워 가지고 예수께로 올새 4무리들 때문에 예수께 데려갈 수 없으므로 그 계신 곳의 지붕을 뜯어 구멍을 내고 중풍병자가 누운 상을 달아 내리니 5예수께서 그들의 믿음을 보시고 중풍병자에게 이르시되 작은 자야 네 죄 사함을 받았느니라 하시니 6어떤 서기관들이 거기 앉아서 마음에 생각하기를 7이 사람이 어찌 이렇게 말하는가 신성모독이로다 오직 하나님 한 분 외에는 누가 능히 죄를 사하겠느냐 8그들이 속으로 이렇게 생각하는 줄을 예수께서 곧 중심에 아시고 이르시되 어찌하여 이것을 마음에 생각하느냐 9중풍병자에게 네 죄 사함을 받았느니라 하는 말과 일어나 네 상을 가지고 걸어가라 하는 말 중에서 어느 것이 쉽겠느냐 10그러나 인자가 땅에서 죄를 사하는 권세가 있는 줄을 너희로 알게 하려 하노라 하시고 중풍병자에게 말씀하시되 11내가 네게 이르노니 일어나 네 상을 가지고 집으로 가라 하시니 12그가 일어나 곧 상을 가지고 모든 사람 앞에서 나가거늘 그들이 다 놀라 하나님께 영광을 돌리며 이르되 우리가 이런 일을 도무지 보지 못하였다 하더라

눅 5:27-32 레위 및 죄인들과 식사

27그 후에 예수께서 나가사 레위라 하는 세리가 세관에 앉아 있는 것을 보시고 나를 따르라 하시
니 28그가 모든 것을 버리고 일어나 따르니라 29레위가 예수를 위하여 자기 집에서 큰 잔치를 하
니 세리와 다른 사람이 많이 함께 앉아 있는지라 30바리새인과 그들의 서기관들이 그 제자들을 비
방하여 이르되 너희가 어찌하여 세리와 죄인과 함께 먹고 마시느냐 31예수께서 대답하여 이르시
되 건강한 자에게는 의사가 쓸 데 없고 병든 자에게라야 쓸 데 있나니 32내가 의인을 부르러 온 것
이 아니요 죄인을 불러 회개시키러 왔노라

마 9:9 예수께서 그 곳을 떠나 지나가시다가 마태라 하는 사람이 세관에 앉아 있는 것을 보시
고 이르시되 나를 따르라 하시니 일어나 따르니라 10예수께서 마태의 집에서 앉아 음식을 잡
수실 때에 많은 세리와 죄인들이 와서 예수와 그의 제자들과 함께 앉았더니 11바리새인들이
보고 그의 제자들에게 이르되 어찌하여 너희 선생은 세리와 죄인들과 함께 잡수시느냐 12예수
께서 들으시고 이르시되 건강한 자에게는 의사가 쓸 데 없고 병든 자에게라야 쓸 데 있느니라
13너희는 가서 내가 긍휼을 원하고 제사를 원하지 아니하노라 하신 뜻이 무엇인지 배우라 나
는 의인을 부르러 온 것이 아니요 죄인을 부르러 왔노라 하시니라

막 2:13 예수께서 다시 바닷가에 나가시매 큰 무리가 나왔거늘 예수께서 그들을 가르치시니
라 14또 지나가시다가 알패오의 아들 레위가 세관에 앉아 있는 것을 보시고 그에게 이르시되 나
를 따르라 하시니 일어나 따르니라 15그의 집에 앉아 잡수실 때에 많은 세리와 죄인들이 예수
와 그의 제자들과 함께 앉았으니 이는 그러한 사람들이 많이 있어서 예수를 따름이러라 16바
리새인의 서기관들이 예수께서 죄인 및 세리들과 함께 잡수시는 것을 보고 그의 제자들에게
이르되 어찌하여 세리 및 죄인들과 함께 먹는가 17예수께서 들으시고 그들에게 이르시되 건강
한 자에게는 의사가 쓸 데 없고 병든 자에게라야 쓸 데 있느니라 나는 의인을 부르러 온 것이
아니요 죄인을 부르러 왔노라 하시니라

눅 5:33-39 제자들 금식 논쟁

33그들이 예수께 말하되 요한의 제자는 자주 금식하며 기도하고 바리새인의 제자들도 또한 그리
하되 당신의 제자들은 먹고 마시나이다 34예수께서 그들에게 이르시되 혼인 집 손님들이 신랑과
함께 있을 때에 너희가 그 손님으로 금식하게 할 수 있느냐 35그러나 그 날에 이르러 그들이 신랑
을 빼앗기리니 그 날에는 금식할 것이니라 36또 비유하여 이르시되 새 옷에서 한 조각을 찢어 낡
은 옷에 붙이는 자가 없나니 만일 그렇게 하면 새 옷을 찢을 뿐이요 또 새 옷에서 찢은 조각이 낡
은 것에 어울리지 아니하리라 37새 포도주를 낡은 가죽 부대에 넣는 자가 없나니 만일 그렇게 하

면 새 포도주가 부대를 터뜨려 포도주가 쏟아지고 부대도 못쓰게 되리라 [38]새 포도주는 새 부대에 넣어야 할 것이니라 [39]묵은 포도주를 마시고 새 것을 원하는 자가 없나니 이는 묵은 것이 좋다 함이니라

마 9:14 그 때에 요한의 제자들이 예수께 나아와 이르되 우리와 바리새인들은 금식하는데 어찌하여 당신의 제자들은 금식하지 아니하나이까 [15]예수께서 그들에게 이르시되 혼인집 손님들이 신랑과 함께 있을 동안에 슬퍼할 수 있느냐 그러나 신랑을 빼앗길 날이 이르리니 그 때에는 금식할 것이니라 [16]생베 조각을 낡은 옷에 붙이는 자가 없나니 이는 기운 것이 그 옷을 당기어 해어짐이 더하게 됨이요 [17]새 포도주를 낡은 가죽 부대에 넣지 아니하나니 그렇게 하면 부대가 터져 포도주도 쏟아지고 부대도 버리게 됨이라 새 포도주는 새 부대에 넣어야 둘이 다 보전되느니라

막 2:18 요한의 제자들과 바리새인들이 금식하고 있는지라 사람들이 예수께 와서 말하되 요한의 제자들과 바리새인의 제자들은 금식하는데 어찌하여 당신의 제자들은 금식하지 아니하나이까 [19]예수께서 그들에게 이르시되 혼인 집 손님들이 신랑과 함께 있을 때에 금식할 수 있느냐 신랑과 함께 있을 동안에는 금식할 수 없느니라 [20]그러나 신랑을 빼앗길 날이 이르리니 그 날에는 금식할 것이니라 [21]생베 조각을 낡은 옷에 붙이는 자가 없나니 만일 그렇게 하면 기운 새 것이 낡은 그것을 당기어 해어짐이 더하게 되느니라 [22]새 포도주를 낡은 가죽 부대에 넣는 자가 없나니 만일 그렇게 하면 새 포도주가 부대를 터뜨려 포도주와 부대를 버리게 되리라 오직 새 포도주는 새 부대에 넣느니라 하시니라

눅 6:1-5 안식일 주인 논쟁

[1]안식일에 예수께서 밀밭 사이로 지나가실새 제자들이 이삭을 잘라 손으로 비비어 먹으니 [2]어떤 바리새인들이 말하되 어찌하여 안식일에 하지 못할 일을 하느냐 [3]예수께서 대답하여 이르시되 다윗이 자기 및 자기와 함께 한 자들이 시장할 때에 한 일을 읽지 못하였느냐 [4]그가 하나님의 전에 들어가서 다만 제사장 외에는 먹어서는 안 되는 진설병을 먹고 함께 한 자들에게도 주지 아니하였느냐 [5]또 이르시되 인자는 안식일의 주인이니라 하시더라

마 12:1 그 때에 예수께서 안식일에 밀밭 사이로 가실새 제자들이 시장하여 이삭을 잘라 먹으니 [2]바리새인들이 보고 예수께 말하되 보시오 당신의 제자들이 안식일에 하지 못할 일을 하나이다 [3]예수께서 이르시되 다윗이 자기와 그 함께 한 자들이 시장할 때에 한 일을 읽지 못하였느냐 [4]그가 하나님의 전에 들어가서 제사장 외에는 자기나 그 함께 한 자들이 먹어서는 안 되는 진설병을 먹지 아니하였느냐 [5]또 안식일에 제사장들이 성전 안에서 안식을 범하여도 죄가

없음을 너희가 율법에서 읽지 못하였느냐 6내가 너희에게 이르노니 성전보다 더 큰 이가 여기
있느니라 7나는 자비를 원하고 제사를 원하지 아니하노라 하신 뜻을 너희가 알았더라면 무죄
한 자를 정죄하지 아니하였으리라 8인자는 안식일의 주인이니라 하시니라

막 2:23 안식일에 예수께서 밀밭 사이로 지나가실새 그의 제자들이 길을 열며 이삭을 자르니
24바리새인들이 예수께 말하되 보시오 저들이 어찌하여 안식일에 하지 못할 일을 하나이까 25예
수께서 이르시되 다윗이 자기와 및 함께 한 자들이 먹을 것이 없어 시장할 때에 한 일을 읽지
못하였느냐 26그가 아비아달 대제사장 때에 하나님의 전에 들어가서 제사장 외에는 먹어서는
안 되는 진설병을 먹고 함께 한 자들에게도 주지 아니하였느냐 27또 이르시되 안식일이 사람
을 위하여 있는 것이요 사람이 안식일을 위하여 있는 것이 아니니 28이러므로 인자는 안식일
에도 주인이니라

눅 6:6-11 안식일 치유 논쟁

6또 다른 안식일에 예수께서 회당에 들어가사 가르치실새 거기 오른손 마른 사람이 있는지라 7서
기관과 바리새인들이 예수를 고발할 증거를 찾으려 하여 안식일에 병을 고치시는가 엿보니 8예수
께서 그들의 생각을 아시고 손 마른 사람에게 이르시되 일어나 한가운데 서라 하시니 그가 일어나
서거늘 9예수께서 그들에게 이르시되 내가 너희에게 묻노니 안식일에 선을 행하는 것과 악을 행
하는 것, 생명을 구하는 것과 죽이는 것, 어느 것이 옳으냐 하시며 10무리를 둘러보시고 그 사람에
게 이르시되 네 손을 내밀라 하시니 그가 그리하매 그 손이 회복된지라 11그들은 노기가 가득하여
예수를 어떻게 할까 하고 서로 의논하니라

마 12:9 거기에서 떠나 그들의 회당에 들어가시니 10한쪽 손 마른 사람이 있는지라 사람들이
예수를 고발하려 하여 물어 이르되 안식일에 병 고치는 것이 옳으니이까 11예수께서 이르시되
너희 중에 어떤 사람이 양 한 마리가 있어 안식일에 구덩이에 빠졌으면 끌어내지 않겠느냐 12사
람이 양보다 얼마나 더 귀하냐 그러므로 안식일에 선을 행하는 것이 옳으니라 하시고 13이에
그 사람에게 이르시되 손을 내밀라 하시니 그가 내밀매 다른 손과 같이 회복되어 성하더라 14바
리새인들이 나가서 어떻게 하여 예수를 죽일까 의논하거늘

막 3:1 예수께서 다시 회당에 들어가시니 한쪽 손 마른 사람이 거기 있는지라 2사람들이 예수
를 고발하려 하여 안식일에 그 사람을 고치시는가 주시하고 있거늘 3예수께서 손 마른 사람에
게 이르시되 한 가운데에 일어서라 하시고 4그들에게 이르시되 안식일에 선을 행하는 것과 악
을 행하는 것, 생명을 구하는 것과 죽이는 것, 어느 것이 옳으냐 하시니 그들이 잠잠하거늘 5그
들의 마음이 완악함을 탄식하사 노하심으로 그들을 둘러 보시고 그 사람에게 이르시되 네 손
을 내밀라 하시니 내밀매 그 손이 회복되었더라 6바리새인들이 나가서 곧 헤롯당과 함께 어떻
게 하여 예수를 죽일까 의논하니라

눅 6:12-16 열두 사도 세움

12이 때에 예수께서 기도하시러 산으로 가사 밤이 새도록 하나님께 기도하시고 13밝으매 그 제자
들을 부르사 그 중에서 열둘을 택하여 사도라 칭하셨으니 14곧 베드로라고도 이름을 주신 시몬과
그의 동생 안드레와 야고보와 요한과 빌립과 바돌로매와 15마태와 도마와 알패오의 아들 야고보
와 셀롯이라는 시몬과 16야고보의 아들 유다와 예수를 파는 자 될 가룟 유다라

마 10:1 예수께서 그의 열두 제자를 부르사 더러운 귀신을 쫓아내며 모든 병과 모든 약한 것
을 고치는 권능을 주시니라 2열두 사도의 이름은 이러하니 베드로라 하는 시몬을 비롯하여 그
의 형제 안드레와 세베대의 아들 야고보와 그의 형제 요한, 3빌립과 바돌로매, 도마와 세리 마
태, 알패오의 아들야고보와 다대오, 4가나나인 시몬 및 가룟 유다 곧 예수를 판 자라

막 3:13 또 산에 오르사 자기가 원하는 자들을 부르시니 나아온지라 14이에 열둘을 세우셨으
니 이는 자기와 함께 있게 하시고 또 보내사 전도도 하며 15귀신을 내쫓는 권능도 가지게 하려
하심이러라 16이 열둘을 세우셨으니 시몬에게는 베드로란 이름을 더하셨고 17또 세베대의 아
들 야고보와 야고보의 형제 요한이니 이 둘에게는 보아너게 곧 우레의 아들이란 이름을 더하
셨으며 18또 안드레와 빌립과 바돌로매와 마태와 도마와 알패오의 아들 야고보와 및 다대오와
가나나인 시몬이며 19또 가룟 유다니 이는 예수를 판 자더라

눅 6:17-19 치유 사역 요약(도입부)

17예수께서 그들과 함께 내려오사 평지에 서시니 그 제자의 많은 무리와 예수의 말씀도 듣고 병
고침을 받으려고 유대 사방과 예루살렘과 두로와 시돈의 해안으로부터 온 많은 백성도 있더라
18더러운 귀신에게 고난 받는 자들도 고침을 받은지라 19온 무리가 예수를 만지려고 힘쓰니 이는
능력이 예수께로부터 나와서 모든 사람을 낫게 함이러라

마 12:15 예수께서 아시고 거기를 떠나가시니 많은 사람이 따르는지라 예수께서 그들의 병을
다 고치시고 16자기를 나타내지 말라 경고하셨으니 17이는 선지자 이사야를 통하여 말씀하신
바 18보라 내가 택한 종 곧 내 마음에 기뻐하는 바 내가 사랑하는 자로다 내가 내 영을 그에게
줄 터이니 그가 심판을 이방에 알게 하리라 19그는 다투지도 아니하며 들레지도 아니하리니
아무도 길에서 그 소리를 듣지 못하리라 20상한 갈대를 꺾지 아니하며 꺼져가는 심지를 끄지
아니하기를 심판하여 이길 때까지 하리니 21또한 이방들이 그의 이름을 바라리라 함을 이루려
하심이니라

막 3:7 예수께서 제자들과 함께 바다로 물러가시니 갈릴리에서 큰 무리가 따르며 [8]유대와 예
루살렘과 이두매와 요단 강 건너편과 또 두로와 시돈 근처에서 많은 무리가 그가 하신 큰 일을
듣고 나아오는지라 [9]예수께서 무리가 에워싸 미는 것을 피하기 위하여 작은 배를 대기하도록
제자들에게 명하셨으니 [10]이는 많은 사람을 고치셨으므로 병으로 고생하는 자들이 예수를 만
지고자 하여 몰려왔음이더라 [11]더러운 귀신들도 어느 때든지 예수를 보면 그 앞에 엎드려 부
르짖어 이르되 당신은 하나님의 아들이니이다 하니 [12]예수께서 자기를 나타내지 말라고 많이
경고하시니라

눅 6:20-26 평지 설교(4복4화)

[20]예수께서 눈을 들어 제자들을 보시고 이르시되 너희 가난한 자는 복이 있나니 하나님의 나라가
너희 것임이요 [21]지금 주린 자는 복이 있나니 너희가 배부름을 얻을 것임이요 지금 우는 자는 복
이 있나니 너희가 웃을 것임이요 [22]인자로 말미암아 사람들이 너희를 미워하며 멀리하고 욕하고
너희 이름을 악하다 하여 버릴 때에는 너희에게 복이 있도다 [23]그 날에 기뻐하고 뛰놀라 하늘에서
너희 상이 큼이라 그들의 조상들이 선지자들에게 이와 같이 하였느니라 [24]그러나 화 있을진저 너
희 부요한 자여 너희는 너희의 위로를 이미 받았도다 [25]화 있을진저 너희 지금 배부른 자여 너희
는 주리리로다 화 있을진저 너희 지금 웃는 자여 너희가 애통하며 울리로다 [26]모든 사람이 너희를
칭찬하면 화가 있도다 그들의 조상들이 거짓 선지자들에게 이와 같이 하였느니라

마 5:3 심령이 가난한 자는 복이 있나니 천국이 그들의 것임이요 [4]애통하는 자는 복이 있나니
그들이 위로를 받을 것임이요 [5]온유한 자는 복이 있나니 그들이 땅을 기업으로 받을 것임이요
[6]의에 주리고 목마른 자는 복이 있나니 그들이 배부를 것임이요 [7]긍휼히 여기는 자는 복이 있
나니 그들이 긍휼히 여김을 받을 것임이요 [8]마음이 청결한 자는 복이 있나니 그들이 하나님을
볼 것임이요 [9]화평하게 하는 자는 복이 있나니 그들이 하나님의 아들이라 일컬음을 받을 것임
이요 [10]의를 위하여 박해를 받은 자는 복이 있나니 천국이 그들의 것임이라 [11]나로 말미암아
너희를 욕하고 박해하고 거짓으로 너희를 거슬러 모든 악한 말을 할 때에는 너희에게 복이 있
나니 [12]기뻐하고 즐거워하라 하늘에서 너희의 상이 큼이라 너희 전에 있던 선지자들도 이같이
박해하였느니라

눅 6:27-31 복수 금지

[27]그러나 너희 듣는 자에게 내가 이르노니 너희 원수를 사랑하며 너희를 미워하는 자를 선대하며
[28]너희를 저주하는 자를 위하여 축복하며 너희를 모욕하는 자를 위하여 기도하라 [29]너의 이 뺨을

치는 자에게 저 뺨도 돌려대며 네 겉옷을 빼앗는 자에게 속옷도 거절하지 말라 30네게 구하는 자에게 주며 네 것을 가져가는 자에게 다시 달라 하지 말며 31남에게 대접을 받고자 하는 대로 너희도 남을 대접하라

마 5:38 또 눈은 눈으로, 이는 이로 갚으라 하였다는 것을 너희가 들었으나 39나는 너희에게 이르노니 악한 자를 대적하지 말라 누구든지 네 오른편 뺨을 치거든 왼편도 돌려 대며 40또 너를 고발하여 속옷을 가지고자 하는 자에게 겉옷까지도 가지게 하며 41또 누구든지 너로 억지로 오 리를 가게 하거든 그 사람과 십 리를 동행하고 42네게 구하는 자에게 주며 네게 꾸고자 하는 자에게 거절하지 말라

눅 6:32-36 원수 사랑

32너희가 만일 너희를 사랑하는 자만을 사랑하면 칭찬 받을 것이 무엇이냐 죄인들도 사랑하는 자는 사랑하느니라 33너희가 만일 선대하는 자만을 선대하면 칭찬 받을 것이 무엇이냐 죄인들도 이렇게 하느니라 34너희가 받기를 바라고 사람들에게 꾸어 주면 칭찬 받을 것이 무엇이냐 죄인들도 그만큼 받고자 하여 죄인에게 꾸어 주느니라 35오직 너희는 원수를 사랑하고 선대하며 아무 것도 바라지 말고 꾸어 주라 그리하면 너희 상이 클 것이요 또 지극히 높으신 이의 아들이 되리니 그는 은혜를 모르는 자와 악한 자에게도 인자하시니라 36너희 아버지의 자비로우심 같이 너희도 자비로운 자가 되라

마 5:43 또 네 이웃을 사랑하고 네 원수를 미워하라 하였다는 것을 너희가 들었으나 44나는 너희에게 이르노니 너희 원수를 사랑하며 너희를 박해하는 자를 위하여 기도하라 45이같이 한즉 하늘에 계신 너희 아버지의 아들이 되리니 이는 하나님이 그 해를 악인과 선인에게 비추시며 비를 의로운 자와 불의한 자에게 내려주심이라 46너희가 너희를 사랑하는 자를 사랑하면 무슨 상이 있으리요 세리도 이같이 아니하느냐 47또 너희가 너희 형제에게만 문안하면 남보다 더하는 것이 무엇이냐 이방인들도 이같이 아니하느냐 48그러므로 하늘에 계신 너희 아버지의 온전하심과 같이 너희도 온전하라

눅 6:37-42 비판하지 말라

37비판하지 말라 그리하면 너희가 비판을 받지 않을 것이요 정죄하지 말라 그리하면 너희가 정죄를 받지 않을 것이요 용서하라 그리하면 너희가 용서를 받을 것이요 38주라 그리하면 너희에게 줄

것이니 곧 후히 되어 누르고 흔들어 넘치도록 하여 너희에게 안겨 주리라 너희가 헤아리는 그 헤
아림으로 너희도 헤아림을 도로 받을 것이니라 39또 비유로 말씀하시되 맹인이 맹인을 인도할 수
있느냐 둘이 다 구덩이에 빠지지 아니하겠느냐 40제자가 그 선생보다 높지 못하나 무릇 온전하게
된 자는 그 선생과 같으리라 41어찌하여 형제의 눈 속에 있는 티는 보고 네 눈 속에 있는 들보는
깨닫지 못하느냐 42너는 네 눈 속에 있는 들보를 보지 못하면서 어찌하여 형제에게 말하기를 형제
여 나로 네 눈 속에 있는 티를 빼게 하라 할 수 있느냐 외식하는 자여 먼저 네 눈 속에서 들보를 빼
라 그 후에야 네가 밝히 보고 형제의 눈 속에 있는 티를 빼리라

마 7:1 비판을 받지 아니하려거든 비판하지 말라 2너희가 비판하는 그 비판으로 너희가 비판
을 받을 것이요 너희가 헤아리는 그 헤아림으로 너희가 헤아림을 받을 것이니라 3어찌하여 형
제의 눈 속에 있는 티는 보고 네 눈 속에 있는 들보는 깨닫지 못하느냐 4보라 네 눈 속에 들보
가 있는데 어찌하여 형제에게 말하기를 나로 네 눈 속에 있는 티를 빼게 하라 하겠느냐 5외식
하는 자여 먼저 네 눈 속에서 들보를 빼어라 그 후에야 밝히 보고 형제의 눈 속에서 티를 빼리
라 6거룩한 것을 개에게 주지 말며 너희 진주를 돼지 앞에 던지지 말라 그들이 그것을 발로 밟
고 돌이켜 너희를 찢어 상하게 할까 염려하라

눅 6:43-45 좋은 나무와 나쁜 나무

43못된 열매 맺는 좋은 나무가 없고 또 좋은 열매 맺는 못된 나무가 없느니라 44나무는 각각 그 열
매로 아나니 가시나무에서 무화과를, 또는 찔레에서 포도를 따지 못하느니라 45선한 사람은 마음
에 쌓은 선에서 선을 내고 악한 자는 그 쌓은 악에서 악을 내나니 이는 마음에 가득한 것을 입으로
말함이니라

마 7:15 거짓 선지자들을 삼가라 양의 옷을 입고 너희에게 나아오나 속에는 노략질하는 이리
라 16그들의 열매로 그들을 알지니 가시나무에서 포도를, 또는 엉겅퀴에서 무화과를 따겠느냐
17이와 같이 좋은 나무마다 아름다운 열매를 맺고 못된 나무가 나쁜 열매를 맺나니 18좋은 나
무가 나쁜 열매를 맺을 수 없고 못된 나무가 아름다운 열매를 맺을 수 없느니라 19아름다운 열매
를 맺지 아니하는 나무마다 찍혀 불에 던져지느니라 20이러므로 그들의 열매로 그들을 알리라

눅 6:46-49 "주여, 주여" 하는 자

46너희는 나를 불러 주여 주여 하면서도 어찌하여 내가 말하는 것을 행하지 아니하느냐 47내게 나

아와 내 말을 듣고 행하는 자마다 누구와 같은 것을 너희에게 보이리라 48집을 짓되 깊이 파고 주
추를 반석 위에 놓은 사람과 같으니 큰 물이 나서 탁류가 그 집에 부딪치되 잘 지었기 때문에 능히
요동하지 못하게 하였거니와 49듣고 행하지 아니하는 자는 주추 없이 흙 위에 집 지은 사람과 같
으니 탁류가 부딪치매 집이 곧 무너져 파괴됨이 심하니라 하시니라

마 7:21 나더러 주여 주여 하는 자마다 다 천국에 들어갈 것이 아니요 다만 하늘에 계신 내 아
버지의 뜻대로 행하는 자라야 들어가리라 22그 날에 많은 사람이 나더러 이르되 주여 주여 우
리가 주의 이름으로 선지자 노릇 하며 주의 이름으로 귀신을 쫓아 내며 주의 이름으로 많은 권
능을 행하지 아니하였나이까 하리니 23그 때에 내가 그들에게 밝히 말하되 내가 너희를 도무
지 알지 못하니 불법을 행하는 자들아 내게서 떠나가라 하리라 24그러므로 누구든지 나의 이
말을 듣고 행하는 자는 그 집을 반석 위에 지은 지혜로운 사람 같으리니 25비가 내리고 창수가
나고 바람이 불어 그 집에 부딪치되 무너지지 아니하나니 이는 주추를 반석 위에 놓은 까닭이
요 26나의 이 말을 듣고 행하지 아니하는 자는 그 집을 모래 위에 지은 어리석은 사람 같으리
니 27비가 내리고 창수가 나고 바람이 불어 그 집에 부딪치매 무너져 그 무너짐이 심하니라

눅 7:1-10 백부장 하인 치유

1예수께서 모든 말씀을 백성에게 들려 주시기를 마치신 후에 가버나움으로 들어가시니라 2어떤
백부장의 사랑하는 종이 병들어 죽게 되었더니 3예수의 소문을 듣고 유대인의 장로 몇 사람을 예
수께 보내어 오셔서 그 종을 구해 주시기를 청한지라 4이에 그들이 예수께 나아와 간절히 구하여
이르되 이 일을 하시는 것이 이 사람에게는 합당하니이다 5그가 우리 민족을 사랑하고 또한 우리
를 위하여 회당을 지었나이다 하니 6예수께서 함께 가실새 이에 그 집이 멀지 아니하여 백부장이
벗들을 보내어 이르되 주여 수고하시지 마옵소서 내 집에 들어오심을 나는 감당하지 못하겠나이
다 7그러므로 내가 주께 나아가기도 감당하지 못할 줄을 알았나이다 말씀만 하사 내 하인을 낫게
하소서 8나도 남의 수하에 든 사람이요 내 아래에도 병사가 있으니 이더러 가라 하면 가고 저더러
오라 하면 오고 내 종더러 이것을 하라 하면 하나이다 9예수께서 들으시고 그를 놀랍게 여겨 돌이
키사 따르는 무리에게 이르시되 내가 너희에게 이르노니 이스라엘 중에서도 이만한 믿음은 만나
보지 못하였노라 하시더라 10보내었던 사람들이 집으로 돌아가 보매 종이 이미 나아 있었더라

마 8:5 예수께서 가버나움에 들어가시니 한 백부장이 나아와 간구하여 6이르되 주여 내 하인
이 중풍병으로 집에 누워 몹시 괴로워하나이다 7이르시되 내가 가서 고쳐 주리라 8백부장이
대답하여 이르되 주여 내 집에 들어오심을 나는 감당하지 못하겠사오니 다만 말씀으로만 하옵
소서 그러면 내 하인이 낫겠사옵나이다 9나도 남의 수하에 있는 사람이요 내 아래에도 군사가
있으니 이더러 가라 하면 가고 저더러 오라 하면 오고 내 종더러 이것을 하라 하면 하나이다

10예수께서 들으시고 놀랍게 여겨 따르는 자들에게 이르시되 내가 진실로 너희에게 이르노니
이스라엘중 아무에게서도 이만한 믿음을 보지 못하였노라 11또 너희에게 이르노니 동 서로부
터 많은 사람이 이르러 아브라함과 이삭과 야곱과 함께 천국에 앉으려니와 12그 나라의 본 자
손들은 바깥 어두운 데 쫓겨나 거기서 울며 이를 갈게 되리라 13예수께서 백부장에게 이르시
되 가라 네 믿은 대로 될지어다 하시니 그 즉시 하인이 나으니라

요 4:46 예수께서 다시 갈릴리 가나에 이르시니 전에 물로 포도주를 만드신 곳이라 왕의 신하
가 있어 그의 아들이 가버나움에서 병들었더니 47그가 예수께서 유대로부터 갈릴리로 오셨다
는 것을 듣고 가서 청하되 내려오셔서 내 아들의 병을 고쳐 주소서 하니 그가 거의 죽게 되었
음이라 48예수께서 이르시되 너희는 표적과 기사를 보지 못하면 도무지 믿지 아니하리라 49신
하가 이르되 주여 내 아이가 죽기 전에 내려오소서 50예수께서 이르시되 가라 네 아들이 살아
있다 하시니 그 사람이 예수께서 하신 말씀을 믿고 가더니 51내려가는 길에서 그 종들이 오다
가 만나서 아이가 살아 있다 하거늘 52그 낫기 시작한 때를 물은즉 어제 일곱 시에 열기가 떨
어졌나이다 하는지라 53그의 아버지가 예수께서 네 아들이 살아 있다 말씀하신 그 때인 줄 알
고 자기와 그 온 집안이 다 믿으니라 54이것은 예수께서 유대에서 갈릴리로 오신 후에 행하신
두 번째 표적이니라

눅 7:11-17 나인성 과부 아들 살림

11그 후에 예수께서 나인이란 성으로 가실새 제자와 많은 무리가 동행하더니 12성문에 가까이 이
르실 때에 사람들이 한 죽은 자를 메고 나오니 이는 한 어머니의 독자요 그의 어머니는 과부라 그
성의 많은 사람도 그와 함께 나오거늘 13주께서 과부를 보시고 불쌍히 여기사 울지 말라 하시고
14가까이 가서 그 관에 손을 대시니 멘 자들이 서는지라 예수께서 이르시되 청년아 내가 네게 말
하노니 일어나라 하시매 15죽었던 자가 일어나 앉고 말도 하거늘 예수께서 그를 어머니에게 주시
니 16모든 사람이 두려워하며 하나님께 영광을 돌려 이르되 큰 선지자가 우리 가운데 일어나셨다
하고 또 하나님께서 자기 백성을 돌보셨다 하더라 17예수께 대한 이 소문이 온 유대와 사방에 두
루 퍼지니라

눅 7:18-35 세례 요한의 제자들

18요한의 제자들이 이 모든 일을 그에게 알리니 19요한이 그 제자 중 둘을 불러 주께 보내어 이르
되 오실 그이가 당신이오니이까 우리가 다른 이를 기다리오리이까 하라 하매 20그들이 예수께 나
아가 이르되 세례 요한이 우리를 보내어 당신께 여쭈어 보라고 하기를 오실 그이가 당신이오니이

까 우리가 다른 이를 기다리오리이까 하더이다 하니 [21]마침 그 때에 예수께서 질병과 고통과 및
악귀 들린 자를 많이 고치시며 또 많은 맹인을 보게 하신지라 [22]예수께서 대답하여 이르시되 너희
가 가서 보고 들은 것을 요한에게 알리되 맹인이 보며 못 걷는 사람이 걸으며 나병환자가 깨끗함
을 받으며 귀먹은 사람이 들으며 죽은 자가 살아나며 가난한 자에게 복음이 전파된다 하라 [23]누구
든지 나로 말미암아 실족하지 아니하는 자는 복이 있도다 하시니라 [24]요한이 보낸 자가 떠난 후에
예수께서 무리에게 요한에 대하여 말씀하시되 너희가 무엇을 보려고 광야에 나갔더냐 바람에 흔
들리는 갈대냐 [25]그러면 너희가 무엇을 보려고 나갔더냐 부드러운 옷 입은 사람이냐 보라 화려한
옷을 입고 사치하게 지내는 자는 왕궁에 있느니라 [26]그러면 너희가 무엇을 보려고 나갔더냐 선지
자냐 옳다 내가 너희에게 이르노니 선지자보다도 훌륭한 자니라 [27]기록된 바 보라 내가 내 사자를
네 앞에 보내노니 그가 네 앞에서 네 길을 준비하리라 한 것이 이 사람에 대한 말씀이라 [28]내가 너
희에게 말하노니 여자가 낳은 자 중에 요한보다 큰 자가 없도다 그러나 하나님의 나라에서는 극히
작은 자라도 그보다 크니라 하시니 [29]모든 백성과 세리들은 이미 요한의 세례를 받은지라 이 말씀
을 듣고 하나님을 의롭다 하되 [30]바리새인과 율법교사들은 그의 세례를 받지 아니함으로 그들 자
신을 위한 하나님의 뜻을 저버리니라 [31]또 이르시되 이 세대의 사람을 무엇으로 비유할까 무엇과
같은가 [32]비유하건대 아이들이 장터에 앉아 서로 불러 이르되 우리가 너희를 향하여 피리를 불어
도 너희가 춤추지 않고 우리가 곡하여도 너희가 울지 아니하였다 함과 같도다 [33]세례 요한이 와서
떡도 먹지 아니하며 포도주도 마시지 아니하매 너희 말이 귀신이 들렸다 하더니 [34]인자는 와서 먹
고 마시매 너희 말이 보라 먹기를 탐하고 포도주를 즐기는 사람이요 세리와 죄인의 친구로다 하니
[35]지혜는 자기의 모든 자녀로 인하여 옳다 함을 얻느니라

마 11:2 요한이 옥에서 그리스도께서 하신 일을 듣고 제자들을 보내어 [3]예수께 여짜오되 오실
그이가 당신이오니이까 우리가 다른 이를 기다리오리이까 [4]예수께서 대답하여 이르시되 너희
가 가서 듣고 보는 것을 요한에게 알리되 [5]맹인이 보며 못 걷는 사람이 걸으며 나병환자가 깨
끗함을 받으며 못 듣는 자가 들으며 죽은 자가 살아나며 가난한 자에게 복음이 전파된다 하라
[6]누구든지 나로 말미암아 실족하지 아니하는 자는 복이 있도다 하시니라 [7]그들이 떠나매 예수
께서 무리에게 요한에 대하여 말씀하시되 너희가 무엇을 보려고 광야에 나갔더냐 바람에 흔들
리는 갈대냐 [8]그러면 너희가 무엇을 보려고 나갔더냐 부드러운 옷 입은 사람이냐 부드러운 옷
을 입은 사람들은 왕궁에 있느니라 [9]그러면 너희가 어찌하여 나갔더냐 선지자를 보기 위함이
었더냐 옳다 내가 너희에게 이르노니 선지자보다 더 나은 자니라 [10]기록된 바 보라 내가 내 사
자를 네 앞에 보내노니 그가 네 길을 네 앞에 준비하리라 하신 것이 이 사람에 대한 말씀이니
라 [11]내가 진실로 너희에게 말하노니 여자가 낳은 자 중에 세례 요한보다 큰 이가 일어남이 없
도다 그러나 천국에서는 극히 작은 자라도 그보다 크니라 [12]세례 요한의 때부터 지금까지 천
국은 침노를 당하나니 침노하는 자는 빼앗느니라 [13]모든 선지자와 율법이 예언한 것은 요한까
지니 [14]만일 너희가 즐겨 받을진대 오리라 한 엘리야가 곧 이 사람이니라 [15]귀 있는 자는 들을
지어다 [16]이 세대를 무엇으로 비유할까 비유하건대 아이들이 장터에 앉아 제 동무를 불러 [17]이
르되 우리가 너희를 향하여 피리를 불어도 너희가 춤추지 않고 우리가 슬피 울어도 너희가 가

슴을 치지 아니하였다 함과 같도다 [18]요한이 와서 먹지도 않고 마시지도 아니하매 그들이 말
하기를 귀신이 들렸다 하더니 [19]인자는 와서 먹고 마시매 말하기를 보라 먹기를 탐하고 포도
주를 즐기는 사람이요 세리와 죄인의 친구로다 하니 지혜는 그 행한 일로 인하여 옳다 함을 얻
느니라

눅 7:36-50 여인의 향유 부음

[36]한 바리새인이 예수께 자기와 함께 잡수시기를 청하니 이에 바리새인의 집에 들어가 앉으셨을
때에 [37]그 동네에 죄를 지은 한 여자가 있어 예수께서 바리새인의 집에 앉아 계심을 알고 향유 담
은 옥합을 가지고 와서 [38]예수의 뒤로 그 발 곁에 서서 울며 눈물로 그 발을 적시고 자기 머리털로
닦고 그 발에 입맞추고 향유를 부으니 [39]예수를 청한 바리새인이 그것을 보고 마음에 이르되 이
사람이 만일 선지자라면 자기를 만지는 이 여자가 누구며 어떠한 자 곧 죄인인 줄을 알았으리라
하거늘 [40]예수께서 대답하여 이르시되 시몬아 내가 네게 이를 말이 있다 하시니 그가 이르되 선
생님 말씀하소서 [41]이르시되 빚 주는 사람에게 빚진 자가 둘이 있어 하나는 오백 데나리온을 졌고
하나는 오십 데나리온을 졌는데 [42]갚을 것이 없으므로 둘 다 탕감하여 주었으니 둘 중에 누가 그
를 더 사랑하겠느냐 [43]시몬이 대답하여 이르되 내 생각에는 많이 탕감함을 받은 자니이다 이르시
되 네 판단이 옳다 하시고 [44]그 여자를 돌아보시며 시몬에게 이르시되 이 여자를 보느냐 내가 네
집에 들어올 때 너는 내게 발 씻을 물도 주지 아니하였으되 이 여자는 눈물로 내 발을 적시고 그
머리털로 닦았으며 [45]너는 내게 입맞추지 아니하였으되 그는 내가 들어올 때로부터 내 발에 입맞
추기를 그치지 아니하였으며 [46]너는 내 머리에 감람유도 붓지 아니하였으되 그는 향유를 내 발에
부었느니라 [47]이러므로 내가 네게 말하노니 그의 많은 죄가 사하여졌도다 이는 그의 사랑함이 많
음이라 사함을 받은 일이 적은 자는 적게 사랑하느니라 [48]이에 여자에게 이르시되 네 죄 사함을
받았느니라 하시니 [49]함께 앉아 있는 자들이 속으로 말하되 이가 누구이기에 죄도 사하는가 하더
라 [50]예수께서 여자에게 이르시되 네 믿음이 너를 구원하였으니 평안히 가라 하시니라

마 26:6 예수께서 베다니 나병환자 시몬의 집에 계실 때에 [7]한 여자가 매우 귀한 향유 한 옥합
을 가지고 나아와서 식사하시는 예수의 머리에 부으니 [8]제자들이 보고 분개하여 이르되 무슨
의도로 이것을 허비하느냐 [9]이것을 비싼 값에 팔아 가난한 자들에게 줄 수 있었겠도다 하거늘
[10]예수께서 아시고 그들에게 이르시되 너희가 어찌하여 이 여자를 괴롭게 하느냐 그가 내게
좋은 일을 하였느니라 [11]가난한 자들은 항상 너희와 함께 있거니와 나는 항상 함께 있지 아니
하리라 [12]이 여자가 내 몸에 이 향유를 부은 것은 내 장례를 위하여 함이니라 [13]내가 진실로 너
희에게 이르노니 온 천하에 어디서든지 이 복음이 전파되는 곳에서는 이 여자가 행한 일도 말
하여 그를 기억하리라 하시니라

막 14:3 예수께서 베다니 나병환자 시몬의 집에서 식사하실 때에 한 여자가 매우 값진 향유
곧 순전한 나드 한 옥합을 가지고 와서 그 옥합을 깨뜨려 예수의 머리에 부으니 [4]어떤 사람들

이 화를 내어 서로 말하되 어찌하여 이 향유를 허비하는가 5이 향유를 삼백 데나리온 이상에 팔
아 가난한 자들에게 줄 수 있었겠도다 하며 그 여자를 책망하는지라 6예수께서 이르시되 가만
두라 너희가 어찌하여 그를 괴롭게 하느냐 그가 내게 좋은 일을 하였느니라 7가난한 자들은
항상 너희와 함께 있으니 아무 때라도 원하는 대로 도울 수 있거니와 나는 너희와 항상 함께
있지 아니하리라 8그는 힘을 다하여 내 몸에 향유를 부어 내 장례를 미리 준비하였느니라 9내
가 진실로 너희에게 이르노니 온 천하에 어디서든지 복음이 전파되는 곳에는 이 여자가 행한
일도 말하여 그를 기억하리라 하시니라

요 12:1 유월절 엿새 전에 예수께서 베다니에 이르시니 이 곳은 예수께서 죽은 자 가운데서
살리신 나사로가 있는 곳이라 2거기서 예수를 위하여 잔치할새 마르다는 일을 하고 나사로는
예수와 함께 앉은 자 중에 있더라 3마리아는 지극히 비싼 향유 곧 순전한 나드 한 근을 가져다
가 예수의 발에 붓고 자기 머리털로 그의 발을 닦으니 향유 냄새가 집에 가득하더라 4제자 중
하나로서 예수를 잡아 줄 가룟 유다가 말하되 5이 향유를 어찌하여 삼백 데나리온에 팔아 가
난한 자들에게 주지 아니하였느냐 하니 6이렇게 말함은 가난한 자들을 생각함이 아니요 그는
도둑이라 돈궤를 맡고 거기 넣는 것을 훔쳐 감이러라 7예수께서 이르시되 그를 가만 두어 나
의 장례할 날을 위하여 그것을 간직하게 하라 8가난한 자들은 항상 너희와 함께 있거니와 나
는 항상 있지 아니하리라 하시니라

눅 8:1-3 여성 동역자들

1그 후에 예수께서 각 성과 마을에 두루 다니시며 하나님의 나라를 선포하시며 그 복음을 전하실
새 열두 제자가 함께 하였고 2또한 악귀를 쫓아내심과 병 고침을 받은 어떤 여자들 곧 일곱 귀신이
나간 자 막달라인이라 하는 마리아와 3헤롯의 청지기 구사의 아내 요안나와 수산나와 다른 여러
여자가 함께 하여 자기들의 소유로 그들을 섬기더라

눅 8:4-8 씨 뿌리는 자

4각 동네 사람들이 예수께로 나아와 큰 무리를 이루니 예수께서 비유로 말씀하시되 5씨를 뿌리는
자가 그 씨를 뿌리러 나가서 뿌릴새 더러는 길 가에 떨어지매 밟히며 공중의 새들이 먹어버렸고
6더러는 바위 위에 떨어지매 싹이 났다가 습기가 없으므로 말랐고 7더러는 가시떨기 속에 떨어지
매 가시가 함께 자라서 기운을 막았고 8더러는 좋은 땅에 떨어지매 나서 백 배의 결실을 하였느니
라 이 말씀을 하시고 외치시되 들을 귀 있는 자는 들을지어다

마 13:1 그 날 예수께서 집에서 나가사 바닷가에 앉으시매 2큰 무리가 그에게로 모여 들거늘 예수께서 배에 올라가 앉으시고 온 무리는 해변에 서 있더니 3예수께서 비유로 여러 가지를 그들에게 말씀하여 이르시되 씨를 뿌리는 자가 뿌리러 나가서 4뿌릴새 더러는 길 가에 떨어지매 새들이 와서 먹어버렸고 5더러는 흙이 얕은 돌밭에 떨어지매 흙이 깊지 아니하므로 곧 싹이 나오나 6해가 돋은 후에 타서 뿌리가 없으므로 말랐고 7더러는 가시떨기 위에 떨어지매 가시가 자라서 기운을 막았고 8더러는 좋은 땅에 떨어지매 어떤 것은 백 배, 어떤 것은 육십 배, 어떤 것은 삼십 배의 결실을 하였느니라 9귀 있는 자는 들으라 하시니라

막 4:1 예수께서 다시 바닷가에서 가르치시니 큰 무리가 모여들거늘 예수께서 바다에 떠 있는 배에 올라 앉으시고 온 무리는 바닷가 육지에 있더라 2이에 예수께서 여러 가지를 비유로 가르치시니 그 가르치시는 중에 그들에게 이르시되 3들으라 씨를 뿌리는 자가 뿌리러 나가서 4뿌릴새 더러는 길 가에 떨어지매 새들이 와서 먹어 버렸고 5더러는 흙이 얕은 돌밭에 떨어지매 흙이 깊지 아니하므로 곧 싹이 나오나 6해가 돋은 후에 타서 뿌리가 없으므로 말랐고 7더러는 가시떨기에 떨어지매 가시가 자라 기운을 막으므로 결실하지 못하였고 8더러는 좋은 땅에 떨어지매 자라 무성하여 결실하였으니 삼십 배나 육십 배나 백 배가 되었느니라 하시고 9또 이르시되 들을 귀 있는 자는 들으라 하시니라

눅 8:9-10 비유 쓴 이유

9제자들이 이 비유의 뜻을 물으니 10이르시되 하나님 나라의 비밀을 아는 것이 너희에게는 허락되었으나 다른 사람에게는 비유로 하나니 이는 그들로 보아도 보지 못하고 들어도 깨닫지 못하게 하려 함이라

마 13:10 제자들이 예수께 나아와 이르되 어찌하여 그들에게 비유로 말씀하시나이까 11대답하여 이르시되 천국의 비밀을 아는 것이 너희에게는 허락되었으나 그들에게는 아니되었나니 12무릇 있는 자는 받아 넉넉하게 되되 없는 자는 그 있는 것도 빼앗기리라 13그러므로 내가 그들에게 비유로 말하는 것은 그들이 보아도 보지 못하며 들어도 듣지 못하며 깨닫지 못함이니라 14이사야의 예언이 그들에게 이루어졌으니 일렀으되 너희가 듣기는 들어도 깨닫지 못할 것이요 보기는 보아도 알지 못하리라 15이 백성들의 마음이 완악하여져서 그 귀는 듣기에 둔하고 눈은 감았으니 이는 눈으로 보고 귀로 듣고 마음으로 깨달아 돌이켜 내게 고침을 받을까 두려워함이라 하였느니라 16그러나 너희 눈은 봄으로, 너희 귀는 들음으로 복이 있도다 17내가 진실로 너희에게 이르노니 많은 선지자와 의인이 너희가 보는 것들을 보고자 하여도 보지 못하였고 너희가 듣는 것들을 듣고자 하여도 듣지 못하였느니라

막 4:10 예수께서 홀로 계실 때에 함께 한 사람들이 열두 제자와 더불어 그 비유들에 대하여 물으니 11이르시되 하나님 나라의 비밀을 너희에게는 주었으나 외인에게는 모든 것을 비유로

하나니 [12]이는 그들로 보기는 보아도 알지 못하며 듣기는 들어도 깨닫지 못하게 하여 돌이켜 죄 사함을 얻지 못하게 하려 함이라 하시고

눅 8:11-15 비유의 뜻

[11]이 비유는 이러하니라 씨는 하나님의 말씀이요 [12]길 가에 있다는 것은 말씀을 들은 자니 이에 마귀가 가서 그들이 믿어 구원을 얻지 못하게 하려고 말씀을 그 마음에서 빼앗는 것이요 [13]바위 위에 있다는 것은 말씀을 들을 때에 기쁨으로 받으나 뿌리가 없어 잠깐 믿다가 시련을 당할 때에 배반하는 자요 [14]가시떨기에 떨어졌다는 것은 말씀을 들은 자이나 지내는 중 이생의 염려와 재물과 향락에 기운이 막혀 온전히 결실하지 못하는 자요 [15]좋은 땅에 있다는 것은 착하고 좋은 마음으로 말씀을 듣고 지키어 인내로 결실하는 자니라

마 13:18 그런즉 씨 뿌리는 비유를 들으라 [19]아무나 천국 말씀을 듣고 깨닫지 못할 때는 악한 자가 와서 그 마음에 뿌려진 것을 빼앗나니 이는 곧 길 가에 뿌려진 자요 [20]돌밭에 뿌려졌다는 것은 말씀을 듣고 즉시 기쁨으로 받되 [21]그 속에 뿌리가 없어 잠시 견디다가 말씀으로 말미암아 환난이나 박해가 일어날 때에는 곧 넘어지는 자요 [22]가시떨기에 뿌려졌다는 것은 말씀을 들으나 세상의 염려와 재물의 유혹에 말씀이 막혀 결실하지 못하는 자요 [23]좋은 땅에 뿌려졌다는 것은 말씀을 듣고 깨닫는 자니 결실하여 어떤 것은 백 배, 어떤 것은 육십 배, 어떤 것은 삼십 배가 되느니라 하시더라

막 4:13 또 이르시되 너희가 이 비유를 알지 못할진대 어떻게 모든 비유를 알겠느냐 [14]뿌리는 자는 말씀을 뿌리는 것이라 [15]말씀이 길 가에 뿌려졌다는 것은 이들을 가리킴이니 곧 말씀을 들었을 때에 사탄이 즉시 와서 그들에게 뿌려진 말씀을 빼앗는 것이요 [16]또 이와 같이 돌밭에 뿌려졌다는 것은 이들을 가리킴이니 곧 말씀을 들을 때에 즉시 기쁨으로 받으나 [17]그 속에 뿌리가 없어 잠깐 견디다가 말씀으로 인하여 환난이나 박해가 일어나는 때에는 곧 넘어지는 자요 [18]또 어떤 이는 가시떨기에 뿌려진 자니 이들은 말씀을 듣기는 하되 [19]세상의 염려와 재물의 유혹과 기타 욕심이 들어와 말씀을 막아 결실하지 못하게 되는 자요 [20]좋은 땅에 뿌려졌다는 것은 곧 말씀을 듣고 받아 삼십 배나 육십 배나 백 배의 결실을 하는 자니라

눅 8:16-18 등불(1)

[16]누구든지 등불을 켜서 그릇으로 덮거나 평상 아래에 두지 아니하고 등경 위에 두나니 이는 들어가는 자들로 그 빛을 보게 하려 함이라 [17]숨은 것이 장차 드러나지 아니할 것이 없고 감추인 것이

장차 알려지고 나타나지 않을 것이 없느니라 [18]그러므로 너희가 어떻게 들을까 스스로 삼가라 누구든지 있는 자는 받겠고 없는 자는 그 있는 줄로 아는 것까지도 빼앗기리라 하시니라

마 5:15 사람이 등불을 켜서 말 아래에 두지 아니하고 등경 위에 두나니 이러므로 집 안 모든 사람에게 비치느니라 [16]이같이 너희 빛이 사람 앞에 비치게 하여 그들로 너희 착한 행실을 보고 하늘에 계신 너희 아버지께 영광을 돌리게 하라

마 13:12 무릇 있는 자는 받아 넉넉하게 되되 없는 자는 그 있는 것도 빼앗기리라

막 4:21 또 그들에게 이르시되 사람이 등불을 가져오는 것은 말 아래에나 평상 아래에 두려 함이냐 등경 위에 두려 함이 아니냐 [22]드러내려 하지 않고는 숨긴 것이 없고 나타내려 하지 않고는 감추인 것이 없느니라 [23]들을 귀 있는 자는 들으라 [24]또 이르시되 너희가 무엇을 듣는가 스스로 삼가라 너희의 헤아리는 그 헤아림으로 너희가 헤아림을 받을 것이며 더 받으리니 [25]있는 자는 받을 것이요 없는 자는 그 있는 것까지도 빼앗기리라

눅 8:19-21 예수의 가족 방문

[19]예수의 어머니와 그 동생들이 왔으나 무리로 인하여 가까이 하지 못하니 [20]어떤 이가 알리되 당신의 어머니와 동생들이 당신을 보려고 밖에 서 있나이다 [21]예수께서 대답하여 이르시되 내 어머니와 내 동생들은 곧 하나님의 말씀을 듣고 행하는 이 사람들이라 하시니라

마 12:46 예수께서 무리에게 말씀하실 때에 그의 어머니와 동생들이 예수께 말하려고 밖에 섰더니 [47]한 사람이 예수께 여짜오되 보소서 당신의 어머니와 동생들이 당신께 말하려고 밖에 서 있나이다 하니 [48]말하던 사람에게 대답하여 이르시되 누가 내 어머니이며 내 동생들이냐 하시고 [49]손을 내밀어 제자들을 가리켜 이르시되 나의 어머니와 나의 동생들을 보라 [50]누구든지 하늘에 계신 내 아버지의 뜻대로 하는 자가 내 형제요 자매요 어머니이니라 하시더라

막 3:31 그 때에 예수의 어머니와 동생들이 와서 밖에 서서 사람을 보내어 예수를 부르니 [32]무리가 예수를 둘러 앉았다가 여짜오되 보소서 당신의 어머니와 동생들과 누이들이 밖에서 찾나이다 [33]대답하시되 누가 내 어머니이며 동생들이냐 하시고 [34]둘러 앉은 자들을 보시며 이르시되 내 어머니와 내 동생들을 보라 [35]누구든지 하나님의 뜻대로 행하는 자가 내 형제요 자매요 어머니이니라

눅 8:22-25 풍랑 기적

22하루는 제자들과 함께 배에 오르사 그들에게 이르시되 호수 저편으로 건너가자 하시매 이에 떠
나 23행선할 때에 예수께서 잠이 드셨더니 마침 광풍이 호수로 내리치매 배에 물이 가득하게 되어
위태한지라 24제자들이 나아와 깨워 이르되 주여 주여 우리가 죽겠나이다 한대 예수께서 잠을 깨
사 바람과 물결을 꾸짖으시니 이에 그쳐 잔잔하여지더라 25제자들에게 이르시되 너희 믿음이 어
디 있느냐 하시니 그들이 두려워하고 놀랍게 여겨 서로 말하되 그가 누구이기에 바람과 물을 명하
매 순종하는가 하더라

마 8:23 배에 오르시매 제자들이 따랐더니 24바다에 큰 놀이 일어나 배가 물결에 덮이게 되었
으되 예수께서는 주무시는지라 25그 제자들이 나아와 깨우며 이르되 주여 구원하소서 우리가
죽겠나이다 26예수께서 이르시되 어찌하여 무서워하느냐 믿음이 작은 자들아 하시고 곧 일어
나사 바람과 바다를 꾸짖으시니 아주 잔잔하게 되거늘 27그 사람들이 놀랍게 여겨 이르되 이
이가 어떠한 사람이기에 바람과 바다도 순종하는가 하더라

막 4:35 그 날 저물 때에 제자들에게 이르시되 우리가 저편으로 건너가자 하시니 36그들이 무
리를 떠나 예수를 배에 계신 그대로 모시고 가매 다른 배들도 함께 하더니 37큰 광풍이 일어나
며 물결이 배에 부딪쳐 들어와 배에 가득하게 되었더라 38예수께서는 고물에서 베개를 베고
주무시더니 제자들이 깨우며 이르되 선생님이여 우리가 죽게 된 것을 돌보지 아니하시나이까
하니 39예수께서 깨어 바람을 꾸짖으시며 바다더러 이르시되 잠잠하라 고요하라 하시니 바람
이 그치고 아주 잔잔하여지더라 40이에 제자들에게 이르시되 어찌하여 이렇게 무서워하느냐
너희가 어찌 믿음이 없느냐 하시니 41그들이 심히 두려워하여 서로 말하되 그가 누구이기에
바람과 바다도 순종하는가 하였더라

눅 8:26-39 거라사인 축귀

26그들이 갈릴리 맞은편 거라사인의 땅에 이르러 27예수께서 육지에 내리시매 그 도시 사람으로
서 귀신 들린 자 하나가 예수를 만나니 그 사람은 오래 옷을 입지 아니하며 집에 거하지도 아니하
고 무덤 사이에 거하는 자라 28예수를 보고 부르짖으며 그 앞에 엎드려 큰 소리로 불러 이르되 지
극히 높으신 하나님의 아들 예수여 당신이 나와 무슨 상관이 있나이까 당신께 구하노니 나를 괴롭
게 하지 마옵소서 하니 29이는 예수께서 이미 더러운 귀신을 명하사 그 사람에게서 나오라 하셨음
이라 (귀신이 가끔 그 사람을 붙잡으므로 그를 쇠사슬과 고랑에 매어 지켰으되 그 맨 것을 끊고 귀
신에게 몰려 광야로 나갔더라) 30예수께서 네 이름이 무엇이냐 물으신즉 이르되 군대라 하니 이는
많은 귀신이 들렸음이라 31무저갱으로 들어가라 하지 마시기를 간구하더니 32마침 그 곳에 많은

돼지 떼가 산에서 먹고 있는지라 귀신들이 그 돼지에게로 들어가게 허락하심을 간구하니 이에 허
락하시니 [33]귀신들이 그 사람에게서 나와 돼지에게로 들어가니 그 떼가 비탈로 내리달아 호수에
들어가 몰사하거늘 [34]치던 자들이 그 이루어진 일을 보고 도망하여 성내와 마을에 알리니 [35]사람
들이 그 이루어진 일을 보러 나와서 예수께 이르러 귀신 나간 사람이 옷을 입고 정신이 온전하여
예수의 발치에 앉아 있는 것을 보고 두려워하거늘 [36]귀신 들렸던 자가 어떻게 구원 받았는지를 본
자들이 그들에게 이르매 [37]거라사인의 땅 근방 모든 백성이 크게 두려워하여 예수께 떠나가시기
를 구하더라 예수께서 배에 올라 돌아가실새 [38]귀신 나간 사람이 함께 있기를 구하였으나 예수께
서 그를 보내시며 이르시되 [39]집으로 돌아가 하나님이 네게 어떻게 큰 일을 행하셨는지를 말하라
하시니 그가 가서 예수께서 자기에게 어떻게 큰 일을 행하셨는지를 온 성내에 전파하니라

마 8:28 또 예수께서 건너편 가다라 지방에 가시매 귀신 들린 자 둘이 무덤 사이에서 나와 예수
를 만나니 그들은 몹시 사나워 아무도 그 길로 지나갈 수 없을 지경이더라 [29]이에 그들이 소리
질러 이르되 하나님의 아들이여 우리가 당신과 무슨 상관이 있나이까 때가 이르기 전에 우리
를 괴롭게 하려고 여기 오셨나이까 하더니 [30]마침 멀리서 많은 돼지 떼가 먹고 있는지라 [31]귀
신들이 예수께 간구하여 이르되 만일 우리를 쫓아 내시려면 돼지 떼에 들여 보내 주소서 하니
[32]그들에게 가라 하시니 귀신들이 나와서 돼지에게로 들어가는지라 온 떼가 비탈로 내리달아
바다에 들어가서 물에서 몰사하거늘 [33]치던 자들이 달아나 시내에 들어가 이 모든 일과 귀신
들린 자의 일을 고하니 [34]온 시내가 예수를 만나려고 나가서 보고 그 지방에서 떠나시기를 간
구하더라

막 5:1 예수께서 바다 건너편 거라사인의 지방에 이르러 [2]배에서 나오시매 곧 더러운 귀신 들
린 사람이 무덤 사이에서 나와 예수를 만나니라 [3]그 사람은 무덤 사이에 거처하는데 이제는
아무도 그를 쇠사슬로도 맬 수 없게 되었으니 [4]이는 여러 번 고랑과 쇠사슬에 매였어도 쇠사
슬을 끊고 고랑을 깨뜨렸음이러라 그리하여 아무도 그를 제어할 힘이 없는지라 [5]밤낮 무덤 사
이에서나 산에서나 늘 소리 지르며 돌로 자기의 몸을 해치고 있었더라 [6]그가 멀리서 예수를 보
고 달려와 절하며 [7]큰 소리로 부르짖어 이르되 지극히 높으신 하나님의 아들 예수여 나와 당
신이 무슨 상관이 있나이까 원하건대 하나님 앞에 맹세하고 나를 괴롭히지 마옵소서 하니 [8]이
는 예수께서 이미 그에게 이르시기를 더러운 귀신아 그 사람에게서 나오라 하셨음이라 [9]이에
물으시되 네 이름이 무엇이냐 이르되 내 이름은 군대니 우리가 많음이니이다 하고 [10]자기를
그 지방에서 내보내지 마시기를 간구하더니 [11]마침 거기 돼지의 큰 떼가 산 곁에서 먹고 있는
지라 [12]이에 간구하여 이르되 우리를 돼지에게로 보내어 들어가게 하소서 하니 [13]허락하신대
더러운 귀신들이 나와서 돼지에게로 들어가매 거의 이천 마리 되는 떼가 바다를 향하여 비탈
로 내리달아 바다에서 몰사하거늘 [14]치던 자들이 도망하여 읍내와 여러 마을에 말하니 사람들
이 어떻게 되었는지를 보러 와서 [15]예수께 이르러 그 귀신 들렸던 자 곧 군대 귀신 지폈던 자
가 옷을 입고 정신이 온전하여 앉은 것을 보고 두려워하더라 [16]이에 귀신 들렸던 자가 당한 것
과 돼지의 일을 본 자들이 그들에게 알리매 [17]그들이 예수께 그 지방에서 떠나시기를 간구하
더라 [18]예수께서 배에 오르실 때에 귀신 들렸던 사람이 함께 있기를 간구하였으나 [19]허락하지

아니하시고 그에게 이르시되 집으로 돌아가 주께서 네게 어떻게 큰 일을 행하사 너를 불쌍히
여기신 것을 네 가족에게 알리라 하시니 20그가 가서 예수께서 자기에게 어떻게 큰 일 행하셨
는지를 데가볼리에 전파하니 모든 사람이 놀랍게 여기더라

눅 8:40-56 야이로의 딸과 혈루증 여인 치유

40예수께서 돌아오시매 무리가 환영하니 이는 다 기다렸음이러라 41이에 회당장인 야이로라 하
는 사람이 와서 예수의 발 아래에 엎드려 자기 집에 오시기를 간구하니 42이는 자기에게 열두 살
된 외딸이 있어 죽어감이러라 예수께서 가실 때에 무리가 밀려들더라 43이에 열두 해를 혈루증으
로 앓는 중에 아무에게도 고침을 받지 못하던 여자가 44예수의 뒤로 와서 그의 옷 가에 손을 대니
혈루증이 즉시 그쳤더라 45예수께서 이르시되 내게 손을 댄 자가 누구냐 하시니 다 아니라 할 때
에 베드로가 이르되 주여 무리가 밀려들어 미나이다 46예수께서 이르시되 내게 손을 댄 자가 있도
다 이는 내게서 능력이 나간 줄 앎이로다 하신대 47여자가 스스로 숨기지 못할 줄 알고 떨며 나아
와 엎드리어 그 손 댄 이유와 곧 나은 것을 모든 사람 앞에서 말하니 48예수께서 이르시되 딸아 네
믿음이 너를 구원하였으니 평안히 가라 하시더라 49아직 말씀하실 때에 회당장의 집에서 사람이
와서 말하되 당신의 딸이 죽었나이다 선생님을 더 괴롭게 하지 마소서 하거늘 50예수께서 들으시
고 이르시되 두려워하지 말고 믿기만 하라 그리하면 딸이 구원을 얻으리라 하시고 51그 집에 이르
러 베드로와 요한과 야고보와 아이의 부모 외에는 함께 들어가기를 허락하지 아니하시니라 52모
든 사람이 아이를 위하여 울며 통곡하매 예수께서 이르시되 울지 말라 죽은 것이 아니라 잔다 하
시니 53그들이 그 죽은 것을 아는 고로 비웃더라 54예수께서 아이의 손을 잡고 불러 이르시되 아
이야 일어나라 하시니 55그 영이 돌아와 아이가 곧 일어나거늘 예수께서 먹을 것을 주라 명하시니
56그 부모가 놀라는지라 예수께서 경고하사 이 일을 아무에게도 말하지 말라 하시니라

마 9:18 예수께서 이 말씀을 하실 때에 한 관리가 와서 절하며 이르되 내 딸이 방금 죽었사오
나 오셔서 그 몸에 손을 얹어 주소서 그러면 살아나겠나이다 하니 19예수께서 일어나 따라가
시매 제자들도 가더니 20열두 해 동안이나 혈루증으로 앓는 여자가 예수의 뒤로 와서 그 겉옷
가를 만지니 21이는 제 마음에 그 겉옷만 만져도 구원을 받겠다 함이라 22예수께서 돌이켜 그
를 보시며 이르시되 딸아 안심하라 네 믿음이 너를 구원하였다 하시니 여자가 그 즉시 구원을
받으니라 23예수께서 그 관리의 집에 가사 피리 부는 자들과 떠드는 무리를 보시고 24이르시되
물러가라 이 소녀가 죽은 것이 아니라 잔다 하시니 그들이 비웃더라 25무리를 내보낸 후에 예
수께서 들어가사 소녀의 손을 잡으시매 일어나는지라 26그 소문이 그 온 땅에 퍼지더라

막 5:21 예수께서 배를 타시고 다시 맞은편으로 건너가시니 큰 무리가 그에게로 모이거늘 이
에 바닷가에 계시더니 22회당장 중의 하나인 야이로라 하는 이가 와서 예수를 보고 발 아래 엎
드리어 23간곡히 구하여 이르되 내 어린 딸이 죽게 되었사오니 오셔서 그 위에 손을 얹으사 그
로 구원을 받아 살게 하소서 하거늘 24이에 그와 함께 가실새 큰 무리가 따라가며 에워싸 밀더

라 25열두 해를 혈루증으로 앓아 온 한 여자가 있어 26많은 의사에게 많은 괴로움을 받았고 가
진 것도 다 허비하였으되 아무 효험이 없고 도리어 더 중하여졌던 차에 27예수의 소문을 듣고
무리 가운데 끼어 뒤로 와서 그의 옷에 손을 대니 28이는 내가 그의 옷에만 손을 대어도 구원
을 받으리라 생각함일러라 29이에 그의 혈루 근원이 곧 마르매 병이 나은 줄을 몸에 깨달으니
라 30예수께서 그 능력이 자기에게서 나간 줄을 곧 스스로 아시고 무리 가운데서 돌이켜 말씀
하시되 누가 내 옷에 손을 대었느냐 하시니 31제자들이 여짜오되 무리가 에워싸 미는 것을 보
시며 누가 내게 손을 대었느냐 물으시나이까 하되 32예수께서 이 일 행한 여자를 보려고 둘러
보시니 33여자가 자기에게 이루어진 일을 알고 두려워하여 떨며 와서 그 앞에 엎드려 모든 사
실을 여쭈니 34예수께서 이르시되 딸아 네 믿음이 너를 구원하였으니 평안히 가라 네 병에서
놓여 건강할지어다 35아직 예수께서 말씀하실 때에 회당장의 집에서 사람들이 와서 회당장에
게 이르되 당신의 딸이 죽었나이다 어찌하여 선생을 더 괴롭게 하나이까 36예수께서 그 하는
말을 곁에서 들으시고 회당장에게 이르시되 두려워하지 말고 믿기만 하라 하시고 37베드로와
야고보와 야고보의 형제 요한 외에 아무도 따라옴을 허락하지 아니하시고 38회당장의 집에 함
께 가사 떠드는 것과 사람들이 울며 심히 통곡함을 보시고 39들어가서 그들에게 이르시되 너
희가 어찌하여 떠들며 우느냐 이 아이가 죽은 것이 아니라 잔다 하시니 40그들이 비웃더라 예
수께서 그들을 다 내보내신 후에 아이의 부모와 또 자기와 함께 한 자들을 데리시고 아이 있
는 곳에 들어가사 41그 아이의 손을 잡고 이르시되 달리다굼 하시니 번역하면 곧 내가 네게 말
하노니 소녀야 일어나라 하심이라 42소녀가 곧 일어나서 걸으니 나이가 열두 살이라 사람들이
곧 크게 놀라고 놀라거늘 43예수께서 이 일을 아무도 알지 못하게 하라고 그들을 많이 경계하
시고 이에 소녀에게 먹을 것을 주라 하시니라

눅 9:1-6 제자 파송

1예수께서 열두 제자를 불러 모으사 모든 귀신을 제어하며 병을 고치는 능력과 권위를 주시고 2하
나님의 나라를 전파하며 앓는 자를 고치게 하려고 내보내시며 3이르시되 여행을 위하여 아무 것
도 가지지 말라 지팡이나 배낭이나 양식이나 돈이나 두 벌 옷을 가지지 말며 4어느 집에 들어가든
지 거기서 머물다가 거기서 떠나라 5누구든지 너희를 영접하지 아니하거든 그 성에서 떠날 때에
너희 발에서 먼지를 떨어 버려 그들에게 증거를 삼으라 하시니 6제자들이 나가 각 마을에 두루 다
니며 곳곳에 복음을 전하며 병을 고치더라

마 10:5 예수께서 이 열둘을 내보내시며 명하여 이르시되 이방인의 길로도 가지 말고 사마리
아인의 고을에도 들어가지 말고 6오히려 이스라엘 집의 잃어버린 양에게로 가라 7가면서 전파
하여 말하되 천국이 가까이 왔다 하고 8병든 자를 고치며 죽은 자를 살리며 나병환자를 깨끗하
게 하며 귀신을 쫓아내되 너희가 거저 받았으니 거저 주라 9너희 전대에 금이나 은이나 동을
가지지 말고 10여행을 위하여 배낭이나 두 벌 옷이나 신이나 지팡이를 가지지 말라 이는 일꾼
이 자기의 먹을 것 받는 것이 마땅함이라 11어떤 성이나 마을에 들어가든지 그 중에 합당한 자

를 찾아내어 너희가 떠나기까지 거기서 머물라 12또 그 집에 들어가면서 평안하기를 빌라 13그
집이 이에 합당하면 너희 빈 평안이 거기 임할 것이요 만일 합당하지 아니하면 그 평안이 너희
에게 돌아올 것이니라 14누구든지 너희를 영접하지도 아니하고 너희 말을 듣지도 아니하거든
그 집이나 성에서 나가 너희 발의 먼지를 떨어 버리라 15내가 진실로 너희에게 이르노니 심판
날에 소돔과 고모라 땅이 그 성보다 견디기 쉬우리라

막 6:7 열두 제자를 부르사 둘씩 둘씩 보내시며 더러운 귀신을 제어하는 권능을 주시고 8명하
시되 여행을 위하여 지팡이 외에는 양식이나 배낭이나 전대의 돈이나 아무 것도 가지지 말며
9신만 신고 두 벌 옷도 입지 말라 하시고 10또 이르시되 어디서든지 누구의 집에 들어가거든
그 곳을 떠나기까지 거기 유하라 11어느 곳에서든지 너희를 영접하지 아니하고 너희 말을 듣
지도 아니하거든 거기서 나갈 때에 발 아래 먼지를 떨어버려 그들에게 증거를 삼으라 하시니
12제자들이 나가서 회개하라 전파하고 13많은 귀신을 쫓아내며 많은 병자에게 기름을 발라 고
치더라

눅 9:7-9 세례 요한의 죽음

7분봉 왕 헤롯이 이 모든 일을 듣고 심히 당황하니 이는 어떤 사람은 요한이 죽은 자 가운데서 살
아났다고도 하며 8어떤 사람은 엘리야가 나타났다고도 하며 어떤 사람은 옛 선지자 한 사람이 다
시 살아났다고도 함이라 9헤롯이 이르되 요한은 내가 목을 베었거늘 이제 이런 일이 들리니 이 사
람이 누군가 하며 그를 보고자 하더라

마 14:1 그 때에 분봉 왕 헤롯이 예수의 소문을 듣고 2그 신하들에게 이르되 이는 세례 요한이
라 그가 죽은 자 가운데서 살아났으니 그러므로 이런 능력이 그 속에서 역사하는도다 하더라
3전에 헤롯이 그 동생 빌립의 아내 헤로디아의 일로 요한을 잡아 결박하여 옥에 가두었으니 4이
는 요한이 헤롯에게 말하되 당신이 그 여자를 차지한 것이 옳지 않다 하였음이라 5헤롯이 요
한을 죽이려 하되 무리가 그를 선지자로 여기므로 그들을 두려워하더니 6마침 헤롯의 생일이
되어 헤로디아의 딸이 연석 가운데서 춤을 추어 헤롯을 기쁘게 하니 7헤롯이 맹세로 그에게
무엇이든지 달라는 대로 주겠다고 약속하거늘 8그가 제 어머니의 시킴을 듣고 이르되 세례 요
한의 머리를 소반에 얹어 여기서 내게 주소서 하니 9왕이 근심하나 자기가 맹세한 것과 그 함
께 앉은 사람들 때문에 주라 명하고 10사람을 보내어 옥에서 요한의 목을 베어 11그 머리를 소
반에 얹어서 그 소녀에게 주니 그가 자기 어머니에게로 가져가니라 12요한의 제자들이 와서
시체를 가져다가 장사하고 가서 예수께 아뢰니라

막 6:14 이에 예수의 이름이 드러난지라 헤롯 왕이 듣고 이르되 이는 세례 요한이 죽은 자 가
운데서 살아났도다 그러므로 이런 능력이 그 속에서 일어나느니라 하고 15어떤 이는 그가 엘
리야라 하고 또 어떤 이는 그가 선지자니 옛 선지자 중의 하나와 같다 하되 16헤롯은 듣고 이

르되 내가 목 벤 요한 그가 살아났다 하더라 17전에 헤롯이 자기가 동생 빌립의 아내 헤로디아
에게 장가 든 고로 이 여자를 위하여 사람을 보내어 요한을 잡아 옥에 가두었으니 18이는 요한
이 헤롯에게 말하되 동생의 아내를 취한 것이 옳지 않다 하였음이라 19헤로디아가 요한을 원
수로 여겨 죽이고자 하였으되 하지 못한 것은 20헤롯이 요한을 의롭고 거룩한 사람으로 알고
두려워하여 보호하며 또 그의 말을 들을 때에 크게 번민을 하면서도 달갑게 들음이러라 21마
침 기회가 좋은 날이 왔으니 곧 헤롯이 자기 생일에 대신들과 천부장들과 갈릴리의 귀인들로
더불어 잔치할새 22헤로디아의 딸이 친히 들어와 춤을 추어 헤롯과 그와 함께 앉은 자들을 기
쁘게 한지라 왕이 그 소녀에게 이르되 무엇이든지 네가 원하는 것을 내게 구하라 내가 주리라
하고 23또 맹세하기를 무엇이든지 네가 내게 구하면 내 나라의 절반까지라도 주리라 하거늘
24그가 나가서 그 어머니에게 말하되 내가 무엇을 구하리이까 그 어머니가 이르되 세례 요한
의 머리를 구하라 하니 25그가 곧 왕에게 급히 들어가 구하여 이르되 세례 요한의 머리를 소반
에 얹어 곧 내게 주기를 원하옵나이다 하니 26왕이 심히 근심하나 자기가 맹세한 것과 그 앉은
자들로 인하여 그를 거절할 수 없는지라 27왕이 곧 시위병 하나를 보내어 요한의 머리를 가져
오라 명하니 그 사람이 나가 옥에서 요한을 목 베어 28그 머리를 소반에 얹어다가 소녀에게 주
니 소녀가 이것을 그 어머니에게 주니라 29요한의 제자들이 듣고 와서 시체를 가져다가 장사
하니라

눅 9:10-11 사도들의 보고

10사도들이 돌아와 자기들이 행한 모든 것을 예수께 여쭈니 데리시고 따로 벳새다라는 고을로 떠
나 가셨으나 11무리가 알고 따라왔거늘 예수께서 그들을 영접하사 하나님 나라의 일을 이야기하
시며 병 고칠 자들은 고치시더라

막 6:30 사도들이 예수께 모여 자기들이 행한 것과 가르친 것을 낱낱이 고하니

눅 9:12-17 오병이어 기적

12날이 저물어 가매 열두 사도가 나아와 여짜오되 무리를 보내어 두루 마을과 촌으로 가서 유하며
먹을 것을 얻게 하소서 우리가 있는 여기는 빈 들이니이다 13예수께서 이르시되 너희가 먹을 것을
주라 하시니 여짜오되 우리에게 떡 다섯 개와 물고기 두 마리밖에 없으니 이 모든 사람을 위하여
먹을 것을 사지 아니하고서는 할 수 없사옵나이다 하니 14이는 남자가 한 오천 명 됨이러라 제자
들에게 이르시되 떼를 지어 한 오십 명씩 앉히라 하시니 15제자들이 이렇게 하여 다 앉힌 후 16예수
께서 떡 다섯 개와 물고기 두 마리를 가지사 하늘을 우러러 축사하시고 떼어 제자들에게 주어 무

리에게 나누어 주게 하시니 17먹고 다 배불렀더라 그 남은 조각을 열두 바구니에 거두니라

마 14:13 예수께서 들으시고 배를 타고 떠나사 따로 빈 들에 가시니 무리가 듣고 여러 고을로
부터 걸어서 따라간지라 14예수께서 나오사 큰 무리를 보시고 불쌍히 여기사 그 중에 있는 병
자를 고쳐 주시니라 15저녁이 되매 제자들이 나아와 이르되 이 곳은 빈 들이요 때도 이미 저물
었으니 무리를 보내어 마을에 들어가 먹을 것을 사 먹게 하소서 16예수께서 이르시되 갈 것 없
다 너희가 먹을 것을 주라 17제자들이 이르되 여기 우리에게 있는 것은 떡 다섯 개와 물고기
두 마리뿐이니이다 18이르시되 그것을 내게 가져오라 하시고 19무리를 명하여 잔디 위에 앉히
시고 떡 다섯 개와 물고기 두 마리를 가지사 하늘을 우러러 축사하시고 떡을 떼어 제자들에게
주시매 제자들이 무리에게 주니 20다 배불리 먹고 남은 조각을 열두 바구니에 차게 거두었으
며 21먹은 사람은 여자와 어린이 외에 오천 명이나 되었더라

막 6:31 이르시되 너희는 따로 한적한 곳에 가서 잠깐 쉬어라 하시니 이는 오고 가는 사람이
많아 음식 먹을 겨를도 없음이라 32이에 배를 타고 따로 한적한 곳에 갈새 33그들이 가는 것을
보고 많은 사람이 그들인 줄 안지라 모든 고을로부터 도보로 그 곳에 달려와 그들보다 먼저 갔
더라 34예수께서 나오사 큰 무리를 보시고 그 목자 없는 양 같음으로 인하여 불쌍히 여기사 이
에 여러 가지로 가르치시더라 35때가 저물어가매 제자들이 예수께 나아와 여짜오되 이 곳은
빈 들이요 날도 저물어가니 36무리를 보내어 두루 촌과 마을로 가서 무엇을 사 먹게 하옵소서
37대답하여 이르시되 너희가 먹을 것을 주라 하시니 여짜오되 우리가 가서 이백 데나리온의 떡
을 사다 먹이리이까 38이르시되 너희에게 떡 몇 개나 있는지 가서 보라 하시니 알아보고 이르되
떡 다섯 개와 물고기 두 마리가 있더이다 하거늘 39제자들에게 명하사 그 모든 사람으로 떼를
지어 푸른 잔디 위에 앉게 하시니 40떼로 백 명씩 또는 오십 명씩 앉은지라 41예수께서 떡 다섯
개와 물고기 두 마리를 가지사 하늘을 우러러 축사하시고 떡을 떼어 제자들에게 주어 사람들
에게 나누어 주게 하시고 또 물고기 두 마리도 모든 사람에게 나누시매 42다 배불리 먹고 43남
은 떡 조각과 물고기를 열두 바구니에 차게 거두었으며 44떡을 먹은 남자는 오천 명이었더라

요 6:1 그 후에 예수께서 디베랴의 갈릴리 바다 건너편으로 가시매 2큰 무리가 따르니 이는 병
자들에게 행하시는 표적을 보았음이러라 3예수께서 산에 오르사 제자들과 함께 거기 앉으시
니 4마침 유대인의 명절인 유월절이 가까운지라 5예수께서 눈을 들어 큰 무리가 자기에게로
오는 것을 보시고 빌립에게 이르시되 우리가 어디서 떡을 사서 이 사람들을 먹이겠느냐 하시
니 6이렇게 말씀하심은 친히 어떻게 하실지를 아시고 빌립을 시험하고자 하심이라 7빌립이 대
답하되 각 사람으로 조금씩 받게 할지라도 이백 데나리온의 떡이 부족하리이다 8제자 중 하나
곧 시몬 베드로의 형제 안드레가 예수께 여짜오되 9여기 한 아이가 있어 보리떡 다섯 개와 물
고기 두 마리를 가지고 있나이다 그러나 그것이 이 많은 사람에게 얼마나 되겠사옵나이까 10예
수께서 이르시되 이 사람들로 앉게 하라 하시니 그 곳에 잔디가 많은지라 사람들이 앉으니 수
가 오천 명쯤 되더라 11예수께서 떡을 가져 축사하신 후에 앉아 있는 자들에게 나눠 주시고 물
고기도 그렇게 그들의 원대로 주시니라 12그들이 배부른 후에 예수께서 제자들에게 이르시되

남은 조각을 거두고 버리는 것이 없게 하라 하시므로 [13]이에 거두니 보리떡 다섯 개로 먹고 남은 조각이 열두 바구니에 찼더라 [14]그 사람들이 예수께서 행하신 이 표적을 보고 말하되 이는 참으로 세상에 오실 그 선지자라 하더라 [15]그러므로 예수께서 그들이 와서 자기를 억지로 붙들어 임금으로 삼으려는 줄 아시고 다시 혼자 산으로 떠나 가시니라

눅 9:18-21 베드로의 고백

[18]예수께서 따로 기도하실 때에 제자들이 주와 함께 있더니 물어 이르시되 무리가 나를 누구라고 하느냐 [19]대답하여 이르되 세례 요한이라 하고 더러는 엘리야라, 더러는 옛 선지자 중의 한 사람이 살아났다 하나이다 [20]예수께서 이르시되 너희는 나를 누구라 하느냐 베드로가 대답하여 이르되 하나님의 그리스도시니이다 하니 [21]경고하사 이 말을 아무에게도 이르지 말라 명하시고

마 16:13 예수께서 빌립보 가이사랴 지방에 이르러 제자들에게 물어 이르시되 사람들이 인자를 누구라 하느냐 [14]이르되 더러는 세례 요한, 더러는 엘리야, 어떤 이는 예레미야나 선지자 중의 하나라 하나이다 [15]이르시되 너희는 나를 누구라 하느냐 [16]시몬 베드로가 대답하여 이르되 주는 그리스도시요 살아 계신 하나님의 아들이시니이다 [17]예수께서 대답하여 이르시되 바요나 시몬아 네가 복이 있도다 이를 네게 알게 한 이는 혈육이 아니요 하늘에 계신 내 아버지시니라 [18]또 내가 네게 이르노니 너는 베드로라 내가 이 반석 위에 내 교회를 세우리니 음부의 권세가 이기지 못하리라 [19]내가 천국 열쇠를 네게 주리니 네가 땅에서 무엇이든지 매면 하늘에서도 매일 것이요 네가 땅에서 무엇이든지 풀면 하늘에서도 풀리리라 하시고 [20]이에 제자들에게 경고하사 자기가 그리스도인 것을 아무에게도 이르지 말라 하시니라

막 8:27 예수와 제자들이 빌립보 가이사랴 여러 마을로 나가실새 길에서 제자들에게 물어 이르시되 사람들이 나를 누구라고 하느냐 [28]제자들이 여짜와 이르되 세례 요한이라 하고 더러는 엘리야, 더러는 선지자 중의 하나라 하나이다 [29]또 물으시되 너희는 나를 누구라 하느냐 베드로가 대답하여 이르되 주는 그리스도시니이다 하매 [30]이에 자기의 일을 아무에게도 말하지 말라 경고하시고

눅 9:22-27 수난 예고(I)

[22]이르시되 인자가 많은 고난을 받고 장로들과 대제사장들과 서기관들에게 버린 바 되어 죽임을 당하고 제삼일에 살아나야 하리라 하시고 [23]또 무리에게 이르시되 아무든지 나를 따라오려거든 자기를 부인하고 날마다 제 십자가를 지고 나를 따를 것이니라 [24]누구든지 제 목숨을 구원하고자

하면 잃을 것이요 누구든지 나를 위하여 제 목숨을 잃으면 구원하리라 25사람이 만일 온 천하를
얻고도 자기를 잃든지 빼앗기든지 하면 무엇이 유익하리요 26누구든지 나와 내 말을 부끄러워하
면 인자도 자기와 아버지와 거룩한 천사들의 영광으로 올 때에 그 사람을 부끄러워하리라 27내가
참으로 너희에게 이르노니 여기 서 있는 사람 중에 죽기 전에 하나님의 나라를 볼 자들도 있느니라

마 16:21 이 때로부터 예수 그리스도께서 자기가 예루살렘에 올라가 장로들과 대제사장들과
서기관들에게 많은 고난을 받고 죽임을 당하고 제삼일에 살아나야 할 것을 제자들에게 비로소
나타내시니 22베드로가 예수를 붙들고 항변하여 이르되 주여 그리 마옵소서 이 일이 결코 주
께 미치지 아니하리이다 23예수께서 돌이키시며 베드로에게 이르시되 사탄아 내 뒤로 물러 가
라 너는 나를 넘어지게 하는 자로다 네가 하나님의 일을 생각하지 아니하고 도리어 사람의 일
을 생각하는도다 하시고 24이에 예수께서 제자들에게 이르시되 누구든지 나를 따라오려거든
자기를 부인하고 자기 십자가를 지고 나를 따를 것이니라 25누구든지 제 목숨을 구원하고자
하면 잃을 것이요 누구든지 나를 위하여 제 목숨을 잃으면 찾으리라 26사람이 만일 온 천하를
얻고도 제 목숨을 잃으면 무엇이 유익하리요 사람이 무엇을 주고 제 목숨과 바꾸겠느냐 27인
자가 아버지의 영광으로 그 천사들과 함께 오리니 그 때에 각 사람이 행한 대로 갚으리라 28진
실로 너희에게 이르노니 여기 서 있는 사람 중에 죽기 전에 인자가 그 왕권을 가지고 오는 것을
볼 자들도 있느니라

막 8:31 인자가 많은 고난을 받고 장로들과 대제사장들과 서기관들에게 버린 바 되어 죽임을
당하고 사흘 만에 살아나야 할 것을 비로소 그들에게 가르치시되 32드러내 놓고 이 말씀을 하
시니 베드로가 예수를 붙들고 항변하매 33예수께서 돌이키사 제자들을 보시며 베드로를 꾸짖
어 이르시되 사탄아 내 뒤로 물러가라 네가 하나님의 일을 생각하지 아니하고 도리어 사람의
일을 생각하는도다 하시고 34무리와 제자들을 불러 이르시되 누구든지 나를 따라오려거든 자
기를 부인하고 자기 십자가를 지고 나를 따를 것이니라 35누구든지 자기 목숨을 구원하고자
하면 잃을 것이요 누구든지 나와 복음을 위하여 자기 목숨을 잃으면 구원하리라 36사람이 만
일 온 천하를 얻고도 자기 목숨을 잃으면 무엇이 유익하리요 37사람이 무엇을 주고 자기 목숨
과 바꾸겠느냐 38누구든지 이 음란하고 죄 많은 세대에서 나와 내 말을 부끄러워하면 인자도
아버지의 영광으로 거룩한 천사들과 함께 올 때에 그 사람을 부끄러워하리라 9:1 또 그들에게
이르시되 내가 진실로 너희에게 이르노니 여기 서 있는 사람 중에는 죽기 전에 하나님의 나라
가 권능으로 임하는 것을 볼 자들도 있느니라 하시니라

눅 9:28-36 변화산

28이 말씀을 하신 후 팔 일쯤 되어 예수께서 베드로와 요한과 야고보를 데리고 기도하시러 산에

올라가사 29기도하실 때에 용모가 변화되고 그 옷이 희어져 광채가 나더라 30문득 두 사람이 예수
와 함께 말하니 이는 모세와 엘리야라 31영광중에 나타나서 장차 예수께서 예루살렘에서 별세하
실 것을 말할새 32베드로와 및 함께 있는 자들이 깊이 졸다가 온전히 깨어나 예수의 영광과 및 함
께 선 두 사람을 보더니 33두 사람이 떠날 때에 베드로가 예수께 여짜오되 주여 우리가 여기 있는
것이 좋사오니 우리가 초막 셋을 짓되 하나는 주를 위하여, 하나는 모세를 위하여, 하나는 엘리야
를 위하여 하사이다 하되 자기가 하는 말을 자기도 알지 못하더라 34이 말 할 즈음에 구름이 와서
그들을 덮는지라 구름 속으로 들어갈 때에 그들이 무서워하더니 35구름 속에서 소리가 나서 이르
되 이는 나의 아들 곧 택함을 받은 자니 너희는 그의 말을 들으라 하고 36소리가 그치매 오직 예수
만 보이더라 제자들이 잠잠하여 그 본 것을 무엇이든지 그 때에는 아무에게도 이르지 아니하니라

마 17:1 엿새 후에 예수께서 베드로와 야고보와 그 형제 요한을 데리시고 따로 높은 산에 올
라가셨더니 2그들 앞에서 변형되사 그 얼굴이 해 같이 빛나며 옷이 빛과 같이 희어졌더라 3그
때에 모세와 엘리야가 예수와 더불어 말하는 것이 그들에게 보이거늘 4베드로가 예수께 여쭈
어 이르되 주여 우리가 여기 있는 것이 좋사오니 만일 주께서 원하시면 내가 여기서 초막 셋을
짓되 하나는 주님을 위하여, 하나는 모세를 위하여, 하나는 엘리야를 위하여 하리이다 5말할
때에 홀연히 빛난 구름이 그들을 덮으며 구름 속에서 소리가 나서 이르시되 이는 내 사랑하는
아들이요 내 기뻐하는 자니 너희는 그의 말을 들으라 하시는지라 6제자들이 듣고 엎드려 심히
두려워하니 7예수께서 나아와 그들에게 손을 대시며 이르시되 일어나라 두려워하지 말라 하
시니 8제자들이 눈을 들고 보매 오직 예수 외에는 아무도 보이지 아니하더라

막 9:2 엿새 후에 예수께서 베드로와 야고보와 요한을 데리시고 따로 높은 산에 올라가셨더니
그들 앞에서 변형되사 3그 옷이 광채가 나며 세상에서 빨래하는 자가 그렇게 희게 할 수 없을
만큼 매우 희어졌더라 4이에 엘리야가 모세와 함께 그들에게 나타나 예수와 더불어 말하거늘
5베드로가 예수께 고하되 랍비여 우리가 여기 있는 것이 좋사오니 우리가 초막 셋을 짓되 하
나는 주를 위하여, 하나는 모세를 위하여, 하나는 엘리야를 위하여 하사이다 하니 6이는 그들
이 몹시 무서워하므로 그가 무슨 말을 할지 알지 못함이더라 7마침 구름이 와서 그들을 덮으며
구름 속에서 소리가 나되 이는 내 사랑하는 아들이니 너희는 그의 말을 들으라 하는지라 8문
득 둘러보니 아무도 보이지 아니하고 오직 예수와 자기들뿐이었더라

눅 9:37-43a 어린 아이 축귀

37이튿날 산에서 내려오시니 큰 무리가 맞을새 38무리 중의 한 사람이 소리 질러 이르되 선생님
청컨대 내 아들을 돌보아 주옵소서 이는 내 외아들이니이다 39귀신이 그를 잡아 갑자기 부르짖게
하고 경련을 일으켜 거품을 흘리게 하며 몹시 상하게 하고야 겨우 떠나 가나이다 40당신의 제자들

에게 내쫓아 주기를 구하였으나 그들이 능히 못하더이다 41예수께서 대답하여 이르시되 믿음이
없고 패역한 세대여 내가 얼마나 너희와 함께 있으며 너희에게 참으리요 네 아들을 이리로 데리고
오라 하시니 42올 때에 귀신이 그를 거꾸러뜨리고 심한 경련을 일으키게 하는지라 예수께서 더러
운 귀신을 꾸짖으시고 아이를 낫게 하사 그 아버지에게 도로 주시니 43a사람들이 다 하나님의 위
엄에 놀라니라

마 17:14 그들이 무리에게 이르매 한 사람이 예수께 와서 꿇어 엎드려 이르되 15주여 내 아들
을 불쌍히 여기소서 그가 간질로 심히 고생하여 자주 불에도 넘어지며 물에도 넘어지는지라
16내가 주의 제자들에게 데리고 왔으나 능히 고치지 못하더이다 17예수께서 대답하여 이르시
되 믿음이 없고 패역한 세대여 내가 얼마나 너희와 함께 있으며 얼마나 너희에게 참으리요 그
를 이리로 데려오라 하시니라 18이에 예수께서 꾸짖으시니 귀신이 나가고 아이가 그 때부터
나으니라 19이 때에 제자들이 조용히 예수께 나아와 이르되 우리는 어찌하여 쫓아내지 못하였
나이까 20이르시되 너희 믿음이 작은 까닭이니라 진실로 너희에게 이르노니 만일 너희에게 믿
음이 겨자씨 한 알 만큼만 있어도 이 산을 명하여 여기서 저기로 옮겨지라 하면 옮겨질 것이요
또 너희가 못할 것이 없으리라

막 9:14 이에 그들이 제자들에게 와서 보니 큰 무리가 그들을 둘러싸고 서기관들이 그들과 더
불어 변론하고 있더라 15온 무리가 곧 예수를 보고 매우 놀라며 달려와 문안하거늘 16예수께서
물으시되 너희가 무엇을 그들과 변론하느냐 17무리 중의 하나가 대답하되 선생님 말 못하게
귀신 들린 내 아들을 선생님께 데려왔나이다 18귀신이 어디서든지 그를 잡으면 거꾸러져 거품
을 흘리며 이를 갈며 그리고 파리해지는지라 내가 선생님의 제자들에게 내쫓아 달라 하였으
나 그들이 능히 하지 못하더이다 19대답하여 이르시되 믿음이 없는 세대여 내가 얼마나 너희
와 함께 있으며 얼마나 너희에게 참으리요 그를 내게로 데려오라 하시매 20이에 데리고 오니
귀신이 예수를 보고 곧 그 아이로 심히 경련을 일으키게 하는지라 그가 땅에 엎드러져 구르며
거품을 흘리더라 21예수께서 그 아버지에게 물으시되 언제부터 이렇게 되었느냐 하시니 이르
되 어릴 때부터니이다 22귀신이 그를 죽이려고 불과 물에 자주 던졌나이다 그러나 무엇을 하
실 수 있거든 우리를 불쌍히 여기사 도와 주옵소서 23예수께서 이르시되 할 수 있거든이 무슨
말이냐 믿는 자에게는 능히 하지 못할 일이 없느니라 하시니 24곧 그 아이의 아버지가 소리를
질러 이르되 내가 믿나이다 나의 믿음 없는 것을 도와 주소서 하더라 25예수께서 무리가 달려
와 모이는 것을 보시고 그 더러운 귀신을 꾸짖어 이르시되 말 못하고 못 듣는 귀신아 내가 네
게 명하노니 그 아이에게서 나오고 다시 들어가지 말라 하시매 26귀신이 소리 지르며 아이로
심히 경련을 일으키게 하고 나가니 그 아이가 죽은 것 같이 되어 많은 사람이 말하기를 죽었
다 하나 27예수께서 그 손을 잡아 일으키시니 이에 일어서니라 28집에 들어가시매 제자들이 조
용히 묻자오되 우리는 어찌하여 능히 그 귀신을 쫓아내지 못하였나이까 29이르시되 기도 외에
다른 것으로는 이런 종류가 나갈 수 없느니라 하시니라

눅 9:43b-45 수난 예고(II)

43b그들이 다 그 행하시는 모든 일을 놀랍게 여길새 예수께서 제자들에게 이르시되 44이 말을 너
희 귀에 담아 두라 인자가 장차 사람들의 손에 넘겨지리라 하시되 45그들이 이 말씀을 알지 못하
니 이는 그들로 깨닫지 못하게 숨긴 바 되었음이라 또 그들은 이 말씀을 묻기도 두려워하더라

마 17:22 갈릴리에 모일 때에 예수께서 제자들에게 이르시되 인자가 장차 사람들의 손에 넘
겨져 23죽임을 당하고 제삼일에 살아나리라 하시니 제자들이 매우 근심하더라

막 9:30 그 곳을 떠나 갈릴리 가운데로 지날새 예수께서 아무에게도 알리고자 아니하시니 31이
는 제자들을 가르치시며 또 인자가 사람들의 손에 넘겨져 죽임을 당하고 죽은 지 삼 일만에 살
아나리라는 것을 말씀하셨기 때문이더라 32그러나 제자들은 이 말씀을 깨닫지 못하고 묻기도
두려워하더라

눅 9:46-48 제자들의 질문: 누가 크냐?

46제자 중에서 누가 크냐 하는 변론이 일어나니 47예수께서 그 마음에 변론하는 것을 아시고 어린
아이 하나를 데려다가 자기 곁에 세우시고 48그들에게 이르시되 누구든지 내 이름으로 이런 어린
아이를 영접하면 곧 나를 영접함이요 또 누구든지 나를 영접하면 곧 나를 보내신 이를 영접함이라
너희 모든 사람 중에 가장 작은 그가 큰 자니라

마 18:1 그 때에 제자들이 예수께 나아와 이르되 천국에서는 누가 크니이까 2예수께서 한 어
린 아이를 불러 그들 가운데 세우시고 3이르시되 진실로 너희에게 이르노니 너희가 돌이켜 어
린 아이들과 같이 되지 아니하면 결단코 천국에 들어가지 못하리라 4그러므로 누구든지 이 어
린 아이와 같이 자기를 낮추는 사람이 천국에서 큰 자니라 5또 누구든지 내 이름으로 이런 어
린 아이 하나를 영접하면 곧 나를 영접함이니

막 9:33 가버나움에 이르러 집에 계실새 제자들에게 물으시되 너희가 길에서 서로 토론한 것
이 무엇이냐 하시되 34그들이 잠잠하니 이는 길에서 서로 누가 크냐 하고 쟁론하였음이라 35예
수께서 앉으사 열두 제자를 불러서 이르시되 누구든지 첫째가 되고자 하면 뭇 사람의 끝이 되
며 뭇 사람을 섬기는 자가 되어야 하리라 하시고 36어린 아이 하나를 데려다가 그들 가운데 세
우시고 안으시며 제자들에게 이르시되 37누구든지 내 이름으로 이런 어린 아이 하나를 영접하
면 곧 나를 영접함이요 누구든지 나를 영접하면 나를 영접함이 아니요 나를 보내신 이를 영접
함이니라

눅 9:49-50 반대하지 않는 자는 위하는 자

49요한이 여짜오되 주여 어떤 사람이 주의 이름으로 귀신을 내쫓는 것을 우리가 보고 우리와 함께 따르지 아니하므로 금하였나이다 50예수께서 이르시되 금하지 말라 너희를 반대하지 않는 자는 너희를 위하는 자니라 하시니라

막 9:38 요한이 예수께 여짜오되 선생님 우리를 따르지 않는 어떤 자가 주의 이름으로 귀신을 내쫓는 것을 우리가 보고 우리를 따르지 아니하므로 금하였나이다 39예수께서 이르시되 금하지 말라 내 이름을 의탁하여 능한 일을 행하고 즉시로 나를 비방할 자가 없느니라 40우리를 반대하지 않는 자는 우리를 위하는 자니라 41누구든지 너희가 그리스도에게 속한 자라 하여 물 한 그릇이라도 주면 내가 진실로 너희에게 이르노니 그가 결코 상을 잃지 않으리라

눅 9:51-56 예루살렘 행 결심과 사마리아의 배척

51예수께서 승천하실 기약이 차가매 예루살렘을 향하여 올라가기로 굳게 결심하시고 52사자들을 앞서 보내시매 그들이 가서 예수를 위하여 준비하려고 사마리아인의 한 마을에 들어갔더니 53예수께서 예루살렘을 향하여 가시기 때문에 그들이 받아들이지 아니 하는지라 54제자 야고보와 요한이 이를 보고 이르되 주여 우리가 불을 명하여 하늘로부터 내려 저들을 멸하라 하기를 원하시나이까 55예수께서 돌아보시며 꾸짖으시고 56함께 다른 마을로 가시니라

눅 9:57-62 나를 따르라

57길 가실 때에 어떤 사람이 여짜오되 어디로 가시든지 나는 따르리이다 58예수께서 이르시되 여우도 굴이 있고 공중의 새도 집이 있으되 인자는 머리 둘 곳이 없도다 하시고 59또 다른 사람에게 나를 따르라 하시니 그가 이르되 나로 먼저 가서 내 아버지를 장사하게 허락하옵소서 60이르시되 죽은 자들로 자기의 죽은 자들을 장사하게 하고 너는 가서 하나님의 나라를 전파하라 하시고 61또 다른 사람이 이르되 주여 내가 주를 따르겠나이다마는 나로 먼저 내 가족을 작별하게 허락하소서 62예수께서 이르시되 손에 쟁기를 잡고 뒤를 돌아보는 자는 하나님의 나라에 합당하지 아니하니라 하시니라

마 8:18 예수께서 무리가 자기를 에워싸는 것을 보시고 건너편으로 가기를 명하시니라 19한 서기관이 나아와 예수께 아뢰되 선생님이여 어디로 가시든지 저는 따르리이다 20예수께서 이

르시되 여우도 굴이 있고 공중의 새도 거처가 있으되 인자는 머리 둘 곳이 없다 하시더라 [21]제
자 중에 또 한 사람이 이르되 주여 내가 먼저 가서 내 아버지를 장사하게 허락하옵소서 [22]예수
께서 이르시되 죽은 자들이 그들의 죽은 자들을 장사하게 하고 너는 나를 따르라 하시니라

눅 10:1-12 칠십 인 파송

[1]그 후에 주께서 따로 칠십 인을 세우사 친히 가시려는 각 동네와 각 지역으로 둘씩 앞서 보내시며
[2]이르시되 추수할 것은 많되 일꾼이 적으니 그러므로 추수하는 주인에게 청하여 추수할 일꾼들을
보내 주소서 하라 [3]갈지어다 내가 너희를 보냄이 어린 양을 이리 가운데로 보냄과 같도다 [4]전대나
배낭이나 신발을 가지지 말며 길에서 아무에게도 문안하지 말며 [5]어느 집에 들어가든지 먼저 말
하되 이 집이 평안할지어다 하라 [6]만일 평안을 받을 사람이 거기 있으면 너희의 평안이 그에게 머
물 것이요 그렇지 않으면 너희에게로 돌아오리라 [7]그 집에 유하며 주는 것을 먹고 마시라 일꾼이
그 삯을 받는 것이 마땅하니라 이 집에서 저 집으로 옮기지 말라 [8]어느 동네에 들어가든지 너희를
영접하거든 너희 앞에 차려놓는 것을 먹고 [9]거기 있는 병자들을 고치고 또 말하기를 하나님의 나
라가 너희에게 가까이 왔다 하라 [10]어느 동네에 들어가든지 너희를 영접하지 아니하거든 그 거리
로 나와서 말하되 [11]너희 동네에서 우리 발에 묻은 먼지도 너희에게 떨어버리노라 그러나 하나님
의 나라가 가까이 온 줄을 알라 하라 [12]내가 너희에게 말하노니 그 날에 소돔이 그 동네보다 견디
기 쉬우리라

눅 10:13-16 화 있을 고을들

[13]화 있을진저 고라신아, 화 있을진저 벳새다야, 너희에게 행한 모든 권능을 두로와 시돈에서 행하
였더라면 그들이 벌써 베옷을 입고 재에 앉아 회개하였으리라 [14]심판 때에 두로와 시돈이 너희보
다 견디기 쉬우리라 [15]가버나움아 네가 하늘에까지 높아지겠느냐 음부에까지 낮아지리라 [16]너희
말을 듣는 자는 곧 내 말을 듣는 것이요 너희를 저버리는 자는 곧 나를 저버리는 것이요 나를 저버
리는 자는 나 보내신 이를 저버리는 것이라 하시니라

마 11:20 예수께서 권능을 가장 많이 행하신 고을들이 회개하지 아니하므로 그 때에 책망하
시되 [21]화 있을진저 고라신아 화 있을진저 벳새다야 너희에게 행한 모든 권능을 두로와 시돈
에서 행하였더라면 그들이 벌써 베옷을 입고 재에 앉아 회개하였으리라 [22]내가 너희에게 이르
노니 심판 날에 두로와 시돈이 너희보다 견디기 쉬우리라 [23]가버나움아 네가 하늘에까지 높아
지겠느냐 음부에까지 낮아지리라 네게 행한 모든 권능을 소돔에서 행하였더라면 그 성이 오늘
까지 있었으리라 [24]내가 너희에게 이르노니 심판 날에 소돔 땅이 너보다 견디기 쉬우리라 하

시니라

눅 10:17-20 칠십 인 보고

[17]칠십 인이 기뻐하며 돌아와 이르되 주여 주의 이름이면 귀신들도 우리에게 항복하더이다 [18]예
수께서 이르시되 사탄이 하늘로부터 번개 같이 떨어지는 것을 내가 보았노라 [19]내가 너희에게 뱀
과 전갈을 밟으며 원수의 모든 능력을 제어할 권능을 주었으니 너희를 해칠 자가 결코 없으리라
[20]그러나 귀신들이 너희에게 항복하는 것으로 기뻐하지 말고 너희 이름이 하늘에 기록된 것으로
기뻐하라 하시니라

눅 10:21-22 천지의 주재

[21]그 때에 예수께서 성령으로 기뻐하시며 이르시되 천지의 주재이신 아버지여 이것을 지혜롭고
슬기 있는 자들에게는 숨기시고 어린 아이들에게는 나타내심을 감사하나이다 옳소이다 이렇게
된 것이 아버지의 뜻이니이다 [22]내 아버지께서 모든 것을 내게 주셨으니 아버지 외에는 아들이 누
구인지 아는 자가 없고 아들과 또 아들의 소원대로 계시를 받는 자 외에는 아버지가 누구인지 아
는 자가 없나이다 하시고

마 11:25 그 때에 예수께서 대답하여 이르시되 천지의 주재이신 아버지여 이것을 지혜롭고
슬기 있는 자들에게는 숨기시고 어린 아이들에게는 나타내심을 감사하나이다 [26]옳소이다 이
렇게 된 것이 아버지의 뜻이니이다 [27]내 아버지께서 모든 것을 내게 주셨으니 아버지 외에는
아들을 아는 자가 없고 아들과 또 아들의 소원대로 계시를 받는 자 외에는 아버지를 아는 자가
없느니라 [28]수고하고 무거운 짐 진 자들아 다 내게로 오라 내가 너희를 쉬게 하리라 [29]나는 마
음이 온유하고 겸손하니 나의 멍에를 메고 내게 배우라 그리하면 너희 마음이 쉼을 얻으리니
[30]이는 내 멍에는 쉽고 내 짐은 가벼움이라 하시니라

눅 10:23-24 복이 있도다

[23]제자들을 돌아 보시며 조용히 이르시되 너희가 보는 것을 보는 눈은 복이 있도다 [24]내가 너희에
게 말하노니 많은 선지자와 임금이 너희가 보는 바를 보고자 하였으되 보지 못하였으며 너희가 듣
는 바를 듣고자 하였으되 듣지 못하였느니라

눅 10:25-28 영생에 대한 질문

25어떤 율법교사가 일어나 예수를 시험하여 이르되 선생님 내가 무엇을 하여야 영생을 얻으리이
까 26예수께서 이르시되 율법에 무엇이라 기록되었으며 네가 어떻게 읽느냐 27대답하여 이르되
네 마음을 다하며 목숨을 다하며 힘을 다하며 뜻을 다하여 주 너의 하나님을 사랑하고 또한 네 이
웃을 네 자신 같이 사랑하라 하였나이다 28예수께서 이르시되 네 대답이 옳도다 이를 행하라 그러
면 살리라 하시니

마 22:34 예수께서 사두개인들로 대답할 수 없게 하셨다 함을 바리새인들이 듣고 모였는데
35그 중의 한 율법사가 예수를 시험하여 묻되 36선생님 율법 중에서 어느 계명이 크니이까 37예
수께서 이르시되 네 마음을 다하고 목숨을 다하고 뜻을 다하여 주 너의 하나님을 사랑하라 하
셨으니 38이것이 크고 첫째 되는 계명이요 39둘째도 그와 같으니 네 이웃을 네 자신 같이 사랑
하라 하셨으니 40이 두 계명이 온 율법과 선지자의 강령이니라

막 12:28 서기관 중 한 사람이 그들이 변론하는 것을 듣고 예수께서 잘 대답하신 줄을 알고
나아와 묻되 모든 계명 중에 첫째가 무엇이니이까 29예수께서 대답하시되 첫째는 이것이니 이
스라엘아 들으라 주 곧 우리 하나님은 유일한 주시라 30네 마음을 다하고 목숨을 다하고 뜻을
다하고 힘을 다하여 주 너의 하나님을 사랑하라 하신 것이요 31둘째는 이것이니 네 이웃을 네
자신과 같이 사랑하라 하신 것이라 이보다 더 큰 계명이 없느니라 32서기관이 이르되 선생님
이여 옳소이다 하나님은 한 분이시요 그 외에 다른 이가 없다 하신 말씀이 참이니이다 33또 마
음을 다하고 지혜를 다하고 힘을 다하여 하나님을 사랑하는 것과 또 이웃을 자기 자신과 같이
사랑하는 것이 전체로 드리는 모든 번제물과 기타 제물보다 나으니이다 34예수께서 그가 지혜
있게 대답함을 보시고 이르시되 네가 하나님의 나라에서 멀지 않도다 하시니 그 후에 감히 묻
는 자가 없더라

눅 10:29-37 선한 사마리아인 비유

29그 사람이 자기를 옳게 보이려고 예수께 여짜오되 그러면 내 이웃이 누구니이까 30예수께서 대
답하여 이르시되 어떤 사람이 예루살렘에서 여리고로 내려가다가 강도를 만나매 강도들이 그 옷
을 벗기고 때려 거의 죽은 것을 버리고 갔더라 31마침 한 제사장이 그 길로 내려가다가 그를 보고
피하여 지나가고 32또 이와 같이 한 레위인도 그 곳에 이르러 그를 보고 피하여 지나가되 33어떤
사마리아 사람은 여행하는 중 거기 이르러 그를 보고 불쌍히 여겨 34가까이 가서 기름과 포도주를
그 상처에 붓고 싸매고 자기 짐승에 태워 주막으로 데리고 가서 돌보아 주니라 35그 이튿날 그가
주막 주인에게 데나리온 둘을 내어 주며 이르되 이 사람을 돌보아 주라 비용이 더 들면 내가 돌아
올 때에 갚으리라 하였으니 36네 생각에는 이 세 사람 중에 누가 강도 만난 자의 이웃이 되겠느냐

37이르되 자비를 베푼 자니이다 예수께서 이르시되 가서 너도 이와 같이 하라 하시니라

눅 10:38-42 마르다와 마리아

38그들이 길 갈 때에 예수께서 한 마을에 들어가시매 마르다라 이름하는 한 여자가 자기 집으로
영접하더라 39그에게 마리아라 하는 동생이 있어 주의 발치에 앉아 그의 말씀을 듣더니 40마르다
는 준비하는 일이 많아 마음이 분주한지라 예수께 나아가 이르되 주여 내 동생이 나 혼자 일하게
두는 것을 생각하지 아니하시나이까 그를 명하사 나를 도와 주라 하소서 41주께서 대답하여 이르
시되 마르다야 마르다야 네가 많은 일로 염려하고 근심하나 42몇 가지만 하든지 혹은 한 가지만이
라도 족하니라 마리아는 이 좋은 편을 택하였으니 빼앗기지 아니하리라 하시니라

눅 11:1-4 주기도문

1예수께서 한 곳에서 기도하시고 마치시매 제자 중 하나가 여짜오되 주여 요한이 자기 제자들에
게 기도를 가르친 것과 같이 우리에게도 가르쳐 주옵소서 2예수께서 이르시되 너희는 기도할 때
에 이렇게 하라 아버지여 이름이 거룩히 여김을 받으시오며 나라가 임하시오며 3우리에게 날마다
일용할 양식을 주시옵고 4우리가 우리에게 죄 지은 모든 사람을 용서하오니 우리 죄도 사하여 주
시옵고 우리를 시험에 들게 하지 마시옵소서 하라

마 6:9 그러므로 너희는 이렇게 기도하라 하늘에 계신 우리 아버지여 이름이 거룩히 여김을 받
으시오며 10나라가 임하시오며 뜻이 하늘에서 이루어진 것 같이 땅에서도 이루어지이다 11오
늘 우리에게 일용할 양식을 주시옵고 12우리가 우리에게 죄 지은 자를 사하여 준 것 같이 우리
죄를 사하여 주시옵고 13우리를 시험에 들게 하지 마시옵고 다만 악에서 구하시옵소서 (나라
와 권세와 영광이 아버지께 영원히 있사옵나이다 아멘)

눅 11:5-8 밤에 온 벗 비유

5또 이르시되 너희 중에 누가 벗이 있는데 밤중에 그에게 가서 말하기를 벗이여 떡 세 덩이를 내게
꾸어 달라 6내 벗이 여행중에 내게 왔으나 내가 먹일 것이 없노라 하면 7그가 안에서 대답하여 이

르되 나를 괴롭게 하지 말라 문이 이미 닫혔고 아이들이 나와 함께 침실에 누웠으니 일어나 네게 줄 수가 없노라 하겠느냐 [8]내가 너희에게 말하노니 비록 벗 됨으로 인하여서는 일어나서 주지 아니할지라도 그 간청함을 인하여 일어나 그 요구대로 주리라

눅 11:9-13 구하라, 찾으라, 두드리라

[9]내가 또 너희에게 이르노니 구하라 그러면 너희에게 주실 것이요 찾으라 그러면 찾아낼 것이요 문을 두드리라 그러면 너희에게 열릴 것이니 [10]구하는 이마다 받을 것이요 찾는 이는 찾아낼 것이요 두드리는 이에게는 열릴 것이니라 [11]너희 중에 아버지 된 자로서 누가 아들이 생선을 달라 하는데 생선 대신에 뱀을 주며 [12]알을 달라 하는데 전갈을 주겠느냐 [13]너희가 악할지라도 좋은 것을 자식에게 줄 줄 알거든 하물며 너희 하늘 아버지께서 구하는 자에게 성령을 주시지 않겠느냐 하시니라

마 7:7 구하라 그리하면 너희에게 주실 것이요 찾으라 그리하면 찾아낼 것이요 문을 두드리라 그리하면 너희에게 열릴 것이니 [8]구하는 이마다 받을 것이요 찾는 이는 찾아낼 것이요 두드리는 이에게는 열릴 것이니라 [9]너희 중에 누가 아들이 떡을 달라 하는데 돌을 주며 [10]생선을 달라 하는데 뱀을 줄 사람이 있겠느냐 [11]너희가 악한 자라도 좋은 것으로 자식에게 줄 줄 알거든 하물며 하늘에 계신 너희 아버지께서 구하는 자에게 좋은 것으로 주시지 않겠느냐

눅 11:14-23 바알세불 논쟁

[14]예수께서 한 말 못하게 하는 귀신을 쫓아내시니 귀신이 나가매 말 못하는 사람이 말하는지라 무리들이 놀랍게 여겼으나 [15]그 중에 더러는 말하기를 그가 귀신의 왕 바알세불을 힘입어 귀신을 쫓아낸다 하고 [16]또 더러는 예수를 시험하여 하늘로부터 오는 표적을 구하니 [17]예수께서 그들의 생각을 아시고 이르시되 스스로 분쟁하는 나라마다 황폐하여지며 스스로 분쟁하는 집은 무너지느니라 [18]너희 말이 내가 바알세불을 힘입어 귀신을 쫓아낸다 하니 만일 사탄이 스스로 분쟁하면 그의 나라가 어떻게 서겠느냐 [19]내가 바알세불을 힘입어 귀신을 쫓아내면 너희 아들들은 누구를 힘입어 쫓아내느냐 그러므로 그들이 너희 재판관이 되리라 [20]그러나 내가 만일 하나님의 손을 힘입어 귀신을 쫓아낸다면 하나님의 나라가 이미 너희에게 임하였느니라 [21]강한 자가 무장을 하고 자기 집을 지킬 때에는 그 소유가 안전하되 [22]더 강한 자가 와서 그를 굴복시킬 때에는 그가 믿던 무장을 빼앗고 그의 재물을 나누느니라 [23]나와 함께 하지 아니하는 자는 나를 반대하는 자요 나와 함께 모으지 아니하는 자는 헤치는 자니라

마 12:22 그 때에 귀신 들려 눈 멀고 말 못하는 사람을 데리고 왔거늘 예수께서 고쳐 주시매
그 말 못하는 사람이 말하며 보게 된지라 23무리가 다 놀라 이르되 이는 다윗의 자손이 아니냐
하니 24바리새인들은 듣고 이르되 이가 귀신의 왕 바알세불을 힘입지 않고는 귀신을 쫓아내지
못하느니라 하거늘 25예수께서 그들의 생각을 아시고 이르시되 스스로 분쟁하는 나라마다 황
폐하여질 것이요 스스로 분쟁하는 동네나 집마다 서지 못하리라 26만일 사탄이 사탄을 쫓아
내면 스스로 분쟁하는 것이니 그리하고야 어떻게 그의 나라가 서겠느냐 27또 내가 바알세불을
힘입어 귀신을 쫓아내면 너희의 아들들은 누구를 힘입어 쫓아내느냐 그러므로 그들이 너희의
재판관이 되리라 28그러나 내가 하나님의 성령을 힘입어 귀신을 쫓아내는 것이면 하나님의 나
라가 이미 너희에게 임하였느니라 29사람이 먼저 강한 자를 결박하지 않고서야 어떻게 그 강
한 자의 집에 들어가 그 세간을 강탈하겠느냐 결박한 후에야 그 집을 강탈하리라 30나와 함께
아니하는 자는 나를 반대하는 자요 나와 함께 모으지 아니하는 자는 헤치는 자니라 31그러므
로 내가 너희에게 이르노니 사람에 대한 모든 죄와 모독은 사하심을 얻되 성령을 모독하는 것
은 사하심을 얻지 못하겠고 32또 누구든지 말로 인자를 거역하면 사하심을 얻되 누구든지 말
로 성령을 거역하면 이 세상과 오는 세상에서도 사하심을 얻지 못하리라 33나무도 좋고 열매
도 좋다 하든지 나무도 좋지 않고 열매도 좋지 않다 하든지 하라 그 열매로 나무를 아느니라
34독사의 자식들아 너희는 악하니 어떻게 선한 말을 할 수 있느냐 이는 마음에 가득한 것을 입
으로 말함이라 35선한 사람은 그 쌓은 선에서 선한 것을 내고 악한 사람은 그 쌓은 악에서 악
한 것을 내느니라 36내가 너희에게 이르노니 사람이 무슨 무익한 말을 하든지 심판 날에 이에
대하여 심문을 받으리니 37네 말로 의롭다 함을 받고 네 말로 정죄함을 받으리라

막 3:22 예루살렘에서 내려온 서기관들은 그가 바알세불이 지폈다 하며 또 귀신의 왕을 힘입
어 귀신을 쫓아낸다 하니 23예수께서 그들을 불러다가 비유로 말씀하시되 사탄이 어찌 사탄을
쫓아낼 수 있느냐 24또 만일 나라가 스스로 분쟁하면 그 나라가 설 수 없고 25만일 집이 스스
로 분쟁하면 그 집이 설 수 없고 26만일 사탄이 자기를 거슬러 일어나 분쟁하면 설 수 없고 망
하느니라 27사람이 먼저 강한 자를 결박하지 않고는 그 강한 자의 집에 들어가 세간을 강탈하
지 못하리니 결박한 후에야 그 집을 강탈하리라 28내가 진실로 너희에게 이르노니 사람의 모
든 죄와 모든 모독하는 일은 사하심을 얻되 29누구든지 성령을 모독하는 자는 영원히 사하심
을 얻지 못하고 영원한 죄가 되느니라 하시니 30이는 그들이 말하기를 더러운 귀신이 들렸다
함이러라

눅 11:24-26 더러운 귀신의 귀환

24더러운 귀신이 사람에게서 나갔을 때에 물 없는 곳으로 다니며 쉬기를 구하되 얻지 못하고 이에
이르되 내가 나온 내 집으로 돌아가리라 하고 25가서 보니 그 집이 청소되고 수리되었거늘 26이에
가서 저보다 더 악한 귀신 일곱을 데리고 들어가서 거하니 그 사람의 나중 형편이 전보다 더 심하
게 되느니라

마 12:43 더러운 귀신이 사람에게서 나갔을 때에 물 없는 곳으로 다니며 쉬기를 구하되 쉴 곳
을 얻지 못하고 44이에 이르되 내가 나온 내 집으로 돌아가리라 하고 와 보니 그 집이 비고 청
소되고 수리되었거늘 45이에 가서 저보다 더 악한 귀신 일곱을 데리고 들어가서 거하니 그 사
람의 나중 형편이 전보다 더욱 심하게 되느니라 이 악한 세대가 또한 이렇게 되리라

눅 11:27-28 복 선포

27이 말씀을 하실 때에 무리 중에서 한 여자가 음성을 높여 이르되 당신을 밴 태와 당신을 먹인 젖
이 복이 있나이다 하니 28예수께서 이르시되 오히려 하나님의 말씀을 듣고 지키는 자가 복이 있느
니라 하시니라

눅 11:29-32 표적을 구함

29무리가 모였을 때에 예수께서 말씀하시되 이 세대는 악한 세대라 표적을 구하되 요나의 표적 밖
에는 보일 표적이 없나니 30요나가 니느웨 사람들에게 표적이 됨과 같이 인자도 이 세대에 그러
하리라 31심판 때에 남방 여왕이 일어나 이 세대 사람을 정죄하리니 이는 그가 솔로몬의 지혜로운
말을 들으려고 땅 끝에서 왔음이거니와 솔로몬보다 더 큰 이가 여기 있으며 32심판 때에 니느웨
사람들이 일어나 이 세대 사람을 정죄하리니 이는 그들이 요나의 전도를 듣고 회개하였음이거니
와 요나보다 더 큰 이가 여기 있느니라

마 12:38 그 때에 서기관과 바리새인 중 몇 사람이 말하되 선생님이여 우리에게 표적 보여주
시기를 원하나이다 39예수께서 대답하여 이르시되 악하고 음란한 세대가 표적을 구하나 선지
자 요나의 표적 밖에는 보일 표적이 없느니라 40요나가 밤낮 사흘 동안 큰 물고기 뱃속에 있었
던 것 같이 인자도 밤낮 사흘 동안 땅 속에 있으리라 41심판 때에 니느웨 사람들이 일어나 이
세대 사람을 정죄하리니 이는 그들이 요나의 전도를 듣고 회개하였음이거니와 요나보다 더 큰
이가 여기 있으며 42심판 때에 남방 여왕이 일어나 이 세대 사람을 정죄하리니 이는 그가 솔로
몬의 지혜로운 말을 들으려고 땅 끝에서 왔음이거니와 솔로몬보다 더 큰 이가 여기 있느니라

눅 11:16 또 더러는 예수를 시험하여 하늘로부터 오는 표적을 구하니

눅 11:33-36 등불(2)

33누구든지 등불을 켜서 움 속에나 말 아래에 두지 아니하고 등경 위에 두나니 이는 들어가는 자
로 그 빛을 보게 하려 함이라 34네 몸의 등불은 눈이라 네 눈이 성하면 온 몸이 밝을 것이요 만일
나쁘면 네 몸도 어두우리라 35그러므로 네 속에 있는 빛이 어둡지 아니한가 보라 36네 온 몸이 밝
아 조금도 어두운 데가 없으면 등불의 빛이 너를 비출 때와 같이 온전히 밝으리라 하시니라

마 6:22 눈은 몸의 등불이니 그러므로 네 눈이 성하면 온 몸이 밝을 것이요 23눈이 나쁘면 온
몸이 어두울 것이니 그러므로 네게 있는 빛이 어두우면 그 어둠이 얼마나 더하겠느냐

눅 11:37-44 바리새인 화 선포

37예수께서 말씀하실 때에 한 바리새인이 자기와 함께 점심 잡수시기를 청하므로 들어가 앉으셨
더니 38잡수시기 전에 손 씻지 아니하심을 그 바리새인이 보고 이상히 여기는지라 39주께서 이르
시되 너희 바리새인은 지금 잔과 대접의 겉은 깨끗이 하나 너희 속에는 탐욕과 악독이 가득하도다
40어리석은 자들아 겉을 만드신 이가 속도 만들지 아니하셨느냐 41그러나 그 안에 있는 것으로 구
제하라 그리하면 모든 것이 너희에게 깨끗하리라 42화 있을진저 너희 바리새인이여 너희가 박하
와 운향과 모든 채소의 십일조는 드리되 공의와 하나님께 대한 사랑은 버리는도다 그러나 이것도
행하고 저것도 버리지 말아야 할지니라 43화 있을진저 너희 바리새인이여 너희가 회당의 높은 자
리와 시장에서 문안 받는 것을 기뻐하는도다 44화 있을진저 너희여 너희는 평토장한 무덤 같아서
그 위를 밟는 사람이 알지 못하느니라

마 23:6 잔치의 윗자리와 회당의 높은 자리와 7시장에서 문안 받는 것과 사람에게 랍비라 칭
함을 받는 것을 좋아하느니라

마 23:23 화 있을진저 외식하는 서기관들과 바리새인들이여 너희가 박하와 회향과 근채의 십
일조는 드리되 율법의 더 중한 바 정의와 긍휼과 믿음은 버렸도다 그러나 이것도 행하고 저것
도 버리지 말아야 할지니라 24맹인 된 인도자여 하루살이는 걸러 내고 낙타는 삼키는도다 25화
있을진저 외식하는 서기관들과 바리새인들이여 잔과 대접의 겉은 깨끗이 하되 그 안에는 탐욕
과 방탕으로 가득하게 하는도다 26눈 먼 바리새인이여 너는 먼저 안을 깨끗이 하라 그리하면
겉도 깨끗하리라 27화 있을진저 외식하는 서기관들과 바리새인들이여 회칠한 무덤 같으니 겉
으로는 아름답게 보이나 그 안에는 죽은 사람의 뼈와 모든 더러운 것이 가득하도다 28이와 같
이 너희도 겉으로는 사람에게 옳게 보이되 안으로는 외식과 불법이 가득하도다

막 12:38 예수께서 가르치실 때에 이르시되 긴 옷을 입고 다니는 것과 시장에서 문안 받는 것
과 [39]회당의 높은 자리와 잔치의 윗자리를 원하는 서기관들을 삼가라 [40]그들은 과부의 가산을
삼키며 외식으로 길게 기도하는 자니 그 받는 판결이 더욱 중하리라 하시니라

눅 11:45-54 율법교사 화 선포

[45]한 율법교사가 예수께 대답하여 이르되 선생님 이렇게 말씀하시니 우리까지 모욕하심이니이다
[46]이르시되 화 있을진저 또 너희 율법교사여 지기 어려운 짐을 사람에게 지우고 너희는 한 손가락
도 이 짐에 대지 않는도다 [47]화 있을진저 너희는 선지자들의 무덤을 만드는도다 그들을 죽인 자도
너희 조상들이로다 [48]이와 같이 그들은 죽이고 너희는 무덤을 만드니 너희가 너희 조상의 행한 일
에 증인이 되어 옳게 여기는도다 [49]그러므로 하나님의 지혜가 일렀으되 내가 선지자와 사도들을
그들에게 보내리니 그 중에서 더러는 죽이며 또 박해하리라 하였느니라 [50]창세 이후로 흘린 모든
선지자의 피를 이 세대가 담당하되 [51]곧 아벨의 피로부터 제단과 성전 사이에서 죽임을 당한 사가
랴의 피까지 하리라 내가 너희에게 이르노니 과연 이 세대가 담당하리라 [52]화 있을진저 너희 율법
교사여 너희가 지식의 열쇠를 가져가서 너희도 들어가지 않고 또 들어가고자 하는 자도 막았느니
라 하시니라 [53]거기서 나오실 때에 서기관과 바리새인들이 거세게 달려들어 여러 가지 일을 따져
묻고 [54]그 입에서 나오는 말을 책잡고자 하여 노리고 있더라

마 23:4 또 무거운 짐을 묶어 사람의 어깨에 지우되 자기는 이것을 한 손가락으로도 움직이려
하지 아니하며

마 23:13 화 있을진저 외식하는 서기관들과 바리새인들이여 너희는 천국 문을 사람들 앞에서
닫고 너희도 들어가지 않고 들어가려 하는 자도 들어가지 못하게 하는도다

마 23:29 화 있을진저 외식하는 서기관들과 바리새인들이여 너희는 선지자들의 무덤을 만들
고 의인들의 비석을 꾸미며 이르되 [30]만일 우리가 조상 때에 있었더라면 우리는 그들이 선지
자의 피를 흘리는 데 참여하지 아니하였으리라 하니 [31]그러면 너희가 선지자를 죽인 자의 자
손임을 스스로 증명함이로다 [32]너희가 너희 조상의 분량을 채우라 [33]뱀들아 독사의 새끼들아
너희가 어떻게 지옥의 판결을 피하겠느냐 [34]그러므로 내가 너희에게 선지자들과 지혜 있는 자
들과 서기관들을 보내매 너희가 그 중에서 더러는 죽이거나 십자가에 못 박고 그 중에서 더러
는 너희 회당에서 채찍질하고 이 동네에서 저 동네로 따라다니며 박해하리라 [35]그러므로 의인
아벨의 피로부터 성전과 제단 사이에서 너희가 죽인 바라갸의 아들 사가랴의 피까지 땅 위에
서 흘린 의로운 피가 다 너희에게 돌아가리라 [36]내가 진실로 너희에게 이르노니 이것이 다 이
세대에 돌아가리라

눅 12:1-3 바리새인 누룩 주의

1그 동안에 무리 수만 명이 모여 서로 밟힐 만큼 되었더니 예수께서 먼저 제자들에게 말씀하여 이
르시되 바리새인들의 누룩 곧 외식을 주의하라 2감추인 것이 드러나지 않을 것이 없고 숨긴 것이
알려지지 않을 것이 없나니 3이러므로 너희가 어두운 데서 말한 모든 것이 광명한 데서 들리고 너
희가 골방에서 귀에 대고 말한 것이 지붕 위에서 전파되리라

막 4:21 또 그들에게 이르시되 사람이 등불을 가져오는 것은 말 아래에나 평상 아래에 두려
함이냐 등경 위에 두려 함이 아니냐 22드러내려 하지 않고는 숨긴 것이 없고 나타내려 하지 않
고는 감추인 것이 없느니라 23들을 귀 있는 자는 들으라

눅 12:4-7 두려워 말라

4내가 내 친구 너희에게 말하노니 몸을 죽이고 그 후에는 능히 더 못하는 자들을 두려워하지 말라
5마땅히 두려워할 자를 내가 너희에게 보이리니 곧 죽인 후에 또한 지옥에 던져 넣는 권세 있는 그
를 두려워하라 내가 참으로 너희에게 이르노니 그를 두려워하라 6참새 다섯 마리가 두 앗사리온
에 팔리는 것이 아니냐 그러나 하나님 앞에는 그 하나도 잊어버리시는 바 되지 아니하는도다 7너
희에게는 심지어 머리털까지도 다 세신 바 되었나니 두려워하지 말라 너희는 많은 참새보다 더 귀
하니라

마 10:24 제자가 그 선생보다, 또는 종이 그 상전보다 높지 못하나니 25제자가 그 선생 같고 종
이 그 상전 같으면 족하도다 집 주인을 바알세불이라 하였거든 하물며 그 집 사람들이랴 26그
런즉 그들을 두려워하지 말라 감추인 것이 드러나지 않을 것이 없고 숨은 것이 알려지지 않을
것이 없느니라 27내가 너희에게 어두운 데서 이르는 것을 광명한 데서 말하며 너희가 귓속말
로 듣는 것을 집 위에서 전파하라 28몸은 죽여도 영혼은 능히 죽이지 못하는 자들을 두려워하
지 말고 오직 몸과 영혼을 능히 지옥에 멸하실 수 있는 이를 두려워하라 29참새 두 마리가 한
앗사리온에 팔리지 않느냐 그러나 너희 아버지께서 허락하지 아니하시면 그 하나도 땅에 떨어
지지 아니하리라 30너희에게는 머리털까지 다 세신 바 되었나니 31두려워하지 말라 너희는 많
은 참새보다 귀하니라

눅 12:8-9 시인과 부인

[8]내가 또한 너희에게 말하노니 누구든지 사람 앞에서 나를 시인하면 인자도 하나님의 사자들 앞에서 그를 시인할 것이요 [9]사람 앞에서 나를 부인하는 자는 하나님의 사자들 앞에서 부인을 당하리라

마 10:32 누구든지 사람 앞에서 나를 시인하면 나도 하늘에 계신 내 아버지 앞에서 그를 시인할 것이요 [33]누구든지 사람 앞에서 나를 부인하면 나도 하늘에 계신 내 아버지 앞에서 그를 부인하리라

막 8:38 누구든지 이 음란하고 죄 많은 세대에서 나와 내 말을 부끄러워하면 인자도 아버지의 영광으로 거룩한 천사들과 함께 올 때에 그 사람을 부끄러워하리라

눅 12:10 성령 모독

[10]누구든지 말로 인자를 거역하면 사하심을 받으려니와 성령을 모독하는 자는 사하심을 받지 못하리라

마 12:31 그러므로 내가 너희에게 이르노니 사람에 대한 모든 죄와 모독은 사하심을 얻되 성령을 모독하는 것은 사하심을 얻지 못하겠고 [32]또 누구든지 말로 인자를 거역하면 사하심을 얻되 누구든지 말로 성령을 거역하면 이 세상과 오는 세상에서도 사하심을 얻지 못하리라

막 3:28 내가 진실로 너희에게 이르노니 사람의 모든 죄와 모든 모독하는 일은 사하심을 얻되 [29]누구든지 성령을 모독하는 자는 영원히 사하심을 얻지 못하고 영원한 죄가 되느니라 하시니

눅 12:11-12 성령의 대언

[11]사람이 너희를 회당이나 위정자나 권세 있는 자 앞에 끌고 가거든 어떻게 무엇으로 대답하며 무엇으로 말할까 염려하지 말라 [12]마땅히 할 말을 성령이 곧 그 때에 너희에게 가르치시리라 하시니라

마 10:19 너희를 넘겨 줄 때에 어떻게 또는 무엇을 말할까 염려하지 말라 그 때에 너희에게 할 말을 주시리니 [20]말하는 이는 너희가 아니라 너희 속에서 말씀하시는 이 곧 너희 아버지의 성

령이시니라

막 13:11 사람들이 너희를 끌어다가 넘겨 줄 때에 무슨 말을 할까 미리 염려하지 말고 무엇이
든지 그 때에 너희에게 주시는 그 말을 하라 말하는 이는 너희가 아니요 성령이시니라

눅 12:13-21 어리석은 부자 비유

13무리 중에 한 사람이 이르되 선생님 내 형을 명하여 유산을 나와 나누게 하소서 하니 14이르시
되 이 사람아 누가 나를 너희의 재판장이나 물건 나누는 자로 세웠느냐 하시고 15그들에게 이르시
되 삼가 모든 탐심을 물리치라 사람의 생명이 그 소유의 넉넉한 데 있지 아니하니라 하시고 16또
비유로 그들에게 말하여 이르시되 한 부자가 그 밭에 소출이 풍성하매 17심중에 생각하여 이르되
내가 곡식 쌓아 둘 곳이 없으니 어찌할까 하고 18또 이르되 내가 이렇게 하리라 내 곳간을 헐고 더
크게 짓고 내 모든 곡식과 물건을 거기 쌓아 두리라 19또 내가 내 영혼에게 이르되 영혼아 여러 해
쓸 물건을 많이 쌓아 두었으니 평안히 쉬고 먹고 마시고 즐거워하자 하리라 하되 20하나님은 이르
시되 어리석은 자여 오늘 밤에 네 영혼을 도로 찾으리니 그러면 네 준비한 것이 누구의 것이 되겠
느냐 하셨으니 21자기를 위하여 재물을 쌓아 두고 하나님께 대하여 부요하지 못한 자가 이와 같으
니라

눅 12:22-34 염려 대신 그의 나라를 구하라

22또 제자들에게 이르시되 그러므로 내가 너희에게 이르노니 너희 목숨을 위하여 무엇을 먹을까
몸을 위하여 무엇을 입을까 염려하지 말라 23목숨이 음식보다 중하고 몸이 의복보다 중하니라 24까
마귀를 생각하라 심지도 아니하고 거두지도 아니하며 골방도 없고 창고도 없으되 하나님이 기르
시나니 너희는 새보다 얼마나 더 귀하냐 25또 너희 중에 누가 염려함으로 그 키를 한 자라도 더할
수 있느냐 26그런즉 가장 작은 일도 하지 못하면서 어찌 다른 일들을 염려하느냐 27백합화를 생각
하여 보라 실도 만들지 않고 짜지도 아니하느니라 그러나 내가 너희에게 말하노니 솔로몬의 모든
영광으로도 입은 것이 이 꽃 하나만큼 훌륭하지 못하였느니라 28오늘 있다가 내일 아궁이에 던져
지는 들풀도 하나님이 이렇게 입히시거든 하물며 너희일까보냐 믿음이 작은 자들아 29너희는 무
엇을 먹을까 무엇을 마실까 하여 구하지 말며 근심하지도 말라 30이 모든 것은 세상 백성들이 구
하는 것이라 너희 아버지께서는 이런 것이 너희에게 있어야 할 것을 아시느니라 31다만 너희는 그
의 나라를 구하라 그리하면 이런 것들을 너희에게 더하시리라

마 6:25 그러므로 내가 너희에게 이르노니 목숨을 위하여 무엇을 먹을까 무엇을 마실까 몸을

위하여 무엇을 입을까 염려하지 말라 목숨이 음식보다 중하지 아니하며 몸이 의복보다 중하지
아니하냐 26공중의 새를 보라 심지도 않고 거두지도 않고 창고에 모아들이지도 아니하되 너희
하늘 아버지께서 기르시나니 너희는 이것들보다 귀하지 아니하냐 27너희 중에 누가 염려함으
로 그 키를 한 자라도 더할 수 있겠느냐 28또 너희가 어찌 의복을 위하여 염려하느냐 들의 백
합화가 어떻게 자라는가 생각하여 보라 수고도 아니하고 길쌈도 아니하느니라 29그러나 내가
너희에게 말하노니 솔로몬의 모든 영광으로도 입은 것이 이 꽃 하나만 같지 못하였느니라 30
오늘 있다가 내일 아궁이에 던져지는 들풀도 하나님이 이렇게 입히시거든 하물며 너희일까보
냐 믿음이 작은 자들아 31그러므로 염려하여 이르기를 무엇을 먹을까 무엇을 마실까 무엇을
입을까 하지 말라 32이는 다 이방인들이 구하는 것이라 너희 하늘 아버지께서 이 모든 것이 너
희에게 있어야 할 줄을 아시느니라 33그런즉 너희는 먼저 그의 나라와 그의 의를 구하라 그리
하면 이 모든 것을 너희에게 더하시리라 34그러므로 내일 일을 위하여 염려하지 말라 내일 일
은 내일이 염려할 것이요 한 날의 괴로움은 그 날로 족하니라

눅 12:32-34 하늘에 쌓은 보물

32적은 무리여 무서워 말라 너희 아버지께서 그 나라를 너희에게 주시기를 기뻐하시느니라 33너
희 소유를 팔아 구제하여 낡아지지 아니하는 배낭을 만들라 곧 하늘에 둔 바 다함이 없는 보물이
니 거기는 도둑도 가까이 하는 일이 없고 좀도 먹는 일이 없느니라 34너희 보물 있는 곳에는 너희
마음도 있으리라

마 6:19 너희를 위하여 보물을 땅에 쌓아 두지 말라 거기는 좀과 동록이 해하며 도둑이 구멍
을 뚫고 도둑질하느니라 20오직 너희를 위하여 보물을 하늘에 쌓아 두라 거기는 좀이나 동록
이 해하지 못하며 도둑이 구멍을 뚫지도 못하고 도둑질도 못하느니라 21네 보물 있는 그 곳에
는 네 마음도 있느니라

눅 12:35-40 도둑같이 오는 집 주인(인자의 오심) 비유

35허리에 띠를 띠고 등불을 켜고 서 있으라 36너희는 마치 그 주인이 혼인 집에서 돌아와 문을 두
드리면 곧 열어 주려고 기다리는 사람과 같이 되라 37주인이 와서 깨어 있는 것을 보면 그 종들은
복이 있으리로다 내가 진실로 너희에게 이르노니 주인이 띠를 띠고 그 종들을 자리에 앉히고 나
아와 수종들리라 38주인이 혹 이경에나 혹 삼경에 이르러서도 종들이 그같이 하고 있는 것을 보면
그 종들은 복이 있으리로다 39너희도 아는 바니 집 주인이 만일 도둑이 어느 때에 이를 줄 알았더
라면 그 집을 뚫지 못하게 하였으리라 40그러므로 너희도 준비하고 있으라 생각하지 않은 때에 인

자가 오리라 하시니라

마 24:43 너희도 아는 바니 만일 집 주인이 도둑이 어느 시각에 올 줄을 알았더라면 깨어 있어 그 집을 뚫지 못하게 하였으리라 44이러므로 너희도 준비하고 있으라 생각하지 않은 때에 인자가 오리라

눅 12:41-48 진실한 청지기(충성된 종과 악한 종) 비유

41베드로가 여짜오되 주께서 이 비유를 우리에게 하심이니이까 모든 사람에게 하심이니이까 42주께서 이르시되 지혜 있고 진실한 청지기가 되어 주인에게 그 집 종들을 맡아 때를 따라 양식을 나누어 줄 자가 누구냐 43주인이 이를 때에 그 종이 그렇게 하는 것을 보면 그 종은 복이 있으리로다 44내가 참으로 너희에게 이르노니 주인이 그 모든 소유를 그에게 맡기리라 45만일 그 종이 마음에 생각하기를 주인이 더디 오리라 하여 남녀 종들을 때리며 먹고 마시고 취하게 되면 46생각하지 않은 날 알지 못하는 시각에 그 종의 주인이 이르러 엄히 때리고 신실하지 아니한 자의 받는 벌에 처하리니 47주인의 뜻을 알고도 준비하지 아니하고 그 뜻대로 행하지 아니한 종은 많이 맞을 것이요 48알지 못하고 맞을 일을 행한 종은 적게 맞으리라 무릇 많이 받은 자에게는 많이 요구할 것이요 많이 맡은 자에게는 많이 달라 할 것이니라

마 24:45 충성되고 지혜 있는 종이 되어 주인에게 그 집 사람들을 맡아 때를 따라 양식을 나눠 줄 자가 누구냐 46주인이 올 때에 그 종이 이렇게 하는 것을 보면 그 종이 복이 있으리로다 47내가 진실로 너희에게 이르노니 주인이 그의 모든 소유를 그에게 맡기리라 48만일 그 악한 종이 마음에 생각하기를 주인이 더디 오리라 하여 49동료들을 때리며 술친구들과 더불어 먹고 마시게 되면 50생각하지 않은 날 알지 못하는 시각에 그 종의 주인이 이르러 51엄히 때리고 외식하는 자가 받는 벌에 처하리니 거기서 슬피 울며 이를 갈리라

눅 12:49-53 화평 대신 분쟁

49내가 불을 땅에 던지러 왔노니 이 불이 이미 붙었으면 내가 무엇을 원하리요 50나는 받을 세례가 있으니 그것이 이루어지기까지 나의 답답함이 어떠하겠느냐 51내가 세상에 화평을 주려고 온 줄로 아느냐 내가 너희에게 이르노니 아니라 도리어 분쟁하게 하려 함이로라 52이 후부터 한 집에 다섯 사람이 있어 분쟁하되 셋이 둘과, 둘이 셋과 하리니 53아버지가 아들과, 아들이 아버지와, 어머니가 딸과, 딸이 어머니와, 시어머니가 며느리와, 며느리가 시어머니와 분쟁하리라 하시니라

마 10:34 내가 세상에 화평을 주러 온 줄로 생각하지 말라 화평이 아니요 검을 주러 왔노라
35내가 온 것은 사람이 그 아버지와, 딸이 어머니와, 며느리가 시어머니와 불화하게 하려 함이
니 36사람의 원수가 자기 집안 식구리라 37아버지나 어머니를 나보다 더 사랑하는 자는 내게
합당하지 아니하고 아들이나 딸을 나보다 더 사랑하는 자도 내게 합당하지 아니하며 38또 자
기 십자가를 지고 나를 따르지 않는 자도 내게 합당하지 아니하니라 39자기 목숨을 얻는 자는
잃을 것이요 나를 위하여 자기 목숨을 잃는 자는 얻으리라

눅 12:54-56 시대 분간

54또 무리에게 이르시되 너희가 구름이 서쪽에서 이는 것을 보면 곧 말하기를 소나기가 오리라 하
나니 과연 그러하고 55남풍이 부는 것을 보면 말하기를 심히 더우리라 하나니 과연 그러하니라
56외식하는 자여 너희가 천지의 기상은 분간할 줄 알면서 어찌 이 시대는 분간하지 못하느냐

마 16:1 바리새인과 사두개인들이 와서 예수를 시험하여 하늘로부터 오는 표적 보이기를 청
하니 2예수께서 대답하여 이르시되 너희가 저녁에 하늘이 붉으면 날이 좋겠다 하고 3아침에
하늘이 붉고 흐리면 오늘은 날이 궂겠다 하나니 너희가 날씨는 분별할 줄 알면서 시대의 표적
은 분별할 수 없느냐 4악하고 음란한 세대가 표적을 구하나 요나의 표적 밖에는 보여 줄 표적
이 없느니라 하시고 그들을 떠나 가시니라

막 8:11 바리새인들이 나와서 예수를 힐난하며 그를 시험하여 하늘로부터 오는 표적을 구하
거늘 12예수께서 마음속으로 깊이 탄식하시며 이르시되 어찌하여 이 세대가 표적을 구하느냐
내가 진실로 너희에게 이르노니 이 세대에 표적을 주지 아니하리라 하시고 13그들을 떠나 다
시 배에 올라 건너편으로 가시니라

눅 12:57-59 화해하라

57또 어찌하여 옳은 것을 스스로 판단하지 아니하느냐 58네가 너를 고발하는 자와 함께 법관에게
갈 때에 길에서 화해하기를 힘쓰라 그가 너를 재판장에게 끌어 가고 재판장이 너를 옥졸에게 넘겨
주어 옥졸이 옥에 가둘까 염려하라 59네게 이르노니 한 푼이라도 남김이 없이 갚지 아니하고서는
결코 거기서 나오지 못하리라 하시니라

마 5:25 너를 고발하는 자와 함께 길에 있을 때에 급히 사화하라 그 고발하는 자가 너를 재판
관에게 내어 주고 재판관이 옥리에게 내어 주어 옥에 가둘까 염려하라 26진실로 네게 이르노

니 네가 한 푼이라도 남김이 없이 다 갚기 전에는 결코 거기서 나오지 못하리라

눅 13:1-5 회개하지 않으면 망하리라

[1]그 때 마침 두어 사람이 와서 빌라도가 어떤 갈릴리사람들의 피를 그들의 제물에 섞은 일로 예수
께 아뢰니 [2]대답하여 이르시되 너희는 이 갈릴리 사람들이 이같이 해 받으므로 다른 모든 갈릴리
사람보다 죄가 더 있는 줄 아느냐 [3]너희에게 이르노니 아니라 너희도 만일 회개하지 아니하면 다
이와 같이 망하리라 [4]또 실로암에서 망대가 무너져 치어 죽은 열여덟 사람이 예루살렘에 거한 다
른 모든 사람보다 죄가 더 있는 줄 아느냐 [5]너희에게 이르노니 아니라 너희도 만일 회개하지 아니
하면 다 이와 같이 망하리라

눅 13:6-9 무화과나무 비유(1)

[6]이에 비유로 말씀하시되 한 사람이 포도원에 무화과나무를 심은 것이 있더니 와서 그 열매를 구
하였으나 얻지 못한지라 [7]포도원지기에게 이르되 내가 삼 년을 와서 이 무화과나무에서 열매를
구하되 얻지 못하니 찍어버리라 어찌 땅만 버리게 하겠느냐 [8]대답하여 이르되 주인이여 금년에도
그대로 두소서 내가 두루 파고 거름을 주리니 [9]이 후에 만일 열매가 열면 좋거니와 그렇지 않으면
찍어버리소서 하였다 하시니라

눅 13:10-17 안식일 여인 치유 논쟁

[10]예수께서 안식일에 한 회당에서 가르치실 때에 [11]열여덟 해 동안이나 귀신 들려 앓으며 꼬부라
져 조금도 펴지 못하는 한 여자가 있더라 [12]예수께서 보시고 불러 이르시되 여자여 네가 네 병에
서 놓였다 하시고 [13]안수하시니 여자가 곧 펴고 하나님께 영광을 돌리는지라 [14]회당장이 예수께
서 안식일에 병 고치시는 것을 분 내어 무리에게 이르되 일할 날이 엿새가 있으니 그 동안에 와서
고침을 받을 것이요 안식일에는 하지 말 것이니라 하거늘 [15]주께서 대답하여 이르시되 외식하는
자들아 너희가 각각 안식일에 자기의 소나 나귀를 외양간에서 풀어내어 이끌고 가서 물을 먹이지
아니하느냐 [16]그러면 열여덟 해 동안 사탄에게 매인 바 된 이 아브라함의 딸을 안식일에 이 매임
에서 푸는 것이 합당하지 아니하냐 [17]예수께서 이 말씀을 하시매 모든 반대하는 자들은 부끄러워
하고 온 무리는 그가 하시는 모든 영광스러운 일을 기뻐하니라

눅 13:18-21 겨자씨와 누룩

18그러므로 예수께서 이르시되 하나님의 나라가 무엇과 같을까 내가 무엇으로 비교할까 19마치
사람이 자기 채소밭에 갖다 심은 겨자씨 한 알 같으니 자라 나무가 되어 공중의 새들이 그 가지에
깃들였느니라 20또 이르시되 내가 하나님의 나라를 무엇으로 비교할까 21마치 여자가 가루 서 말
속에 갖다 넣어 전부 부풀게 한 누룩과 같으니라 하셨더라

마 13:31 또 비유를 들어 이르시되 천국은 마치 사람이 자기 밭에 갖다 심은 겨자씨 한 알 같
으니 32이는 모든 씨보다 작은 것이로되 자란 후에는 풀보다 커서 나무가 되매 공중의 새들이
와서 그 가지에 깃들이느니라 33또 비유로 말씀하시되 천국은 마치 여자가 가루 서 말 속에 갖
다 넣어 전부 부풀게 한 누룩과 같으니라

막 4:30 또 이르시되 우리가 하나님의 나라를 어떻게 비교하며 또 무슨 비유로 나타낼까 31겨
자씨 한 알과 같으니 땅에 심길 때에는 땅 위의 모든 씨보다 작은 것이로되 32심긴 후에는 자
라서 모든 풀보다 커지며 큰 가지를 내나니 공중의 새들이 그 그늘에 깃들일 만큼 되느니라

눅 13:22-24 좁은 문

22예수께서 각 성 각 마을로 다니사 가르치시며 예루살렘으로 여행하시더니 23어떤 사람이 여짜
오되 주여 구원을 받는 자가 적으니이까 그들에게 이르시되 24좁은 문으로 들어가기를 힘쓰라 내
가 너희에게 이르노니 들어가기를 구하여도 못하는 자가 많으리라

마 7:13 좁은 문으로 들어가라 멸망으로 인도하는 문은 크고 그 길이 넓어 그리로 들어가는
자가 많고 14생명으로 인도하는 문은 좁고 길이 협착하여 찾는 자가 적음이라

눅 13:25-27 주여 열어 주소서

25집 주인이 일어나 문을 한 번 닫은 후에 너희가 밖에 서서 문을 두드리며 주여 열어 주소서 하면
그가 대답하여 이르되 나는 너희가 어디에서 온 자인지 알지 못하노라 하리니 26그 때에 너희가
말하되 우리는 주 앞에서 먹고 마셨으며 주는 또한 우리를 길거리에서 가르치셨나이다 하나 27그
가 너희에게 말하여 이르되 나는 너희가 어디에서 왔는지 알지 못하노라 행악하는 모든 자들아 나
를 떠나 가라 하리라

마 7:21 나더러 주여 주여 하는 자마다 다 천국에 들어갈 것이 아니요 다만 하늘에 계신 내 아
버지의 뜻대로 행하는 자라야 들어가리라 [22]그 날에 많은 사람이 나더러 이르되 주여 주여 우
리가 주의 이름으로 선지자 노릇 하며 주의 이름으로 귀신을 쫓아 내며 주의 이름으로 많은 권
능을 행하지 아니하였나이까 하리니 [23]그 때에 내가 그들에게 밝히 말하되 내가 너희를 도무
지 알지 못하니 불법을 행하는 자들아 내게서 떠나가라 하리라

눅 13:28-30 하나님 나라와 밖

[28]너희가 아브라함과 이삭과 야곱과 모든 선지자는 하나님 나라에 있고 오직 너희는 밖에 쫓겨난
것을 볼 때에 거기서 슬피 울며 이를 갈리라 [29]사람들이 동서남북으로부터 와서 하나님의 나라 잔
치에 참여하리니 [30]보라 나중 된 자로서 먼저 될 자도 있고 먼저 된 자로서 나중 될 자도 있느니라
하시더라

마 8:11 또 너희에게 이르노니 동 서로부터 많은 사람이 이르러 아브라함과 이삭과 야곱과 함
께 천국에 앉으려니와 [12]그 나라의 본 자손들은 바깥 어두운 데 쫓겨나 거기서 울며 이를 갈게
되리라

눅 13:31-33 헤롯의 음모 제보

[31]곧 그 때에 어떤 바리새인들이 나아와서 이르되 나가서 여기를 떠나소서 헤롯이 당신을 죽이고
자 하나이다 [32]이르시되 너희는 가서 저 여우에게 이르되 오늘과 내일은 내가 귀신을 쫓아내며 병
을 고치다가 제삼일에는 완전하여지리라 하라 [33]그러나 오늘과 내일과 모레는 내가 갈 길을 가야
하리니 선지자가 예루살렘 밖에서는 죽는 법이 없느니라

눅 13:34-35 예루살렘 애가

[34]예루살렘아 예루살렘아 선지자들을 죽이고 네게 파송된 자들을 돌로 치는 자여 암탉이 제 새끼
를 날개 아래에 모음 같이 내가 너희의 자녀를 모으려 한 일이 몇 번이냐 그러나 너희가 원하지 아
니하였도다 [35]보라 너희 집이 황폐하여 버린 바 되리라 내가 너희에게 이르노니 너희가 주의 이름
으로 오시는 이를 찬송하리로다 할 때까지는 나를 보지 못하리라 하시니라

마 23:37 예루살렘아 예루살렘아 선지자들을 죽이고 네게 파송된 자들을 돌로 치는 자여 암
탉이 그 새끼를 날개 아래에 모음 같이 내가 네 자녀를 모으려 한 일이 몇 번이더냐 그러나 너
희가 원하지 아니하였도다 38보라 너희 집이 황폐하여 버려진 바 되리라 39내가 너희에게 이르
노니 이제부터 너희는 찬송하리로다 주의 이름으로 오시는 이여 할 때까지 나를 보지 못하리
라 하시니라

눅 14:1-6 안식일 수종병 환자 치유

1안식일에 예수께서 한 바리새인 지도자의 집에 떡 잡수시러 들어가시니 그들이 엿보고 있더라
2주의 앞에 수종병 든 한 사람이 있는지라 3예수께서 대답하여 율법교사들과 바리새인들에게 이
르시되 안식일에 병 고쳐 주는 것이 합당하냐 아니하냐 4그들이 잠잠하거늘 예수께서 그 사람을
데려다가 고쳐 보내시고 5또 그들에게 이르시되 너희 중에 누가 그 아들이나 소가 우물에 빠졌으
면 안식일에라도 곧 끌어내지 않겠느냐 하시니 6그들이 이에 대하여 대답하지 못하니라

눅 14:7-14 혼인 잔치 비유

7청함을 받은 사람들이 높은 자리 택함을 보시고 그들에게 비유로 말씀하여 이르시되 8네가 누구
에게나 혼인 잔치에 청함을 받았을 때에 높은 자리에 앉지 말라 그렇지 않으면 너보다 더 높은 사
람이 청함을 받은 경우에 9너와 그를 청한 자가 와서 너더러 이 사람에게 자리를 내주라 하리니 그
때에 네가 부끄러워 끝자리로 가게 되리라 10청함을 받았을 때에 차라리 가서 끝자리에 앉으라 그
러면 너를 청한 자가 와서 너더러 벗이여 올라 앉으라 하리니 그 때에야 함께 앉은 모든 사람 앞에
서 영광이 있으리라 11무릇 자기를 높이는 자는 낮아지고 자기를 낮추는 자는 높아지리라 12또 자
기를 청한 자에게 이르시되 네가 점심이나 저녁이나 베풀거든 벗이나 형제나 친척이나 부한 이웃
을 청하지 말라 두렵건대 그 사람들이 너를 도로 청하여 네게 갚음이 될까 하노라 13잔치를 베풀
거든 차라리 가난한 자들과 몸 불편한 자들과 저는 자들과 맹인들을 청하라 14그리하면 그들이 갚
을 것이 없으므로 네게 복이 되리니 이는 의인들의 부활시에 네가 갚음을 받겠음이라 하시더라

눅 14:15-24 큰 잔치 비유

15함께 먹는 사람 중의 하나가 이 말을 듣고 이르되 무릇 하나님의 나라에서 떡을 먹는 자는 복되

도다 하니 16이르시되 어떤 사람이 큰 잔치를 베풀고 많은 사람을 청하였더니 17잔치할 시각에 그
청하였던 자들에게 종을 보내어 이르되 오소서 모든 것이 준비되었나이다 하매 18다 일치하게 사
양하여 한 사람은 이르되 나는 밭을 샀으매 아무래도 나가 보아야 하겠으니 청컨대 나를 양해하도
록 하라 하고 19또 한 사람은 이르되 나는 소 다섯 겨리를 샀으매 시험하러 가니 청컨대 나를 양해
하도록 하라 하고 20또 한 사람은 이르되 나는 장가 들었으니 그러므로 가지 못하겠노라 하는지라
21종이 돌아와 주인에게 그대로 고하니 이에 집 주인이 노하여 그 종에게 이르되 빨리 시내의 거
리와 골목으로 나가서 가난한 자들과 몸 불편한 자들과 맹인들과 저는 자들을 데려오라 하니라 22
종이 이르되 주인이여 명하신 대로 하였으되 아직도 자리가 있나이다 23주인이 종에게 이르되 길
과 산울타리 가로 나가서 사람을 강권하여 데려다가 내 집을 채우라 24내가 너희에게 말하노니 전
에 청하였던 그 사람들은 하나도 내 잔치를 맛보지 못하리라 하였다 하시니라

마 22:1 예수께서 다시 비유로 대답하여 이르시되 2천국은 마치 자기 아들을 위하여 혼인 잔
치를 베푼 어떤 임금과 같으니 3그 종들을 보내어 그 청한 사람들을 혼인 잔치에 오라 하였더
니 오기를 싫어하거늘 4다시 다른 종들을 보내며 이르되 청한 사람들에게 이르기를 내가 오찬
을 준비하되 나의 소와 살진 짐승을 잡고 모든 것을 갖추었으니 혼인 잔치에 오소서 하라 하였
더니 5그들이 돌아 보지도 않고 한 사람은 자기 밭으로, 한 사람은 자기 사업하러 가고 6그 남은
자들은 종들을 잡아 모욕하고 죽이니 7임금이 노하여 군대를 보내어 그 살인한 자들을 진멸하
고 그 동네를 불사르고 8이에 종들에게 이르되 혼인 잔치는 준비되었으나 청한 사람들은 합당
하지 아니하니 9네거리 길에 가서 사람을 만나는 대로 혼인 잔치에 청하여 오라 한 대 10종들
이 길에 나가 악한 자나 선한 자나 만나는 대로 모두 데려오니 혼인 잔치에 손님들이 가득한지
라 11임금이 손님들을 보러 들어올새 거기서 예복을 입지 않은 한 사람을 보고 12이르되 친구
여 어찌하여 예복을 입지 않고 여기 들어왔느냐 하니 그가 아무 말도 못하거늘 13임금이 사환
들에게 말하되 그 손발을 묶어 바깥 어두운 데에 내던지라 거기서 슬피 울며 이를 갈게 되리라
하니라 14청함을 받은 자는 많되 택함을 입은 자는 적으니라

눅 14:25-33 제자도

25수많은 무리가 함께 갈새 예수께서 돌이키사 이르시되 26무릇 내게 오는 자가 자기 부모와 처자
와 형제와 자매와 더욱이 자기 목숨까지 미워하지 아니하면 능히 내 제자가 되지 못하고 27누구든
지 자기 십자가를 지고 나를 따르지 않는 자도 능히 내 제자가 되지 못하리라 28너희 중의 누가 망
대를 세우고자 할진대 자기의 가진 것이 준공하기까지에 족할는지 먼저 앉아 그 비용을 계산하지
아니하겠느냐 29그렇게 아니하여 그 기초만 쌓고 능히 이루지 못하면 보는 자가 다 비웃어 30이르
되 이 사람이 공사를 시작하고 능히 이루지 못하였다 하리라 31또 어떤 임금이 다른 임금과 싸우러
갈 때에 먼저 앉아 일만 명으로써 저 이만 명을 거느리고 오는 자를 대적할 수 있을까 헤아리지 아

니하겠느냐 [32]만일 못할 터이면 그가 아직 멀리 있을 때에 사신을 보내어 화친을 청할지니라 [33]이
와 같이 너희 중의 누구든지 자기의 모든 소유를 버리지 아니하면 능히 내 제자가 되지 못하리라

마 16:24 이에 예수께서 제자들에게 이르시되 누구든지 나를 따라오려거든 자기를 부인하고 자기 십자가를 지고 나를 따를 것이니라

막 8:34 무리와 제자들을 불러 이르시되 누구든지 나를 따라오려거든 자기를 부인하고 자기 십자가를 지고 나를 따를 것이니라

눅 14:34-35 소금

[34]소금이 좋은 것이나 소금도 만일 그 맛을 잃으면 무엇으로 짜게 하리요 [35]땅에도, 거름에도 쓸
데 없어 내버리느니라 들을 귀가 있는 자는 들을지어다 하시니라

마 5:13 너희는 세상의 소금이니 소금이 만일 그 맛을 잃으면 무엇으로 짜게 하리요 후에는 아무 쓸 데 없어 다만 밖에 버려져 사람에게 밟힐 뿐이니라

막 9:50 소금은 좋은 것이로되 만일 소금이 그 맛을 잃으면 무엇으로 이를 짜게 하리요 너희 속에 소금을 두고 서로 화목하라 하시니라

눅 15:1-7 잃은 양 비유

[1]모든 세리와 죄인들이 말씀을 들으러 가까이 나아오니 [2]바리새인과 서기관들이 수군거려 이르
되 이 사람이 죄인을 영접하고 음식을 같이 먹는다 하더라 [3]예수께서 그들에게 이 비유로 이르시
되 [4]너희 중에 어떤 사람이 양 백 마리가 있는데 그 중의 하나를 잃으면 아흔아홉 마리를 들에 두
고 그 잃은 것을 찾아내기까지 찾아다니지 아니하겠느냐 [5]또 찾아낸즉 즐거워 어깨에 메고 [6]집에
와서 그 벗과 이웃을 불러 모으고 말하되 나와 함께 즐기자 나의 잃은 양을 찾아내었노라 하리라
[7]내가 너희에게 이르노니 이와 같이 죄인 한 사람이 회개하면 하늘에서는 회개할 것 없는 의인 아
흔아홉으로 말미암아 기뻐하는 것보다 더하리라

눅 15:8-10 잃은 동전 비유

8어떤 여자가 열 드라크마가 있는데 하나를 잃으면 등불을 켜고 집을 쓸며 찾아내기까지 부지런
히 찾지 아니하겠느냐 9또 찾아낸즉 벗과 이웃을 불러 모으고 말하되 나와 함께 즐기자 잃은 드라
크마를 찾아내었노라 하리라 10내가 너희에게 이르노니 이와 같이 죄인 한 사람이 회개하면 하나
님의 사자들 앞에 기쁨이 되느니라

눅 15:11-32 잃은 아들(탕자) 비유

11또 이르시되 어떤 사람에게 두 아들이 있는데 12그 둘째가 아버지에게 말하되 아버지여 재산 중
에서 내게 돌아올 분깃을 내게 주소서 하는지라 아버지가 그 살림을 각각 나눠 주었더니 13그 후
며칠이 안 되어 둘째 아들이 재물을 다 모아 가지고 먼 나라에 가 거기서 허랑방탕하여 그 재산을
낭비하더니 14다 없앤 후 그 나라에 크게 흉년이 들어 그가 비로소 궁핍한지라 15가서 그 나라 백
성 중 한 사람에게 붙여 사니 그가 그를 들로 보내어 돼지를 치게 하였는데 16그가 돼지 먹는 쥐엄
열매로 배를 채우고자 하되 주는 자가 없는지라 17이에 스스로 돌이켜 이르되 내 아버지에게는 양
식이 풍족한 품꾼이 얼마나 많은가 나는 여기서 주려 죽는구나 18내가 일어나 아버지께 가서 이르
기를 아버지 내가 하늘과 아버지께 죄를 지었사오니 19지금부터는 아버지의 아들이라 일컬음을 감
당하지 못하겠나이다 나를 품꾼의 하나로 보소서 하리라 하고 20이에 일어나서 아버지께로 돌아
가니라 아직도 거리가 먼데 아버지가 그를 보고 측은히 여겨 달려가 목을 안고 입을 맞추니 21아
들이 이르되 아버지 내가 하늘과 아버지께 죄를 지었사오니 지금부터는 아버지의 아들이라 일컬
음을 감당하지 못하겠나이다 하나 22아버지는 종들에게 이르되 제일 좋은 옷을 내어다가 입히고
손에 가락지를 끼우고 발에 신을 신기라 23그리고 살진 송아지를 끌어다가 잡으라 우리가 먹고 즐
기자 24이 내 아들은 죽었다가 다시 살아났으며 내가 잃었다가 다시 얻었노라 하니 그들이 즐거
워하더라 25맏아들은 밭에 있다가 돌아와 집에 가까이 왔을 때에 풍악과 춤추는 소리를 듣고 26한
종을 불러 이 무슨 일인가 물은대 27대답하되 당신의 동생이 돌아왔으매 당신의 아버지가 건강한
그를 다시 맞아들이게 됨으로 인하여 살진 송아지를 잡았나이다 하니 28그가 노하여 들어가고자
하지 아니하거늘 아버지가 나와서 권한대 29아버지께 대답하여 이르되 내가 여러 해 아버지를 섬
겨 명을 어김이 없거늘 내게는 염소 새끼라도 주어 나와 내 벗으로 즐기게 하신 일이 없더니 30아
버지의 살림을 창녀들과 함께 삼켜 버린 이 아들이 돌아오매 이를 위하여 살진 송아지를 잡으셨나
이다 31아버지가 이르되 얘 너는 항상 나와 함께 있으니 내 것이 다 네 것이로되 32이 네 동생은 죽
었다가 살아났으며 내가 잃었다가 얻었기로 우리가 즐거워하고 기뻐하는 것이 마땅하다 하니라

눅 16:1-12 불의한 청지기 비유

[1]또한 제자들에게 이르시되 어떤 부자에게 청지기가 있는데 그가 주인의 소유를 낭비한다는 말이
그 주인에게 들린지라 [2]주인이 그를 불러 이르되 내가 네게 대하여 들은 이 말이 어찌 됨이냐 네가
보던 일을 셈하라 청지기 직무를 계속하지 못하리라 하니 [3]청지기가 속으로 이르되 주인이 내 직
분을 빼앗으니 내가 무엇을 할까 땅을 파자니 힘이 없고 빌어 먹자니 부끄럽구나 [4]내가 할 일을 알
았도다 이렇게 하면 직분을 빼앗긴 후에 사람들이 나를 자기 집으로 영접하리라 하고 [5]주인에게
빚진 자를 일일이 불러다가 먼저 온 자에게 이르되 네가 내 주인에게 얼마나 빚졌느냐 [6]말하되 기
름 백 말이니이다 이르되 여기 네 증서를 가지고 빨리 앉아 오십이라 쓰라 하고 [7]또 다른 이에게 이
르되 너는 얼마나 빚졌느냐 이르되 밀 백 석이니이다 이르되 여기 네 증서를 가지고 팔십이라 쓰
라 하였는지라 [8]주인이 이 옳지 않은 청지기가 일을 지혜 있게 하였으므로 칭찬하였으니 이 세대
의 아들들이 자기 시대에 있어서는 빛의 아들들보다 더 지혜로움이니라 [9]내가 너희에게 말하노니
불의의 재물로 친구를 사귀라 그리하면 그 재물이 없어질 때에 그들이 너희를 영주할 처소로 영접
하리라 [10]지극히 작은 것에 충성된 자는 큰 것에도 충성되고 지극히 작은 것에 불의한 자는 큰 것
에도 불의하니라 [11]너희가 만일 불의한 재물에도 충성하지 아니하면 누가 참된 것으로 너희에게
맡기겠느냐 [12]너희가 만일 남의 것에 충성하지 아니하면 누가 너희의 것을 너희에게 주겠느냐

눅 16:13-15 하나님과 재물

[13]집 하인이 두 주인을 섬길 수 없나니 혹 이를 미워하고 저를 사랑하거나 혹 이를 중히 여기고 저
를 경히 여길 것임이니라 너희는 하나님과 재물을 겸하여 섬길 수 없느니라 [14]바리새인들은 돈을
좋아하는 자들이라 이 모든 것을 듣고 비웃거늘 [15]예수께서 이르시되 너희는 사람 앞에서 스스로
옳다 하는 자들이나 너희 마음을 하나님께서 아시나니 사람 중에 높임을 받는 그것은 하나님 앞에
미움을 받는 것이니라

마 6:24 한 사람이 두 주인을 섬기지 못할 것이니 혹 이를 미워하고 저를 사랑하거나 혹 이를 중히 여기고 저를 경히 여김이라 너희가 하나님과 재물을 겸하여 섬기지 못하느니라

눅 16:16 세례 요한의 때

[16]율법과 선지자는 요한의 때까지요 그 후부터는 하나님 나라의 복음이 전파되어 사람마다 그리
로 침입하느니라

마 11:12 세례 요한의 때부터 지금까지 천국은 침노를 당하나니 침노하는 자는 빼앗느니라 [13]모든 선지자와 율법이 예언한 것은 요한까지니

눅 16:17 율법의 한 획

[17]그러나 율법의 한 획이 떨어짐보다 천지가 없어짐이 쉬우리라

마 5:18 진실로 너희에게 이르노니 천지가 없어지기 전에는 율법의 일점 일획도 결코 없어지지 아니하고 다 이루리라

눅 16:18 이혼

[18]무릇 자기 아내를 버리고 다른 데 장가 드는 자도 간음함이요 무릇 버림당한 여자에게 장가드는 자도 간음함이니라

마 19:9 내가 너희에게 말하노니 누구든지 음행한 이유 외에 아내를 버리고 다른 데 장가 드는 자는 간음함이니라

막 10:11 이르시되 누구든지 그 아내를 버리고 다른 데에 장가 드는 자는 본처에게 간음을 행함이요 [12]또 아내가 남편을 버리고 다른 데로 시집 가면 간음을 행함이니라

눅 16:19-31 부자와 나사로

[19]한 부자가 있어 자색 옷과 고운 베옷을 입고 날마다 호화롭게 즐기더라 [20]그런데 나사로라 이름
하는 한 거지가 헌데 투성이로 그의 대문 앞에 버려진 채 [21]그 부자의 상에서 떨어지는 것으로 배
불리려 하매 심지어 개들이 와서 그 헌데를 핥더라 [22]이에 그 거지가 죽어 천사들에게 받들려 아
브라함의 품에 들어가고 부자도 죽어 장사되매 [23]그가 음부에서 고통중에 눈을 들어 멀리 아브라
함과 그의 품에 있는 나사로를 보고 [24]불러 이르되 아버지 아브라함이여 나를 긍휼히 여기사 나사
로를 보내어 그 손가락 끝에 물을 찍어 내 혀를 서늘하게 하소서 내가 이 불꽃 가운데서 괴로워하
나이다 [25]아브라함이 이르되 얘 너는 살았을 때에 좋은 것을 받았고 나사로는 고난을 받았으니 이
것을 기억하라 이제 그는 여기서 위로를 받고 너는 괴로움을 받느니라 [26]그뿐 아니라 너희와 우리

사이에 큰 구렁텅이가 놓여 있어 여기서 너희에게 건너가고자 하되 갈 수 없고 거기서 우리에게
건너올 수도 없게 하였느니라 27이르되 그러면 아버지여 구하노니 나사로를 내 아버지의 집에 보
내소서 28내 형제 다섯이 있으니 그들에게 증언하게 하여 그들로 이 고통 받는 곳에 오지 않게 하
소서 29아브라함이 이르되 그들에게 모세와 선지자들이 있으니 그들에게 들을지니라 30이르되 그
렇지 아니하니이다 아버지 아브라함이여 만일 죽은 자에게서 그들에게 가는 자가 있으면 회개하
리이다 31이르되 모세와 선지자들에게 듣지 아니하면 비록 죽은 자 가운데서 살아나는 자가 있을
지라도 권함을 받지 아니하리라 하였다 하시니라

눅 17:1-2 작은 자 실족

1예수께서 제자들에게 이르시되 실족하게 하는 것이 없을 수는 없으나 그렇게 하게 하는 자에게
는 화로다 2그가 이 작은 자 중의 하나를 실족하게 할진대 차라리 연자맷돌이 그 목에 매여 바다에
던져지는 것이 나으리라

마 18:6 누구든지 나를 믿는 이 작은 자 중 하나를 실족하게 하면 차라리 연자 맷돌이 그 목에
달려서 깊은 바다에 빠뜨려지는 것이 나으니라 7실족하게 하는 일들이 있음으로 말미암아 세
상에 화가 있도다 실족하게 하는 일이 없을 수는 없으나 실족하게 하는 그 사람에게는 화가 있
도다

막 9:42 또 누구든지 나를 믿는 이 작은 자들 중 하나라도 실족하게 하면 차라리 연자맷돌이 그 목에 매여 바다에 던져지는 것이 나으리라

눅 17:3-4 형제 용서

3너희는 스스로 조심하라 만일 네 형제가 죄를 범하거든 경고하고 회개하거든 용서하라 4만일 하
루에 일곱 번이라도 네게 죄를 짓고 일곱 번 네게 돌아와 내가 회개하노라 하거든 너는 용서하라
하시더라

마 18:21 그 때에 베드로가 나아와 이르되 주여 형제가 내게 죄를 범하면 몇 번이나 용서하여
주리이까 일곱 번까지 하오리이까 22예수께서 이르시되 네게 이르노니 일곱 번뿐 아니라 일곱
번을 일흔 번까지라도 할지니라

눅 17:5-6 겨자씨 한 알만한 믿음

5사도들이 주께 여짜오되 우리에게 믿음을 더하소서 하니 6주께서 이르시되 너희에게 겨자씨 한
알만한 믿음이 있었더라면 이 뽕나무더러 뿌리가 뽑혀 바다에 심기어라 하였을 것이요 그것이 너
희에게 순종하였으리라

마 21:21 예수께서 대답하여 이르시되 내가 진실로 너희에게 이르노니 만일 너희가 믿음이 있고 의심하지 아니하면 이 무화과나무에게 된 이런 일만 할 뿐 아니라 이 산더러 들려 바다에 던져지라 하여도 될 것이요 22너희가 기도할 때에 무엇이든지 믿고 구하는 것은 다 받으리라 하시니라

눅 17:7-10 무익한 종

7너희 중 누구에게 밭을 갈거나 양을 치거나 하는 종이 있어 밭에서 돌아오면 그더러 곧 와 앉아서
먹으라 말할 자가 있느냐 8도리어 그더러 내 먹을 것을 준비하고 띠를 띠고 내가 먹고 마시는 동안
에 수종들고 너는 그 후에 먹고 마시라 하지 않겠느냐 9명한 대로 하였다고 종에게 감사하겠느냐
10이와 같이 너희도 명령 받은 것을 다 행한 후에 이르기를 우리는 무익한 종이라 우리가 하여야
할 일을 한 것뿐이라 할지니라

눅 17:11-19 나병환자 열 명 치유

11예수께서 예루살렘으로 가실 때에 사마리아와 갈릴리 사이로 지나가시다가 12한 마을에 들어가
시니 나병환자 열 명이 예수를 만나 멀리 서서 13소리를 높여 이르되 예수 선생님이여 우리를 불
쌍히 여기소서 하거늘 14보시고 이르시되 가서 제사장들에게 너희 몸을 보이라 하셨더니 그들이
가다가 깨끗함을 받은지라 15그 중의 한 사람이 자기가 나은 것을 보고 큰 소리로 하나님께 영광
을 돌리며 돌아와 16예수의 발 아래에 엎드리어 감사하니 그는 사마리아 사람이라 17예수께서 대
답하여 이르시되 열 사람이 다 깨끗함을 받지 아니하였느냐 그 아홉은 어디 있느냐 18이 이방인
외에는 하나님께 영광을 돌리러 돌아온 자가 없느냐 하시고 19그에게 이르시되 일어나 가라 네 믿
음이 너를 구원하였느니라 하시더라

눅 17:20-24 하나님 나라는 너희 안에

20바리새인들이 하나님의 나라가 어느 때에 임하나이까 묻거늘 예수께서 대답하여 이르시되 하나
님의 나라는 볼 수 있게 임하는 것이 아니요 21또 여기 있다 저기 있다고도 못하리니 하나님의 나
라는 너희 안에 있느니라 22또 제자들에게 이르시되 때가 이르리니 너희가 인자의 날 하루를 보고
자 하되 보지 못하리라 23사람이 너희에게 말하되 보라 저기 있다 보라 여기 있다 하리라 그러나
너희는 가지도 말고 따르지도 말라 24번개가 하늘 아래 이쪽에서 번쩍이어 하늘 아래 저쪽까지 비
침같이 인자도 자기 날에 그러하리라

마 24:23 그 때에 사람이 너희에게 말하되 보라 그리스도가 여기 있다 혹은 저기 있다 하여도
믿지 말라 24거짓 그리스도들과 거짓 선지자들이 일어나 큰 표적과 기사를 보여 할 수만 있으
면 택하신 자들도 미혹하리라 25보라 내가 너희에게 미리 말하였노라 26그러면 사람들이 너희
에게 말하되 보라 그리스도가 광야에 있다 하여도 나가지 말고 보라 골방에 있다 하여도 믿지
말라 27번개가 동편에서 나서 서편까지 번쩍임 같이 인자의 임함도 그러하리라 28주검이 있는
곳에는 독수리들이 모일 것이니라

눅 17:25-37 인자의 때

25그러나 그가 먼저 많은 고난을 받으며 이 세대에게 버린 바 되어야 할지니라 26노아의 때에 된
것과 같이 인자의 때에도 그러하리라 27노아가 방주에 들어가던 날까지 사람들이 먹고 마시고 장
가 들고 시집 가더니 홍수가 나서 그들을 다 멸망시켰으며 28또 롯의 때와 같으리니 사람들이 먹
고 마시고 사고 팔고 심고 집을 짓더니 29롯이 소돔에서 나가던 날에 하늘로부터 불과 유황이 비
오듯 하여 그들을 멸망시켰느니라 30인자가 나타나는 날에도 이러하리라 31그 날에 만일 사람이
지붕 위에 있고 그의 세간이 그 집 안에 있으면 그것을 가지러 내려가지 말 것이요 밭에 있는 자도
그와 같이 뒤로 돌이키지 말 것이니라 32롯의 처를 기억하라 33무릇 자기 목숨을 보전하고자 하는
자는 잃을 것이요 잃는 자는 살리리라 34내가 너희에게 이르노니 그 밤에 둘이 한 자리에 누워 있
으매 하나는 데려감을 얻고 하나는 버려둠을 당할 것이요 35두 여자가 함께 맷돌을 갈고 있으매
하나는 데려감을 얻고 하나는 버려둠을 당할 것이니라 36(없음) 37그들이 대답하여 이르되 주여
어디오니이까 이르시되 주검 있는 곳에는 독수리가 모이느니라 하시니라

마 24:37 노아의 때와 같이 인자의 임함도 그러하리라 38홍수 전에 노아가 방주에 들어가던
날까지 사람들이 먹고 마시고 장가 들고 시집 가고 있으면서 39홍수가 나서 그들을 다 멸하기
까지 깨닫지 못하였으니 인자의 임함도 이와 같으리라 40그 때에 두 사람이 밭에 있으매 한 사
람은 데려가고 한 사람은 버려둠을 당할 것이요 41두 여자가 맷돌질을 하고 있으매 한 사람은

데려가고 한 사람은 버려둠을 당할 것이니라

눅 18:1-8 불의한 재판장 비유

1예수께서 그들에게 항상 기도하고 낙심하지 말아야 할 것을 비유로 말씀하여 2이르시되 어떤 도
시에 하나님을 두려워하지 않고 사람을 무시하는 한 재판장이 있는데 3그 도시에 한 과부가 있어
자주 그에게 가서 내 원수에 대한 나의 원한을 풀어 주소서 하되 4그가 얼마 동안 듣지 아니하다가
후에 속으로 생각하되 내가 하나님을 두려워하지 않고 사람을 무시하나 5이 과부가 나를 번거롭
게 하니 내가 그 원한을 풀어 주리라 그렇지 않으면 늘 와서 나를 괴롭게 하리라 하였느니라 6주께
서 또 이르시되 불의한 재판장이 말한 것을 들으라 7하물며 하나님께서 그 밤낮 부르짖는 택하신
자들의 원한을 풀어 주지 아니하시겠느냐 그들에게 오래 참으시겠느냐 8내가 너희에게 이르노니
속히 그 원한을 풀어 주시리라 그러나 인자가 올 때에 세상에서 믿음을 보겠느냐 하시니라

눅 18:9-14 바리새인과 세리 기도 비유

9또 자기를 의롭다고 믿고 다른 사람을 멸시하는 자들에게 이 비유로 말씀하시되 10두 사람이 기
도하러 성전에 올라가니 하나는 바리새인이요 하나는 세리라 11바리새인은 서서 따로 기도하여
이르되 하나님이여 나는 다른 사람들 곧 토색, 불의, 간음을 하는 자들과 같지 아니하고 이 세리와
도 같지 아니함을 감사하나이다 12나는 이레에 두 번씩 금식하고 또 소득의 십일조를 드리나이다
하고 13세리는 멀리 서서 감히 눈을 들어 하늘을 쳐다보지도 못하고 다만 가슴을 치며 이르되 하
나님이여 불쌍히 여기소서 나는 죄인이로소이다 하였느니라 14내가 너희에게 이르노니 이에 저
바리새인이 아니고 이 사람이 의롭다 하심을 받고 그의 집으로 내려갔느니라 무릇 자기를 높이는
자는 낮아지고 자기를 낮추는 자는 높아지리라 하시니라

눅 18:15-17 어린 아이들 안수

15사람들이 예수께서 만져 주심을 바라고 자기 어린 아기를 데리고 오매 제자들이 보고 꾸짖거늘
16예수께서 그 어린 아이들을 불러 가까이 하시고 이르시되 어린 아이들이 내게 오는 것을 용납하
고 금하지 말라 하나님의 나라가 이런 자의 것이니라 17내가 진실로 너희에게 이르노니 누구든지
하나님의 나라를 어린 아이와 같이 받아들이지 않는 자는 결단코 거기 들어가지 못하리라 하시니라

마 19:13 그 때에 사람들이 예수께서 안수하고 기도해 주심을 바라고 어린 아이들을 데리고
오매 제자들이 꾸짖거늘 14예수께서 이르시되 어린 아이들을 용납하고 내게 오는 것을 금하지
말라 천국이 이런 사람의 것이니라 하시고 15그들에게 안수하시고 거기를 떠나시니라

막 10:13 사람들이 예수께서 만져 주심을 바라고 어린 아이들을 데리고 오매 제자들이 꾸짖거
늘 14예수께서 보시고 노하시어 이르시되 어린 아이들이 내게 오는 것을 용납하고 금하지 말
라 하나님의 나라가 이런 자의 것이니라 15내가 진실로 너희에게 이르노니 누구든지 하나님의
나라를 어린 아이와 같이 받들지 않는 자는 결단코 그 곳에 들어가지 못하리라 하시고 16그 어
린 아이들을 안고 그들 위에 안수하시고 축복하시니라

눅 18:18-30 부자 관리와 영생

18어떤 관리가 물어 이르되 선한 선생님이여 내가 무엇을 하여야 영생을 얻으리이까 19예수께
서 이르시되 네가 어찌하여 나를 선하다 일컫느냐 하나님 한 분 외에는 선한 이가 없느니라 20네
가 계명을 아나니 간음하지 말라, 살인하지 말라, 도둑질하지 말라, 거짓 증언 하지 말라, 네 부모
를 공경하라 하였느니라 21여짜오되 이것은 내가 어려서부터 다 지키었나이다 22예수께서 이 말
을 들으시고 이르시되 네게 아직도 한 가지 부족한 것이 있으니 네게 있는 것을 다 팔아 가난한 자
들에게 나눠 주라 그리하면 하늘에서 네게 보화가 있으리라 그리고 와서 나를 따르라 하시니 23그
사람이 큰 부자이므로 이 말씀을 듣고 심히 근심하더라 24예수께서 그를 보시고 이르시되 재물이
있는 자는 하나님의 나라에 들어가기가 얼마나 어려운지 25낙타가 바늘귀로 들어가는 것이 부자
가 하나님의 나라에 들어가는 것보다 쉬우니라 하시니 26듣는 자들이 이르되 그런즉 누가 구원을
얻을 수 있나이까 27이르시되 무릇 사람이 할 수 없는 것을 하나님은 하실 수 있느니라

마 19:16 어떤 사람이 주께 와서 이르되 선생님이여 내가 무슨 선한 일을 하여야 영생을 얻으
리이까 17예수께서 이르시되 어찌하여 선한 일을 내게 묻느냐 선한 이는 오직 한 분이시니라
네가 생명에 들어 가려면 계명들을 지키라 18이르되 어느 계명이오니이까 예수께서 이르시되
살인하지 말라, 간음하지 말라, 도둑질하지 말라, 거짓 증언 하지 말라, 19네 부모를 공경하라,
네 이웃을 네 자신과 같이 사랑하라 하신 것이니라 20그 청년이 이르되 이 모든 것을 내가 지
키었사온대 아직도 무엇이 부족하니이까 21예수께서 이르시되 네가 온전하고자 할진대 가서
네 소유를 팔아 가난한 자들에게 주라 그리하면 하늘에서 보화가 네게 있으리라 그리고 와서
나를 따르라 하시니 22그 청년이 재물이 많으므로 이 말씀을 듣고 근심하며 가니라 23예수께서
제자들에게 이르시되 내가 진실로 너희에게 이르노니 부자는 천국에 들어가기가 어려우니라
24다시 너희에게 말하노니 낙타가 바늘귀로 들어가는 것이 부자가 하나님의 나라에 들어가는
것보다 쉬우니라 하시니 25제자들이 듣고 몹시 놀라 이르되 그렇다면 누가 구원을 얻을 수 있
으리이까 26예수께서 그들을 보시며 이르시되 사람으로는 할 수 없으나 하나님으로서는 다 하
실 수 있느니라

막 10:17 예수께서 길에 나가실새 한 사람이 달려와서 꿇어 앉아 묻자오되 선한 선생님이여
내가 무엇을 하여야 영생을 얻으리이까 18예수께서 이르시되 네가 어찌하여 나를 선하다 일
컫느냐 하나님 한 분 외에는 선한 이가 없느니라 19네가 계명을 아나니 살인하지 말라, 간음하
지 말라, 도둑질하지 말라, 거짓 증언 하지 말라, 속여 빼앗지 말라, 네 부모를 공경하라 하였느
니라 20그가 여짜오되 선생님이여 이것은 내가 어려서부터 다 지켰나이다 21예수께서 그를 보
시고 사랑하사 이르시되 네게 아직도 한 가지 부족한 것이 있으니 가서 네게 있는 것을 다 팔아
가난한 자들에게 주라 그리하면 하늘에서 보화가 네게 있으리라 그리고 와서 나를 따르라 하시
니 22그 사람은 재물이 많은 고로 이 말씀으로 인하여 슬픈 기색을 띠고 근심하며 가니라 23예
수께서 둘러 보시고 제자들에게 이르시되 재물이 있는 자는 하나님의 나라에 들어가기가 심히
어렵도다 하시니 24제자들이 그 말씀에 놀라는지라 예수께서 다시 대답하여 이르시되 얘들아
하나님의 나라에 들어가기가 얼마나 어려운지 25낙타가 바늘귀로 나가는 것이 부자가 하나님
의 나라에 들어가는 것보다 쉬우니라 하시니 26제자들이 매우 놀라 서로 말하되 그런즉 누가
구원을 얻을 수 있는가 하니 27예수께서 그들을 보시며 이르시되 사람으로는 할 수 없으되 하
나님으로는 그렇지 아니하니 하나님으로서는 다 하실 수 있느니라

눅 18:28-30 베드로의 질문

28베드로가 여짜오되 보옵소서 우리가 우리의 것을 다 버리고 주를 따랐나이다 29이르시되 내가
진실로 너희에게 이르노니 하나님의 나라를 위하여 집이나 아내나 형제나 부모나 자녀를 버린 자
는 30현세에 여러 배를 받고 내세에 영생을 받지 못할 자가 없느니라 하시니라

마 19:27 이에 베드로가 대답하여 이르되 보소서 우리가 모든 것을 버리고 주를 따랐사온대
그런즉 우리가 무엇을 얻으리이까 28예수께서 이르시되 내가 진실로 너희에게 이르노니 세상
이 새롭게 되어 인자가 자기 영광의 보좌에 앉을 때에 나를 따르는 너희도 열두 보좌에 앉아
이스라엘 열두 지파를 심판하리라 29또 내 이름을 위하여 집이나 형제나 자매나 부모나 자식
이나 전토를 버린 자마다 여러 배를 받고 또 영생을 상속하리라 30그러나 먼저 된 자로서 나중
되고 나중 된 자로서 먼저 될 자가 많으니라

막 10:28 베드로가 여짜와 이르되 보소서 우리가 모든 것을 버리고 주를 따랐나이다 29예수께
서 이르시되 내가 진실로 너희에게 이르노니 나와 복음을 위하여 집이나 형제나 자매나 어머
니나 아버지나 자식이나 전토를 버린 자는 30현세에 있어 집과 형제와 자매와 어머니와 자식
과 전토를 백 배나 받되 박해를 겸하여 받고 내세에 영생을 받지 못할 자가 없느니라 31그러나
먼저 된 자로서 나중 되고 나중 된 자로서 먼저 될 자가 많으니라

눅 18:31-34 수난 예고(III)

31예수께서 열두 제자를 데리시고 이르시되 보라 우리가 예루살렘으로 올라가노니 선지자들을 통
하여 기록된 모든 것이 인자에게 응하리라 32인자가 이방인들에게 넘겨져 희롱을 당하고 능욕을
당하고 침 뱉음을 당하겠으며 33그들은 채찍질하고 그를 죽일 것이나 그는 삼 일 만에 살아나리라
하시되 34제자들이 이것을 하나도 깨닫지 못하였으니 그 말씀이 감취었으므로 그들이 그 이르신
바를 알지 못하였더라

마 20:17 예수께서 예루살렘으로 올라가려 하실 때에 열두 제자를 따로 데리시고 길에서 이
르시되 18보라 우리가 예루살렘으로 올라가노니 인자가 대제사장들과 서기관들에게 넘겨지매
그들이 죽이기로 결의하고 19이방인들에게 넘겨 주어 그를 조롱하며 채찍질하며 십자가에 못
박게 할 것이나 제삼일에 살아나리라

막 10:32 예루살렘으로 올라가는 길에 예수께서 그들 앞에 서서 가시는데 그들이 놀라고 따
르는 자들은 두려워하더라 이에 다시 열두 제자를 데리시고 자기가 당할 일을 말씀하여 이르
시되 33보라 우리가 예루살렘에 올라가노니 인자가 대제사장들과 서기관들에게 넘겨지매 그
들이 죽이기로 결의하고 이방인들에게 넘겨 주겠고 34그들은 능욕하며 침 뱉으며 채찍질하고
죽일 것이나 그는 삼 일 만에 살아나리라 하시니라

눅 18:35-43 여리고 맹인 치유

35여리고에 가까이 가셨을 때에 한 맹인이 길 가에 앉아 구걸하다가 36무리가 지나감을 듣고 이
무슨 일이냐고 물은대 37그들이 나사렛 예수께서 지나가신다 하니 38맹인이 외쳐 이르되 다윗의
자손 예수여 나를 불쌍히 여기소서 하거늘 39앞서 가는 자들이 그를 꾸짖어 잠잠하라 하되 그가
더욱 크게 소리 질러 다윗의 자손이여 나를 불쌍히 여기소서 하는지라 40예수께서 머물러 서서 명
하여 데려오라 하셨더니 그가 가까이 오매 물어 이르시되 41네게 무엇을 하여 주기를 원하느냐 이
르되 주여 보기를 원하나이다 42예수께서 그에게 이르시되 보라 네 믿음이 너를 구원하였느니라
하시매 43곧 보게 되어 하나님께 영광을 돌리며 예수를 따르니 백성이 다 이를 보고 하나님을 찬
양하니라

마 20:29 그들이 여리고에서 떠나 갈 때에 큰 무리가 예수를 따르더라 30맹인 두 사람이 길 가
에 앉았다가 예수께서 지나가신다 함을 듣고 소리 질러 이르되 주여 우리를 불쌍히 여기소서
다윗의 자손이여 하니 31무리가 꾸짖어 잠잠하라 하되 더욱 소리 질러 이르되 주여 우리를 불
쌍히 여기소서 다윗의 자손이여 하는지라 32예수께서 머물러 서서 그들을 불러 이르시되 너희

에게 무엇을 하여 주기를 원하느냐 33이르되 주여 우리의 눈 뜨기를 원하나이다 34예수께서 불
쌍히 여기사 그들의 눈을 만지시니 곧 보게 되어 그들이 예수를 따르니라

막 10:46 그들이 여리고에 이르렀더니 예수께서 제자들과 허다한 무리와 함께 여리고에서 나
가실 때에 디매오의 아들인 맹인 거지 바디매오가 길 가에 앉았다가 47나사렛 예수시란 말을
듣고 소리 질러 이르되 다윗의 자손 예수여 나를 불쌍히 여기소서 하거늘 48많은 사람이 꾸짖
어 잠잠하라 하되 그가 더욱 크게 소리 질러 이르되 다윗의 자손이여 나를 불쌍히 여기소서 하
는지라 49예수께서 머물러 서서 그를 부르라 하시니 그들이 그 맹인을 부르며 이르되 안심하
고 일어나라 그가 너를 부르신다 하매 50맹인이 겉옷을 내버리고 뛰어 일어나 예수께 나아오
거늘 51예수께서 말씀하여 이르시되 네게 무엇을 하여 주기를 원하느냐 맹인이 이르되 선생님
이여 보기를 원하나이다 52예수께서 이르시되 가라 네 믿음이 너를 구원하였느니라 하시니 그
가 곧 보게 되어 예수를 길에서 따르니라

눅 19:1-10 삭개오

1예수께서 여리고로 들어가 지나가시더라 2삭개오라 이름하는 자가 있으니 세리장이요 또한 부자
라 3그가 예수께서 어떠한 사람인가 하여 보고자 하되 키가 작고 사람이 많아 할 수 없어 4앞으로
달려가서 보기 위하여 돌무화과나무에 올라가니 이는 예수께서 그리로 지나가시게 됨이러라 5예수
께서 그 곳에 이르사 쳐다 보시고 이르시되 삭개오야 속히 내려오라 내가 오늘 네 집에 유하여야
하겠다 하시니 6급히 내려와 즐거워하며 영접하거늘 7뭇 사람이 보고 수군거려 이르되 저가 죄인
의 집에 유하러 들어갔도다 하더라 8삭개오가 서서 주께 여짜오되 주여 보시옵소서 내 소유의 절
반을 가난한 자들에게 주겠사오며 만일 누구의 것을 속여 빼앗은 일이 있으면 네 갑절이나 갚겠
나이다 9예수께서 이르시되 오늘 구원이 이 집에 이르렀으니 이 사람도 아브라함의 자손임이로다
10인자가 온 것은 잃어버린 자를 찾아 구원하려 함이니라

눅 19:11-27 므나(달란트) 비유

11그들이 이 말씀을 듣고 있을 때에 비유를 더하여 말씀하시니 이는 자기가 예루살렘에 가까이 오
셨고 그들은 하나님의 나라가 당장에 나타날 줄로 생각함이더라 12이르시되 어떤 귀인이 왕위를
받아가지고 오려고 먼 나라로 갈 때에 13그 종 열을 불러 은화 열 므나를 주며 이르되 내가 돌아올
때까지 장사하라 하니라 14그런데 그 백성이 그를 미워하여 사자를 뒤로 보내어 이르되 우리는 이
사람이 우리의 왕 됨을 원하지 아니하나이다 하였더라 15귀인이 왕위를 받아가지고 돌아와서 은
화를 준 종들이 각각 어떻게 장사하였는지를 알고자 하여 그들을 부르니 16그 첫째가 나아와 이르

되 주인이여 당신의 한 므나로 열 므나를 남겼나이다 17주인이 이르되 잘하였다 착한 종이여 네가
지극히 작은 것에 충성하였으니 열 고을 권세를 차지하라 하고 18그 둘째가 와서 이르되 주인이
여 당신의 한 므나로 다섯 므나를 만들었나이다 19주인이 그에게도 이르되 너도 다섯 고을을 차지
하라 하고 20또 한 사람이 와서 이르되 주인이여 보소서 당신의 한 므나가 여기 있나이다 내가 수
건으로 싸 두었었나이다 21이는 당신이 엄한 사람인 것을 내가 무서워함이라 당신은 두지 않은 것
을 취하고 심지 않은 것을 거두나이다 22주인이 이르되 악한 종아 내가 네 말로 너를 심판하노니
너는 내가 두지 않은 것을 취하고 심지 않은 것을 거두는 엄한 사람인 줄로 알았느냐 23그러면 어
찌하여 내 돈을 은행에 맡기지 아니하였느냐 그리하였으면 내가 와서 그 이자와 함께 그 돈을 찾
았으리라 하고 24곁에 섰는 자들에게 이르되 그 한 므나를 빼앗아 열 므나 있는 자에게 주라 하니
25그들이 이르되 주여 그에게 이미 열 므나가 있나이다 26주인이 이르되 내가 너희에게 말하노니
무릇 있는 자는 받겠고 없는 자는 그 있는 것도 빼앗기리라 27그리고 내가 왕 됨을 원하지 아니하
던 저 원수들을 이리로 끌어다가 내 앞에서 죽이라 하였느니라

마 25:14 또 어떤 사람이 타국에 갈 때 그 종들을 불러 자기 소유를 맡김과 같으니 15각각 그
재능대로 한 사람에게는 금 다섯 달란트를, 한 사람에게는 두 달란트를, 한 사람에게는 한 달
란트를 주고 떠났더니 16다섯 달란트 받은 자는 바로 가서 그것으로 장사하여 또 다섯 달란트
를 남기고 17두 달란트 받은 자도 그같이 하여 또 두 달란트를 남겼으되 18한 달란트 받은 자는
가서 땅을 파고 그 주인의 돈을 감추어 두었더니 19오랜 후에 그 종들의 주인이 돌아와 그들과
결산할새 20다섯 달란트 받았던 자는 다섯 달란트를 더 가지고 와서 이르되 주인이여 내게 다
섯 달란트를 주셨는데 보소서 내가 또 다섯 달란트를 남겼나이다 21그 주인이 이르되 잘하였
도다 착하고 충성된 종아 네가 적은 일에 충성하였으매 내가 많은 것을 네게 맡기리니 네 주인
의 즐거움에 참여할지어다 하고 22두 달란트 받았던 자도 와서 이르되 주인이여 내게 두 달란
트를 주셨는데 보소서 내가 또 두 달란트를 남겼나이다 23그 주인이 이르되 잘하였도다 착하
고 충성된 종아 네가 적은 일에 충성하였으매 내가 많은 것을 네게 맡기리니 네 주인의 즐거움
에 참여할지어다 하고 24한 달란트 받았던 자는 와서 이르되 주인이여 당신은 굳은 사람이라
심지 않은 데서 거두고 헤치지 않은 데서 모으는 줄을 내가 알았으므로 25두려워하여 나가서
당신의 달란트를 땅에 감추어 두었었나이다 보소서 당신의 것을 가지셨나이다 26그 주인이 대
답하여 이르되 악하고 게으른 종아 나는 심지 않은 데서 거두고 헤치지 않은 데서 모으는 줄로
네가 알았느냐 27그러면 네가 마땅히 내 돈을 취리하는 자들에게나 맡겼다가 내가 돌아와서 내
원금과 이자를 받게 하였을 것이니라 하고 28그에게서 그 한 달란트를 빼앗아 열 달란트 가진
자에게 주라 29무릇 있는 자는 받아 풍족하게 되고 없는 자는 그 있는 것까지 빼앗기리라 30이
무익한 종을 바깥 어두운 데로 내쫓으라 거기서 슬피 울며 이를 갈리라 하니라

눅 19:28-40 예루살렘 입성

28예수께서 이 말씀을 하시고 예루살렘을 향하여 앞서서 가시더라 29감람원이라 불리는 산쪽에 있는 벳바게와 베다니에 가까이 가셨을 때에 제자 중 둘을 보내시며 30이르시되 너희는 맞은편 마을로 가라 그리로 들어가면 아직 아무도 타 보지 않은 나귀 새끼가 매여 있는 것을 보리니 풀어 끌고 오라 31만일 누가 너희에게 어찌하여 푸느냐 묻거든 말하기를 주가 쓰시겠다 하라 하시매 32보내심을 받은 자들이 가서 그 말씀하신 대로 만난지라 33나귀 새끼를 풀 때에 그 임자들이 이르되 어찌하여 나귀 새끼를 푸느냐 34대답하되 주께서 쓰시겠다 하고 35그것을 예수께로 끌고 와서 자기들의 겉옷을 나귀 새끼 위에 걸쳐 놓고 예수를 태우니 36가실 때에 그들이 자기의 겉옷을 길에 펴더라 37이미 감람 산 내리막길에 가까이 오시매 제자의 온 무리가 자기들이 본 바 모든 능한 일로 인하여 기뻐하며 큰 소리로 하나님을 찬양하여 38이르되 찬송하리로다 주의 이름으로 오시는 왕이여 하늘에는 평화요 가장 높은 곳에는 영광이로다 하니 39무리 중 어떤 바리새인들이 말하되 선생이여 당신의 제자들을 책망하소서 하거늘 40대답하여 이르시되 내가 너희에게 말하노니 만일 이 사람들이 침묵하면 돌들이 소리 지르리라 하시니라

마 21:1 그들이 예루살렘에 가까이 가서 감람 산 벳바게에 이르렀을 때에 예수께서 두 제자를 보내시며 2이르시되 너희는 맞은편 마을로 가라 그리하면 곧 매인 나귀와 나귀 새끼가 함께 있는 것을 보리니 풀어 내게로 끌고 오라 3만일 누가 무슨 말을 하거든 주가 쓰시겠다 하라 그리하면 즉시 보내리라 하시니 4이는 선지자를 통하여 하신 말씀을 이루려 하심이라 일렀으되 5시온 딸에게 이르기를 네 왕이 네게 임하나니 그는 겸손하여 나귀, 곧 멍에 메는 짐승의 새끼를 탔도다 하라 하였느니라 6제자들이 가서 예수께서 명하신 대로 하여 7나귀와 나귀 새끼를 끌고 와서 자기들의 겉옷을 그 위에 얹으매 예수께서 그 위에 타시니 8무리의 대다수는 그들의 겉옷을 길에 펴고 다른 이들은 나뭇가지를 베어 길에 펴고 9앞에서 가고 뒤에서 따르는 무리가 소리 높여 이르되 호산나 다윗의 자손이여 찬송하리로다 주의 이름으로 오시는 이여 가장 높은 곳에서 호산나 하더라 10예수께서 예루살렘에 들어가시니 온 성이 소동하여 이르되 이는 누구냐 하거늘 11무리가 이르되 갈릴리 나사렛에서 나온 선지자 예수라 하니라

막 11:1 그들이 예루살렘에 가까이 와서 감람 산 벳바게와 베다니에 이르렀을 때에 예수께서 제자 중 둘을 보내시며 2이르시되 너희는 맞은편 마을로 가라 그리로 들어가면 곧 아직 아무도 타 보지 않은 나귀 새끼가 매여 있는 것을 보리니 풀어 끌고 오라 3만일 누가 너희에게 왜 이렇게 하느냐 묻거든 주가 쓰시겠다 하라 그리하면 즉시 이리로 보내리라 하시니 4제자들이 가서 본즉 나귀 새끼가 문 앞 거리에 매여 있는지라 그것을 푸니 5거기 서 있는 사람 중 어떤 이들이 이르되 나귀 새끼를 풀어 무엇 하려느냐 하매 6제자들이 예수께서 이르신 대로 말한대 이에 허락하는지라 7나귀 새끼를 예수께로 끌고 와서 자기들의 겉옷을 그 위에 얹어 놓으매 예수께서 타시니 8많은 사람들은 자기들의 겉옷을, 또 다른 이들은 들에서 벤 나뭇가지를 길에 펴며 9앞에서 가고 뒤에서 따르는 자들이 소리 지르되 호산나 찬송하리로다 주의 이름으로 오시는 이여 10찬송하리로다 오는 우리 조상 다윗의 나라여 가장 높은 곳에서 호산나 하더라 11예수께

서 예루살렘에 이르러 성전에 들어가사 모든 것을 둘러 보시고 때가 이미 저물매 열두 제자를
데리시고 베다니에 나가시니라

요 12:12 그 이튿날에는 명절에 온 큰 무리가 예수께서 예루살렘으로 오신다는 것을 듣고 [13]종
려나무 가지를 가지고 맞으러 나가 외치되 호산나 찬송하리로다 주의 이름으로 오시는 이 곧
이스라엘의 왕이시여 하더라 [14]예수는 한 어린 나귀를 보고 타시니 [15]이는 기록된 바 시온 딸
아 두려워하지 말라 보라 너의 왕이 나귀 새끼를 타고 오신다 함과 같더라 [16]제자들은 처음에
이 일을 깨닫지 못하였다가 예수께서 영광을 얻으신 후에야 이것이 예수께 대하여 기록된 것
임과 사람들이 예수께 이같이 한 것임이 생각났더라 [17]나사로를 무덤에서 불러내어 죽은 자
가운데서 살리실 때에 함께 있던 무리가 증언한지라 [18]이에 무리가 예수를 맞음은 이 표적 행
하심을 들었음이러라 [19]바리새인들이 서로 말하되 볼지어다 너희 하는 일이 쓸 데 없다 보라
온 세상이 그를 따르는도다 하니라

눅 19:41-44 예루살렘 파괴 예고

[41]가까이 오사 성을 보시고 우시며 [42]이르시되 너도 오늘 평화에 관한 일을 알았더라면 좋을 뻔하
였거니와 지금 네 눈에 숨겨졌도다 [43]날이 이를지라 네 원수들이 토둔을 쌓고 너를 둘러 사면으로
가두고 [44]또 너와 및 그 가운데 있는 네 자식들을 땅에 메어치며 돌 하나도 돌 위에 남기지 아니하
리니 이는 네가 보살핌 받는 날을 알지 못함을 인함이니라 하시니라

눅 19:45-48 성전 정화

[45]성전에 들어가사 장사하는 자들을 내쫓으시며 [46]그들에게 이르시되 기록된 바 내 집은 기도하
는 집이 되리라 하였거늘 너희는 강도의 소굴을 만들었도다 하시니라 [47]예수께서 날마다 성전에
서 가르치시니 대제사장들과 서기관들과 백성의 지도자들이 그를 죽이려고 꾀하되 [48]백성이 다
그에게 귀를 기울여 들으므로 어찌할 방도를 찾지 못하였더라

마 21:12 예수께서 성전에 들어가사 성전 안에서 매매하는 모든 사람들을 내쫓으시며 돈 바
꾸는 사람들의 상과 비둘기 파는 사람들의 의자를 둘러 엎으시고 [13]그들에게 이르시되 기록된
바 내 집은 기도하는 집이라 일컬음을 받으리라 하였거늘 너희는 강도의 소굴을 만드는도다
하시니라 [14]맹인과 저는 자들이 성전에서 예수께 나아오매 고쳐주시니 [15]대제사장들과 서기관
들이 예수께서 하시는 이상한 일과 또 성전에서 소리 질러 호산나 다윗의 자손이여 하는 어린
이들을 보고 노하여 [16]예수께 말하되 그들이 하는 말을 듣느냐 예수께서 이르시되 그렇다 어

린 아기와 젖먹이들의 입에서 나오는 찬미를 온전하게 하셨나이다 함을 너희가 읽어 본 일이 없느냐 하시고 [17]그들을 떠나 성 밖으로 베다니에 가서 거기서 유하시니라

막 11:15 그들이 예루살렘에 들어가니라 예수께서 성전에 들어가사 성전 안에서 매매하는 자들을 내쫓으시며 돈 바꾸는 자들의 상과 비둘기 파는 자들의 의자를 둘러 엎으시며 [16]아무나 물건을 가지고 성전 안으로 지나다님을 허락하지 아니하시고 [17]이에 가르쳐 이르시되 기록된 바 내 집은 만민이 기도하는 집이라 칭함을 받으리라고 하지 아니하였느냐 너희는 강도의 소굴을 만들었도다 하시매 [18]대제사장들과 서기관들이 듣고 예수를 어떻게 죽일까 하고 꾀하니 이는 무리가 다 그의 교훈을 놀랍게 여기므로 그를 두려워함일러라 [19]그리고 날이 저물매 그들이 성 밖으로 나가더라

요 2:13 유대인의 유월절이 가까운지라 예수께서 예루살렘으로 올라가셨더니 [14]성전 안에서 소와 양과 비둘기 파는 사람들과 돈 바꾸는 사람들이 앉아 있는 것을 보시고 [15]노끈으로 채찍을 만드사 양이나 소를 다 성전에서 내쫓으시고 돈 바꾸는 사람들의 돈을 쏟으시며 상을 엎으시고 [16]비둘기 파는 사람들에게 이르시되 이것을 여기서 가져가라 내 아버지의 집으로 장사하는 집을 만들지 말라 하시니 [17]제자들이 성경 말씀에 주의 전을 사모하는 열심이 나를 삼키리라 한 것을 기억하더라 [18]이에 유대인들이 대답하여 예수께 말하기를 네가 이런 일을 행하니 무슨 표적을 우리에게 보이겠느냐 [19]예수께서 대답하여 이르시되 너희가 이 성전을 헐라 내가 사흘 동안에 일으키리라 [20]유대인들이 이르되 이 성전은 사십육 년 동안에 지었거늘 네가 삼 일 동안에 일으키겠느냐 하더라 [21]그러나 예수는 성전된 자기 육체를 가리켜 말씀하신 것이라 [22]죽은 자 가운데서 살아나신 후에야 제자들이 이 말씀하신 것을 기억하고 성경과 예수께서 하신 말씀을 믿었더라

눅 20:1-8 예수의 권위 논쟁

[1]하루는 예수께서 성전에서 백성을 가르치시며 복음을 전하실새 대제사장들과 서기관들이 장로들과 함께 가까이 와서 [2]말하여 이르되 당신이 무슨 권위로 이런 일을 하는지 이 권위를 준 이가 누구인지 우리에게 말하라 [3]대답하여 이르시되 나도 한 말을 너희에게 물으리니 내게 말하라 [4]요한의 세례가 하늘로부터냐 사람으로부터냐 [5]그들이 서로 의논하여 이르되 만일 하늘로부터라 하면 어찌하여 그를 믿지 아니하였느냐 할 것이요 [6]만일 사람으로부터라 하면 백성이 요한을 선지자로 인정하니 그들이 다 우리를 돌로 칠 것이라 하고 [7]대답하되 어디로부터인지 알지 못하노라 하니 [8]예수께서 이르시되 나도 무슨 권위로 이런 일을 하는지 너희에게 이르지 아니하리라 하시니라

마 21:23 예수께서 성전에 들어가 가르치실새 대제사장들과 백성의 장로들이 나아와 이르되 네가 무슨 권위로 이런 일을 하느냐 또 누가 이 권위를 주었느냐 [24]예수께서 대답하시되 나도

한 말을 너희에게 물으리니 너희가 대답하면 나도 무슨 권위로 이런 일을 하는지 이르리라 25요
한의 세례가 어디로부터 왔느냐 하늘로부터냐 사람으로부터냐 그들이 서로 의논하여 이르되
만일 하늘로부터라 하면 어찌하여 그를 믿지 아니하였느냐 할 것이요 26만일 사람으로부터라
하면 모든 사람이 요한을 선지자로 여기니 백성이 무섭다 하여 27예수께 대답하여 이르되 우
리가 알지 못하노라 하니 예수께서 이르시되 나도 무슨 권위로 이런 일을 하는지 너희에게 이
르지 아니하리라

막 11:27 그들이 다시 예루살렘에 들어가니라 예수께서 성전에서 거니실 때에 대제사장들과
서기관들과 장로들이 나아와 28이르되 무슨 권위로 이런 일을 하느냐 누가 이런 일 할 권위를
주었느냐 29예수께서 이르시되 나도 한 말을 너희에게 물으리니 대답하라 그리하면 나도 무슨
권위로 이런 일을 하는지 이르리라 30요한의 세례가 하늘로부터냐 사람으로부터냐 내게 대답
하라 31그들이 서로 의논하여 이르되 만일 하늘로부터라 하면 어찌하여 그를 믿지 아니하였느
냐 할 것이니 32그러면 사람으로부터라 할까 하였으나 모든 사람이 요한을 참 선지자로 여기
므로 그들이 백성을 두려워하는지라 33이에 예수께 대답하여 이르되 우리가 알지 못하노라 하
니 예수께서 이르시되 나도 무슨 권위로 이런 일을 하는지 너희에게 이르지 아니하리라 하시
니라

눅 20:9-19 악한 농부들 비유

9그가 또 이 비유로 백성에게 말씀하시기 시작하시니라 한 사람이 포도원을 만들어 농부들에게
세로 주고 타국에 가서 오래 있다가 10때가 이르매 포도원 소출 얼마를 바치게 하려고 한 종을 농
부들에게 보내니 농부들이 종을 몹시 때리고 거저 보내었거늘 11다시 다른 종을 보내니 그도 몹시
때리고 능욕하고 거저 보내었거늘 12다시 세 번째 종을 보내니 이 종도 상하게 하고 내쫓은지라
13포도원 주인이 이르되 어찌할까 내 사랑하는 아들을 보내리니 그들이 혹 그는 존대하리라 하였
더니 14농부들이 그를 보고 서로 의논하여 이르되 이는 상속자니 죽이고 그 유산을 우리의 것으로
만들자 하고 15포도원 밖에 내쫓아 죽였느니라 그런즉 포도원 주인이 이 사람들을 어떻게 하겠느
냐 16와서 그 농부들을 진멸하고 포도원을 다른 사람들에게 주리라 하시니 사람들이 듣고 이르되
그렇게 되지 말아지이다 하거늘 17그들을 보시며 이르시되 그러면 기록된 바 건축자들의 버린 돌
이 모퉁이의 머릿돌이 되었느니라 함이 어찜이냐 18무릇 이 돌 위에 떨어지는 자는 깨어지겠고 이
돌이 사람 위에 떨어지면 그를 가루로 만들어 흩으리라 하시니라 19서기관들과 대제사장들이 예
수의 이 비유는 자기들을 가리켜 말씀하심인 줄 알고 즉시 잡고자 하되 백성을 두려워하더라

마 21:33 다른 한 비유를 들으라 한 집 주인이 포도원을 만들어 산울타리로 두르고 거기에 즙
짜는 틀을 만들고 망대를 짓고 농부들에게 세로 주고 타국에 갔더니 34열매 거둘 때가 가까우
매 그 열매를 받으려고 자기 종들을 농부들에게 보내니 35농부들이 종들을 잡아 하나는 심히
때리고 하나는 죽이고 하나는 돌로 쳤거늘 36다시 다른 종들을 처음보다 많이 보내니 그들에

게도 그렇게 하였는지라 37후에 자기 아들을 보내며 이르되 그들이 내 아들은 존대하리라 하
였더니 38농부들이 그 아들을 보고 서로 말하되 이는 상속자니 자 죽이고 그의 유산을 차지하
자 하고 39이에 잡아 포도원 밖에 내쫓아 죽였느니라 40그러면 포도원 주인이 올 때에 그 농부
들을 어떻게 하겠느냐 41그들이 말하되 그 악한 자들을 진멸하고 포도원은 제 때에 열매를 바
칠 만한 다른 농부들에게 세로 줄지니이다 42예수께서 이르시되 너희가 성경에 건축자들이 버
린 돌이 모퉁이의 머릿돌이 되었나니 이것은 주로 말미암아 된 것이요 우리 눈에 기이하도다
함을 읽어 본 일이 없느냐 43그러므로 내가 너희에게 이르노니 하나님의 나라를 너희는 빼앗
기고 그 나라의 열매 맺는 백성이 받으리라 44이 돌 위에 떨어지는 자는 깨지겠고 이 돌이 사
람 위에 떨어지면 그를 가루로 만들어 흩으리라 하시니 45대제사장들과 바리새인들이 예수의
비유를 듣고 자기들을 가리켜 말씀하심인 줄 알고 46잡고자 하나 무리를 무서워하니 이는 그
들이 예수를 선지자로 앎이었더라

막 12:1 예수께서 비유로 그들에게 말씀하시되 한 사람이 포도원을 만들어 산울타리로 두르
고 즙 짜는 틀을 만들고 망대를 지어서 농부들에게 세로 주고 타국에 갔더니 2때가 이르매 농
부들에게 포도원 소출 얼마를 받으려고 한 종을 보내니 3그들이 종을 잡아 심히 때리고 거저
보내었거늘 4다시 다른 종을 보내니 그의 머리에 상처를 내고 능욕하였거늘 5또 다른 종을 보
내니 그들이 그를 죽이고 또 그 외 많은 종들도 더러는 때리고 더러는 죽인지라 6이제 한 사람
이 남았으니 곧 그가 사랑하는 아들이라 최후로 이를 보내며 이르되 내 아들은 존대하리라 하
였더니 7그 농부들이 서로 말하되 이는 상속자니 자 죽이자 그러면 그 유산이 우리 것이 되리
라 하고 8이에 잡아 죽여 포도원 밖에 내던졌느니라 9포도원 주인이 어떻게 하겠느냐 와서 그
농부들을 진멸하고 포도원을 다른 사람들에게 주리라 10너희가 성경에 건축자들이 버린 돌이
모퉁이의 머릿돌이 되었나니 11이것은 주로 말미암아 된 것이요 우리 눈에 놀랍도다 함을 읽
어 보지도 못하였느냐 하시니라 12그들이 예수의 이 비유가 자기들을 가리켜 말씀하심인 줄
알고 잡고자 하되 무리를 두려워하여 예수를 두고 가니라

눅 20:20-26 세금 논쟁

20이에 그들이 엿보다가 예수를 총독의 다스림과 권세 아래에 넘기려 하여 정탐들을 보내어 그들
로 스스로 의인인 체하며 예수의 말을 책잡게 하니 21그들이 물어 이르되 선생님이여 우리가 아노
니 당신은 바로 말씀하시고 가르치시며 사람을 외모로 취하지 아니하시고 오직 진리로써 하나님
의 도를 가르치시나이다 22우리가 가이사에게 세를 바치는 것이 옳으니이까 옳지 않으니이까 하
니 23예수께서 그 간계를 아시고 이르시되 24데나리온 하나를 내게 보이라 누구의 형상과 글이 여
기 있느냐 대답하되 가이사의 것이니이다 25이르시되 그런즉 가이사의 것은 가이사에게, 하나님
의 것은 하나님께 바치라 하시니 26그들이 백성 앞에서 그의 말을 능히 책잡지 못하고 그의 대답
을 놀랍게 여겨 침묵하니라

마 22:15 이에 바리새인들이 가서 어떻게 하면 예수를 말의 올무에 걸리게 할까 상의하고 16자
기 제자들을 헤롯 당원들과 함께 예수께 보내어 말하되 선생님이여 우리가 아노니 당신은 참
되시고 진리로 하나님의 도를 가르치시며 아무도 꺼리는 일이 없으시니 이는 사람을 외모로
보지 아니하심이니이다 17그러면 당신의 생각에는 어떠한지 우리에게 이르소서 가이사에게
세금을 바치는 것이 옳으니이까 옳지 아니하니이까 하니 18예수께서 그들의 악함을 아시고 이
르시되 외식하는 자들아 어찌하여 나를 시험하느냐 19세금 낼 돈을 내게 보이라 하시니 데나
리온 하나를 가져왔거늘 20예수께서 말씀하시되 이 형상과 이 글이 누구의 것이냐 21이르되 가
이사의 것이니이다 이에 이르시되 그런즉 가이사의 것은 가이사에게, 하나님의 것은 하나님께
바치라 하시니 22그들이 이 말씀을 듣고 놀랍게 여겨 예수를 떠나가니라

막 12:13 그들이 예수의 말씀을 책잡으려 하여 바리새인과 헤롯당 중에서 사람을 보내매 14와
서 이르되 선생님이여 우리가 아노니 당신은 참되시고 아무도 꺼리는 일이 없으시니 이는 사
람을 외모로 보지 않고 오직 진리로써 하나님의 도를 가르치심이니이다 가이사에게 세금을 바
치는 것이 옳으니이까 옳지 아니하니이까 15우리가 바치리이까 말리이까 한대 예수께서 그 외
식함을 아시고 이르시되 어찌하여 나를 시험하느냐 데나리온 하나를 가져다가 내게 보이라 하
시니 16가져왔거늘 예수께서 이르시되 이 형상과 이 글이 누구의 것이냐 이르되 가이사의 것
이니이다 17이에 예수께서 이르시되 가이사의 것은 가이사에게, 하나님의 것은 하나님께 바치
라 하시니 그들이 예수께 대하여 매우 놀랍게 여기더라

눅 20:27-40 부활 논쟁

27부활이 없다고 주장하는 사두개인 중 어떤 이들이 와서 28물어 이르되 선생님이여 모세가 우리
에게 써 주기를 만일 어떤 사람의 형이 아내를 두고 자식이 없이 죽으면 그 동생이 그 아내를 취하
여 형을 위하여 상속자를 세울지니라 하였나이다 29그런데 칠 형제가 있었는데 맏이가 아내를 취
하였다가 자식이 없이 죽고 30그 둘째와 셋째가 그를 취하고 31일곱이 다 그와 같이 자식이 없이
죽고 32그 후에 여자도 죽었나이다 33일곱이 다 그를 아내로 취하였으니 부활 때에 그 중에 누구
의 아내가 되리이까 34예수께서 이르시되 이 세상의 자녀들은 장가도 가고 시집도 가되 35저 세상
과 및 죽은 자 가운데서 부활함을 얻기에 합당히 여김을 받은 자들은 장가 가고 시집 가는 일이 없
으며 36그들은 다시 죽을 수도 없나니 이는 천사와 동등이요 부활의 자녀로서 하나님의 자녀임이
라 37죽은 자가 살아난다는 것은 모세도 가시나무 떨기에 관한 글에서 주를 아브라함의 하나님이
요 이삭의 하나님이요 야곱의 하나님이시라 칭하였나니 38하나님은 죽은 자의 하나님이 아니요
살아 있는 자의 하나님이시라 하나님에게는 모든 사람이 살았느니라 하시니 39서기관 중 어떤 이
들이 말하되 선생님 잘 말씀하셨나이다 하니 40그들은 아무 것도 감히 더 물을 수 없음이더라

마 22:23 부활이 없다 하는 사두개인들이 그 날 예수께 와서 물어 이르되 24선생님이여 모세
가 일렀으되 사람이 만일 자식이 없이 죽으면 그 동생이 그 아내에게 장가 들어 형을 위하여

상속자를 세울지니라 하였나이다 25우리 중에 칠 형제가 있었는데 맏이가 장가 들었다가 죽어 상속자가 없으므로 그 아내를 그 동생에게 물려 주고 26그 둘째와 셋째로 일곱째까지 그렇게 하다가 27최후에 그 여자도 죽었나이다 28그런즉 그들이 다 그를 취하였으니 부활 때에 일곱 중의 누구의 아내가 되리이까 29예수께서 대답하여 이르시되 너희가 성경도, 하나님의 능력도 알지 못하는 고로 오해하였도다 30부활 때에는 장가도 아니 가고 시집도 아니 가고 하늘에 있는 천사들과 같으니라 31죽은 자의 부활을 논할진대 하나님이 너희에게 말씀하신 바 32나는 아브라함의 하나님이요 이삭의 하나님이요 야곱의 하나님이로라 하신 것을 읽어 보지 못하였느냐 하나님은 죽은 자의 하나님이 아니요 살아 있는 자의 하나님이시니라 하시니 33무리가 듣고 그의 가르치심에 놀라더라

막 12:18 부활이 없다 하는 사두개인들이 예수께 와서 물어 이르되 19선생님이여 모세가 우리에게 써 주기를 어떤 사람의 형이 자식이 없이 아내를 두고 죽으면 그 동생이 그 아내를 취하여 형을 위하여 상속자를 세울지니라 하였나이다 20칠 형제가 있었는데 맏이가 아내를 취하였다가 상속자가 없이 죽고 21둘째도 그 여자를 취하였다가 상속자가 없이 죽고 셋째도 그렇게 하여 22일곱이 다 상속자가 없었고 최후에 여자도 죽었나이다 23일곱 사람이 다 그를 아내로 취하였으니 부활 때 곧 그들이 살아날 때에 그 중의 누구의 아내가 되리이까 24예수께서 이르시되 너희가 성경도 하나님의 능력도 알지 못하므로 오해함이 아니냐 25사람이 죽은 자 가운데서 살아날 때에는 장가도 아니 가고 시집도 아니 가고 하늘에 있는 천사들과 같으니라 26죽은 자가 살아난다는 것을 말할진대 너희가 모세의 책 중 가시나무 떨기에 관한 글에 하나님께서 모세에게 이르시되 나는 아브라함의 하나님이요 이삭의 하나님이요 야곱의 하나님이로라 하신 말씀을 읽어보지 못하였느냐 27하나님은 죽은 자의 하나님이 아니요 산 자의 하나님이시라 너희가 크게 오해하였도다 하시니라

눅 20:41-44 예수의 반문: 그리스도는 다윗의 자손?

41예수께서 그들에게 이르시되 사람들이 어찌하여 그리스도를 다윗의 자손이라 하느냐 42시편에 다윗이 친히 말하였으되 주께서 내 주께 이르시되 43내가 네 원수를 네 발등상으로 삼을 때까지 내 우편에 앉았으라 하셨도다 하였느니라 44그런즉 다윗이 그리스도를 주라 칭하였으니 어찌 그의 자손이 되겠느냐 하시니라

마 22:41 바리새인들이 모였을 때에 예수께서 그들에게 물으시되 42너희는 그리스도에 대하여 어떻게 생각하느냐 누구의 자손이냐 대답하되 다윗의 자손이니이다 43이르시되 그러면 다윗이 성령에 감동되어 어찌 그리스도를 주라 칭하여 말하되 44주께서 내 주께 이르시되 내가 네 원수를 네 발 아래에 둘 때까지 내 우편에 앉아 있으라 하셨도다 하였느냐 45다윗이 그리스도를 주라 칭하였은즉 어찌 그의 자손이 되겠느냐 하시니 46한 마디도 능히 대답하는 자가 없고 그 날부터 감히 그에게 묻는 자도 없더라

막 12:35 예수께서 성전에서 가르치실새 대답하여 이르시되 어찌하여 서기관들이 그리스도를 다윗의 자손이라 하느냐 [36]다윗이 성령에 감동되어 친히 말하되 주께서 내 주께 이르시되 내가 네 원수를 네 발 아래에 둘 때까지 내 우편에 앉았으라 하셨도다 하였느니라 [37]다윗이 그리스도를 주라 하였은즉 어찌 그의 자손이 되겠느냐 하시니 많은 사람들이 즐겁게 듣더라

눅 20:45-47 서기관들 행위 비판

[45]모든 백성이 들을 때에 예수께서 그 제자들에게 이르시되 [46]긴 옷을 입고 다니는 것을 원하며 시장에서 문안 받는 것과 회당의 높은 자리와 잔치의 윗자리를 좋아하는 서기관들을 삼가라 [47]그들은 과부의 가산을 삼키며 외식으로 길게 기도하니 그들이 더 엄중한 심판을 받으리라 하시니라

마 23:5 그들의 모든 행위를 사람에게 보이고자 하나니 곧 그 경문 띠를 넓게 하며 옷술을 길게 하고 [6]잔치의 윗자리와 회당의 높은 자리와 [7]시장에서 문안 받는 것과 사람에게 랍비라 칭함을 받는 것을 좋아하느니라

막 12:38 예수께서 가르치실 때에 이르시되 긴 옷을 입고 다니는 것과 시장에서 문안 받는 것과 [39]회당의 높은 자리와 잔치의 윗자리를 원하는 서기관들을 삼가라 [40]그들은 과부의 가산을 삼키며 외식으로 길게 기도하는 자니 그 받는 판결이 더욱 중하리라 하시니라

눅 21:1-4 가난한 과부의 헌금

[1]예수께서 눈을 들어 부자들이 헌금함에 헌금 넣는 것을 보시고 [2]또 어떤 가난한 과부가 두 렙돈 넣는 것을 보시고 [3]이르시되 내가 참으로 너희에게 말하노니 이 가난한 과부가 다른 모든 사람보다 많이 넣었도다 [4]저들은 그 풍족한 중에서 헌금을 넣었거니와 이 과부는 그 가난한 중에서 자기가 가지고 있는 생활비 전부를 넣었느니라 하시니라

막 12:41 예수께서 헌금함을 대하여 앉으사 무리가 어떻게 헌금함에 돈 넣는가를 보실새 여러 부자는 많이 넣는데 [42]한 가난한 과부는 와서 두 렙돈 곧 한 고드란트를 넣는지라 [43]예수께서 제자들을 불러다가 이르시되 내가 진실로 너희에게 이르노니 이 가난한 과부는 헌금함에 넣는 모든 사람보다 많이 넣었도다 [44]그들은 다 그 풍족한 중에서 넣었거니와 이 과부는 그 가난한 중에서 자기의 모든 소유 곧 생활비 전부를 넣었느니라 하시니라

눅 21:5-6 성전 파괴 예고

5어떤 사람들이 성전을 가리켜 그 아름다운 돌과 헌물로 꾸민 것을 말하매 예수께서 이르시되 6너
희 보는 이것들이 날이 이르면 돌 하나도 돌 위에 남지 않고 다 무너뜨려지리라

마 24:1 예수께서 성전에서 나와서 가실 때에 제자들이 성전 건물들을 가리켜 보이려고 나아
오니 2대답하여 이르시되 너희가 이 모든 것을 보지 못하느냐 내가 진실로 너희에게 이르노니
돌 하나도 돌 위에 남지 않고 다 무너뜨려지리라

막 13:1 예수께서 성전에서 나가실 때에 제자 중 하나가 이르되 선생님이여 보소서 이 돌들이
어떠하며 이 건물들이 어떠하니이까 2예수께서 이르시되 네가 이 큰 건물들을 보느냐 돌 하나
도 돌 위에 남지 않고 다 무너뜨려지리라 하시니라

눅 21:7-11 큰 징조(재난의 시작)

7그들이 물어 이르되 선생님이여 그러면 어느 때에 이런 일이 있겠사오며 이런 일이 일어나려 할
때에 무슨 징조가 있사오리이까 8이르시되 미혹을 받지 않도록 주의하라 많은 사람이 내 이름으
로 와서 이르되 내가 그라 하며 때가 가까이 왔다 하겠으나 그들을 따르지 말라 9난리와 소요의 소
문을 들을 때에 두려워하지 말라 이 일이 먼저 있어야 하되 끝은 곧 되지 아니하리라 10또 이르시
되 민족이 민족을, 나라가 나라를 대적하여 일어나겠고 11곳곳에 큰 지진과 기근과 전염병이 있겠
고 또 무서운 일과 하늘로부터 큰 징조들이 있으리라

마 24:3 예수께서 감람 산 위에 앉으셨을 때에 제자들이 조용히 와서 이르되 우리에게 이르소
서 어느 때에 이런 일이 있겠사오며 또 주의 임하심과 세상 끝에는 무슨 징조가 있사오리이까
4예수께서 대답하여 이르시되 너희가 사람의 미혹을 받지 않도록 주의하라 5많은 사람이 내
이름으로 와서 이르되 나는 그리스도라 하여 많은 사람을 미혹하리라 6난리와 난리 소문을 듣
겠으나 너희는 삼가 두려워하지 말라 이런 일이 있어야 하되 아직 끝은 아니니라 7민족이 민
족을, 나라가 나라를 대적하여 일어나겠고 곳곳에 기근과 지진이 있으리니 8이 모든 것은 재난
의 시작이니라

막 13:3 예수께서 감람 산에서 성전을 마주 대하여 앉으셨을 때에 베드로와 야고보와 요한과
안드레가 조용히 묻되 4우리에게 이르소서 어느 때에 이런 일이 있겠사오며 이 모든 일이 이
루어지려 할 때에 무슨 징조가 있사오리이까 5예수께서 이르시되 너희가 사람의 미혹을 받지
않도록 주의하라 6많은 사람이 내 이름으로 와서 이르되 내가 그라 하여 많은 사람을 미혹하
리라 7난리와 난리의 소문을 들을 때에 두려워하지 말라 이런 일이 있어야 하되 아직 끝은 아

니니라 [8]민족이 민족을, 나라가 나라를 대적하여 일어나겠고 곳곳에 지진이 있으며 기근이 있으리니 이는 재난의 시작이니라

눅 21:12-13 박해 속 증거가 되리라

[12]이 모든 일 전에 내 이름으로 말미암아 너희에게 손을 대어 박해하며 회당과 옥에 넘겨 주며 임금들과 집권자들 앞에 끌어 가려니와 [13]이 일이 도리어 너희에게 증거가 되리라

막 13:9 너희는 스스로 조심하라 사람들이 너희를 공회에 넘겨 주겠고 너희를 회당에서 매질하겠으며 나로 말미암아 너희가 권력자들과 임금들 앞에 서리니 이는 그들에게 증거가 되려 함이라

눅 21:14-15 예수의 대언

[14]그러므로 너희는 변명할 것을 미리 궁리하지 않도록 명심하라 [15]내가 너희의 모든 대적이 능히 대항하거나 변박할 수 없는 구변과 지혜를 너희에게 주리라

눅 21:16-19 미움을 받을 것

[16]심지어 부모와 형제와 친척과 벗이 너희를 넘겨 주어 너희 중의 몇을 죽이게 하겠고 [17]또 너희가 내 이름으로 말미암아 모든 사람에게 미움을 받을 것이나 [18]너희 머리털 하나도 상하지 아니하리라 [19]너희의 인내로 너희 영혼을 얻으리라

마 24:9 그 때에 사람들이 너희를 환난에 넘겨 주겠으며 너희를 죽이리니 너희가 내 이름 때문에 모든 민족에게 미움을 받으리라 [10]그 때에 많은 사람이 실족하게 되어 서로 잡아 주고 서로 미워하겠으며 [11]거짓 선지자가 많이 일어나 많은 사람을 미혹하겠으며 [12]불법이 성하므로 많은 사람의 사랑이 식어지리라 [13]그러나 끝까지 견디는 자는 구원을 얻으리라

막 13:12 형제가 형제를, 아버지가 자식을 죽는 데에 내주며 자식들이 부모를 대적하여 죽게 하리라 [13]또 너희가 내 이름으로 말미암아 모든 사람에게 미움을 받을 것이나 끝까지 견디는 자는 구원을 받으리라

눅 21:20-24 대환란

[20]너희가 예루살렘이 군대들에게 에워싸이는 것을 보거든 그 멸망이 가까운 줄을 알라 [21]그 때에
유대에 있는 자들은 산으로 도망갈 것이며 성내에 있는 자들은 나갈 것이며 촌에 있는 자들은 그
리로 들어가지 말지어다 [22]이 날들은 기록된 모든 것을 이루는 징벌의 날이니라 [23]그 날에는 아이
밴 자들과 젖먹이는 자들에게 화가 있으리니 이는 땅에 큰 환난과 이 백성에게 진노가 있겠음이로
다 [24]그들이 칼날에 죽임을 당하며 모든 이방에 사로잡혀 가겠고 예루살렘은 이방인의 때가 차기
까지 이방인들에게 밟히리라

마 24:15 그러므로 너희가 선지자 다니엘이 말한 바 멸망의 가증한 것이 거룩한 곳에 선 것을
보거든 (읽는 자는 깨달을진저) [16]그 때에 유대에 있는 자들은 산으로 도망할지어다 [17]지붕 위
에 있는 자는 집 안에 있는 물건을 가지러 내려 가지 말며 [18]밭에 있는 자는 겉옷을 가지러 뒤
로 돌이키지 말지어다 [19]그 날에는 아이 밴 자들과 젖 먹이는 자들에게 화가 있으리로다 [20]너
희가 도망하는 일이 겨울에나 안식일에 되지 않도록 기도하라 [21]이는 그 때에 큰 환난이 있겠
음이라 창세로부터 지금까지 이런 환난이 없었고 후에도 없으리라 [22]그 날들을 감하지 아니하
면 모든 육체가 구원을 얻지 못할 것이나 그러나 택하신 자들을 위하여 그 날들을 감하시리라
[23]그 때에 사람이 너희에게 말하되 보라 그리스도가 여기 있다 혹은 저기 있다 하여도 믿지 말
라 [24]거짓 그리스도들과 거짓 선지자들이 일어나 큰 표적과 기사를 보여 할 수만 있으면 택하
신 자들도 미혹하리라 [25]보라 내가 너희에게 미리 말하였노라 [26]그러면 사람들이 너희에게 말
하되 보라 그리스도가 광야에 있다 하여도 나가지 말고 보라 골방에 있다 하여도 믿지 말라 [27]번
개가 동편에서 나서 서편까지 번쩍임 같이 인자의 임함도 그러하리라 [28]주검이 있는 곳에는
독수리들이 모일 것이니라

막 13:14 멸망의 가증한 것이 서지 못할 곳에 선 것을 보거든 (읽는 자는 깨달을진저) 그 때에
유대에 있는 자들은 산으로 도망할지어다 [15]지붕 위에 있는 자는 내려가지도 말고 집에 있는
무엇을 가지러 들어가지도 말며 [16]밭에 있는 자는 겉옷을 가지러 뒤로 돌이키지 말지어다 [17]그
날에는 아이 밴 자들과 젖먹이는 자들에게 화가 있으리로다 [18]이 일이 겨울에 일어나지 않도
록 기도하라 [19]이는 그 날들이 환난의 날이 되겠음이라 하나님께서 창조하신 시초부터 지금까
지 이런 환난이 없었고 후에도 없으리라 [20]만일 주께서 그 날들을 감하지 아니하셨더라면 모
든 육체가 구원을 얻지 못할 것이거늘 자기가 택하신 자들을 위하여 그 날들을 감하셨느니라
[21]그 때에 어떤 사람이 너희에게 말하되 보라 그리스도가 여기 있다 보라 저기 있다 하여도 믿
지 말라 [22]거짓 그리스도들과 거짓 선지자들이 일어나서 이적과 기사를 행하여 할 수만 있으면
택하신 자들을 미혹하려 하리라 [23]너희는 삼가라 내가 모든 일을 너희에게 미리 말하였노라

눅 21:25-28 인자의 오심

25일월 성신에는 징조가 있겠고 땅에서는 민족들이 바다와 파도의 성난 소리로 인하여 혼란한 중
에 곤고하리라 26사람들이 세상에 임할 일을 생각하고 무서워하므로 기절하리니 이는 하늘의 권
능들이 흔들리겠음이라 27그 때에 사람들이 인자가 구름을 타고 능력과 큰 영광으로 오는 것을 보
리라 28이런 일이 되기를 시작하거든 일어나 머리를 들라 너희 속량이 가까웠느니라 하시더라

마 24:29 그 날 환난 후에 즉시 해가 어두워지며 달이 빛을 내지 아니하며 별들이 하늘에서
떨어지며 하늘의 권능들이 흔들리리라 30그 때에 인자의 징조가 하늘에서 보이겠고 그 때에
땅의 모든 족속들이 통곡하며 그들이 인자가 구름을 타고 능력과 큰 영광으로 오는 것을 보리
라 31그가 큰 나팔소리와 함께 천사들을 보내리니 그들이 그의 택하신 자들을 하늘 이 끝에서
저 끝까지 사방에서 모으리라

막 13:24 그 때에 그 환난 후 해가 어두워지며 달이 빛을 내지 아니하며 25별들이 하늘에서 떨
어지며 하늘에 있는 권능들이 흔들리리라 26그 때에 인자가 구름을 타고 큰 권능과 영광으로
오는 것을 사람들이 보리라 27또 그 때에 그가 천사들을 보내어 자기가 택하신 자들을 땅 끝으
로부터 하늘 끝까지 사방에서 모으리라

눅 21:29-33 무화과나무 비유(2)

29이에 비유로 이르시되 무화과나무와 모든 나무를 보라 30싹이 나면 너희가 보고 여름이 가까운
줄을 자연히 아나니 31이와 같이 너희가 이런 일이 일어나는 것을 보거든 하나님의 나라가 가까이
온 줄을 알라 32내가 진실로 너희에게 말하노니 이 세대가 지나가기 전에 모든 일이 다 이루어지
리라 33천지는 없어지겠으나 내 말은 없어지지 아니하리라

마 24:32 무화과나무의 비유를 배우라 그 가지가 연하여지고 잎사귀를 내면 여름이 가까운
줄을 아나니 33이와 같이 너희도 이 모든 일을 보거든 인자가 가까이 곧 문 앞에 이른 줄 알라
34내가 진실로 너희에게 말하노니 이 세대가 지나가기 전에 이 일이 다 일어나리라 35천지는
없어질지언정 내 말은 없어지지 아니하리라

막 13:28 무화과나무의 비유를 배우라 그 가지가 연하여지고 잎사귀를 내면 여름이 가까운
줄 아나니 29이와 같이 너희가 이런 일이 일어나는 것을 보거든 인자가 가까이 곧 문 앞에 이
른 줄 알라 30내가 진실로 너희에게 말하노니 이 세대가 지나가기 전에 이 일이 다 일어나리라
31천지는 없어지겠으나 내 말은 없어지지 아니하리라

눅 21:34-38 깨어 있으라

[34]너희는 스스로 조심하라 그렇지 않으면 방탕함과 술취함과 생활의 염려로 마음이 둔하여지고
뜻밖에 그 날이 덫과 같이 너희에게 임하리라 [35]이 날은 온 지구상에 거하는 모든 사람에게 임하
리라 [36]이러므로 너희는 장차 올 이 모든 일을 능히 피하고 인자 앞에 서도록 항상 기도하며 깨어
있으라 하시니라 [37]예수께서 낮에는 성전에서 가르치시고 밤에는 나가 감람원이라 하는 산에서
쉬시니 [38]모든 백성이 그 말씀을 들으려고 이른 아침에 성전에 나아가더라

마 24:36 그러나 그 날과 그 때는 아무도 모르나니 하늘의 천사들도, 아들도 모르고 오직 아버
지만 아시느니라 [37]노아의 때와 같이 인자의 임함도 그러하리라 [38]홍수 전에 노아가 방주에 들
어가던 날까지 사람들이 먹고 마시고 장가 들고 시집 가고 있으면서 [39]홍수가 나서 그들을 다
멸하기까지 깨닫지 못하였으니 인자의 임함도 이와 같으리라 [40]그 때에 두 사람이 밭에 있으
매 한 사람은 데려가고 한 사람은 버려둠을 당할 것이요 [41]두 여자가 맷돌질을 하고 있으매 한
사람은 데려가고 한 사람은 버려둠을 당할 것이니라 [42]그러므로 깨어 있으라 어느 날에 너희
주가 임할는지 너희가 알지 못함이니라 [43]너희도 아는 바니 만일 집 주인이 도둑이 어느 시각
에 올 줄을 알았더라면 깨어 있어 그 집을 뚫지 못하게 하였으리라 [44]이러므로 너희도 준비하
고 있으라 생각하지 않은 때에 인자가 오리라 [45]충성되고 지혜 있는 종이 되어 주인에게 그 집
사람들을 맡아 때를 따라 양식을 나눠 줄 자가 누구냐 [46]주인이 올 때에 그 종이 이렇게 하는
것을 보면 그 종이 복이 있으리로다 [47]내가 진실로 너희에게 이르노니 주인이 그의 모든 소유
를 그에게 맡기리라 [48]만일 그 악한 종이 마음에 생각하기를 주인이 더디 오리라 하여 [49]동료
들을 때리며 술친구들과 더불어 먹고 마시게 되면 [50]생각하지 않은 날 알지 못하는 시각에 그
종의 주인이 이르러 [51]엄히 때리고 외식하는 자가 받는 벌에 처하리니 거기서 슬피 울며 이를
갈리라

막 13:32 그러나 그 날과 그 때는 아무도 모르나니 하늘에 있는 천사들도, 아들도 모르고 아버
지만 아시느니라 [33]주의하라 깨어 있으라 그 때가 언제인지 알지 못함이라 [34]가령 사람이 집을
떠나 타국으로 갈 때에 그 종들에게 권한을 주어 각각 사무를 맡기며 문지기에게 깨어 있으라
명함과 같으니 [35]그러므로 깨어 있으라 집 주인이 언제 올는지 혹 저물 때일는지, 밤중일는지,
닭 울 때일는지, 새벽일는지 너희가 알지 못함이라 [36]그가 홀연히 와서 너희가 자는 것을 보지
않도록 하라 [37]깨어 있으라 내가 너희에게 하는 이 말은 모든 사람에게 하는 말이니라 하시니라

눅 22:1-2 예수 죽음 모의

[1]유월절이라 하는 무교절이 다가오매 [2]대제사장들과 서기관들이 예수를 무슨 방도로 죽일까 궁리
하니 이는 그들이 백성을 두려워함이더라

마 26:2 너희가 아는 바와 같이 이틀이 지나면 유월절이라 인자가 십자가에 못 박히기 위하여 팔리리라 하시더라 [3]그 때에 대제사장들과 백성의 장로들이 가야바라 하는 대제사장의 관정에 모여 [4]예수를 흉계로 잡아 죽이려고 의논하되 [5]말하기를 민란이 날까 하노니 명절에는 하지 말자 하더라

막 14:1 이틀이 지나면 유월절과 무교절이라 대제사장들과 서기관들이 예수를 흉계로 잡아 죽일 방도를 구하며 [2]이르되 민란이 날까 하노니 명절에는 하지 말자 하더라

요 11:45 마리아에게 와서 예수께서 하신 일을 본 많은 유대인이 그를 믿었으나 [46]그 중에 어떤 자는 바리새인들에게 가서 예수께서 하신 일을 알리니라 [47]이에 대제사장들과 바리새인들이 공회를 모으고 이르되 이 사람이 많은 표적을 행하니 우리가 어떻게 하겠느냐 [48]만일 그를 이대로 두면 모든 사람이 그를 믿을 것이요 그리고 로마인들이 와서 우리 땅과 민족을 빼앗아 가리라 하니 [49]그 중의 한 사람 그 해의 대제사장인 가야바가 그들에게 말하되 너희가 아무 것도 알지 못하는도다 [50]한 사람이 백성을 위하여 죽어서 온 민족이 망하지 않게 되는 것이 너희에게 유익한 줄을 생각하지 아니하는도다 하였으니 [51]이 말은 스스로 함이 아니요 그 해의 대제사장이므로 예수께서 그 민족을 위하시고 [52]또 그 민족만 위할 뿐 아니라 흩어진 하나님의 자녀를 모아 하나가 되게 하기 위하여 죽으실 것을 미리 말함이러라 [53]이 날부터는 그들이 예수를 죽이려고 모의하니라

눅 22:3-6 유다와 대제사장들

[3]열둘 중의 하나인 가룟인이라 부르는 유다에게 사탄이 들어가니 [4]이에 유다가 대제사장들과 성전 경비대장들에게 가서 예수를 넘겨 줄 방도를 의논하매 [5]그들이 기뻐하여 돈을 주기로 언약하는지라 [6]유다가 허락하고 예수를 무리가 없을 때에 넘겨 줄 기회를 찾더라

마 26:14 그 때에 열둘 중의 하나인 가룟 유다라 하는 자가 대제사장들에게 가서 말하되 [15]내가 예수를 너희에게 넘겨 주리니 얼마나 주려느냐 하니 그들이 은 삼십을 달아 주거늘 [16]그가 그 때부터 예수를 넘겨 줄 기회를 찾더라

막 14:10 열둘 중의 하나인 가룟 유다가 예수를 넘겨 주려고 대제사장들에게 가매 [11]그들이 듣고 기뻐하여 돈을 주기로 약속하니 유다가 예수를 어떻게 넘겨 줄까 하고 그 기회를 찾더라

눅 22:7-13 마지막 만찬 준비

7유월절 양을 잡을 무교절날이 이른지라 8예수께서 베드로와 요한을 보내시며 이르시되 가서 우
리를 위하여 유월절을 준비하여 우리로 먹게 하라 9여짜오되 어디서 준비하기를 원하시나이까
10이르시되 보라 너희가 성내로 들어가면 물 한 동이를 가지고 가는 사람을 만나리니 그가 들어가
는 집으로 따라 들어가서 11그 집 주인에게 이르되 선생님이 네게 하는 말씀이 내가 내 제자들과
함께 유월절을 먹을 객실이 어디 있느냐 하시더라 하라 12그리하면 그가 자리를 마련한 큰 다락방
을 보이리니 거기서 준비하라 하시니 13그들이 나가 그 하신 말씀대로 만나 유월절을 준비하니라

마 26:17 무교절의 첫날에 제자들이 예수께 나아와서 이르되 유월절 음식 잡수실 것을 우리가
어디서 준비하기를 원하시나이까 18이르시되 성인 아무에게 가서 이르되 선생님 말씀이 내 때
가 가까이 왔으니 내 제자들과 함께 유월절을 네 집에서 지키겠다 하시더라 하라 하시니 19제
자들이 예수께서 시키신 대로 하여 유월절을 준비하였더라

막 14:12 무교절의 첫날 곧 유월절 양 잡는 날에 제자들이 예수께 여짜오되 우리가 어디로 가
서 선생님께서 유월절 음식을 잡수시게 준비하기를 원하시나이까 하매 13예수께서 제자 중의
둘을 보내시며 이르시되 성내로 들어가라 그리하면 물 한 동이를 가지고 가는 사람을 만나리
니 그를 따라가서 14어디든지 그가 들어가는 그 집 주인에게 이르되 선생님의 말씀이 내가 내
제자들과 함께 유월절 음식을 먹을 나의 객실이 어디 있느냐 하시더라 하라 15그리하면 자리
를 펴고 준비한 큰 다락방을 보이리니 거기서 우리를 위하여 준비하라 하시니 16제자들이 나
가 성내로 들어가서 예수께서 하시던 말씀대로 만나 유월절 음식을 준비하니라

눅 22:14-20 성만찬 제정

14때가 이르매 예수께서 사도들과 함께 앉으사 15이르시되 내가 고난을 받기 전에 너희와 함께 이
유월절 먹기를 원하고 원하였노라 16내가 너희에게 이르노니 이 유월절이 하나님의 나라에서 이
루기까지 다시 먹지 아니하리라 하시고 17이에 잔을 받으사 감사 기도 하시고 이르시되 이것을 갖
다가 너희끼리 나누라 18내가 너희에게 이르노니 내가 이제부터 하나님의 나라가 임할 때까지 포
도나무에서 난 것을 다시 마시지 아니하리라 하시고 19또 떡을 가져 감사 기도 하시고 떼어 그들
에게 주시며 이르시되 이것은 너희를 위하여 주는 내 몸이라 너희가 이를 행하여 나를 기념하라
하시고 20저녁 먹은 후에 잔도 그와 같이 하여 이르시되 이 잔은 내 피로 세우는 새 언약이니 곧
너희를 위하여 붓는 것이라

마 26:26 그들이 먹을 때에 예수께서 떡을 가지사 축복하시고 떼어 제자들에게 주시며 이르
시되 받아서 먹으라 이것은 내 몸이니라 하시고 27또 잔을 가지사 감사 기도 하시고 그들에게

주시며 이르시되 너희가 다 이것을 마시라 [28]이것은 죄 사함을 얻게 하려고 많은 사람을 위하
여 흘리는 바 나의 피 곧 언약의 피니라 [29]그러나 너희에게 이르노니 내가 포도나무에서 난 것
을 이제부터 내 아버지의 나라에서 새것으로 너희와 함께 마시는 날까지 마시지 아니하리라
하시니라

막 14:22 그들이 먹을 때에 예수께서 떡을 가지사 축복하시고 떼어 제자들에게 주시며 이르
시되 받으라 이것은 내 몸이니라 하시고 [23]또 잔을 가지사 감사 기도 하시고 그들에게 주시니
다 이를 마시매 [24]이르시되 이것은 많은 사람을 위하여 흘리는 나의 피 곧 언약의 피니라 [25]진
실로 너희에게 이르노니 내가 포도나무에서 난 것을 하나님 나라에서 새 것으로 마시는 날까
지 다시 마시지 아니하리라 하시니라 [26]이에 그들이 찬미하고 감람 산으로 가니라

눅 22:21-23 유다의 배신 예고

[21]그러나 보라 나를 파는 자의 손이 나와 함께 상 위에 있도다 [22]인자는 이미 작정된 대로 가거니
와 그를 파는 그 사람에게는 화가 있으리로다 하시니 [23]그들이 서로 묻되 우리 중에서 이 일을 행
할 자가 누구일까 하더라

마 26:20 저물 때에 예수께서 열두 제자와 함께 앉으셨더니 [21]그들이 먹을 때에 이르시되 내
가 진실로 너희에게 이르노니 너희 중의 한 사람이 나를 팔리라 하시니 [22]그들이 몹시 근심하
여 각각 여짜오되 주여 나는 아니지요 [23]대답하여 이르시되 나와 함께 그릇에 손을 넣는 그가
나를 팔리라 [24]인자는 자기에 대하여 기록된 대로 가거니와 인자를 파는 그 사람에게는 화가
있으리로다 그 사람은 차라리 태어나지 아니하였더라면 제게 좋을 뻔하였느니라 [25]예수를 파
는 유다가 대답하여 이르되 랍비여 나는 아니지요 대답하시되 네가 말하였도다 하시니라

막 14:17 저물매 그 열둘을 데리시고 가서 [18]다 앉아 먹을 때에 예수께서 이르시되 내가 진실
로 너희에게 이르노니 너희 중의 한 사람 곧 나와 함께 먹는 자가 나를 팔리라 하신대 [19]그들
이 근심하며 하나씩 하나씩 나는 아니지요 하고 말하기 시작하니 [20]그들에게 이르시되 열둘
중의 하나 곧 나와 함께 그릇에 손을 넣는 자니라 [21]인자는 자기에 대하여 기록된 대로 가거니
와 인자를 파는 그 사람에게는 화가 있으리로다 그 사람은 차라리 나지 아니하였더라면 자기
에게 좋을 뻔하였느니라 하시니라

요 13:21 예수께서 이 말씀을 하시고 심령이 괴로워 증언하여 이르시되 내가 진실로 진실로
너희에게 이르노니 너희 중 하나가 나를 팔리라 하시니 [22]제자들이 서로 보며 누구에게 대하
여 말씀하시는지 의심하더라 [23]예수의 제자 중 하나 곧 그가 사랑하시는 자가 예수의 품에 의
지하여 누웠는지라 [24]시몬 베드로가 머릿짓을 하여 말하되 말씀하신 자가 누구인지 말하라 하
니 [25]그가 예수의 가슴에 그대로 의지하여 말하되 주여 누구니이까 [26]예수께서 대답하시되 내

가 떡 한 조각을 적셔다 주는 자가 그니라 하시고 곧 한 조각을 적셔서 가룟 시몬의 아들 유다
에게 주시니 [27]조각을 받은 후 곧 사탄이 그 속에 들어간지라 이에 예수께서 유다에게 이르시
되 네가 하는 일을 속히 하라 하시니 [28]이 말씀을 무슨 뜻으로 하셨는지 그 앉은 자 중에 아는
자가 없고 [29]어떤 이들은 유다가 돈궤를 맡았으므로 명절에 우리가 쓸 물건을 사라 하시는지
혹은 가난한 자들에게 무엇을 주라 하시는 줄로 생각하더라 [30]유다가 그 조각을 받고 곧 나가
니 밤이러라

눅 22:24-30 제자들의 다툼: 누가 크냐?

[24]또 그들 사이에 그 중 누가 크냐 하는 다툼이 난지라 [25]예수께서 이르시되 이방인의 임금들은
그들을 주관하며 그 집권자들은 은인이라 칭함을 받으나 [26]너희는 그렇지 않을지니 너희 중에 큰
자는 젊은 자와 같고 다스리는 자는 섬기는 자와 같을지니라 [27]앉아서 먹는 자가 크냐 섬기는 자
가 크냐 앉아서 먹는 자가 아니냐 그러나 나는 섬기는 자로 너희 중에 있노라 [28]너희는 나의 모든
시험 중에 항상 나와 함께 한 자들인즉 [29]내 아버지께서 나라를 내게 맡기신 것 같이 나도 너희에
게 맡겨 [30]너희로 내 나라에 있어 내 상에서 먹고 마시며 또는 보좌에 앉아 이스라엘 열두 지파를
다스리게 하려 하노라

마 20:24 열 제자가 듣고 그 두 형제에 대하여 분히 여기거늘 [25]예수께서 제자들을 불러다가
이르시되 이방인의 집권자들이 그들을 임의로 주관하고 그 고관들이 그들에게 권세를 부리는
줄을 너희가 알거니와 [26]너희 중에는 그렇지 않아야 하나니 너희 중에 누구든지 크고자 하는
자는 너희를 섬기는 자가 되고 [27]너희 중에 누구든지 으뜸이 되고자 하는 자는 너희의 종이 되
어야 하리라 [28]인자가 온 것은 섬김을 받으려 함이 아니라 도리어 섬기려 하고 자기 목숨을 많
은 사람의 대속물로 주려 함이니라

막 10:41 열 제자가 듣고 야고보와 요한에 대하여 화를 내거늘 [42]예수께서 불러다가 이르시되
이방인의 집권자들이 그들을 임의로 주관하고 그 고관들이 그들에게 권세를 부리는 줄을 너희
가 알거니와 [43]너희 중에는 그렇지 않을지니 너희 중에 누구든지 크고자 하는 자는 너희를 섬
기는 자가 되고 [44]너희 중에 누구든지 으뜸이 되고자 하는 자는 모든 사람의 종이 되어야 하리
라 [45]인자가 온 것은 섬김을 받으려 함이 아니라 도리어 섬기려 하고 자기 목숨을 많은 사람의
대속물로 주려 함이니라

눅 22:31-34 베드로 부인 예고

[31]시몬아, 시몬아, 보라 사탄이 너희를 밀 까부르듯 하려고 요구하였으나 [32]그러나 내가 너를 위

하여 네 믿음이 떨어지지 않기를 기도하였노니 너는 돌이킨 후에 네 형제를 굳게 하라 [33]그가 말
하되 주여 내가 주와 함께 옥에도, 죽는 데에도 가기를 각오하였나이다 [34]이르시되 베드로야 내가
네게 말하노니 오늘 닭 울기 전에 네가 세 번 나를 모른다고 부인하리라 하시니라

마 26:31 그 때에 예수께서 제자들에게 이르시되 오늘 밤에 너희가 다 나를 버리리라 기록된
바 내가 목자를 치리니 양의 떼가 흩어지리라 하였느니라 [32]그러나 내가 살아난 후에 너희보
다 먼저 갈릴리로 가리라 [33]베드로가 대답하여 이르되 모두 주를 버릴지라도 나는 결코 버리
지 않겠나이다 [34]예수께서 이르시되 내가 진실로 네게 이르노니 오늘 밤 닭 울기 전에 네가 세
번 나를 부인하리라 [35]베드로가 이르되 내가 주와 함께 죽을지언정 주를 부인하지 않겠나이다
하고 모든 제자도 그와 같이 말하니라

막 14:27 예수께서 제자들에게 이르시되 너희가 다 나를 버리리라 이는 기록된 바 내가 목자
를 치리니 양들이 흩어지리라 하였음이니라 [28]그러나 내가 살아난 후에 너희보다 먼저 갈릴리
로 가리라 [29]베드로가 여짜오되 다 버릴지라도 나는 그리하지 않겠나이다 [30]예수께서 이르시
되 내가 진실로 네게 이르노니 오늘 이 밤 닭이 두 번 울기 전에 네가 세 번 나를 부인하리라
[31]베드로가 힘있게 말하되 내가 주와 함께 죽을지언정 주를 부인하지 않겠나이다 하고 모든
제자도 이와 같이 말하니라

요 13:36 시몬 베드로가 이르되 주여 어디로 가시나이까 예수께서 대답하시되 내가 가는 곳
에 네가 지금은 따라올 수 없으나 후에는 따라오리라 [37]베드로가 이르되 주여 내가 지금은 어
찌하여 따라갈 수 없나이까 주를 위하여 내 목숨을 버리겠나이다 [38]예수께서 대답하시되 네가
나를 위하여 네 목숨을 버리겠느냐 내가 진실로 진실로 네게 이르노니 닭 울기 전에 네가 세
번 나를 부인하리라

눅 22:35-38 검 둘

[35]그들에게 이르시되 내가 너희를 전대와 배낭과 신발도 없이 보내었을 때에 부족한 것이 있더냐
이르되 없었나이다 [36]이르시되 이제는 전대 있는 자는 가질 것이요 배낭도 그리하고 검 없는 자는
겉옷을 팔아 살지어다 [37]내가 너희에게 말하노니 기록된 바 그는 불법자의 동류로 여김을 받았다
한 말이 내게 이루어져야 하리니 내게 관한 일이 이루어져 감이니라 [38]그들이 여짜오되 주여 보소
서 여기 검 둘이 있나이다 대답하시되 족하다 하시니라

눅 22:39-46 감람산 기도

39예수께서 나가사 습관을 따라 감람 산에 가시매 제자들도 따라갔더니 40그 곳에 이르러 그들에
게 이르시되 유혹에 빠지지 않게 기도하라 하시고 41그들을 떠나 돌 던질 만큼 가서 무릎을 꿇고
기도하여 42이르시되 아버지여 만일 아버지의 뜻이거든 이 잔을 내게서 옮기시옵소서 그러나 내
원대로 마시옵고 아버지의 원대로 되기를 원하나이다 하시니 43천사가 하늘로부터 예수께 나타나
힘을 더하더라 44예수께서 힘쓰고 애써 더욱 간절히 기도하시니 땀이 땅에 떨어지는 핏방울 같이
되더라 45기도 후에 일어나 제자들에게 가서 슬픔으로 인하여 잠든 것을 보시고 46이르시되 어찌
하여 자느냐 시험에 들지 않게 일어나 기도하라 하시니라

마 26:36 이에 예수께서 제자들과 함께 겟세마네라 하는 곳에 이르러 제자들에게 이르시되
내가 저기 가서 기도할 동안에 너희는 여기 앉아 있으라 하시고 37베드로와 세베대의 두 아들
을 데리고 가실새 고민하고 슬퍼하사 38이에 말씀하시되 내 마음이 매우 고민하여 죽게 되었
으니 너희는 여기 머물러 나와 함께 깨어 있으라 하시고 39조금 나아가사 얼굴을 땅에 대시고
엎드려 기도하여 이르시되 내 아버지여 만일 할 만하시거든 이 잔을 내게서 지나가게 하옵소
서 그러나 나의 원대로 마시옵고 아버지의 원대로 하옵소서 하시고 40제자들에게 오사 그 자
는 것을 보시고 베드로에게 말씀하시되 너희가 나와 함께 한 시간도 이렇게 깨어 있을 수 없더
냐 41시험에 들지 않게 깨어 기도하라 마음에는 원이로되 육신이 약하도다 하시고 42다시 두 번
째 나아가 기도하여 이르시되 내 아버지여 만일 내가 마시지 않고는 이 잔이 내게서 지나갈 수
없거든 아버지의 원대로 되기를 원하나이다 하시고 43다시 오사 보신즉 그들이 자니 이는 그
들의 눈이 피곤함일러라 44또 그들을 두시고 나아가 세 번째 같은 말씀으로 기도하신 후 45이
에 제자들에게 오사 이르시되 이제는 자고 쉬라 보라 때가 가까이 왔으니 인자가 죄인의 손에
팔리느니라 46일어나라 함께 가자 보라 나를 파는 자가 가까이 왔느니라

막 14:32 그들이 겟세마네라 하는 곳에 이르매 예수께서 제자들에게 이르시되 내가 기도할
동안에 너희는 여기 앉아 있으라 하시고 33베드로와 야고보와 요한을 데리고 가실새 심히 놀
라시며 슬퍼하사 34말씀하시되 내 마음이 심히 고민하여 죽게 되었으니 너희는 여기 머물러
깨어 있으라 하시고 35조금 나아가사 땅에 엎드리어 될 수 있는 대로 이 때가 자기에게서 지나
가기를 구하여 36이르시되 아빠 아버지여 아버지께는 모든 것이 가능하오니 이 잔을 내게서 옮
기시옵소서 그러나 나의 원대로 마시옵고 아버지의 원대로 하옵소서 하시고 37돌아오사 제자
들이 자는 것을 보시고 베드로에게 말씀하시되 시몬아 자느냐 네가 한 시간도 깨어 있을 수 없
더냐 38시험에 들지 않게 깨어 있어 기도하라 마음에는 원이로되 육신이 약하도다 하시고 39다
시 나아가 동일한 말씀으로 기도하시고 40다시 오사 보신즉 그들이 자니 이는 그들의 눈이 심
히 피곤함이라 그들이 예수께 무엇으로 대답할 줄을 알지 못하더라 41세 번째 오사 그들에게
이르시되 이제는 자고 쉬라 그만 되었다 때가 왔도다 보라 인자가 죄인의 손에 팔리느니라 42일
어나라 함께 가자 보라 나를 파는 자가 가까이 왔느니라

눅 22:47-53 예수 체포

47말씀하실 때에 한 무리가 오는데 열둘 중의 하나인 유다라 하는 자가 그들을 앞장서 와서 48예
수께 입을 맞추려고 가까이 하는지라 예수께서 이르시되 유다야 네가 입맞춤으로 인자를 파느냐
하시니 49그의 주위 사람들이 그 된 일을 보고 여짜오되 주여 우리가 칼로 치리이까 하고 50그 중
의 한 사람이 대제사장의 종을 쳐 그 오른쪽 귀를 떨어뜨린지라 51예수께서 일러 이르시되 이것까
지 참으라 하시고 그 귀를 만져 낫게 하시더라 52예수께서 그 잡으러 온 대제사장들과 성전의 경
비대장들과 장로들에게 이르시되 너희가 강도를 잡는 것 같이 검과 몽치를 가지고 나왔느냐 53내
가 날마다 너희와 함께 성전에 있을 때에 내게 손을 대지 아니하였도다 그러나 이제는 너희 때요
어둠의 권세로다 하시더라

마 26:47 말씀하실 때에 열둘 중의 하나인 유다가 왔는데 대제사장들과 백성의 장로들에게서
파송된 큰 무리가 칼과 몽치를 가지고 그와 함께 하였더라 48예수를 파는 자가 그들에게 군호
를 짜 이르되 내가 입맞추는 자가 그이니 그를 잡으라 한지라 49곧 예수께 나아와 랍비여 안녕
하시옵니까 하고 입을 맞추니 50예수께서 이르시되 친구여 네가 무엇을 하려고 왔는지 행하
라 하신대 이에 그들이 나아와 예수께 손을 대어 잡는지라 51예수와 함께 있던 자 중의 하나가
손을 펴 칼을 빼어 대제사장의 종을 쳐 그 귀를 떨어뜨리니 52이에 예수께서 이르시되 네 칼을
도로 칼집에 꽂으라 칼을 가지는 자는 다 칼로 망하느니라 53너는 내가 내 아버지께 구하여 지
금 열두 군단 더 되는 천사를 보내시게 할 수 없는 줄로 아느냐 54내가 만일 그렇게 하면 이런
일이 있으리라 한 성경이 어떻게 이루어지겠느냐 하시더라 55그 때에 예수께서 무리에게 말씀
하시되 너희가 강도를 잡는 것 같이 칼과 몽치를 가지고 나를 잡으러 나왔느냐 내가 날마다 성
전에 앉아 가르쳤으되 너희가 나를 잡지 아니하였도다 56그러나 이렇게 된 것은 다 선지자들
의 글을 이루려 함이니라 하시더라 이에 제자들이 다 예수를 버리고 도망하니라

막 14:43 예수께서 말씀하실 때에 곧 열둘 중의 하나인 유다가 왔는데 대제사장들과 서기관
들과 장로들에게서 파송된 무리가 검과 몽치를 가지고 그와 함께 하였더라 44예수를 파는 자
가 이미 그들과 군호를 짜 이르되 내가 입맞추는 자가 그이니 그를 잡아 단단히 끌어 가라 하
였는지라 45이에 와서 곧 예수께 나아와 랍비여 하고 입을 맞추니 46그들이 예수께 손을 대어
잡거늘 47곁에 서 있는 자 중의 한 사람이 칼을 빼어 대제사장의 종을 쳐 그 귀를 떨어뜨리니
라 48예수께서 무리에게 말씀하여 이르시되 너희가 강도를 잡는 것 같이 검과 몽치를 가지고
나를 잡으러 나왔느냐 49내가 날마다 너희와 함께 성전에 있으면서 가르쳤으되 너희가 나를
잡지 아니하였도다 그러나 이는 성경을 이루려 함이니라 하시더라 50제자들이 다 예수를 버리
고 도망하니라

요 18:1 예수께서 이 말씀을 하시고 제자들과 함께 기드론 시내 건너편으로 나가시니 그 곳에
동산이 있는데 제자들과 함께 들어가시니라 2그 곳은 가끔 예수께서 제자들과 모이시는 곳이
므로 예수를 파는 유다도 그 곳을 알더라 3유다가 군대와 대제사장들과 바리새인들에게서 얻

은 아랫사람들을 데리고 등과 횃불과 무기를 가지고 그리로 오는지라 4예수께서 그 당할 일을
다 아시고 나아가 이르시되 너희가 누구를 찾느냐 5대답하되 나사렛 예수라 하거늘 이르시되
내가 그니라 하시니라 그를 파는 유다도 그들과 함께 섰더라 6예수께서 그들에게 내가 그니
라 하실 때에 그들이 물러가서 땅에 엎드러지는지라 7이에 다시 누구를 찾느냐고 물으신대 그
들이 말하되 나사렛 예수라 하거늘 8예수께서 대답하시되 너희에게 내가 그니라 하였으니 나
를 찾거든 이 사람들이 가는 것은 용납하라 하시니 9이는 아버지께서 내게 주신 자 중에서 하
나도 잃지 아니하였사옵나이다 하신 말씀을 응하게 하려 함이러라 10이에 시몬 베드로가 칼을
가졌는데 그것을 빼어 대제사장의 종을 쳐서 오른편 귀를 베어버리니 그 종의 이름은 말고라
11예수께서 베드로더러 이르시되 칼을 칼집에 꽂으라 아버지께서 주신 잔을 내가 마시지 아니
하겠느냐 하시니라

눅 22:54-55 대제사장 집 뜰의 베드로

54예수를 잡아 끌고 대제사장의 집으로 들어갈새 베드로가 멀찍이 따라가니라 55사람들이 뜰 가
운데 불을 피우고 함께 앉았는지라 베드로도 그 가운데 앉았더니

마 26:57 예수를 잡은 자들이 그를 끌고 대제사장 가야바에게로 가니 거기 서기관과 장로들
이 모여 있더라 58베드로가 멀찍이 예수를 따라 대제사장의 집 뜰에까지 가서 그 결말을 보려
고 안에 들어가 하인들과 함께 앉아 있더라

막 14:53 그들이 예수를 끌고 대제사장에게로 가니 대제사장들과 장로들과 서기관들이 다 모
이더라 54베드로가 예수를 멀찍이 따라 대제사장의 집 뜰 안까지 들어가서 아랫사람들과 함께
앉아 불을 쬐더라

요 18:15 시몬 베드로와 또 다른 제자 한 사람이 예수를 따르니 이 제자는 대제사장과 아는 사
람이라 예수와 함께 대제사장의 집 뜰에 들어가고

눅 22:56-62 베드로의 부인

56한 여종이 베드로의 불빛을 향하여 앉은 것을 보고 주목하여 이르되 이 사람도 그와 함께 있었
느니라 하니 57베드로가 부인하여 이르되 이 여자여 내가 그를 알지 못하노라 하더라 58조금 후에
다른 사람이 보고 이르되 너도 그 도당이라 하거늘 베드로가 이르되 이 사람아 나는 아니로라 하
더라 59한 시간쯤 있다가 또 한 사람이 장담하여 이르되 이는 갈릴리 사람이니 참으로 그와 함께
있었느니라 60베드로가 이르되 이 사람아 나는 네가 하는 말을 알지 못하노라고 아직 말하고 있을

때에 닭이 곧 울더라 [61]주께서 돌이켜 베드로를 보시니 베드로가 주의 말씀 곧 오늘 닭 울기 전에 네가 세 번 나를 부인하리라 하심이 생각나서 [62]밖에 나가서 심히 통곡하니라

마 26:69 베드로가 바깥 뜰에 앉았더니 한 여종이 나아와 이르되 너도 갈릴리 사람 예수와 함께 있었도다 하거늘 [70]베드로가 모든 사람 앞에서 부인하여 이르되 나는 네가 무슨 말을 하는지 알지 못하겠노라 하며 [71]앞문까지 나아가니 다른 여종이 그를 보고 거기 있는 사람들에게 말하되 이 사람은 나사렛 예수와 함께 있었도다 하매 [72]베드로가 맹세하고 또 부인하여 이르되 나는 그 사람을 알지 못하노라 하더라 [73]조금 후에 곁에 섰던 사람들이 나아와 베드로에게 이르되 너도 진실로 그 도당이라 네 말소리가 너를 표명한다 하거늘 [74]그가 저주하며 맹세하여 이르되 나는 그 사람을 알지 못하노라 하니 곧 닭이 울더라 [75]이에 베드로가 예수의 말씀에 닭 울기 전에 네가 세 번 나를 부인하리라 하심이 생각나서 밖에 나가서 심히 통곡하니라

막 14:66 베드로는 아랫뜰에 있더니 대제사장의 여종 하나가 와서 [67]베드로가 불 쬐고 있는 것을 보고 주목하여 이르되 너도 나사렛 예수와 함께 있었도다 하거늘 [68]베드로가 부인하여 이르되 나는 네가 말하는 것이 무엇인지 알지도 못하고 깨닫지도 못하겠노라 하며 앞뜰로 나갈새 [69]여종이 그를 보고 곁에 서 있는 자들에게 다시 이르되 이 사람은 그 도당이라 하되 [70]또 부인하더라 조금 후에 곁에 서 있는 사람들이 다시 베드로에게 말하되 너도 갈릴리 사람이니 참으로 그 도당이니라 [71]그러나 베드로가 저주하며 맹세하되 나는 너희가 말하는 이 사람을 알지 못하노라 하니 [72]닭이 곧 두 번째 울더라 이에 베드로가 예수께서 자기에게 하신 말씀 곧 닭이 두 번 울기 전에 네가 세 번 나를 부인하리라 하심이 기억되어 그 일을 생각하고 울었더라

요 18:16 베드로는 문 밖에 서 있는지라 대제사장을 아는 그 다른 제자가 나가서 문 지키는 여자에게 말하여 베드로를 데리고 들어오니 [17]문 지키는 여종이 베드로에게 말하되 너도 이 사람의 제자 중 하나가 아니냐 하니 그가 말하되 나는 아니라 하고 [18]그 때가 추운 고로 종과 아랫사람들이 불을 피우고 서서 쬐니 베드로도 함께 서서 쬐더라
[25]시몬 베드로가 서서 불을 쬐더니 사람들이 묻되 너도 그 제자 중 하나가 아니냐 베드로가 부인하여 이르되 나는 아니라 하니 [26]대제사장의 종 하나는 베드로에게 귀를 잘린 사람의 친척이라 이르되 네가 그 사람과 함께 동산에 있는 것을 내가 보지 아니하였느냐 [27]이에 베드로가 또 부인하니 곧 닭이 울더라

눅 22:63-65 예수 희롱

[63]지키는 사람들이 예수를 희롱하고 때리며 [64]그의 눈을 가리고 물어 이르되 선지자 노릇 하라 너를 친 자가 누구냐 하고 [65]이 외에도 많은 말로 욕하더라

마 27:27 이에 총독의 군병들이 예수를 데리고 관정 안으로 들어가서 온 군대를 그에게로 모
으고 28그의 옷을 벗기고 홍포를 입히며 29가시관을 엮어 그 머리에 씌우고 갈대를 그 오른손
에 들리고 그 앞에서 무릎을 꿇고 희롱하여 이르되 유대인의 왕이여 평안할지어다 하며 30그
에게 침 뱉고 갈대를 빼앗아 그의 머리를 치더라 31희롱을 다 한 후 홍포를 벗기고 도로 그의
옷을 입혀 십자가에 못 박으려고 끌고 나가니라

막 15:16 군인들이 예수를 끌고 브라이도리온이라는 뜰 안으로 들어가서 온 군대를 모으고
17예수에게 자색 옷을 입히고 가시관을 엮어 씌우고 18경례하여 이르되 유대인의 왕이여 평안
할지어다 하고 19갈대로 그의 머리를 치며 침을 뱉으며 꿇어 절하더라 20희롱을 다 한 후 자색
옷을 벗기고 도로 그의 옷을 입히고 십자가에 못 박으려고 끌고 나가니라

요 19:1 이에 빌라도가 예수를 데려다가 채찍질하더라 2군인들이 가시나무로 관을 엮어 그의
머리에 씌우고 자색 옷을 입히고 3앞에 가서 이르되 유대인의 왕이여 평안할지어다 하며 손으
로 때리더라

눅 22:66-71 공회 심문

66날이 새매 백성의 장로들 곧 대제사장들과 서기관들이 모여서 예수를 그 공회로 끌어들여 67이
르되 네가 그리스도이거든 우리에게 말하라 대답하시되 내가 말할지라도 너희가 믿지 아니할 것
이요 68내가 물어도 너희가 대답하지 아니할 것이니라 69그러나 이제부터는 인자가 하나님의 권
능의 우편에 앉아 있으리라 하시니 70다 이르되 그러면 네가 하나님의 아들이냐 대답하시되 너희
들이 내가 그라고 말하고 있느니라 71그들이 이르되 어찌 더 증거를 요구하리요 우리가 친히 그
입에서 들었노라 하더라

마 26:59 대제사장들과 온 공회가 예수를 죽이려고 그를 칠 거짓 증거를 찾으매 60거짓 증인
이 많이 왔으나 얻지 못하더니 후에 두 사람이 와서 61이르되 이 사람의 말이 내가 하나님의
성전을 헐고 사흘 동안에 지을 수 있다 하더라 하니 62대제사장이 일어서서 예수께 묻되 아무
대답도 없느냐 이 사람들이 너를 치는 증거가 어떠하냐 하되 63예수께서 침묵하시거늘 대제사
장이 이르되 내가 너로 살아 계신 하나님께 맹세하게 하노니 네가 하나님의 아들 그리스도인
지 우리에게 말하라 64예수께서 이르시되 네가 말하였느니라 그러나 내가 너희에게 이르노니
이 후에 인자가 권능의 우편에 앉아 있는 것과 하늘 구름을 타고 오는 것을 너희가 보리라 하
시니 65이에 대제사장이 자기 옷을 찢으며 이르되 그가 신성모독 하는 말을 하였으니 어찌 더
증인을 요구하리요 보라 너희가 지금 이 신성모독 하는 말을 들었도다 66너희 생각은 어떠하
냐 대답하여 이르되 그는 사형에 해당하니라 하고 67이에 예수의 얼굴에 침 뱉으며 주먹으로
치고 어떤 사람은 손바닥으로 때리며 68이르되 그리스도야 우리에게 선지자 노릇을 하라 너를
친 자가 누구냐 하더라

막 14:55 대제사장들과 온 공회가 예수를 죽이려고 그를 칠 증거를 찾되 얻지 못하니 56이는
예수를 쳐서 거짓 증언 하는 자가 많으나 그 증언이 서로 일치하지 못함이라 57어떤 사람들이
일어나 예수를 쳐서 거짓 증언 하여 이르되 58우리가 그의 말을 들으니 손으로 지은 이 성전
을 내가 헐고 손으로 짓지 아니한 다른 성전을 사흘 동안에 지으리라 하더라 하되 59그 증언도
서로 일치하지 않더라 60 대제사장이 가운데 일어서서 예수에게 물어 이르되 너는 아무 대답
도 없느냐 이 사람들이 너를 치는 증거가 어떠하냐 하되 61침묵하고 아무 대답도 아니하시거
늘 대제사장이 다시 물어 이르되 네가 찬송 받을 이의 아들 그리스도냐 62예수께서 이르시되
내가 그니라 인자가 권능자의 우편에 앉은 것과 하늘 구름을 타고 오는 것을 너희가 보리라 하
시니 63대제사장이 자기 옷을 찢으며 이르되 우리가 어찌 더 증인을 요구하리요 64그 신성모독
하는 말을 너희가 들었도다 너희는 어떻게 생각하느냐 하니 그들이 다 예수를 사형에 해당한
자로 정죄하고 65어떤 사람은 그에게 침을 뱉으며 그의 얼굴을 가리고 주먹으로 치며 이르되
선지자 노릇을 하라 하고 하인들은 손바닥으로 치더라

요 18:19 대제사장이 예수에게 그의 제자들과 그의 교훈에 대하여 물으니 20예수께서 대답하
시되 내가 드러내 놓고 세상에 말하였노라 모든 유대인들이 모이는 회당과 성전에서 항상 가
르쳤고 은밀하게는 아무 것도 말하지 아니하였거늘 21어찌하여 내게 묻느냐 내가 무슨 말을
하였는지 들은 자들에게 물어 보라 그들이 내가 하던 말을 아느니라 22이 말씀을 하시매 곁에
섰던 아랫사람 하나가 손으로 예수를 쳐 이르되 네가 대제사장에게 이같이 대답하느냐 하니
23예수께서 대답하시되 내가 말을 잘못하였으면 그 잘못한 것을 증언하라 바른 말을 하였으면
네가 어찌하여 나를 치느냐 하시더라

눅 23:1-2 빌라도에게 이송

1무리가 다 일어나 예수를 빌라도에게 끌고 가서 2고발하여 이르되 우리가 이 사람을 보매 우리
백성을 미혹하고 가이사에게 세금 바치는 것을 금하며 자칭 왕 그리스도라 하더이다 하니

마 27:1 새벽에 모든 대제사장과 백성의 장로들이 예수를 죽이려고 함께 의논하고 2결박하여
끌고 가서 총독 빌라도에게 넘겨 주니라

막 15:1 새벽에 대제사장들이 즉시 장로들과 서기관들 곧 온 공회와 더불어 의논하고 예수를
결박하여 끌고 가서 빌라도에게 넘겨 주니

요 18:28 그들이 예수를 가야바에게서 관정으로 끌고 가니 새벽이라 그들은 더럽힘을 받지
아니하고 유월절 잔치를 먹고자 하여 관정에 들어가지 아니하더라 29그러므로 빌라도가 밖으
로 나가서 그들에게 말하되 너희가 무슨 일로 이 사람을 고발하느냐 30대답하여 이르되 이 사
람이 행악자가 아니었더라면 우리가 당신에게 넘기지 아니하였겠나이다 31빌라도가 이르되

너희가 그를 데려다가 너희 법대로 재판하라 유대인들이 이르되 우리에게는 사람을 죽이는 권한이 없나이다 하니 [32]이는 예수께서 자기가 어떠한 죽음으로 죽을 것을 가리켜 하신 말씀을 응하게 하려 함이러라

눅 23:3-5 빌라도의 심문

[3]빌라도가 예수께 물어 이르되 네가 유대인의 왕이냐 대답하여 이르시되 네 말이 옳도다 [4]빌라도가 대제사장들과 무리에게 이르되 내가 보니 이 사람에게 죄가 없도다 하니 [5]무리가 더욱 강하게 말하되 그가 온 유대에서 가르치고 갈릴리에서부터 시작하여 여기까지 와서 백성을 소동하게 하나이다

마 27:11 예수께서 총독 앞에 섰으매 총독이 물어 이르되 네가 유대인의 왕이냐 예수께서 대답하시되 네 말이 옳도다 하시고 [12]대제사장들과 장로들에게 고발을 당하되 아무 대답도 아니하시는지라 [13]이에 빌라도가 이르되 그들이 너를 쳐서 얼마나 많은 것으로 증언하는지 듣지 못하느냐 하되 [14]한 마디도 대답하지 아니하시니 총독이 크게 놀라워하더라

막 15:2 빌라도가 묻되 네가 유대인의 왕이냐 예수께서 대답하여 이르시되 네 말이 옳도다 하시매 [3]대제사장들이 여러 가지로 고발하는지라 [4]빌라도가 또 물어 이르되 아무 대답도 없느냐 그들이 얼마나 많은 것으로 너를 고발하는가 보라 하되 [5]예수께서 다시 아무 말씀으로도 대답하지 아니하시니 빌라도가 놀랍게 여기더라

요 18:33 이에 빌라도가 다시 관정에 들어가 예수를 불러 이르되 네가 유대인의 왕이냐 [34]예수께서 대답하시되 이는 네가 스스로 하는 말이냐 다른 사람들이 나에 대하여 네게 한 말이냐 [35]빌라도가 대답하되 내가 유대인이냐 네 나라 사람과 대제사장들이 너를 내게 넘겼으니 네가 무엇을 하였느냐 [36]예수께서 대답하시되 내 나라는 이 세상에 속한 것이 아니니라 만일 내 나라가 이 세상에 속한 것이었더라면 내 종들이 싸워 나로 유대인들에게 넘겨지지 않게 하였으리라 이제 내 나라는 여기에 속한 것이 아니니라 [37]빌라도가 이르되 그러면 네가 왕이 아니냐 예수께서 대답하시되 네 말과 같이 내가 왕이니라 내가 이를 위하여 태어났으며 이를 위하여 세상에 왔나니 곧 진리에 대하여 증언하려 함이로라 무릇 진리에 속한 자는 내 음성을 듣느니라 하신대 [38]빌라도가 이르되 진리가 무엇이냐 하더라 이 말을 하고 다시 유대인들에게 나가서 이르되 나는 그에게서 아무 죄도 찾지 못하였노라

눅 23:6-12 헤롯의 심문

6빌라도가 듣고 그가 갈릴리 사람이냐 물어 7헤롯의 관할에 속한 줄을 알고 헤롯에게 보내니 그
때에 헤롯이 예루살렘에 있더라 8헤롯이 예수를 보고 매우 기뻐하니 이는 그의 소문을 들었으므
로 보고자 한 지 오래였고 또한 무엇이나 이적 행하심을 볼까 바랐던 연고러라 9여러 말로 물으나
아무 말도 대답하지 아니하시니 10대제사장들과 서기관들이 서서 힘써 고발하더라 11헤롯이 그
군인들과 함께 예수를 업신여기며 희롱하고 빛난 옷을 입혀 빌라도에게 도로 보내니 12헤롯과 빌
라도가 전에는 원수였으나 당일에 서로 친구가 되니라

눅 23:13-17 빌라도의 판결

13빌라도가 대제사장들과 관리들과 백성을 불러 모으고 14이르되 너희가 이 사람이 백성을 미혹
하는 자라 하여 내게 끌고 왔도다 보라 내가 너희 앞에서 심문하였으되 너희가 고발하는 일에 대
하여 이 사람에게서 죄를 찾지 못하였고 15헤롯이 또한 그렇게 하여 그를 우리에게 도로 보내었도
다 보라 그가 행한 일에는 죽일 일이 없느니라 16그러므로 때려서 놓겠노라 17(없음)

마 27:21 총독이 대답하여 이르되 둘 중의 누구를 너희에게 놓아 주기를 원하느냐 이르되 바
라바로소이다 22빌라도가 이르되 그러면 그리스도라 하는 예수를 내가 어떻게 하랴 그들이 다
이르되 십자가에 못 박혀야 하겠나이다 23빌라도가 이르되 어찜이냐 무슨 악한 일을 하였느냐
그들이 더욱 소리 질러 이르되 십자가에 못 박혀야 하겠나이다 하는지라 24빌라도가 아무 성
과도 없이 도리어 민란이 나려는 것을 보고 물을 가져다가 무리 앞에서 손을 씻으며 이르되 이
사람의 피에 대하여 나는 무죄하니 너희가 당하라 25백성이 다 대답하여 이르되 그 피를 우리
와 우리 자손에게 돌릴지어다 하거늘 26이에 바라바는 그들에게 놓아 주고 예수는 채찍질하고
십자가에 못 박히게 넘겨 주니라

막 15:12 빌라도가 또 대답하여 이르되 그러면 너희가 유대인의 왕이라 하는 이를 내가 어떻
게 하랴 13그들이 다시 소리 지르되 그를 십자가에 못 박게 하소서 14빌라도가 이르되 어찜이
냐 무슨 악한 일을 하였느냐 하니 더욱 소리 지르되 십자가에 못 박게 하소서 하는지라 15빌라
도가 무리에게 만족을 주고자 하여 바라바는 놓아 주고 예수는 채찍질하고 십자가에 못 박히
게 넘겨 주니라

요 19:4 빌라도가 다시 밖에 나가 말하되 보라 이 사람을 데리고 너희에게 나오나니 이는 내가
그에게서 아무 죄도 찾지 못한 것을 너희로 알게 하려 함이로라 하더라 5이에 예수께서 가시
관을 쓰고 자색 옷을 입고 나오시니 빌라도가 그들에게 말하되 보라 이 사람이로다 하매 6대

제사장들과 아랫사람들이 예수를 보고 소리 질러 이르되 십자가에 못 박으소서 십자가에 못
박으소서 하는지라 빌라도가 이르되 너희가 친히 데려다가 십자가에 못 박으라 나는 그에게서
죄를 찾지 못하였노라 7유대인들이 대답하되 우리에게 법이 있으니 그 법대로 하면 그가 당연
히 죽을 것은 그가 자기를 하나님의 아들이라 함이니이다 8빌라도가 이 말을 듣고 더욱 두려
워하여 9다시 관정에 들어가서 예수께 말하되 너는 어디로부터냐 하되 예수께서 대답하여 주
지 아니하시는지라 10빌라도가 이르되 내게 말하지 아니하느냐 내가 너를 놓을 권한도 있고
십자가에 못 박을 권한도 있는 줄 알지 못하느냐 11예수께서 대답하시되 위에서 주지 아니하
셨더라면 나를 해할 권한이 없었으리니 그러므로 나를 네게 넘겨 준 자의 죄는 더 크다 하시니
라 12이러하므로 빌라도가 예수를 놓으려고 힘썼으나 유대인들이 소리 질러 이르되 이 사람을
놓으면 가이사의 충신이 아니니이다 무릇 자기를 왕이라 하는 자는 가이사를 반역하는 것이니
이다 13빌라도가 이 말을 듣고 예수를 끌고 나가서 돌을 깐 뜰(히브리 말로 가바다)에 있는 재
판석에 앉아 있더라 14이 날은 유월절의 준비일이요 때는 제육시라 빌라도가 유대인들에게 이
르되 보라 너희 왕이로다 15그들이 소리 지르되 없이 하소서 없이 하소서 그를 십자가에 못 박
게 하소서 빌라도가 이르되 내가 너희 왕을 십자가에 못 박으랴 대제사장들이 대답하되 가이
사 외에는 우리에게 왕이 없나이다 하니 16이에 예수를 십자가에 못 박도록 그들에게 넘겨 주
니라

눅 23:18-25 바라바 선택

18무리가 일제히 소리 질러 이르되 이 사람을 없이하고 바라바를 우리에게 놓아 주소서 하니 19이
바라바는 성중에서 일어난 민란과 살인으로 말미암아 옥에 갇힌 자러라 20빌라도는 예수를 놓고
자 하여 다시 그들에게 말하되 21그들은 소리 질러 이르되 그를 십자가에 못 박게 하소서 십자가
에 못 박게 하소서 하는지라 22빌라도가 세 번째 말하되 이 사람이 무슨 악한 일을 하였느냐 나는
그에게서 죽일 죄를 찾지 못하였나니 때려서 놓으리라 하니 23그들이 큰 소리로 재촉하여 십자가
에 못 박기를 구하니 그들의 소리가 이긴지라 24이에 빌라도가 그들이 구하는 대로 하기를 언도하
고 25그들이 요구하는 자 곧 민란과 살인으로 말미암아 옥에 갇힌 자를 놓아 주고 예수는 넘겨 주
어 그들의 뜻대로 하게 하니라

마 27:15 명절이 되면 총독이 무리의 청원대로 죄수 한 사람을 놓아 주는 전례가 있더니 16그
때에 바라바라 하는 유명한 죄수가 있는데 17그들이 모였을 때에 빌라도가 물어 이르되 너희
는 내가 누구를 너희에게 놓아 주기를 원하느냐 바라바냐 그리스도라 하는 예수냐 하니 18이
는 그가 그들의 시기로 예수를 넘겨 준 줄 앎이더라 19총독이 재판석에 앉았을 때에 그의 아내
가 사람을 보내어 이르되 저 옳은 사람에게 아무 상관도 하지 마옵소서 오늘 꿈에 내가 그 사
람으로 인하여 애를 많이 태웠나이다 하더라 20대제사장들과 장로들이 무리를 권하여 바라바
를 달라 하게 하고 예수를 죽이자 하게 하였더니

막 15:6 명절이 되면 백성들이 요구하는 대로 죄수 한 사람을 놓아 주는 전례가 있더니 7민란
을 꾸미고 그 민란중에 살인하고 체포된 자 중에 바라바라 하는 자가 있는지라 8무리가 나아
가서 전례대로 하여 주기를 요구한대 9빌라도가 대답하여 이르되 너희는 내가 유대인의 왕을
너희에게 놓아 주기를 원하느냐 하니 10이는 그가 대제사장들이 시기로 예수를 넘겨 준 줄 앎
이러라 11그러나 대제사장들이 무리를 충동하여 도리어 바라바를 놓아 달라 하게 하니

요 18:39 유월절이면 내가 너희에게 한 사람을 놓아 주는 전례가 있으니 그러면 너희는 내가
유대인의 왕을 너희에게 놓아 주기를 원하느냐 하니 40그들이 또 소리 질러 이르되 이 사람이
아니라 바라바라 하니 바라바는 강도였더라

눅 23:26-43 십자가형

26그들이 예수를 끌고 갈 때에 시몬이라는 구레네사람이 시골에서 오는 것을 붙들어 그에게 십자
가를 지워 예수를 따르게 하더라 27또 백성과 및 그를 위하여 가슴을 치며 슬피 우는 여자의 큰 무
리가 따라오는지라 28예수께서 돌이켜 그들을 향하여 이르시되 예루살렘의 딸들아 나를 위하여
울지 말고 너희와 너희 자녀를 위하여 울라 29보라 날이 이르면 사람이 말하기를 잉태하지 못하는
이와 해산하지 못한 배와 먹이지 못한 젖이 복이 있다 하리라 30그 때에 사람이 산들을 대하여 우
리 위에 무너지라 하며 작은 산들을 대하여 우리를 덮으라 하리라 31푸른 나무에도 이같이 하거든
마른 나무에는 어떻게 되리요 하시니라 32또 다른 두 행악자도 사형을 받게 되어 예수와 함께 끌
려 가니라 33해골이라 하는 곳에 이르러 거기서 예수를 십자가에 못 박고 두 행악자도 그렇게 하
니 하나는 우편에, 하나는 좌편에 있더라 34이에 예수께서 이르시되 아버지 저들을 사하여 주옵소
서 자기들이 하는 것을 알지 못함이니이다 하시더라 그들이 그의 옷을 나눠 제비 뽑을새 35백성
은 서서 구경하는데 관리들은 비웃어 이르되 저가 남을 구원하였으니 만일 하나님이 택하신 자 그
리스도이면 자신도 구원할지어다 하고 36군인들도 희롱하면서 나아와 신 포도주를 주며 37이르되
네가 만일 유대인의 왕이면 네가 너를 구원하라 하더라 38그의 위에 이는 유대인의 왕이라 쓴 패
가 있더 39달린 행악자 중 하나는 비방하여 이르되 네가 그리스도가 아니냐 너와 우리를 구원하라
하되 40하나는 그 사람을 꾸짖어 이르되 네가 동일한 정죄를 받고서도 하나님을 두려워하지 아니
하느냐 41우리는 우리가 행한 일에 상당한 보응을 받는 것이니 이에 당연하거니와 이 사람이 행한
것은 옳지 않은 것이 없느니라 하고 42이르되 예수여 당신의 나라에 임하실 때에 나를 기억하소서
하니 43예수께서 이르시되 내가 진실로 네게 이르노니 오늘 네가 나와 함께 낙원에 있으리라 하시
니라

마 27:32 나가다가 시몬이란 구레네 사람을 만나매 그에게 예수의 십자가를 억지로 지워 가게
하였더라 33골고다 즉 해골의 곳이라는 곳에 이르러 34쓸개 탄 포도주를 예수께 주어 마시게
하려 하였더니 예수께서 맛보시고 마시고자 하지 아니하시더라 35그들이 예수를 십자가에 못
박은 후에 그 옷을 제비 뽑아 나누고 36거기 앉아 지키더라 37그 머리 위에 이는 유대인의 왕

예수라 쓴 죄패를 붙였더라 [38]이 때에 예수와 함께 강도 둘이 십자가에 못 박히니 하나는 우편
에, 하나는 좌편에 있더라 [39]지나가는 자들은 자기 머리를 흔들며 예수를 모욕하여 [40]이르되
성전을 헐고 사흘에 짓는 자여 네가 만일 하나님의 아들이어든 자기를 구원하고 십자가에서
내려오라 하며 [41]그와 같이 대제사장들도 서기관들과 장로들과 함께 희롱하여 이르되 [42]그가
남은 구원하였으되 자기는 구원할 수 없도다 그가 이스라엘의 왕이로다 지금 십자가에서 내려
올지어다 그리하면 우리가 믿겠노라 [43]그가 하나님을 신뢰하니 하나님이 원하시면 이제 그를
구원하실지라 그의 말이 나는 하나님의 아들이라 하였도다 하며 [44]함께 십자가에 못 박힌 강
도들도 이와 같이 욕하더라

막 15:21 마침 알렉산더와 루포의 아버지인 구레네 사람 시몬이 시골로부터 와서 지나가는데
그들이 그를 억지로 같이 가게 하여 예수의 십자가를 지우고 [22]예수를 끌고 골고다라 하는 곳
(번역하면 해골의 곳)에 이르러 [23]몰약을 탄 포도주를 주었으나 예수께서 받지 아니하시니라
[24]십자가에 못 박고 그 옷을 나눌새 누가 어느 것을 가질까 하여 제비를 뽑더라 [25]때가 제삼시
가 되어 십자가에 못 박으니라 [26]그 위에 있는 죄패에 유대인의 왕이라 썼고 [27]강도 둘을 예수
와 함께 십자가에 못 박으니 하나는 그의 우편에, 하나는 좌편에 있더라 [28](없음) [29]지나가는
자들은 자기 머리를 흔들며 예수를 모욕하여 이르되 아하 성전을 헐고 사흘에 짓는다는 자여
[30]네가 너를 구원하여 십자가에서 내려오라 하고 [31]그와 같이 대제사장들도 서기관들과 함께
희롱하며 서로 말하되 그가 남은 구원하였으되 자기는 구원할 수 없도다 [32]이스라엘의 왕 그
리스도가 지금 십자가에서 내려와 우리가 보고 믿게 할지어다 하며 함께 십자가에 못 박힌 자
들도 예수를 욕하더라

요 19:17 그들이 예수를 맡으매 예수께서 자기의 십자가를 지시고 해골(히브리 말로 골고다)
이라 하는 곳에 나가시니 [18]그들이 거기서 예수를 십자가에 못 박을새 다른 두 사람도 그와 함
께 좌우편에 못 박으니 예수는 가운데 있더라 [19]빌라도가 패를 써서 십자가 위에 붙이니 나사
렛예수 유대인의 왕이라 기록되었더라 [20]예수께서 못 박히신 곳이 성에서 가까운 고로 많은
유대인이 이 패를 읽는데 히브리와 로마와 헬라 말로 기록되었더라 [21]유대인의 대제사장들이
빌라도에게 이르되 유대인의 왕이라 쓰지 말고 자칭 유대인의 왕이라 쓰라 하니 [22]빌라도가
대답하되 내가 쓸 것을 썼다 하니라 [23]군인들이 예수를 십자가에 못 박고 그의 옷을 취하여 네
깃에 나눠 각각 한 깃씩 얻고 속옷도 취하니 이 속옷은 호지 아니하고 위에서부터 통으로 짠
것이라 [24]군인들이 서로 말하되 이것을 찢지 말고 누가 얻나 제비 뽑자 하니 이는 성경에 그
들이 내 옷을 나누고 내 옷을 제비 뽑나이다 한 것을 응하게 하려 함이러라 군인들은 이런 일
을 하고 [25]예수의 십자가 곁에는 그 어머니와 이모와 글로바의 아내 마리아와 막달라 마리아
가 섰는지라 [26]예수께서 자기의 어머니와 사랑하시는 제자가 곁에 서 있는 것을 보시고 자기
어머니께 말씀하시되 여자여 보소서 아들이니이다 하시고 [27]또 그 제자에게 이르시되 보라 네
어머니라 하신대 그 때부터 그 제자가 자기 집에 모시니라

눅 23:44-49 죽음

44때가 제육시쯤 되어 해가 빛을 잃고 온 땅에 어둠이 임하여 제구시까지 계속하며 45성소의 휘장
이 한가운데가 찢어지더라 46예수께서 큰 소리로 불러 이르시되 아버지 내 영혼을 아버지 손에 부
탁하나이다 하고 이 말씀을 하신 후 숨지시니라 47백부장이 그 된 일을 보고 하나님께 영광을 돌
려 이르되 이 사람은 정녕 의인이었도다 하고

마 27:45 제육시로부터 온 땅에 어둠이 임하여 제구시까지 계속되더니 46제구시쯤에 예수께
서 크게 소리 질러 이르시되 엘리 엘리 라마 사박다니 하시니 이는 곧 나의 하나님, 나의 하나
님, 어찌하여 나를 버리셨나이까 하는 뜻이라 47거기 섰던 자 중 어떤 이들이 듣고 이르되 이
사람이 엘리야를 부른다 하고 48그 중의 한 사람이 곧 달려가서 해면을 가져다가 신 포도주에
적시어 갈대에 꿰어 마시게 하거늘 49그 남은 사람들이 이르되 가만 두라 엘리야가 와서 그를
구원하나 보자 하더라 50예수께서 다시 크게 소리 지르시고 영혼이 떠나시니라 51이에 성소 휘
장이 위로부터 아래까지 찢어져 둘이 되고 땅이 진동하며 바위가 터지고 52무덤들이 열리며
자던 성도의 몸이 많이 일어나되 53예수의 부활 후에 그들이 무덤에서 나와서 거룩한 성에 들
어가 많은 사람에게 보이니라 54백부장과 및 함께 예수를 지키던 자들이 지진과 그 일어난 일
들을 보고 심히 두려워하여 이르되 이는 진실로 하나님의 아들이었도다 하더라 55예수를 섬기
며 갈릴리에서부터 따라온 많은 여자가 거기 있어 멀리서 바라보고 있으니 56그 중에는 막달
라 마리아와 또 야고보와 요셉의 어머니 마리아와 또 세베대의 아들들의 어머니도 있더라

막 15:33 제육시가 되매 온 땅에 어둠이 임하여 제구시까지 계속하더니 34제구시에 예수께서
크게 소리 지르시되 엘리 엘리 라마 사박다니 하시니 이를 번역하면 나의 하나님, 나의 하나님
어찌하여 나를 버리셨나이까 하는 뜻이라 35곁에 섰던 자 중 어떤 이들이 듣고 이르되 보라 엘
리야를 부른다 하고 36한 사람이 달려가서 해면에 신 포도주를 적시어 갈대에 꿰어 마시게 하
고 이르되 가만 두라 엘리야가 와서 그를 내려 주나 보자 하더라 37예수께서 큰 소리를 지르시
고 숨지시니라 38이에 성소 휘장이 위로부터 아래까지 찢어져 둘이 되니라 39예수를 향하여 섰
던 백부장이 그렇게 숨지심을 보고 이르되 이 사람은 진실로 하나님의 아들이었도다 하더라

요 19:28 그 후에 예수께서 모든 일이 이미 이루어진 줄 아시고 성경을 응하게 하려 하사 이
르시되 내가 목마르다 하시니 29거기 신 포도주가 가득히 담긴 그릇이 있는지라 사람들이 신
포도주를 적신 해면을 우슬초에 매어 예수의 입에 대니 30예수께서 신 포도주를 받으신 후에
이르시되 다 이루었다 하시고 머리를 숙이니 영혼이 떠나가시니라

눅 23:48-49 죽음의 증인들

48이를 구경하러 모인 무리도 그 된 일을 보고 다 가슴을 치며 돌아가고 49예수를 아는 자들과 갈
릴리로부터 따라온 여자들도 다 멀리 서서 이 일을 보니라

마 27:55 예수를 섬기며 갈릴리에서부터 따라온 많은 여자가 거기 있어 멀리서 바라보고 있으
니 56그 중에는 막달라 마리아와 또 야고보와 요셉의 어머니 마리아와 또 세베대의 아들들의
어머니도 있더라

막 15:40 멀리서 바라보는 여자들도 있었는데 그 중에 막달라 마리아와 또 작은 야고보와 요
세의 어머니 마리아와 또 살로메가 있었으니 41이들은 예수께서 갈릴리에 계실 때에 따르며
섬기던 자들이요 또 이 외에 예수와 함께 예루살렘에 올라온 여자들도 많이 있었더라

요 19:25 예수의 십자가 곁에는 그 어머니와 이모와 글로바의 아내 마리아와 막달라 마리아
가 섰는지라

요 19:35 이를 본 자가 증언하였으니 그 증언이 참이라 그가 자기의 말하는 것이 참인 줄 알
고 너희로 믿게 하려 함이니라 36이 일이 일어난 것은 그 뼈가 하나도 꺾이지 아니하리라 한
성경을 응하게 하려 함이라 37또 다른 성경에 그들이 그 찌른 자를 보리라 하였느니라

눅 23:50-56 매장

50공회 의원으로 선하고 의로운 요셉이라 하는 사람이 있으니 51(그들의 결의와 행사에 찬성하지
아니한 자라) 그는 유대인의 동네 아리마대 사람이요 하나님의 나라를 기다리는 자라 52그가 빌라
도에게 가서 예수의 시체를 달라 하여 53이를 내려 세마포로 싸고 아직 사람을 장사한 일이 없는
바위에 판 무덤에 넣어 두니 54이 날은 준비일이요 안식일이 거의 되었더라 55갈릴리에서 예수와
함께 온 여자들이 뒤를 따라 그 무덤과 그의 시체를 어떻게 두었는지를 보고 56돌아가 향품과 향
유를 준비하더라

마 27:57 저물었을 때에 아리마대의 부자 요셉이라 하는 사람이 왔으니 그도 예수의 제자라
58빌라도에게 가서 예수의 시체를 달라 하니 이에 빌라도가 내주라 명령하거늘 59요셉이 시체
를 가져다가 깨끗한 세마포로 싸서 60바위 속에 판 자기 새 무덤에 넣어 두고 큰 돌을 굴려 무
덤 문에 놓고 가니 61거기 막달라 마리아와 다른 마리아가 무덤을 향하여 앉았더라

막 15:42 이 날은 준비일 곧 안식일 전날이므로 저물었을 때에 43아리마대 사람 요셉이 와서

당돌히 빌라도에게 들어가 예수의 시체를 달라 하니 이 사람은 존경 받는 공회원이요 하나님의 나라를 기다리는 자라 44빌라도는 예수께서 벌써 죽었을까 하고 이상히 여겨 백부장을 불러 죽은 지가 오래냐 묻고 45백부장에게 알아 본 후에 요셉에게 시체를 내주는지라 46요셉이 세마포를 사서 예수를 내려다가 그것으로 싸서 바위 속에 판 무덤에 넣어 두고 돌을 굴려 무덤 문에 놓으매 47막달라 마리아와 요세의 어머니 마리아가 예수 둔 곳을 보더라

요 19:31 이 날은 준비일이라 유대인들은 그 안식일이 큰 날이므로 그 안식일에 시체들을 십자가에 두지 아니하려 하여 빌라도에게 그들의 다리를 꺾어 시체를 치워 달라 하니 32군인들이 가서 예수와 함께 못 박힌 첫째 사람과 또 그 다른 사람의 다리를 꺾고 33예수께 이르러서는 이미 죽으신 것을 보고 다리를 꺾지 아니하고 34그 중 한 군인이 창으로 옆구리를 찌르니 곧 피와 물이 나오더라 35이를 본 자가 증언하였으니 그 증언이 참이라 그가 자기의 말하는 것이 참인 줄 알고 너희로 믿게 하려 함이니라 36이 일이 일어난 것은 그 뼈가 하나도 꺾이지 아니하리라 한 성경을 응하게 하려 함이라 37또 다른 성경에 그들이 그 찌른 자를 보리라 하였느니라 38아리마대 사람 요셉은 예수의 제자이나 유대인이 두려워 그것을 숨기더니 이 일 후에 빌라도에게 예수의 시체를 가져가기를 구하매 빌라도가 허락하는지라 이에 가서 예수의 시체를 가져가니라 39일찍이 예수께 밤에 찾아왔던 니고데모도 몰약과 침향 섞은 것을 백 리트라쯤 가지고 온지라 40이에 예수의 시체를 가져다가 유대인의 장례 법대로 그 향품과 함께 세마포로 쌌더라 41예수께서 십자가에 못 박히신 곳에 동산이 있고 동산 안에 아직 사람을 장사한 일이 없는 새 무덤이 있는지라 42이 날은 유대인의 준비일이요 또 무덤이 가까운 고로 예수를 거기 두니라

눅 24:1-12 부활과 여자들

1안식 후 첫날 새벽에 이 여자들이 그 준비한 향품을 가지고 무덤에 가서 2돌이 무덤에서 굴려 옮겨진 것을 보고 3들어가니 주 예수의 시체가 보이지 아니하더라 4이로 인하여 근심할 때에 문득 찬란한 옷을 입은 두 사람이 곁에 섰는지라 5여자들이 두려워 얼굴을 땅에 대니 두 사람이 이르되 어찌하여 살아 있는 자를 죽은 자 가운데서 찾느냐 6여기 계시지 않고 살아나셨느니라 갈릴리에 계실 때에 너희에게 어떻게 말씀하셨는지를 기억하라 7이르시기를 인자가 죄인의 손에 넘겨져 십자가에 못 박히고 제삼일에 다시 살아나야 하리라 하셨느니라 한 대 8그들이 예수의 말씀을 기억하고 9무덤에서 돌아가 이 모든 것을 열한 사도와 다른 모든 이에게 알리니 10(이 여자들은 막달라 마리아와 요안나와 야고보의 모친 마리아라 또 그들과 함께 한 다른 여자들도 이것을 사도들에게 알리니라) 11사도들은 그들의 말이 허탄한 듯이 들려 믿지 아니하나 12베드로는 일어나 무덤에 달려가서 구부려 들여다 보니 세마포만 보이는지라 그 된 일을 놀랍게 여기며 집으로 돌아가니라

마 28:1 안식일이 다 지나고 안식 후 첫날이 되려는 새벽에 막달라 마리아와 다른 마리아가 무덤을 보려고 갔더니 2큰 지진이 나며 주의 천사가 하늘로부터 내려와 돌을 굴려 내고 그 위

에 앉았는데 [3]그 형상이 번개 같고 그 옷은 눈 같이 희거늘 [4]지키던 자들이 그를 무서워하여 떨며 죽은 사람과 같이 되었더라 [5]천사가 여자들에게 말하여 이르되 너희는 무서워하지 말라 십자가에 못 박히신 예수를 너희가 찾는 줄을 내가 아노라 [6]그가 여기 계시지 않고 그가 말씀하시던 대로 살아나셨느니라 와서 그가 누우셨던 곳을 보라 [7]또 빨리 가서 그의 제자들에게 이르되 그가 죽은 자 가운데서 살아나셨고 너희보다 먼저 갈릴리로 가시나니 거기서 너희가 뵈오리라 하라 보라 내가 너희에게 일렀느니라 하거늘 [8]그 여자들이 무서움과 큰 기쁨으로 빨리 무덤을 떠나 제자들에게 알리려고 달음질할새 [9]예수께서 그들을 만나 이르시되 평안하냐 하시거늘 여자들이 나아가 그 발을 붙잡고 경배하니 [10]이에 예수께서 이르시되 무서워하지 말라 가서 내 형제들에게 갈릴리로 가라 하라 거기서 나를 보리라 하시니라

막 16:1 안식일이 지나매 막달라 마리아와 야고보의 어머니 마리아와 또 살로메가 가서 예수께 바르기 위하여 향품을 사다 두었다가 [2]안식 후 첫날 매우 일찍이 해 돋을 때에 그 무덤으로 가며 [3]서로 말하되 누가 우리를 위하여 무덤 문에서 돌을 굴려 주리요 하더니 [4]눈을 들어본즉 벌써 돌이 굴려져 있는데 그 돌이 심히 크더라 [5]무덤에 들어가서 흰 옷을 입은 한 청년이 우편에 앉은 것을 보고 놀라매 [6]청년이 이르되 놀라지 말라 너희가 십자가에 못 박히신 나사렛 예수를 찾는구나 그가 살아나셨고 여기 계시지 아니하니라 보라 그를 두었던 곳이니라 [7]가서 그의 제자들과 베드로에게 이르기를 예수께서 너희보다 먼저 갈릴리로 가시나니 전에 너희에게 말씀하신 대로 너희가 거기서 뵈오리라 하라 하는지라 [8]여자들이 몹시 놀라 떨며 나와 무덤에서 도망하고 무서워하여 아무에게 아무 말도 하지 못하더라 [9]〔예수께서 안식 후 첫날 이른 아침에 살아나신 후 전에 일곱 귀신을 쫓아내어 주신 막달라 마리아에게 먼저 보이시니 [10]마리아가 가서 예수와 함께 하던 사람들이 슬퍼하며 울고 있는 중에 이 일을 알리매 [11]그들은 예수께서 살아나셨다는 것과 마리아에게 보이셨다는 것을 듣고도 믿지 아니하니라

요 20:1 안식 후 첫날 일찍이 아직 어두울 때에 막달라 마리아가 무덤에 와서 돌이 무덤에서 옮겨진 것을 보고 [2]시몬 베드로와 예수께서 사랑하시던 그 다른 제자에게 달려가서 말하되 사람들이 주님을 무덤에서 가져다가 어디 두었는지 우리가 알지 못하겠다 하니 [3]베드로와 그 다른 제자가 나가서 무덤으로 갈새 [4]둘이 같이 달음질하더니 그 다른 제자가 베드로보다 더 빨리 달려가서 먼저 무덤에 이르러 [5]구부려 세마포 놓인 것을 보았으나 들어가지는 아니하였더니 [6]시몬 베드로는 따라와서 무덤에 들어가 보니 세마포가 놓였고 [7]또 머리를 쌌던 수건은 세마포와 함께 놓이지 않고 딴 곳에 쌌던 대로 놓여 있더라 [8]그 때에야 무덤에 먼저 갔던 그 다른 제자도 들어가 보고 믿더라 [9](그들은 성경에 그가 죽은 자 가운데서 다시 살아나야 하리라 하신 말씀을 아직 알지 못하더라) [10]이에 두 제자가 자기들의 집으로 돌아가니라 [11]마리아는 무덤 밖에 서서 울고 있더니 울면서 구부려 무덤 안을 들여다보니 [12]흰 옷 입은 두 천사가 예수의 시체 뉘었던 곳에 하나는 머리 편에, 하나는 발 편에 앉았더라 [13]천사들이 이르되 여자여 어찌하여 우느냐 이르되 사람들이 내 주님을 옮겨다가 어디 두었는지 내가 알지 못함이니이다 [14]이 말을 하고 뒤로 돌이켜 예수께서 서 계신 것을 보았으나 예수이신 줄은 알지 못하더라 [15]예수께서 이르시되 여자여 어찌하여 울며 누구를 찾느냐 하시니 마리아는 그가 동산지기인 줄 알고 이르되 주여 당신이 옮겼거든 어디 두었는지 내게 이르소서 그리하면 내가 가져가리이다

16예수께서 마리아야 하시거늘 마리아가 돌이켜 히브리 말로 랍오니 하니 (이는 선생님이라는
말이라) 17예수께서 이르시되 나를 붙들지 말라 내가 아직 아버지께로 올라가지 아니하였노라
너는 내 형제들에게 가서 이르되 내가 내 아버지 곧 너희 아버지, 내 하나님 곧 너희 하나님께
로 올라간다 하라 하시니 18막달라 마리아가 가서 제자들에게 내가 주를 보았다 하고 또 주께
서 자기에게 이렇게 말씀하셨다 이르니라

눅 24:13-35 엠마오 두 제자

13그 날에 그들 중 둘이 예루살렘에서 이십오 리 되는 엠마오라 하는 마을로 가면서 14이 모든 된
일을 서로 이야기하더라 15그들이 서로 이야기하며 문의할 때에 예수께서 가까이 이르러 그들과
동행하시나 16그들의 눈이 가리어져서 그인 줄 알아보지 못하거늘 17예수께서 이르시되 너희가
길 가면서 서로 주고받고 하는 이야기가 무엇이냐 하시니 두 사람이 슬픈 빛을 띠고 머물러 서더
라 18그 한 사람인 글로바라 하는 자가 대답하여 이르되 당신이 예루살렘에 체류하면서도 요즘 거
기서 된 일을 혼자만 알지 못하느냐 19이르시되 무슨 일이냐 이르되 나사렛 예수의 일이니 그는
하나님과 모든 백성 앞에서 말과 일에 능하신 선지자이거늘 20우리 대제사장들과 관리들이 사형
판결에 넘겨 주어 십자가에 못 박았느니라 21우리는 이 사람이 이스라엘을 속량할 자라고 바랐노
라 이뿐 아니라 이 일이 일어난 지가 사흘째요 22또한 우리 중에 어떤 여자들이 우리로 놀라게 하
였으니 이는 그들이 새벽에 무덤에 갔다가 23그의 시체는 보지 못하고 와서 그가 살아나셨다 하
는 천사들의 나타남을 보았다 함이라 24또 우리와 함께 한 자 중에 두어 사람이 무덤에 가 과연 여
자들이 말한 바와 같음을 보았으나 예수는 보지 못하였느니라 하거늘 25이르시되 미련하고 선지
자들이 말한 모든 것을 마음에 더디 믿는 자들이여 26그리스도가 이런 고난을 받고 자기의 영광
에 들어가야 할 것이 아니냐 하시고 27이에 모세와 모든 선지자의 글로 시작하여 모든 성경에 쓴
바 자기에 관한 것을 자세히 설명하시니라 28그들이 가는 마을에 가까이 가매 예수는 더 가려 하
는 것 같이 하시니 29그들이 강권하여 이르되 우리와 함께 유하사이다 때가 저물어가고 날이 이미
기울었나이다 하니 이에 그들과 함께 유하러 들어가시니라 30그들과 함께 음식 잡수실 때에 떡을
가지사 축사하시고 떼어 그들에게 주시니 31그들의 눈이 밝아져 그인 줄 알아 보더니 예수는 그들
에게 보이지 아니하시는지라 32그들이 서로 말하되 길에서 우리에게 말씀하시고 우리에게 성경을
풀어 주실 때에 우리 속에서 마음이 뜨겁지 아니하더냐 하고 33곧 그 때로 일어나 예루살렘에 돌
아가 보니 열한 제자 및 그들과 함께 한 자들이 모여 있어 34말하기를 주께서 과연 살아나시고 시
몬에게 보이셨다 하는지라 35두 사람도 길에서 된 일과 예수께서 떡을 떼심으로 자기들에게 알려
지신 것을 말하더라

막 16:12 그 후에 그들 중 두 사람이 걸어서 시골로 갈 때에 예수께서 다른 모양으로 그들에게
나타나시니 13두 사람이 가서 남은 제자들에게 알리었으되 역시 믿지 아니하니라

눅 24:36-43 열한 제자들에게 나타나심

36이 말을 할 때에 예수께서 친히 그들 가운데 서서 이르시되 너희에게 평강이 있을지어다 하시
니 37그들이 놀라고 무서워하여 그 보는 것을 영으로 생각하는지라 38예수께서 이르시되 어찌하
여 두려워하며 어찌하여 마음에 의심이 일어나느냐 39내 손과 발을 보고 나인 줄 알라 또 나를 만
져 보라 영은 살과 뼈가 없으되 너희 보는 바와 같이 나는 있느니라 40이 말씀을 하시고 손과 발을
보이시나 41그들이 너무 기쁘므로 아직도 믿지 못하고 놀랍게 여길 때에 이르시되 여기 무슨 먹을
것이 있느냐 하시니 42이에 구운 생선 한 토막을 드리니 43받으사 그 앞에서 잡수시더라

마 28:16 열한 제자가 갈릴리에 가서 예수께서 지시하신 산에 이르러 17예수를 뵈옵고 경배하
나 아직도 의심하는 사람들이 있더라

막 16:14 그 후에 열한 제자가 음식 먹을 때에 예수께서 그들에게 나타나사 그들의 믿음 없는 것과 마음이 완악한 것을 꾸짖으시니 이는 자기가 살아난 것을 본 자들의 말을 믿지 아니함일러라

요 20:19 이 날 곧 안식 후 첫날 저녁 때에 제자들이 유대인들을 두려워하여 모인 곳의 문들을
닫았더니 예수께서 오사 가운데 서서 이르시되 너희에게 평강이 있을지어다 20이 말씀을 하시
고 손과 옆구리를 보이시니 제자들이 주를 보고 기뻐하더라 21예수께서 또 이르시되 너희에게
평강이 있을지어다 아버지께서 나를 보내신 것 같이 나도 너희를 보내노라 22이 말씀을 하시
고 그들을 향하사 숨을 내쉬며 이르시되 성령을 받으라 23너희가 누구의 죄든지 사하면 사하
여질 것이요 누구의 죄든지 그대로 두면 그대로 있으리라 하시니라

눅 24:44-49 마지막 당부

44또 이르시되 내가 너희와 함께 있을 때에 너희에게 말한 바 곧 모세의 율법과 선지자의 글과 시
편에 나를 가리켜 기록된 모든 것이 이루어져야 하리라 한 말이 이것이라 하시고 45이에 그들의
마음을 열어 성경을 깨닫게 하시고 46또 이르시되 이같이 그리스도가 고난을 받고 제삼일에 죽은
자 가운데서 살아날 것과 47또 그의 이름으로 죄 사함을 받게 하는 회개가 예루살렘에서 시작하여
모든 족속에게 전파될 것이 기록되었으니 48너희는 이 모든 일의 증인이라 49볼지어다 내가 내 아
버지께서 약속하신 것을 너희에게 보내리니 너희는 위로부터 능력으로 입혀질 때까지 이 성에 머
물라 하시니라

마 28:18 예수께서 나아와 말씀하여 이르시되 하늘과 땅의 모든 권세를 내게 주셨으니 19그러
므로 너희는 가서 모든 민족을 제자로 삼아 아버지와 아들과 성령의 이름으로 세례를 베풀고

[20]내가 너희에게 분부한 모든 것을 가르쳐 지키게 하라 볼지어다 내가 세상 끝날까지 너희와
항상 함께 있으리라 하시니라

막 16:15 또 이르시되 너희는 온 천하에 다니며 만민에게 복음을 전파하라 [16]믿고 세례를 받
는 사람은 구원을 얻을 것이요 믿지 않는 사람은 정죄를 받으리라 [17]믿는 자들에게는 이런 표
적이 따르리니 곧 그들이 내 이름으로 귀신을 쫓아내며 새 방언을 말하며 [18]뱀을 집어올리며
무슨 독을 마실지라도 해를 받지 아니하며 병든 사람에게 손을 얹은즉 나으리라 하시더라

눅 24:50-53 승천

[50]예수께서 그들을 데리고 베다니 앞까지 나가사 손을 들어 그들에게 축복하시더니 [51]축복하실
때에 그들을 떠나 〔하늘로 올려지시니〕 [52]그들이 〔그에게 경배하고〕 큰 기쁨으로 예루살렘에 돌
아가 [53]늘 성전에서 하나님을 찬송하니라

막 16:19 주 예수께서 말씀을 마치신 후에 하늘로 올려지사 하나님 우편에 앉으시니라 [20]제자
들이 나가 두루 전파할새 주께서 함께 역사하사 그 따르는 표적으로 말씀을 확실히 증언하시
니라〕

4장 요한복음

구성	장	요한복음	
서론	1	[1]서언: 성육신 [19]세례 요한의 증언(1) [29]세례 요한의 세례 [35]첫 제자들 [43]빌립과 나다나엘	
	2	[1]가나 혼인 잔치(표적 1) [13]성전 정화 [23]예루살렘 사역 요약: 모든 사람을 아심	예루살렘 방문
	3	[1]니고데모와의 대화 [22]세례 요한의 증언(2) [31]위로부터 오시는 이	
	4	[1]사마리아 여인과의 대화 [43]고향의 배척 [46]가나의 신하 아들 치유(표적 2)	
	5	[1]베데스다 병자 치유(표적 3) [19]예수의 응답: 아버지와 아들 [31]예수에 대한 증언들	예루살렘 방문 안식일
	6	[1]오병이어(표적 4) [16]물위를 걸으심(표적 5) [22]생명의 떡(정체 1) [60]영이요 생명인 말씀 [66]베드로의 고백과 유다	유월절
표적의 책	7	[1]예수 죽음 모의와 세상의 미움 [10]성전에서 가르치심 [25]그리스도의 표적들 32 예수의 체포 시도와 귀환 예고 [37]생수의 강, 성령 [40]무리의 쟁론 [45]체포 실패와 니고데모 [[53]음행 중에 잡힌 여자]	예루살렘 방문
	8	[12]세상의 빛(정체 2) [21]내가 가는 곳 [31]진리와 자유 [39]나의 아버지와 너희 아비 마귀 [48]아브라함이 나기 전부터	장막절
	9	[1]실로암 맹인 치유(표적 6) [13]바리새인들의 분쟁과 맹인 및 부모 심문 [35]맹인의 믿음과 맹인된 바리새인들	
	10	[1]양의 목자 비유 [7]양의 문, 선한 목자(정체 3, 4) [22]유대인들의 투석 시도: 나와 아버지는 하나	수전절
	11	[1]나사로의 죽음 [17]부활이요 생명(정체 5) [28]예수의 비통 [38]나사로 살림(표적 7) [45]공회의 예수 죽음 모의	
	12	[1]마리아의 향유 부음 [9]나사로 죽음 모의 [12]예루살렘 입성 [20]한 알의 밀과 많은 열매 [27]하늘에서 난 소리와 인자의 들림 [37]이사야의 예언 성취: 불신앙 [44]나를 보내신 이를 믿는 것과 그의 명령	예루살렘 방문

구성	장	요한복음		
영광의 책	13	[1]제자들의 발을 씻김 [21]유다의 배신 예고 [31]새 계명: 서로 사랑하라 [36]베드로의 부인 예고	마지막 만찬	
	14	[1]길, 진리, 생명(정체 6) [15]보혜사 약속	I	고별 설교
	15	[1]참 포도나무와 가지(정체 7) [18]세상의 미움	II	
	16	[4]진리의 성령의 일 [16]근심이 기쁨으로 [25]세상을 이기었노라		
	17	[1]고별 기도	III	
	18	[1]예수 체포 [12]안나스에게 이송 [15]대제사장 집 뜰의 두 제자 [16]베드로의 부인(1) [19]안나스의 심문(공회 심문) [24]가야바에게 이송 [25]베드로의 부인(2) [28]빌라도에게 이송 [33]빌라도의 심문 [39]바라바 선택		
	19	[1]예수 희롱 [4]빌라도의 판결 [17]십자가형 [28]죽음 [31]창으로 찌름 [35]죽음의 증인(들) [38]매장		
	20	[1]부활 [11]마리아에게 나타나심 [19]제자들에게 나타나심 [24]도마에게 나타나심 [30]기록 목적		
부록	21	[1]일곱 제자들에게 나타나심 [15]베드로를 향한 권면 [20]베드로의 질문과 애제자의 증언		

요 1:1-18 서언: 성육신

1태초에 말씀이 계시니라 이 말씀이 하나님과 함께 계셨으니 이 말씀은 곧 하나님이시니라 2그가
태초에 하나님과 함께 계셨고 3만물이 그로 말미암아 지은 바 되었으니 지은 것이 하나도 그가 없
이는 된 것이 없느니라 4그 안에 생명이 있었으니 이 생명은 사람들의 빛이라 5빛이 어둠에 비치
되 어둠이 깨닫지 못하더라 6하나님께로부터 보내심을 받은 사람이 있으니 그의 이름은 요한이
라 7그가 증언하러 왔으니 곧 빛에 대하여 증언하고 모든 사람이 자기로 말미암아 믿게 하려 함이
라 8그는 이 빛이 아니요 이 빛에 대하여 증언하러 온 자라 9참 빛 곧 세상에 와서 각 사람에게 비
추는 빛이 있었나니 10그가 세상에 계셨으며 세상은 그로 말미암아 지은 바 되었으되 세상이 그를
알지 못하였고 11자기 땅에 오매 자기 백성이 영접하지 아니하였으나 12영접하는 자 곧 그 이름
을 믿는 자들에게는 하나님의 자녀가 되는 권세를 주셨으니 13이는 혈통으로나 육정으로나 사람
의 뜻으로 나지 아니하고 오직 하나님께로부터 난 자들이니라 14말씀이 육신이 되어 우리 가운데
거하시매 우리가 그의 영광을 보니 아버지의 독생자의 영광이요 은혜와 진리가 충만하더라 15요
한이 그에 대하여 증언하여 외쳐 이르되 내가 전에 말하기를 내 뒤에 오시는 이가 나보다 앞선 것
은 나보다 먼저 계심이라 한 것이 이 사람을 가리킴이라 하니라 16우리가 다 그의 충만한 데서 받
으니 은혜 위에 은혜러라 17율법은 모세로 말미암아 주어진 것이요 은혜와 진리는 예수 그리스도
로 말미암아 온 것이라 18본래 하나님을 본 사람이 없으되 아버지 품 속에 있는 독생하신 하나님
이 나타내셨느니라

마 1:1 아브라함과 다윗의 자손 예수 그리스도의 계보라

막 1:1 하나님의 아들 예수 그리스도의 복음의 시작이라

눅 1:1 우리 중에 이루어진 사실에 대하여 2처음부터 목격자와 말씀의 일꾼 된 자들이 전하여
준 그대로 내력을 저술하려고 붓을 든 사람이 많은지라 3그 모든 일을 근원부터 자세히 미루
어 살핀 나도 데오빌로 각하에게 차례대로 써 보내는 것이 좋은 줄 알았노니 4이는 각하가 알
고 있는 바를 더 확실하게 하려 함이로라

요 1:19-28 세례 요한의 증언(1)

19유대인들이 예루살렘에서 제사장들과 레위인들을 요한에게 보내어 네가 누구냐 물을 때에 요한
의 증언이 이러하니라 20요한이 드러내어 말하고 숨기지 아니하니 드러내어 하는 말이 나는 그리
스도가 아니라 한 대 21또 묻되 그러면 누구냐 네가 엘리야냐 이르되 나는 아니라 또 묻되 네가 그
선지자냐 대답하되 아니라 22또 말하되 누구냐 우리를 보낸 이들에게 대답하게 하라 너는 네게 대
하여 무엇이라 하느냐 23이르되 나는 선지자 이사야의 말과 같이 주의 길을 곧게 하라고 광야에서

외치는 자의 소리로라 하니라 24그들은 바리새인들이 보낸 자라 25또 물어 이르되 네가 만일 그리
스도도 아니요 엘리야도 아니요 그 선지자도 아닐진대 어찌하여 세례를 베푸느냐 26요한이 대답
하되 나는 물로 세례를 베풀거니와 너희 가운데 너희가 알지 못하는 한 사람이 섰으니 27곧 내 뒤
에 오시는 그이라 나는 그의 신발끈을 풀기도 감당하지 못하겠노라 하더라 28이 일은 요한이 세례
베풀던 곳 요단 강 건너편 베다니에서 일어난 일이니라

마 3:1 그 때에 세례 요한이 이르러 유대 광야에서 전파하여 말하되 2회개하라 천국이 가까이
왔느니라 하였으니 3그는 선지자 이사야를 통하여 말씀하신 자라 일렀으되 광야에 외치는 자
의 소리가 있어 이르되 너희는 주의 길을 준비하라 그가 오실 길을 곧게 하라 하였느니라 4이
요한은 낙타털 옷을 입고 허리에 가죽 띠를 띠고 음식은 메뚜기와 석청이었더라 5이 때에 예
루살렘과 온 유대와 요단 강 사방에서 다 그에게 나아와 6자기들의 죄를 자복하고 요단 강에
서 그에게 세례를 받더니 7요한이 많은 바리새인들과 사두개인들이 세례 베푸는 데로 오는 것
을 보고 이르되 독사의 자식들아 누가 너희를 가르쳐 임박한 진노를 피하라 하더냐 8그러므로
회개에 합당한 열매를 맺고 9속으로 아브라함이 우리 조상이라고 생각하지 말라 내가 너희에
게 이르노니 하나님이 능히 이 돌들로도 아브라함의 자손이 되게 하시리라 10이미 도끼가 나
무 뿌리에 놓였으니 좋은 열매를 맺지 아니하는 나무마다 찍혀 불에 던져지리라 11나는 너희
로 회개하게 하기 위하여 물로 세례를 베풀거니와 내 뒤에 오시는 이는 나보다 능력이 많으시
니 나는 그의 신을 들기도 감당하지 못하겠노라 그는 성령과 불로 너희에게 세례를 베푸실 것
이요 12손에 키를 들고 자기의 타작 마당을 정하게 하사 알곡은 모아 곳간에 들이고 쭉정이는
꺼지지 않는 불에 태우시리라

막 1:2 선지자 이사야의 글에 보라 내가 내 사자를 네 앞에 보내노니 그가 네 길을 준비하리라
3광야에 외치는 자의 소리가 있어 이르되 너희는 주의 길을 준비하라 그의 오실 길을 곧게 하
라 기록된 것과 같이 4세례 요한이 광야에 이르러 죄 사함을 받게 하는 회개의 세례를 전파하
니 5온 유대 지방과 예루살렘 사람이 다 나아가 자기 죄를 자복하고 요단 강에서 그에게 세례
를 받더라 6요한은 낙타털 옷을 입고 허리에 가죽 띠를 띠고 메뚜기와 석청을 먹더라 7그가 전
파하여 이르되 나보다 능력 많으신 이가 내 뒤에 오시나니 나는 굽혀 그의 신발끈을 풀기도 감
당하지 못하겠노라 8나는 너희에게 물로 세례를 베풀었거니와 그는 너희에게 성령으로 세례
를 베푸시리라

눅 3:1 디베료 황제가 통치한 지 열다섯 해 곧 본디오 빌라도가 유대의 총독으로, 헤롯이 갈릴
리의 분봉 왕으로, 그 동생 빌립이 이두래와 드라고닛 지방의 분봉 왕으로, 루사니아가 아빌
레네의 분봉 왕으로, 2안나스와 가야바가 대제사장으로 있을 때에 하나님의 말씀이 빈 들에서
사가랴의 아들 요한에게 임한지라 3요한이 요단 강 부근 각처에 와서 죄 사함을 받게 하는 회
개의 세례를 전파하니 4선지자 이사야의 책에 쓴 바 광야에서 외치는 자의 소리가 있어 이르
되 너희는 주의 길을 준비하라 그의 오실 길을 곧게 하라 5모든 골짜기가 메워지고 모든 산과
작은 산이 낮아지고 굽은 것이 곧아지고 험한 길이 평탄하여질 것이요 6모든 육체가 하나님의

구원하심을 보리라 함과 같으니라 7요한이 세례 받으러 나아오는 무리에게 이르되 독사의 자
식들아 누가 너희에게 일러 장차 올 진노를 피하라 하더냐 8그러므로 회개에 합당한 열매를
맺고 속으로 아브라함이 우리 조상이라 말하지 말라 내가 너희에게 이르노니 하나님이 능히
이 돌들로도 아브라함의 자손이 되게 하시리라 9이미 도끼가 나무 뿌리에 놓였으니 좋은 열
매 맺지 아니하는 나무마다 찍혀 불에 던져지리라 10무리가 물어 이르되 그러면 우리가 무엇
을 하리이까 11대답하여 이르되 옷 두 벌 있는 자는 옷 없는 자에게 나눠 줄 것이요 먹을 것이
있는 자도 그렇게 할 것이니라 하고 12세리들도 세례를 받고자 하여 와서 이르되 선생이여 우
리는 무엇을 하리이까 하매 13이르되 부과된 것 외에는 거두지 말라 하고 14군인들도 물어 이
르되 우리는 무엇을 하리이까 하매 이르되 사람에게서 강탈하지 말며 거짓으로 고발하지 말고
받는 급료를 족한 줄로 알라 하니라 15백성들이 바라고 기다리므로 모든 사람들이 요한을 혹
그리스도신가 심중에 생각하니 16요한이 모든 사람에게 대답하여 이르되 나는 물로 너희에게
세례를 베풀거니와 나보다 능력이 많으신 이가 오시나니 나는 그의 신발끈을 풀기도 감당하지
못하겠노라 그는 성령과 불로 너희에게 세례를 베푸실 것이요 17손에 키를 들고 자기의 타작
마당을 정하게 하사 알곡은 모아 곳간에 들이고 쭉정이는 꺼지지 않는 불에 태우시리라 18또
그 밖에 여러 가지로 권하여 백성에게 좋은 소식을 전하였으나 19분봉 왕 헤롯은 그의 동생의
아내 헤로디아의 일과 또 자기가 행한 모든 악한 일로 말미암아 요한에게 책망을 받고 20그 위
에 한 가지 악을 더하여 요한을 옥에 가두니라

요 1:29-34 세례 요한의 세례

29이튿날 요한이 예수께서 자기에게 나아오심을 보고 이르되 보라 세상 죄를 지고 가는 하나님의
어린 양이로다 30내가 전에 말하기를 내 뒤에 오는 사람이 있는데 나보다 앞선 것은 그가 나보다
먼저 계심이라 한 것이 이 사람을 가리킴이라 31나도 그를 알지 못하였으나 내가 와서 물로 세례
를 베푸는 것은 그를 이스라엘에 나타내려 함이라 하니라 32요한이 또 증언하여 이르되 내가 보매
성령이 비둘기 같이 하늘로부터 내려와서 그의 위에 머물렀더라 33나도 그를 알지 못하였으나 나
를 보내어 물로 세례를 베풀라 하신 그이가 나에게 말씀하시되 성령이 내려서 누구 위에든지 머무
는 것을 보거든 그가 곧 성령으로 세례를 베푸는 이인 줄 알라 하셨기에 34내가 보고 그가 하나님
의 아들이심을 증언하였노라 하니라

마 3:13 이 때에 예수께서 갈릴리로부터 요단 강에 이르러 요한에게 세례를 받으려 하시니 14요
한이 말려 이르되 내가 당신에게서 세례를 받아야 할 터인데 당신이 내게로 오시나이까 15예
수께서 대답하여 이르시되 이제 허락하라 우리가 이와 같이 하여 모든 의를 이루는 것이 합당
하니라 하시니 이에 요한이 허락하는지라 16예수께서 세례를 받으시고 곧 물에서 올라오실새
하늘이 열리고 하나님의 성령이 비둘기 같이 내려 자기 위에 임하심을 보시더니 17하늘로부터
소리가 있어 말씀하시되 이는 내 사랑하는 아들이요 내 기뻐하는 자라 하시니라

막 1:9 그 때에 예수께서 갈릴리 나사렛으로부터 와서 요단 강에서 요한에게 세례를 받으시고
[10]곧 물에서 올라오실새 하늘이 갈라짐과 성령이 비둘기 같이 자기에게 내려오심을 보시더니
[11]하늘로부터 소리가 나기를 너는 내 사랑하는 아들이라 내가 너를 기뻐하노라 하시니라

눅 3:21 백성이 다 세례를 받을새 예수도 세례를 받으시고 기도하실 때에 하늘이 열리며 [22]성
령이 비둘기 같은 형체로 그의 위에 강림하시더니 하늘로부터 소리가 나기를 너는 내 사랑하
는 아들이라 내가 너를 기뻐하노라 하시니라

요 1:35-42 첫 제자들

[35]또 이튿날 요한이 자기 제자 중 두 사람과 함께 섰다가 [36]예수께서 거니심을 보고 말하되 보라
하나님의 어린 양이로다 [37]두 제자가 그의 말을 듣고 예수를 따르거늘 [38]예수께서 돌이켜 그 따르
는 것을 보시고 물어 이르시되 무엇을 구하느냐 이르되 랍비여 어디 계시오니이까 하니 (랍비는
번역하면 선생이라) [39]예수께서 이르시되 와서 보라 그러므로 그들이 가서 계신 데를 보고 그 날
함께 거하니 때가 열 시쯤 되었더라 [40]요한의 말을 듣고 예수를 따르는 두 사람 중의 하나는 시몬
베드로의 형제 안드레라 [41]그가 먼저 자기의 형제 시몬을 찾아 말하되 우리가 메시야를 만났다 하
고 (메시야는 번역하면 그리스도라) [42]데리고 예수께로 오니 예수께서 보시고 이르시되 네가 요한
의 아들 시몬이니 장차 게바라 하리라 하시니라 (게바는 번역하면 베드로라)

마 4:18 갈릴리 해변에 다니시다가 두 형제 곧 베드로라 하는 시몬과 그의 형제 안드레가 바
다에 그물 던지는 것을 보시니 그들은 어부라 [19]말씀하시되 나를 따라오라 내가 너희를 사람
을 낚는 어부가 되게 하리라 하시니 [20]그들이 곧 그물을 버려 두고 예수를 따르니라 [21]거기서
더 가시다가 다른 두 형제 곧 세베대의 아들 야고보와 그의 형제 요한이 그의 아버지 세베대와
함께 배에서 그물 깁는 것을 보시고 부르시니 [22]그들이 곧 배와 아버지를 버려 두고 예수를 따
르니라

막 1:16 갈릴리 해변으로 지나가시다가 시몬과 그 형제 안드레가 바다에 그물 던지는 것을 보
시니 그들은 어부라 [17]예수께서 이르시되 나를 따라오라 내가 너희로 사람을 낚는 어부가 되
게 하리라 하시니 [18]곧 그물을 버려 두고 따르니라 [19]조금 더 가시다가 세베대의 아들 야고보
와 그 형제 요한을 보시니 그들도 배에 있어 그물을 깁는데 [20]곧 부르시니 그 아버지 세베대를
품꾼들과 함께 배에 버려 두고 예수를 따라가니라

눅 5:1 무리가 몰려와서 하나님의 말씀을 들을새 예수는 게네사렛 호숫가에 서서 [2]호숫가에
배 두 척이 있는 것을 보시니 어부들은 배에서 나와서 그물을 씻는지라 [3]예수께서 한 배에 오
르시니 그 배는 시몬의 배라 육지에서 조금 떼기를 청하시고 앉으사 배에서 무리를 가르치시
더니 [4]말씀을 마치시고 시몬에게 이르시되 깊은 데로 가서 그물을 내려 고기를 잡으라 [5]시몬

이 대답하여 이르되 선생님 우리들이 밤이 새도록 수고하였으되 잡은 것이 없지마는 말씀에
의지하여 내가 그물을 내리리이다 하고 6그렇게 하니 고기를 잡은 것이 심히 많아 그물이 찢
어지는지라 7이에 다른 배에 있는 동무들에게 손짓하여 와서 도와 달라 하니 그들이 와서 두
배에 채우매 잠기게 되었더라 8시몬 베드로가 이를 보고 예수의 무릎 아래에 엎드려 이르되
주여 나를 떠나소서 나는 죄인이로소이다 하니 9이는 자기 및 자기와 함께 있는 모든 사람이
고기 잡힌 것으로 말미암아 놀라고 10세베대의 아들로서 시몬의 동업자인 야고보와 요한도 놀
랐음이라 예수께서 시몬에게 이르시되 무서워하지 말라 이제 후로는 네가 사람을 취하리라 하
시니 11그들이 배들을 육지에 대고 모든 것을 버려 두고 예수를 따르니라

요 1:43-51 빌립과 나다나엘

43이튿날 예수께서 갈릴리로 나가려 하시다가 빌립을 만나 이르시되 나를 따르라 하시니 44빌립
은 안드레와 베드로와 한 동네 벳새다 사람이라 45빌립이 나다나엘을 찾아 이르되 모세가 율법에
기록하였고 여러 선지자가 기록한 그이를 우리가 만났으니 요셉의 아들 나사렛 예수니라 46나다
나엘이 이르되 나사렛에서 무슨 선한 것이 날 수 있느냐 빌립이 이르되 와서 보라 하니라 47예수
께서 나다나엘이 자기에게 오는 것을 보시고 그를 가리켜 이르시되 보라 이는 참으로 이스라엘 사
람이라 그 속에 간사한 것이 없도다 48나다나엘이 이르되 어떻게 나를 아시나이까 예수께서 대답
하여 이르시되 빌립이 너를 부르기 전에 네가 무화과나무 아래에 있을 때에 보았노라 49나다나엘
이 대답하되 랍비여 당신은 하나님의 아들이시요 당신은 이스라엘의 임금이로소이다 50예수께서
대답하여 이르시되 내가 너를 무화과나무 아래에서 보았다 하므로 믿느냐 이보다 더 큰 일을 보리
라 51또 이르시되 진실로 진실로 너희에게 이르노니 하늘이 열리고 하나님의 사자들이 인자 위에
오르락 내리락 하는 것을 보리라 하시니라

요 2:1-12 가나 혼인 잔치 (표적1)

1사흘째 되던 날 갈릴리 가나에 혼례가 있어 예수의 어머니도 거기 계시고 2예수와 그 제자들도
혼례에 청함을 받았더니 3포도주가 떨어진지라 예수의 어머니가 예수에게 이르되 저들에게 포도
주가 없다 하니 4예수께서 이르시되 여자여 나와 무슨 상관이 있나이까 내 때가 아직 이르지 아니
하였나이다 5그의 어머니가 하인들에게 이르되 너희에게 무슨 말씀을 하시든지 그대로 하라 하니
라 6거기에 유대인의 정결 예식을 따라 두세 통 드는 돌항아리 여섯이 놓였는지라 7예수께서 그들
에게 이르시되 항아리에 물을 채우라 하신즉 아귀까지 채우니 8이제는 떠서 연회장에게 갖다 주
라 하시매 갖다 주었더니 9연회장은 물로 된 포도주를 맛보고도 어디서 났는지 알지 못하되 물 떠
온 하인들은 알더라 연회장이 신랑을 불러 10말하되 사람마다 먼저 좋은 포도주를 내고 취한 후에

낮은 것을 내거늘 그대는 지금까지 좋은 포도주를 두었도다 하니라 11예수께서 이 첫 표적을 갈
릴리 가나에서 행하여 그의 영광을 나타내시매 제자들이 그를 믿으니라 12그 후에 예수께서 그 어
머니와 형제들과 제자들과 함께 가버나움으로 내려가셨으나 거기에 여러 날 계시지는 아니하시
니라

요 2:13-22 성전 정화

13유대인의 유월절이 가까운지라 예수께서 예루살렘으로 올라가셨더니 14성전 안에서 소와 양과
비둘기 파는 사람들과 돈 바꾸는 사람들이 앉아 있는 것을 보시고 15노끈으로 채찍을 만드사 양이
나 소를 다 성전에서 내쫓으시고 돈 바꾸는 사람들의 돈을 쏟으시며 상을 엎으시고 16비둘기 파는
사람들에게 이르시되 이것을 여기서 가져가라 내 아버지의 집으로 장사하는 집을 만들지 말라 하
시니 17제자들이 성경 말씀에 주의 전을 사모하는 열심이 나를 삼키리라 한 것을 기억하더라 18이
에 유대인들이 대답하여 예수께 말하기를 네가 이런 일을 행하니 무슨 표적을 우리에게 보이겠느
냐 19예수께서 대답하여 이르시되 너희가 이 성전을 헐라 내가 사흘 동안에 일으키리라 20유대인
들이 이르되 이 성전은 사십육 년 동안에 지었거늘 네가 삼 일 동안에 일으키겠느냐 하더라 21그
러나 예수는 성전된 자기 육체를 가리켜 말씀하신 것이라 22죽은 자 가운데서 살아나신 후에야 제
자들이 이 말씀하신 것을 기억하고 성경과 예수께서 하신 말씀을 믿었더라

마 21:12 예수께서 성전에 들어가사 성전 안에서 매매하는 모든 사람들을 내쫓으시며 돈 바
꾸는 사람들의 상과 비둘기 파는 사람들의 의자를 둘러 엎으시고 13그들에게 이르시되 기록된
바 내 집은 기도하는 집이라 일컬음을 받으리라 하였거늘 너희는 강도의 소굴을 만드는도다
하시니라 14맹인과 저는 자들이 성전에서 예수께 나아오매 고쳐주시니 15대제사장들과 서기관
들이 예수께서 하시는 이상한 일과 또 성전에서 소리 질러 호산나 다윗의 자손이여 하는 어린
이들을 보고 노하여 16예수께 말하되 그들이 하는 말을 듣느냐 예수께서 이르시되 그렇다 어
린 아기와 젖먹이들의 입에서 나오는 찬미를 온전하게 하셨나이다 함을 너희가 읽어 본 일이
없느냐 하시고 17그들을 떠나 성 밖으로 베다니에 가서 거기서 유하시니라

막 11:15 그들이 예루살렘에 들어가니라 예수께서 성전에 들어가사 성전 안에서 매매하는 자
들을 내쫓으시며 돈 바꾸는 자들의 상과 비둘기 파는 자들의 의자를 둘러 엎으시며 16아무나
물건을 가지고 성전 안으로 지나다님을 허락하지 아니하시고 17이에 가르쳐 이르시되 기록된
바 내 집은 만민이 기도하는 집이라 칭함을 받으리라고 하지 아니하였느냐 너희는 강도의 소
굴을 만들었도다 하시매 18대제사장들과 서기관들이 듣고 예수를 어떻게 죽일까 하고 꾀하니
이는 무리가 다 그의 교훈을 놀랍게 여기므로 그를 두려워함일러라 19그리고 날이 저물매 그
들이 성 밖으로 나가더라

눅 19:45 성전에 들어가사 장사하는 자들을 내쫓으시며 46그들에게 이르시되 기록된 바 내 집
은 기도하는 집이 되리라 하였거늘 너희는 강도의 소굴을 만들었도다 하시니라 47예수께서 날
마다 성전에서 가르치시니 대제사장들과 서기관들과 백성의 지도자들이 그를 죽이려고 꾀하
되 48백성이 다 그에게 귀를 기울여 들으므로 어찌할 방도를 찾지 못하였더라

요 2:23-25 예루살렘 사역 요약: 모든 사람을 아심

23유월절에 예수께서 예루살렘에 계시니 많은 사람이 그의 행하시는 표적을 보고 그의 이름을
믿었으나 24예수는 그의 몸을 그들에게 의탁하지 아니하셨으니 이는 친히 모든 사람을 아심이요
25또 사람에 대하여 누구의 증언도 받으실 필요가 없었으니 이는 그가 친히 사람의 속에 있는 것
을 아셨음이니라

요 3:1-21 니고데모와의 대화

1그런데 바리새인 중에 니고데모라 하는 사람이 있으니 유대인의 지도자라 2그가 밤에 예수께 와
서 이르되 랍비여 우리가 당신은 하나님께로부터 오신 선생인 줄 아나이다 하나님이 함께 하시지
아니하시면 당신이 행하시는 이 표적을 아무도 할 수 없음이니이다 3예수께서 대답하여 이르시되
진실로 진실로 네게 이르노니 사람이 거듭나지 아니하면 하나님의 나라를 볼 수 없느니라 4니고
데모가 이르되 사람이 늙으면 어떻게 날 수 있사옵나이까 두 번째 모태에 들어갔다가 날 수 있사
옵나이까 5예수께서 대답하시되 진실로 진실로 네게 이르노니 사람이 물과 성령으로 나지 아니하
면 하나님의 나라에 들어갈 수 없느니라 6육으로 난 것은 육이요 영으로 난 것은 영이니 7내가 네
게 거듭나야 하겠다 하는 말을 놀랍게 여기지 말라 8바람이 임의로 불매 네가 그 소리는 들어도 어
디서 와서 어디로 가는지 알지 못하나니 성령으로 난 사람도 다 그러하니라 9니고데모가 대답하
여 이르되 어찌 그러한 일이 있을 수 있나이까 10예수께서 그에게 대답하여 이르시되 너는 이스라
엘의 선생으로서 이러한 것들을 알지 못하느냐 11진실로 진실로 네게 이르노니 우리는 아는 것을
말하고 본 것을 증언하노라 그러나 너희가 우리의 증언을 받지 아니하는도다 12내가 땅의 일을 말
하여도 너희가 믿지 아니하거든 하물며 하늘의 일을 말하면 어떻게 믿겠느냐 13하늘에서 내려온
자 곧 인자 외에는 하늘에 올라간 자가 없느니라 14모세가 광야에서 뱀을 든 것 같이 인자도 들려
야 하리니 15이는 그를 믿는 자마다 영생을 얻게 하려 하심이니라 16하나님이 세상을 이처럼 사랑
하사 독생자를 주셨으니 이는 그를 믿는 자마다 멸망하지 않고 영생을 얻게 하려 하심이라 17하나
님이 그 아들을 세상에 보내신 것은 세상을 심판하려 하심이 아니요 그로 말미암아 세상이 구원을
받게 하려 하심이라 18그를 믿는 자는 심판을 받지 아니하는 것이요 믿지 아니하는 자는 하나님의
독생자의 이름을 믿지 아니하므로 벌써 심판을 받은 것이니라 19그 정죄는 이것이니 곧 빛이 세상

에 왔으되 사람들이 자기 행위가 악하므로 빛보다 어둠을 더 사랑한 것이니라 [20]악을 행하는 자마
다 빛을 미워하여 빛으로 오지 아니하나니 이는 그 행위가 드러날까 함이요 [21]진리를 따르는 자는
빛으로 오나니 이는 그 행위가 하나님 안에서 행한 것임을 나타내려 함이라 하시니라

요 3:22-30 세례 요한의 증언(2)

[22]그 후에 예수께서 제자들과 유대 땅으로 가서 거기 함께 유하시며 세례를 베푸시더라 [23]요한도
살렘 가까운 애논에서 세례를 베푸니 거기 물이 많음이라 그러므로 사람들이 와서 세례를 받더라
[24]요한이 아직 옥에 갇히지 아니하였더라 [25]이에 요한의 제자 중에서 한 유대인과 더불어 정결예
식에 대하여 변론이 되었더니 [26]그들이 요한에게 가서 이르되 랍비여 선생님과 함께 요단 강 저편
에 있던 이 곧 선생님이 증언하시던 이가 세례를 베풀매 사람이 다 그에게로 가더이다 [27]요한이
대답하여 이르되 만일 하늘에서 주신 바 아니면 사람이 아무 것도 받을 수 없느니라 [28]내가 말한
바 나는 그리스도가 아니요 그의 앞에 보내심을 받은 자라고 한 것을 증언할 자는 너희니라 [29]신
부를 취하는 자는 신랑이나 서서 신랑의 음성을 듣는 친구가 크게 기뻐하나니 나는 이러한 기쁨으
로 충만하였노라 [30]그는 흥하여야 하겠고 나는 쇠하여야 하리라 하니라

요 3:31-36 위로부터 오시는 이

[31]위로부터 오시는 이는 만물 위에 계시고 땅에서 난 이는 땅에 속하여 땅에 속한 것을 말하느니
라 하늘로부터 오시는 이는 만물 위에 계시나니 [32]그가 친히 보고 들은 것을 증언하되 그의 증언
을 받는 자가 없도다 [33]그의 증언을 받는 자는 하나님이 참되시다는 것을 인쳤느니라 [34]하나님이
보내신 이는 하나님의 말씀을 하나니 이는 하나님이 성령을 한량 없이 주심이니라 [35]아버지께서
아들을 사랑하사 만물을 다 그의 손에 주셨으니 [36]아들을 믿는 자에게는 영생이 있고 아들에게 순
종하지 아니하는 자는 영생을 보지 못하고 도리어 하나님의 진노가 그 위에 머물러 있느니라

요 4:1-42 사마리아 여인과의 대화

[1]예수께서 제자를 삼고 세례를 베푸시는 것이 요한보다 많다 하는 말을 바리새인들이 들은 줄을
주께서 아신지라 [2](예수께서 친히 세례를 베푸신 것이 아니요 제자들이 베푼 것이라) [3]유대를 떠

나사 다시 갈릴리로 가실새 4사마리아를 통과하여야 하겠는지라 5사마리아에 있는 수가라 하는
동네에 이르시니 야곱이 그 아들 요셉에게 준 땅이 가깝고 6거기 또 야곱의 우물이 있더라 예수께
서 길 가시다가 피곤하여 우물 곁에 그대로 앉으시니 때가 여섯 시쯤 되었더라 7사마리아 여자 한
사람이 물을 길으러 왔으매 예수께서 물을 좀 달라 하시니 8이는 제자들이 먹을 것을 사러 그 동네
에 들어갔음이러라 9사마리아 여자가 이르되 당신은 유대인으로서 어찌하여 사마리아 여자인 나
에게 물을 달라 하나이까 하니 이는 유대인이 사마리아인과 상종하지 아니함이러라 10예수께서
대답하여 이르시되 네가 만일 하나님의 선물과 또 네게 물 좀 달라 하는 이가 누구인 줄 알았더라
면 네가 그에게 구하였을 것이요 그가 생수를 네게 주었으리라 11여자가 이르되 주여 물 길을 그
릇도 없고 이 우물은 깊은데 어디서 당신이 그 생수를 얻겠사옵나이까 12우리 조상 야곱이 이 우
물을 우리에게 주셨고 또 여기서 자기와 자기 아들들과 짐승이 다 마셨는데 당신이 야곱보다 더
크니이까 13예수께서 대답하여 이르시되 이 물을 마시는 자마다 다시 목마르려니와 14내가 주는
물을 마시는 자는 영원히 목마르지 아니하리니 내가 주는 물은 그 속에서 영생하도록 솟아나는 샘
물이 되리라 15여자가 이르되 주여 그런 물을 내게 주사 목마르지도 않고 또 여기 물 길으러 오지
도 않게 하옵소서 16이르시되 가서 네 남편을 불러 오라 17여자가 대답하여 이르되 나는 남편이
없나이다 예수께서 이르시되 네가 남편이 없다 하는 말이 옳도다 18너에게 남편 다섯이 있었고 지
금 있는 자도 네 남편이 아니니 네 말이 참되도다 19여자가 이르되 주여 내가 보니 선지자로소이
다 20우리 조상들은 이 산에서 예배하였는데 당신들의 말은 예배할 곳이 예루살렘에 있다 하더이
다 21예수께서 이르시되 여자여 내 말을 믿으라 이 산에서도 말고 예루살렘에서도 말고 너희가 아
버지께 예배할 때가 이르리라 22너희는 알지 못하는 것을 예배하고 우리는 아는 것을 예배하노니
이는 구원이 유대인에게서 남이라 23아버지께 참되게 예배하는 자들은 영과 진리로 예배할 때가
오나니 곧 이 때라 아버지께서는 자기에게 이렇게 예배하는 자들을 찾으시느니라 24하나님은 영
이시니 예배하는 자가 영과 진리로 예배할지니라 25여자가 이르되 메시야 곧 그리스도라 하는 이
가 오실 줄을 내가 아노니 그가 오시면 모든 것을 우리에게 알려 주시리이다 26예수께서 이르시되
네게 말하는 내가 그라 하시니라 27이 때에 제자들이 돌아와서 예수께서 여자와 말씀하시는 것을
이상히 여겼으나 무엇을 구하시나이까 어찌하여 그와 말씀하시나이까 묻는 자가 없더라 28여자
가 물동이를 버려 두고 동네로 들어가서 사람들에게 이르되 29내가 행한 모든 일을 내게 말한 사
람을 와서 보라 이는 그리스도가 아니냐 하니 30그들이 동네에서 나와 예수께로 오더라 31그 사이
에 제자들이 청하여 이르되 랍비여 잡수소서 32이르시되 내게는 너희가 알지 못하는 먹을 양식이
있느니라 33제자들이 서로 말하되 누가 잡수실 것을 갖다 드렸는가 하니 34예수께서 이르시되 나
의 양식은 나를 보내신 이의 뜻을 행하며 그의 일을 온전히 이루는 이것이니라 35너희는 넉 달이
지나야 추수할 때가 이르겠다 하지 아니하느냐 그러나 나는 너희에게 이르노니 너희 눈을 들어 밭
을 보라 희어져 추수하게 되었도다 36거두는 자가 이미 삯도 받고 영생에 이르는 열매를 모으나니
이는 뿌리는 자와 거두는 자가 함께 즐거워하게 하려 함이라 37그런즉 한 사람이 심고 다른 사람
이 거둔다 하는 말이 옳도다 38내가 너희로 노력하지 아니한 것을 거두러 보내었노니 다른 사람들
은 노력하였고 너희는 그들이 노력한 것에 참여하였느니라 39여자의 말이 내가 행한 모든 것을 그
가 내게 말하였다 증언하므로 그 동네 중에 많은 사마리아인이 예수를 믿는지라 40사마리아인들

이 예수께 와서 자기들과 함께 유하시기를 청하니 거기서 이틀을 유하시매 [41]예수의 말씀으로 말미암아 믿는 자가 더욱 많아 [42]그 여자에게 말하되 이제 우리가 믿는 것은 네 말로 인함이 아니니 이는 우리가 친히 듣고 그가 참으로 세상의 구주신 줄 앎이라 하였더라

요 4:43-45 고향의 배척

[43]이틀이 지나매 예수께서 거기를 떠나 갈릴리로 가시며 [44]친히 증언하시기를 선지자가 고향에서는 높임을 받지 못한다 하시고 [45]갈릴리에 이르시매 갈릴리인들이 그를 영접하니 이는 자기들도 명절에 갔다가 예수께서 명절중 예루살렘에서 하신 모든 일을 보았음이더라

마 13:53 예수께서 이 모든 비유를 마치신 후에 그 곳을 떠나서 [54]고향으로 돌아가사 그들의 회당에서 가르치시니 그들이 놀라 이르되 이 사람의 이 지혜와 이런 능력이 어디서 났느냐 [55]이는 그 목수의 아들이 아니냐 그 어머니는 마리아, 그 형제들은 야고보, 요셉, 시몬, 유다라 하지 않느냐 [56]그 누이들은 다 우리와 함께 있지 아니하냐 그런즉 이 사람의 이 모든 것이 어디서 났느냐 하고 [57]예수를 배척한지라 예수께서 그들에게 말씀하시되 선지자가 자기 고향과 자기 집 외에서는 존경을 받지 않음이 없느니라 하시고 [58]그들이 믿지 않음으로 말미암아 거기서 많은 능력을 행하지 아니하시니라

막 6:1 예수께서 거기를 떠나사 고향으로 가시니 제자들도 따르니라 [2]안식일이 되어 회당에서 가르치시니 많은 사람이 듣고 놀라 이르되 이 사람이 어디서 이런 것을 얻었느냐 이 사람이 받은 지혜와 그 손으로 이루어지는 이런 권능이 어찌됨이냐 [3]이 사람이 마리아의 아들 목수가 아니냐 야고보와 요셉과 유다와 시몬의 형제가 아니냐 그 누이들이 우리와 함께 여기 있지 아니하냐 하고 예수를 배척한지라 [4]예수께서 그들에게 이르시되 선지자가 자기 고향과 자기 친척과 자기 집 외에서는 존경을 받지 못함이 없느니라 하시며 [5]거기서는 아무 권능도 행하실 수 없어 다만 소수의 병자에게 안수하여 고치실 뿐이었고 [6]그들이 믿지 않음을 이상히 여기셨더라 이에 모든 촌에 두루 다니시며 가르치시더라

눅 4:23 예수께서 그들에게 이르시되 너희가 반드시 의사야 너 자신을 고치라 하는 속담을 인용하여 내게 말하기를 우리가 들은 바 가버나움에서 행한 일을 네 고향 여기서도 행하라 하리라 [24]또 이르시되 내가 진실로 너희에게 이르노니 선지자가 고향에서는 환영을 받는 자가 없느니라

요 4:46-54 가나의 신하 아들 치유 (표적 2)

46예수께서 다시 갈릴리 가나에 이르시니 전에 물로 포도주를 만드신 곳이라 왕의 신하가 있어 그
의 아들이 가버나움에서 병들었더니 47그가 예수께서 유대로부터 갈릴리로 오셨다는 것을 듣고
가서 청하되 내려오셔서 내 아들의 병을 고쳐 주소서 하니 그가 거의 죽게 되었음이라 48예수께서
이르시되 너희는 표적과 기사를 보지 못하면 도무지 믿지 아니하리라 49신하가 이르되 주여 내 아
이가 죽기 전에 내려오소서 50예수께서 이르시되 가라 네 아들이 살아 있다 하시니 그 사람이 예
수께서 하신 말씀을 믿고 가더니 51내려가는 길에서 그 종들이 오다가 만나서 아이가 살아 있다
하거늘 52그 낫기 시작한 때를 물은즉 어제 일곱 시에 열기가 떨어졌나이다 하는지라 53그의 아버
지가 예수께서 네 아들이 살아 있다 말씀하신 그 때인 줄 알고 자기와 그 온 집안이 다 믿으니라
54이것은 예수께서 유대에서 갈릴리로 오신 후에 행하신 두 번째 표적이니라

마 8:5 예수께서 가버나움에 들어가시니 한 백부장이 나아와 간구하여 6이르되 주여 내 하인
이 중풍병으로 집에 누워 몹시 괴로워하나이다 7이르시되 내가 가서 고쳐 주리라 8백부장이
대답하여 이르되 주여 내 집에 들어오심을 나는 감당하지 못하겠사오니 다만 말씀으로만 하옵
소서 그러면 내 하인이 낫겠사옵나이다 9나도 남의 수하에 있는 사람이요 내 아래에도 군사가
있으니 이더러 가라 하면 가고 저더러 오라 하면 오고 내 종더러 이것을 하라 하면 하나이다
10예수께서 들으시고 놀랍게 여겨 따르는 자들에게 이르시되 내가 진실로 너희에게 이르노니
이스라엘 중 아무에게서도 이만한 믿음을 보지 못하였노라 11또 너희에게 이르노니 동 서로부
터 많은 사람이 이르러 아브라함과 이삭과 야곱과 함께 천국에 앉으려니와 12그 나라의 본 자
손들은 바깥 어두운 데 쫓겨나 거기서 울며 이를 갈게 되리라 13예수께서 백부장에게 이르시
되 가라 네 믿은 대로 될지어다 하시니 그 즉시 하인이 나으니라

눅 7:1 예수께서 모든 말씀을 백성에게 들려 주시기를 마치신 후에 가버나움으로 들어가시니
라 2어떤 백부장의 사랑하는 종이 병들어 죽게 되었더니 3예수의 소문을 듣고 유대인의 장로
몇 사람을 예수께 보내어 오셔서 그 종을 구해 주시기를 청한지라 4이에 그들이 예수께 나아
와 간절히 구하여 이르되 이 일을 하시는 것이 이 사람에게는 합당하니이다 5그가 우리 민족
을 사랑하고 또한 우리를 위하여 회당을 지었나이다 하니 6예수께서 함께 가실새 이에 그 집
이 멀지 아니하여 백부장이 벗들을 보내어 이르되 주여 수고하시지 마옵소서 내 집에 들어오
심을 나는 감당하지 못하겠나이다 7그러므로 내가 주께 나아가기도 감당하지 못할 줄을 알았
나이다 말씀만 하사 내 하인을 낫게 하소서 8나도 남의 수하에 든 사람이요 내 아래에도 병사
가 있으니 이더러 가라 하면 가고 저더러 오라 하면 오고 내 종더러 이것을 하라 하면 하나이
다 9예수께서 들으시고 그를 놀랍게 여겨 돌이키사 따르는 무리에게 이르시되 내가 너희에게
이르노니 이스라엘 중에서도 이만한 믿음은 만나보지 못하였노라 하시더라 10보내었던 사람
들이 집으로 돌아가 보매 종이 이미 나아 있었더라

요 5:1-18 베데스다 병자 치유(표적 3)

1그 후에 유대인의 명절이 되어 예수께서 예루살렘에 올라가시니라 2예루살렘에 있는 양문 곁에
히브리 말로 베데스다라 하는 못이 있는데 거기 행각 다섯이 있고 3그 안에 많은 병자, 맹인, 다리
저는 사람, 혈기 마른 사람들이 누워 〔물의 움직임을 기다리니 4이는 천사가 가끔 못에 내려와 물
을 움직이게 하는데 움직인 후에 먼저 들어가는 자는 어떤 병에 걸렸든지 낫게 됨이러라〕 5거기
서른여덟 해 된 병자가 있더라 6예수께서 그 누운 것을 보시고 병이 벌써 오래된 줄 아시고 이르시
되 네가 낫고자 하느냐 7병자가 대답하되 주여 물이 움직일 때에 나를 못에 넣어 주는 사람이 없
어 내가 가는 동안에 다른 사람이 먼저 내려가나이다 8예수께서 이르시되 일어나 네 자리를 들고
걸어가라 하시니 9그 사람이 곧 나아서 자리를 들고 걸어가니라 이 날은 안식일이니 10유대인들
이 병 나은 사람에게 이르되 안식일인데 네가 자리를 들고 가는 것이 옳지 아니하니라 11대답하되
나를 낫게 한 그가 자리를 들고 걸어가라 하더라 하니 12그들이 묻되 너에게 자리를 들고 걸어가
라 한 사람이 누구냐 하되 13고침을 받은 사람은 그가 누구인지 알지 못하니 이는 거기 사람이 많
으므로 예수께서 이미 피하셨음이라 14그 후에 예수께서 성전에서 그 사람을 만나 이르시되 보라
네가 나았으니 더 심한 것이 생기지 않게 다시는 죄를 범하지 말라 하시니 15그 사람이 유대인들
에게 가서 자기를 고친 이는 예수라 하니라 16그러므로 안식일에 이러한 일을 행하신다 하여 유대
인들이 예수를 박해하게 된지라 17예수께서 그들에게 이르시되 내 아버지께서 이제까지 일하시니
나도 일한다 하시매 18유대인들이 이로 말미암아 더욱 예수를 죽이고자 하니 이는 안식일을 범할
뿐만 아니라 하나님을 자기의 친 아버지라 하여 자기를 하나님과 동등으로 삼으심이러라

요 5:19-30 예수의 응답: 아버지와 아들

19그러므로 예수께서 그들에게 이르시되 내가 진실로 진실로 너희에게 이르노니 아들이 아버지께
서 하시는 일을 보지 않고는 아무 것도 스스로 할 수 없나니 아버지께서 행하시는 그것을 아들도
그와 같이 행하느니라 20아버지께서 아들을 사랑하사 자기가 행하시는 것을 다 아들에게 보이시
고 또 그보다 더 큰 일을 보이사 너희로 놀랍게 여기게 하시리라 21아버지께서 죽은 자들을 일으
켜 살리심 같이 아들도 자기가 원하는 자들을 살리느니라 22아버지께서 아무도 심판하지 아니하
시고 심판을 다 아들에게 맡기셨으니 23이는 모든 사람으로 아버지를 공경하는 것 같이 아들을 공
경하게 하려 하심이라 아들을 공경하지 아니하는 자는 그를 보내신 아버지도 공경하지 아니하느
니라 24내가 진실로 진실로 너희에게 이르노니 내 말을 듣고 또 나 보내신 이를 믿는 자는 영생을
얻었고 심판에 이르지 아니하나니 사망에서 생명으로 옮겼느니라 25진실로 진실로 너희에게 이
르노니 죽은 자들이 하나님의 아들의 음성을 들을 때가 오나니 곧 이 때라 듣는 자는 살아나리라
26아버지께서 자기 속에 생명이 있음 같이 아들에게도 생명을 주어 그 속에 있게 하셨고 27또 인
자됨으로 말미암아 심판하는 권한을 주셨느니라 28이를 놀랍게 여기지 말라 무덤 속에 있는 자가

다 그의 음성을 들을 때가 오나니 29선한 일을 행한 자는 생명의 부활로, 악한 일을 행한 자는 심판
의 부활로 나오리라 30내가 아무 것도 스스로 할 수 없노라 듣는 대로 심판하노니 나는 나의 뜻대
로 하려 하지 않고 나를 보내신 이의 뜻대로 하려 하므로 내 심판은 의로우니라

요 5:31-47 예수에 대한 증언들

31내가 만일 나를 위하여 증언하면 내 증언은 참되지 아니하되 32나를 위하여 증언하시는 이가 따
로 있으니 나를 위하여 증언하시는 그 증언이 참인 줄 아노라 33너희가 요한에게 사람을 보내매
요한이 진리에 대하여 증언하였느니라 34그러나 나는 사람에게서 증언을 취하지 아니하노라 다만
이 말을 하는 것은 너희로 구원을 받게 하려 함이니라 35요한은 켜서 비추이는 등불이라 너희가
한때 그 빛에 즐거이 있기를 원하였거니와 36내게는 요한의 증거보다 더 큰 증거가 있으니 아버지
께서 내게 주사 이루게 하시는 역사 곧 내가 하는 그 역사가 아버지께서 나를 보내신 것을 나를 위
하여 증언하는 것이요 37또한 나를 보내신 아버지께서 친히 나를 위하여 증언하셨느니라 너희는
아무 때에도 그 음성을 듣지 못하였고 그 형상을 보지 못하였으며 38그 말씀이 너희 속에 거하지
아니하니 이는 그가 보내신 이를 믿지 아니함이라 39너희가 성경에서 영생을 얻는 줄 생각하고 성
경을 연구하거니와 이 성경이 곧 내게 대하여 증언하는 것이니라 40그러나 너희가 영생을 얻기 위
하여 내게 오기를 원하지 아니하는도다 41나는 사람에게서 영광을 취하지 아니하노라 42다만 하
나님을 사랑하는 것이 너희 속에 없음을 알았노라 43나는 내 아버지의 이름으로 왔으매 너희가 영
접하지 아니하나 만일 다른 사람이 자기 이름으로 오면 영접하리라 44너희가 서로 영광을 취하
고 유일하신 하나님께로부터 오는 영광은 구하지 아니하니 어찌 나를 믿을 수 있느냐 45내가 너희
를 아버지께 고발할까 생각하지 말라 너희를 고발하는 이가 있으니 곧 너희가 바라는 자 모세니라
46모세를 믿었더라면 또 나를 믿었으리니 이는 그가 내게 대하여 기록하였음이라 47그러나 그의
글도 믿지 아니하거든 어찌 내 말을 믿겠느냐 하시니라

요 6:1-15 오병이어(표적 4)

1그 후에 예수께서 디베랴의 갈릴리 바다 건너편으로 가시매 2큰 무리가 따르니 이는 병자들에게
행하시는 표적을 보았음이러라 3예수께서 산에 오르사 제자들과 함께 거기 앉으시니 4마침 유대
인의 명절인 유월절이 가까운지라 5예수께서 눈을 들어 큰 무리가 자기에게로 오는 것을 보시고
빌립에게 이르시되 우리가 어디서 떡을 사서 이 사람들을 먹이겠느냐 하시니 6이렇게 말씀하심은
친히 어떻게 하실지를 아시고 빌립을 시험하고자 하심이라 7빌립이 대답하되 각 사람으로 조금씩

받게 할지라도 이백 데나리온의 떡이 부족하리이다 8제자 중 하나 곧 시몬 베드로의 형제 안드레
가 예수께 여짜오되 9여기 한 아이가 있어 보리떡 다섯 개와 물고기 두 마리를 가지고 있나이다 그
러나 그것이 이 많은 사람에게 얼마나 되겠사옵나이까 10예수께서 이르시되 이 사람들로 앉게 하
라 하시니 그 곳에 잔디가 많은지라 사람들이 앉으니 수가 오천 명쯤 되더라 11예수께서 떡을 가
져 축사하신 후에 앉아 있는 자들에게 나눠 주시고 물고기도 그렇게 그들의 원대로 주시니라 12그
들이 배부른 후에 예수께서 제자들에게 이르시되 남은 조각을 거두고 버리는 것이 없게 하라 하시
므로 13이에 거두니 보리떡 다섯 개로 먹고 남은 조각이 열두 바구니에 찼더라 14그 사람들이 예
수께서 행하신 이 표적을 보고 말하되 이는 참으로 세상에 오실 그 선지자라 하더라 15그러므로
예수께서 그들이 와서 자기를 억지로 붙들어 임금으로 삼으려는 줄 아시고 다시 혼자 산으로 떠나
가시니라

마 14:13 예수께서 들으시고 배를 타고 떠나사 따로 빈 들에 가시니 무리가 듣고 여러 고을로
부터 걸어서 따라간지라 14예수께서 나오사 큰 무리를 보시고 불쌍히 여기사 그 중에 있는 병
자를 고쳐 주시니라 15저녁이 되매 제자들이 나아와 이르되 이 곳은 빈 들이요 때도 이미 저물
었으니 무리를 보내어 마을에 들어가 먹을 것을 사 먹게 하소서 16예수께서 이르시되 갈 것 없
다 너희가 먹을 것을 주라 17제자들이 이르되 여기 우리에게 있는 것은 떡 다섯 개와 물고기
두 마리뿐이니이다 18이르시되 그것을 내게 가져오라 하시고 19무리를 명하여 잔디 위에 앉히
시고 떡 다섯 개와 물고기 두 마리를 가지사 하늘을 우러러 축사하시고 떡을 떼어 제자들에게
주시매 제자들이 무리에게 주니 20다 배불리 먹고 남은 조각을 열두 바구니에 차게 거두었으
며 21먹은 사람은 여자와 어린이 외에 오천 명이나 되었더라

막 6:30 사도들이 예수께 모여 자기들이 행한 것과 가르친 것을 낱낱이 고하니 31이르시되 너
희는 따로 한적한 곳에 가서 잠깐 쉬어라 하시니 이는 오고 가는 사람이 많아 음식 먹을 겨를
도 없음이라 32이에 배를 타고 따로 한적한 곳에 갈새 33그들이 가는 것을 보고 많은 사람이 그
들인 줄 안지라 모든 고을로부터 도보로 그 곳에 달려와 그들보다 먼저 갔더라 34예수께서 나
오사 큰 무리를 보시고 그 목자 없는 양 같음으로 인하여 불쌍히 여기사 이에 여러 가지로 가
르치시더라 35때가 저물어가매 제자들이 예수께 나아와 여짜오되 이 곳은 빈 들이요 날도 저
물어가니 36무리를 보내어 두루 촌과 마을로 가서 무엇을 사 먹게 하옵소서 37대답하여 이르
시되 너희가 먹을 것을 주라 하시니 여짜오되 우리가 가서 이백 데나리온의 떡을 사다 먹이리
이까 38이르시되 너희에게 떡 몇 개나 있는지 가서 보라 하시니 알아보고 이르되 떡 다섯 개와
물고기 두 마리가 있더이다 하거늘 39제자들에게 명하사 그 모든 사람으로 떼를 지어 푸른 잔
디 위에 앉게 하시니 40떼로 백 명씩 또는 오십 명씩 앉은지라 41예수께서 떡 다섯 개와 물고기
두 마리를 가지사 하늘을 우러러 축사하시고 떡을 떼어 제자들에게 주어 사람들에게 나누어
주게 하시고 또 물고기 두 마리도 모든 사람에게 나누시매 42다 배불리 먹고 43남은 떡 조각과
물고기를 열두 바구니에 차게 거두었으며 44떡을 먹은 남자는 오천 명이었더라

눅 9:10 사도들이 돌아와 자기들이 행한 모든 것을 예수께 여쭈니 데리시고 따로 벳새다라는

고을로 떠나 가셨으나 [11]무리가 알고 따라왔거늘 예수께서 그들을 영접하사 하나님 나라의 일
을 이야기하시며 병 고칠 자들은 고치시더라 [12]날이 저물어 가매 열두 사도가 나아와 여짜오
되 무리를 보내어 두루 마을과 촌으로 가서 유하며 먹을 것을 얻게 하소서 우리가 있는 여기는
빈 들이니이다 [13]예수께서 이르시되 너희가 먹을 것을 주라 하시니 여짜오되 우리에게 떡 다
섯 개와 물고기 두 마리밖에 없으니 이 모든 사람을 위하여 먹을 것을 사지 아니하고서는 할
수 없사옵나이다 하니 [14]이는 남자가 한 오천 명 됨이러라 제자들에게 이르시되 떼를 지어 한
오십 명씩 앉히라 하시니 [15]제자들이 이렇게 하여 다 앉힌 후 [16]예수께서 떡 다섯 개와 물고기
두 마리를 가지사 하늘을 우러러 축사하시고 떼어 제자들에게 주어 무리에게 나누어 주게 하
시니 [17]먹고 다 배불렀더라 그 남은 조각을 열두 바구니에 거두니라

요 6:16-21 물위를 걸으심(표적 5)

[16]저물매 제자들이 바다에 내려가서 [17]배를 타고 바다를 건너 가버나움으로 가는데 이미 어두웠
고 예수는 아직 그들에게 오시지 아니하셨더니 [18]큰 바람이 불어 파도가 일어나더라 [19]제자들이 노
를 저어 십여 리쯤 가다가 예수께서 바다 위로 걸어 배에 가까이 오심을 보고 두려워하거늘 [20]이
르시되 내니 두려워하지 말라 하신대 [21]이에 기뻐서 배로 영접하니 배는 곧 그들이 가려던 땅에
이르렀더라

마 14:22 예수께서 즉시 제자들을 재촉하사 자기가 무리를 보내는 동안에 배를 타고 앞서 건
너편으로 가게 하시고 [23]무리를 보내신 후에 기도하러 따로 산에 올라가시니라 저물매 거기
혼자 계시더니 [24]배가 이미 육지에서 수 리나 떠나서 바람이 거스르므로 물결로 말미암아 고
난을 당하더라 [25]밤 사경에 예수께서 바다 위로 걸어서 제자들에게 오시니 [26]제자들이 그가 바
다 위로 걸어오심을 보고 놀라 유령이라 하며 무서워하여 소리 지르거늘 [27]예수께서 즉시 이
르시되 안심하라 나니 두려워하지 말라 [28]베드로가 대답하여 이르되 주여 만일 주님이시거든
나를 명하사 물 위로 오라 하소서 하니 [29]오라 하시니 베드로가 배에서 내려 물 위로 걸어서
예수께로 가되 [30]바람을 보고 무서워 빠져 가는지라 소리 질러 이르되 주여 나를 구원하소서
하니 [31]예수께서 즉시 손을 내밀어 그를 붙잡으시며 이르시되 믿음이 작은 자여 왜 의심하였
느냐 하시고 [32]배에 함께 오르매 바람이 그치는지라 [33]배에 있는 사람들이 예수께 절하며 이르
되 진실로 하나님의 아들이로소이다 하더라

막 6:45 예수께서 즉시 제자들을 재촉하사 자기가 무리를 보내는 동안에 배 타고 앞서 건너편
벳새다로 가게 하시고 [46]무리를 작별하신 후에 기도하러 산으로 가시니라 [47]저물매 배는 바다
가운데 있고 예수께서는 홀로 뭍에 계시다가 [48]바람이 거스르므로 제자들이 힘겹게 노 젓는
것을 보시고 밤 사경쯤에 바다 위로 걸어서 그들에게 오사 지나가려고 하시매 [49]제자들이 그
가 바다 위로 걸어 오심을 보고 유령인가 하여 소리 지르니 [50]그들이 다 예수를 보고 놀람이라
이에 예수께서 곧 그들에게 말씀하여 이르시되 안심하라 내니 두려워하지 말라 하시고 [51]배에

올라 그들에게 가시니 바람이 그치는지라 제자들이 마음에 심히 놀라니 52이는 그들이 그 떡
떼시던 일을 깨닫지 못하고 도리어 그 마음이 둔하여졌음이러라

요 6:22-59 생명의 떡(정체 1)

22이튿날 바다 건너편에 서 있던 무리가 배 한 척 외에 다른 배가 거기 없는 것과 또 어제 예수께
서 제자들과 함께 그 배에 오르지 아니하시고 제자들만 가는 것을 보았더니 23(그러나 디베랴에서
배들이 주께서 축사하신 후 여럿이 떡 먹던 그 곳에 가까이 왔더라) 24무리가 거기에 예수도 안 계
시고 제자들도 없음을 보고 곧 배들을 타고 예수를 찾으러 가버나움으로 가서 25바다 건너편에서
만나 랍비여 언제 여기 오셨나이까 하니 26예수께서 대답하여 이르시되 내가 진실로 진실로 너희
에게 이르노니 너희가 나를 찾는 것은 표적을 본 까닭이 아니요 떡을 먹고 배부른 까닭이로다
27썩을 양식을 위하여 일하지 말고 영생하도록 있는 양식을 위하여 하라 이 양식은 인자가 너희
에게 주리니 인자는 아버지 하나님께서 인치신 자니라 28그들이 묻되 우리가 어떻게 하여야 하나
님의 일을 하오리이까 29예수께서 대답하여 이르시되 하나님께서 보내신 이를 믿는 것이 하나님
의 일이니라 하시니 30그들이 묻되 그러면 우리가 보고 당신을 믿도록 행하시는 표적이 무엇이니
이까, 하시는 일이 무엇이니이까 31기록된 바 하늘에서 그들에게 떡을 주어 먹게 하였다 함과 같
이 우리 조상들은 광야에서 만나를 먹었나이다 32예수께서 이르시되 내가 진실로 진실로 너희에
게 이르노니 모세가 너희에게 하늘로부터 떡을 준 것이 아니라 내 아버지께서 너희에게 하늘로부
터 참 떡을 주시나니 33하나님의 떡은 하늘에서 내려 세상에 생명을 주는 것이니라 34그들이 이르
되 주여 이 떡을 항상 우리에게 주소서 35예수께서 이르시되 나는 생명의 떡이니 내게 오는 자는
결코 주리지 아니할 터이요 나를 믿는 자는 영원히 목마르지 아니하리라 36그러나 내가 너희에게
이르기를 너희는 나를 보고도 믿지 아니하는도다 하였느니라 37아버지께서 내게 주시는 자는 다
내게로 올 것이요 내게 오는 자는 내가 결코 내쫓지 아니하리라 38내가 하늘에서 내려온 것은 내
뜻을 행하려 함이 아니요 나를 보내신 이의 뜻을 행하려 함이니라 39나를 보내신 이의 뜻은 내게
주신 자 중에 내가 하나도 잃어버리지 아니하고 마지막 날에 다시 살리는 이것이니라 40내 아버지
의 뜻은 아들을 보고 믿는 자마다 영생을 얻는 이것이니 마지막 날에 내가 이를 다시 살리리라 하
시니라 41자기가 하늘에서 내려온 떡이라 하시므로 유대인들이 예수에 대하여 수군거려 42이르되
이는 요셉의 아들 예수가 아니냐 그 부모를 우리가 아는데 자기가 지금 어찌하여 하늘에서 내려왔
다 하느냐 43예수께서 대답하여 이르시되 너희는 서로 수군거리지 말라 44나를 보내신 아버지께
서 이끌지 아니하시면 아무도 내게 올 수 없으니 오는 그를 내가 마지막 날에 다시 살리리라 45선지
자의 글에 그들이 다 하나님의 가르치심을 받으리라 기록되었은즉 아버지께 듣고 배운 사람마다
내게로 오느니라 46이는 아버지를 본 자가 있다는 것이 아니니라 오직 하나님에게서 온 자만 아버
지를 보았느니라 47진실로 진실로 너희에게 이르노니 믿는 자는 영생을 가졌나니 48내가 곧 생명
의 떡이니라 49너희 조상들은 광야에서 만나를 먹었어도 죽었거니와 50이는 하늘에서 내려오는
떡이니 사람으로 하여금 먹고 죽지 아니하게 하는 것이니라 51나는 하늘에서 내려온 살아 있는 떡

이니 사람이 이 떡을 먹으면 영생하리라 내가 줄 떡은 곧 세상의 생명을 위한 내 살이니라 하시니
라 52그러므로 유대인들이 서로 다투어 이르되 이 사람이 어찌 능히 자기 살을 우리에게 주어 먹
게 하겠느냐 53예수께서 이르시되 내가 진실로 진실로 너희에게 이르노니 인자의 살을 먹지 아니
하고 인자의 피를 마시지 아니하면 너희 속에 생명이 없느니라 54내 살을 먹고 내 피를 마시는 자
는 영생을 가졌고 마지막 날에 내가 그를 다시 살리리니 55내 살은 참된 양식이요 내 피는 참된 음
료로다 56내 살을 먹고 내 피를 마시는 자는 내 안에 거하고 나도 그의 안에 거하나니 57살아 계신
아버지께서 나를 보내시매 내가 아버지로 말미암아 사는 것 같이 나를 먹는 그 사람도 나로 말미
암아 살리라 58이것은 하늘에서 내려온 떡이니 조상들이 먹고도 죽은 그것과 같지 아니하여 이 떡
을 먹는 자는 영원히 살리라 59이 말씀은 예수께서 가버나움 회당에서 가르치실 때에 하셨느니라

요 6:60-65 영이요 생명인 말씀

60제자 중 여럿이 듣고 말하되 이 말씀은 어렵도다 누가 들을 수 있느냐 한 대 61예수께서 스스로
제자들이 이 말씀에 대하여 수군거리는 줄 아시고 이르시되 이 말이 너희에게 걸림이 되느냐 62그
러면 너희는 인자가 이전에 있던 곳으로 올라가는 것을 본다면 어떻게 하겠느냐 63살리는 것은 영
이니 육은 무익하니라 내가 너희에게 이른 말은 영이요 생명이라 64그러나 너희 중에 믿지 아니하
는 자들이 있느니라 하시니 이는 예수께서 믿지 아니하는 자들이 누구며 자기를 팔 자가 누구인지
처음부터 아심이러라 65또 이르시되 그러므로 전에 너희에게 말하기를 내 아버지께서 오게 하여
주지 아니하시면 누구든지 내게 올 수 없다 하였노라 하시니라

요 6:66-71 베드로의 고백과 유다

66그 때부터 그의 제자 중에서 많은 사람이 떠나가고 다시 그와 함께 다니지 아니하더라 67예수께
서 열두 제자에게 이르시되 너희도 가려느냐 68시몬 베드로가 대답하되 주여 영생의 말씀이 주께
있사오니 우리가 누구에게로 가오리이까 69우리가 주는 하나님의 거룩하신 자이신 줄 믿고 알았
사옵나이다 70예수께서 대답하시되 내가 너희 열둘을 택하지 아니하였느냐 그러나 너희 중의 한
사람은 마귀니라 하시니 71이 말씀은 가룟 시몬의 아들 유다를 가리키심이라 그는 열둘 중의 하나
로 예수를 팔 자러라

요 7:1-9 예수 죽음 모의와 세상의 미움

1그 후에 예수께서 갈릴리에서 다니시고 유대에서 다니려 아니하심은 유대인들이 죽이려 함이러
라 2유대인의 명절인 초막절이 가까운지라 3그 형제들이 예수께 이르되 당신이 행하는 일을 제자
들도 보게 여기를 떠나 유대로 가소서 4스스로 나타나기를 구하면서 묻혀서 일하는 사람이 없나
니 이 일을 행하려 하거든 자신을 세상에 나타내소서 하니 5이는 그 형제들까지도 예수를 믿지 아
니함이러라 6예수께서 이르시되 내 때는 아직 이르지 아니하였거니와 너희 때는 늘 준비되어 있
느니라 7세상이 너희를 미워하지 아니하되 나를 미워하나니 이는 내가 세상의 일들을 악하다고
증언함이라 8너희는 명절에 올라가라 내 때가 아직 차지 못하였으니 나는 이 명절에 아직 올라가
지 아니하노라 9이 말씀을 하시고 갈릴리에 머물러 계시니라 명절을 지키러 올라가시다

요 7:10-24 성전에서 가르치심

10그 형제들이 명절에 올라간 후에 자기도 올라가시되 나타내지 않고 은밀히 가시니라 11명절중
에 유대인들이 예수를 찾으면서 그가 어디 있느냐 하고 12예수에 대하여 무리 중에서 수군거림이
많아 어떤 사람은 좋은 사람이라 하며 어떤 사람은 아니라 무리를 미혹한다 하나 13그러나 유대인
들을 두려워하므로 드러나게 그에 대하여 말하는 자가 없더라 14이미 명절의 중간이 되어 예수께
서 성전에 올라가사 가르치시니 15유대인들이 놀랍게 여겨 이르되 이 사람은 배우지 아니하였거
늘 어떻게 글을 아느냐 하니 16예수께서 대답하여 이르시되 내 교훈은 내 것이 아니요 나를 보내
신 이의 것이니라 17사람이 하나님의 뜻을 행하려 하면 이 교훈이 하나님께로부터 왔는지 내가 스
스로 말함인지 알리라 18스스로 말하는 자는 자기 영광만 구하되 보내신 이의 영광을 구하는 자는
참되니 그 속에 불의가 없느니라 19모세가 너희에게 율법을 주지 아니하였느냐 너희 중에 율법을
지키는 자가 없도다 너희가 어찌하여 나를 죽이려 하느냐 20무리가 대답하되 당신은 귀신이 들렸
도다 누가 당신을 죽이려 하나이까 21예수께서 대답하여 이르시되 내가 한 가지 일을 행하매 너희
가 다 이로 말미암아 이상히 여기는도다 22모세가 너희에게 할례를 행했으니 (그러나 할례는 모세
에게서 난 것이 아니요 조상들에게서 난 것이라) 그러므로 너희가 안식일에도 사람에게 할례를 행
하느니라 23모세의 율법을 범하지 아니하려고 사람이 안식일에도 할례를 받는 일이 있거든 내가
안식일에 사람의 전신을 건전하게 한 것으로 너희가 내게 노여워하느냐 24외모로 판단하지 말고
공의롭게 판단하라 하시니라

요 7:25-31 그리스도의 표적들

25예루살렘 사람 중에서 어떤 사람이 말하되 이는 그들이 죽이고자 하는 그 사람이 아니냐 26보라
드러나게 말하되 그들이 아무 말도 아니하는도다 당국자들은 이 사람을 참으로 그리스도인 줄 알
았는가 27그러나 우리는 이 사람이 어디서 왔는지 아노라 그리스도께서 오실 때에는 어디서 오시
는지 아는 자가 없으리라 하는지라 28예수께서 성전에서 가르치시며 외쳐 이르시되 너희가 나를
알고 내가 어디서 온 것도 알거니와 내가 스스로 온 것이 아니니라 나를 보내신 이는 참되시니 너
희는 그를 알지 못하나 29나는 아노니 이는 내가 그에게서 났고 그가 나를 보내셨음이라 하시니
30그들이 예수를 잡고자 하나 손을 대는 자가 없으니 이는 그의 때가 아직 이르지 아니하였음이
러라 31무리 중의 많은 사람이 예수를 믿고 말하되 그리스도께서 오실지라도 그 행하실 표적이 이
사람이 행한 것보다 더 많으랴 하니

요 7:32-36 예수의 체포 시도와 귀환 예고

32예수에 대하여 무리가 수군거리는 것이 바리새인들에게 들린지라 대제사장들과 바리새인들이
그를 잡으려고 아랫사람들을 보내니 33예수께서 이르시되 내가 너희와 함께 조금 더 있다가 나를
보내신 이에게로 돌아가겠노라 34너희가 나를 찾아도 만나지 못할 터이요 나 있는 곳에 오지도 못
하리라 하시니 35이에 유대인들이 서로 묻되 이 사람이 어디로 가기에 우리가 그를 만나지 못하리
요 헬라인 중에 흩어져 사는 자들에게로 가서 헬라인을 가르칠 터인가 36나를 찾아도 만나지 못할
터이요 나 있는 곳에 오지도 못하리라 한 이 말이 무슨 말이냐 하니라

요 7:37-39 생수의 강, 성령

37명절 끝날 곧 큰 날에 예수께서 서서 외쳐 이르시되 누구든지 목마르거든 내게로 와서 마시라
38나를 믿는 자는 성경에 이름과 같이 그 배에서 생수의 강이 흘러나오리라 하시니 39이는 그를
믿는 자들이 받을 성령을 가리켜 말씀하신 것이라 (예수께서 아직 영광을 받지 않으셨으므로 성령
이 아직 그들에게 계시지 아니하시더라)

요 7:40-44 무리의 쟁론

[40]이 말씀을 들은 무리 중에서 어떤 사람은 이 사람이 참으로 그 선지자라 하며 [41]어떤 사람은 그
리스도라 하며 어떤 이들은 그리스도가 어찌 갈릴리에서 나오겠느냐 [42]성경에 이르기를 그리스도
는 다윗의 씨로 또 다윗이 살던 마을 베들레헴에서 나오리라 하지 아니하였느냐 하며 [43]예수로 말
미암아 무리 중에서 쟁론이 되니 [44]그 중에는 그를 잡고자 하는 자들도 있으나 손을 대는 자가 없
었더라 대제사장들과 바리새인들은 믿지 않다

요 7:45-52 체포 실패와 니고데모

[45]아랫사람들이 대제사장들과 바리새인들에게로 오니 그들이 묻되 어찌하여 잡아오지 아니하였
느냐 [46]아랫사람들이 대답하되 그 사람이 말하는 것처럼 말한 사람은 이 때까지 없었나이다 하니
[47]바리새인들이 대답하되 너희도 미혹되었느냐 [48]당국자들이나 바리새인 중에 그를 믿는 자가 있
느냐 [49]율법을 알지 못하는 이 무리는 저주를 받은 자로다 [50]그 중의 한 사람 곧 전에 예수께 왔던
니고데모가 그들에게 말하되 [51]우리 율법은 사람의 말을 듣고 그 행한 것을 알기 전에 심판하느냐
[52]그들이 대답하여 이르되 너도 갈릴리에서 왔느냐 찾아 보라 갈릴리에서는 선지자가 나지 못하
느니라 하였더라

〔요 7:53-8:11 음행 중에 잡힌 여자〕

[53]〔다 각각 집으로 돌아가고 [1]예수는 감람 산으로 가시니라 [2]아침에 다시 성전으로 들어오시니
백성이 다 나아오는지라 앉으사 그들을 가르치시더니 [3]서기관들과 바리새인들이 음행 중에 잡힌
여자를 끌고 와서 가운데 세우고 [4]예수께 말하되 선생이여 이 여자가 간음하다가 현장에서 잡혔
나이다 [5]모세는 율법에 이러한 여자를 돌로 치라 명하였거니와 선생은 어떻게 말하겠나이까 [6]그
들이 이렇게 말함은 고발할 조건을 얻고자 하여 예수를 시험함이러라 예수께서 몸을 굽히사 손가
락으로 땅에 쓰시니 [7]그들이 묻기를 마지 아니하는지라 이에 일어나 이르시되 너희 중에 죄 없는
자가 먼저 돌로 치라 하시고 [8]다시 몸을 굽혀 손가락으로 땅에 쓰시니 [9]그들이 이 말씀을 듣고 양
심에 가책을 느껴 어른으로 시작하여 젊은이까지 하나씩 하나씩 나가고 오직 예수와 그 가운데 섰
는 여자만 남았더라 [10]예수께서 일어나사 여자 외에 아무도 없는 것을 보시고 이르시되 여자여 너
를 고발하던 그들이 어디 있느냐 너를 정죄한 자가 없느냐 [11]대답하되 주여 없나이다 예수께서 이
르시되 나도 너를 정죄하지 아니하노니 가서 다시는 죄를 범하지 말라 하시니라〕

요 8:12-20 세상의 빛(정체 2)

12예수께서 또 말씀하여 이르시되 나는 세상의 빛이니 나를 따르는 자는 어둠에 다니지 아니하고
생명의 빛을 얻으리라 13바리새인들이 이르되 네가 너를 위하여 증언하니 네 증언은 참되지 아니
하도다 14예수께서 대답하여 이르시되 내가 나를 위하여 증언하여도 내 증언이 참되니 나는 내가
어디서 오며 어디로 가는 것을 알거니와 너희는 내가 어디서 오며 어디로 가는 것을 알지 못하느
니라 15너희는 육체를 따라 판단하나 나는 아무도 판단하지 아니하노라 16만일 내가 판단하여도
내 판단이 참되니 이는 내가 혼자 있는 것이 아니요 나를 보내신 이가 나와 함께 계심이라 17너희
율법에도 두 사람의 증언이 참되다 기록되었으니 18내가 나를 위하여 증언하는 자가 되고 나를 보
내신 아버지도 나를 위하여 증언하시느니라 19이에 그들이 묻되 네 아버지가 어디 있느냐 예수께
서 대답하시되 너희는 나를 알지 못하고 내 아버지도 알지 못하는도다 나를 알았더라면 내 아버지
도 알았으리라 20이 말씀은 성전에서 가르치실 때에 헌금함 앞에서 하셨으나 잡는 사람이 없으니
이는 그의 때가 아직 이르지 아니하였음이러라

요 8:21-30 내가 가는 곳

21다시 이르시되 내가 가리니 너희가 나를 찾다가 너희 죄 가운데서 죽겠고 내가 가는 곳에는 너
희가 오지 못하리라 22유대인들이 이르되 그가 말하기를 내가 가는 곳에는 너희가 오지 못하리라
하니 그가 자결하려는가 23예수께서 이르시되 너희는 아래에서 났고 나는 위에서 났으며 너희는
이 세상에 속하였고 나는 이 세상에 속하지 아니하였느니라 24그러므로 내가 너희에게 말하기를
너희가 너희 죄 가운데서 죽으리라 하였노라 너희가 만일 내가 그인 줄 믿지 아니하면 너희 죄 가
운데서 죽으리라 25그들이 말하되 네가 누구냐 예수께서 이르시되 나는 처음부터 너희에게 말하
여 온 자니라 26내가 너희에게 대하여 말하고 판단할 것이 많으나 나를 보내신 이가 참되시매 내
가 그에게 들은 그것을 세상에 말하노라 하시되 27그들은 아버지를 가리켜 말씀하신 줄을 깨닫지
못하더라 28이에 예수께서 이르시되 너희가 인자를 든 후에 내가 그인 줄을 알고 또 내가 스스로
아무 것도 하지 아니하고 오직 아버지께서 가르치신 대로 이런 것을 말하는 줄도 알리라 29나를
보내신 이가 나와 함께 하시도다 나는 항상 그가 기뻐하시는 일을 행하므로 나를 혼자 두지 아니
하셨느니라 30이 말씀을 하시매 많은 사람이 믿더라

요 8:31-38 진리와 자유

31그러므로 예수께서 자기를 믿은 유대인들에게 이르시되 너희가 내 말에 거하면 참으로 내 제자
가 되고 32진리를 알지니 진리가 너희를 자유롭게 하리라 33그들이 대답하되 우리가 아브라함의
자손이라 남의 종이 된 적이 없거늘 어찌하여 우리가 자유롭게 되리라 하느냐 34예수께서 대답하
시되 진실로 진실로 너희에게 이르노니 죄를 범하는 자마다 죄의 종이라 35종은 영원히 집에 거하
지 못하되 아들은 영원히 거하나니 36그러므로 아들이 너희를 자유롭게 하면 너희가 참으로 자유
로우리라 37나도 너희가 아브라함의 자손인 줄 아노라 그러나 내 말이 너희 안에 있을 곳이 없으
므로 나를 죽이려 하는도다 38나는 내 아버지에게서 본 것을 말하고 너희는 너희 아비에게서 들은
것을 행하느니라

요 8:39-47 나의 아버지와 너희 아비 마귀

39대답하여 이르되 우리 아버지는 아브라함이라 하니 예수께서 이르시되 너희가 아브라함의 자
손이면 아브라함이 행한 일들을 할 것이거늘 40지금 하나님께 들은 진리를 너희에게 말한 사람인
나를 죽이려 하는도다 아브라함은 이렇게 하지 아니하였느니라 41너희는 너희 아비가 행한 일들
을 하는도다 대답하되 우리가 음란한 데서 나지 아니하였고 아버지는 한 분뿐이시니 곧 하나님이
시로다 42예수께서 이르시되 하나님이 너희 아버지였으면 너희가 나를 사랑하였으리니 이는 내
가 하나님께로부터 나와서 왔음이라 나는 스스로 온 것이 아니요 아버지께서 나를 보내신 것이니
라 43어찌하여 내 말을 깨닫지 못하느냐 이는 내 말을 들을 줄 알지 못함이로다 44너희는 너희 아
비 마귀에게서 났으니 너희 아비의 욕심대로 너희도 행하고자 하느니라 그는 처음부터 살인한 자
요 진리가 그 속에 없으므로 진리에 서지 못하고 거짓을 말할 때마다 제 것으로 말하나니 이는 그
가 거짓말쟁이요 거짓의 아비가 되었음이라 45내가 진리를 말하므로 너희가 나를 믿지 아니하는
도다 46너희 중에 누가 나를 죄로 책잡겠느냐 내가 진리를 말하는데도 어찌하여 나를 믿지 아니하
느냐 47하나님께 속한 자는 하나님의 말씀을 듣나니 너희가 듣지 아니함은 하나님께 속하지 아니
하였음이로다

요 8:48-59 아브라함이 나기 전부터

48유대인들이 대답하여 이르되 우리가 너를 사마리아 사람이라 또는 귀신이 들렸다 하는 말이 옳
지 아니하냐 49예수께서 대답하시되 나는 귀신 들린 것이 아니라 오직 내 아버지를 공경함이거늘

너희가 나를 무시하는도다 50나는 내 영광을 구하지 아니하나 구하고 판단하시는 이가 계시니라
51진실로 진실로 너희에게 이르노니 사람이 내 말을 지키면 영원히 죽음을 보지 아니하리라 52유
대인들이 이르되 지금 네가 귀신 들린 줄을 아노라 아브라함과 선지자들도 죽었거늘 네 말은 사람
이 내 말을 지키면 영원히 죽음을 맛보지 아니하리라 하니 53너는 이미 죽은 우리 조상 아브라함
보다 크냐 또 선지자들도 죽었거늘 너는 너를 누구라 하느냐 54예수께서 대답하시되 내가 내게 영
광을 돌리면 내 영광이 아무 것도 아니거니와 내게 영광을 돌리시는 이는 내 아버지시니 곧 너희
가 너희 하나님이라 칭하는 그이시라 55너희는 그를 알지 못하되 나는 아노니 만일 내가 알지 못
한다 하면 나도 너희 같이 거짓말쟁이가 되리라 나는 그를 알고 또 그의 말씀을 지키노라 56너희
조상 아브라함은 나의 때 볼 것을 즐거워하다가 보고 기뻐하였느니라 57유대인들이 이르되 네가
아직 오십 세도 못되었는데 아브라함을 보았느냐 58예수께서 이르시되 진실로 진실로 너희에게
이르노니 아브라함이 나기 전부터 내가 있느니라 하시니 59그들이 돌을 들어 치려 하거늘 예수께
서 숨어 성전에서 나가시니라

요 9:1-12 실로암 맹인 치유(표적 6)

1예수께서 길을 가실 때에 날 때부터 맹인 된 사람을 보신지라 2제자들이 물어 이르되 랍비여 이
사람이 맹인으로 난 것이 누구의 죄로 인함이니이까 자기니이까 그의 부모니이까 3예수께서 대답
하시되 이 사람이나 그 부모의 죄로 인한 것이 아니라 그에게서 하나님이 하시는 일을 나타내고자
하심이라 4때가 아직 낮이매 나를 보내신 이의 일을 우리가 하여야 하리라 밤이 오리니 그 때는 아
무도 일할 수 없느니라 5내가 세상에 있는 동안에는 세상의 빛이로라 6이 말씀을 하시고 땅에 침
을 뱉어 진흙을 이겨 그의 눈에 바르시고 7이르시되 실로암 못에 가서 씻으라 하시니 (실로암은
번역하면 보냄을 받았다는 뜻이라) 이에 가서 씻고 밝은 눈으로 왔더라 8이웃 사람들과 전에 그가
걸인인 것을 보았던 사람들이 이르되 이는 앉아서 구걸하던 자가 아니냐 9어떤 사람은 그 사람이
라 하며 어떤 사람은 아니라 그와 비슷하다 하거늘 자기 말은 내가 그라 하니 10그들이 묻되 그러
면 네 눈이 어떻게 떠졌느냐 11대답하되 예수라 하는 그 사람이 진흙을 이겨 내 눈에 바르고 나더
러 실로암에 가서 씻으라 하기에 가서 씻었더니 보게 되었노라 12그들이 이르되 그가 어디 있느냐
이르되 알지 못하노라 하니라

요 9:13-34 바리새인들의 분쟁과 맹인 및 부모 심문

13그들이 전에 맹인이었던 사람을 데리고 바리새인들에게 갔더라 14예수께서 진흙을 이겨 눈을

뜨게 하신 날은 안식일이라 15그러므로 바리새인들도 그가 어떻게 보게 되었는지를 물으니 이르
되 그 사람이 진흙을 내 눈에 바르매 내가 씻고 보나이다 하니 16바리새인 중에 어떤 사람은 말하
되 이 사람이 안식일을 지키지 아니하니 하나님께로부터 온 자가 아니라 하며 어떤 사람은 말하되
죄인으로서 어떻게 이러한 표적을 행하겠느냐 하여 그들 중에 분쟁이 있었더니 17이에 맹인되었
던 자에게 다시 묻되 그 사람이 네 눈을 뜨게 하였으니 너는 그를 어떠한 사람이라 하느냐 대답하
되 선지자니이다 하니 18유대인들이 그가 맹인으로 있다가 보게 된 것을 믿지 아니하고 그 부모를
불러 묻되 19이는 너희 말에 맹인으로 났다 하는 너희 아들이냐 그러면 지금은 어떻게 해서 보느
냐 20그 부모가 대답하여 이르되 이 사람이 우리 아들인 것과 맹인으로 난 것을 아나이다 21그러
나 지금 어떻게 해서 보는지 또는 누가 그 눈을 뜨게 하였는지 우리는 알지 못하나이다 그에게 물
어 보소서 그가 장성하였으니 자기 일을 말하리이다 22그 부모가 이렇게 말한 것은 이미 유대인들
이 누구든지 예수를 그리스도로 시인하는 자는 출교하기로 결의하였으므로 그들을 무서워함이러
라 23이러므로 그 부모가 말하기를 그가 장성하였으니 그에게 물어 보소서 하였더라 24이에 그들
이 맹인이었던 사람을 두 번째 불러 이르되 너는 하나님께 영광을 돌리라 우리는 이 사람이 죄인
인 줄 아노라 25대답하되 그가 죄인인지 내가 알지 못하나 한 가지 아는 것은 내가 맹인으로 있다
가 지금 보는 그것이니이다 26그들이 이르되 그 사람이 네게 무엇을 하였느냐 어떻게 네 눈을 뜨
게 하였느냐 27대답하되 내가 이미 일렀어도 듣지 아니하고 어찌하여 다시 듣고자 하나이까 당신
들도 그의 제자가 되려 하나이까 28그들이 욕하여 이르되 너는 그의 제자이나 우리는 모세의 제자
라 29하나님이 모세에게는 말씀하신 줄을 우리가 알거니와 이 사람은 어디서 왔는지 알지 못하노
라 30그 사람이 대답하여 이르되 이상하다 이 사람이 내 눈을 뜨게 하였으되 당신들은 그가 어디
서 왔는지 알지 못하는도다 31하나님이 죄인의 말을 듣지 아니하시고 경건하여 그의 뜻대로 행하
는 자의 말은 들으시는 줄을 우리가 아나이다 32창세 이후로 맹인으로 난 자의 눈을 뜨게 하였다
함을 듣지 못하였으니 33이 사람이 하나님께로부터 오지 아니하였으면 아무 일도 할 수 없으리이
다 34그들이 대답하여 이르되 네가 온전히 죄 가운데서 나서 우리를 가르치느냐 하고 이에 쫓아내
어 보내니라

요 9:35-41 맹인의 믿음과 맹인 된 바리새인

35예수께서 그들이 그 사람을 쫓아냈다 하는 말을 들으셨더니 그를 만나사 이르시되 네가 인자를
믿느냐 36대답하여 이르되 주여 그가 누구시오니이까 내가 믿고자 하나이다 37예수께서 이르시되
네가 그를 보았거니와 지금 너와 말하는 자가 그이니라 38이르되 주여 내가 믿나이다 하고 절하
는지라 39예수께서 이르시되 내가 심판하러 이 세상에 왔으니 보지 못하는 자들은 보게 하고 보는
자들은 맹인이 되게 하려 함이라 하시니 40바리새인 중에 예수와 함께 있던 자들이 이 말씀을 듣
고 이르되 우리도 맹인인가 41예수께서 이르시되 너희가 맹인이 되었더라면 죄가 없으려니와 본
다고 하니 너희 죄가 그대로 있느니라

요 10:1-6 양의 목자 비유

1내가 진실로 진실로 너희에게 이르노니 문을 통하여 양의 우리에 들어가지 아니하고 다른 데로
넘어가는 자는 절도며 강도요 2문으로 들어가는 이는 양의 목자라 3문지기는 그를 위하여 문을 열
고 양은 그의 음성을 듣나니 그가 자기 양의 이름을 각각 불러 인도하여 내느니라 4자기 양을 다
내놓은 후에 앞서 가면 양들이 그의 음성을 아는 고로 따라오되 5타인의 음성은 알지 못하는 고로
타인을 따르지 아니하고 도리어 도망하느니라 6예수께서 이 비유로 그들에게 말씀하셨으나 그들
은 그가 하신 말씀이 무엇인지 알지 못하니라

요 10:7-21 양의 문, 선한 목자(정체 3, 4)

7그러므로 예수께서 다시 이르시되 내가 진실로 진실로 너희에게 말하노니 나는 양의 문이라 8나
보다 먼저 온 자는 다 절도요 강도니 양들이 듣지 아니하였느니라 9내가 문이니 누구든지 나로 말
미암아 들어가면 구원을 받고 또는 들어가며 나오며 꼴을 얻으리라 10도둑이 오는 것은 도둑질하
고 죽이고 멸망시키려는 것뿐이요 내가 온 것은 양으로 생명을 얻게 하고 더 풍성히 얻게 하려는
것이라 11나는 선한 목자라 선한 목자는 양들을 위하여 목숨을 버리거니와 12삯꾼은 목자가 아니
요 양도 제 양이 아니라 이리가 오는 것을 보면 양을 버리고 달아나나니 이리가 양을 물어 가고 또
헤치느니라 13달아나는 것은 그가 삯꾼인 까닭에 양을 돌보지 아니함이나 14나는 선한 목자라 나
는 내 양을 알고 양도 나를 아는 것이 15아버지께서 나를 아시고 내가 아버지를 아는 것 같으니 나
는 양을 위하여 목숨을 버리노라 16또 이 우리에 들지 아니한 다른 양들이 내게 있어 내가 인도하
여야 할 터이니 그들도 내 음성을 듣고 한 무리가 되어 한 목자에게 있으리라 17내가 내 목숨을 버
리는 것은 그것을 내가 다시 얻기 위함이니 이로 말미암아 아버지께서 나를 사랑하시느니라 18이
를 내게서 빼앗는 자가 있는 것이 아니라 내가 스스로 버리노라 나는 버릴 권세도 있고 다시 얻을
권세도 있으니 이 계명은 내 아버지에게서 받았노라 하시니라 19이 말씀으로 말미암아 유대인 중
에 다시 분쟁이 일어나니 20그 중에 많은 사람이 말하되 그가 귀신 들려 미쳤거늘 어찌하여 그 말
을 듣느냐 하며 21어떤 사람은 말하되 이 말은 귀신 들린 자의 말이 아니라 귀신이 맹인의 눈을 뜨
게 할 수 있느냐 하더라

요 10:22-42 유대인들의 투석 시도: 나와 아버지는 하나

22예루살렘에 수전절이 이르니 때는 겨울이라 23예수께서 성전 안 솔로몬 행각에서 거니시니 24유

대인들이 에워싸고 이르되 당신이 언제까지나 우리 마음을 의혹하게 하려 하나이까 그리스도이
면 밝히 말씀하소서 하니 [25]예수께서 대답하시되 내가 너희에게 말하였으되 믿지 아니하는도다
내가 내 아버지의 이름으로 행하는 일들이 나를 증거하는 것이거늘 [26]너희가 내 양이 아니므로 믿
지 아니하는도다 [27]내 양은 내 음성을 들으며 나는 그들을 알며 그들은 나를 따르느니라 [28]내가
그들에게 영생을 주노니 영원히 멸망하지 아니할 것이요 또 그들을 내 손에서 빼앗을 자가 없느니
라 [29]그들을 주신 내 아버지는 만물보다 크시매 아무도 아버지 손에서 빼앗을 수 없느니라 [30]나와
아버지는 하나이니라 하신대 [31]유대인들이 다시 돌을 들어 치려 하거늘 [32]예수께서 대답하시되
내가 아버지로 말미암아 여러 가지 선한 일로 너희에게 보였거늘 그 중에 어떤 일로 나를 돌로 치
려 하느냐 [33]유대인들이 대답하되 선한 일로 말미암아 우리가 너를 돌로 치려는 것이 아니라 신성
모독으로 인함이니 네가 사람이 되어 자칭 하나님이라 함이로라 [34]예수께서 이르시되 너희 율법
에 기록된 바 내가 너희를 신이라 하였노라 하지 아니하였느냐 [35]성경은 폐하지 못하나니 하나님
의 말씀을 받은 사람들을 신이라 하셨거든 [36]하물며 아버지께서 거룩하게 하사 세상에 보내신 자
가 나는 하나님의 아들이라 하는 것으로 너희가 어찌 신성모독이라 하느냐 [37]만일 내가 내 아버지
의 일을 행하지 아니하거든 나를 믿지 말려니와 [38]내가 행하거든 나를 믿지 아니할지라도 그 일은
믿으라 그러면 너희가 아버지께서 내 안에 계시고 내가 아버지 안에 있음을 깨달아 알리라 하시니
[39]그들이 다시 예수를 잡고자 하였으나 그 손에서 벗어나 나가시니라 [40]다시 요단 강 저편 요한이
처음으로 세례 베풀던 곳에 가사 거기 거하시니 [41]많은 사람이 왔다가 말하되 요한은 아무 표적도
행하지 아니하였으나 요한이 이 사람을 가리켜 말한 것은 다 참이라 하더라 [42]그리하여 거기서 많
은 사람이 예수를 믿으니라

요 11:1-16 나사로의 죽음

[1]어떤 병자가 있으니 이는 마리아와 그 자매 마르다의 마을 베다니에 사는 나사로라 [2]이 마리아는
향유를 주께 붓고 머리털로 주의 발을 닦던 자요 병든 나사로는 그의 오라버니더라 [3]이에 그 누이
들이 예수께 사람을 보내어 이르되 주여 보시옵소서 사랑하시는 자가 병들었나이다 하니 [4]예수께
서 들으시고 이르시되 이 병은 죽을 병이 아니라 하나님의 영광을 위함이요 하나님의 아들이 이로
말미암아 영광을 받게 하려 함이라 하시더라 [5]예수께서 본래 마르다와 그 동생과 나사로를 사랑
하시더니 [6]나사로가 병들었다 함을 들으시고 그 계시던 곳에 이틀을 더 유하시고 [7]그 후에 제자들
에게 이르시되 유대로 다시 가자 하시니 [8]제자들이 말하되 랍비여 방금도 유대인들이 돌로 치려
하였는데 또 그리로 가시려 하나이까 [9]예수께서 대답하시되 낮이 열두 시간이 아니냐 사람이 낮
에 다니면 이 세상의 빛을 보므로 실족하지 아니하고 [10]밤에 다니면 빛이 그 사람 안에 없는 고로
실족하느니라 [11]이 말씀을 하신 후에 또 이르시되 우리 친구 나사로가 잠들었도다 그러나 내가 깨
우러 가노라 [12]제자들이 이르되 주여 잠들었으면 낫겠나이다 하더라 [13]예수는 그의 죽음을 가리
켜 말씀하신 것이나 그들은 잠들어 쉬는 것을 가리켜 말씀하심인 줄 생각하는지라 [14]이에 예수께

서 밝히 이르시되 나사로가 죽었느니라 [15]내가 거기 있지 아니한 것을 너희를 위하여 기뻐하노니
이는 너희로 믿게 하려 함이라 그러나 그에게로 가자 하시니 [16]디두모라고도 하는 도마가 다른 제
자들에게 말하되 우리도 주와 함께 죽으러 가자 하니라

요 11:17-27 부활이요 생명(정체 5)

[17]예수께서 와서 보시니 나사로가 무덤에 있은 지 이미 나흘이라 [18]베다니는 예루살렘에서 가깝
기가 한 오 리쯤 되매 [19]많은 유대인이 마르다와 마리아에게 그 오라비의 일로 위문하러 왔더니
[20]마르다는 예수께서 오신다는 말을 듣고 곧 나가 맞이하되 마리아는 집에 앉았더라 [21]마르다가
예수께 여짜오되 주께서 여기 계셨더라면 내 오라버니가 죽지 아니하였겠나이다 [22]그러나 나는 이
제라도 주께서 무엇이든지 하나님께 구하시는 것을 하나님이 주실 줄을 아나이다 [23]예수께서 이
르시되 네 오라비가 다시 살아나리라 [24]마르다가 이르되 마지막 날 부활 때에는 다시 살아날 줄을
내가 아나이다 [25]예수께서 이르시되 나는 부활이요 생명이니 나를 믿는 자는 죽어도 살겠고 [26]무
릇 살아서 나를 믿는 자는 영원히 죽지 아니하리니 이것을 네가 믿느냐 [27]이르되 주여 그러하외다
주는 그리스도시요 세상에 오시는 하나님의 아들이신 줄 내가 믿나이다

요 11:28-37 예수의 비통

[28]이 말을 하고 돌아가서 가만히 그 자매 마리아를 불러 말하되 선생님이 오셔서 너를 부르신다
하니 [29]마리아가 이 말을 듣고 급히 일어나 예수께 나아가매 [30]예수는 아직 마을로 들어오지 아니
하시고 마르다가 맞이했던 곳에 그대로 계시더라 [31]마리아와 함께 집에 있어 위로하던 유대인들
은 그가 급히 일어나 나가는 것을 보고 곡하러 무덤에 가는 줄로 생각하고 따라가더니 [32]마리아가
예수 계신 곳에 가서 뵈옵고 그 발 앞에 엎드리어 이르되 주께서 여기 계셨더라면 내 오라버니가
죽지 아니하였겠나이다 하더라 [33]예수께서 그가 우는 것과 또 함께 온 유대인들이 우는 것을 보시
고 심령에 비통히 여기시고 불쌍히 여기사 [34]이르시되 그를 어디 두었느냐 이르되 주여 와서 보옵
소서 하니 [35]예수께서 눈물을 흘리시더라 [36]이에 유대인들이 말하되 보라 그를 얼마나 사랑하셨
는가 하며 [37]그 중 어떤 이는 말하되 맹인의 눈을 뜨게 한 이 사람이 그 사람은 죽지 않게 할 수 없
었더냐 하더라

요 11:38-44 나사로 살림(표적 7)

38이에 예수께서 다시 속으로 비통히 여기시며 무덤에 가시니 무덤이 굴이라 돌로 막았거늘 39예
수께서 이르시되 돌을 옮겨 놓으라 하시니 그 죽은 자의 누이 마르다가 이르되 주여 죽은 지가 나
흘이 되었으매 벌써 냄새가 나나이다 40예수께서 이르시되 내 말이 네가 믿으면 하나님의 영광을
보리라 하지 아니하였느냐 하시니 41돌을 옮겨 놓으니 예수께서 눈을 들어 우러러 보시고 이르시
되 아버지여 내 말을 들으신 것을 감사하나이다 42항상 내 말을 들으시는 줄을 내가 알았나이다
그러나 이 말씀 하옵는 것은 둘러선 무리를 위함이니 곧 아버지께서 나를 보내신 것을 그들로 믿
게 하려 함이니이다 43이 말씀을 하시고 큰 소리로 나사로야 나오라 부르시니 44죽은 자가 수족을
베로 동인 채로 나오는데 그 얼굴은 수건에 싸였더라 예수께서 이르시되 풀어 놓아 다니게 하라
하시니라

요 11:45-57 공회의 예수 죽음 모의

45마리아에게 와서 예수께서 하신 일을 본 많은 유대인이 그를 믿었으나 46그 중에 어떤 자는 바
리새인들에게 가서 예수께서 하신 일을 알리니라 47이에 대제사장들과 바리새인들이 공회를 모으
고 이르되 이 사람이 많은 표적을 행하니 우리가 어떻게 하겠느냐 48만일 그를 이대로 두면 모든
사람이 그를 믿을 것이요 그리고 로마인들이 와서 우리 땅과 민족을 빼앗아 가리라 하니 49그 중
의 한 사람 그 해의 대제사장인 가야바가 그들에게 말하되 너희가 아무 것도 알지 못하는도다 50한
사람이 백성을 위하여 죽어서 온 민족이 망하지 않게 되는 것이 너희에게 유익한 줄을 생각하지
아니하는도다 하였으니 51이 말은 스스로 함이 아니요 그 해의 대제사장이므로 예수께서 그 민족
을 위하시고 52또 그 민족만 위할 뿐 아니라 흩어진 하나님의 자녀를 모아 하나가 되게 하기 위하
여 죽으실 것을 미리 말함이러라 53이 날부터는 그들이 예수를 죽이려고 모의하니라 54그러므로
예수께서 다시 유대인 가운데 드러나게 다니지 아니하시고 거기를 떠나 빈 들 가까운 곳인 에브라
임이라는 동네에 가서 제자들과 함께 거기 머무르시니라 55유대인의 유월절이 가까우매 많은 사
람이 자기를 성결하게 하기 위하여 유월절 전에 시골에서 예루살렘으로 올라갔더니 56그들이 예
수를 찾으며 성전에 서서 서로 말하되 너희 생각에는 어떠하냐 그가 명절에 오지 아니하겠느냐 하
니 57이는 대제사장들과 바리새인들이 누구든지 예수 있는 곳을 알거든 신고하여 잡게 하라 명령
하였음이러라

마 26:2 너희가 아는 바와 같이 이틀이 지나면 유월절이라 인자가 십자가에 못 박히기 위하여
팔리리라 하시더라 3그 때에 대제사장들과 백성의 장로들이 가야바라 하는 대제사장의 관정
에 모여 4예수를 흉계로 잡아 죽이려고 의논하되 5말하기를 민란이 날까 하노니 명절에는 하
지 말자 하더라

막 14:1 이틀이 지나면 유월절과 무교절이라 대제사장들과 서기관들이 예수를 흉계로 잡아
죽일 방도를 구하며 [2]이르되 민란이 날까 하노니 명절에는 하지 말자 하더라

눅 22:1 유월절이라 하는 무교절이 다가오매 [2]대제사장들과 서기관들이 예수를 무슨 방도로
죽일까 궁리하니 이는 그들이 백성을 두려워함이더라

요 12:1-8 마리아의 향유 부음

[1]유월절 엿새 전에 예수께서 베다니에 이르시니 이 곳은 예수께서 죽은 자 가운데서 살리신 나사
로가 있는 곳이라 [2]거기서 예수를 위하여 잔치할새 마르다는 일을 하고 나사로는 예수와 함께 앉
은 자 중에 있더라 [3]마리아는 지극히 비싼 향유 곧 순전한 나드 한 근을 가져다가 예수의 발에 붓
고 자기 머리털로 그의 발을 닦으니 향유 냄새가 집에 가득하더라 [4]제자 중 하나로서 예수를 잡아
줄 가룟 유다가 말하되 [5]이 향유를 어찌하여 삼백 데나리온에 팔아 가난한 자들에게 주지 아니하
였느냐 하니 [6]이렇게 말함은 가난한 자들을 생각함이 아니요 그는 도둑이라 돈궤를 맡고 거기 넣
는 것을 훔쳐 감이러라 [7]예수께서 이르시되 그를 가만 두어 나의 장례할 날을 위하여 그것을 간직
하게 하라 [8]가난한 자들은 항상 너희와 함께 있거니와 나는 항상 있지 아니하리라 하시니라 나사
로까지 죽이려고 모의하다

마 26:6 예수께서 베다니 나병환자 시몬의 집에 계실 때에 [7]한 여자가 매우 귀한 향유 한 옥합
을 가지고 나아와서 식사하시는 예수의 머리에 부으니 [8]제자들이 보고 분개하여 이르되 무슨
의도로 이것을 허비하느냐 [9]이것을 비싼 값에 팔아 가난한 자들에게 줄 수 있었겠도다 하거늘
[10]예수께서 아시고 그들에게 이르시되 너희가 어찌하여 이 여자를 괴롭게 하느냐 그가 내게
좋은 일을 하였느니라 [11]가난한 자들은 항상 너희와 함께 있거니와 나는 항상 함께 있지 아니
하리라 [12]이 여자가 내 몸에 이 향유를 부은 것은 내 장례를 위하여 함이니라 [13]내가 진실로 너
희에게 이르노니 온 천하에 어디서든지 이 복음이 전파되는 곳에서는 이 여자가 행한 일도 말
하여 그를 기억하리라 하시니라

막 14:3 예수께서 베다니 나병환자 시몬의 집에서 식사하실 때에 한 여자가 매우 값진 향유 곧
순전한 나드 한 옥합을 가지고 와서 그 옥합을 깨뜨려 예수의 머리에 부으니 [4]어떤 사람들이
화를 내어 서로 말하되 어찌하여 이 향유를 허비하는가 [5]이 향유를 삼백 데나리온 이상에 팔
아 가난한 자들에게 줄 수 있었겠도다 하며 그 여자를 책망하는지라 [6]예수께서 이르시되 가만
두라 너희가 어찌하여 그를 괴롭게 하느냐 그가 내게 좋은 일을 하였느니라 [7]가난한 자들은
항상 너희와 함께 있으니 아무 때라도 원하는 대로 도울 수 있거니와 나는 너희와 항상 함께
있지 아니하리라 [8]그는 힘을 다하여 내 몸에 향유를 부어 내 장례를 미리 준비하였느니라 [9]내
가 진실로 너희에게 이르노니 온 천하에 어디서든지 복음이 전파되는 곳에는 이 여자가 행한
일도 말하여 그를 기억하리라 하시니라

눅 7:36 한 바리새인이 예수께 자기와 함께 잡수시기를 청하니 이에 바리새인의 집에 들어가
앉으셨을 때에 37그 동네에 죄를 지은 한 여자가 있어 예수께서 바리새인의 집에 앉아 계심을
알고 향유 담은 옥합을 가지고 와서 38예수의 뒤로 그 발 곁에 서서 울며 눈물로 그 발을 적시
고 자기 머리털로 닦고 그 발에 입맞추고 향유를 부으니 39예수를 청한 바리새인이 그것을 보
고 마음에 이르되 이 사람이 만일 선지자라면 자기를 만지는 이 여자가 누구며 어떠한 자 곧
죄인인 줄을 알았으리라 하거늘 40예수께서 대답하여 이르시되 시몬아 내가 네게 이를 말이
있다 하시니 그가 이르되 선생님 말씀하소서 41이르시되 빚 주는 사람에게 빚진 자가 둘이 있
어 하나는 오백 데나리온을 졌고 하나는 오십 데나리온을 졌는데 42갚을 것이 없으므로 둘 다
탕감하여 주었으니 둘 중에 누가 그를 더 사랑하겠느냐 43시몬이 대답하여 이르되 내 생각에
는 많이 탕감함을 받은 자니이다 이르시되 네 판단이 옳다 하시고 44그 여자를 돌아보시며 시
몬에게 이르시되 이 여자를 보느냐 내가 네 집에 들어올 때 너는 내게 발 씻을 물도 주지 아니
하였으되 이 여자는 눈물로 내 발을 적시고 그 머리털로 닦았으며 45너는 내게 입맞추지 아니
하였으되 그는 내가 들어올 때로부터 내 발에 입맞추기를 그치지 아니하였으며 46너는 내 머
리에 감람유도 붓지 아니하였으되 그는 향유를 내 발에 부었느니라 47이러므로 내가 네게 말
하노니 그의 많은 죄가 사하여졌도다 이는 그의 사랑함이 많음이라 사함을 받은 일이 적은 자
는 적게 사랑하느니라 48이에 여자에게 이르시되 네 죄 사함을 받았느니라 하시니 49함께 앉아
있는 자들이 속으로 말하되 이가 누구이기에 죄도 사하는가 하더라 50예수께서 여자에게 이르
시되 네 믿음이 너를 구원하였으니 평안히 가라 하시니라

요 12:9-11 나사로 죽음 모의

9유대인의 큰 무리가 예수께서 여기 계신 줄을 알고 오니 이는 예수만 보기 위함이 아니요 죽은 자
가운데서 살리신 나사로도 보려 함이러라 10대제사장들이 나사로까지 죽이려고 모의하니 11나사
로 때문에 많은 유대인이 가서 예수를 믿음이러라

요 12:12-19 예루살렘 입성

12그 이튿날에는 명절에 온 큰 무리가 예수께서 예루살렘으로 오신다는 것을 듣고 13종려나무 가
지를 가지고 맞으러 나가 외치되 호산나 찬송하리로다 주의 이름으로 오시는 이 곧 이스라엘의 왕
이시여 하더라 14예수는 한 어린 나귀를 보고 타시니 15이는 기록된 바 시온 딸아 두려워하지 말
라 보라 너의 왕이 나귀 새끼를 타고 오신다 함과 같더라 16제자들은 처음에 이 일을 깨닫지 못하
였다가 예수께서 영광을 얻으신 후에야 이것이 예수께 대하여 기록된 것임과 사람들이 예수께 이
같이 한 것임이 생각났더라 17나사로를 무덤에서 불러내어 죽은 자 가운데서 살리실 때에 함께 있

던 무리가 증언한지라 18이에 무리가 예수를 맞음은 이 표적 행하심을 들었음이러라 19바리새인들이 서로 말하되 볼지어다 너희 하는 일이 쓸 데 없다 보라 온 세상이 그를 따르는도다 하니라

마 21:1 그들이 예루살렘에 가까이 가서 감람 산 벳바게에 이르렀을 때에 예수께서 두 제자를 보내시며 2이르시되 너희는 맞은편 마을로 가라 그리하면 곧 매인 나귀와 나귀 새끼가 함께 있는 것을 보리니 풀어 내게로 끌고 오라 3만일 누가 무슨 말을 하거든 주가 쓰시겠다 하라 그리하면 즉시 보내리라 하시니 4이는 선지자를 통하여 하신 말씀을 이루려 하심이라 일렀으되 5시온 딸에게 이르기를 네 왕이 네게 임하나니 그는 겸손하여 나귀, 곧 멍에 메는 짐승의 새끼를 탔도다 하라 하였느니라 6제자들이 가서 예수께서 명하신 대로 하여 7나귀와 나귀 새끼를 끌고 와서 자기들의 겉옷을 그 위에 얹으매 예수께서 그 위에 타시니 8무리의 대다수는 그들의 겉옷을 길에 펴고 다른 이들은 나뭇가지를 베어 길에 펴고 9앞에서 가고 뒤에서 따르는 무리가 소리 높여 이르되 호산나 다윗의 자손이여 찬송하리로다 주의 이름으로 오시는 이여 가장 높은 곳에서 호산나 하더라 10예수께서 예루살렘에 들어가시니 온 성이 소동하여 이르되 이는 누구냐 하거늘 11무리가 이르되 갈릴리 나사렛에서 나온 선지자 예수라 하니라

막 11:1 그들이 예루살렘에 가까이 와서 감람 산 벳바게와 베다니에 이르렀을 때에 예수께서 제자 중 둘을 보내시며 2이르시되 너희는 맞은편 마을로 가라 그리로 들어가면 곧 아직 아무도 타 보지 않은 나귀 새끼가 매여 있는 것을 보리니 풀어 끌고 오라 3만일 누가 너희에게 왜 이렇게 하느냐 묻거든 주가 쓰시겠다 하라 그리하면 즉시 이리로 보내리라 하시니 4제자들이 가서 본즉 나귀 새끼가 문 앞 거리에 매여 있는지라 그것을 푸니 5거기 서 있는 사람 중 어떤 이들이 이르되 나귀 새끼를 풀어 무엇 하려느냐 하매 6제자들이 예수께서 이르신 대로 말한대 이에 허락하는지라 7나귀 새끼를 예수께로 끌고 와서 자기들의 겉옷을 그 위에 얹어 놓으매 예수께서 타시니 8많은 사람들은 자기들의 겉옷을, 또 다른 이들은 들에서 벤 나뭇가지를 길에 펴며 9앞에서 가고 뒤에서 따르는 자들이 소리 지르되 호산나 찬송하리로다 주의 이름으로 오시는 이여 10찬송하리로다 오는 우리 조상 다윗의 나라여 가장 높은 곳에서 호산나 하더라 11예수께서 예루살렘에 이르러 성전에 들어가사 모든 것을 둘러 보시고 때가 이미 저물매 열두 제자를 데리시고 베다니에 나가시니라

눅 19:28 예수께서 이 말씀을 하시고 예루살렘을 향하여 앞서서 가시더라 29감람원이라 불리는 산쪽에 있는 벳바게와 베다니에 가까이 가셨을 때에 제자 중 둘을 보내시며 30이르시되 너희는 맞은편 마을로 가라 그리로 들어가면 아직 아무도 타 보지 않은 나귀 새끼가 매여 있는 것을 보리니 풀어 끌고 오라 31만일 누가 너희에게 어찌하여 푸느냐 묻거든 말하기를 주가 쓰시겠다 하라 하시매 32보내심을 받은 자들이 가서 그 말씀하신 대로 만난지라 33나귀 새끼를 풀 때에 그 임자들이 이르되 어찌하여 나귀 새끼를 푸느냐 34대답하되 주께서 쓰시겠다 하고 35그것을 예수께로 끌고 와서 자기들의 겉옷을 나귀 새끼 위에 걸쳐 놓고 예수를 태우니 36가실 때에 그들이 자기의 겉옷을 길에 펴더라 37이미 감람 산 내리막길에 가까이 오시매 제자의 온 무리가 자기들이 본 바 모든 능한 일로 인하여 기뻐하며 큰 소리로 하나님을 찬양하여 38이

르되 찬송하리로다 주의 이름으로 오시는 왕이여 하늘에는 평화요 가장 높은 곳에는 영광이로
다 하니

요 12:20-36 한 알의 밀과 많은 열매

20명절에 예배하러 올라온 사람 중에 헬라인 몇이 있는데 21그들이 갈릴리 벳새다 사람 빌립에게
가서 청하여 이르되 선생이여 우리가 예수를 뵈옵고자 하나이다 하니 22빌립이 안드레에게 가서
말하고 안드레와 빌립이 예수께 가서 여쭈니 23예수께서 대답하여 이르시되 인자가 영광을 얻을
때가 왔도다 24내가 진실로 진실로 너희에게 이르노니 한 알의 밀이 땅에 떨어져 죽지 아니하면
한 알 그대로 있고 죽으면 많은 열매를 맺느니라 25자기의 생명을 사랑하는 자는 잃어버릴 것이요
이 세상에서 자기의 생명을 미워하는 자는 영생하도록 보전하리라 26사람이 나를 섬기려면 나를
따르라 나 있는 곳에 나를 섬기는 자도 거기 있으리니 사람이 나를 섬기면 내 아버지께서 그를 귀
히 여기시리라

요 12:27-36 하늘에서 난 소리와 인자의 들림

27지금 내 마음이 괴로우니 무슨 말을 하리요 아버지여 나를 구원하여 이 때를 면하게 하여 주옵
소서 그러나 내가 이를 위하여 이 때에 왔나이다 28아버지여, 아버지의 이름을 영광스럽게 하옵소
서 하시니 이에 하늘에서 소리가 나서 이르되 내가 이미 영광스럽게 하였고 또다시 영광스럽게 하
리라 하시니 29곁에 서서 들은 무리는 천둥이 울었다고도 하며 또 어떤 이들은 천사가 그에게 말
하였다고도 하니 30예수께서 대답하여 이르시되 이 소리가 난 것은 나를 위한 것이 아니요 너희를
위한 것이니라 31이제 이 세상에 대한 심판이 이르렀으니 이 세상의 임금이 쫓겨나리라 32내가 땅
에서 들리면 모든 사람을 내게로 이끌겠노라 하시니 33이렇게 말씀하심은 자기가 어떠한 죽음으
로 죽을 것을 보이심이러라 34이에 무리가 대답하되 우리는 율법에서 그리스도가 영원히 계신다
함을 들었거늘 너는 어찌하여 인자가 들려야 하리라 하느냐 이 인자는 누구냐 35예수께서 이르시
되 아직 잠시 동안 빛이 너희 중에 있으니 빛이 있을 동안에 다녀 어둠에 붙잡히지 않게 하라 어둠
에 다니는 자는 그 가는 곳을 알지 못하느니라 36너희에게 아직 빛이 있을 동안에 빛을 믿으라 그
리하면 빛의 아들이 되리라

요 12:37-43 이사야의 예언 성취: 불신앙

37이렇게 많은 표적을 그들 앞에서 행하셨으나 그를 믿지 아니하니 38이는 선지자 이사야의 말씀
을 이루려 하심이라 이르되 주여 우리에게서 들은 바를 누가 믿었으며 주의 팔이 누구에게 나타났
나이까 하였더라 39그들이 능히 믿지 못한 것은 이 때문이니 곧 이사야가 다시 일렀으되 40그들의
눈을 멀게 하시고 그들의 마음을 완고하게 하셨으니 이는 그들로 하여금 눈으로 보고 마음으로 깨
닫고 돌이켜 내게 고침을 받지 못하게 하려 함이라 하였음이더라 41이사야가 이렇게 말한 것은 주
의 영광을 보고 주를 가리켜 말한 것이라 42그러나 관리 중에도 그를 믿는 자가 많되 바리새인들
때문에 드러나게 말하지 못하니 이는 출교를 당할까 두려워함이라 43그들은 사람의 영광을 하나
님의 영광보다 더 사랑하였더라

요 12:44-50 나를 보내신 이를 믿는 것과 그의 명령

44예수께서 외쳐 이르시되 나를 믿는 자는 나를 믿는 것이 아니요 나를 보내신 이를 믿는 것이며
45나를 보는 자는 나를 보내신 이를 보는 것이니라 46나는 빛으로 세상에 왔나니 무릇 나를 믿는
자로 어둠에 거하지 않게 하려 함이로라 47사람이 내 말을 듣고 지키지 아니할지라도 내가 그를
심판하지 아니하노라 내가 온 것은 세상을 심판하려 함이 아니요 세상을 구원하려 함이로라 48나
를 저버리고 내 말을 받지 아니하는 자를 심판할 이가 있으니 곧 내가 한 그 말이 마지막 날에 그
를 심판하리라 49내가 내 자의로 말한 것이 아니요 나를 보내신 아버지께서 내가 말할 것과 이를
것을 친히 명령하여 주셨으니 50나는 그의 명령이 영생인 줄 아노라 그러므로 내가 이르는 것은
내 아버지께서 내게 말씀하신 그대로니라 하시니라

요 13:1-20 제자들의 발을 씻김

1유월절 전에 예수께서 자기가 세상을 떠나 아버지께로 돌아가실 때가 이른 줄 아시고 세상에 있
는 자기 사람들을 사랑하시되 끝까지 사랑하시니라 2마귀가 벌써 시몬의 아들 가룟 유다의 마음
에 예수를 팔려는 생각을 넣었더라 3저녁 먹는 중 예수는 아버지께서 모든 것을 자기 손에 맡기신
것과 또 자기가 하나님께로부터 오셨다가 하나님께로 돌아가실 것을 아시고 4저녁 잡수시던 자리
에서 일어나 겉옷을 벗고 수건을 가져다가 허리에 두르시고 5이에 대야에 물을 떠서 제자들의 발
을 씻으시고 그 두르신 수건으로 닦기를 시작하여 6시몬 베드로에게 이르시니 베드로가 이르되
주여 주께서 내 발을 씻으시나이까 7예수께서 대답하여 이르시되 내가 하는 것을 네가 지금은 알

지 못하나 이 후에는 알리라 8베드로가 이르되 내 발을 절대로 씻지 못하시리이다 예수께서 대답
하시되 내가 너를 씻어 주지 아니하면 네가 나와 상관이 없느니라 9시몬 베드로가 이르되 주여 내
발뿐 아니라 손과 머리도 씻어 주옵소서 10예수께서 이르시되 이미 목욕한 자는 발밖에 씻을 필
요가 없느니라 온 몸이 깨끗하니라 너희가 깨끗하나 다는 아니니라 하시니 11이는 자기를 팔 자가
누구인지 아심이라 그러므로 다는 깨끗하지 아니하다 하시니라 12그들의 발을 씻으신 후에 옷을
입으시고 다시 앉아 그들에게 이르시되 내가 너희에게 행한 것을 너희가 아느냐 13너희가 나를 선
생이라 또는 주라 하니 너희 말이 옳도다 내가 그러하다 14내가 주와 또는 선생이 되어 너희 발을
씻었으니 너희도 서로 발을 씻어 주는 것이 옳으니라 15내가 너희에게 행한 것 같이 너희도 행하
게 하려 하여 본을 보였노라 16내가 진실로 진실로 너희에게 이르노니 종이 주인보다 크지 못하고
보냄을 받은 자가 보낸 자보다 크지 못하나니 17너희가 이것을 알고 행하면 복이 있으리라 18내가
너희 모두를 가리켜 말하는 것이 아니니라 나는 내가 택한 자들이 누구인지 앎이라 그러나 내 떡
을 먹는 자가 내게 발꿈치를 들었다 한 성경을 응하게 하려는 것이니라 19지금부터 일이 일어나기
전에 미리 너희에게 일러 둠은 일이 일어날 때에 내가 그인 줄 너희가 믿게 하려 함이로라 20내가
진실로 진실로 너희에게 이르노니 내가 보낸 자를 영접하는 자는 나를 영접하는 것이요 나를 영접
하는 자는 나를 보내신 이를 영접하는 것이니라

요 13:21-30 유다의 배신 예고

21예수께서 이 말씀을 하시고 심령이 괴로워 증언하여 이르시되 내가 진실로 진실로 너희에게 이
르노니 너희 중 하나가 나를 팔리라 하시니 22제자들이 서로 보며 누구에게 대하여 말씀하시는지
의심하더라 23예수의 제자 중 하나 곧 그가 사랑하시는 자가 예수의 품에 의지하여 누웠는지라
24시몬 베드로가 머릿짓을 하여 말하되 말씀하신 자가 누구인지 말하라 하니 25그가 예수의 가슴
에 그대로 의지하여 말하되 주여 누구니이까 26예수께서 대답하시되 내가 떡 한 조각을 적셔다 주
는 자가 그니라 하시고 곧 한 조각을 적셔서 가룟 시몬의 아들 유다에게 주시니 27조각을 받은 후
곧 사탄이 그 속에 들어간지라 이에 예수께서 유다에게 이르시되 네가 하는 일을 속히 하라 하시
니 28이 말씀을 무슨 뜻으로 하셨는지 그 앉은 자 중에 아는 자가 없고 29어떤 이들은 유다가 돈궤
를 맡았으므로 명절에 우리가 쓸 물건을 사라 하시는지 혹은 가난한 자들에게 무엇을 주라 하시는
줄로 생각하더라 30유다가 그 조각을 받고 곧 나가니 밤이러라

마 26:20 저물 때에 예수께서 열두 제자와 함께 앉으셨더니 21그들이 먹을 때에 이르시되 내
가 진실로 너희에게 이르노니 너희 중의 한 사람이 나를 팔리라 하시니 22그들이 몹시 근심하
여 각각 여짜오되 주여 나는 아니지요 23대답하여 이르시되 나와 함께 그릇에 손을 넣는 그가
나를 팔리라 24인자는 자기에 대하여 기록된 대로 가거니와 인자를 파는 그 사람에게는 화가
있으리로다 그 사람은 차라리 태어나지 아니하였더라면 제게 좋을 뻔하였느니라 25예수를 파

는 유다가 대답하여 이르되 랍비여 나는 아니지요 대답하시되 네가 말하였도다 하시니라

막 14:17 저물매 그 열둘을 데리시고 가서 [18]다 앉아 먹을 때에 예수께서 이르시되 내가 진실로 너희에게 이르노니 너희 중의 한 사람 곧 나와 함께 먹는 자가 나를 팔리라 하신대 [19]그들이 근심하며 하나씩 하나씩 나는 아니지요 하고 말하기 시작하니 [20]그들에게 이르시되 열둘 중의 하나 곧 나와 함께 그릇에 손을 넣는 자니라 [21]인자는 자기에 대하여 기록된 대로 가거니와 인자를 파는 그 사람에게는 화가 있으리로다 그 사람은 차라리 나지 아니하였더라면 자기에게 좋을 뻔하였느니라 하시니라

눅 22:21 그러나 보라 나를 파는 자의 손이 나와 함께 상 위에 있도다 [22]인자는 이미 작정된 대로 가거니와 그를 파는 그 사람에게는 화가 있으리로다 하시니 [23]그들이 서로 묻되 우리 중에서 이 일을 행할 자가 누구일까 하더라

요 13:31-35 새 계명: 서로 사랑하라

[31]그가 나간 후에 예수께서 이르시되 지금 인자가 영광을 받았고 하나님도 인자로 말미암아 영광을 받으셨도다 [32]만일 하나님이 그로 말미암아 영광을 받으셨으면 하나님도 자기로 말미암아 그에게 영광을 주시리니 곧 주시리라 [33]작은 자들아 내가 아직 잠시 너희와 함께 있겠노라 너희가 나를 찾을 것이나 일찍이 내가 유대인들에게 너희는 내가 가는 곳에 올 수 없다고 말한 것과 같이 지금 너희에게도 이르노라 [34]새 계명을 너희에게 주노니 서로 사랑하라 내가 너희를 사랑한 것 같이 너희도 서로 사랑하라 [35]너희가 서로 사랑하면 이로써 모든 사람이 너희가 내 제자인 줄 알리라

요 13:36-38 베드로의 부인 예고

[36]시몬 베드로가 이르되 주여 어디로 가시나이까 예수께서 대답하시되 내가 가는 곳에 네가 지금은 따라올 수 없으나 후에는 따라오리라 [37]베드로가 이르되 주여 내가 지금은 어찌하여 따라갈 수 없나이까 주를 위하여 내 목숨을 버리겠나이다 [38]예수께서 대답하시되 네가 나를 위하여 네 목숨을 버리겠느냐 내가 진실로 진실로 네게 이르노니 닭 울기 전에 네가 세 번 나를 부인하리라

마 26:31 그 때에 예수께서 제자들에게 이르시되 오늘 밤에 너희가 다 나를 버리리라 기록된 바 내가 목자를 치리니 양의 떼가 흩어지리라 하였느니라 [32]그러나 내가 살아난 후에 너희보다 먼저 갈릴리로 가리라 [33]베드로가 대답하여 이르되 모두 주를 버릴지라도 나는 결코 버리

지 않겠나이다 34예수께서 이르시되 내가 진실로 네게 이르노니 오늘 밤 닭 울기 전에 네가 세 번 나를 부인하리라 35베드로가 이르되 내가 주와 함께 죽을지언정 주를 부인하지 않겠나이다 하고 모든 제자도 그와 같이 말하니라

막 14:27 예수께서 제자들에게 이르시되 너희가 다 나를 버리리라 이는 기록된 바 내가 목자를 치리니 양들이 흩어지리라 하였음이니라 28그러나 내가 살아난 후에 너희보다 먼저 갈릴리로 가리라 29베드로가 여짜오되 다 버릴지라도 나는 그리하지 않겠나이다 30예수께서 이르시되 내가 진실로 네게 이르노니 오늘 이 밤 닭이 두 번 울기 전에 네가 세 번 나를 부인하리라
31베드로가 힘있게 말하되 내가 주와 함께 죽을지언정 주를 부인하지 않겠나이다 하고 모든 제자도 이와 같이 말하니라

눅 22:31 시몬아, 시몬아, 보라 사탄이 너희를 밀 까부르듯 하려고 요구하였으나 32그러나 내가 너를 위하여 네 믿음이 떨어지지 않기를 기도하였노니 너는 돌이킨 후에 네 형제를 굳게 하라 33그가 말하되 주여 내가 주와 함께 옥에도, 죽는 데에도 가기를 각오하였나이다 34이르시되 베드로야 내가 네게 말하노니 오늘 닭 울기 전에 네가 세 번 나를 모른다고 부인하리라 하시니라

요 14:1-14 길, 진리, 생명(정체 6)

1너희는 마음에 근심하지 말라 하나님을 믿으니 또 나를 믿으라 2내 아버지 집에 거할 곳이 많도다 그렇지 않으면 너희에게 일렀으리라 내가 너희를 위하여 거처를 예비하러 가노니 3가서 너희를 위하여 거처를 예비하면 내가 다시 와서 너희를 내게로 영접하여 나 있는 곳에 너희도 있게 하리라 4내가 어디로 가는지 그 길을 너희가 아느니라 5도마가 이르되 주여 주께서 어디로 가시는지 우리가 알지 못하거늘 그 길을 어찌 알겠사옵나이까 6예수께서 이르시되 내가 곧 길이요 진리요 생명이니 나로 말미암지 않고는 아버지께로 올 자가 없느니라 7너희가 나를 알았더라면 내 아버지도 알았으리로다 이제부터는 너희가 그를 알았고 또 보았느니라 8빌립이 이르되 주여 아버지를 우리에게 보여 주옵소서 그리하면 족하겠나이다 9예수께서 이르시되 빌립아 내가 이렇게 오래 너희와 함께 있으되 네가 나를 알지 못하느냐 나를 본 자는 아버지를 보았거늘 어찌하여 아버지를 보이라 하느냐 10내가 아버지 안에 거하고 아버지는 내 안에 계신 것을 네가 믿지 아니하느냐 내가 너희에게 이르는 말은 스스로 하는 것이 아니라 아버지께서 내 안에 계셔서 그의 일을 하시는 것이라 11내가 아버지 안에 거하고 아버지께서 내 안에 계심을 믿으라 그렇지 못하겠거든 행하는 그 일로 말미암아 나를 믿으라 12내가 진실로 진실로 너희에게 이르노니 나를 믿는 자는 내가 하는 일을 그도 할 것이요 또한 그보다 큰 일도 하리니 이는 내가 아버지께로 감이라 13너희가 내 이름으로 무엇을 구하든지 내가 행하리니 이는 아버지로 하여금 아들로 말미암아 영광을 받으시게 하려 함이라 14내 이름으로 무엇이든지 내게 구하면 내가 행하리라

요 14:15-31 보혜사 약속

15너희가 나를 사랑하면 나의 계명을 지키리라 16내가 아버지께 구하겠으니 그가 또 다른 보혜사
를 너희에게 주사 영원토록 너희와 함께 있게 하리니 17그는 진리의 영이라 세상은 능히 그를 받
지 못하나니 이는 그를 보지도 못하고 알지도 못함이라 그러나 너희는 그를 아나니 그는 너희와
함께 거하심이요 또 너희 속에 계시겠음이라 18내가 너희를 고아와 같이 버려두지 아니하고 너희
에게로 오리라 19조금 있으면 세상은 다시 나를 보지 못할 것이로되 너희는 나를 보리니 이는 내
가 살아 있고 너희도 살아 있겠음이라 20그 날에는 내가 아버지 안에, 너희가 내 안에, 내가 너희
안에 있는 것을 너희가 알리라 21나의 계명을 지키는 자라야 나를 사랑하는 자니 나를 사랑하는 자
는 내 아버지께 사랑을 받을 것이요 나도 그를 사랑하여 그에게 나를 나타내리라 22가룟인 아닌 유
다가 이르되 주여 어찌하여 자기를 우리에게는 니다내시고 세상에는 아니하려 하시나이까 23예
수께서 대답하여 이르시되 사람이 나를 사랑하면 내 말을 지키리니 내 아버지께서 그를 사랑하실
것이요 우리가 그에게 가서 거처를 그와 함께 하리라 24나를 사랑하지 아니하는 자는 내 말을 지
키지 아니하나니 너희가 듣는 말은 내 말이 아니요 나를 보내신 아버지의 말씀이니라 25내가 아
직 너희와 함께 있어서 이 말을 너희에게 하였거니와 26보혜사 곧 아버지께서 내 이름으로 보내실
성령 그가 너희에게 모든 것을 가르치고 내가 너희에게 말한 모든 것을 생각나게 하리라 27평안
을 너희에게 끼치노니 곧 나의 평안을 너희에게 주노라 내가 너희에게 주는 것은 세상이 주는 것
과 같지 아니하니라 너희는 마음에 근심하지도 말고 두려워하지도 말라 28내가 갔다가 너희에게
로 온다 하는 말을 너희가 들었나니 나를 사랑하였더라면 내가 아버지께로 감을 기뻐하였으리라
아버지는 나보다 크심이라 29이제 일이 일어나기 전에 너희에게 말한 것은 일이 일어날 때에 너희
로 믿게 하려 함이라 30이 후에는 내가 너희와 말을 많이 하지 아니하리니 이 세상의 임금이 오겠
음이라 그러나 그는 내게 관계할 것이 없으니 31오직 내가 아버지를 사랑하는 것과 아버지께서 명
하신 대로 행하는 것을 세상이 알게 하려 함이로라 일어나라 여기를 떠나자 하시니라

요 15:1-17 참 포도나무와 가지(정체 7)

1나는 참포도나무요 내 아버지는 농부라 2무릇 내게 붙어 있어 열매를 맺지 아니하는 가지는 아버
지께서 그것을 제거해 버리시고 무릇 열매를 맺는 가지는 더 열매를 맺게 하려 하여 그것을 깨끗
하게 하시느니라 3너희는 내가 일러준 말로 이미 깨끗하여졌으니 4내 안에 거하라 나도 너희 안에
거하리라 가지가 포도나무에 붙어 있지 아니하면 스스로 열매를 맺을 수 없음 같이 너희도 내 안
에 있지 아니하면 그러하리라 5나는 포도나무요 너희는 가지라 그가 내 안에, 내가 그 안에 거하면
사람이 열매를 많이 맺나니 나를 떠나서는 너희가 아무 것도 할 수 없음이라 6사람이 내 안에 거
하지 아니하면 가지처럼 밖에 버려져 마르나니 사람들이 그것을 모아다가 불에 던져 사르느니라
7너희가 내 안에 거하고 내 말이 너희 안에 거하면 무엇이든지 원하는 대로 구하라 그리하면 이루

리라 [8]너희가 열매를 많이 맺으면 내 아버지께서 영광을 받으실 것이요 너희는 내 제자가 되리라
[9]아버지께서 나를 사랑하신 것 같이 나도 너희를 사랑하였으니 나의 사랑 안에 거하라 [10]내가 아
버지의 계명을 지켜 그의 사랑 안에 거하는 것 같이 너희도 내 계명을 지키면 내 사랑 안에 거하리
라 [11]내가 이것을 너희에게 이름은 내 기쁨이 너희 안에 있어 너희 기쁨을 충만하게 하려 함이라
[12]내 계명은 곧 내가 너희를 사랑한 것 같이 너희도 서로 사랑하라 하는 이것이니라 [13]사람이 친
구를 위하여 자기 목숨을 버리면 이보다 더 큰 사랑이 없나니 [14]너희는 내가 명하는 대로 행하면
곧 나의 친구라 [15]이제부터는 너희를 종이라 하지 아니하리니 종은 주인이 하는 것을 알지 못함이
라 너희를 친구라 하였노니 내가 내 아버지께 들은 것을 다 너희에게 알게 하였음이라 [16]너희가
나를 택한 것이 아니요 내가 너희를 택하여 세웠나니 이는 너희로 가서 열매를 맺게 하고 또 너희
열매가 항상 있게 하여 내 이름으로 아버지께 무엇을 구하든지 다 받게 하려 함이라 [17]내가 이것
을 너희에게 명함은 너희로 서로 사랑하게 하려 함이라

요 15:18-27 세상의 미움

[18]세상이 너희를 미워하면 너희보다 먼저 나를 미워한 줄을 알라 [19]너희가 세상에 속하였으면 세
상이 자기의 것을 사랑할 것이나 너희는 세상에 속한 자가 아니요 도리어 내가 너희를 세상에서
택하였기 때문에 세상이 너희를 미워하느니라 [20]내가 너희에게 종이 주인보다 더 크지 못하다 한
말을 기억하라 사람들이 나를 박해하였은즉 너희도 박해할 것이요 내 말을 지켰은즉 너희 말도 지
킬 것이라 [21]그러나 사람들이 내 이름으로 말미암아 이 모든 일을 너희에게 하리니 이는 나를 보
내신 이를 알지 못함이라 [22]내가 와서 그들에게 말하지 아니하였더라면 죄가 없었으려니와 지금
은 그 죄를 핑계할 수 없느니라 [23]나를 미워하는 자는 또 내 아버지를 미워하느니라 [24]내가 아무
도 못한 일을 그들 중에서 하지 아니하였더라면 그들에게 죄가 없었으려니와 지금은 그들이 나와
내 아버지를 보았고 또 미워하였도다 [25]그러나 이는 그들의 율법에 기록된 바 그들이 이유 없이
나를 미워하였다 한 말을 응하게 하려 함이라 [26]내가 아버지께로부터 너희에게 보낼 보혜사 곧 아
버지께로부터 나오시는 진리의 성령이 오실 때에 그가 나를 증언하실 것이요 [27]너희도 처음부터
나와 함께 있었으므로 증언하느니라 16:1 내가 이것을 너희에게 이름은 너희로 실족하지 않게 하
려 함이니 [2]사람들이 너희를 출교할 뿐 아니라 때가 이르면 무릇 너희를 죽이는 자가 생각하기를
이것이 하나님을 섬기는 일이라 하리라 [3]그들이 이런 일을 할 것은 아버지와 나를 알지 못함이라

요 16:4-15 진리의 성령의 일

4오직 너희에게 이 말을 한 것은 너희로 그 때를 당하면 내가 너희에게 말한 이것을 기억나게 하
려 함이요 처음부터 이 말을 하지 아니한 것은 내가 너희와 함께 있었음이라 5지금 내가 나를 보내
신 이에게로 가는데 너희 중에서 나더러 어디로 가는지 묻는 자가 없고 6도리어 내가 이 말을 하므
로 너희 마음에 근심이 가득하였도다 7그러나 내가 너희에게 실상을 말하노니 내가 떠나가는 것
이 너희에게 유익이라 내가 떠나가지 아니하면 보혜사가 너희에게로 오시지 아니할 것이요 가면
내가 그를 너희에게로 보내리니 8그가 와서 죄에 대하여, 의에 대하여, 심판에 대하여 세상을 책망
하시리라 9죄에 대하여라 함은 그들이 나를 믿지 아니함이요 10의에 대하여라 함은 내가 아버지
께로 가니 너희가 다시 나를 보지 못함이요 11심판에 대하여라 함은 이 세상 임금이 심판을 받았
음이라 12내가 아직도 너희에게 이를 것이 많으나 지금은 너희가 감당하지 못하리라 13그러나 진
리의 성령이 오시면 그가 너희를 모든 진리 가운데로 인도하시리니 그가 스스로 말하지 않고 오직
들은 것을 말하며 장래 일을 너희에게 알리시리라 14그가 내 영광을 나타내리니 내 것을 가지고
너희에게 알리시겠음이라 15무릇 아버지께 있는 것은 다 내 것이라 그러므로 내가 말하기를 그가
내 것을 가지고 너희에게 알리시리라 하였노라

요 16:16-24 근심이 기쁨으로

16조금 있으면 너희가 나를 보지 못하겠고 또 조금 있으면 나를 보리라 하시니 17제자 중에서 서
로 말하되 우리에게 말씀하신 바 조금 있으면 나를 보지 못하겠고 또 조금 있으면 나를 보리라 하
시며 또 내가 아버지께로 감이라 하신 것이 무슨 말씀이냐 하고 18또 말하되 조금 있으면이라 하
신 말씀이 무슨 말씀이냐 무엇을 말씀하시는지 알지 못하노라 하거늘 19예수께서 그 묻고자 함을
아시고 이르시되 내 말이 조금 있으면 나를 보지 못하겠고 또 조금 있으면 나를 보리라 하므로 서
로 문의하느냐 20내가 진실로 진실로 너희에게 이르노니 너희는 곡하고 애통하겠으나 세상은 기
뻐하리라 너희는 근심하겠으나 너희 근심이 도리어 기쁨이 되리라 21여자가 해산하게 되면 그 때
가 이르렀으므로 근심하나 아기를 낳으면 세상에 사람 난 기쁨으로 말미암아 그 고통을 다시 기억
하지 아니하느니라 22지금은 너희가 근심하나 내가 다시 너희를 보리니 너희 마음이 기쁠 것이요
너희 기쁨을 빼앗을 자가 없으리라 23그 날에는 너희가 아무 것도 내게 묻지 아니하리라 내가 진
실로 진실로 너희에게 이르노니 너희가 무엇이든지 아버지께 구하는 것을 내 이름으로 주시리라
24지금까지는 너희가 내 이름으로 아무 것도 구하지 아니하였으나 구하라 그리하면 받으리니 너
희 기쁨이 충만하리라

요 16:25-33 세상을 이기었노라

25이것을 비유로 너희에게 일렀거니와 때가 이르면 다시는 비유로 너희에게 이르지 않고 아버지
에 대한 것을 밝히 이르리라 26그 날에 너희가 내 이름으로 구할 것이요 내가 너희를 위하여 아버
지께 구하겠다 하는 말이 아니니 27이는 너희가 나를 사랑하고 또 내가 하나님께로부터 온 줄 믿
었으므로 아버지께서 친히 너희를 사랑하심이라 28내가 아버지에게서 나와 세상에 왔고 다시 세
상을 떠나 아버지께로 가노라 하시니 29제자들이 말하되 지금은 밝히 말씀하시고 아무 비유로도
하지 아니하시니 30우리가 지금에야 주께서 모든 것을 아시고 또 사람의 물음을 기다리시지 않는
줄 아나이다 이로써 하나님께로부터 나오심을 우리가 믿사옵나이다 31예수께서 대답하시되 이제
는 너희가 믿느냐 32보라 너희가 다 각각 제 곳으로 흩어지고 나를 혼자 둘 때가 오나니 벌써 왔도
다 그러나 내가 혼자 있는 것이 아니라 아버지께서 나와 함께 계시느니라 33이것을 너희에게 이르
는 것은 너희로 내 안에서 평안을 누리게 하려 함이라 세상에서는 너희가 환난을 당하나 담대하라
내가 세상을 이기었노라

요 17:1-26 고별 기도

1예수께서 이 말씀을 하시고 눈을 들어 하늘을 우러러 이르시되 아버지여 때가 이르렀사오니 아
들을 영화롭게 하사 아들로 아버지를 영화롭게 하게 하옵소서 2아버지께서 아들에게 주신 모든
사람에게 영생을 주게 하시려고 만민을 다스리는 권세를 아들에게 주셨음이로소이다 3영생은 곧
유일하신 참 하나님과 그가 보내신 자 예수 그리스도를 아는 것이니이다 4아버지께서 내게 하라
고 주신 일을 내가 이루어 아버지를 이 세상에서 영화롭게 하였사오니 5아버지여 창세 전에 내가
아버지와 함께 가졌던 영화로써 지금도 아버지와 함께 나를 영화롭게 하옵소서 6세상 중에서 내
게 주신 사람들에게 내가 아버지의 이름을 나타내었나이다 그들은 아버지의 것이었는데 내게 주
셨으며 그들은 아버지의 말씀을 지키었나이다 7지금 그들은 아버지께서 내게 주신 것이 다 아버
지로부터 온 것인 줄 알았나이다 8나는 아버지께서 내게 주신 말씀들을 그들에게 주었사오며 그
들은 이것을 받고 내가 아버지께로부터 나온 줄을 참으로 아오며 아버지께서 나를 보내신 줄도 믿
었사옵나이다 9내가 그들을 위하여 비옵나니 내가 비옵는 것은 세상을 위함이 아니요 내게 주신
자들을 위함이니이다 그들은 아버지의 것이로소이다 10내 것은 다 아버지의 것이요 아버지의 것
은 내 것이온데 내가 그들로 말미암아 영광을 받았나이다 11나는 세상에 더 있지 아니하오나 그
들은 세상에 있사옵고 나는 아버지께로 가옵나니 거룩하신 아버지여 내게 주신 아버지의 이름으
로 그들을 보전하사 우리와 같이 그들도 하나가 되게 하옵소서 12내가 그들과 함께 있을 때에 내
게 주신 아버지의 이름으로 그들을 보전하고 지키었나이다 그 중의 하나도 멸망하지 않고 다만 멸
망의 자식뿐이오니 이는 성경을 응하게 함이니이다 13지금 내가 아버지께로 가오니 내가 세상에
서 이 말을 하옵는 것은 그들로 내 기쁨을 그들 안에 충만히 가지게 하려 함이니이다 14내가 아버

지의 말씀을 그들에게 주었사오매 세상이 그들을 미워하였사오니 이는 내가 세상에 속하지 아니
함 같이 그들도 세상에 속하지 아니함으로 인함이니이다 [15]내가 비옵는 것은 그들을 세상에서 데
려가시기를 위함이 아니요 다만 악에 빠지지 않게 보전하시기를 위함이니이다 [16]내가 세상에 속
하지 아니함 같이 그들도 세상에 속하지 아니하였사옵나이다 [17]그들을 진리로 거룩하게 하옵소서
아버지의 말씀은 진리니이다 [18]아버지께서 나를 세상에 보내신 것 같이 나도 그들을 세상에 보내
었고 [19]또 그들을 위하여 내가 나를 거룩하게 하오니 이는 그들도 진리로 거룩함을 얻게 하려 함
이니이다 [20]내가 비옵는 것은 이 사람들만 위함이 아니요 또 그들의 말로 말미암아 나를 믿는 사
람들도 위함이니 [21]아버지여, 아버지께서 내 안에, 내가 아버지 안에 있는 것 같이 그들도 다 하나
가 되어 우리 안에 있게 하사 세상으로 아버지께서 나를 보내신 것을 믿게 하옵소서 [22]내게 주신
영광을 내가 그들에게 주었사오니 이는 우리가 하나가 된 것 같이 그들도 하나가 되게 하려 함이
니이다 [23]곧 내가 그들 안에 있고 아버지께서 내 안에 계시어 그들로 온전함을 이루어 하나가 되
게 하려 함은 아버지께서 나를 보내신 것과 또 나를 사랑하심 같이 그들도 사랑하신 것을 세상으
로 알게 하려 함이로소이다 [24]아버지여 내게 주신 자도 나 있는 곳에 나와 함께 있어 아버지께서
창세 전부터 나를 사랑하시므로 내게 주신 나의 영광을 그들로 보게 하시기를 원하옵나이다 [25]의
로우신 아버지여 세상이 아버지를 알지 못하여도 나는 아버지를 알았사옵고 그들도 아버지께서
나를 보내신 줄 알았사옵나이다 [26]내가 아버지의 이름을 그들에게 알게 하였고 또 알게 하리니 이
는 나를 사랑하신 사랑이 그들 안에 있고 나도 그들 안에 있게 하려 함이니이다

요 18:1-11 예수 체포

[1]예수께서 이 말씀을 하시고 제자들과 함께 기드론 시내 건너편으로 나가시니 그 곳에 동산이 있
는데 제자들과 함께 들어가시니라 [2]그 곳은 가끔 예수께서 제자들과 모이시는 곳이므로 예수를
파는 유다도 그 곳을 알더라 [3]유다가 군대와 대제사장들과 바리새인들에게서 얻은 아랫사람들을
데리고 등과 횃불과 무기를 가지고 그리로 오는지라 [4]예수께서 그 당할 일을 다 아시고 나아가 이
르시되 너희가 누구를 찾느냐 [5]대답하되 나사렛 예수라 하거늘 이르시되 내가 그니라 하시니라
그를 파는 유다도 그들과 함께 섰더라 [6]예수께서 그들에게 내가 그니라 하실 때에 그들이 물러가
서 땅에 엎드러지는지라 [7]이에 다시 누구를 찾느냐고 물으신대 그들이 말하되 나사렛 예수라 하
거늘 [8]예수께서 대답하시되 너희에게 내가 그니라 하였으니 나를 찾거든 이 사람들이 가는 것은
용납하라 하시니 [9]이는 아버지께서 내게 주신 자 중에서 하나도 잃지 아니하였사옵나이다 하신
말씀을 응하게 하려 함이러라 [10]이에 시몬 베드로가 칼을 가졌는데 그것을 빼어 대제사장의 종을
쳐서 오른편 귀를 베어버리니 그 종의 이름은 말고라 [11]예수께서 베드로더러 이르시되 칼을 칼집
에 꽂으라 아버지께서 주신 잔을 내가 마시지 아니하겠느냐 하시니라

마 26:47 말씀하실 때에 열둘 중의 하나인 유다가 왔는데 대제사장들과 백성의 장로들에게서

파송된 큰 무리가 칼과 몽치를 가지고 그와 함께 하였더라 48예수를 파는 자가 그들에게 군호를 짜 이르되 내가 입맞추는 자가 그이니 그를 잡으라 한지라 49곧 예수께 나아와 랍비여 안녕하시옵니까 하고 입을 맞추니 50예수께서 이르시되 친구여 네가 무엇을 하려고 왔는지 행하라 하신대 이에 그들이 나아와 예수께 손을 대어 잡는지라 51예수와 함께 있던 자 중의 하나가 손을 펴 칼을 빼어 대제사장의 종을 쳐 그 귀를 떨어뜨리니 52이에 예수께서 이르시되 네 칼을 도로 칼집에 꽂으라 칼을 가지는 자는 다 칼로 망하느니라 53너는 내가 내 아버지께 구하여 지금 열두 군단 더 되는 천사를 보내시게 할 수 없는 줄로 아느냐 54내가 만일 그렇게 하면 이런 일이 있으리라 한 성경이 어떻게 이루어지겠느냐 하시더라 55그 때에 예수께서 무리에게 말씀하시되 너희가 강도를 잡는 것 같이 칼과 몽치를 가지고 나를 잡으러 나왔느냐 내가 날마다 성전에 앉아 가르쳤으되 너희가 나를 잡지 아니하였도다 56그러나 이렇게 된 것은 다 선지자들의 글을 이루려 함이니라 하시더라 이에 제자들이 다 예수를 버리고 도망하니라

막 14:43 예수께서 말씀하실 때에 곧 열둘 중의 하나인 유다가 왔는데 대제사장들과 서기관들과 장로들에게서 파송된 무리가 검과 몽치를 가지고 그와 함께 하였더라 44예수를 파는 자가 이미 그들과 군호를 짜 이르되 내가 입맞추는 자가 그이니 그를 잡아 단단히 끌어 가라 하였는지라 45이에 와서 곧 예수께 나아와 랍비여 하고 입을 맞추니 46그들이 예수께 손을 대어 잡거늘 47곁에 서 있는 자 중의 한 사람이 칼을 빼어 대제사장의 종을 쳐 그 귀를 떨어뜨리니라 48예수께서 무리에게 말씀하여 이르시되 너희가 강도를 잡는 것 같이 검과 몽치를 가지고 나를 잡으러 나왔느냐 49 내가 날마다 너희와 함께 성전에 있으면서 가르쳤으되 너희가 나를 잡지 아니하였도다 그러나 이는 성경을 이루려 함이니라 하시더라 50제자들이 다 예수를 버리고 도망하니라 51한 청년이 벗은 몸에 베 홑이불을 두르고 예수를 따라가다가 무리에게 잡히매 52베 홑이불을 버리고 벗은 몸으로 도망하니라

눅 22:47 말씀하실 때에 한 무리가 오는데 열둘 중의 하나인 유다라 하는 자가 그들을 앞장서 와서 48예수께 입을 맞추려고 가까이 하는지라 예수께서 이르시되 유다야 네가 입맞춤으로 인자를 파느냐 하시니 49그의 주위 사람들이 그 된 일을 보고 여짜오되 주여 우리가 칼로 치리이까 하고 50그 중의 한 사람이 대제사장의 종을 쳐 그 오른쪽 귀를 떨어뜨린지라 51예수께서 일러 이르시되 이것까지 참으라 하시고 그 귀를 만져 낫게 하시더라 52예수께서 그 잡으러 온 대제사장들과 성전의 경비대장들과 장로들에게 이르시되 너희가 강도를 잡는 것 같이 검과 몽치를 가지고 나왔느냐 53내가 날마다 너희와 함께 성전에 있을 때에 내게 손을 대지 아니하였도다 그러나 이제는 너희 때요 어둠의 권세로다 하시더라

요 18:12-14 안나스에게 이송

12이에 군대와 천부장과 유대인의 아랫사람들이 예수를 잡아 결박하여 13먼저 안나스에게로 끌고 가니 안나스는 그 해의 대제사장인 가야바의 장인이라 14가야바는 유대인들에게 한 사람이 백성

을 위하여 죽는 것이 유익하다고 권고하던 자러라

요 18:15 대제사장 집 뜰의 두 제자

[15]시몬 베드로와 또 다른 제자 한 사람이 예수를 따르니 이 제자는 대제사장과 아는 사람이라 예수와 함께 대제사장의 집 뜰에 들어가고

마 26:57 예수를 잡은 자들이 그를 끌고 대제사장 가야바에게로 가니 거기 서기관과 장로들이 모여 있더라 [58]베드로가 멀찍이 예수를 따라 대제사장의 집 뜰에까지 가서 그 결말을 보려고 안에 들어가 하인들과 함께 앉아 있더라

막 14:53 그들이 예수를 끌고 대제사장에게로 가니 대제사장들과 장로들과 서기관들이 다 모이더라 [54]베드로가 예수를 멀찍이 따라 대제사장의 집 뜰 안까지 들어가서 아랫사람들과 함께 앉아 불을 쬐더라

눅 22:54 예수를 잡아 끌고 대제사장의 집으로 들어갈새 베드로가 멀찍이 따라가니라 [55]사람들이 뜰 가운데 불을 피우고 함께 앉았는지라 베드로도 그 가운데 앉았더니

요 18:16-18 베드로의 부인(1)

[16]베드로는 문 밖에 서 있는지라 대제사장을 아는 그 다른 제자가 나가서 문 지키는 여자에게 말하여 베드로를 데리고 들어오니 [17]문 지키는 여종이 베드로에게 말하되 너도 이 사람의 제자 중 하나가 아니냐 하니 그가 말하되 나는 아니라 하고 [18]그 때가 추운 고로 종과 아랫사람들이 불을 피우고 서서 쬐니 베드로도 함께 서서 쬐더라

요 18:19-23 안나스의 심문(공회 심문)

[19]대제사장이 예수에게 그의 제자들과 그의 교훈에 대하여 물으니 [20]예수께서 대답하시되 내가 드러내 놓고 세상에 말하였노라 모든 유대인들이 모이는 회당과 성전에서 항상 가르쳤고 은밀하

게는 아무 것도 말하지 아니하였거늘 [21]어찌하여 내게 묻느냐 내가 무슨 말을 하였는지 들은 자들
에게 물어 보라 그들이 내가 하던 말을 아느니라 [22]이 말씀을 하시매 곁에 섰던 아랫사람 하나가
손으로 예수를 쳐 이르되 네가 대제사장에게 이같이 대답하느냐 하니 [23]예수께서 대답하시되 내
가 말을 잘못하였으면 그 잘못한 것을 증언하라 바른 말을 하였으면 네가 어찌하여 나를 치느냐
하시더라 [24]안나스가 예수를 결박한 그대로 대제사장 가야바에게 보내니라

요 18:24 가야바에게 이송

[24]안나스가 예수를 결박한 그대로 대제사장 가야바에게 보내니라

마 26:57 예수를 잡은 자들이 그를 끌고 대제사장 가야바에게로 가니 거기 서기관과 장로들
이 모여 있더라 [58]베드로가 멀찍이 예수를 따라 대제사장의 집 뜰에까지 가서 그 결말을 보려
고 안에 들어가 하인들과 함께 앉아 있더라

막 14:53 그들이 예수를 끌고 대제사장에게로 가니 대제사장들과 장로들과 서기관들이 다 모
이더라 [54]베드로가 예수를 멀찍이 따라 대제사장의 집 뜰 안까지 들어가서 아랫사람들과 함께
앉아 불을 쬐더라

눅 22:54 예수를 잡아 끌고 대제사장의 집으로 들어갈새 베드로가 멀찍이 따라가니라 [55]사람
들이 뜰 가운데 불을 피우고 함께 앉았는지라 베드로도 그 가운데 앉았더니

요 18:25-27 베드로의 부인(2)

[25]시몬 베드로가 서서 불을 쬐더니 사람들이 묻되 너도 그 제자 중 하나가 아니냐 베드로가 부인
하여 이르되 나는 아니라 하니 [26]대제사장의 종 하나는 베드로에게 귀를 잘린 사람의 친척이라 이
르되 네가 그 사람과 함께 동산에 있는 것을 내가 보지 아니하였느냐 [27]이에 베드로가 또 부인하
니 곧 닭이 울더라

마 26:69 베드로가 바깥 뜰에 앉았더니 한 여종이 나아와 이르되 너도 갈릴리 사람 예수와 함
께 있었도다 하거늘 [70]베드로가 모든 사람 앞에서 부인하여 이르되 나는 네가 무슨 말을 하는
지 알지 못하겠노라 하며 [71]앞문까지 나아가니 다른 여종이 그를 보고 거기 있는 사람들에게
말하되 이 사람은 나사렛 예수와 함께 있었도다 하매 [72]베드로가 맹세하고 또 부인하여 이르

되 나는 그 사람을 알지 못하노라 하더라 73조금 후에 곁에 섰던 사람들이 나아와 베드로에게
이르되 너도 진실로 그 도당이라 네 말소리가 너를 표명한다 하거늘 74그가 저주하며 맹세하
여 이르되 나는 그 사람을 알지 못하노라 하니 곧 닭이 울더라 75이에 베드로가 예수의 말씀에
닭 울기 전에 네가 세 번 나를 부인하리라 하심이 생각나서 밖에 나가서 심히 통곡하니라

막 14:66 베드로는 아랫뜰에 있더니 대제사장의 여종 하나가 와서 67베드로가 불 쬐고 있는
것을 보고 주목하여 이르되 너도 나사렛 예수와 함께 있었도다 하거늘 68베드로가 부인하여
이르되 나는 네가 말하는 것이 무엇인지 알지도 못하고 깨닫지도 못하겠노라 하며 앞뜰로 나
갈새 69여종이 그를 보고 곁에 서 있는 자들에게 다시 이르되 이 사람은 그 도당이라 하되 70또
부인하더라 조금 후에 곁에 서 있는 사람들이 다시 베드로에게 말하되 너도 갈릴리 사람이니
참으로 그 도당이니라 71그러나 베드로가 저주하며 맹세하되 나는 너희가 말하는 이 사람을
알지 못하노라 하니 72닭이 곧 두 번째 울더라 이에 베드로가 예수께서 자기에게 하신 말씀 곧
닭이 두 번 울기 전에 네가 세 번 나를 부인하리라 하심이 기억되어 그 일을 생각하고 울었더라

눅 22:56 한 여종이 베드로의 불빛을 향하여 앉은 것을 보고 주목하여 이르되 이 사람도 그와
함께 있었느니라 하니 57베드로가 부인하여 이르되 이 여자여 내가 그를 알지 못하노라 하더
라 58조금 후에 다른 사람이 보고 이르되 너도 그 도당이라 하거늘 베드로가 이르되 이 사람아
나는 아니로라 하더라 59한 시간쯤 있다가 또 한 사람이 장담하여 이르되 이는 갈릴리 사람이
니 참으로 그와 함께 있었느니라 60베드로가 이르되 이 사람아 나는 네가 하는 말을 알지 못하
노라고 아직 말하고 있을 때에 닭이 곧 울더라 61주께서 돌이켜 베드로를 보시니 베드로가 주
의 말씀 곧 오늘 닭 울기 전에 네가 세 번 나를 부인하리라 하심이 생각나서 62밖에 나가서 심
히 통곡하니라

요 18:28-32 빌라도에게 이송

28그들이 예수를 가야바에게서 관정으로 끌고 가니 새벽이라 그들은 더럽힘을 받지 아니하고 유
월절 잔치를 먹고자 하여 관정에 들어가지 아니하더라 29그러므로 빌라도가 밖으로 나가서 그들
에게 말하되 너희가 무슨 일로 이 사람을 고발하느냐 30대답하여 이르되 이 사람이 행악자가 아니
었더라면 우리가 당신에게 넘기지 아니하였겠나이다 31빌라도가 이르되 너희가 그를 데려다가 너
희 법대로 재판하라 유대인들이 이르되 우리에게는 사람을 죽이는 권한이 없나이다 하니 32이는
예수께서 자기가 어떠한 죽음으로 죽을 것을 가리켜 하신 말씀을 응하게 하려 함이러라

마 27:1 새벽에 모든 대제사장과 백성의 장로들이 예수를 죽이려고 함께 의논하고 2결박하여
끌고 가서 총독 빌라도에게 넘겨 주니라

막 15:1 새벽에 대제사장들이 즉시 장로들과 서기관들 곧 온 공회와 더불어 의논하고 예수를

결박하여 끌고 가서 빌라도에게 넘겨 주니

눅 23:1 무리가 다 일어나 예수를 빌라도에게 끌고 가서 [2]고발하여 이르되 우리가 이 사람을 보매 우리 백성을 미혹하고 가이사에게 세금 바치는 것을 금하며 자칭 왕 그리스도라 하더이다 하니

요 18:33-38 빌라도의 심문

[33]이에 빌라도가 다시 관정에 들어가 예수를 불러 이르되 네가 유대인의 왕이냐 [34]예수께서 대답
하시되 이는 네가 스스로 하는 말이냐 다른 사람들이 나에 대하여 네게 한 말이냐 [35]빌라도가 대
답하되 내가 유대인이냐 네 나라 사람과 대제사장들이 너를 내게 넘겼으니 네가 무엇을 하였느
냐 [36]예수께서 대답하시되 내 나라는 이 세상에 속한 것이 아니니라 만일 내 나라가 이 세상에 속
한 것이었더라면 내 종들이 싸워 나로 유대인들에게 넘겨지지 않게 하였으리라 이제 내 나라는 여
기에 속한 것이 아니니라 [37]빌라도가 이르되 그러면 네가 왕이 아니냐 예수께서 대답하시되 네 말
과 같이 내가 왕이니라 내가 이를 위하여 태어났으며 이를 위하여 세상에 왔나니 곧 진리에 대하
여 증언하려 함이로라 무릇 진리에 속한 자는 내 음성을 듣느니라 하신대 [38]빌라도가 이르되 진리
가 무엇이냐 하더라 이 말을 하고 다시 유대인들에게 나가서 이르되 나는 그에게서 아무 죄도 찾
지 못하였노라

마 27:11 예수께서 총독 앞에 섰으매 총독이 물어 이르되 네가 유대인의 왕이냐 예수께서 대답하시되 네 말이 옳도다 하시고 [12]대제사장들과 장로들에게 고발을 당하되 아무 대답도 아니하시는지라 [13]이에 빌라도가 이르되 그들이 너를 쳐서 얼마나 많은 것으로 증언하는지 듣지 못하느냐 하되 [14]한 마디도 대답하지 아니하시니 총독이 크게 놀라워하더라

막 15:2 빌라도가 묻되 네가 유대인의 왕이냐 예수께서 대답하여 이르시되 네 말이 옳도다 하시매 [3]대제사장들이 여러 가지로 고발하는지라 [4]빌라도가 또 물어 이르되 아무 대답도 없느냐 그들이 얼마나 많은 것으로 너를 고발하는가 보라 하되 [5]예수께서 다시 아무 말씀으로도 대답하지 아니하시니 빌라도가 놀랍게 여기더라

눅 23:3 빌라도가 예수께 물어 이르되 네가 유대인의 왕이냐 대답하여 이르시되 네 말이 옳도다 [4]빌라도가 대제사장들과 무리에게 이르되 내가 보니 이 사람에게 죄가 없도다 하니 [5]무리가 더욱 강하게 말하되 그가 온 유대에서 가르치고 갈릴리에서부터 시작하여 여기까지 와서 백성을 소동하게 하나이다

요 18:39-40 바라바 선택

39유월절이면 내가 너희에게 한 사람을 놓아 주는 전례가 있으니 그러면 너희는 내가 유대인의 왕
을 너희에게 놓아 주기를 원하느냐 하니 40그들이 또 소리 질러 이르되 이 사람이 아니라 바라바
라 하니 바라바는 강도였더라

마 27:15 명절이 되면 총독이 무리의 청원대로 죄수 한 사람을 놓아 주는 전례가 있더니 16그
때에 바라바라 하는 유명한 죄수가 있는데 17그들이 모였을 때에 빌라도가 물어 이르되 너희
는 내가 누구를 너희에게 놓아 주기를 원하느냐 바라바냐 그리스도라 하는 예수냐 하니 18이
는 그가 그들의 시기로 예수를 넘겨 준 줄 앎이더라 19총독이 재판석에 앉았을 때에 그의 아내
가 사람을 보내어 이르되 저 옳은 사람에게 아무 상관도 하지 마옵소서 오늘 꿈에 내가 그 사
람으로 인하여 애를 많이 태웠나이다 하더라 20대제사장들과 장로들이 무리를 권하여 바라바
를 달라 하게 하고 예수를 죽이자 하게 하였더니

막 15:6 명절이 되면 백성들이 요구하는 대로 죄수 한 사람을 놓아 주는 전례가 있더니 7민란
을 꾸미고 그 민란중에 살인하고 체포된 자 중에 바라바라 하는 자가 있는지라 8무리가 나아
가서 전례대로 하여 주기를 요구한대 9빌라도가 대답하여 이르되 너희는 내가 유대인의 왕을
너희에게 놓아 주기를 원하느냐 하니 10이는 그가 대제사장들이 시기로 예수를 넘겨 준 줄 앎
이러라 11그러나 대제사장들이 무리를 충동하여 도리어 바라바를 놓아 달라 하게 하니

눅 23:18 무리가 일제히 소리 질러 이르되 이 사람을 없이하고 바라바를 우리에게 놓아 주소
서 하니 19이 바라바는 성중에서 일어난 민란과 살인으로 말미암아 옥에 갇힌 자러라 20빌라도
는 예수를 놓고자 하여 다시 그들에게 말하되 21그들은 소리 질러 이르되 그를 십자가에 못 박
게 하소서 십자가에 못 박게 하소서 하는지라 22빌라도가 세 번째 말하되 이 사람이 무슨 악한
일을 하였느냐 나는 그에게서 죽일 죄를 찾지 못하였나니 때려서 놓으리라 하니 23그들이 큰
소리로 재촉하여 십자가에 못 박기를 구하니 그들의 소리가 이긴지라 24이에 빌라도가 그들이
구하는 대로 하기를 언도하고 25그들이 요구하는 자 곧 민란과 살인으로 말미암아 옥에 갇힌
자를 놓아 주고 예수는 넘겨 주어 그들의 뜻대로 하게 하니라

요 19:1-3 예수 희롱

1이에 빌라도가 예수를 데려다가 채찍질하더라 2군인들이 가시나무로 관을 엮어 그의 머리에 씌
우고 자색 옷을 입히고 3앞에 가서 이르되 유대인의 왕이여 평안할지어다 하며 손으로 때리더라

마 27:27 이에 총독의 군병들이 예수를 데리고 관정 안으로 들어가서 온 군대를 그에게로 모
으고 [28]그의 옷을 벗기고 홍포를 입히며 [29]가시관을 엮어 그 머리에 씌우고 갈대를 그 오른손
에 들리고 그 앞에서 무릎을 꿇고 희롱하여 이르되 유대인의 왕이여 평안할지어다 하며 [30]그
에게 침 뱉고 갈대를 빼앗아 그의 머리를 치더라 [31]희롱을 다 한 후 홍포를 벗기고 도로 그의
옷을 입혀 십자가에 못 박으려고 끌고 나가니라

막 15:16 군인들이 예수를 끌고 브라이도리온이라는 뜰 안으로 들어가서 온 군대를 모으고
[17]예수에게 자색 옷을 입히고 가시관을 엮어 씌우고 [18]경례하여 이르되 유대인의 왕이여 평안
할지어다 하고 [19]갈대로 그의 머리를 치며 침을 뱉으며 꿇어 절하더라 [20]희롱을 다 한 후 자색
옷을 벗기고 도로 그의 옷을 입히고 십자가에 못 박으려고 끌고 나가니라

눅 22:63 지키는 사람들이 예수를 희롱하고 때리며 [64]그의 눈을 가리고 물어 이르되 선지자
노릇 하라 너를 친 자가 누구냐 하고 [65]이 외에도 많은 말로 욕하더라

요 19:4-16 빌라도의 판결

[4]빌라도가 다시 밖에 나가 말하되 보라 이 사람을 데리고 너희에게 나오나니 이는 내가 그에게서
아무 죄도 찾지 못한 것을 너희로 알게 하려 함이로라 하더라 [5]이에 예수께서 가시관을 쓰고 자색
옷을 입고 나오시니 빌라도가 그들에게 말하되 보라 이 사람이로다 하매 [6]대제사장들과 아랫사람
들이 예수를 보고 소리 질러 이르되 십자가에 못 박으소서 십자가에 못 박으소서 하는지라 빌라
도가 이르되 너희가 친히 데려다가 십자가에 못 박으라 나는 그에게서 죄를 찾지 못하였노라 [7]유
대인들이 대답하되 우리에게 법이 있으니 그 법대로 하면 그가 당연히 죽을 것은 그가 자기를 하
나님의 아들이라 함이니이다 [8]빌라도가 이 말을 듣고 더욱 두려워하여 [9]다시 관정에 들어가서 예
수께 말하되 너는 어디로부터냐 하되 예수께서 대답하여 주지 아니하시는지라 [10]빌라도가 이르
되 내게 말하지 아니하느냐 내가 너를 놓을 권한도 있고 십자가에 못 박을 권한도 있는 줄 알지 못
하느냐 [11]예수께서 대답하시되 위에서 주지 아니하셨더라면 나를 해할 권한이 없었으리니 그러므
로 나를 네게 넘겨 준 자의 죄는 더 크다 하시니라 [12]이러하므로 빌라도가 예수를 놓으려고 힘썼
으나 유대인들이 소리 질러 이르되 이 사람을 놓으면 가이사의 충신이 아니니이다 무릇 자기를 왕
이라 하는 자는 가이사를 반역하는 것이니이다 [13]빌라도가 이 말을 듣고 예수를 끌고 나가서 돌을
깐 뜰(히브리 말로 가바다)에 있는 재판석에 앉아 있더라 [14]이 날은 유월절의 준비일이요 때는 제
육시라 빌라도가 유대인들에게 이르되 보라 너희 왕이로다 [15]그들이 소리 지르되 없이 하소서 없
이 하소서 그를 십자가에 못 박게 하소서 빌라도가 이르되 내가 너희 왕을 십자가에 못 박으랴 대
제사장들이 대답하되 가이사 외에는 우리에게 왕이 없나이다 하니 [16]이에 예수를 십자가에 못 박
도록 그들에게 넘겨 주니라

마 27:21 총독이 대답하여 이르되 둘 중의 누구를 너희에게 놓아 주기를 원하느냐 이르되 바

라바로소이다 22빌라도가 이르되 그러면 그리스도라 하는 예수를 내가 어떻게 하랴 그들이 다
이르되 십자가에 못 박혀야 하겠나이다 23빌라도가 이르되 어찜이냐 무슨 악한 일을 하였느냐
그들이 더욱 소리 질러 이르되 십자가에 못 박혀야 하겠나이다 하는지라 24빌라도가 아무 성
과도 없이 도리어 민란이 나려는 것을 보고 물을 가져다가 무리 앞에서 손을 씻으며 이르되 이
사람의 피에 대하여 나는 무죄하니 너희가 당하라 25백성이 다 대답하여 이르되 그 피를 우리
와 우리 자손에게 돌릴지어다 하거늘 26이에 바라바는 그들에게 놓아 주고 예수는 채찍질하고
십자가에 못 박히게 넘겨 주니라

막 15:12 빌라도가 또 대답하여 이르되 그러면 너희가 유대인의 왕이라 하는 이를 내가 어떻
게 하랴 13그들이 다시 소리 지르되 그를 십자가에 못 박게 하소서 14빌라도가 이르되 어찜이
냐 무슨 악한 일을 하였느냐 하니 더욱 소리 지르되 십자가에 못 박게 하소서 하는지라 15빌라
도가 무리에게 만족을 주고자 하여 바라바는 놓아 주고 예수는 채찍질하고 십자가에 못 박히
게 넘겨 주니라

눅 23:13 빌라도가 대제사장들과 관리들과 백성을 불러 모으고 14이르되 너희가 이 사람이 백
성을 미혹하는 자라 하여 내게 끌고 왔도다 보라 내가 너희 앞에서 심문하였으되 너희가 고발
하는 일에 대하여 이 사람에게서 죄를 찾지 못하였고 15헤롯이 또한 그렇게 하여 그를 우리에
게 도로 보내었도다 보라 그가 행한 일에는 죽일 일이 없느니라 16그러므로 때려서 놓겠노라
17(없음)

요 19:17-27 십자가형

17그들이 예수를 맡으매 예수께서 자기의 십자가를 지시고 해골(히브리 말로 골고다)이라 하는 곳
에 나가시니 18그들이 거기서 예수를 십자가에 못 박을새 다른 두 사람도 그와 함께 좌우편에 못
박으니 예수는 가운데 있더라 19빌라도가 패를 써서 십자가 위에 붙이니 나사렛 예수 유대인의 왕
이라 기록되었더라 20예수께서 못 박히신 곳이 성에서 가까운 고로 많은 유대인이 이 패를 읽는데
히브리와 로마와 헬라 말로 기록되었더라 21유대인의 대제사장들이 빌라도에게 이르되 유대인의
왕이라 쓰지 말고 자칭 유대인의 왕이라 쓰라 하니 22빌라도가 대답하되 내가 쓸 것을 썼다 하니
라 23군인들이 예수를 십자가에 못 박고 그의 옷을 취하여 네 깃에 나눠 각각 한 깃씩 얻고 속옷도
취하니 이 속옷은 호지 아니하고 위에서부터 통으로 짠 것이라 24군인들이 서로 말하되 이것을 찢
지 말고 누가 얻나 제비 뽑자 하니 이는 성경에 그들이 내 옷을 나누고 내 옷을 제비 뽑나이다 한
것을 응하게 하려 함이러라 군인들은 이런 일을 하고 25예수의 십자가 곁에는 그 어머니와 이모와
글로바의 아내 마리아와 막달라 마리아가 섰는지라 26예수께서 자기의 어머니와 사랑하시는 제자
가 곁에 서 있는 것을 보시고 자기 어머니께 말씀하시되 여자여 보소서 아들이니이다 하시고 27또
그 제자에게 이르시되 보라 네 어머니라 하신대 그 때부터 그 제자가 자기 집에 모시니라

마 27:32 나가다가 시몬이란 구레네 사람을 만나매 그에게 예수의 십자가를 억지로 지워 가게
하였더라 33골고다 즉 해골의 곳이라는 곳에 이르러 34쓸개 탄 포도주를 예수께 주어 마시게
하려 하였더니 예수께서 맛보시고 마시고자 하지 아니하시더라 35그들이 예수를 십자가에 못
박은 후에 그 옷을 제비 뽑아 나누고 36거기 앉아 지키더라 37그 머리 위에 이는 유대인의 왕
예수라 쓴 죄패를 붙였더라 38이 때에 예수와 함께 강도 둘이 십자가에 못 박히니 하나는 우편
에, 하나는 좌편에 있더라 39지나가는 자들은 자기 머리를 흔들며 예수를 모욕하여 40이르되
성전을 헐고 사흘에 짓는 자여 네가 만일 하나님의 아들이어든 자기를 구원하고 십자가에서
내려오라 하며 41그와 같이 대제사장들도 서기관들과 장로들과 함께 희롱하여 이르되 42그가
남은 구원하였으되 자기는 구원할 수 없도다 그가 이스라엘의 왕이로다 지금 십자가에서 내려
올지어다 그리하면 우리가 믿겠노라 43그가 하나님을 신뢰하니 하나님이 원하시면 이제 그를
구원하실지라 그의 말이 나는 하나님의 아들이라 하였도다 하며 44함께 십자가에 못 박힌 강
도들도 이와 같이 욕하더라

막 15:21 마침 알렉산더와 루포의 아버지인 구레네 사람 시몬이 시골로부터 와서 지나가는데
그들이 그를 억지로 같이 가게 하여 예수의 십자가를 지우고 22예수를 끌고 골고다라 하는 곳
(번역하면 해골의 곳)에 이르러 23몰약을 탄 포도주를 주었으나 예수께서 받지 아니하시니라
24십자가에 못 박고 그 옷을 나눌새 누가 어느 것을 가질까 하여 제비를 뽑더라 25때가 제삼시
가 되어 십자가에 못 박으니라 26그 위에 있는 죄패에 유대인의 왕이라 썼고 27강도 둘을 예수
와 함께 십자가에 못 박으니 하나는 그의 우편에, 하나는 좌편에 있더라 28(없음) 29지나가는
자들은 자기 머리를 흔들며 예수를 모욕하여 이르되 아하 성전을 헐고 사흘에 짓는다는 자여
30네가 너를 구원하여 십자가에서 내려오라 하고 31그와 같이 대제사장들도 서기관들과 함께
희롱하며 서로 말하되 그가 남은 구원하였으되 자기는 구원할 수 없도다 32이스라엘의 왕 그
리스도가 지금 십자가에서 내려와 우리가 보고 믿게 할지어다 하며 함께 십자가에 못 박힌 자
들도 예수를 욕하더라

눅 23:26 그들이 예수를 끌고 갈 때에 시몬이라는 구레네 사람이 시골에서 오는 것을 붙들어
그에게 십자가를 지워 예수를 따르게 하더라 27또 백성과 및 그를 위하여 가슴을 치며 슬피 우
는 여자의 큰 무리가 따라오는지라 28예수께서 돌이켜 그들을 향하여 이르시되 예루살렘의 딸
들아 나를 위하여 울지 말고 너희와 너희 자녀를 위하여 울라 29보라 날이 이르면 사람이 말하
기를 잉태하지 못하는 이와 해산하지 못한 배와 먹이지 못한 젖이 복이 있다 하리라 30그 때에
사람이 산들을 대하여 우리 위에 무너지라 하며 작은 산들을 대하여 우리를 덮으라 하리라 31푸
른 나무에도 이같이 하거든 마른 나무에는 어떻게 되리요 하시니라 32또 다른 두 행악자도 사
형을 받게 되어 예수와 함께 끌려 가니라 33해골이라 하는 곳에 이르러 거기서 예수를 십자가
에 못 박고 두 행악자도 그렇게 하니 하나는 우편에, 하나는 좌편에 있더라 34이에 예수께서
이르시되 아버지 저들을 사하여 주옵소서 자기들이 하는 것을 알지 못함이니이다 하시더라 그
들이 그의 옷을 나눠 제비 뽑을새 35백성은 서서 구경하는데 관리들은 비웃어 이르되 저가 남
을 구원하였으니 만일 하나님이 택하신 자 그리스도이면 자신도 구원할지어다 하고 36군인들
도 희롱하면서 나아와 신 포도주를 주며 37이르되 네가 만일 유대인의 왕이면 네가 너를 구원

하라 하더라 [38]그의 위에 이는 유대인의 왕이라 쓴 패가 있더라 [39]달린 행악자 중 하나는 비방
하여 이르되 네가 그리스도가 아니냐 너와 우리를 구원하라 하되 [40]하나는 그 사람을 꾸짖어
이르되 네가 동일한 정죄를 받고서도 하나님을 두려워하지 아니하느냐 [41]우리는 우리가 행한
일에 상당한 보응을 받는 것이니 이에 당연하거니와 이 사람이 행한 것은 옳지 않은 것이 없느
니라 하고 [42]이르되 예수여 당신의 나라에 임하실 때에 나를 기억하소서 하니 [43]예수께서 이르
시되 내가 진실로 네게 이르노니 오늘 네가 나와 함께 낙원에 있으리라 하시니라

요 19:28-30 죽음

[28]그 후에 예수께서 모든 일이 이미 이루어진 줄 아시고 성경을 응하게 하려 하사 이르시되 내가
목마르다 하시니 [29]거기 신 포도주가 가득히 담긴 그릇이 있는지라 사람들이 신 포도주를 적신 해
면을 우슬초에 매어 예수의 입에 대니 [30]예수께서 신 포도주를 받으신 후에 이르시되 다 이루었다
하시고 머리를 숙이니 영혼이 떠나가시니라

마 27:45 제육시로부터 온 땅에 어둠이 임하여 제구시까지 계속되더니 [46]제구시쯤에 예수께
서 크게 소리 질러 이르시되 엘리 엘리 라마 사박다니 하시니 이는 곧 나의 하나님, 나의 하나
님, 어찌하여 나를 버리셨나이까 하는 뜻이라 [47]거기 섰던 자 중 어떤 이들이 듣고 이르되 이
사람이 엘리야를 부른다 하고 [48]그 중의 한 사람이 곧 달려가서 해면을 가져다가 신 포도주에
적시어 갈대에 꿰어 마시게 하거늘 [49]그 남은 사람들이 이르되 가만 두라 엘리야가 와서 그를
구원하나 보자 하더라 [50]예수께서 다시 크게 소리 지르시고 영혼이 떠나시니라 [51]이에 성소 휘
장이 위로부터 아래까지 찢어져 둘이 되고 땅이 진동하며 바위가 터지고 [52]무덤들이 열리며
자던 성도의 몸이 많이 일어나되 [53]예수의 부활 후에 그들이 무덤에서 나와서 거룩한 성에 들
어가 많은 사람에게 보이니라 [54]백부장과 및 함께 예수를 지키던 자들이 지진과 그 일어난 일
들을 보고 심히 두려워하여 이르되 이는 진실로 하나님의 아들이었도다 하더라

막 15:33 제육시가 되매 온 땅에 어둠이 임하여 제구시까지 계속하더니 [34]제구시에 예수께서
크게 소리 지르시되 엘리 엘리 라마 사박다니 하시니 이를 번역하면 나의 하나님, 나의 하나님
어찌하여 나를 버리셨나이까 하는 뜻이라 [35]곁에 섰던 자 중 어떤 이들이 듣고 이르되 보라 엘
리야를 부른다 하고 [36]한 사람이 달려가서 해면에 신 포도주를 적시어 갈대에 꿰어 마시게 하
고 이르되 가만 두라 엘리야가 와서 그를 내려 주나 보자 하더라 [37]예수께서 큰 소리를 지르시
고 숨지시니라 [38]이에 성소 휘장이 위로부터 아래까지 찢어져 둘이 되니라 [39]예수를 향하여 섰
던 백부장이 그렇게 숨지심을 보고 이르되 이 사람은 진실로 하나님의 아들이었도다 하더라

눅 23:44 때가 제육시쯤 되어 해가 빛을 잃고 온 땅에 어둠이 임하여 제구시까지 계속하며 [45]성
소의 휘장이 한가운데가 찢어지더라 [46]예수께서 큰 소리로 불러 이르시되 아버지 내 영혼을
아버지 손에 부탁하나이다 하고 이 말씀을 하신 후 숨지시니라 [47]백부장이 그 된 일을 보고 하

나님께 영광을 돌려 이르되 이 사람은 정녕 의인이었도다 하고 48이를 구경하러 모인 무리도 그 된 일을 보고 다 가슴을 치며 돌아가고

요 19:31-34 창으로 찌름

31이 날은 준비일이라 유대인들은 그 안식일이 큰 날이므로 그 안식일에 시체들을 십자가에 두지 아니하려 하여 빌라도에게 그들의 다리를 꺾어 시체를 치워 달라 하니 32군인들이 가서 예수와 함께 못 박힌 첫째 사람과 또 그 다른 사람의 다리를 꺾고 33예수께 이르러서는 이미 죽으신 것을 보고 다리를 꺾지 아니하고 34그 중 한 군인이 창으로 옆구리를 찌르니 곧 피와 물이 나오더라

요 19:35-37 죽음의 증인(들)

35이를 본 자가 증언하였으니 그 증언이 참이라 그가 자기의 말하는 것이 참인 줄 알고 너희로 믿게 하려 함이니라 36이 일이 일어난 것은 그 뼈가 하나도 꺾이지 아니하리라 한 성경을 응하게 하려 함이라 37또 다른 성경에 그들이 그 찌른 자를 보리라 하였느니라

마 27:55 예수를 섬기며 갈릴리에서부터 따라온 많은 여자가 거기 있어 멀리서 바라보고 있으니 56그 중에는 막달라 마리아와 또 야고보와 요셉의 어머니 마리아와 또 세베대의 아들들의 어머니도 있더라

막 15:40 멀리서 바라보는 여자들도 있었는데 그 중에 막달라 마리아와 또 작은 야고보와 요세의 어머니 마리아와 또 살로메가 있었으니 41이들은 예수께서 갈릴리에 계실 때에 따르며 섬기던 자들이요 또 이 외에 예수와 함께 예루살렘에 올라온 여자들도 많이 있었더라

눅 23:48 이를 구경하러 모인 무리도 그 된 일을 보고 다 가슴을 치며 돌아가고 49예수를 아는 자들과 갈릴리로부터 따라온 여자들도 다 멀리 서서 이 일을 보니라

요 19:38-42 매장

38아리마대 사람 요셉은 예수의 제자이나 유대인이 두려워 그것을 숨기더니 이 일 후에 빌라도에게 예수의 시체를 가져가기를 구하매 빌라도가 허락하는지라 이에 가서 예수의 시체를 가져가니

라 39일찍이 예수께 밤에 찾아왔던 니고데모도 몰약과 침향 섞은 것을 백 리트라쯤 가지고 온지라
40이에 예수의 시체를 가져다가 유대인의 장례 법대로 그 향품과 함께 세마포로 쌌더라 41예수께
서 십자가에 못 박히신 곳에 동산이 있고 동산 안에 아직 사람을 장사한 일이 없는 새 무덤이 있는
지라 42이 날은 유대인의 준비일이요 또 무덤이 가까운 고로 예수를 거기 두니라

마 27:57 저물었을 때에 아리마대의 부자 요셉이라 하는 사람이 왔으니 그도 예수의 제자라
58빌라도에게 가서 예수의 시체를 달라 하니 이에 빌라도가 내주라 명령하거늘 59요셉이 시체
를 가져다가 깨끗한 세마포로 싸서 60바위 속에 판 자기 새 무덤에 넣어 두고 큰 돌을 굴려 무
덤 문에 놓고 가니 61거기 막달라 마리아와 다른 마리아가 무덤을 향하여 앉았더라

막 15:42 이 날은 준비일 곧 안식일 전날이므로 저물었을 때에 43아리마대 사람 요셉이 와서
당돌히 빌라도에게 들어가 예수의 시체를 달라 하니 이 사람은 존경 받는 공회원이요 하나님
의 나라를 기다리는 자라 44빌라도는 예수께서 벌써 죽었을까 하고 이상히 여겨 백부장을 불
러 죽은 지가 오래냐 묻고 45백부장에게 알아 본 후에 요셉에게 시체를 내주는지라 46요셉이
세마포를 사서 예수를 내려다가 그것으로 싸서 바위 속에 판 무덤에 넣어 두고 돌을 굴려 무덤
문에 놓으매 47막달라 마리아와 요세의 어머니 마리아가 예수 둔 곳을 보더라

눅 23:50 공회 의원으로 선하고 의로운 요셉이라 하는 사람이 있으니 51(그들의 결의와 행사
에 찬성하지 아니한 자라) 그는 유대인의 동네 아리마대 사람이요 하나님의 나라를 기다리는
자라 52그가 빌라도에게 가서 예수의 시체를 달라 하여 53이를 내려 세마포로 싸고 아직 사람
을 장사한 일이 없는 바위에 판 무덤에 넣어 두니 54이 날은 준비일이요 안식일이 거의 되었더
라 55갈릴리에서 예수와 함께 온 여자들이 뒤를 따라 그 무덤과 그의 시체를 어떻게 두었는지
를 보고 56돌아가 향품과 향유를 준비하더라

요 20:1-10 부활

1안식 후 첫날 일찍이 아직 어두울 때에 막달라 마리아가 무덤에 와서 돌이 무덤에서 옮겨진 것을
보고 2시몬 베드로와 예수께서 사랑하시던 그 다른 제자에게 달려가서 말하되 사람들이 주님을
무덤에서 가져다가 어디 두었는지 우리가 알지 못하겠다 하니 3베드로와 그 다른 제자가 나가서
무덤으로 갈새 4둘이 같이 달음질하더니 그 다른 제자가 베드로보다 더 빨리 달려가서 먼저 무덤
에 이르러 5구부려 세마포 놓인 것을 보았으나 들어가지는 아니하였더니 6시몬 베드로는 따라와
서 무덤에 들어가 보니 세마포가 놓였고 7또 머리를 쌌던 수건은 세마포와 함께 놓이지 않고 딴 곳
에 쌌던 대로 놓여 있더라 8그 때에야 무덤에 먼저 갔던 그 다른 제자도 들어가 보고 믿더라 9(그
들은 성경에 그가 죽은 자 가운데서 다시 살아나야 하리라 하신 말씀을 아직 알지 못하더라) 10이
에 두 제자가 자기들의 집으로 돌아가니라

마 28:1 안식일이 다 지나고 안식 후 첫날이 되려는 새벽에 막달라 마리아와 다른 마리아가
무덤을 보려고 갔더니 [2]큰 지진이 나며 주의 천사가 하늘로부터 내려와 돌을 굴려 내고 그 위
에 앉았는데 [3]그 형상이 번개 같고 그 옷은 눈 같이 희거늘 [4]지키던 자들이 그를 무서워하여
떨며 죽은 사람과 같이 되었더라 [5]천사가 여자들에게 말하여 이르되 너희는 무서워하지 말라
십자가에 못 박히신 예수를 너희가 찾는 줄을 내가 아노라 [6]그가 여기 계시지 않고 그가 말씀
하시던 대로 살아나셨느니라 와서 그가 누우셨던 곳을 보라 [7]또 빨리 가서 그의 제자들에게
이르되 그가 죽은 자 가운데서 살아나셨고 너희보다 먼저 갈릴리로 가시나니 거기서 너희가
뵈오리라 하라 보라 내가 너희에게 일렀느니라 하거늘 [8]그 여자들이 무서움과 큰 기쁨으로 빨
리 무덤을 떠나 제자들에게 알리려고 달음질할새

막 16:1 안식일이 지나매 막달라 마리아와 야고보의 어머니 마리아와 또 살로메가 가서 예수
께 바르기 위하여 향품을 사다 두었다가 [2]안식 후 첫날 매우 일찍이 해 돋을 때에 그 무덤으로
가며 [3]서로 말하되 누가 우리를 위하여 무덤 문에서 돌을 굴려 주리요 하더니 [4]눈을 들어본즉
벌써 돌이 굴려져 있는데 그 돌이 심히 크더라 [5]무덤에 들어가서 흰 옷을 입은 한 청년이 우편
에 앉은 것을 보고 놀라매 [6]청년이 이르되 놀라지 말라 너희가 십자가에 못 박히신 나사렛 예
수를 찾는구나 그가 살아나셨고 여기 계시지 아니하니라 보라 그를 두었던 곳이니라 [7]가서 그
의 제자들과 베드로에게 이르기를 예수께서 너희보다 먼저 갈릴리로 가시나니 전에 너희에게
말씀하신 대로 너희가 거기서 뵈오리라 하라 하는지라 [8]여자들이 몹시 놀라 떨며 나와 무덤에
서 도망하고 무서워하여 아무에게 아무 말도 하지 못하더라

눅 24:1 안식 후 첫날 새벽에 이 여자들이 그 준비한 향품을 가지고 무덤에 가서 [2]돌이 무덤에
서 굴려 옮겨진 것을 보고 [3]들어가니 주 예수의 시체가 보이지 아니하더라 [4]이로 인하여 근심
할 때에 문득 찬란한 옷을 입은 두 사람이 곁에 섰는지라 [5]여자들이 두려워 얼굴을 땅에 대니
두 사람이 이르되 어찌하여 살아 있는 자를 죽은 자 가운데서 찾느냐 [6]여기 계시지 않고 살아
나셨느니라 갈릴리에 계실 때에 너희에게 어떻게 말씀하셨는지를 기억하라 [7]이르시기를 인자
가 죄인의 손에 넘겨져 십자가에 못 박히고 제삼일에 다시 살아나야 하리라 하셨느니라 한 대
[8]그들이 예수의 말씀을 기억하고 [9]무덤에서 돌아가 이 모든 것을 열한 사도와 다른 모든 이에
게 알리니 [10](이 여자들은 막달라 마리아와 요안나와 야고보의 모친 마리아라 또 그들과 함께
한 다른 여자들도 이것을 사도들에게 알리니라) [11]사도들은 그들의 말이 허탄한 듯이 들려 믿
지 아니하나 [12]베드로는 일어나 무덤에 달려가서 구부려 들여다 보니 세마포만 보이는지라 그
된 일을 놀랍게 여기며 집으로 돌아가니라

요 20:11-18 마리아에게 나타나심

[11]마리아는 무덤 밖에 서서 울고 있더니 울면서 구부려 무덤 안을 들여다보니 [12]흰 옷 입은 두 천
사가 예수의 시체 뉘었던 곳에 하나는 머리 편에, 하나는 발 편에 앉았더라 [13]천사들이 이르되 여

자여 어찌하여 우느냐 이르되 사람들이 내 주님을 옮겨다가 어디 두었는지 내가 알지 못함이니
이다 [14]이 말을 하고 뒤로 돌이켜 예수께서 서 계신 것을 보았으나 예수이신 줄은 알지 못하더라
[15]예수께서 이르시되 여자여 어찌하여 울며 누구를 찾느냐 하시니 마리아는 그가 동산지기인 줄
알고 이르되 주여 당신이 옮겼거든 어디 두었는지 내게 이르소서 그리하면 내가 가져가리이다
[16]예수께서 마리아야 하시거늘 마리아가 돌이켜 히브리 말로 랍오니 하니 (이는 선생님이라는 말
이라) [17]예수께서 이르시되 나를 붙들지 말라 내가 아직 아버지께로 올라가지 아니하였노라 너는
내 형제들에게 가서 이르되 내가 내 아버지 곧 너희 아버지, 내 하나님 곧 너희 하나님께로 올라간
다 하라 하시니 [18]막달라 마리아가 가서 제자들에게 내가 주를 보았다 하고 또 주께서 자기에게
이렇게 말씀하셨다 이르니라

마 28:9 예수께서 그들을 만나 이르시되 평안하냐 하시거늘 여자들이 나아가 그 발을 붙잡고
경배하니 [10]이에 예수께서 이르시되 무서워하지 말라 가서 내 형제들에게 갈릴리로 가라 하라
거기서 나를 보리라 하시니라

막 16:9 〔예수께서 안식 후 첫날 이른 아침에 살아나신 후 전에 일곱 귀신을 쫓아내어 주신
막달라 마리아에게 먼저 보이시니 [10]마리아가 가서 예수와 함께 하던 사람들이 슬퍼하며 울고
있는 중에 이 일을 알리매 [11]그들은 예수께서 살아나셨다는 것과 마리아에게 보이셨다는 것을
듣고도 믿지 아니하니라

눅 24:10 (이 여자들은 막달라 마리아와 요안나와 야고보의 모친 마리아라 또 그들과 함께 한
다른 여자들도 이것을 사도들에게 알리니라) [11]사도들은 그들의 말이 허탄한 듯이 들려 믿지
아니하나

요 20:19-23 제자들에게 나타나심

[19]이 날 곧 안식 후 첫날 저녁 때에 제자들이 유대인들을 두려워하여 모인 곳의 문들을 닫았더니
예수께서 오사 가운데 서서 이르시되 너희에게 평강이 있을지어다 [20]이 말씀을 하시고 손과 옆구
리를 보이시니 제자들이 주를 보고 기뻐하더라 [21]예수께서 또 이르시되 너희에게 평강이 있을지
어다 아버지께서 나를 보내신 것 같이 나도 너희를 보내노라 [22]이 말씀을 하시고 그들을 향하사
숨을 내쉬며 이르시되 성령을 받으라 [23]너희가 누구의 죄든지 사하면 사하여질 것이요 누구의 죄
든지 그대로 두면 그대로 있으리라 하시니라

마 28:16 열한 제자가 갈릴리에 가서 예수께서 지시하신 산에 이르러 [17]예수를 뵈옵고 경배하
나 아직도 의심하는 사람들이 있더라 [18]예수께서 나아와 말씀하여 이르시되 하늘과 땅의 모든

권세를 내게 주셨으니 19그러므로 너희는 가서 모든 민족을 제자로 삼아 아버지와 아들과 성
령의 이름으로 세례를 베풀고 20내가 너희에게 분부한 모든 것을 가르쳐 지키게 하라 볼지어
다 내가 세상 끝날까지 너희와 항상 함께 있으리라 하시니라

막 16:14 그 후에 열한 제자가 음식 먹을 때에 예수께서 그들에게 나타나사 그들의 믿음 없는
것과 마음이 완악한 것을 꾸짖으시니 이는 자기가 살아난 것을 본 자들의 말을 믿지 아니함일
러라 15또 이르시되 너희는 온 천하에 다니며 만민에게 복음을 전파하라 16믿고 세례를 받는
사람은 구원을 얻을 것이요 믿지 않는 사람은 정죄를 받으리라 17믿는 자들에게는 이런 표적
이 따르리니 곧 그들이 내 이름으로 귀신을 쫓아내며 새 방언을 말하며 18뱀을 집어올리며 무
슨 독을 마실지라도 해를 받지 아니하며 병든 사람에게 손을 얹은즉 나으리라 하시더라 19주
예수께서 말씀을 마치신 후에 하늘로 올려지사 하나님 우편에 앉으시니라 20제자들이 나가 두
루 전파할새 주께서 함께 역사하사 그 따르는 표적으로 말씀을 확실히 증언하시니라〕

눅 24:36 이 말을 할 때에 예수께서 친히 그들 가운데 서서 이르시되 너희에게 평강이 있을지
어다 하시니 37그들이 놀라고 무서워하여 그 보는 것을 영으로 생각하는지라 38예수께서 이르
시되 어찌하여 두려워하며 어찌하여 마음에 의심이 일어나느냐 39내 손과 발을 보고 나인 줄
알라 또 나를 만져 보라 영은 살과 뼈가 없으되 너희 보는 바와 같이 나는 있느니라 40이 말씀
을 하시고 손과 발을 보이시나 41그들이 너무 기쁘므로 아직도 믿지 못하고 놀랍게 여길 때에
이르시되 여기 무슨 먹을 것이 있느냐 하시니 42이에 구운 생선 한 토막을 드리니 43받으사 그
앞에서 잡수시더라 44또 이르시되 내가 너희와 함께 있을 때에 너희에게 말한 바 곧 모세의 율
법과 선지자의 글과 시편에 나를 가리켜 기록된 모든 것이 이루어져야 하리라 한 말이 이것이
라 하시고 45이에 그들의 마음을 열어 성경을 깨닫게 하시고 46또 이르시되 이같이 그리스도가
고난을 받고 제삼일에 죽은 자 가운데서 살아날 것과 47또 그의 이름으로 죄 사함을 받게 하는
회개가 예루살렘에서 시작하여 모든 족속에게 전파될 것이 기록되었으니 48너희는 이 모든 일
의 증인이라 49볼지어다 내가 내 아버지께서 약속하신 것을 너희에게 보내리니 너희는 위로부
터 능력으로 입혀질 때까지 이 성에 머물라 하시니라 50예수께서 그들을 데리고 베다니 앞까
지 나가사 손을 들어 그들에게 축복하시더니 51축복하실 때에 그들을 떠나 〔하늘로 올려지시
니〕 52그들이 〔그에게 경배하고〕 큰 기쁨으로 예루살렘에 돌아가 53늘 성전에서 하나님을 찬
송하니라

요 20:24-29 도마에게 나타나심

24열두 제자 중의 하나로서 디두모라 불리는 도마는 예수께서 오셨을 때에 함께 있지 아니한지라
25다른 제자들이 그에게 이르되 우리가 주를 보았노라 하니 도마가 이르되 내가 그의 손의 못 자
국을 보며 내 손가락을 그 못 자국에 넣으며 내 손을 그 옆구리에 넣어 보지 않고는 믿지 아니하겠
노라 하니라 26여드레를 지나서 제자들이 다시 집 안에 있을 때에 도마도 함께 있고 문들이 닫혔

는데 예수께서 오사 가운데 서서 이르시되 너희에게 평강이 있을지어다 하시고 27도마에게 이르시
되 네 손가락을 이리 내밀어 내 손을 보고 네 손을 내밀어 내 옆구리에 넣어 보라 그리하여 믿음 없
는 자가 되지 말고 믿는 자가 되라 28도마가 대답하여 이르되 나의 주님이시요 나의 하나님이시니
이다 29예수께서 이르시되 너는 나를 본 고로 믿느냐 보지 못하고 믿는 자들은 복되도다 하시니라

요 20:30-31 기록 목적

30예수께서 제자들 앞에서 이 책에 기록되지 아니한 다른 표적도 많이 행하셨으나 31오직 이것을
기록함은 너희로 예수께서 하나님의 아들 그리스도이심을 믿게 하려 함이요 또 너희로 믿고 그 이
름을 힘입어 생명을 얻게 하려 함이니라

요 21:1-14 일곱 제자들에게 나타나심

1그 후에 예수께서 디베랴 호수에서 또 제자들에게 자기를 나타내셨으니 나타내신 일은 이러하니
라 2시몬 베드로와 디두모라 하는 도마와 갈릴리 가나 사람 나다나엘과 세베대의 아들들과 또 다
른 제자 둘이 함께 있더니 3시몬 베드로가 나는 물고기 잡으러 가노라 하니 그들이 우리도 함께 가
겠다 하고 나가서 배에 올랐으나 그 날 밤에 아무 것도 잡지 못하였더니 4날이 새어갈 때에 예수
께서 바닷가에 서셨으나 제자들이 예수이신 줄 알지 못하는지라 5예수께서 이르시되 얘들아 너희
에게 고기가 있느냐 대답하되 없나이다 6이르시되 그물을 배 오른편에 던지라 그리하면 잡으리라
하시니 이에 던졌더니 물고기가 많아 그물을 들 수 없더라 7예수께서 사랑하시는 그 제자가 베드
로에게 이르되 주님이시라 하니 시몬 베드로가 벗고 있다가 주님이라 하는 말을 듣고 겉옷을 두른
후에 바다로 뛰어 내리더라 8다른 제자들은 육지에서 거리가 불과 한 오십 칸쯤 되므로 작은 배를
타고 물고기 든 그물을 끌고 와서 9육지에 올라보니 숯불이 있는데 그 위에 생선이 놓였고 떡도 있
더라 10예수께서 이르시되 지금 잡은 생선을 좀 가져오라 하시니 11시몬 베드로가 올라가서 그물
을 육지에 끌어 올리니 가득히 찬 큰 물고기가 백쉰세 마리라 이같이 많으나 그물이 찢어지지 아
니하였더라 12예수께서 이르시되 와서 조반을 먹으라 하시니 제자들이 주님이신 줄 아는 고로 당
신이 누구냐 감히 묻는 자가 없더라 13예수께서 가셔서 떡을 가져다가 그들에게 주시고 생선도 그
와 같이 하시니라 14이것은 예수께서 죽은 자 가운데서 살아나신 후에 세 번째로 제자들에게 나타
나신 것이라

요 21:15-19 베드로를 향한 권면

[15]그들이 조반 먹은 후에 예수께서 시몬 베드로에게 이르시되 요한의 아들 시몬아 네가 이 사람들
보다 나를 더 사랑하느냐 하시니 이르되 주님 그러하나이다 내가 주님을 사랑하는 줄 주님께서 아
시나이다 이르시되 내 어린 양을 먹이라 하시고 [16]또 두 번째 이르시되 요한의 아들 시몬아 네가
나를 사랑하느냐 하시니 이르되 주님 그러하나이다 내가 주님을 사랑하는 줄 주님께서 아시나이
다 이르시되 내 양을 치라 하시고 [17]세 번째 이르시되 요한의 아들 시몬아 네가 나를 사랑하느냐
하시니 주께서 세 번째 네가 나를 사랑하느냐 하시므로 베드로가 근심하여 이르되 주님 모든 것
을 아시오매 내가 주님을 사랑하는 줄을 주님께서 아시나이다 예수께서 이르시되 내 양을 먹이
라 [18]내가 진실로 진실로 네게 이르노니 네가 젊어서는 스스로 띠 띠고 원하는 곳으로 다녔거니와
늙어서는 네 팔을 벌리리니 남이 네게 띠 띠우고 원하지 아니하는 곳으로 데려가리라 [19]이 말씀을
하심은 베드로가 어떠한 죽음으로 하나님께 영광을 돌릴 것을 가리키심이러라 이 말씀을 하시고
베드로에게 이르시되 나를 따르라 하시니

요 21:20-25 베드로의 질문과 애제자의 증언

[20]베드로가 돌이켜 예수께서 사랑하시는 그 제자가 따르는 것을 보니 그는 만찬석에서 예수의 품
에 의지하여 주님 주님을 파는 자가 누구오니이까 묻던 자더라 [21]이에 베드로가 그를 보고 예수께
여짜오되 주님 이 사람은 어떻게 되겠사옵나이까 [22]예수께서 이르시되 내가 올 때까지 그를 머물
게 하고자 할지라도 네게 무슨 상관이냐 너는 나를 따르라 하시더라 [23]이 말씀이 형제들에게 나가
서 그 제자는 죽지 아니하겠다 하였으나 예수의 말씀은 그가 죽지 않겠다 하신 것이 아니라 내가
올 때까지 그를 머물게 하고자 할지라도 네게 무슨 상관이냐 하신 것이러라 [24]이 일들을 증언하고
이 일들을 기록한 제자가 이 사람이라 우리는 그의 증언이 참된 줄 아노라 [25]예수께서 행하신 일
이 이 외에도 많으니 만일 낱낱이 기록된다면 이 세상이라도 이 기록된 책을 두기에 부족할 줄 아
노라

참고문헌

권종선. 『해설 복음서 대조서』. 김포: 도서출판 누가, 2013.

김기철. 『항목별 대조병행 사복음서』. 서울: 기독교문서선교회, 2007.

김창길. 『공관복음서 대조비교』. 서울: 도서출판 임마누엘, 1982.

독고원. 『4복음서의 예수 그리스도: 4복음서 평행 대조』. 서울: 기독교문서선교회, 2015.

로버트슨, A. T. 『복음서 대조서』. 도한호 옮김, 서울: 요단출판사, 1978.

성종현. 『공관복음서 대조연구』. 서울: 장로회신학대학교 출판부, 1992.

정양모·배은주·김윤주 엮음. 『네 복음서 대조』. 서울: 분도출판사, 1993.

정훈택. 『완벽한 비교를 위해 새로 번역한 병행 사복음서』. 서울: 민영사, 2013.

채위. 『공관복음서 대조연구』. 서울: 신생사, 1965.